Turismo de Aventura em **Vulcões**

Rosaly Lopes

©Copyright Cambridge University Press 2005
The Volcano Adventure Guide
ISBN 0 521 55453 5 capa dura

©Copyright da tradução Oficina de Textos 2008

GERÊNCIA EDITORIAL Ana Paula Ribeiro
ASSISTÊNCIA EDITORIAL E REVISÃO DE TEXTOS Gerson Silva
CAPA E PROJETO GRÁFICO Malu Vallim
FOTO DE CAPA Vulcão Arenal (Costa Rica), cortesia de William Aspinal
DIAGRAMAÇÃO Daniela Máximo
TRADUÇÃO M. Cláudia Ribeiro Rodrigues da Cunha e Marcelo Dias Almada

Dados Internacionais de Catalogação na Publicação (CIP)
(Câmara Brasileira do Livro, SP, Brasil)

Lopes, Rosaly
Turismo de aventura em vulcões / Rosaly Lopes ; [tradução Maria Cláudia Ribeiro Rodrigues da Cunha e Marcelo Dias Almada]. -- São Paulo : Oficina de Textos, 2008.

Título original: The volcano adventure guide.
Bibliografia
ISBN 978-85-86238-75-8

1. Aventuras de viagens – Guias 2. Vulcões I. Título.

08-05942   CDD-910.202

Índices para catálogo sistemático:
1. Vulcões : Guias de viagem   910.202

Todos os direitos em língua portuguesa reservados à Oficina de Textos
Trav. Dr. Luiz Ribeiro de Mendonça, 4
CEP 01420-040   São Paulo – SP – Brasil
tel. (11) 3085 7933   fax (11) 3083 0849
site: www.ofitexto.com.br   e-mail: ofitexto@ofitexto.com.br

TURISMO DE AVENTURA EM VULCÕES

Você já se perguntou como seria observar a cratera borbulhante de um vulcão ativo?

Se a resposta for "sim", este livro foi escrito para você! Ele traz informações fundamentais para quem queira visitar, explorar e fotografar vulcões ativos de modo seguro e agradável. Começa apresentando ao leitor os estilos de erupção encontrados em vulcões de diversos tipos, além de explicar o ambiente físico dos locais onde se situam. Explica também como se preparar para visitá-los, evitando os perigos quando se está no próprio vulcão ou nas proximidades. A autora parte de sua própria experiência de trabalho em vulcões ativos para explicar o que é seguro e o que é imprudente, quando observar uma erupção e quando ficar longe dela. Crê a autora que todos podem visitar e apreciar vulcões e dá ela exemplos daqueles que podem ser facilmente explorados por pessoas de todas as idades, dos mais variados graus de condicionamento físico e conhecimento do assunto.

A segunda parte do livro constitui um abrangente guia de viagem a 19 vulcões espalhados pelo mundo, os quais se encontram entre as mais espetaculares obras da natureza. Também fornece informações sobre outros 29 vulcões dessas mesmas regiões que podem ser visitados durante a mesma viagem. Essas informações práticas incluem roteiros de viagem, mapas, detalhes sobre transportes e alertas quanto a possíveis riscos de origem não-vulcânica, tais como animais selvagens perigosos. Os dois apêndices no final do livro fornecem ao leitor uma grande variedade de informações sobre outros recursos: websites com dados atualizados sobre a atividade vulcânica ao redor do mundo, bem como uma lista de organizações e agências que oferecem viagens a vulcões.

Este guia para vulcões é o primeiro livro do gênero. Destinado a leitores não especializados que queiram explorar vulcões sem serem imprudentes, irá fascinar tanto entusiastas amadores quanto vulcanólogos profissionais. Suas belas fotografias em cores irão deslumbrar os turistas de poltrona e também inspirar os aventureiros que partem em exploração.

ROSALY LOPES é especialista em vulcanismo planetário do Jet Propulsion Laboratory, da Nasa, em Pasadena, Califórnia, onde estuda o vulcanismo terrestre, bem como o de outros planetas e satélites. Servindo-se dos dados enviados pela sonda espacial Galileu, a autora é responsável pela descoberta de 71 vulcões em Io, uma das luas de Júpiter. Atualmente trabalha na missão Cassini, que observa o planeta Saturno e seus satélites.

Rosaly também escreveu três outros livros, muitos artigos científicos e verbetes de enciclopédia, e colaborou em inúmeros documentários de TV para os canais Discovery, National Geographic e History. Ela recebeu muitos prêmios, incluindo a Medalha Carl Sagan, da American Astronomical Society, e a Medalha por Serviços Excepcionais, da Nasa.

In Memoriam
Nossa homenagem a Maria Cláudia Ribeiro,
cujo entusiasmo e persistência tornaram possível
publicar este livro no Brasil.

SUMÁRIO

PARTE 1
COMO ESCOLHER UM VULCÃO PARA VISITAR   13

Capítulo 1 – Vulcões da Terra   15
Por que visitar vulcões?   15
Roteiros vulcânicos   16

Capítulo 2 – Principais fatos a respeito dos vulcões   31
O que são vulcões e como nascem?   31
Como acontecem as erupções   36

Capítulo 3 – Erupções vulcânicas   41
Os diferentes tipos de erupções vulcânicas   41
Como os vulcões se formam   52

Capítulo 4 – Como visitar vulcões em segurança   55
Até que ponto os vulcões são perigosos?   55
Como os vulcões matam: dois eventos trágicos   57
Regras de sobrevivência na exploração de vulcões   59
Regras de sobrevivência em caso de erupção   64

Capítulo 5 – Planejamento e preparação de uma aventura vulcânica   71
É possível prever erupções vulcânicas?   71
Técnicas de monitoramento de vulcões   72
Fontes de informação sobre atividade vulcânica   75
Itens indispensáveis para uma viagem a um vulcão   77
Fotografar vulcões   78

PARTE 2
GUIAS DE VULCÕES   81

Introdução aos guias de campo   83

Capítulo 6 – Vulcões do Havaí   85
Havaí   85
Kilauea   89
Mauna Loa   105
Haleakala   122

Capítulo 7 – Vulcões na parte continental dos Estados Unidos   133
O oeste dos Estados Unidos   133
Lassen Peak   138
Monte Santa Helena   156
Sunset Crater   178
Yellowstone   188

Capítulo 8 – Vulcões da Itália   215

    Sul da Itália   215
    Vesúvio   219
    Ilhas Eólias   230
    Stromboli   232
    Vulcano   242
    Monte Etna   253

Capítulo 9 – Vulcões da Grécia   267

    Grécia   267
    Santorini   269

Capítulo 10 – Vulcões das ilhas Galápagos   283

    América do Sul e Galápagos   283
    Vulcões de Galápagos   286
    Fernandina   287
    Sierra Negra   288

Capítulo 11 – Vulcões da Costa Rica   297

    Costa Rica   297
    Arenal   301
    Poás   313
    Irazú   321

Capítulo 12 – Vulcões das Índias Ocidentais   331

    As Índias Ocidentais   331
    Monte Pelée   336
    Soufrière Hills   353

Apêndice I – Informações úteis para preparar viagens a vulcões   365

Apêndice II – Viagens a vulcões   370

Glossário   372

Referências Bibliográficas   375

Bibliografia Comentada   377

PREFÁCIO

Este livro tem como objetivo introduzir o leitor ao mundo maravilhoso dos vulcões e ajudá-lo a visitar, explorar, fotografar e, acima de tudo, apreciar os vulcões, tanto em período de atividade quanto de repouso. Os vulcões moldaram a superfície da Terra e constituem a mais impressionante manifestação da força existente no interior do nosso planeta. Um dos fatos mais surpreendentes acerca dos vulcões é que, apesar de estarem entre os locais mais fotogênicos da Terra, somente uns poucos atraem um número significativo de visitantes. As erupções vulcânicas encontram-se, por certo, entre os eventos naturais mais espetaculares, mas relativamente poucas pessoas declaram ter presenciado alguma, e a maioria delas o fez não por opção. O crescente número de viagens de aventura ao longo das duas últimas décadas ainda não passou a incluir grande parte dos vulcões do mundo. As agências de viagem mostram-se bastante dispostas a levar turistas para ver de perto gorilas, andar de canoa em águas infestadas de piranhas, mergulhar em meio a tubarões, mas não, ao que parece, para ver uma erupção vulcânica.

Nesse caso, o que fazer para visitar um vulcão, principalmente em se tratando de um vulcão ativo? É possível escolher um vulcão dentro de parques nacionais bem administrados e contar com informações fornecidas no local. Mas, se o vulcão escolhido estiver em lugar mais isolado, ou em país de poucos recursos, os viajantes não vão encontrar muita ajuda. Na prática, isso pode se traduzir por evitar completamente aventuras encosta acima ou, pior, ir dar em lugares que os vulcanólogos experientes não se atreveriam a percorrer. Para explorar um vulcão de modo sensato e agradável, os visitantes precisam saber dos perigos que poderão encontrar, bem como das maravilhas que poderão ver: é o que *Turismo de Aventura em Vulcões* se propõe a fornecer aos leitores.

A idéia de escrever este livro surgiu das perguntas que os potenciais visitantes costumavam fazer sempre que eu falava informalmente sobre vulcões ou explicava em conversas o tipo de trabalho que executo. Algumas dessas perguntas eram: "Como fazer para ver uma erupção?"; "Todas as erupções são perigosas?"; "Há algum lugar além do Havaí onde eu possa ver lava incandescente?"; "Como fazer para fotografar erupções?". Menos freqüente era a pergunta: "Como posso ter certeza de que o vulcão não vai estar em erupção quando eu o visitar?". Foi assim que me dei conta de que não havia nenhum livro que respondesse claramente a essas perguntas.

A maioria dos livros sobre vulcões presumem que os leitores querem saber o que são vulcões e o que os faz entrar em erupção, mas isso sem que se deixe o conforto da poltrona. *Turismo de Aventura em Vulcões* dirige-se a pessoas que os querem visitar pessoalmente. Tentei fornecer todas as informações necessárias para a escolha do vulcão a ser visitado e, uma vez lá, para que a viagem seja uma experiência de aprendizado compensadora e agradável. Esses são os temas dos capítulos de introdução, acompanhados de guias de campo. Os primeiros cinco capítulos preparam o leitor para visitas a vulcões de um modo geral, enquanto os guias de campo oferecem orientação detalhada quanto ao que fazer e ver em certos vulcões específicos.

Os capítulos introdutórios descrevem o comportamento dos vulcões e tratam de aspectos práticos para o planejamento de uma viagem de campo. Um capítulo inteiro é dedicado à grande preocupação dos viajantes no que diz respeito a vulcões, especialmente os ativos: segurança. O visitante em potencial deve considerar as seguintes questões: "Qual a periculosidade de um vulcão em erupção?"; "Quais as precauções a serem tomadas?"; "O que acontece se o vulcão explodir de repente?"; "Há modos de ver ou de fotografar em segurança uma erupção?" Histórias de acidentes sofridos por curiosos compõem parte do conhecimento acerca de vulcões, e por certo se justifica a preocupação quanto a eventuais perigos. Até mesmo os vulcões inativos podem ser traiçoeiros, e também eles exigem sempre dos visitantes uma aproximação cautelosa.

A obtenção de informações sobre segurança em vulcões tem sido, até o momento, um tanto difícil para quem não é profissional da área. Os livros populares sobre vulcões não explicam como evitar situações perigosas, uma vez que a maioria de seus leitores não precisam ter conhecimento disso. Até mesmo para os especialistas, muito pouco tem sido escrito acerca de segurança em vulcões. De um modo geral, os vulcanólogos principiantes aprendem com seus mentores a evitar os perigos. Um dos motivos pelos quais poucas pessoas tentaram escrever sobre segurança em vulcões se deve ao fato de que é um tanto difícil estipular regras. Cada vulcão costuma ter suas peculiaridades e, além disso, as pessoas têm diferentes parâmetros de segurança no que diz respeito ao perigo. Não posso decidir pelos outros qual é o grau aceitável de risco, mas posso tentar – e tento – explicar detalhadamente os perigos que o visitante pode encontrar num vulcão. Também expus meus próprios parâmetros e aquilo que meus colegas e eu aprendemos a partir da experiência pessoal. Quando se trata de segurança, o importante é informar-se o máximo possível acerca dos perigos do vulcão que se pretende visitar. Feito isso, todos os visitantes – dos mais cautelosos aos mais ousados, dos menos resistentes aos mais atléticos – poderão escolher, entre várias possibilidades, um modo de fazer uma viagem segura, agradável e compensadora.

Além da questão da segurança, o potencial visitante de um vulcão deve ter conhecimento de uma grande quantidade de detalhes práticos, tais como a melhor época para a visita, quais os lugares mais interessantes e como chegar lá. Sobre certos vulcões, no entanto, pode ser difícil obter esses dados. Com poucas exceções, os livros de viagem não dedicam muito espaço aos vulcões locais. Guias geológicos de viagens de campo podem ser úteis, mas demasiado técnicos e limitadamente disponíveis. As orientações de campo deste livro tentam lançar uma ponte sobre o abismo existente entre os guias geológicos especializados e os guias de viagem comuns, e faz isso por meio de informações detalhadas e informais sobre como visitar 19 dos vulcões mais famosos do mundo.

Escolher apenas 19 vulcões para neles me concentrar não foi uma tarefa fácil, e estou certa de que algumas pessoas ficarão desapontadas com o fato de seu vulcão preferido não constar dessa lista. Foi, porém, necessário limitar o número para que fosse possível apresentar detalhes suficientes sobre cada vulcão, de modo a otimizar a visita e também para que o livro se mantivesse curto o bastante (e leve) para ser levado em viagem. Foram também incluídas descrições curtas de mais 29 vulcões e áreas geotermais por se tratar de lugares de fácil acesso a partir dos vulcões em questão.

Cheguei à "pequena lista" de 19 recorrendo à minha experiência pessoal de visita e trabalho em vulcões e também empregando três critérios. O primeiro foi o de que o vulcão deveria ser classificado como ativo, embora alguns deles não tenham sido vistos em erupção há várias centenas de anos. Mesmo assim foi um problema chegar a 19 em meio aos cerca de 600 vulcões ativos do mundo. Meu segundo critério foi o de que o vulcão fosse de fácil acesso. Por exemplo, parti da suposição de que muitos leitores escolheriam visitar o Kilauea, no Havaí, e de que muitos não se dispusessem (ou pudessem) visitar o monte Erebus, na Antártica, embora os dois mereçam ser vistos. A facilidade de acesso é, porém, variável entre esses 19. Alguns desses vulcões situam-se dentro de parques nacionais onde há excelentes estradas e serviços, enquanto outros se encontram em lugares menos freqüentados. O topo de alguns pode ser alcançado por meio de estradas ou trilhas fáceis, enquanto a visita a outros se recomenda apenas aos que estejam em boas condições físicas. Deixei de fora os vulcões que exigem perícia para a escalada. Meu objetivo foi o de escrever sobre vulcões acessíveis que se adequassem aos gostos e às expectativas de uma ampla gama de visitantes em potencial.

O terceiro critério para restringir o número de vulcões aqui enfocados foi o da variedade: são eles de diferentes tipos e suas erupções apresentam variados graus de perigo. Os vulcões escolhidos vão de moderadamente explosivos, como o Kilauea, no Havaí, a potencialmente muito violentos, como o Vesúvio, na Itália. Esse critério de variedade também levou em conta a freqüência de erupções, sendo esse um fator de grande importância para muitos visitantes. Há aqueles visitantes para quem o maior interesse é ver alguma atividade, e outros, talvez em mesmo número, que prefeririam não fazer a visita em caso de provável erupção. Os vulcões escolhidos abrangem aqueles que têm estado constantemente ativos ao longo dos últimos anos e aqueles que provavelmente não devem entrar de novo em erupção num futuro próximo.

Espero que os leitores encontrem neste livro ao menos um vulcão que os inspire a ir vê-lo *in loco*. Acredito firmemente que os vulcões devem ser visitados e apreciados por todos, idosos ou jovens, prudentes ou ousados, em condições físicas boas ou não tão boas. O único requisito para quem visita um vulcão é a curiosidade acerca da natureza e o senso de aventura. Em suma, este é um livro a respeito de como escolher um vulcão e como melhor explorá-lo.

Nota da Editora:
As fotos sem indicação de autoria são de Rosaly Lopes, autora do livro.

AGRADECIMENTOS

Muitos amigos e colegas me proporcionaram ajuda e apoio valiosos para escrever este livro, a ponto de me ensinar em campo acerca de "seus" vulcões. Também revisaram capítulos, forneceram fotografias e figuras, responderam a perguntas e contribuíram com inestimável estímulo. Meus sinceros agradecimentos a Guillermo Alvarado, Robert Carlson, Tim Druitt, Stephen Floyd, Charles Frankel, Henrietta Hendrix, Lucas Kamp, Susan Kieffer, Chris Kilburn, Gudrun Larsen, Adriana Ocampo, Scott Rowland, Stuart Malin, Bill Smythe e Chuck Wood. Agradecimentos especiais a Nick Gautier, que comentou o original do ponto de vista de um não-geólogo e generosamente forneceu muitas fotografias. Toda a minha gratidão será pouca para com Charlie Bluehawk, que em seu tempo livre desenhou muitas das figuras. Sou ainda bastante grata a todos os outros que contribuíram com fotografias e ajudaram nas figuras, entre os quais Elsa Abbott, Mike Abrams, William Aspinal, Pierre-Yves Burgi, Kathy Cashman, Frederico Chavarria, John Eichelberger, Jim Garvin, Magnus Gudmundsson, John Guest, Tom Mommary, Tom Pfeiffer, Vince Realmuto, Armando Ricci, Oddur Sigurdsson, Eysteinn Tryggvason, Rodolfo van der Laat, Ralph White e Simon Young.

Simon Mitton, Susan Francis, Jayne Aldhouse e Anna Hodson, meus editores na Cambridge, orientaram todo o processo de elaboração deste livro.

Por fim, agradeço à minha família pelo apoio incondicional: Tommy, meu filho e grande assistente de campo; meu pais Atir e Walmir; e minha irmã Rosane.

Dedico este livro a meu falecido amigo e mentor Dr. Jon Darius, cujo amor pela vida e pela ciência continua sendo para mim constante fonte de inspiração.

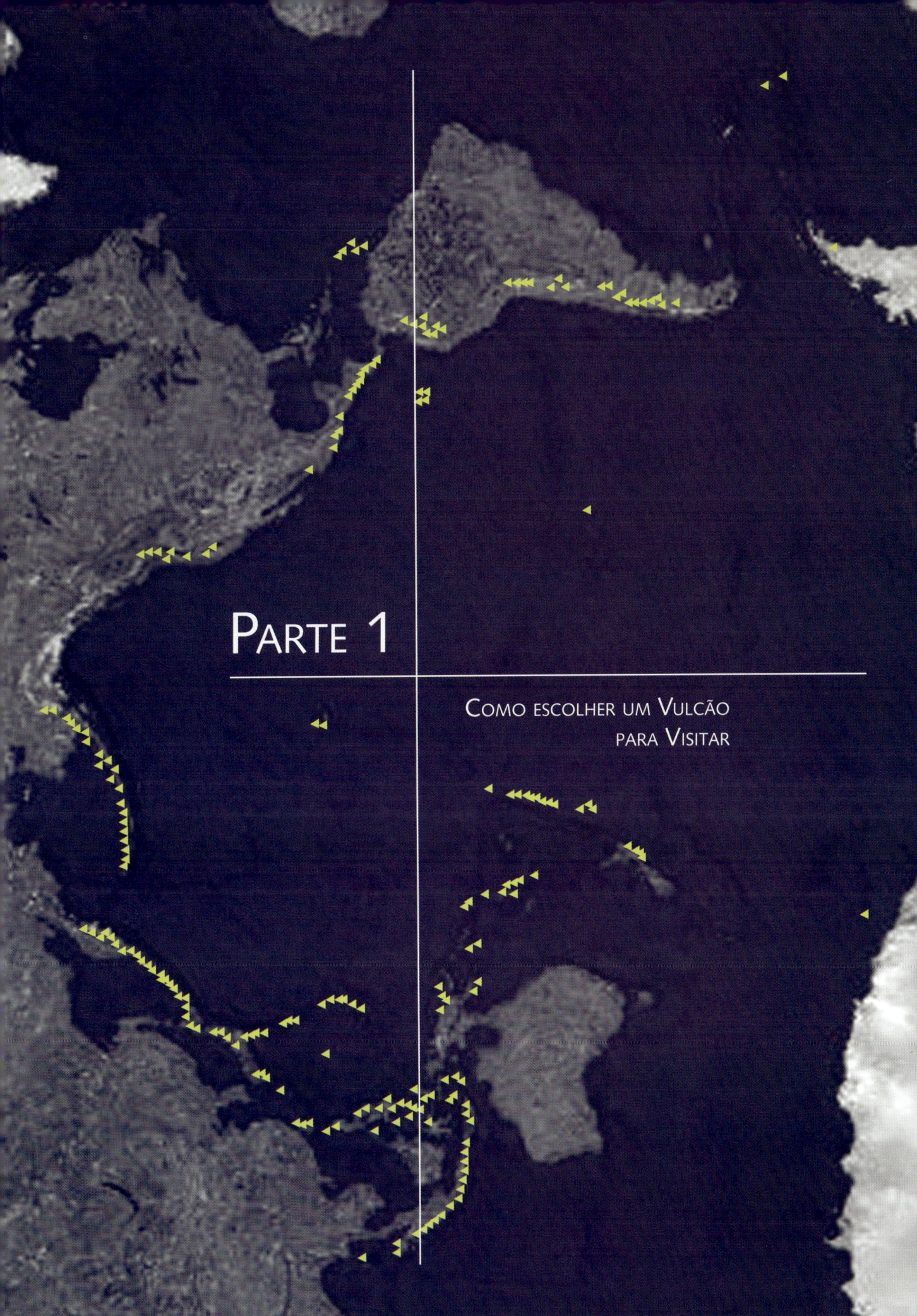

Parte 1

Como escolher um Vulcão para Visitar

1 Vulcões da Terra

POR QUE VISITAR VULCÕES?

Vulcões ativos são, hoje em dia, a última palavra em destino de aventura. Quem já teve a sorte de ver uma fonte expelindo jatos de lava às alturas, ou pesadas nuvens de vapor subindo quando a lava se derrama no oceano, pode confirmar que os vulcões oferecem uma das cenas mais impressionantes da natureza. Vulcões são surpreendentes, escandalosos e causam profundo impacto sobre a vida na Terra. Os vulcões ativos nos permitem saborear a emoção provocada por uma explosão ensurdecedora, que faz o chão tremer sob nossos pés; podem nos deixar hipnotizados olhando a crosta de um lago de lava quebrando-se e movendo-se lentamente, e nos fazem sentir um estranho fascínio pelo cheiro de enxofre. Mesmo quando em repouso, apresentam uma grande variedade de panoramas belos e bizarros, que vão desde a imponência dos picos nevados até as terras estéreis, devastadas pela lava, freqüentemente comparadas ao inferno.

Os vulcões constituem, sem dúvida alguma, um destino imperdível para os viajantes aventureiros. Estes já não formam um grupo singular de excêntricos cheios de ousadia, mas um número cada vez maior de pessoas inteligentes que não se contentam em passar férias em pitorescas cidades litorâneas. Os destinos exóticos e inusitados estão cada vez mais ao nosso alcance. Nos últimos anos, o interesse crescente do público viajante por aventura – e ecologia também – fez surgir uma onda de "roteiros ecológicos" que vão desde safáris até observação de baleias, passando por mergulhos em meio aos tubarões e *trekking* na floresta amazônica.

Com o tempo, essa tendência colocará os vulcões na lista dos pontos turísticos mais populares da Terra. Uma viagem até um vulcão é, potencialmente, uma aventura inesquecível e, ao mesmo tempo, uma aula excepcional sobre como o planeta funciona e, em muitos casos, como a História foi construída.

Uma viagem a um vulcão é um desafio para o espírito, pois temos aí a possibilidade de observar um fenômeno geológico de grandes proporções durante o seu desenrolar. Dos quatro processos geológicos que dão forma à superfície terrestre – vulcanismo, erosão, tectonismo e impactos de meteoritos –, o vulcanismo é o único que se pode facilmente testemunhar no momento em que opera rápidas modificações na paisagem. Vulcões podem ser muito camaradas quando apresentam erupções brandas por longos períodos de tempo, tornando possível o planejamento de uma viagem só para vê-los em ação. Por exemplo, o vulcão italiano Stromboli está há séculos em atividade praticamente contínua, enquanto o Kilauea, no Havaí, vem deliciando os visitantes com uma erupção excepcionalmente "assistível" por mais de 20 anos.

Os vulcões traçam não apenas o relevo da superfície terrestre, mas também o curso da história da humanidade. As erupções contribuíram para a queda de civilizações, mudaram o rumo de guerras e, com mais freqüência, destruíram cidades inteiras, matando milhares de pessoas. Do lado positivo, os vulcões criam terras férteis que são a fonte de subsistência para muita gente no mundo inteiro. Quando se visita um vulcão, um dos aspectos mais interessantes é a percepção da maneira como as erupções afetaram a população local e sua cultura. Descobrir que idéias a população atual nutre sobre o vulcão é igualmente fascinante: os sentimentos vão desde o orgulho até o horror, o que depende, em grande parte, da freqüência e do tipo de erupção predominante.

Mesmo quem mora muito longe de vulcões ativos está vulnerável aos seus efeitos. Grandes erupções, como a do monte Pinatubo, nas Filipinas, em 1991, podem reduzir as temperaturas no Planeta. Essas erupções injetam grandes quantidades de gases sulfurosos na estratosfera, onde se combinam com o vapor e produzem uma nuvem fina de aerossol. A nuvem provoca deflexão da luz solar, causando ligeiras quedas na temperatura média da superfície no mundo inteiro. Embora tais mudanças sejam pequenas (raramente atingindo 1°C) e não ocasionem efeitos climáticos significativos, é possível que grandes erupções tenham conseqüências mais profundas sobre a Terra. Há indícios de que a quantidade de cloro injetada na atmosfera por essas erupções contribua para a diminuição da camada de ozônio. Esse estudo ainda está em andamento e traz sérias preocupações, uma vez que não é possível impedir que erupções aconteçam.

Considerando a relevância dos vulcões na história passada, presente e futura do nosso planeta, não é nenhuma surpresa que tantas pessoas manifestem interesse por eles, freqüentemente desde a infância. Vulcões interessam a muitas crianças na mesma proporção que os dinossauros e o espaço sideral. Os vulcões têm a vantagem óbvia de não estarem extintos nem tampouco serem inatingíveis para a maioria das pessoas. Estão espalhados por toda a Terra, para serem visitados e explorados. Para aqueles que ainda se perguntam se vale a pena fazer uma viagem para ver um vulcão, eu apresento os motivos seguintes: os vulcões aprofundam nossa compreensão sobre a maneira pela qual a Terra evolui e como os seres humanos interagem com as forças da natureza. São magníficos em repouso, sensacionais quando ativos, oferecendo-nos uma demonstração dos sons e cenários da natureza em ação. Seduzem o intelecto, despertam o senso de aventura, a capacidade de apreciar as belezas naturais e o fascínio pelo perigo (Fig. 1.1). Muitos jovens concordariam que uma viagem a um vulcão ativo só perderia, em termos de emoção, para uma viagem espacial – ou talvez uma visita ao Jurassic Park.

ROTEIROS VULCÂNICOS

Quais são os vulcões mais interessantes do mundo e onde estão localizados? Nosso planeta tem muitos vulcões considerados ativos – uns 600 na superfície e muitos mais submarinos. Em média, 50 vulcões entram em erupção todos os anos e uma dezena deles ou mais pode estar em atividade em um dado mês em particular. Poucas pessoas ouvem falar dessas erupções, ou porque são pequenas ou porque acontecem em lugares remotos e não causam impacto local nem global significativo. As erupções que fazem manchetes são as que provocam perdas humanas ou desastres econômicos substanciais. Se você está decidido a ver um vulcão em erupção, deverá escolher um que esteja ativo constantemente (como o Stromboli, na Itália) ou um que tenha acabado de entrar em erupção – nesse caso, torça para que ele continue em atividade até a sua chegada. O Cap. 5 discorre sobre as maneiras de obter informações sobre a atividade no presente e como escolher um vulcão para visitar. Por ora, depois de pegar emprestada uma idéia de meu falecido amigo Peter Francis, iremos fazer uma expedição imaginária pelas regiões mais vulcânicas da Terra. Seguiremos as margens das placas tectônicas (discutidas no Cap. 2) e dividiremos a viagem em quatro roteiros vulcânicos mundiais: o Cinturão de Fogo, o Atlântico Central, a África e o Mediterrâneo. Tempo e dinheiro não importam: vamos imaginar que somos vulcanólogos ricos em licença sabática.

O Cinturão de Fogo e o oceano Pacífico

Fig. 1.1 Erupções vulcânicas constituem um dos eventos mais deslumbrantes da natureza e algumas delas, como a do vulcão Kilauea, na Ilha Grande do Havaí, podem ser observadas e fotografadas com segurança

Do ponto de vista vulcanológico, esse é o lado mais agitado da Terra. Os vulcões que pontilham o Cinturão de Fogo – são mais de mil –

estão localizados em nada menos do que quatro continentes, estendendo-se por uma grande variedade de paisagens, climas e culturas (Fig. 1.2). Um ótimo ponto de partida para nossa viagem é a cinematográfica ilha do Norte, na Nova Zelândia, uma das primeiras zonas vulcânicas do planeta. Foi lá que aconteceu a erupção mais violenta dos tempos históricos: a erupção do Taupo de 186 d.C. O que sabemos sobre esse evento cataclísmico foi descoberto a partir da montagem de um quebra-cabeça geológico, cujas peças são os estudos realizados nos vastos depósitos de fluxo de cinza, uma vez que não há registros históricos.

Se havia pessoas vivendo na ilha naquela época, elas não sobreviveram para contar sua história. Atualmente, a região de Taupo-Wairakei oferece banhos termais e estações de energia geotérmica, e a caldeira do lago Taupo como um dos remanescentes da erupção. Além do recordista Taupo, a ilha do Norte tem outras áreas vulcânicas que estiveram em atividade em épocas mais recentes, ainda que mais calmas. Lá encontramos o Ngauruhoe, um vulcão de formato quase perfeito, que entra em ação com freqüência, e o Ruapehu, cuja mais recente atividade foi uma pequena erupção como panela de lama, em 2001.

O Ruapehu soluça a intervalos de alguns anos, despejando, em algumas ocasiões, fluxos de lama (também conhecidos como *lahars*, uma palavra indonésia) montanha abaixo, mas isso não tem impedido os neozelandeses de construir pistas de esqui nas encostas do vulcão. O Ngauruhoe e o Ruapehu estão ambos localizados dentro do Parque Nacional Tongariro, que dispõe de boas instalações para os visitantes. A região de Rotorua-Tarawera apresenta uma grande variedade de paisagens vulcânicas. O complexo Tarawera de domos riolíticos entrou

Fig. 1.2 Distribuição dos vulcões ao longo do Cinturão de Fogo do Pacífico, que inclui alguns dos mais mortais vulcões conhecidos, como o Pinatubo, o Krakatoa e o monte Santa Helena
Fonte: modificado de Francis, 1993.

espetacularmente em erupção em 1886, enterrando três vilarejos. No entanto, esse evento pode ser considerado de menor importância, em comparação com o que poderia acontecer novamente na ilha. A área termal Waiotapu é uma atração turística bastante conhecida, e a cidade de Rotorua está localizada dentro de uma extensa área geotermal. Para os mais aventureiros, recomenda-se uma visita à ilha Branca (White Island). Pode-se alcançá-la por barco ou helicóptero, mas procure antes informação local e um guia. A ilha Branca é um vulcão muito ativo, produz fumarolas e panelas de lama, e novas crateras surgem com freqüência (há uma cratera batizada de Pato Donald). Em julho de 2000, uma explosão violenta e inesperada cobriu metade da ilha com uma grossa camada de cinzas e fragmentos de púmice, mas, felizmente, nenhum visitante se encontrava na ilha na ocasião. Com tantas opções interessantes, a Nova Zelândia é um ótimo país para roteiros vulcanológicos.

Ao norte da Nova Zelândia, o Cinturão de Fogo começa a se curvar em direção à Ásia, ao longo da cadeia de ilhas Tonga-Kermadec, Samoa e Novas Hébridas. Estes são os vulcões dos Mares do Sul cujas versões fantasiosas aparecem de vez em quando em filmes de Hollywood, como *South Pacific*, *Ave do Paraíso* e, mais recentemente, *Joe Contra o Vulcão*. A realidade não poderia ser mais diferente: os habitantes dessas ilhas são cordiais, hospitaleiros e não ficam se jogando ou jogando visitantes voluntários nas crateras fumegantes. Na verdade, muitos desses vulcões estão agora em fase de repouso, sem necessidade alguma de apaziguamento. Os viajantes que quiserem ver alguma ação devem dirigir-se ao vulcão Yasur, localizado na ilha Tanna, parte da nação Vanuatu. O Yasur está em erupção quase constante, porém leve, desde seu descobrimento em 1774, e é possível – com cuidado – subir até o pico, olhar para baixo e ver a cratera em erupção, depois olhar para cima e ver os fogos de artifício vulcânicos.

Só não tente levar amostras de rocha para casa como suvenir: os nativos acreditam que toda pedra de vulcão ativo tem significado espiritual e chegam a entrar em conflito com turistas que querem levá-las embora. Há outros vulcões dignos de atenção em Vanuatu, como o Ambryn, e as ilhas podem ser um destino sensacional para os aventureiros, uma vez que estão bem longe dos trajetos turísticos habituais. Nessa parte do mundo, os visitantes poderão escutar histórias sobre o fascinante vulcão Falcon, nas ilhas Tonga. Esse vulcão submarino é famoso por suas ilhas "que desaparecem": pequenos cones de cinzas formados durante a erupção e que, finda a atividade, são rapidamente varridos pelas águas. Vulcões que surgem e desaparecem não são tão incomuns nessa parte do mundo. Em maio de 2000, um afortunado grupo de cientistas foi pesquisar o vulcão submarino Kavachi, até então dormente, e o encontraram, para alegria geral, cuspindo cinzas e formando uma praia temporária, absolutamente afastada de tudo.

Continuando o giro pelo Cinturão de Fogo, chegamos à exótica Papua Nova Guiné, que ostenta umas das caldeiras mais fantásticas do mundo, a caldeira Rabaul, na verdade um grupo de pequenos vulcões ao redor de uma baía formada pela borda de uma caldeira. O Rabaul teve uma grande erupção em 1937, que desencadeou tsunamis desastrosos e matou 500 pessoas. Em 1994, acordou novamente com formidáveis erupções dos vulcões Tavurvur e Vulcan. A cidade de Rabaul sofreu estragos consideráveis, e mais de 52 mil pessoas tiveram de ser evacuadas. Felizmente, o número de mortes foi pequeno. A erupção de outro importante vulcão da Nova Guiné em 1951, o monte Lamington, produziu conseqüências muito mais trágicas, quando avalanches incandescentes (nuvens ardentes, do francês *nuées ardentes*) devastaram 230 km² de terra, matando aproximadamente 3 mil pessoas.

Mais a oeste da Nova Guiné, chegamos ao país das maravilhas vulcânicas, a Indonésia, formada por mais de 13 mil ilhas, com 76 vulcões historicamente ativos. Ali estão alguns dos vulcões mais célebres do mundo: Krakatoa, Tambora, Merapi (Fig. 1.3), Agung, Semeru e Galunggung. Todos são assassinos ferozes: suas últimas erupções ceifaram milhares de vidas. A erupção do Krakatoa, em 1883, é considerada por muitos a maior erupção do período histórico recente, mas, na realidade, a explosão do Tambora detém o recorde:

produziu cerca de 40 km³ de cinzas e fragmentos vulcânicos que se espalharam por milhares de quilômetros quadrados, dizimando plantações e provocando escassez generalizada de alimentos. O Krakatoa, no entanto, continua sendo, aos olhos do público, um dos vulcões mais terríveis do mundo e, justamente por isso, muitos visitantes gostam de se aventurar até lá. Embora a ilha de Krakatoa original tenha sido destruída pela erupção de 1883, outra erupção muito menor gerou, em 1927, uma nova ilha, um novo vulcão: o Anak Krakatoa, que significa "o filho de Krakatoa" – e espera-se que nunca alcance a fama do pai. Não é fácil viajar pela Indonésia nos dias de hoje por causa da situação política freqüentemente instável e de possíveis ataques terroristas, mas isso não intimida todos os viajantes.

O lugar mais seguro é, provavelmente, Bali, apesar de um recente ataque terrorista isolado. Bali é uma ilha idílica com dois vulcões interessantes: o Gunung Agung e o Gunung Batur. Outro destino turístico muito procurado é Lombok, onde se encontra o Gunung Rinjani. O Anak Krakatoa é potencialmente perigoso, tanto pela localização quanto pela atividade, de fraca a moderada, dos últimos anos. Pode-se alcançar a ilha por barco saindo de *resorts* das ilhas da costa oeste de Java, mas o acesso é limitado há alguns anos, depois da morte de um turista em 1996. O vulcão mais alto de Java é o Semeru: tem 3.676 m de altitude e é muito ativo e perigoso; em agosto de 2000, matou dois vulcanólogos do Instituto de Pesquisas Vulcanológicas da Indonésia e feriu outros seis que estavam em visita organizada para cientistas profissionais. Não é um destino por onde se aventurar sem guia local e, ainda assim, o risco é elevado. O mesmo acontece com outros majestosos vulcões indonésios, como o Merapi, que é um dos mais ativos do país e tem a seus pés a cidade de Yogyakarta, densamente povoada. Os *lahars* estão entre os perigos trazidos pelos vulcões, cuja natureza explosiva cria montanhas de flancos íngremes e depósitos de cinza fina; chuvas fortes podem dar origem a *lahars* devastadores e mortais.

Ao longo do Cinturão de Fogo, o próximo país digno de nota em matéria de vulcões são as Filipinas, berço de alguns altamente perigo-

Fig. 1.3 O Merapi, em Java, é um dos vulcões mais ativos e perigosos da Indonésia. O estratovulcão de flancos abruptos domina a paisagem de uma das maiores cidades de Java, Yogyakarta. Suas erupções já causaram muitas mortes e devastação em áreas rurais. Vulcões desse tipo, que compõem o Cinturão de Fogo da Terra, podem ser visitados mais facilmente quando estão em repouso

sos, como o Taal, o Mayon e o Pinatubo. A erupção de 1991 do monte Pinatubo foi a terceira maior erupção do século XX e ocupou muitas manchetes internacionais. O Mayon é o vulcão mais ativo do país. É conhecido por sua simetria, mas a beleza tranqüila esconde um interior um tanto turbulento. Em 2000 e 2001, a atividade explosiva e o crescimento de um domo de lava forçaram a evacuação de pessoas das áreas vizinhas ao vulcão. O Taal é uma caldeira vulcânica preenchida por um lago que, por sua vez, contém uma pequena ilha vulcânica muito ativa no centro. As erupções já provocaram alguns tsunamis lacustres desastrosos.

O Taal pode ser facilmente acessado a partir de Manila, e há resorts na borda da cratera que oferecem boa infra-estrutura para os viajantes. Embora não seja o melhor país do ponto de vista turístico, as Filipinas valem uma escala por causa desses e de outros vulcões famosos.

Em seguida vem o Japão, outro país onde os vulcões são numerosos e turbulentos, sendo o Unzen e o Sakurajima os mais ativos atualmente. Em 1991, o Unzen reclamou as vidas dos famosos caçadores de vulcões Maurice e Katia Krafft (ver Cap. 4). Um ponto muito interessante, e menos perigoso para um passeio vulcânico, é o monte Fuji, incontestavelmente um dos vulcões japoneses mais fotogênicos, famoso por sua beleza digna de cartão postal. O Fuji aparenta repouso desde a última erupção, em 1707, mas tem um histórico de atividade; sabe-se que entrou em erupção pelo menos 13 vezes nos últimos mil anos. É considerado uma montanha sagrada pelos japoneses e, todos os anos, muitos peregrinos percorrem o caminho até o topo. Se quiser juntar-se a eles, vá no verão, mas viaje na primavera se quiser tirar suas próprias fotos em estilo cartão-postal, com cerejeiras em flor em primeiro plano. Quanto ao vulcão Asama, na região central do Japão, sua tendência geral é de erupções de pequena magnitude, embora, em 1783, tenha despejado nuvens ardentes mortais. Os viajantes devem ser cautelosos em relação ao vulcão Aso, onde pequenas erupções explosivas já mataram turistas que se encontravam na borda da cratera na hora errada. Mas, se quiser ver um pouco de ação, vá ao Sakurajima: o vulcão produz com freqüência pequenas erupções que podem ser observadas do sopé da montanha. Já se estiver interessado em fontes termais, o vulcão Hakone é a atração a ser visitada, com seu belo lago de cratera, estruturas vulcânicas variadas e grande infra-estrutura turística.

Mais além, o Cinturão de Fogo se estende pelas ilhas Kurile e a península de Kamchatka, na Rússia. Essa região não é conhecida pela infra-estrutura turística, mas Kamchatka está mudando depressa. Essa península vulcânica permaneceu fechada aos ocidentais até a queda do regime soviético, mas a partir de então começou a se transformar em um destino para viagens de aventura. Os maiores vulcões da península são o Bezimianny, o Karymsky, o Kliuchevskoi (Fig. 1.4) e o Tolbachik, todos bastante ativos, entrando em erupção uma vez a cada dez anos, em média. O Bezimianny (que em russo significa "o sem nome") era considerado insignificante até 1955, quando despertou produzindo umas das erupções mais violentas do século, arremessando nuvens de cinzas a uma altura de 45 km e despejando nuvens ardentes que devastaram mais de 60 km^2.

O Cinturão de Fogo continua ao longo das ilhas Aleutas, onde encontramos vulcões ativos como o Kanaga; não é fácil, porém, chegar a essas ilhas, e as instalações turísticas são, para dizer o mínimo, limitadas. O grupo seguinte de vulcões razoavelmente fáceis de chegar está situado no Alasca. Os destaques são o monte Spurr, o Redoubt, o Augustine, o Pavlof, o Veniaminof e o Novarupta, vulcões elevados que podem produzir erupções violentas, mas, em virtude da população escassa, não causam ocorrências fatais com freqüência. A caldeira Novarupta produziu uma erupção de grande potência em 1912. Foi a maior erupção do século XX e ficou conhecida pelos gigantescos fluxos piroclásticos que formaram o Vale das Mil Chaminés. Embora quase todas essas chaminés de vapor já tenham desaparecido, o local não perdeu o fascínio; pode-se observar hoje em dia um domo de lava clássico no interior da caldeira.

O Canadá representa uma lacuna na rica parte leste do Cinturão de Fogo, uma vez que seus vulcões nunca entraram em atividade durante o período histórico. Entretanto, a costa oeste dos Estados Unidos compensa, e muito, a breve lacuna. Os majestosos vulcões da cadeia de montanhas Cascades atraem milhões de visitantes aos seus parques nacionais, belos e bem administrados. Todos merecem uma visita, desde o monte Baker, próximo à fronteira canadense, ao Lassen Peak e ao monte Shasta, na Califórnia. Entre os destaques encontram-se o ameaçador monte Rainier, o ainda famoso monte Santa Helena e o Crater Lake, um lago de cratera espantosamente belo, não mais ativo, mas que exibe uma arquetípica caldeira de vulcão, destino obrigatório para os aficionados. Ainda na Califórnia, é imperdível

Fig. 1.4 O Kliuchevskoi (4.835 m) é o vulcão mais elevado e mais ativo da península russa de Kamchatka. Apresenta uma linda simetria e entra freqüentemente em atividade, com erupções que vão desde as freáticas e explosões de cinzas até derramamentos de lava. A fotografia mostra o fluxo de lava da erupção de 1993 no primeiro plano, a área escura em contraste com a neve. Os vulcões da península de Kamchatka são espetaculares, porém a região foi fechada para turistas estrangeiros durante a era soviética, e até hoje, raramente são visitados

a visita à caldeira Long Valley, considerada um local provável para uma erupção catastrófica no futuro.

Nesse ponto, é importante fazer dois desvios do Cinturão de Fogo: um deles em direção à região geotermal de Yellowstone, onde milhares de turistas ficam maravilhados, ano após ano, com o Old Faithful e outros gêiseres, e outro em direção ao Havaí, o melhor exemplo de vulcanismo do tipo "hot spot" (discutido no Cap. 2). O Havaí é também o melhor exemplo de turismo vulcânico, graças principalmente à erupção da cratera Pu'u O'o, do Kilauea, que teve início em 1983 e continua a encantar os visitantes, apesar de ter tirado a vida de alguns dos muitos milhares de turistas que acorreram em bandos desde o início da erupção. O Kilauea, um dos vulcões ativos de mais fácil acesso, é o grande destaque do Parque Nacional dos Vulcões do Havaí. Outros vulcões havaianos que vale a pena visitar são o gigantesco Mauna Loa, o sonolento Hualalai e o Haleakala, de uma beleza mágica. Todos esses vulcões são de fácil acesso e estão localizados em áreas que oferecem excelente infra-estrutura para os visitantes.

Ao sul da parte continental dos Estados Unidos, o Cinturão de Fogo continua pelo México, outro país onde não há escassez de atividade vulcânica. O vulcão mais temível do México é o Colima (Fig. 1.5), mas o Paricutín é muito mais conhecido por causa das circunstâncias do seu nascimento: ele brotou, literalmente, no meio de uma plantação de milho em 1943. Muitos visitantes sobem ao topo do pequeno Paricutín, mas somente alpinistas responsáveis empreendem a subida ao pico do Fuego de Colima, um dos vulcões mais turbulentos do México, ou ao seu vizinho "dormente" Nevado de Colima. Os alpinistas ousados vão querer escalar El Pico de Orizaba, a montanha mais alta do México, que alcança 5.700 m. Outros pontos de destaque no México são o Popocatépetl e El Chichón. Com seu pico coberto de neve, o Popo, como é conhecido por quem não está familiarizado com a pronúncia asteca, é um vulcão majestoso que domina o horizonte ao sul da Cidade do México. Em 1994, o Popo

Fig. 1.5 O vulcão Colima, no México, também conhecido como Fuego ou Fuego de Colima, é um dos mais ativos da América Central. Com seus 3.850 m de altitude, pode ser escalado em períodos de repouso, embora seja mais seguro observá-lo escalando seu vizinho mais velho, o Nevado de Colima, que apresenta um cume coberto de neve. O Fuego pode ser extremamente perigoso. Sua atividade no período histórico incluiu erupções explosivas violentas, fluxos piroclásticos e avalanches de fragmentos de rocha que ameaçam uma cidade próxima, Colima. A cidade e a região circunvizinha são ricas em história e remanescentes arqueológicos

acordou de um período de repouso que durou 50 anos e gerou muita preocupação. A maioria das explosões foi de pequena magnitude, mas uma nova erupção com a mesma força da poderosíssima erupção histórica de 1720 não é improvável. Já El Chichón era um vulcão obscuro até 1982, quando despertou por um breve período, mas com extrema violência, causando 2.500 mortes e provocando impactos significativos no clima do planeta.

Ao sul do México, o Cinturão de Fogo continua com manifestações abundantes e famigeradas na superfície da Terra. Uma delas é o domo do Santiaguito, na Guatemala, que cresce incessantemente desde 1922 no flanco do ultraperigoso vulcão Santa Maria (Fig. 1.6). O Santiaguito costuma derramar fluxos de lava espessos e viscosos que se movem lentamente. De vez em quando ele explode e produz fluxos piroclásticos.

Infelizmente, não é fácil nem seguro visitar esse vulcão. O Pacaya e o Fuego, também na Guatemala, são dois vulcões ativos com pequenas erupções explosivas (estilo estromboliano), e são opções melhores para uma visita. As erupções do Pacaya podem ser freqüentemente vistas da Cidade da Guatemala, a capital do país. El Salvador tem o Izalco, conhecido como o Farol do Pacífico até sua atividade quase contínua cessar em 1966, bem no momento em que se construía um hotel na área do vulcão. A Nicarágua abriga o Cerro Negro e o Masaya, dois vulcões muito ativos que poderiam se transformar em grandes atrações turísticas se o país fosse politicamente mais estável. Embora as donzelas não corram mais o risco de serem jogadas no lago de lava do Masaya, os viajantes devem ter em mente que alguns países da América Central são tão imprevisíveis quanto seus vulcões.

Uma exceção às precauções necessárias na América Central é a pequena Costa Rica, uma nação ecologicamente consciente. É fácil viajar por esse país politicamente tranqüilo e bem desenvolvido em matéria de turismo. A Costa Rica foi um dos países pioneiros no conceito de ecoturismo e tornou-se um local de férias muito em voga entre os ambientalistas. Os vulcões mais ativos do país são o Arenal, muito ativo (e perigoso); o fantástico Poás; o Irazú, de fácil acesso; e o pouco conhecido Turrialba, localizado em uma região de paisagens deslumbrantes.

Nesse ponto, é importante fazer um desvio para o Caribe. Muitos vulcões despontam ao longo do arco das Pequenas Antilhas, resultado da subducção do assoalho oceânico do Atlântico Norte sob a placa do Caribe. Muita gente já ouviu falar do tristemente célebre monte Pelée ("pelado"), na Martinica, e da trágica erupção de 1902, mas há na região vários outros vulcões menos conhecidos e igualmente interessantes. Três vulcões compartilham o nome "La Soufrière" (fonte de enxofre), localizados nas charmosas ilhas de São Vicente, Santa Lúcia e Guadalupe; já a ilha de Dominica abriga o "Grand Soufrière".

Os vulcões são de fácil acesso e as ilhas recebem muitos visitantes, mas poucos são os que se aventuram pelos flancos vulcânicos. Outro "produtor de enxofre" foi o vulcão que esteve nas manchetes durante os últimos anos do século XX, e assim continua no novo milênio: trata-se do Soufrière Hills, em Montserrat. Antes um refúgio para viajantes em busca de uma ilha caribenha típica e preservada, Montserrat continua sofrendo a devastação trazida por contínuas erupções. É difícil dizer quando o turismo voltará à ilha, porém, enquanto o vulcão estiver ativo, ela pode ser uma opção interessante para aventureiros que dispensam a infra-estrutura turística clássica. Poderá causar surpresa o fato de que o vulcão mais ativo do Caribe seja submarino, com um nome um tanto incomum: Kick-'em-Jenny ("Pau neles, Jenny!"). Localizado perto da ilha de Granada, esse vulcão foi avistado pela primeira vez em 1939, quando lançou do mar em ebulição uma coluna negra de cinzas e vapor a quase 300 m de altura. Ele continua crescendo e uma nova ilha nascerá num futuro próximo. É bom ficar atento ao noticiário e, quando o vulcão emergir, terá chegado a hora de planejar uma visita.

O Cinturão de Fogo continua descendo pela América do Sul, e nossa próxima parada é a Colômbia, outro país problemático do ponto de vista político, porém muito interessante em matéria de vulcões. Dois vulcões colombianos monopolizaram a atenção mundial por causa de erupções inesperadas e mortais. O Nevado del Ruiz causou uma das maiores catástrofes vulcânicas do século XX, enquanto o Galeras teve uma explosão pequena, mas em péssima hora, matando nove vulcanólogos. Logo ao sul do Galeras encontra-se o Equador, país que, além de possuir dois dos vulcões mais imponentes do mundo, o Cotopaxi, roteiro freqüente de alpinismo, e o Reventador, freqüentemente ativo, tem também as ilhas Galápagos. Todas as ilhas são vulcânicas e alguns vulcões são bastante ativos (ver Cap. 10).

Fig. 1.6 O vulcão Santa Maria, na Guatemala (à direita), entrou violentamente em erupção em 1902, devastando uma grande área do país. Desde 1922, o domo de lava do Santiaguito (à esquerda) vem crescendo na base da cratera da erupção de 1902. O crescimento do domo de lava é assinalado por pequenas explosões quase contínuas e, freqüentemente, por extrusão de lava e fenômenos de maior intensidade. O Santiaguito é considerado altamente perigoso, mas, dependendo das condições do momento, o vulcão pode ser observado a distância com segurança. Em 1929, o Santiaguito gerou um grande fluxo piroclástico que matou, no mínimo, centenas de pessoas; alguns relatos contabilizam um número próximo a cinco mil. A Guatemala abriga muitos outros vulcões ativos

O Fernandina é um deles, um vulcão de encostas pouco elevadas, com o topo formado por uma caldeira particularmente grande. A última erupção foi em 1995, e a qualquer momento poderá acontecer outra, já que o vulcão se caracteriza por uma atividade freqüente de estilo havaiano. Uma opção muito procurada pelos visitantes é a ilha Isabella, que abriga o Sierra Negra (onde se pode subir até o topo a cavalo e que entrou em erupção em 2005) e o Cerro Azul, um dos vulcões mais ativos de Galápagos, porém interditado aos turistas. A erupção de 1998 do Cerro Azul trouxe uma séria ameaça à sobrevivência das tartarugas raras que habitam a ilha, e algumas tiveram de ser evacuadas por helicóptero, enquanto outras (com mais de 200 quilos) foram carregadas por equipes humanas através de um terreno acidentado. Charles Darwin, que tornou as tartarugas famosas a ponto de justificar-lhes o resgate, também fez observações importantes sobre os vulcões, e seu nome acabou batizando um deles: o vulcão Darwin, também na ilha Isabella.

Galápagos é um destino ideal para os aventureiros que procuram realmente adquirir conhecimentos em matéria de história natural, mas a viagem a essas ilhas requer algum planejamento. O governo do Equador adota medidas restritivas para proteger esse paraíso ecológico, e a melhor maneira de fazer essa viagem é juntar-se a alguma das muitas excursões organizadas. Nas ilhas, poucos locais estão abertos a turistas independentes, ou seja, é preciso fazer parte de um grupo ou estar acompanhado de um guia naturalista de Galápagos.

Continuando a descida pela cordilheira dos Andes, chegamos ao Chile e a seus imponentes vulcões, entre os quais se destacam o Villarica e o Calbuco, que estão entre os mais ativos. O Chile tem parques nacionais magníficos e a infra-estrutura turística é muito boa, embora a escalada desses vulcões seja difícil por causa das grandes altitudes. O Llullaillaco tem a honra de ser o mais alto vulcão ativo do mundo no período histórico (6.739 m). Os turistas mais aventureiros podem descer até o Cerro Hudson, na Patagônia, um vulcão que entrou em erupção violentamente em 1991 e cujas cinzas chegaram até a Austrália. O vulcão mais meridional dos Andes é o monte Burney, localizado no extremo sul da Patagônia, no Chile. Não é fácil chegar até lá, mas os viajantes serão recompensados com a sensação de poder realizar o que poucos conseguem. Mais ao sul, o Cinturão alcança as dispersas ilhas Sandwich do Sul, mas raros viajantes arriscam ir tão longe. O Cinturão finalmente chega à Antártica na sinistra e isolada ilha Decepção, cuja erupção de 1969 destruiu uma base de pesquisas e alarmou a população local de pingüins.

Vulcões do Atlântico

Esses vulcões resultaram da intensa atividade do afastamento do assoalho oceânico que forma a dorsal mesoatlântica (Fig. 1.7), um cenário tectônico muito diferente do Cinturão de Fogo. O vulcão setentrional mais ativo na cadeia mesoatlântica é a ilha Bouvet, possessão norueguesa, um lugar inabitado de acesso dificílimo, talvez o vulcão mais remoto do mundo considerado ainda em atividade. A ilha, descoberta em 1739, teve uma grande erupção há cerca de dois mil anos, ou pelo menos é o que a datação magnética nos informa. Mais ao norte, encontra-se a isolada ilha de Tristão da Cunha. Ela pode não receber muitos viajantes, mas é conhecida como um lugar bem interessante. Uma erupção em 1961 forçou a evacuação da pequena população (umas poucas centenas de habitantes), mas depois disso as pessoas começaram a voltar, o vulcão está tranqüilo e a ilha passou a figurar em um ou dois folhetos de cruzeiros marítimos. Tristão tem uma ilha vulcânica na vizinhança que leva um nome perfeitamente adequado: Inacessível; como seria de esperar, é inabitada.

Continuando rumo ao norte, o ponto vulcânico seguinte da civilização é a ilha de Santa Helena. Esse último lar de Napoleão é considerado um *pit stop* marítimo desde sua descoberta em 1502. O vulcão não está mais ativo, e a ilha não oferece muito aos viajantes, que só podem chegar até lá por via marítima, já que Santa Helena ainda não entrou na era das viagens aéreas. Ao longo da cadeia encontramos uma série de vulcões remanescentes, como a ilha Ascensão e os rochedos de São Pedro e São Paulo, todos de acesso muito difícil.

Os vulcões insulares vão se tornando mais interessantes, e os *port stops*, pontos de parada, mais freqüentes à medida que a cadeia entra no hemisfério Norte. Há três grupos de ilhas de muito sucesso turístico: Cabo Verde, Canárias e Açores. As ilhas de Cabo Verde, território português, abrigam o vulcão Fogo, que tem uma caldeira estupenda com aproximadamente 8 km de largura. Fogo fez jus ao nome por três vezes no século XX. A última erupção, em 1995, exigiu a evacuação de três mil pessoas, e muitas tiveram seus lares destruídos pelos fluxos de lava.

Mais ao norte, próximo à costa africana, encontram-se as Canárias, território espanhol, formadas pela reunião de ilhas vulcânicas que têm como destaques Tenerife, Lanzarote e La Palma. O vulcão El Teide, em Tenerife, é o ponto mais elevado da Espanha (3.715 m), e sua fama vem do fato de ter sido o vulcão em erupção que Colombo e sua tripulação provavelmente avistaram em 1492, embora ninguém tenha conseguido provar que o "grande fogo" fosse efetivamente uma erupção. El Teide entrou em atividade em 1909, mas tem permanecido quieto desde então, para o grande alívio dos empresários dos *resorts*. La Palma é um vulcão complexo com muitos focos de erupção, freqüentemente ativos, e uma caldeira espetacular. O Teneguia, em La Palma, entrou em erupção em 1971, deixando muitos viajantes maravilhados. Já a última erupção do Lanzarote ocorreu em 1824, mas uma próxima poderá acontecer a qualquer momento. Muitos turistas vão às Canárias em busca de sol e diversão, mas só os vulcões já valem a viagem. A popularidade das ilhas como balneário de férias traz desvantagens, já que muitos viajantes em busca de aventura são dissuadidos pelo excessivo número de pessoas. É possível fugir das aglomerações, mas isso exige um grande empenho.

As ilhas dos Açores competem com as Canárias como melhor destino no Atlântico para quem aprecia tanto paisagens vulcânicas quanto clima agradável; são, porém, bem menos povoadas. Muitos vulcões entraram em atividade durante o período histórico nos Açores, entre os quais a ilha Fayal, ao largo da qual ocorreu a erupção submarina de Capelinhos, em 1958, e o vulcão da ilha de São Miguel, estranhamente batizado como Água de Pau, ativo pela última vez em 1564. As erupções submarinas na região das ilhas são comuns, e várias crateras entraram em erupção muitas vezes. Alguns desses vulcões receberam nomes de bancos locais (como o Banco de Mônaco), uma prática incomum, mas que provavelmente faz sentido para a população.

Afora o clima, o ponto mais interessante da cordilheira mesoatlântica é certamente a Islândia. É o país mais vulcânico da Terra (Fig. 1.7), com nada menos que 22 vulcões ativos, entre os quais o Hekla, o Krafla e o Eldfell, situado na pequena ilha de Heimaey. A Islândia é famosa por suas geleiras monumentais, pelas

Fig. 1.7 Distribuição dos vulcões sobre a cadeia mesoatlântica. A atividade desses vulcões tende para erupções relativamente fracas, maravilhosas de se ver. Os vulcões nas Índias Ocidentais e no Mediterrâneo não estão localizados sobre a cadeia mesooceânica e serão comentados nos próximos capítulos
Fonte: modificado de Francis, 1993.

Fig. 1.8 A atividade vulcânica na Islândia é fortemente afetada pela cobertura de gelo e pelas águas de degelo. O Grímsvötn, o vulcão com atividade mais freqüente no período histórico, está situado muito abaixo da imensa geleira Vatnajökull. Esta fotografia aérea mostra a erupção de 1998 do Grímsvötn, no quinto dia (23 de dezembro de 1998)

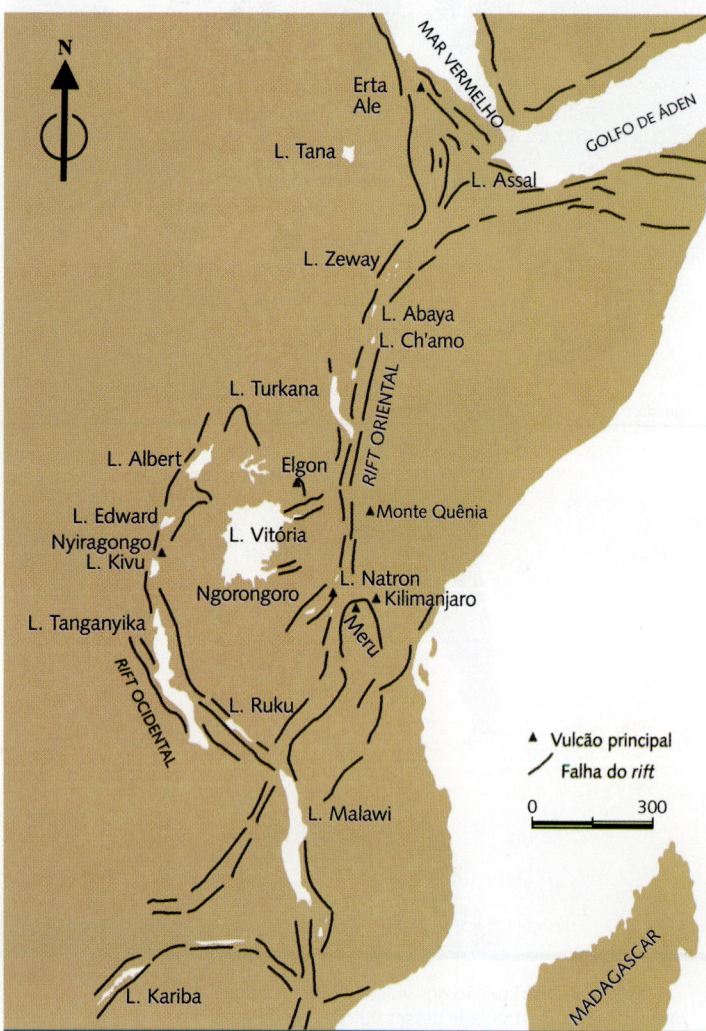

Fig. 1.9 Os vulcões africanos incluem o famoso Kilimanjaro e outros vulcões menos conhecidos, de difícil acesso, como o Erta Ale
Fonte: modificado de Francis, 1993.

erupções sob o gelo, pelos gêiseres e por sua geologia em geral, que é única (Fig. 1.8). Aí é possível observar com nitidez a separação da cadeia mesoatlântica, que está dividindo a ilha ao meio. O país é também conhecido pela capacidade de seu povo para enfrentar os desastres provocados pelos vulcões, chegando até a transformá-los em vantagem, usando, por exemplo, o fluxo de lava como fonte de calor para as habitações locais. Os viajantes seriamente interessados em vulcões não devem deixar de ir à Islândia, mas é importante fazer a viagem durante o verão.

O vulcão ativo mais setentrional do mundo é o Beerenberg, localizado na pequena e desolada ilha de Jan Mayen. O Beerenberg entrou cinco vezes em erupção desde 1633, a última em 1985. Essa ilha no Ártico não é um lugar acolhedor, apesar de receber mais visitas do que se possa imaginar, já que a localização remota já é, por si só, um atrativo para os aventureiros. Muita gente prefere, no entanto, descer em direção à cadeia de vulcões situados em latitudes mais amenas.

Vulcões africanos

O Rift Valley da África Oriental, um ponto de ocorrência de vulcanismo intercontinental, tem alguns dos vulcões mais fascinantes e remotos do mundo (Fig. 1.9). Ele se estende da Etiópia à Tanzânia, cruzando regiões de grande agitação política, o que pode tornar a viagem impraticável, para não dizer realmente perigosa. É fácil visitar a extremidade norte do *rift*, o mar Vermelho, produto das incomensuráveis forças tectônicas que deram origem a todo o vale. Porém, viajar pelo sul é outra história. A Etiópia é um país pontilhado de vulcões ativos, inclusive o fascinante Erta Ale (que significa "montanha fumegante" na língua das tribos Danakil), um vulcão muito ativo, cuja caldeira no topo (Fig. 1.10) abriga um, às vezes dois lagos de lava, que podem estar ativos desde antes de sua descoberta, em 1967.

A atividade continuava ainda em 2003 (Fig. 1.11), mas esse vulcão é de difícil monitoramento. E visitá-lo é mais difícil ainda. No início dos anos 1990, uma expedição vulcanológica foi obrigada a bater em retirada por nativos

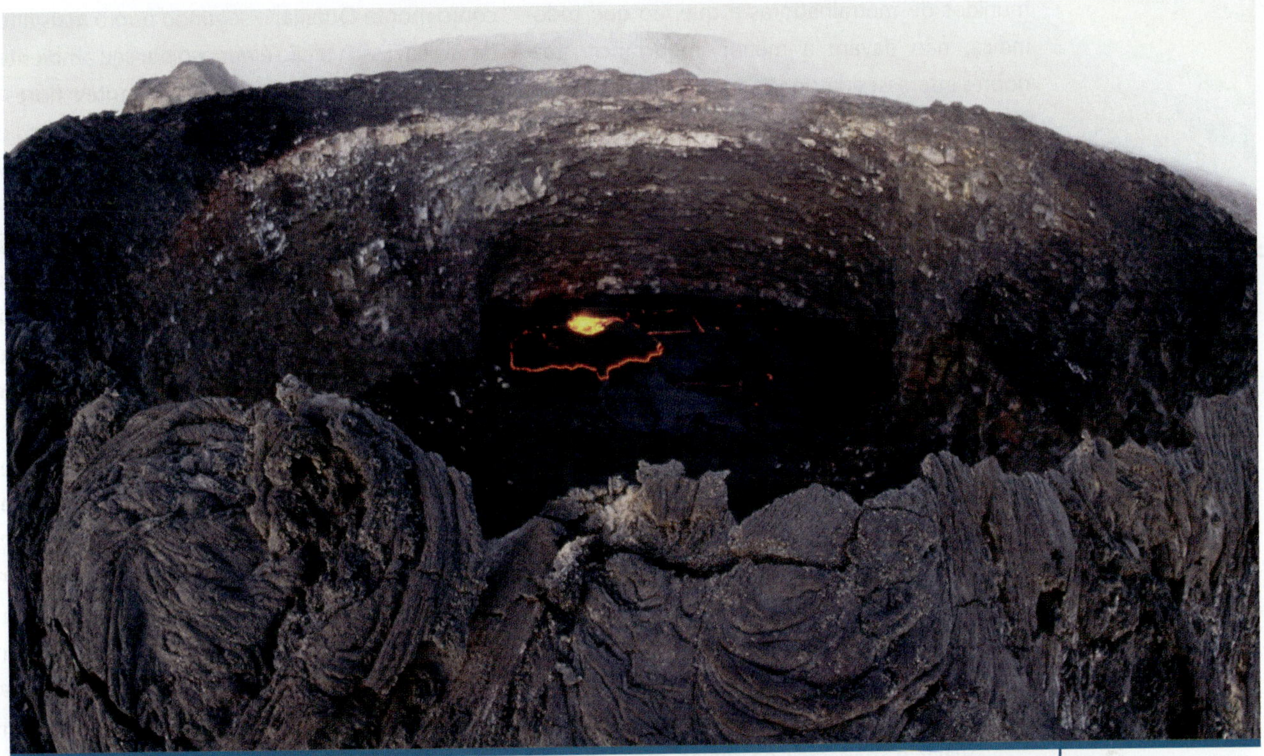

Cortesia de Pierre-Yves Burgi

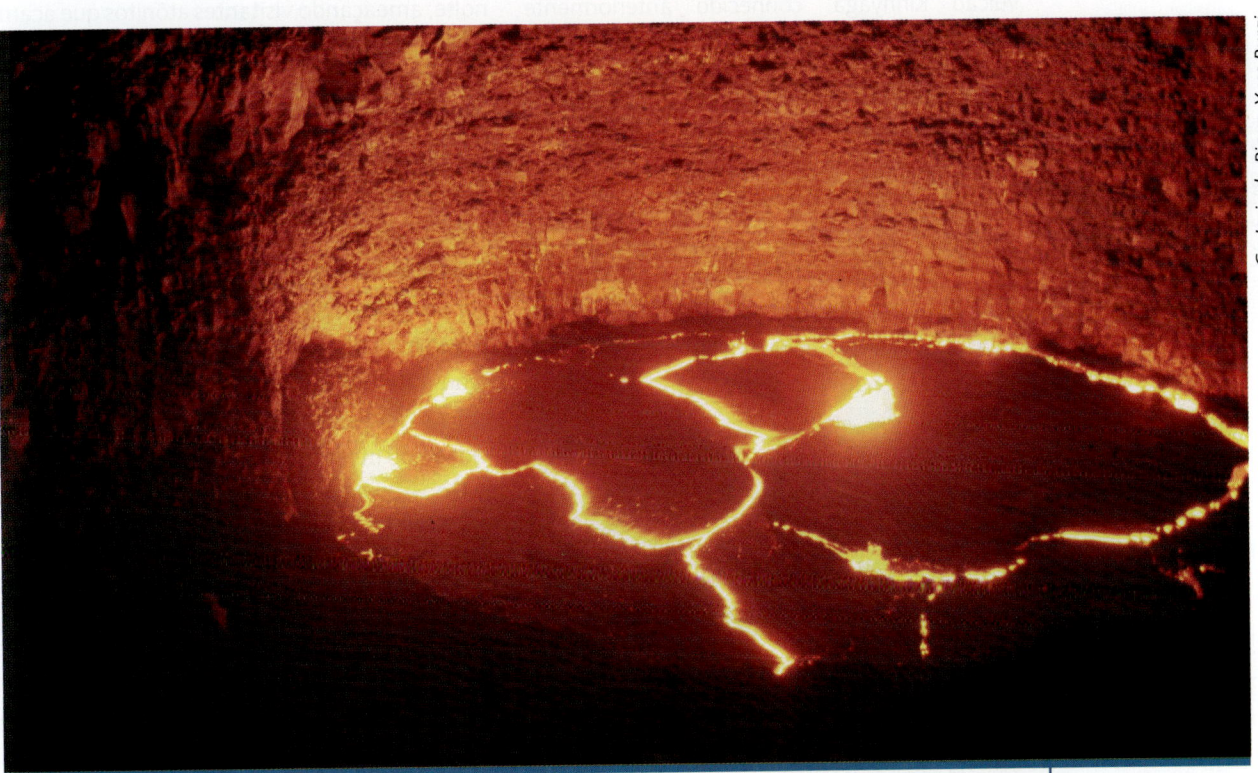

Fig. 1.10 O Erta Ale é o vulcão mais ativo da Etiópia. O extenso vulcão-escudo, de 50 km de largura, está a 613 m acima do nível do mar, na inóspita depressão Danakil. Desde 1967, ou provavelmente muito antes, a cratera no topo aloja um lago de lava espetacular, às vezes dois. Apesar dos perigos da região, os lagos de lava, ativos há tanto tempo, têm atraído vários visitantes destemidos. Nesta imagem, a crosta negra do lago de lava, recém-formada, mostra rachaduras, e pode-se observar uma pequena fonte de lava próxima à parede da cratera. O lago de lava tem aproximadamente 120 m de extensão

Cortesia de Pierre-Yves Burgi

Fig. 1.11 Esta vista noturna espetacular do lago de lava ativo do Erta Ale mostra que vale a pena permanecer acordado para observar e fotografar a atividade vulcânica. A lava fresca e luminosa sai pelas rachaduras da crosta do lago e fica normalmente exposta em contato com a parede da cratera, uma vez que o movimento da lava subjacente faz a crosta romper-se ao bater contra as paredes. Essa característica foi utilizada pela autora para ajudar a identificar os lagos de lava em Io, uma das luas de Júpiter

munidos de metralhadoras e que, ao que tudo indica, não davam a menor importância aos nobres interesses da ciência. Essas atitudes locais altamente desestimulantes podem explicar por que o Erta Ale é, provavelmente, o vulcão menos estudado entre os constantemente ativos, apesar de vários vulcanólogos e expedições terem ido até lá nos últimos anos. A melhor maneira de monitorar a atividade desse vulcão é usando satélites de sensoriamento remoto ou contar com vulcanólogos ou entusiastas que ousem fazer a viagem. Mesmo que os nativos se tornem bem mais amigáveis no futuro, ainda persiste o problema da localização do Erta Ale, a depressão Danakil, que dá a convincente impressão de ser mais quente que o próprio lago de lava. Essa depressão é, no entanto, um lugar muito especial: algumas crateras encontram-se abaixo do nível do mar; são os vulcões em mais baixa altitude que há no mundo.

Viajar é mais fácil na região mais ao sul, onde o *rift* oriental cruza o Quênia. Encontramos viajantes que querem ver a vida selvagem dentro e à volta do grande número de vulcões. O mais imponente não está mais ativo: o vulcão Kirinyaga, conhecido anteriormente como monte Quênia, o segundo ponto mais alto da África. Esse vulcão é famoso por seu ambiente alpino-africano, onde lobélias gigantes florescem e são polinizadas por um lindo pássaro, o beija-flor verde de tufos escarlates. O Rift Valley tem lagos carbonatados que são hábitats de animais selvagens e fazem muito sucesso com os turistas. Um exemplo é o lago Nakuru, no Quênia, onde uma quantidade enorme de flamingos vem se alimentar. O Rift Valley continua na direção sul e oeste, contornando o lago Vitória, entrando em Uganda, Ruanda e Zaire, e seguindo rumo ao sul, para a Tanzânia, que pode se vangloriar de ter o inigualável Ol Doinyo Lengai ("montanha de Deus" na língua massai), o único vulcão ativo no mundo com lava carbonatítica (Fig. 1.12). Essa lava contém uma alta proporção de carbonato de sódio e cálcio, e sua erupção forma pequenos fluxos de baixa viscosidade e temperatura relativamente baixa (em torno de 580°C).

Esses fluxos correm a apenas alguns metros da fonte e não constituem, obviamente, um desafio à vida ou à propriedade, embora sejam conhecidos por surgirem rapidamente à noite, ameaçando visitantes atônitos que acampavam dentro da caldeira. O vulcão permanece em atividade quase contínua e é um destino emocionante para os aventureiros de verdade (como *Lara Croft: Tomb Raider* – no filme, o vulcão foi apresentado como o "berço da vida"). A Tanzânia também abriga o vulcão mais famoso da África: o monte Kilimanjaro, coberto de neves eternas, com altitude de 5.895 m, o ponto mais alto da África. Essa bela montanha foi descrita por Ernest Hemingway em *As Neves de Kilimanjaro*. Não está em atividade no momento, exceto por algumas fumarolas. É também o único vulcão do mundo conhecido por ter sido oferecido como presente de aniversário. O garoto de sorte era o Kaiser Guilherme II da Alemanha, que o ganhou da sua avó generosa, a Rainha Vitória. Ainda na Tanzânia, chegamos a outro vulcão conhecido, porém inativo, o Ngorongoro, a maior caldeira da África, com um diâmetro de cerca de 20 km. Essa caldeira fenomenal é um lugar que vale a pena visitar, em virtude da diversidade da vida selvagem. Não muito longe, encontra-se o lago Vitória, nascente do Nilo Branco.

Fig. 1.12 Ol Doinyo Lengai, na Tanzânia, é um dos vulcões mais enigmáticos do mundo, o único que expele a exótica lava carbonatítica. O vulcão, lindamente simétrico, alcança 2.890 m acima das planícies ao sul do lago Natron, no Rift Valley africano. Embora não seja um local de fácil acesso, o Ol Doinyo atrai sua cota de aficionados por vulcões. Recentemente o vulcão chegou às telas de cinema, tendo sido apresentado como o "berço da vida" em um filme de Lara Croft

Quem quiser ver lava em movimento deve ir ao Zaire, no lado oeste do *rift*, onde se encontram o Nyiragongo e o Nyamuragira, dois dos vulcões mais ativos do mundo. Ambos têm um lago de lava em constante atividade e erupções freqüentes de lava líquida. O Nyiragongo causou muitas mortes e devastação local em 1977, quando o lago de lava irrompeu subitamente através de uma série de rachaduras. Em menos de uma hora, 22 milhões de metros cúbicos de lava corrente desceram pelos flancos do vulcão a velocidades em torno de 60 km/h, parecendo o transbordamento incandescente de uma represa. Umas 70 pessoas morreram e outras 800 ficaram desabrigadas. A ameaça da repetição desse evento criou muita preocupação em 1994, quando uma grande massa de refugiados ugandenses estava acampada na região. Em 2002, o vulcão despejou volumosos fluxos de lava que inundaram setores da cidade de Goma, causando mais mortes.

É triste saber que, à exceção de poucos lugares onde o ecoturismo foi desenvolvido, muitos vulcões do Rift Valley estão situados em países hostis, freqüentemente dilacerados pela guerra. No entanto, essa situação poderá melhorar. O interesse do público pelo Rift Valley tem crescido graças aos livros e programas de televisão de divulgação científica, não apenas por causa dos vulcões, mas também da fascinante vida selvagem do vale. Os roteiros ecológicos e de aventuras em algumas áreas de vulcões estão ficando mais fáceis de encontrar, e é provável que haja mudanças significativas nas condições de viagem nos próximos anos. Algumas áreas do Rift Valley estão virando grandes atrações, como é o caso das montanhas Virunga, hábitat dos gorilas-da-montanha, que se tornaram famosos por causa de Diane Fossey e, posteriormente, pelo filme *A Montanha dos Gorilas*. O Parque Nacional dos Vulcões, em Ruanda, é um destino turístico muito procurado, embora a maioria das pessoas vá para ver os gorilas, e não as formações geológicas.

O Rift Valley não é o único lugar na África que tem vulcões ativos. A costa oeste tem o monte Cameroon (Camarões), o pico mais alto da África Ocidental, um vulcão muito ativo (o mais ativo da região), de 4.094 m de altitude. O vulcão expeliu um fluxo de lava um tanto tradicional em 1982, bem na época em que o filme *Greystoke: A Lenda de Tarzan* estava sendo rodado na selva de Camarões (a lava não aparece no filme). Esse país não é exatamente uma das maiores atrações turísticas da África, mas meus colegas que estiveram estudando a erupção de 1982 consideraram a infra-estrutura turística adequada, apesar dos melhores quartos de hotel na capital, Douala, estarem ocupados pela equipe do filme. Alguns anos mais tarde, em 1986, a região vulcânica próxima, Oku, chocou o mundo quando um fenômeno raro, a emanação de dióxido de carbono do leito do lago Nyos matou, durante o sono, 1.700 pessoas em seus vilarejos.

A tragédia demonstrou como os vulcões podem matar de modo sorrateiro, sem fogos de artifício ou mesmo qualquer distúrbio na paisagem. Embora se saiba que emanações tóxicas possam se desprender da água dos lagos nos vulcões, o desastre em Nyos foi fora do comum. Geralmente, a mistura das águas do lago é suficiente para impedir o acúmulo de gases tóxicos no fundo, como aconteceu em Nyos. A razão desse acúmulo é desconhecida. Uma explicação é que as águas do lago teriam passado muito tempo sem se misturar e, quando algum evento (provavelmente um terremoto ou uma pequena erupção no lago) provocou um movimento e a conseqüente mistura das águas, os gases tóxicos subiram e foram liberados na forma de uma nuvem, próximo ao solo. Alguns anos mais tarde, em 1984, aconteceu a explosão e a liberação de uma névoa envenenada no lago Monoun, vizinho ao Nyos, matando 37 pessoas; algumas chegaram a perder camadas de pele. Ninguém sabe se esses lagos algum dia causarão uma nova catástrofe ou se, na realidade, um evento similar poderia ocorrer em algum outro lago vulcânico.

Embora não pertença ao continente africano, um vulcão digno de nota e que compensa o desvio é o Piton de la Fournaise ("pico da fornalha"), na ilha Reunião, no oceano Índico. Essa ilha, um território francês, pode ser descrita como muito semelhante ao Havaí em termos de clima, vegetação e a deslumbrante paisagem vulcânica, porém com uma vantagem imensa: a culinária francesa. O Piton de la Fournaise é um vulcão-escudo altamente ativo, com explosões de pequena magnitude e derramamento de lava em intervalos de poucos anos. É fabuloso explorá-lo, e o único inconveniente disso é a localização isolada, que faz dele um destino aéreo muito caro. Contudo, quem já esteve lá me garantiu que o custo compensa.

Vulcões na região do Mediterrâneo

Nessa região encontram-se os vulcões ativos mais conhecidos e mais freqüentemente visitados do mundo. Alguns têm sido estudados desde a Antiguidade. No extremo oriental do mar Mediterrâneo, a Turquia tem o vulcão Nemrut Dagi, que entrou em erupção no período histórico; já a Grécia tem o Methana, o Nisyros e o famoso Santorini, local de uma erupção cataclísmica que, acredita-se, destruiu a civilização minoana.

A Itália tem uma preciosa coleção de vulcões ativos, incluindo o Vesúvio, provavelmente o vulcão mais desenhado e fotografado do mundo. Ao norte do Vesúvio encontram-se os Campi Flegrei (Campos Flamejantes), local considerado potencialmente mais perigoso que o Vesúvio. Entre o continente e a Sicília estão situadas as ilhas vulcânicas Eólias, que incluem Stromboli, Lipari e Vulcano; todas são destinos fascinantes. A Sicília tem o monte Etna, o maior vulcão da Europa, muito ativo (Fig. 1.13). Quem quiser ir ainda mais longe pode rumar para a ilha de Pantelleria, logo ao norte da costa africana; a última vez que essa ilha apresentou atividade vulcânica foi em 1891.

Os vulcões do Mediterrâneo oferecem excelentes condições turísticas para os visitantes, mas o reverso da medalha é o fato de serem conhecidos demais; é melhor evitar os meses do verão. Conhecer esses vulcões é como assistir a uma aula de história e uma de geologia ao mesmo tempo. É nessa região que a interação entre os vulcões e as pessoas tem sido documentada desde a Antiguidade. Foi observando os vulcões mediterrâneos que os filósofos antigos começaram a se esforçar para compreender as erupções vulcânicas. Atualmente podemos colher os benefícios tanto das primeiras teorias quanto dos registros coletados ao longo de muitos séculos, uma ferramenta científica de valor inestimável na busca da verdade sobre o mecanismo de funcionamento dos vulcões.

Fig. 1.13 O monte Etna, na Sicília, é o maior vulcão da Europa. Suas erupções constantes deliciam os visitantes com freqüência, mas podem ser perigosas. De qualquer maneira, em atividade ou em repouso, o Etna é um dos melhores vulcões do mundo para visitar. Esta imagem, fotografada pela autora em março de 1981, mostra os flancos superiores cobertos de neve. No inverno, o Etna é um destino muito freqüentado para a prática de esqui, embora as erupções tenham destruído as instalações turísticas

2 Principais fatos a respeito dos vulcões

O QUE SÃO VULCÕES E COMO NASCEM?

A definição clássica de vulcão é uma abertura na superfície da Terra por onde o magma emerge. Magma é rocha derretida, contendo gases dissolvidos e cristais, que se formaram a grandes profundidades. Quando um vulcão entra em erupção, o magma – fluido ou em forma de fluxos ou fragmentos de lava – constrói uma edificação em volta da abertura. A essa estrutura, freqüentemente um monte ou uma montanha, também chamamos de vulcão. A maioria das pessoas imagina vulcões como altas montanhas, cones tranqüilos com topos cobertos de neve, como o monte Fuji, no Japão, ou montanhas violentas e estrondosas que expelem nuvens de cinzas e escórias a alturas descomunais, como fez o monte Santa Helena em 1980. No entanto, os vulcões apresentam-se sob muitas formas e tamanhos, e os tipos de erupção são muito variados. Às vezes a lava apenas se derrama e inunda uma região, sem criar nenhuma elevação distinta, muito menos uma montanha. Para compreender por que surgem os diferentes tipos de vulcão, inicialmente precisamos observar qual a sua relação com o mosaico terrestre de placas tectônicas. Os limites das placas são a localização favorita dos vulcões, e o tipo de erupção é, de maneira geral, similar ao longo de cada limite. É também por essa razão que encontramos vulcões semelhantes ao longo de cada "itinerário" do nosso roteiro global.

Ambiente tectônico dos vulcões

As erupções vulcânicas são pequenas manifestações de eventos que acontecem a grandes profundidades no nosso planeta. Os vulcões têm sido chamados de janelas para o interior da Terra porque fornecem muitas pistas sobre o que está ocorrendo abaixo da superfície. A primeira delas vem do modo como os vulcões se distribuem pelo mundo, como vimos em nossos roteiros. Existem cerca de 600 vulcões no mundo inteiro que estiveram ativos nos últimos 10 anos. Todos são considerados ativos ou ativos em potencial, mesmo que não tenham entrado em erupção por alguns milhares de anos, um intervalo pequeno em termos de tempo geológico.

Quando comparamos o mapa das placas tectônicas da Terra (Fig. 2.1) com o mapa dos nossos roteiros vulcânicos do capítulo anterior, fica evidente que os vulcões se concentram ao longo de várias cadeias estreitas que acompanham os limites das placas tectônicas. Mais de 94% das erupções históricas conhecidas ocorreram ao longo desses limites. Também não é coincidência que os terremotos tendem a ocorrer ao longo das mesmas cadeias, pois terremotos e vulcões estão intimamente ligados às placas tectônicas. Eles acontecem em lugares onde as placas em movimento estão sendo criadas ou destruídas. Em termos técnicos, essas localizações são chamadas, respectivamente, de dorsais mesooceânicas e zonas de subducção (Fig. 2.2).

As placas tectônicas formam a crosta rígida e fria que se sobrepõe ao interior quente. A zona abaixo da crosta é chamada de manto. O calor proveniente do interior força uma lenta circulação do manto sólido, que flui muito lentamente, de maneira comparável ao gelo em uma geleira. O manto ascendente acabará alcançando uma altura – a aproximadamente 70 km sob a superfície da Terra – em que a temperatura seja suficientemente alta e a pressão baixa o bastante para permitir a fusão de uma pequena parte da rocha. A rocha fundida (magma) se desprende das rochas mais sólidas circunvizinhas e sobe até a superfície por zonas de fraqueza da crosta. Várias dessas zonas são limites de placas onde surge a maioria dos vulcões – principalmente sobre as dorsais mesooceânicas e as zonas de subducção. A Terra, porém, não é um orbe simples, e os vulcões podem também

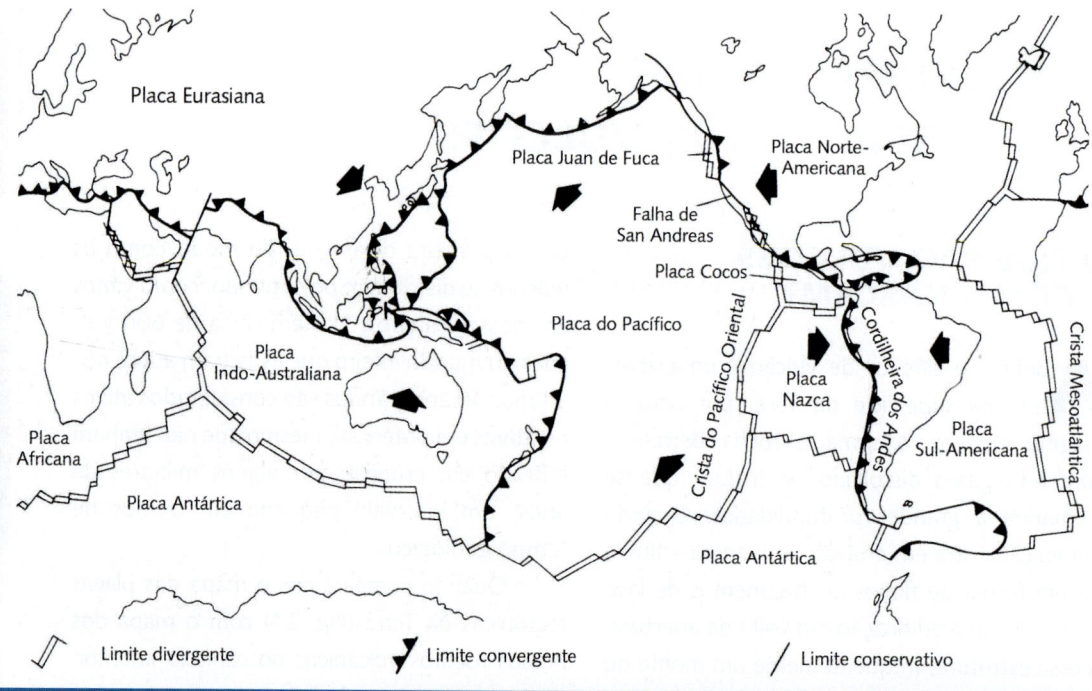

Fig. 2.1 Placas tectônicas da Terra. Os limites divergentes, onde as placas se afastam umas das outras, dão origem a vulcões menos violentos que os limites convergentes, onde estão localizadas as zonas de subducção. As setas indicam a direção do movimento da placa
Fonte: modificado de Decker e Decker, 1991.

ocorrer em regiões denominadas pontos quentes (*hot spots*) e no meio das placas (são então denominados vulcões intraplacas).

Dorsais mesooceânicas

Os vulcões em nosso roteiro "Vulcões do Atlântico" são ilhas que cresceram o suficiente para emergir à superfície do oceano. Esses e mais uma legião de vulcões submarinos se originaram quando o magma ascendente ao longo da cadeia mesooceânica criou uma nova crosta ao irromper. Essas cadeias são zonas onde duas placas tectônicas estão se separando lentamente e onde uma nova crosta oceânica está sendo criada pelo magma extrudado. Esse estilo de vulcanismo é, de longe, o dominante na Terra, mas a maioria não representa ameaça à vida humana ou à propriedade. O lado negativo é que, a não ser que se tenha acesso a um submarino, não se pode visitar a maioria desses vulcões. A Islândia, as Canárias e outras ilhas examinadas em nosso roteiro estão entre os poucos locais onde o sistema de *rift* oceânico – nesse caso, a dorsal mesoatlântica – emerge acima do nível do mar.

Nos últimos anos, pesquisas submarinas trouxeram muitas revelações sobre a natureza da atividade vulcânica em alta profundidade, entre as quais a aparência dos condutos hidrotermais. Em 1979, o submarino tripulado Alvin tirou a primeira fotografia de uma chaminé de vulcão ativo no assoalho oceânico, a cerca de 2,5 km de profundidade, em uma cadeia localizada ao largo da costa mexicana. O Alvin chocou-se literalmente com o que parecia ser uma chaminé ativa, quebrando um pedaço da coluna. O piloto do Alvin, Dudley B. Foster, tentou medir a temperatura da chaminé usando um sensor de temperatura do submarino, feito de plástico, mas ele rapidamente ultrapassou a escala e começou a derreter. O instrumento foi projetado para suportar temperaturas de até 330°C, limite que ficou ligeiramente abaixo da temperatura da chaminé ativa.

Viagens exploratórias subseqüentes feitas pelo Alvin e por outros submarinos revelaram um surpreendente mundo vulcânico de "black smokers", isto é, chaminés negras (Fig. 2.3), nome pelo qual ficaram conhecidos os condutos hidrotermais que jorram água rica em minerais a uma velocidade de vários metros por

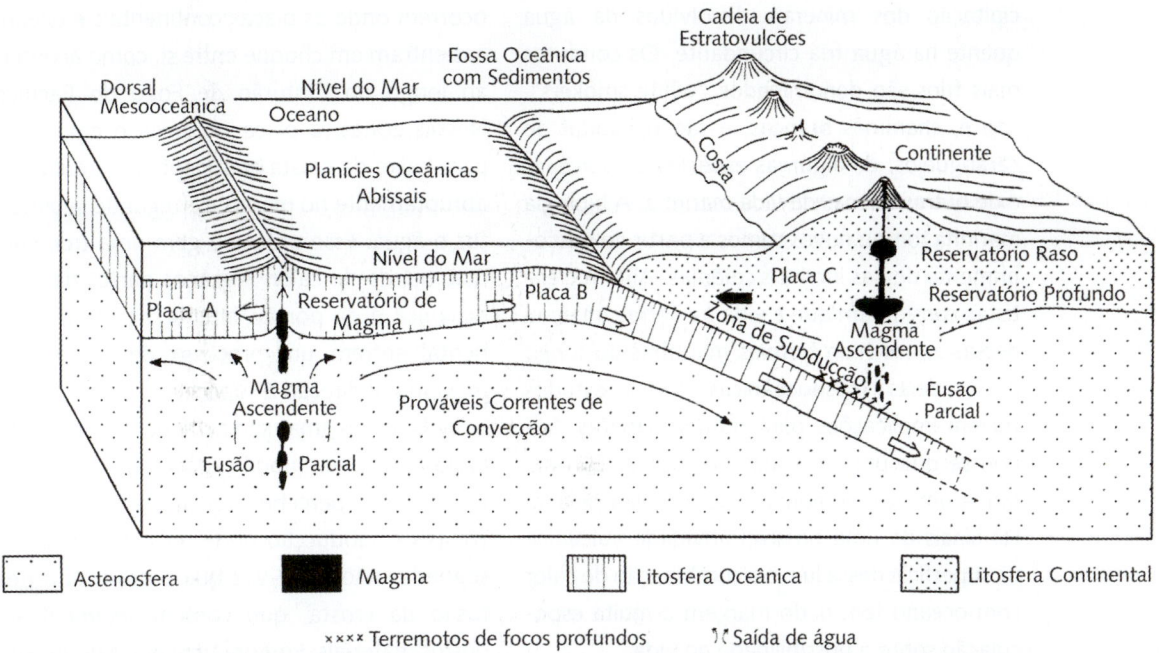

Fig. 2.2 Desenho mostrando as dorsais mesooceânicas e as zonas de subducção. Diferentes tipos de vulcão se formam nessas zonas tectônicas
Fonte: modificado de Scarth, 1994.

Cortesia de Ralph White

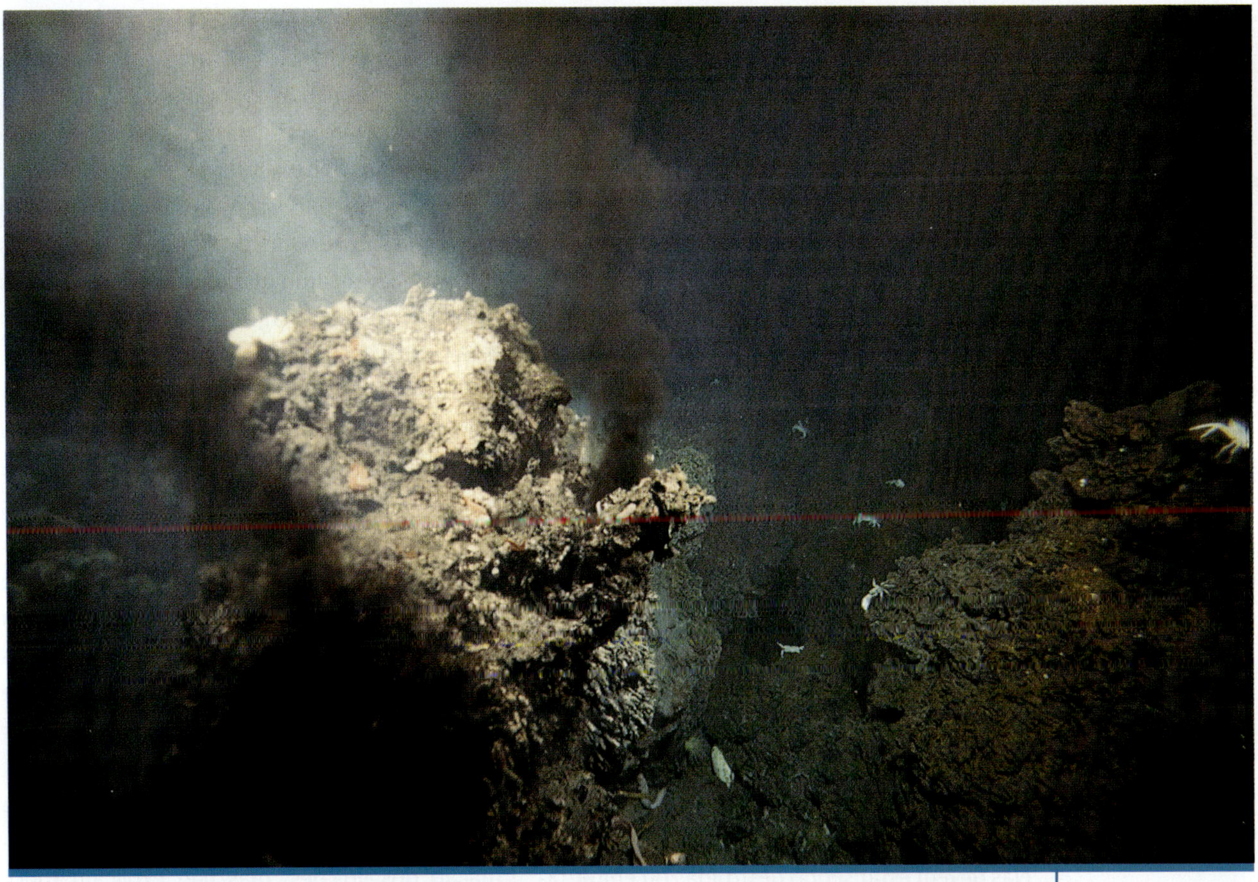

Fig. 2.3 Os condutos hidrotermais das chaminés negras, "black smokers", como estes na crista do Pacífico Oriental, são o hábitat de variadas espécies de vida marinha, entre as quais os caranguejos e os mexilhões vistos nesta foto

segundo. As "nuvens" são formadas pela precipitação dos minerais dissolvidos da água quente na água fria circundante. Os condutos mais frios são denominados "white smokers", isto é, chaminés brancas, e são o hábitat de caranguejos, de algumas espécies de perceves e de outras formas de vida marinha. A biologia marinha tomou novos rumos a partir do descobrimento dessas incríveis colônias. Alguns cientistas consideram que a vida na Terra começou nessas zonas hidrotermais marinhas ao longo das cadeias mesooceânicas. Esses estudos trazem implicações para outros planetas. Supõe-se que uma das luas de Júpiter, Europa, tenha um oceano líquido sob a crosta gelada. Há sinais de uma possível atividade vulcânica na superfície dessa lua, e a combinação de calor com oceano tem dado margem a muita especulação sobre a possibilidade de vida.

Os vulcões das profundezas oceânicas terrestres derramam magma basáltico de modo relativamente suave. As fotografias tiradas por submarinos têm mostrado vastas extensões de lava e numerosos vulcões no assoalho oceânico que ultrapassam expressivamente em número os vulcões em terra. É possível que no futuro possamos fazer parte de excursões submarinas para ver essas regiões fascinantes, mas, por enquanto, devemos nos contentar com a exploração dos poucos que se erguem acima do nível do mar. A dorsal mesoatlântica é bem servida de vulcões emersos, como já vimos em nosso "roteiro", desde o Jan Mayen, no norte, à ilha Bouvet, perto da Antártica. Assim como seus vizinhos submarinos, esses vulcões insulares expelem magma basáltico, a rocha escura e de granulação fina que forma as vastas extensões de lava tão comuns no Havaí e na Islândia. Os vulcões basálticos são, em geral, menos perigosos que aqueles de composição andesítica ou outros magmas mais viscosos, encontrados ao longo das zonas de subducção.

Zonas de subducção

É evidente que, se as placas da Terra estão se distanciando nas dorsais mesooceânicas, elas devem estar sendo destruídas ou empurradas para baixo em algum outro lugar, para manter o equilíbrio. As zonas de destruição de placas são chamadas de zonas de subducção e ocorrem onde as placas continentais e oceânicas entram em choque entre si, como acontece ao longo do Cinturão de Fogo do Pacífico. Nessas zonas, a placa oceânica é empurrada para baixo da crosta continental, mergulhando abruptamente no manto, carregando sedimentos e água. Esse processo gera uma tremenda quantidade de calor. Algumas partes da placa oceânica e da porção inferior da placa continental sofrem um processo de fusão e se movem em direção à superfície.

Esses magmas são geralmente mais "evoluídos" (isto é, modificados) que o basalto. Não é difícil perceber por quê: o magma das zonas de subducção pode ser considerado de segunda-mão, uma vez que é produzido pela fusão da crosta, que contém sedimentos e outros materiais. Embora uma parte do magma resultante ainda seja basáltica, é freqüente a produção de outros tipos, como o magma andesítico. O nome andesito vem, é claro, dos Andes, que formam uma das bordas do Cinturão de Fogo. Os andesitos contêm mais sílica (SiO_2) que os basaltos. Têm um teor ainda mais elevado de sílica os magmas riolíticos e dacíticos, também encontrados nos vulcões de zona de subducção. Um dos efeitos provocados por um teor de sílica mais elevado é tornar esses magmas mais viscosos que o basalto. Em vez de irromperem como longos e fluidos fluxos de lava, como geralmente ocorre com os basaltos, esses magmas produzem fluxos espessos e pastosos ou erupções explosivas. Os exemplos de vulcões explosivos do Cinturão de Fogo que nos vêm logo à mente são o Krakatoa e o monte Santa Helena. Em função de sua natureza explosiva, as erupções dos vulcões de zona de subducção podem causar grandes catástrofes. São também o tipo de erupção mais comum que vemos nos vulcões em terra, fato provavelmente responsável pela crença popular de que os vulcões são sempre uma ameaça à vida humana e que devem ser observados a distância.

As dorsais mesooceânicas e as zonas de subducção são peças-chave na história da formação dos vulcões, mas não explicam tudo. Encontramos alguns vulcões a grande distância dos limites das placas, seja no meio de uma placa oceânica ou bem no interior de uma placa continental. Embora sejam menos numerosos, esses vulcões não são menos importantes para compreendermos o que acontece nas profundezas da Terra.

Pontos quentes e derrames de basalto

Considera-se que os pontos quentes (hot spots) são plumas mantélicas de longa vida. Eles se originam nas profundezas do manto e alimentam a superfície de magma basáltico atravessando uma placa suprajacente, em um ponto distante dos limites da placa. Os pontos quentes podem surgir tanto sob uma placa continental quanto sob uma placa oceânica. Imagina-se que o primeiro derrame de magma de um ponto quente é o maior que ele produz, podendo alcançar quantidades descomunais de lava basáltica fluida. Todos os exemplos dessas erupções em terra, chamadas de derrames de basalto, ocorreram há milhões de anos e formaram vastas planícies de lava, como o platô basáltico Colúmbia, no noroeste dos Estados Unidos. Quando um ponto quente está localizado sob uma placa oceânica, ele causará repetidas erupções submarinas até que, milhões de anos mais tarde, a pilha de lava suba à superfície do oceano, formando uma ilha vulcânica.

O melhor exemplo de como o vulcanismo gerado por pontos quentes constrói ilhas é a cadeia havaiana. Todas as ilhas do Havaí foram formadas por um ponto quente que permanece estacionado no mesmo lugar em profundidade há pelo menos 70 milhões de anos. Ao mesmo tempo, a placa do Pacífico tem se movido continuamente em direção ao noroeste. O resultado é a formação, pela ação do ponto quente, não apenas de um só vulcão, mas de uma cadeia inteira, onde as ilhas se tornam progressivamente mais jovens em direção ao sudeste. Os vulcões na Ilha Grande do Havaí, na extremidade mais jovem da cadeia atual, estão sendo alimentados pelo magma proveniente do ponto quente, sendo o Kilauea o mais ativo. No entanto, uma nova ilha, Loihi, está se formando mais a sudeste, e um dia substituirá o Kilauea como o sítio mais ativo nessas ilhas.

Vulcões intraplacas

Essas erupções são um pouco híbridas: também ocorrem longe dos limites das placas, sendo algumas causadas por pontos quentes e outras, o resultado de *rifting* (formação de fendas). O funcionamento dos vulcões intraplacas ainda não é bem explicado, pois o processo de ascensão do magma através de uma espessa crosta continental é particularmente complexo. Há pequenas áreas de vulcanismo intraplacas na região oeste dos Estados Unidos, principalmente no leste da Califórnia e no Arizona, onde o cenário tectônico é incomum porque a crosta é mais fina do que seria esperado. No entanto, o exemplo mais impressio-

Fig. 2.4 Parte do Rift Valley africano é mostrada nesta imagem falsa-cor da África Central, tirada da nave Endeavour pelo SIR-C/X-SAR (Spaceborne Imaging Radar-C/X-Band Synthetic Aperture Radar). As montanhas são a cadeia vulcânica Virunga, que se estende ao longo das fronteiras de Ruanda, do Zaire e de Uganda. O vulcão maior no centro da imagem é o monte Karisimbi

Cortesia da Nasa/JPL

nante é o Rift Valley da África Oriental, que se estende desde o mar Vermelho, passa pela Etiópia e desce até Moçambique (Fig. 2.4).

Esse *rift*, já mencionado no capítulo anterior, é um vale longo e estreito, margeado por falhas normais. O assoalho do vale desabou ao longo das falhas, chegando, em alguns pontos, a mil metros de profundidade. Os vulcões no Rift Valley são, na sua maioria, formados por magmas basálticos ricos em álcalis, ou seja, o magma contém mais sódio e potássio que os basaltos oceânicos mais comuns. Um dos vulcões mais conhecidos do *rift* da África Oriental é o monte Kilimanjaro, na Tanzânia; outros vulcões do Rift Valley, já mencionados em nosso roteiro africano, estão entre os vulcões ativos mais fascinantes e enigmáticos do mundo.

COMO ACONTECEM AS ERUPÇÕES

Os vulcões não surgiram todos da mesma maneira. O cenário tectônico tem grande influência sobre o tipo de magma e o tipo de erupção. Mas, embora as características individuais das erupções possam variar muito, os mecanismos básicos de uma erupção são os mesmos.

O magma ascende do manto ao longo dos limites das placas e outras zonas de fraqueza. Muitos vulcões estão situados acima de uma câmara magmática, que é essencialmente um local de parada e armazenamento. Algumas são relativamente rasas, a poucos quilômetros da superfície, enquanto outras situam-se a dezenas de quilômetros de profundidade. O tempo em que o magma permanece na câmara varia e pode chegar a muitos anos. Sabe-se que uma grande variedade de fatores, como os terremotos, podem desencadear erupções, embora ainda não seja possível compreender esses mecanismos. O que se sabe é que o magma derretido é menos denso que as rochas encaixantes e acabará por ascender à superfície.

O magma contém gases dissolvidos, como o vapor d'água, o dióxido de carbono e o dióxido de enxofre, cujo cheiro acre confere aos vulcões um odor característico. Quando o magma atinge temperaturas e pressões menores, os gases dissolvidos começam a se liberar, de maneira análoga ao que acontece com as

Fig. 2.5 Imagem do domo Novarupta, Katmai, Alasca, um clássico domo vulcânico. O Novarupta foi o conduto da erupção do vulcão Katmai, a mais violenta na América do Norte nos últimos cem anos. O domo riolítico, de cerca de 65 m de altura, bloqueou a abertura do conduto após a erupção

bolhas quando a rolha de uma garrafa de champanhe é retirada. O fator determinante do grau de explosividade de uma erupção é a maneira como os gases são liberados. Se o magma é muito fluido e permite que os gases escapem facilmente, o resultado é uma erupção relativamente calma. No entanto, se o magma é viscoso e os gases não conseguem se desprender com facilidade, em algum momento eles irão se liberar de maneira explosiva, fragmentando o magma.

A quantidade de gás dissolvido no magma e a facilidade com que ele é liberado são os fatores essenciais para determinar se uma erupção será ou não explosiva. Se o magma for viscoso mas pobre em gases, ele poderá ser expelido tranqüilamente como lava pastosa, em fluxos de dezenas de metros de espessura. A extrusão desses magmas altamente viscosos é comparada com freqüência a um creme dental sendo espremido para fora do tubo, e os vulcanólogos às vezes usam a expressão "lava dentifrício" para se referir a esse tipo de fluxo. Algumas vezes a lava é empurrada para cima, formando domos ou torres (*spines*) (Fig. 2.5).

Como os gases tendem a migrar em direção ao topo da câmara magmática de um vulcão, não é raro que as fases iniciais de uma erupção sejam muito mais explosivas que os estágios finais. Na realidade, erupções violentíssimas podem, às vezes, ser seguidas de uma extrusão tranqüila de lava pastosa. O exemplo mais famoso é a torre elevada (*spine*) que se formou após a fatídica erupção de 1902 do monte Pelée, na Martinica (ver Cap. 12).

Magmas pobres em gases e com baixa viscosidade produzem erupções menos explosivas, mas isso não significa que o façam sem algum estardalhaço. Os magmas havaianos são desse tipo e ainda assim promovem algumas das erupções mais espetaculares da Terra. Quando o magma se aproxima da superfície, a pressão dos gases que se expandem rapidamente pode fazer a lava jorrar bem alto, criando um espetáculo grandioso e um importante chamariz turístico (Fig. 2.6).

Magmas com baixa viscosidade mas ricos em gases são propensos a erupções mais explosivas; no entanto, a liberação do gás pode acontecer de forma bem gradual, e a extrusão

Fig. 2.6 Fontes de lava são produzidas por erupções de magma havaiano de baixa viscosidade. O espetáculo que oferecem geralmente pode ser observado e fotografado com segurança. Este exemplo provém do vulcão Kilauea, no Havaí

do magma se dar calmamente. Algumas erupções podem começar apenas com a emissão de gases, seguida por derrames de lava desgaseificada. Outras erupções podem produzir a eclosão repentina de gases que arremessam fragmentos de lava a grande altura. Apesar disso, as erupções de magmas de baixa viscosidade são raramente violentas; ao contrário, são mais fáceis de ser observadas com segurança e mais fotogênicas. O que causa realmente uma grande explosão? um "big bang"? O tipo mais letal de magma combina alto teor de gases e alta viscosidade. A alta viscosidade impede a saída dos gases dissolvidos até o momento em que um súbito relaxamento da pressão permita que entrem em ebulição, ejetando violentamente fragmentos incandescentes, gases e cinzas, e produzindo uma erupção do tipo mais destrutivo (Fig. 2.7).

Os vários tipos de magma

Já vimos como a viscosidade do magma e o teor de gases dissolvidos determinam o grau de explosividade de uma erupção. Mas o que torna um magma rico ou pobre em gases? O que faz um magma tão viscoso a ponto de produzir um grosso fluxo de lava de dezenas de metros de altura, ou tão fluido que quebre contra a parede de um cone abrupto?

Há muitos fatores que determinam a viscosidade do magma, mas a composição química, a temperatura, a quantidade de gases dissolvidos e a proporção de material sólido (como cristais) são os mais importantes.

Começando pela composição química, o fator preponderante no grau de viscosidade do magma é o teor de sílica (SiO_2). Os basaltos, classificados como rochas básicas ou ultramáficas, têm uma porcentagem de SiO_2 relativamente baixa. Os magmas basálticos provêm das regiões superiores do manto e são expelidos mantendo praticamente inalterada sua condição primitiva. Sua cor é geralmente escura, por causa dos minerais que o compõem, em sua maioria feldspato e piroxênio, com menores quantidades de um mineral de cor verde, a olivina.

Outros tipos de magma — andesitos basálticos, andesitos, dacitos e riolitos — contêm teores progressivamente maiores em sílica e são quase sempre classificados como magmas silicáticos, ácidos ou evoluídos. Apresentam cor mais clara que os basaltos e são compostos principalmente de quartzo e feldspato (Fig. 2.8).

O teor de sílica, juntamente com o teor de álcalis, forma a base da classificação das rochas vulcânicas, como mostra a Fig. 2.9. O teor de sílica (porcentagem de SiO_2) é plotado em um eixo, e a soma do teor de sódio e de potássio é plotada como porcentagem no outro eixo. Não faremos outras referências a esses nomes neste livro, de modo que não devem se preocupar os leitores que eventualmente estejam começando a achar essa explicação detalhada demais. É sempre útil, porém, saber que as rochas vulcânicas e as lavas são agrupadas desse modo.

Como o teor de sílica no magma afeta sua viscosidade? A sílica e os átomos de oxigênio têm grande afinidade e formam grupos de tetraedros interligados, um fenômeno conhecido como polimerização. Essas fortes ligações tornam o magma mais viscoso ou, em outras palavras, menos passível de deformação ou fluidez. Quanto maior o teor de sílica no magma, mais polimerizado ele será e, por conseguinte, mais viscoso. A presença de outros minerais e gases também poderá afetar a viscosidade, seja estimulando a polimerização, seja rompendo as ligações entre a sílica e o oxigênio. Por exemplo, a água contida no magma

Fig. 2.7 O Pinatubo é um exemplo de vulcão que pode produzir erupções violentas

Fig. 2.8 Amostras de tipos comuns de rochas vulcânicas. O basalto (A) é a mais escura. A amostra de andesito é mais clara (andesito hornblêndico, B). Mais claros ainda são o riolito (C) e o dacito (D)

reduz a viscosidade, mas o dióxido de carbono provoca seu aumento. Os magmas mais alcalinos tendem a ser menos polimerizados e, por essa razão, fluem melhor.

A quantidade e o tamanho dos cristais sólidos também afetam a viscosidade: quanto maior for a porcentagem de cristais sólidos por volume, mais viscoso será o magma. Nas lavas basálticas, os cristais (sobretudo a olivina e o piroxênio) geralmente correspondem a uma pequena porcentagem do volume, mas, nos dacitos, os cristais (principalmente o feldspato) podem chegar a 40% do volume total. Podemos estabelecer uma comparação entre a lava e uma massa de bolo: o magma basáltico seria uma massa de bolo branca e macia, enquanto o magma dacítico se assemelha a uma pesada mistura de bolo com frutas cristalizadas. É mais fácil mexer a massa do bolo branco com uma colher e derramá-la em uma forma.

A maioria das pessoas tem consciência da influência da temperatura sobre a viscosidade dos fluidos. É por essa razão que os motoristas usam um óleo no verão com grau diferente do óleo do inverno. A viscosidade dos magmas também sofre modificações conforme a temperatura: quanto mais quente o magma, melhor ele flui. Qual a temperatura dos magmas? Isso, mais uma vez, depende da sua composição, como visto na Tab. 2.1. A erupção de um basalto ocorre a temperaturas

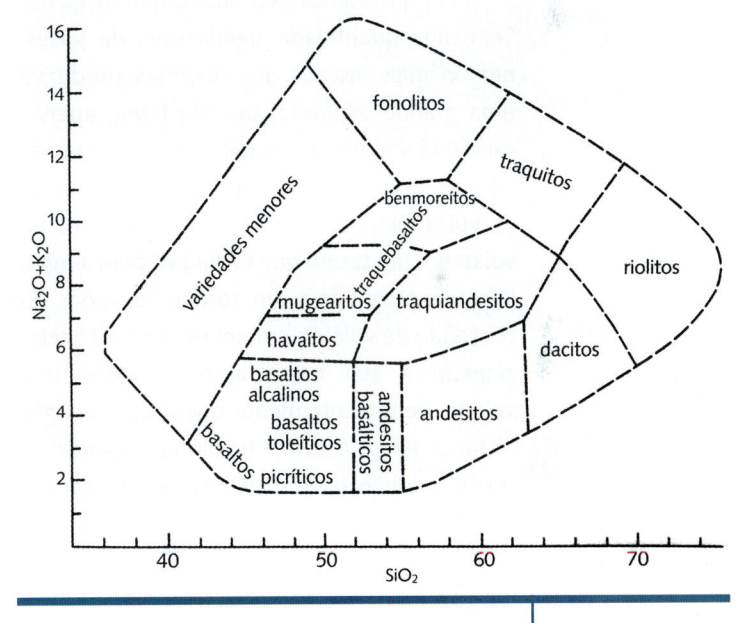

Fig. 2.9 Diagrama mostrando a classificação das rochas vulcânicas em função do teor de sílica (SiO_2) e de álcalis. Os basaltos contêm menos sílica que outras rochas vulcânicas comuns, como os andesitos, os dacitos e os riolitos
Fonte: modificado de Francis, 1993, de acordo com original de Cox, Bell e Pankhurst, 1979.

Tab. 2.1 Relação entre a composição e a temperatura de diferentes magmas

Composição do magma	Temperatura (°C)
Riolito	700 – 900
Dacito	800 – 1.100
Andesito	950 – 1.200
Basalto	1.000 – 1.250

mais elevadas do que a dos magmas mais silicáticos. Enquanto os basaltos permanecem, em sua maioria, sólidos a temperaturas abaixo de 1.000°C, os riolitos mais quentes nunca chegam a essa temperatura.

Considerando que a viscosidade decresce com a temperatura, os basaltos mais quentes (cerca de 1.200°C) serão mais fluidos que os mais frios. Observando-se que as faixas de temperatura na Tab. 2.1 se sobrepõem, poderíamos imaginar o que aconteceria se, por exemplo, um magma andesítico e um basáltico entrassem em erupção a uma mesma temperatura (digamos, 1.000°C). Terão a mesma viscosidade? A resposta é não, porque os magmas mais silicáticos são sempre mais viscosos do que os menos silicáticos a uma dada temperatura: a 1.000°C, o basalto fluirá mais facilmente que o andesito.

Por fim, vamos examinar o teor de gases. Sem uma quantidade significativa de gases, nem o mais viscoso dos magmas produzirá uma grande explosão, um *big bang*, apenas escorrerá lentamente. A palavra "gás" é usada aqui de maneira genérica. De maneira geral, os vulcanólogos se referem aos gases como voláteis – um termo que inclui também a água liberada do magma em forma de vapor. O conteúdo de voláteis em um magma está relacionado à sua composição: basaltos têm volume geralmente menor que 1%, enquanto os magmas silicáticos têm volume superior; os riolitos podem conter até 5%. Dessa forma, fica fácil compreender por que os magmas silicáticos têm um potencial muito maior de explosividade que o basalto: contêm mais gás e são mais viscosos.

Ao observarmos novamente a distribuição dos vulcões pelo mundo, podemos entender melhor por que os vulcões explosivos estão agrupados no Cinturão de Fogo, ao passo que os vulcões com erupções mais brandas estão alinhados sobre as dorsais mesooceânicas e os pontos quentes. O grau de explosividade de um vulcão está ligado à composição do magma, que, por sua vez, depende do ambiente tectônico do vulcão: os vulcões das dorsais mesooceânicas expelem magmas basálticos, enquanto magmas mais silicáticos são expelidos pelos vulcões em zonas de subducção. Há exceções a essa tendência geral: alguns vulcões de zona de subducção não são especialmente explosivos. Um exemplo é o Masaya, na Nicarágua, cuja atividade é predominantemente basáltica e tranquila, embora uma súbita explosão em 2001 tenha feito os turistas fugir apressadamente (por sorte, ninguém ficou ferido). Por outro lado, alguns vulcões de dorsais mesooceânicas, como o Hekla e o Katla, na Islândia, tiveram erupções violentas no passado. De maneira geral, porém, os vulcões que compartilham o mesmo ambiente tectônico entram em erupção de maneira parecida. Como veremos no próximo capítulo, vulcões tectonicamente irmãos tendem a ficar parecidos, além de terem personalidades eruptivas semelhantes.

3 Erupções vulcânicas

OS DIFERENTES TIPOS DE ERUPÇÕES VULCÂNICAS

O termo "erupção vulcânica" pode descrever uma grande variedade de fenômenos, desde um vagaroso escoamento de lava, que pode se prolongar por anos a fio, às catastróficas explosões que terminam subitamente, com conseqüências de longo prazo. Os vulcanólogos procuram distinguir as erupções vulcânicas pelo "temperamento": essa classificação é ampla e reflete o quanto as erupções são explosivas. Seu pioneiro foi G. Mercalli, mais conhecido por sua escala de intensidade sísmica. As classificações têm sido reformuladas, mas os vulcanólogos continuam discordando sobre a quantificação dos tipos de erupção e como deveriam ser denominadas. O único ponto com o qual todos parecem concordar é que a classificação das erupções pelo "temperamento" não é muito útil do ponto de vista científico, mas pode ser prática para os objetivos de uma descrição ágil. Termos como "erupção havaiana" e "erupção pliniana" nos trazem imediatamente a idéia do grau de explosividade e perigo da atividade em questão. As diferenças ficam ainda mais claras a partir de um simples diagrama, como o da Fig. 3.1.

Mercalli deu início à tradição de batizar os diferentes estilos de erupção a partir dos nomes de vulcões onde esses estilos ocorrem com freqüência. Assim, temos, do menos ao mais explosivo: estilos havaiano, estromboliano, vulcaniano, peleano, pliniano e ultrapliniano. Os dois últimos foram batizados em homenagem a Plínio, o Jovem, o romano que observou e descreveu a erupção do Vesúvio em 97 d.C. Uma categoria à parte é a das erupções hidromagmáticas, que acontecem quando a água entra em contato com materiais vulcânicos incandescentes.

Antes de examinar esses vários grupos, é importante tomar conhecimento de que existe uma medida mais quantitativa da explosividade das erupções. É o chamado índice de explosividade vulcânica, ou simplesmente VEI, sigla em inglês usada mundialmente. O índice nasceu do

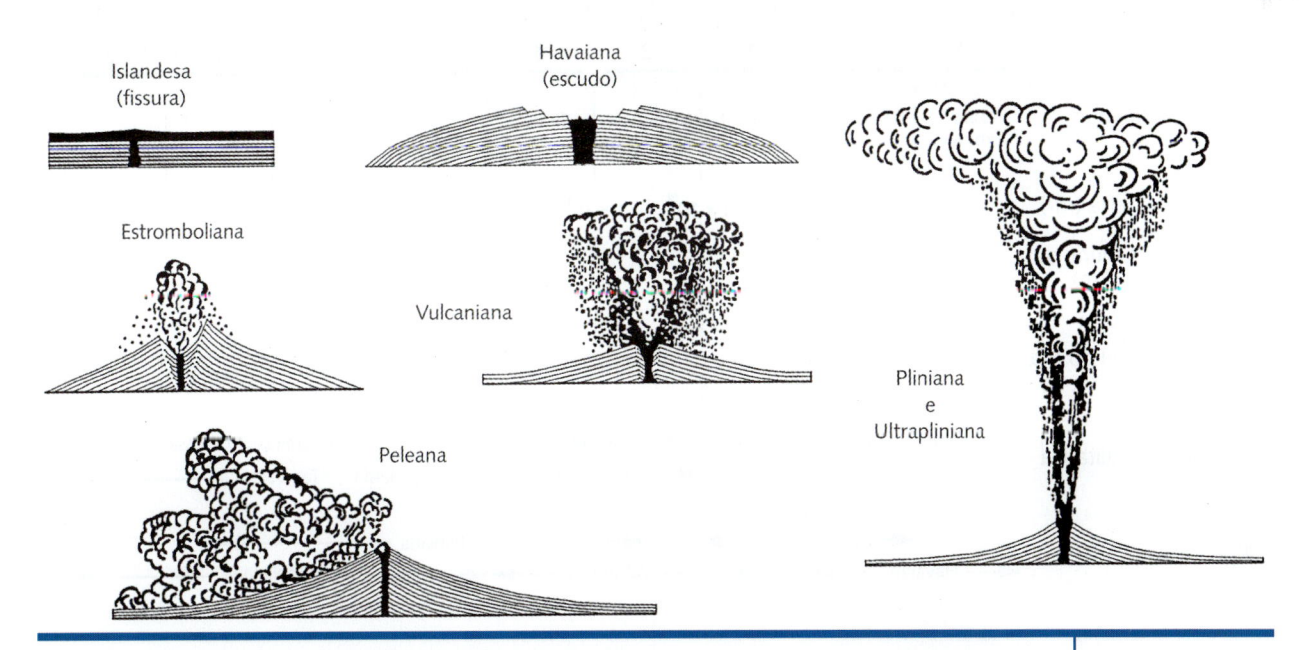

Fig. 3.1 Diagrama dos diversos tipos de erupção. As erupções islandesas e havaianas são as menos perigosas para o observador, enquanto as peleanas e plinianas são extremamente destrutivas
Fonte: modificado de Simkin e Siebert, 1994.

desejo que os vulcanólogos tinham de medir o grau de intensidade das erupções usando números, em vez de se apoiar na descrição de um observador (Fig. 3.2). O VEI tenta minimizar a imprecisão da percepção individual, uma erupção "enorme" para uma pessoa poderá ser uma erupção "moderada" para outra. A percepção individual depende das experiências de cada pessoa, do grau de medo e de outros fatores.

O VEI, no entanto, está longe de ser um número preciso, pois ainda é fundamentado em descrições qualitativas. Ao contrário dos terremotos, não é possível usar instrumentos para medir a magnitude de uma erupção. O índice baseia-se na informação sobre o volume total e o tipo de produtos da erupção, a altura da nuvem eruptiva, termos descritivos, além de outros fatores (como ilustrado na Fig. 3.2) que, combinados, resultam em um número simples de 0 a 8. Na extremidade inferior, encontramos as efusões suaves de lava, para as quais estipulou-se um VEI igual a zero e, na outra extremidade, as erupções cataclísmicas, com VEI acima de 5. Felizmente, para os habitantes da Terra, o tipo de erupção mais comum tem um VEI igual a 2, e as erupções com VEI acima de 6 são bastante raras. Conhece-se uma única erupção histórica que alcançou um VEI igual a 7: a do vulcão indonésio Tambora, em 1815.

O índice de explosividade vulcânica (VEI) é mais um complemento do que um substituto para a classificação de Mercalli, principalmente porque duas erupções de caráter distinto podem ter um VEI idêntico. Qualquer pessoa que esteja cogitando seriamente ir ver um vulcão ativo deve conhecer os principais tipos de erupção descritos por Mercalli e, em especial, o que costuma acontecer durante uma delas.

Erupções havaianas

As erupções havaianas são, de maneira geral, as mais belas e seguras para o observador. Esse estilo de atividade recebeu esse nome, obviamente, por causa dos vulcões do Havaí, mas ocorrem no mundo inteiro. O magma ejetado é um basalto de alta temperatura e baixa viscosidade, com baixo teor de gases (voláteis). Em outras palavras, o magma é um típico basalto oceânico. A erupção resultante é geralmente não-explosiva, e seu índice de explosividade vulcânica é quase sempre 0, às vezes 1. Essa suavidade aparente pode conduzir a uma sensação de segurança injustificada. Um dos meus colegas britânicos costumava brincar dizendo que os vulcões havaianos não eram para "homens de verdade" até sua visita ao Kilauea, nos primeiros anos da erupção do Pu'u

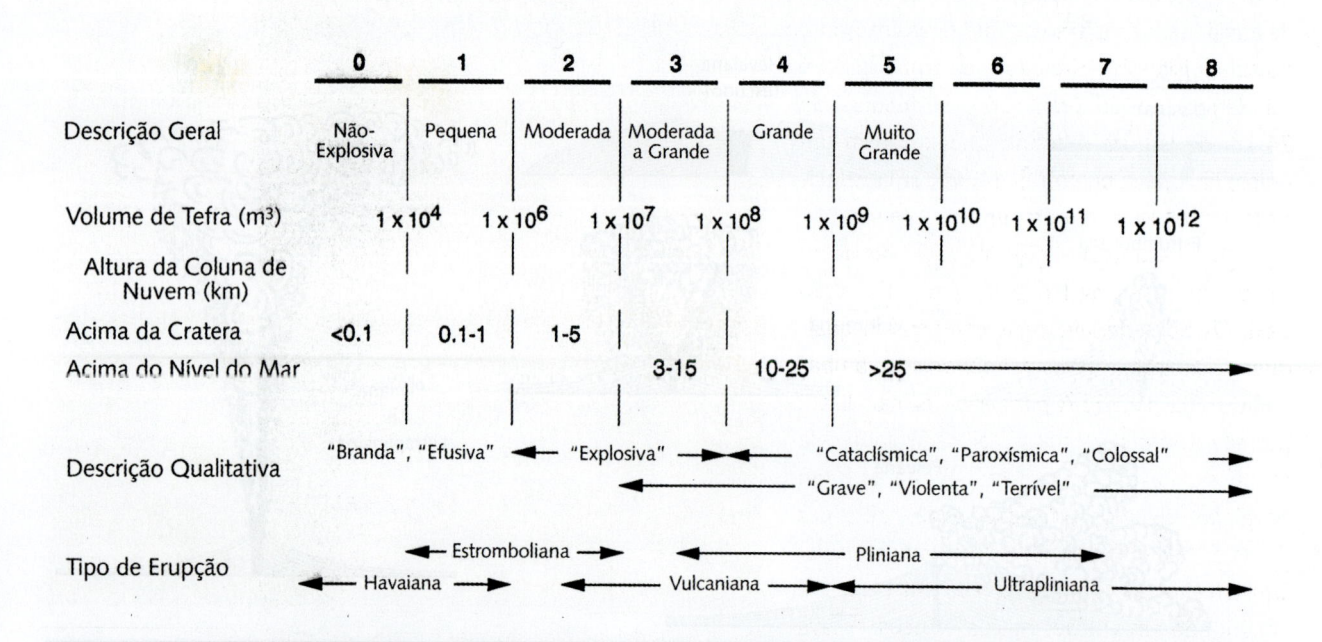

	0	1	2	3	4	5	6	7	8
Descrição Geral	Não-Explosiva	Pequena	Moderada	Moderada a Grande	Grande	Muito Grande			
Volume de Tefra (m³)		1×10^4	1×10^6	1×10^7	1×10^8	1×10^9	1×10^{10}	1×10^{11}	1×10^{12}
Altura da Coluna de Nuvem (km)									
Acima da Cratera	<0.1	0.1-1	1-5						
Acima do Nível do Mar				3-15	10-25	>25 →			
Descrição Qualitativa		"Branda", "Efusiva" ←	→ "Explosiva" →		← "Cataclísmica", "Paroxísmica", "Colossal" →				
					← "Grave", "Violenta", "Terrível"				
Tipo de Erupção		← Estromboliana →		← Pliniana →					
		← Havaiana →		← Vulcaniana →	← Ultrapliniana →				

Fig. 3.2 Critérios usados no índice de explosividade vulcânica (VEI), expresso em números de 0 a 8 no alto. "Tefra" é um termo genérico para todos os fragmentos ejetados de maneira explosiva
Fonte: modificado de Simkin e Siebert, 1994.

O'o. À medida que nossos passos esmagavam o topo da lava recém-resfriada – uma crosta fina recobrindo cavidades com gases, denominada lava *shelly* –, um de nossos colegas, mais experiente, nos lembrava que os tubos cheios de magma fresco e incandescente corriam logo abaixo dos nossos pés e que poderíamos atravessar e cair em um deles. A idéia de sofrer queimaduras desagradáveis tornou meu colega mais cauteloso, e ele continuou o caminho pisando na lava com mais leveza. Nunca mais ouvi dele nenhuma observação subestimando os perigos dos vulcões havaianos.

O que se pode esperar de uma erupção havaiana? Longos fluxos de lava, alcançando muitas vezes dezenas de quilômetros, são uma das marcas desse tipo de erupção. Os fluxos tendem a ser finos – uns dois metros de altura ou menos – e muito fluidos, podendo, assim, cobrir facilmente dezenas de quilômetros quadrados. Os fluxos saem de longas fissuras, e não de "buracos" isolados, ou condutos (*vents*), como são chamadas as aberturas na superfície por onde o magma sai, e essa é uma das razões por que a lava se espalha por uma vasta área.

Quando um fluxo produzido por uma grande fissura é o produto mais importante da atividade, a erupção é, às vezes, denominada "islandesa", por causa daquele que é provavelmente o melhor exemplo histórico desse estilo de atividade: a erupção de 1783 do vulcão Laki, no sul da Islândia. Esse enorme campo de lava foi derramado de uma série de fissuras de 24 km de largura e cobriu 565 km². Em um único dia, a lava percorreu 14 km, uma velocidade impressionante para um fluxo de lava.

As lavas das erupções de estilo havaiano são tipicamente mais lentas do que os fluxos do Laki. Os tipos de lava mais comuns em qualquer vulcão são as lavas *pahoehoe* e *aa*, ambas palavras havaianas. A *pahoehoe* é mais lisa e permite andar com mais facilidade sobre ela (aliás, essa é a tradução literal). *Aa* (*a'a* em havaiano) significa um espécie de "ai!", por causa da dificuldade de se locomover sobre ela. Um terceiro tipo de lava, a lava em blocos, é encontrado em vulcões mais silicáticos. A lava *pahoehoe* (Fig. 3.3a), ao fluir e resfriar, cria uma crosta em forma de cordas. A lava *aa* é mais quebradiça (Fig. 3.3b). A *pahoehoe* pode

Fig. 3.3 Os dois tipos de lava mais comuns: *pahoehoe* e *aa*. A lava *pahoehoe* (a) mostra sua característica estrutura em forma de cordas. O fluxo *aa* (b) tem um aspecto mais quebradiço. Esses dois fluxos ativos provêm da erupção do Pu'u O'o, no Havaí

se transformar em *aa* quando mergulha em um declive abrupto, como o da Fig. 3.4.

Durante muitos anos, os visitantes do Kilauea, no Havaí, têm podido apreciar o espetáculo dos fluxos de lava se derramando vagarosamente no oceano, uma cortesia da erupção de longa duração do Pu'u O'o. Pequeno cone lateral do Kilauea, o Pu'u O'o tem produzido mais dois espetáculos maravilhosos que ocorrem nas erupções havaianas: os lagos e as fontes de lava.

Os lagos de lava são um dos cenários mais fascinantes criados por um vulcão. Isso é verdade especialmente à noite, quando a lava cintila um vermelho brilhante por entre as fraturas da crosta resfriada em constante movimento. Ao contrário de muitas outras atrações vulcânicas, os lagos de lava têm, em geral, vida longa. Por exemplo: a cratera Halemaumau, no topo do Kilauea, abrigou um lago de lava por mais de um século: foi descoberto por missionários europeus em 1823 e permaneceu em atividade quase constante até 1924, tornando-se esporádica desde então, mas pequenos lagos têm surgido em outros pontos do Kilauea, como as erupções do lago de lava Kupaianaha, do Pu'u O'o (Fig. 3.5).

Os fluxos e lagos de lava de uma erupção do tipo havaiano são razões suficientes para transformar em experiência inesquecível a visita a um vulcão. No entanto, a maioria dos observadores concordam que o *crème de la crème* dos fenômenos vulcânicos são as fontes de lava. Magníficos jatos de lava rubra e incandescente são ejetados da mesma forma que as fontes de água, podendo alcançar 100 metros de altura. A fonte de lava mais alta registrada até hoje ocorreu em 1986, não no Havaí, mas na ilha japonesa de Oshima: a lava chegou a 1.600 m, uma milha de altura!

Que mecanismo força a lava a jorrar tão alto? As fontes de lava não resultam de explosões, mas da rápida expansão dos gases contidos no magma. Embora os magmas basálticos havaianos não sejam ricos em gases, em geral eles migram até o topo da câmara e aí se concentram até a erupção. É por isso que as fontes de lava acontecem geralmente no início de uma atividade de estilo havaiano, quando o magma rico em gases, acumulado no topo da câmara, entra em erupção. A expansão rápida dos gases fragmenta com facilidade o magma fluido, e a mistura de gás com fragmentos é lançada aos ares. As fontes de lava podem durar horas ou mesmo dias, com flutuações de intensidade. Algumas erupções do tipo havaiano começam com uma fileira de fontes de lava ao longo de uma fissura – a chamada "cortina de fogo" –, um

Fig. 3.4 A lava *pahoehoe* normalmente se transforma em *aa* quando o fluxo mergulha em um declive abrupto como este. Observe as diferenças da textura no topo (*pahoehoe*) e na base (*aa*). Fluxo da erupção do Pu'u O'o

Fig. 3.5 O lago de lava Kupaianaha, do vulcão Kilauea, na Ilha Grande do Havaí. A foto data de 1987, poucos anos antes do início da erupção do Pu'u O'o. O lago de lava não está mais ativo

espetáculo verdadeiramente majestoso para os que têm a sorte de vê-lo.

As erupções de estilo havaiano são geralmente as mais espetaculares entre todos os tipos, e também as menos perigosas. Elas raramente causam perdas humanas, e as mortes conhecidas poderiam ter sido facilmente evitadas. O pior desastre recente envolvendo uma erupção de estilo havaiano foi em 1977, quando o lago de lava no topo do vulcão Nyiragongo, no Zaire (ver Cap.1), rompeu-se e a lava vazou. Na maioria das vezes, no entanto, a atividade de estilo havaiano pode ser observada com mais segurança do que qualquer outro tipo de erupção.

Aonde ir para ver uma erupção de estilo havaiano? Os vulcões havaianos são, evidentemente, a localização mais importante, atraindo milhares de visitantes todos os anos. Outra boa opção são os vulcões com lagos de lava, como o Erta Ale, na Etiópia (se você é um grande aventureiro), bem como os das dorsais mesooceânicas, tais como os da Islândia. Muitas erupções do Piton de la Fournaise, na ilha Reunião, e dos vulcões de Galápagos são de estilo havaiano, assim como os africanos Nyamuragira e Nyiragongo.

Erupções estrombolianas

Esse tipo de erupção leva o nome do vulcão italiano Stromboli, uma pequenina ilha no mar Eólio. Essas erupções podem apresentar explosões pequenas ou moderadas, com calmos períodos de "descanso". Fragmentos de magma podem ser ejetados a centenas de metros de altura, embora, na maioria das vezes, sejam menos violentas. Os períodos de repouso variam entre menos de um minuto a meia hora ou mais. Esse ritmo cíclico pode durar muitos anos ou mesmo séculos – o Stromboli está em erupção assim há mais de 2.500 anos. As erupções estrombolianas (Fig. 3.6) são maravilhosas de ver e fotografar, especialmente à noite, quando as trilhas de lava rubra e luminosa tornam-se visíveis.

Assim como as erupções de estilo havaiano, as estrombolianas compartilham os dois aspectos que os observadores de vulcões mais prezam: são um espetáculo para os olhos e têm

Fig. 3.6 Erupção de estilo estromboliano de um pequeno cone no monte Etna, Sicília, no inverno de 1974. A neve do chão reflete o brilho das bombas de lava ejetadas pela atividade

pouca probabilidade de matar alguém. As várias gerações de habitantes de Stromboli que têm vivido apenas a alguns quilômetros abaixo da encosta da cratera, sempre ativa, raramente precisaram se preocupar com segurança. Na realidade, a economia da ilha é altamente dependente dos turistas que continuam chegando para ver os fogos de artifício.

O combustível das erupções de estilo estromboliano é geralmente um magma basáltico, mas com maior viscosidade que os das erupções do tipo havaiano. Em vez de fontes de lava efusivas, a atividade estromboliana caracteriza-se por uma série de rajadas explosivas que lançam o magma a grande altura, quase sempre acompanhadas de grandes estouros. Alguns observadores de vulcões ficam bastante impressionados com o barulho, que os faz sentir-se em um "verdadeiro" vulcão. O VEI da maioria das erupções fica entre 1 e 2. Fluxos de lava também podem ocorrer, mas tendem a ser menores e mais espessos que os das erupções do tipo havaiano.

Embora as erupções estrombolianas possam ser observadas com relativa segurança, é importante lembrar que muitos dos fragmentos ejetados pelas explosões podem ser suficientemente grandes para causar sérios danos se atingirem alguém. Os vulcanólogos batizaram esses pedaços de "bombas" e, apesar de não explodirem, podem ser letais. Assistir a uma erupção estromboliana com segurança exige muita observação a distância para determinar o ritmo e o padrão da cratera em atividade, e o alcance dos fragmentos. Isso é importante por duas razões: primeiro é preciso ter quase certeza de que as erupções não têm probabilidade de ficarem mais fortes e, segundo, deve-se permanecer em zona fora do alcance da queda de fragmentos e bombas. Outro alerta importante é que o tipo comum e persistente de atividade estromboliana fraca pode ser interrompido, durante meses ou anos, por pequenos intervalos de atividade mais violenta, quando as bombas podem ser lançadas a vários quilômetros da cratera. Visitar um vulcão durante um desses episódios violentos não é uma boa idéia, embora seja possível observar a atividade a uma distância segura.

Apesar dos breves – e quase sempre imprevisíveis – ataques de fúria, os vulcões de erupções estrombolianas podem ser destinos ideais para os "caçadores" de erupções. Por sorte, elas são muito comuns: ocorrem em vulcões basálticos literalmente no mundo inteiro: no Etna, na Sicília; no Arenal, na Costa Rica; no La Palma, nas ilhas Canárias; no Pacaya e no Fuego, na Guatemala; e no Yasur, nas ilhas Vanuatu. O monte Fuji, no Japão, já teve atividade estromboliana, assim como o Eldfell e o Askja, na Islândia. Os viajantes temerosos podem visitar o Paricutín e o Sunset Crater, bons exemplos de vulcões formados por curtos episódios de atividade estromboliana, cuja retomada é improvável. Apesar do leque de opções, poucas pessoas discordam do fato de que o sempre retumbante Stromboli ainda é o máximo nessa categoria. É o destino ideal para quem simplesmente precisa ver um vulcão em atividade – e fotografar as miríades de trilhas luminosas contra o céu escuro.

Erupções vulcanianas

O vulcão italiano Vulcano deu nome não apenas a esse tipo de atividade, mas também a todos os vulcões do mundo. Vizinha de Stromboli, no mar Eólio, Vulcano é uma pequena ilha que está em atividade intermitente há milênios. Os antigos romanos acreditavam que a forja do deus ferreiro Vulcano estava localizada bem no fundo da cratera, onde ele fundia as armaduras do deus Marte e os raios de Júpiter. As erupções vulcanianas são mais violentas que as estrombolianas, têm um VEI entre 2 (considerado moderado) e 4 (considerado grande), e o magma também é mais viscoso. Os basaltos também podem estar presentes em erupções vulcanianas, mas, normalmente, os magmas são mais silicáticos: andesitos, dacitos, traquitos e, algumas vezes, riolitos. Fluxos de lava espessos e viscosos podem escoar durante erupções vulcanianas, mas a atividade explosiva é, de longe, a característica mais importante. As explosões são maiores e mais estrondosas que as estrombolianas, e as conseqüências podem ser muito mais severas: não apenas as bombas costumam ser maiores e capazes de atingir longas distâncias, como às vezes essas erupções podem destruir uma parte do próprio vulcão.

Em uma erupção tipicamente vulcaniana, um volume colossal de cinzas sobe em uma coluna eruptiva que pode atingir 20 km de altura e depositar-se por grandes extensões. Os grandes fragmentos de magma alcançam o solo como blocos angulares por serem viscosos demais e não girarem durante o vôo. Às vezes, os fragmentos que saem da cratera são sólidos porque a atividade vulcaniana pode começar com a explosão da tampa de magma sólido que se formou sob a lava derretida.

Essas erupções não são particularmente adequadas à observação, uma vez que a distância mínima de segurança pode estar muito distante do vulcão. Algumas vezes, no entanto, a atividade é moderada e as explosões, contidas. Em algumas, o único material ejetado da cratera são cinzas, e não há sinal de explosão. Uma erupção vulcaniana desse tipo atraiu muitos visitantes ao vulcão Irazú, na Costa Rica, entre 1962 e 1965. O considerável volume de cinzas produzidas pela erupção matou as plantações de café, mas não impediu nem os visitantes nem os habitantes locais de ir ao topo em seus veículos para testemunhar de perto o caótico espetáculo.

Entre os vulcões que produziram erupções vulcanianas menos amigáveis estão o La Soufrière, em São Vicente; o Merapi, em Java, e o Manan, na Papua Nova Guiné. No Japão, os habitantes da cidade de Kagoshima já estão se acostumando às desagradáveis nuvens de cinza lançadas pelo vulcão Sakurajima, em erupção à moda vulcaniana desde 1955. De maneira geral, é melhor planejar uma visita para conhecer os resultados de uma atividade vulcaniana do que ver a própria erupção. Os visitantes de Vulcano podem subir até a espetacular cratera no topo, observar o vapor incandescente saindo do solo e até apreciar os benefícios para a saúde – um tanto questionáveis – dos banhos de lama sulfurosa aquecida pelas entranhas ainda ativas do vulcão.

Erupções peleanas

Esse estilo de atividade foi assim denominado por causa da terrível erupção do monte Pelée, na Martinica, onde foi observado pela primeira vez. As duas características marcantes das erupções peleanas são os domos de lava, formados por magmas altamente viscosos, e as nuvens ardentes, uma mistura letal de gases superaquecidos e fragmentos de magma que podem descer os flancos do vulcão a velocidades muito acima de 100 km/h. As nuvens ardentes são também conhecidas como fluxos piroclásticos ("quebrados pelo fogo"), o que significa fragmentos de magma despedaçados, cinzas, púmice e gases (em termos vulcanológicos, uma nuvem ardente é um fluxo piroclástico proveniente de magma pobre em vesículas). Esse tipo de fenômeno é responsável por grande parte das mortes e da destruição causadas pelos vulcões.

As erupções peleanas são grandes assassinas porque ninguém consegue sobreviver ao ataque furioso de uma nuvem ardente. Muitos leitores poderão recordar a devastação provocada pelas erupções do monte Santa Helena em 1980, que aplainou muitas milhas de terreno coberto de árvores e transformou drasticamente a paisagem, antes verdejante, em torno do vulcão. A nuvem ardente de 1902 do monte Pelée destruiu a cidade de St. Pierre, ceifando 28 mil vidas. A erupção peleana mais trágica dos últimos anos foi a do monte Lamington, em Papua Nova Guiné, em 1951, cuja nuvem ardente matou três mil pessoas. Ninguém imaginava que o monte Lamington fosse um vulcão, menos ainda letal.

O que torna tão destrutivas essas avalanches incandescentes? Assim como nas erupções vulcanianas, o magma viscoso é responsável pela ejeção da nuvem eruptiva. De maneira geral, antes da erupção, o magma constrói um domo pastoso dentro da cratera, indicando turbulência iminente. A pressão dentro do domo começa a crescer e ele acabará explodindo. Normalmente, a nuvem eruptiva resultante é lançada aos ares, mas algumas vezes a explosão é lateral. A nuvem, formada por gases superaquecidos, fragmentos de magma e poeira, é propulsada encosta abaixo sob a ação da gravidade, ao invés de subir. Os gases e partículas finas podem flutuar acima da massa, mas os fragmentos mais pesados do magma sólido descem o flanco do vulcão a grande velocidade. As temperaturas em uma avalanche luminosa podem ser altas o bastante para derreter vidro (700°C), e sua capacidade de destruição é suficientemente grande para derrubar árvores e edifícios localizados na trilha da avalanche. É muito pouco provável que um ser humano ou um animal sobrevivam à ofensiva desabalada de uma nuvem ardente, embora isso já tenha acontecido. Sabe-se que duas pessoas sobreviveram à destruição de St. Pierre em virtude de se encontrarem em subterrâneos na ocasião (ver Cap. 12). Uma estava no porão e a outra – quanta ironia! –, numa prisão.

As erupções peleanas não são muito comuns, o que é uma sorte, dado seu poder de matar. Muitos dos vulcões americanos das montanhas Cascades, entre os quais os montes Shasta e Hood, tiveram erupções desse tipo no passado, e elas poderão se repetir um dia. Já ocorreram no vulcão La Soufrière, em São Vicente; no Mayon, nas Filipinas; no Merapi, em Java; e no Bezimianny, em Kamchatka, na Rússia. É possível observar essas erupções em segurança? Embora a resposta seja "algumas vezes", é aconselhável não tentar, a menos que se encontre um ponto privilegiado numa área onde as nuvens ardentes não possam alcançar. Uma possibilidade seria o alto de uma montanha na vizinhança. Prever o trajeto de uma nuvem ardente não é fácil, mesmo que o vulcão as esteja lançando com freqüência. Elas podem mudar de rumo abruptamente e mesmo percorrer uma certa distância encosta acima. Foi esse comportamento imprevisível que causou a morte de 42 pessoas em 1991, durante a erupção do Unzen, no Japão, quando ocorreu uma inesperada ejeção lateral do fluxo principal.

Às vezes, as dramáticas erupções peleanas podem terminar calmamente com o crescimento de uma torre de lava na cratera, sendo o melhor exemplo disso a Torre de Pelée (Cap. 12). Se o problema das nuvens ardentes já tiver passado, observar um domo ou uma torre na cratera do vulcão, de preferência do alto, sobre a borda da cratera, não é uma idéia de todo insana. No entanto, é preferível observar os fascinantes efeitos das erupções peleanas após o evento. Os milhares de visitantes anuais que acorrem para ver as ruínas de St. Pierre raramente expressam desapontamento, e ninguém reclama da quietude do monte Pelée.

Erupções plinianas e ultraplinianas

As erupções plinianas e suas irmãs mais violentas, de estilo ultrapliniano, têm a particularidade de um nome oriundo de uma pessoa, e não de um vulcão. O homem em questão, o cidadão romano Plínio, o Jovem, teve a grande sorte de encontrar-se fora do caminho da erupção mais tristemente famosa de todos os tempos: a do Vesúvio, em 79 d.C. Seu tio, Plínio, o Velho, um apaixonado estudante de ciências naturais, teve menos sorte e morreu próximo ao vulcão, embora se especule que sua morte foi causada por infarto. O Plínio mais jovem documentou a erupção com riqueza de detalhes em duas cartas que escreveu a seu amigo Tacitus, um historiador. Essas cartas são quase unanimemente consideradas a primeira descrição científica de uma erupção e, séculos mais tarde, outorgaram a Plínio a honra ambígua de ter seu nome nos estilos de erupção mais cataclísmicos do mundo.

As erupções plinianas geram explosões terrivelmente poderosas que ejetam um enorme volume de magma fragmentado, geralmente muitos quilômetros cúbicos, que se dispersam sobre centenas de quilômetros quadrados. A nuvem eruptiva, lançada a uma velocidade de muitas centenas de metros por segundo, pode alcançar grandes alturas: até 48 km acima do solo. Essas colunas eruptivas chegam até a estratosfera terrestre, espalhando enormes quantidades de cinza. Uma parte da cinza cai novamente, cobrindo vastas regiões, mas outra parte permanece na atmosfera, provocando a difusão da luz solar, responsável pelos crepúsculos escarlates mais espetaculares do planeta. As erupções plinianas podem afetar a atmosfera terrestre ao formar aerossóis que permanecem na estratosfera por muitos anos. Também são prejudiciais as nuvens de poeira, que colocam em risco a aviação, como demonstrou a erupção do Pinatubo em 1991. No mês subseqüente à erupção, nove jatos de passageiros ficaram com os motores danificados por causa da poeira oriunda da erupção, sendo forçados a pousos de emergência. Desde então, a comunicação entre os vulcanólogos e as autoridades aeroviárias tem feito progressos, visando alertar os pilotos da presença de nuvens eruptivas.

As erupções plinianas também causam extensa destruição pela expulsão de fluxos piroclásticos, mas a queda de cinzas e púmice geralmente é o perigo maior. O púmice produzido nessas erupções é, de fato, a mesma rocha que muitas pessoas têm no banheiro. O magma do qual ela se origina é rico em gases e sobe em efervescência, de modo que ele fica saturado de bolhas de gás ao solidificar. A maior parte dessa rocha vem da ilha de Lipari, no mar Eólio, sítio de violentas erupções num passado distante. Grandes blocos de púmice podem flutuar no oceano e causar, às vezes, danos à navegação.

Outro perigo causado pelas erupções plinianas vem da mistura de cinzas depositadas pelas erupções com água, geralmente de chuva ou degelo, formando fluxos de lama espessos, outro produto vulcânico letal (ver erupções hidromagmáticas adiante). As erupções plinianas são tão violentas que mesmo os vulcões que as produzem não escapam ilesos: a quantidade de magma expelido é tão grande que chega a esgotar o reservatório de magma, deixando o topo do vulcão sem suporte. O resultado é o desmoronamento desse topo, formando o que os vulcanólogos chamam de caldeira. O diagrama da Fig. 3.7 mostra o antes e o depois do Krakatoa, o tragicamente famoso vulcão indonésio que teve uma erupção pliniana em 1883.

O VEI da erupção do Krakatoa foi estimado em 6 (em comparação com a erupção do Vesúvio, em 79 d.C., com um VEI igual a 5), o que o coloca na categoria dos ultraplinianos. Nos tempos pré-romanos, uma erupção de magnitude comparável ocorreu em Santorini, na Grécia. Em vez de arrasar cidades, essa erupção foi supostamente a responsável pela queda de toda a civilização minoana.

Por sorte, as erupções plinianas e ultraplinianas são muito raras. Pode-se considerar a possibilidade de umas poucas por século, mas onde ocorrerão, ninguém é capaz de prever.

Muitos vulcões no mundo todo produziram erupções violentas no passado, como o monte Santa Helena, nos Estados Unidos; o Colima, no México; o Novarupta, no Alasca; o Fogo, nos Açores; o Tambora, na Indonésia; e El Chichón, no México. O Crater Lake, nas montanhas Cascades (Estados Unidos), é o produto final de uma gigantesca erupção que ocorreu na pré-história e destruiu o antigo vulcão conhecido como monte Mazama.

Embora as erupções plinianas aconteçam principalmente em vulcões situados acima dos limites das placas de subducção, também podem surgir nos vulcões das dorsais oceânicas. Tanto o Hekla quanto o Askja, na Islândia, produziram erupções plinianas, cujo combustível era um magma silicático formado em condições especiais sob esses vulcões. Magmas basálticos também podem gerar erupções plinianas, embora isso seja extremamente raro. Um exemplo é a erupção de 1886 do vulcão Tarawea, na ilha do Norte, na Nova Zelândia. Outro vulcão situado na mesma ilha, o Taupo, provocou uma erupção cataclísmica ultrapli-

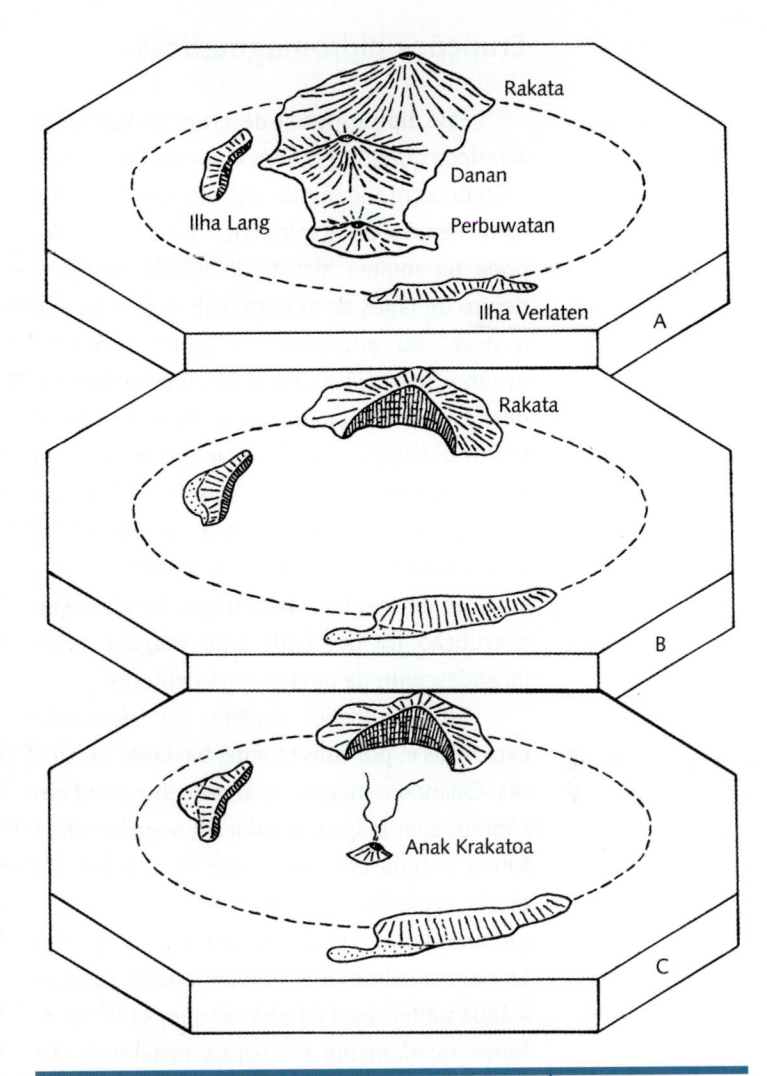

Fig. 3.7 Desenho das ilhas do grupo Krakatoa antes da erupção de 1883 (A), após a erupção (B) e em 1960 (C), mostrando o Anak Krakatoa, que continua em atividade. A linha tracejada indica a localização aproximada da borda submersa da caldeira
Fonte: modificado de MacDonald, 1972.

niana em 186 d.C., mas, por sorte, isso aconteceu antes que os primeiros colonos Maoris tivessem se instalado.

Essa curta descrição das erupções plinianas deve ter deixado claro que é extremamente difícil – para não dizer potencialmente suicida – tentar repetir a proeza do feito de Plínio, o Jovem, ao testemunhar uma erupção tão violenta. Uma alternativa muito mais realista é visitar os vulcões que produziram erupções desse tipo no passado e tentar reconstruir mentalmente o que deve ter acontecido. É isso que milhões de visitantes têm feito quando passeiam pelas ruas de Pompéia e levantam os olhos para ver o Vesúvio.

Erupções hidromagmáticas

Esse tipo especial de erupção vulcânica acontece quando grandes volumes de magma incandescente e água entram em contato, com resultados explosivos. Essa interação pode ter muitas formas, incluindo erupções dentro de lagos de cratera, sob o gelo ou sob a neve, ou erupções em águas rasas no oceano. Todas essas erupções têm similaridades e são denominadas hidromagmáticas, hidrovulcânicas ou freatomagmáticas (do grego *phréar* + *atos*, que significa "poço de água"). As erupções chamadas simplesmente de freáticas são aquelas em que não há envolvimento de magma novo, o que significa que a erupção foi detonada pelo magma ainda incandescente de uma erupção anterior.

Essas erupções podem ser altamente explosivas e, por conseguinte, bastante perigosas. Quando o magma incandescente entra em contato com a água, o calor do magma transforma a água em vapor, que se expande de modo explosivo, fragmentando o magma e produzindo uma grande quantidade de cinzas. O magma subterrâneo também pode aquecer a água subterrânea vizinha até que ela se transforme rapidamente em vapor, resultando daí uma explosão violenta. As pessoas mais sensatas mantêm distância das erupções hidromagmáticas, embora de vez em quando alguns vulcões produzam erupções desse tipo, adequadas à observação a partir de um ponto afastado.

Um exemplo é o vulcão Poás, na Costa Rica, nos anos 1970. Por muitos anos, o Poás encantou os turistas com pequenas explosões que ocorriam no fundo das águas escuras de seu raso lago de lava. As explosões lançavam aos ares jorros de água barrenta, borrifando às vezes gotículas de água ácida nos turistas que se encontravam na borda da cratera. Embora não haja mais erupções regulares, a cratera do lago Poás ainda solta fumarolas e produz pequenas erupções de lama e enxofre que podem ser vistas por uns poucos afortunados.

Um dos exemplos mais perigosos de erupções hidromagmáticas envolve a interação de magma com gelo ou neve. Os efeitos podem ser devastadores, pois o magma incandescente é capaz de derreter grandes quantidades de água congelada que deslizam a grande velocidade encosta abaixo, misturando-se a cinzas e detritos e produzindo fluxos de lama. Um dos exemplos mais trágicos foi a erupção do vulcão colombiano Nevado del Ruiz, em 1985. Uma pequena erupção no topo coberto de neve desse vulcão foi o suficiente para derreter enormes quantidades de neve e gelo e produzir uma série de fluxos de lama, que foram descendo por vales estreitos nos flancos do vulcão e chegaram durante a noite à cidade de Armero, situada à entrada de um desses vales. A maioria dos 22 mil habitantes não viu a luz do sol novamente. Os poucos sobreviventes relataram que vagalhões de lama surpreenderam a cidade, arrastando casas inteiras, carros e pessoas.

Fluxos de lama estão entre as maiores causas de devastação e tragédia causadas por vulcões. Podem ser produzidos por vários tipos de vulcões e são detonados até mesmo por erupções pequenas. Têm maior probabilidade de se formarem em vulcões de flancos abruptos, topos cobertos de neve, com grandes volumes de cinza e detritos soltos nas encostas. Muitos dos vulcões das montanhas Cascades, nos Estados Unidos, podem produzir fluxos de lama devastadores: o monte Rainier já produziu alguns enormes no passado, e o perigo de novas ocorrências é bem real. A geleira no topo do Rainier o torna especialmente perigoso, pois uma erupção poderia liberar volumosas torrentes de água de degelo.

Os perigos de erupções que provocam o derretimento de geleiras e picos nevados é bem conhecido do povo da Islândia, que introduziu o termo *jökulhlaup* em vulcanologia (*jökul* significa "topo coberto de gelo" e *hlaup*, "dilúvio"). O vulcão Grímsvötn já liberou correntes de água que chegaram a uma vazão de 40.000 m^3 por segundo – maior que a de alguns dos maiores rios do mundo. Felizmente, os episódios de explosões de geleira estão confinados à costa sudeste, que é praticamente deserta. Talvez por isso os islandeses, bons conhecedores de vulcões, tiveram o bom senso de não se instalar ali.

Entre as maravilhas vulcânicas da Islândia encontra-se a ilha de Surtsey (Fig. 3.8), outro exemplo de água e magma em ação. A ilha emergiu do mar em 1963, um belo exemplo de erupção subaquática que criou terra nova. O espetáculo da ilha de Surtsey em formação dificilmente se repetirá. A erupção foi avistada pela primeira vez em 14 de novembro de 1963, por pescadores locais que saíam num barco. Eles pensaram que as colunas de fumaça negra provinham talvez de um navio em chamas. Por sorte, perceberam o engano antes de chegar perto demais, viram grandes jatos de vapor e cinzas se elevando acima da superfície do mar. Como acontece normalmente em erupções em águas rasas, explosões muito fortes fragmentam o magma, lançando cinzas e fragmentos centenas de metros para o alto, num curioso padrão conhecido como pluma rabo de galo, por causa do formato arqueado.

O crescimento de Surtsey foi rápido: cerca de 24 horas depois, a nova ilha já projetava sua cabeça de cinzas acima da superfície e, por volta do dia 19 de novembro, o novo e alongado vulcão já tinha 600 m de comprimento e 43 m de altura. Assim que o vulcão despontou acima do nível do mar, sua atividade mudou de temperamento, tornando-se uma típica erupção estromboliana. Cinco meses após seu nascimento, Surtsey já era um cone de tamanho considerável, medindo 150 m de altura acima do nível do mar e 1.700 m de comprimento. Apesar do tamanho da ilha, a cinza solta poderia ter sido facilmente engolida pelas contínuas pancadas das ondas. No entanto, em 1964, um lago de lava preencheu a cratera da ilha, e a lava logo começou a fluir em direção ao mar. Durante cerca de um ano a lava se derramou, cobrindo as encostas de cinza não consolidada e assegurando a sobrevivência da ilha. Quando toda a atividade cessou, em 1967, Surtsey tinha uma área de 2,8 km², inteiramente protegida para um estudo inédito sobre a evolução da sua geologia e ecologia. Esses estudos continuam até hoje.

É possível fazer planos com o objetivo de observar uma erupção hidromagmática? Em geral, não. Em razão do potencial de violência, essas erupções não são realmente adequadas para observação. No entanto, oportunidades podem surgir. Os visitantes do Poás poderão ter a sorte de ver algumas manifestações do poder do vulcão no fundo do lago. As erupções do tipo Surtsey são raras mas, quando acontecem, talvez possam ser observadas de um barco a uma distância segura. Aliás, os islandeses não só puderam ver Surtsey, como também tiraram proveito do estágio tardio da erupção para se banhar nas águas aquecidas pelos fluxos de lava!

É fascinante ver os resultados das erupções hidromagmáticas. A ilha de Surtsey ainda está viva e pode ser observada de um barco ou de uma aeronave. A Islândia tem uma profusão de outras feições relacionadas a erupções hidromagmáticas, como os produtos de explosão das geleiras. Em escala menor, os visitantes da Ilha Grande do Havaí podem ver com freqüência a lava entrando no mar e maravilhar-se com a idéia de que a ilha está crescendo diante dos seus olhos.

Fig. 3.8 A erupção de Surtsey, Islândia. Esta foto, de 1963, mostra nuvens de vapor branco e de cinzas vulcânicas negras formadas pelo contato da lava incandescente com a água. Observe a fonte de lava na ilha, parcialmente obscurecida pelas nuvens

Cortesia de John Guest

COMO OS VULCÕES SE FORMAM

Considerando que há vários tipos de erupção, não causa surpresa o fato de elas formarem vulcões que não se parecem. A "típica" imagem de vulcão na mente da maioria das pessoas é a de um cone convexo e abrupto, semelhante aos que vemos em cartões-postais japoneses ou nos filmes do Pacífico Sul. Talvez seja por essa razão que os visitantes da Ilha Grande do Havaí fiquem surpresos ao ver o suave declive do Mauna Loa, muito parecido com a metade superior de um OVNI. "Nem parece um vulcão!" foi o comentário que escutei certa vez no terraço do famoso Volcano House Hotel, de onde o despretensioso formato do Mauna Loa pode ser observado em toda a sua glória. Percebi imediatamente que o turista desapontado não poderia ter nascido na Islândia, onde muitos vulcões também se assemelham a um pires de cabeça para baixo. Fico imaginando como os havaianos e os islandeses reagem quando, pela primeira vez, vêem surgir, grandioso, um típico vulcão do Cinturão de Fogo, como o monte Fuji.

O fato é que não há formato de vulcão "correto" ou "típico". A aparência de um vulcão é determinada principalmente pelo estilo predominante de erupção, bem como pela composição do magma e pela localização do vulcão no mosaico das placas tectônicas da Terra (Quadro 3.1).

É possível, portanto, dizer muita coisa a respeito de um vulcão apenas a partir de sua forma, o que alguns chamam de "leitura da paisagem". Mais formalmente, isso é o que se conhece como geomorfologia.

Como surgem as diferentes formas de vulcão? Vamos considerar os vulcões havaianos e islandeses, como o Mauna Loa e o Skjaldbreid, tão inexpressivos para algumas pessoas. Eles são conhecidos como vulcões-escudo, porque têm forma semelhante a um escudo pousado no chão de face para cima. O termo é originário, obviamente, da Islândia e do seu passado histórico cheio de guerreiros sedentos de sangue, manejando escudos. O produto principal das erupções havaianas e islandesas são fluxos de lava fluidos e extensos. Imagine o que acontece quando fluxos sucessivos, todos provenientes da mesma fonte ou de um alinhamento de condutos (*vents*), se depositam em camadas, umas sobre as outras. Com o tempo, esses fluxos constroem uma colina com declive suave, como ilustrado na Fig. 3.9. Alguns vulcões-escudo têm, no topo, crateras de fundo plano, produzidas por afundamento. Essas crateras podem ser verdadeiramente espetaculares quando preenchidas por um lago de lava. Se os fluxos de lava expelidos são mais silicáticos e mais viscosos que os basaltos, o resultado será um domo de lava. Os domos são formados pela acumulação de fluxos espessos e pastosos, e seu formato é muito diferente dos escudos, como se pode observar na Fig 3.1.

Quadro 3.1 Relações gerais entre tipo de vulcão, composição da lava, estilo de erupção e características comuns à erupção

Tipo de vulcão	Lava predominante	Estilo de erupção	Características comuns à erupção
Escudo	Basáltica, fluida	Em geral varia de não-explosiva a fracamente explosiva	Fontes de lava, longos fluxos de lava, lagos de lava, poças de lava
Composto	Andesítica, menos fluida	Em geral explosiva, mas às vezes não-explosiva	Fluxos de lava mais curtos, chuvas piroclásticas, chuvas de tefra, fluxos e ejeções piroclásticos
Composto	Dacítica a riolítica, viscosa a muito viscosa	Tipicamente muito explosiva, mas pode ser não-explosiva	Chuvas piroclásticas, chuvas de tefra, fluxos e ejeções piroclásticos, fluxos curtos de lava, domos de lava

Fonte: Tilling, 1989.

Os domos são muito menores que os escudos, raramente alcançam mais de 100 m de altura. Seus flancos são mais abruptos, geralmente entre 25 a 30 graus, ao contrário dos escudos, cujos ângulos variam entre 4 e 8 graus. Outra grande diferença é que os domos se formam durante uma única fase de atividade eruptiva, e não pela acumulação de material de muitas erupções. Em termos vulcanológicos, estruturas ou vulcões gerados em um único episódio são denominados monogenéticos. Eles são, como é de se supor, menores que os vulcões poligenéticos, resultantes de vários episódios eruptivos.

Outro tipo comum de estrutura vulcânica monogenética são os cones formados por fragmentos de magma de atividade estilo estromboliano. Visto que os fragmentos de lava que se precipitam tendem a se acumular ao redor do conduto, muitos cones apresentam declives íngremes e bastante regulares. Muitos são pequenos (dezenas de metros de altura) e crescem nas laterais de vulcões maiores. No entanto, as repetidas manifestações de atividade explosiva podem produzir cones maiores, e alguns serão considerados vulcões de pleno direito, como é o caso do Paricutín e do Sunset Crater. Embora a atividade desses vulcões tenha durado um período considerável, são considerados monogenéticos, e é improvável que entrem novamente em erupção.

O tipo mais comum de vulcões é o chamado estratovulcão, ou vulcão composto (Fig. 3.9). São, normalmente, estruturas imponentes formadas pela acumulação de fragmentos de magma intercalados com fluxos de lava. Costumam apresentar formato simétrico com flancos íngremes, graciosos, e constituem o que muitas pessoas imaginam ser um vulcão "típico". Na realidade, há uma base lógica para tal conceito, já que praticamente todos os vulcões continentais são compostos, inclusive

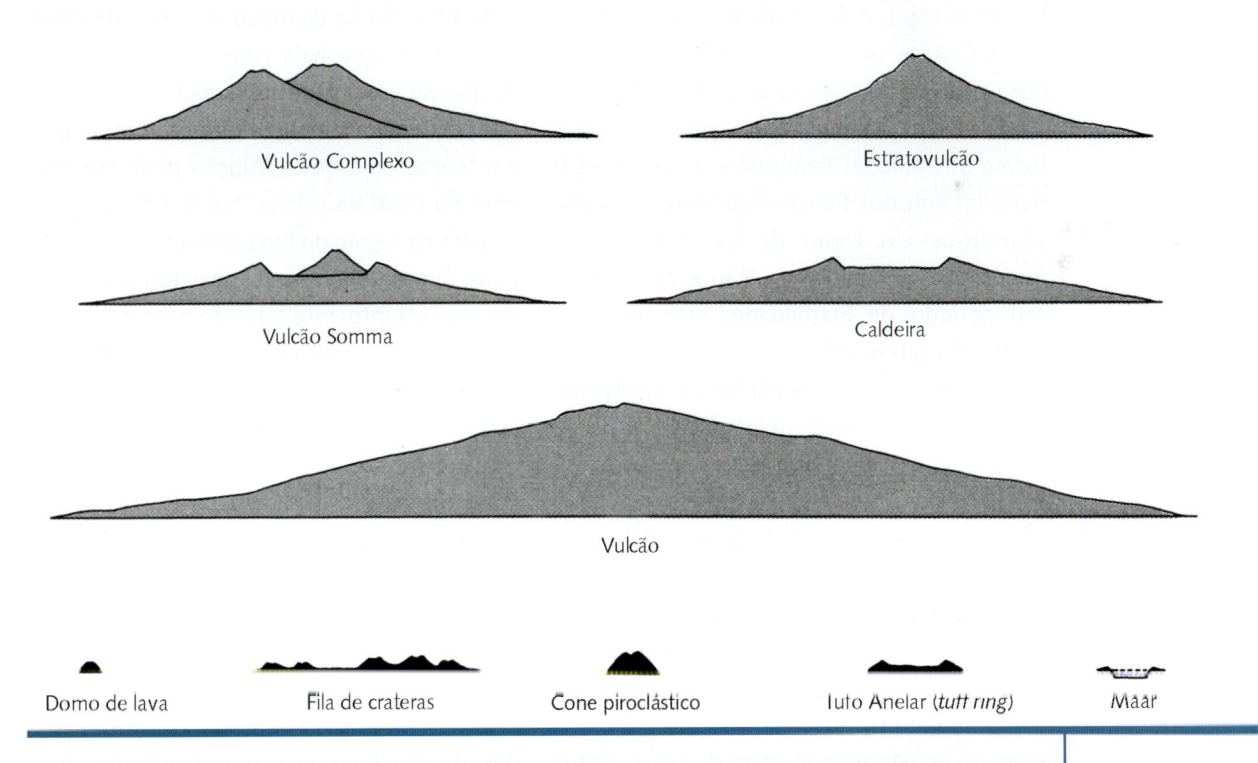

Fig. 3.9 Principais tipos de vulcão. Os perfis esquemáticos estão exagerados pelo emprego de um fator 2 (tipos sombreados em cinza) e um fator 4 (tipos em preto). Os tamanhos relativos são aproximados, pois as dimensões variam em cada grupo. Os vulcões do tipo Somma ou do tipo complexo são tipos especiais de vulcões compostos. Vulcões complexos são múltiplos, geneticamente relacionados e crescem na mesma localização. Os do tipo Somma têm caldeiras que desabaram em razão de explosões gigantescas, em cujo interior novos cones compostos formaram um estágio mais tardio. Os tipos de vulcão sombreados em cinza têm vida muito mais longa que os outros tipos. Os vulcões complexos têm um período de vida entre 1 e 10 milhões de anos; vulcões do tipo Somma e caldeiras, entre 100 mil e 1 milhão de anos; e os estratovulcões, entre 10 mil e 100 mil anos. Por outro lado, os domos de lava e os cones piroclásticos (cinder cones) têm um período de vida entre 1 e 100 anos, enquanto os outros tipos duram menos de 1 ano.
Fonte: modificado de Simkin e Siebert, 1994.

alguns dos mais conhecidos do mundo: o Vesúvio, o Etna, o monte Rainier, o monte Santa Helena, o monte Pelée e o monte Fuji. Embora pareçam majestosos aos nossos olhos, são insignificantes em comparação com os gigantes oceânicos, como o Mauna Loa. Por exemplo, o monte Fuji, no Japão, é o mais volumoso dos vulcões compostos: 870 km^3. Tem uma altura de 3.700 m, e sua base estende-se por 30 km. O volume do Mauna Loa, no entanto, é maior que o do monte Fuji, mesmo quando consideramos apenas o volume do escudo emerso.

Já que a maioria dos vulcões deste livro são compostos, vale a pena examiná-los mais detalhamente. Seus perfis de declives abruptos são o resultado da evolução da atividade vulcânica à medida que o vulcão envelhece. Quando esses vulcões são jovens, suas erupções ocorrem geralmente no conduto central, mas, ao envelhecerem, vão se abrindo fraturas nos flancos inferiores, por onde a lava flui. As erupções explosivas podem continuar no topo, mas o cone do topo torna-se gradualmente mais íngreme em relação aos declives inferiores. A erosão também desempenha um papel importante, pois acentua a forma dos vulcões compostos ao remover o material fino dos flancos superiores e depositando-os em torno da base. Em geral, quanto mais velho um vulcão e mais longo seu período de inatividade, mais pronunciado será seu perfil.

Alguns vulcões compostos, como o Hekla, na Islândia, têm formas muito diferentes da do monte Fuji. Isso acontece porque as erupções do Hekla ocorrem em longas fissuras que cortam o vulcão, em vez de num conduto central predominante. O número e a localização dos condutos vulcânicos exercem uma influência preponderante no formato do vulcão. Os condutos podem ter uma forma tubular, saindo das profundezas, até uma única abertura no topo, ou podem ter o formato de longas fraturas ou fissuras, que podem recortar o vulcão. Embora alguns vulcões tenham uma única abertura (*vent*), a maioria tem um sistema de fissuras ou numerosas aberturas separadas, freqüentemente marcadas por pequenos cones sobrepostos ao vulcão principal.

Os condutos centrais únicos tendem a produzir vulcões com perfil simétrico, ao passo que fissuras alongadas produzem perfis de canoas viradas, alongadas na direção das fissuras. Um sistema de fissuras ou pequenos condutos que cortam um vulcão transversalmente em uma direção definida é denominado zona de *rift*. O Mauna Loa é um bom exemplo de vulcão com zonas de *rift* bem definidas. Em uma planta, esses vulcões são alongados na direção da zona de *rift* predominante.

Alguns vulcões têm numerosos condutos laterais, seja do tipo fissural, seja do tipo tubular. Suas erupções podem começar em um ponto qualquer e, portanto, seus flancos costumam ser pontilhados de cones. O monte Etna é um ótimo exemplo desse tipo de atividade. O "encanamento" sob o vulcão é muito complexo, e novos condutos têm brotado por toda a montanha de modo um tanto desordenado, ainda que haja zonas preferenciais. O padrão de erupção do Etna não é tranqüilizador para quem vive em suas encostas, já que, em teoria, uma nova erupção pode começar bem no meio da cidade. Na realidade, várias cidades na região do Etna têm sido ameaçadas pelos fluxos de lava, e algumas foram destruídas. No entanto, esse fato não deve desanimar ninguém, pois os vulcões raramente explodem no meio da noite (ou do dia) sem sinais precursores. Dessa forma, permanecer em alguma das charmosas cidades na região do Etna é bastante seguro, tendo em vista a atitude mediterrânea do vulcão, tendente ao "bom comportamento". Há vulcões de muitos tipos, tamanhos e estilos de comportamento. A diversidade os torna fascinantes; não existem dois perfeitamente iguais. No entanto, o perigo está sempre à espreita nas profundidades de qualquer vulcão considerado ativo. Antes de partir para a exploração de vulcões, é importante compreender os perigos e saber manter-se em segurança.

4 Como visitar vulcões em segurança

ATÉ QUE PONTO OS VULCÕES SÃO PERIGOSOS?

As erupções vulcânicas fazem parte dos desastres naturais mais temidos, embora não costumem provocar danos significativos. Só aparecem nas manchetes quando causam perdas expressivas de vidas humanas ou de propriedades, ou quando são grandes a ponto de provocar mudanças na atmosfera de todo o planeta. Por essa razão, pouca gente sabe que acontecem com freqüência e em todas as regiões da Terra. Existem 600 vulcões potencialmente ativos no mundo e muitos mais escondidos sob as águas dos oceanos. Em média, 50 vulcões entram em erupção todos os anos, e uma dezena deles, ou mais, podem estar em atividade em qualquer mês do ano. Algumas dessas ignoradas erupções podem oferecer um espetáculo magnífico – ou serem perigosas demais para uma aproximação!

Com que freqüência os vulcões causam perdas significativas de vidas? Em média, uma erupção verdadeiramente catastrófica acontece poucas vezes por século, embora nossas estatísticas estejam limitadas a registros históricos incompletos, especialmente no tocante aos vulcões do Novo Mundo e de localidades remotas.

A Tab. 4.1 mostra os dados referentes a perdas humanas causadas pelas erupções mais importantes do último milênio. Podemos agrupar alguns fatos interessantes com base nessa informação; por exemplo: (1) uma grande parte dos vulcões mais perigosos do mundo está localizada no Cinturão de Fogo; (2) os fluxos piroclásticos (nuvens ardentes) e os fluxos de lama são, de longe, os produtos mais letais que uma erupção pode produzir; (3) as erupções muitas vezes matam por vias indiretas, seja desencadeando tsunamis ou destruindo plantações vitais, o que resulta em vastas regiões atingidas pela fome. Ironicamente, as cinzas vulcânicas são fertilizantes muito poderosos, e essa é a razão pela qual as encostas de muitos vulcões perigosos são densamente povoadas. De vez em quando, porém, um deles cobra um preço muito elevado pela dádiva generosa.

Se compararmos as erupções vulcânicas com outros desastres naturais, como inundações, furacões e terremotos, veremos que elas afetam relativamente pouca gente. Porém, estima-se que cerca de 10% da população mundial (aproximadamente 360 milhões de pessoas) viva sobre vulcões ou próximo a alguns potencialmente perigosos, e esse número cresce. As autoridades civis e os vulcanólogos trabalham juntos cada vez mais, na tentativa de prever erupções, avaliar o potencial de risco e evacuar a população local, se necessário. Todos esses processos são muito complexos e quase sempre ultrapassam os meios disponíveis nos países em desenvolvimento, onde se encontra a maioria dos vulcões mais perigosos.

O ideal seria que o visitante de um vulcão potencialmente ativo procurasse conhecer o padrão local de monitoramento e previsão de erupções, e também se o vulcão apresentou alguma atividade recente (ver Cap. 5 para fontes de informação). Além disso, é aconselhável compreender os riscos de determinado vulcão e como foram suas erupções no passado. Se o vulcão mostrar sinais de atividades do tipo perigoso e explosivo, vale a pena inteirar-se de possíveis planos de evacuação já implantados, caso o pior aconteça. É importante ter em mente que esses padrões e procedimentos variam muito de país a país, e mesmo de região a região.

O mínimo que um visitante de um vulcão ativo ou potencialmente ativo deve conhecer são os riscos mais comuns e como evitá-los. Esses são os tópicos discutidos neste capítulo. Grande parte dos visitantes, inclusive vulcanólogos profissionais, nunca terá que enfrentar as situações arriscadas descritas aqui, mas é importante conhecê-las e saber como acontecem. Quando se trata de vulcões ativos, é a ignorância, não a curiosidade, o que mais mata.

Tab. 4.1 Alguns desastres vulcânicos famosos desde o ano 1000 d.C., envolvendo fatalidades (números arredondados para o decimal mais próximo)

Vulcão	País	Ano	Causa primária de morte				
			Fluxo piroclástico	Fluxo de detritos	Fluxo de lava	Fome pós-erupção	Tsunami
Merapi	Indonésia	1006	1.000[a]				
Kelut	Indonésia	1586		10.000			
Vesúvio	Itália	1631			18.000[b]		
Etna	Itália	1669			10.000[b]		
Merapi	Indonésia	1672	300[a]				
Awu	Indonésia	1711		3.200			
Oshima	Japão	1741					1.480
Cotopaxi	Equador	1741		1.000			
Makian	Indonésia	1760					
Papadajan	Indonésia	1772	2.960				
Lakagígar	Islândia	1783	1.150				
Asama	Japão	1783				9.340	
Unzen	Japão	1792					15.190
Mayon	Filipinas	1814	1.200				
Tambora	Indonésia	1815	12.000			80.000	
Galunggung	Indonésia	1822		4.000			
Nevado del Ruiz	Colômbia	1845		1.000			
Awu	Indonésia	1856		3.000			
Cotopaxi	Equador	1877		1.000			
Krakatoa	Indonésia	1883					36.420
Awu	Indonésia	1892		1.530			
Soufrière	São Vicente	1902	1.560				
Mt. Pelée	Martinica	1902	29.000				
Santa Maria	Guatemala	1902	6.000				
Taal	Filipinas	1911	1.330				
Kelut	Indonésia	1919		5.110			
Merapi	Indonésia	1951	1.300				
Mt. Lamington	Papua Nova Guiné	1951	2.940				
Hibok-Hibok	Filipinas	1951	500				
Agung	Indonésia	1963	1.900				
Mt. Santa Helena	USA	1980	57[c]				
El Chichón	México	1982	>2.000				
Nevado del Ruiz	Colômbia	1985		>22.000			
			65.140	53.900	28.000	89.340	53.090

Notas:
a – Incluídas as mortes por fluxos de lama; portanto, a validade para a erupção do ano 1006 foi questionada.
b – Incluídas as mortes por explosões e/ou fluxos de lama; estimativas não-confiáveis e, provavelmente, altas demais.
c – As principais causas de morte foram o impacto da explosão lateral e asfixia.

COMO OS VULCÕES MATAM: DOIS EVENTOS TRÁGICOS

Os vulcões podem matar pessoas em grande número ou em incidentes isolados. Fluxos piroclásticos, fluxos de lama, avalanches de fragmentos ou tsunamis deflagrados por erupções são os culpados habituais dessas mortes em grande número. Quem visita um vulcão, normalmente não encontra esses perigos, porque (é o que se espera) as autoridades locais evacuam a área de risco antes que a catástrofe se torne realidade. No entanto, é importante estar ciente de que mesmo os vulcanólogos profissionais podem cometer erros fatais, como ocorreu em duas erupções recentes – a do Unzen, no Japão, e a do Galeras, na Colômbia. Esses dois trágicos acontecimentos são a prova de que os vulcões nem sempre se comportam de maneira lógica e que o inesperado pode acontecer.

Unzen, Japão: 3 de junho de 1991

O vulcão esteve irrequieto por mais de seis meses, após um período de repouso de quase 200 anos. Autoridades japonesas e vulcanólogos no mundo inteiro estavam em alerta, por tratar-se de um vulcão particularmente perigoso. Localizado na ilha de Kyushi, na região sul do Japão, o Unzen (Fig. 4.1) tinha entrado em erupção pela última vez em 1792, produzindo um maremoto que matou 15 mil pessoas – o pior desastre vulcânico conhecido na história do Japão.

A retomada da perturbação sísmica foi seguida de pequenas emissões de cinzas e, no dia 20 de maio, pela extrusão de lava viscosa pela cratera Jigoku-ato, formando um domo de lava que atingiu mais de 40 m de altura. No dia 24 de maio, ouviu-se uma grande explosão, uma parte do domo afundou e o primeiro de uma série de fluxos piroclásticos desceu as

Fig. 4.1 Casas danificadas pelos fluxos piroclásticos do Unzen, em 1991

encostas, parando a apenas 2 km da cidade de Kamikoba. Chuvas pesadas tornaram a situação mais grave ainda, por causa da possibilidade de fluxos de lama, e milhares de pessoas tiveram de ser evacuadas da área, embora algumas tenham recebido autorização de voltar quando as chuvas cessaram. Os fluxos de lama continuaram a preocupar a população local, mas o perigo dos fluxos piroclásticos ficou confinado a áreas próximas ao vulcão, tendo sido delimitada uma "área proibida".

A erupção atraiu um grande número de jornalistas japoneses e de cientistas ao local. Entre os vulcanólogos encontrava-se o famoso casal Maurice e Katia Krafft, que acorreram na esperança de filmar os fluxos piroclásticos. Com eles estava o vulcanólogo americano Harry Glicken que, por uma curiosa guinada do destino, escapara da morte na explosão do monte Santa Helena, 11 anos antes. Harry deveria ficar de vigília no posto de observação no dia fatídico, mas teve que sair da cidade para uma reunião. Seu amigo e mentor David Johnston o substituiu e perdeu a vida quando o vulcão entrou em erupção (veja a seção "Monte Santa Helena" no Cap. 7). Ironicamente, Harry iria encontrar a mesma morte no Unzen uma década depois, quando, com trinta e poucos anos, tinha quase a mesma idade de Johnston. Até hoje, esses dois homens foram os únicos vulcanólogos americanos a perder a vida em erupções vulcânicas.

Harry Glicken, os Kraffts e vários membros da imprensa japonesa se arriscaram a entrar na "zona proibida", na base do vulcão, no dia 3 de junho. Por volta das quatro horas da tarde, uma explosão sacudiu a área, indicando o desmoronamento de uma parte do domo de lava do topo, logo seguido de um grande fluxo piroclástico, que desceu o leito de um rio a uma velocidade acima de 100 km/h. O fluxo correu mais de 4 km pelo leito do rio. Os fluxos piroclásticos costumam seguir as depressões topográficas, e é provável que os observadores, principalmente os audaciosos e experientes Kraffts, se considerassem relativamente seguros. No entanto, houve uma inesperada ejeção do fluxo piroclástico principal, engolfando os observadores, destruindo casas e árvores, alcançando os limites da cidade de Kamikoba. Incapazes de suplantar a velocidade do fluxo, 42 pessoas morreram, entre as quais os três vulcanólogos.

A tragédia do Unzen teve um elemento surpresa: a súbita ejeção lateral do fluxo piroclástico principal, mas não há dúvidas de que os Kraffts e Harry Glicken estavam cientes dos riscos que corriam. A área era considerada perigosa, e sabe-se que os fluxos piroclásticos são os produtos vulcânicos mais letais. Podem atingir grandes velocidades, ramificar lateralmente e até subir encostas. Maurice e Katia Krafft eram famosos tanto pelos tremendos riscos a que se expunham quanto pelos filmes e fotografias espetaculares de erupções vulcânicas que conseguiam fazer. Um evento diferente, mas igualmente trágico, aconteceu dois anos mais tarde, do outro lado do mundo. Ao contrário do Unzen, esse vulcão estava quieto, e suas vítimas não sabiam que ele despertaria logo.

Galeras, Colômbia: 14 de janeiro de 1993

O Galeras (4.170 m de altura) é um dos vulcões mais ativos da América do Sul e o único a receber dos cientistas, nos anos 1990, o título de "Vulcão da Década", o que significa que era considerado perigoso e recomendava-se seu estudo intensivo. Para chamar a atenção dos vulcanólogos para o Galeras, foi organizada uma conferência internacional em 1993. Vários participantes decidiram fazer uma viagem de campo e visitar o objeto da pesquisa. O Galeras estava calmo e não mostrava nenhum indício de que poderia despertar (embora alguns argumentem, ao fazer uma análise retrospectiva, que havia indícios de perigo iminente). Uns 30 cientistas foram visitar o vulcão, e alguns deles desceram na cratera para coletar amostras de gases vulcânicos. Stan Williams, um vulcanólogo norte-americano, liderava o grupo que desceu pela cratera principal, chegando a uma cratera pequena no interior de um cone de cinzas. No início da tarde, o grupo já havia acabado de coletar as amostras e começava a deixar o local, embora três retardatários ainda permanecessem na cratera interior (diz-se que um deles queria fumar um cigarro). A explosão aconteceu sem nenhum aviso, projetando uma coluna negra de cinzas a 2,5 km de altura e lançando uma chuva de bombas incandescentes. Naquele momento, Stan Williams e Andrew McFarlane encontravam-se perto da borda da cratera do topo; eles tentaram correr, mas foram nocauteados pelas bombas, algumas ainda incandescentes. Arrastando-se, conseguiram encontrar abrigo atrás de algumas rochas e de suas mochilas. Esses são uns dos poucos que foram feridos mas sobreviveram.

O calor dentro da cratera era tão forte que uns poucos corpos queimados, recuperados mais tarde, estavam irreconhecíveis. A visibilidade no topo do vulcão era de menos de um metro. Apesar disso, a geóloga Martha Calvache e dois colegas colombianos, que se encontravam mais abaixo, nos flancos do vulcão, correram de volta para dentro da cratera. Os três colombianos conseguiram puxar Stan e Andy até um ponto mais seguro, onde esperaram algumas horas até o resgate por helicóptero. A explosão matou nove pessoas, inclusive cinco vulcanólogos: três colombianos, um inglês e um russo. A morte dessas cinco pessoas foi o pior acidente que já atingiu a comunidade da ciência vulcanológica. Colegas do mundo inteiro ficaram chocados com a surpresa do acontecimento e sua intempestividade: se o vulcão tivesse explodido 20 minutos mais tarde, ninguém teria morrido.

Explosões inesperadas não são comuns, mas com freqüência trazem conseqüências trágicas, porque as pessoas não estão preparadas para enfrentá-las. O episódio do Galeras foi pequeno para os padrões vulcanológicos, assim como a explosão do Etna em 1979, que ceifou nove vidas (ver Cap. 8). A explosão do Etna nem ao menos expeliu magma novo; não passou de um soluço vulcânico. Infelizmente, os vulcões são capazes de cuspir fragmentos grandes o bastante para matar.

Algum conhecimento e a análise prévia da situação podem salvar a vida de uma pessoa quando ela se encontra sob uma chuva de bombas. É verdade que nada poderia ter salvo os desafortunados cientistas que estavam perto da cratera interior do Galeras, de onde saiu a explosão. No entanto, no caso do Etna, as pessoas estavam em volta da cratera, onde o volume de bombas era bem menor. Calcula-se que havia cerca de 60 pessoas no local. Todos os nove mortos e 20 ou mais gravemente feridos eram turistas; nenhum dos guias da montanha sofreu ferimentos sérios, tendo conseguido, segundo relataram, esquivar-se das bombas. Embora a probabilidade estatística tenha desempenhado um papel importante, os guias podem ter escapado do destino dos turistas por saberem antecipadamente o que fazer para aumentar suas chances de sobrevivência. A próxima seção discute o que fazer no caso de um vulcão explodir inesperadamente.

REGRAS DE SOBREVIVÊNCIA NA EXPLORAÇÃO DE VULCÕES

Devemos nos aproximar com cuidado até mesmo de vulcões que não estejam em atividade em determinado momento. Algumas características são exclusivas das áreas de vulcões, como certos tipos de terreno instável, que os torna particularmente perigosos. Além disso, os vulcões também apresentam os riscos potenciais existentes nas montanhas comuns, como condições de tempo inconstantes em grande altitude e distância. No geral, quem usa o bom senso não costuma encontrar dificuldades, mas é importante conhecer os problemas específicos inerentes aos vulcões ativos ou que entraram em erupção recentemente. Há pouca coisa escrita sobre segurança em vulcões ativos, e quem os visita regularmente acaba criando suas próprias regras, baseadas no conhecimento individual e no grau de risco que se dispõem a correr. As regras a seguir – sobre vulcões e erupções – são as minhas e foram desenvolvidas não apenas a partir de experiência própria, mas também de conversas com colegas muito mais experientes do que eu. Espero que essas regras ajudem os visitantes de vulcões a se manter em segurança e a não cometer os enganos, às vezes fatais, cometidos por outros.

Regras gerais de sobrevivência em vulcões

Regra nº 1 para vulcões: Informar-se antes de partir

Antes de partir, procure o máximo possível de informações sobre o vulcão que planeja visitar. Não existem dois vulcões idênticos, mesmo quando são do mesmo tipo. É especialmente importante saber o seguinte:

Atividade atual: O vulcão está ativo ou existe a possibilidade de tornar-se ativo em breve?

Atividade anterior: Como foram as erupções no passado, principalmente as dos últimos 100 anos?

Monitoramento: O vulcão é monitorado regularmente? Qual a probabilidade de que enviem avisos de alerta adequados antes de uma erupção?

Contatos locais: Há um observatório vulcanológico? O vulcão está sendo estudado por cientistas de alguma universidade local? Há especialistas locais na área do vulcão que possam ser contatados para recomendações?

Serviços: Quais os serviços locais de emergência e de busca e resgate? Existe algum?

Acesso: Há estradas ou trilhas para o vulcão e até que altura elas chegam? Há trilhas de caminhada? Que partes do vulcão são acessíveis, considerando o nível de condicionamento e habilidade física do visitante?

Informação local: Existem bons mapas do vulcão? Existem guias de viagem que ofereçam informações sobre o vulcão, alojamento e transporte local?

Todas essas perguntas relacionam-se aos 19 vulcões destacados neste livro em capítulos próprios. Porém, considerando que os leitores possam querer visitar outros vulcões ativos, e também o fato de que as informações podem se tornar facilmente ultrapassadas (basta uma nova erupção), o Cap. 5 discute como obter informações gerais sobre vulcões ativos. Compilar todas as informações acima demanda algum esforço, mas acaba economizando tempo, dinheiro e, possivelmente, vidas.

Regra nº 2 para vulcões: Carregue equipamento de segurança específico para cada vulcão

Alpinistas, montanhistas e pessoas que gostam de atividades ao ar livre conhecem a importância do material de segurança e nunca sonhariam em sair de casa sem o equipamento adequado. Um dos problemas em matéria de "equipamento para vulcões" é que as necessidades variam muito, conforme o tipo de vulcão e o tipo de viagem. Uma visita aos pontos turísticos do Parque Nacional dos Vulcões do Havaí não pede mais do que um par de sapatos reforçados, ao passo que uma caminhada até o topo do Colima, no México, exige máscara contra gases, capacete de escalada e todo o suprimento de emergência para montanhas. O bom senso avisa que, quanto mais remota a área, mais equipamento de segurança será necessário.

Em muitos aspectos, os vulcões mais elevados não diferem de outras montanhas, e quem planeja escaladas com um certo grau de dificuldade deveria consultar livros sobre escalada em montanha ou rochedos para obter conselhos sobre equipamentos. No entanto, qualquer pessoa que vá fazer uma caminhada sobre um vulcão ativo, mesmo que este já esteja no "estágio de fumarolas", como o Vulcano, deve pensar seriamente em levar, no mínimo, uma máscara contra gases e um capacete de escalada.

Os capacetes de escalada são fáceis de encontrar e valem o peso que somam à bagagem. Oferecem proteção no caso de quedas, que acontecem facilmente quando se anda sobre terreno acidentado, mas também no caso de bombas vulcânicas (contanto que sejam pequenas), se ocorrer uma explosão. Uma alternativa ao capacete de escalada é o capacete de segurança que os trabalhadores usam e que alguns dos meus colegas preferem (Fig. 4.2). Esse capacete tem a vantagem de deixar as orelhas descobertas, mas não oferece uma proteção geral tão boa.

Máscaras contra gases não são tão fáceis de encontrar, e a maioria das pessoas nem cogitaria em carregar uma nas férias. Embora não sejam necessárias com muita freqüência, é prudente ter uma máscara durante a visita a um vulcão em atividade ou com fumarolas. Os gases vulcânicos podem ser desagradáveis e, algumas vezes, insuportáveis. Veja detalhes sobre máscaras contra gases no Cap. 5.

Ainda quanto ao equipamento, gostaria de acrescentar que é bom vestir-se de maneira adequada, em respeito aos vulcões ativos. Os terrenos vulcânicos são quase sempre ásperos, e fluxos de lava recentemente resfriados podem apresentar bordas pontiagudas capazes de provocar cortes graves, no caso de uma queda. Os fluxos *aa* são especialmente instáveis, pois a superfície externa compõe-se de fragmentos soltos de rochas. Sandálias não são calçados adequados, embora eu já tenha encontrado turistas nos vulcões havaianos que pensam o contrário. Como é bastante comum a queda de pessoas não acostumadas a andar sobre a lava *aa*, aconselha-se o uso de calças compridas, em vez de shorts, e de luvas, para andar em superfícies particularmente acidentadas. Essas precauções tornam-se mais importantes no caso de caminhadas sobre lava recém-assentada, que pode estar ainda muito quente em alguns pontos. Certa vez, tive uma queimadura dolorosa quando perdi o equilíbrio sobre um fluxo de lava *aa* que tinha poucos dias e, instintivamente, coloquei a mão no chão para impedir a queda. Pensei então, horrorizada, no número de pessoas da região que eu vira mais cedo caminhando sobre o mesmo fluxo em roupas comuns – inclusive algumas mulheres de vestido! Aprendi minha lição e, desde essa época, carrego (e uso) luvas de couro.

Regra nº 3 para vulcões: Cuidado com quedas em terreno instável

Cair sobre a lava *aa* pode ser doloroso, mas outros tipos de terreno vulcânico podem ser muito mais perigosos. Embora a lava *pahoehoe* comum seja bastante segura e permita uma caminhada fácil, o tipo *shelly pahoehoe* é outra história. Esse tipo de lava é relativamente comum no Havaí e é o tema de muitas histórias amedrontadoras contadas por vulcanólogos que trabalharam lá. A experiência de um colega meu é um bom exemplo: ele estava andando sobre um fluxo de lava há muito resfriado no Mauna Loa, alheio ao fato de que a lava sob seus pés era feita de uma fina crosta cobrindo um espaço oco, quando o chão então cedeu. Ele se viu pendurado pelos ombros sobre o que poderia ser uma queda bem feia. Felizmente, ele conseguiu puxar todo o corpo para cima sem deixar que mais algum pedaço do solo à sua volta se rompesse. Embora, na maioria das vezes, a queda sobre a crosta de uma lava *shelly* não ultrapasse 1 m de profundidade,

Fig. 4.2 Um vulcanólogo bem-preparado na borda da cratera do topo do monte Etna, usando capacete de segurança, máscara contra gases e roupa adequada

ainda assim há possibilidade de ferimentos. Roupas e calçados espessos ajudam a evitar os cortes feitos pelas bordas afiadas da lava. Apesar disso, a melhor precaução é margear as áreas de lava *shelly* ou, pelo menos, andar perto das bordas dos canais de fluxo, em vez de sobre a parte central. A melhor maneira de reconhecer a lava *shelly* é prestando atenção aos ruídos "crocantes" sob os pés e procurando sinais de crosta de lava fragmentada (Fig. 4.3).

Fig. 4.3 No Havaí, a crosta instável de um fluxo de lava *shelly pahoehoe* já resfriada pode esconder cavidades profundas

Quando estiver andando em volta das margens de uma cratera ou de um lago de lava, é importante estar atento ao fato de que o terreno pode ser uma saliência e potencialmente instável. Além disso, as crateras podem crescer, em razão de vários desmoronamentos – procure observar fraturas que possam ser um indício de desabamento iminente e permaneça do lago seguro. O mesmo tipo de perigo existe quando fluxos de lava mergulham no mar, pois os novos bancos de lava são geralmente instáveis e podem ruir e cair no mar sem aviso prévio. Aqui também procure por fraturas ou permaneça na parte de terra firme.

O terreno de granulação fina e friável que encontramos em áreas geotermais ou próximo a fumarolas é ainda mais perigoso que a lava *shelly*. Em 1991, um estudante de pós-graduação soviético morreu ao cair dentro de uma fumarola ativa no vulcão Mutnovsky. Os relatos da época informam que ele estava andando sobre um terreno que parecia "normal", como se fosse lama seca, até que desmoronou. O corpo do estudante nunca foi resgatado; só encontraram seu martelo de geólogo. Pouco tempo depois, o terreno recuperou uma crosta sólida mas igualmente instável, e voltou a parecer "normal". Esse tipo de terreno vulcânico é um dos mais traiçoeiros, e é por essa razão que é preciso pisar com cuidado em áreas geotermais e de fumarolas. Algumas dessas áreas mais visitadas, como a Solfatara, na Itália, e o Bumpass Hell, em Lassen, na Califórnia, têm avisos e áreas cercadas onde o solo é particularmente instável. Em locais mais remotos, deve-se usar o bom senso e muita cautela.

Regra nº 4 para vulcões: Informe-se sobre as leis que restringem o acesso a qualquer parte do vulcão; não entre em áreas restritas sem permissão oficial

Durante uma erupção, as autoridades locais quase sempre fecham ao público certas áreas e, em geral, por uma ótima razão. No entanto, quando o vulcão está calmo, muita gente não percebe que pode estar atravessando uma área onde o acesso é restrito, mesmo que não seja por uma questão de perigo. Por exemplo, durante a "fase Kalapana" da erupção do Pu'u O'o, no Havaí, o público não podia chegar a Kalapana, a cidade que acabaria sendo devastada pelos fluxos de lava. A razão por detrás dessa interdição era prevenir o saque das casas ainda inteiras. Ouvi falar de uns estudantes que foram presos pela polícia local: aparentemente, eles estavam trabalhando em um setor do flanco acima da área restrita e acabaram invadindo-a sem se dar conta de onde estavam.

Uma questão correlata é a dos terrenos particulares. Trechos de áreas vulcânicas que se encontram fora dos parques nacionais podem ser propriedade privada, e os visitantes às vezes entram inadvertidamente em terreno particular. Na maioria das vezes, os visitantes não têm problemas, mas é prudente informar-se na região se existem áreas de acesso restrito ou, melhor ainda, contratar os serviços de um guia local experiente. Lembre-se de que, em muitos casos, os proprietários estão apenas se protegendo de eventuais processos que algum visitante ferido possa mover contra eles.

Regra nº 5 para vulcões: Evite ir sozinho a lugares remotos e informe alguém sobre o destino do seu grupo

Essa é uma recomendação geral baseada no bom senso e se aplica tanto a vulcões quanto a outros lugares. Os vulcões potencialmente ativos têm um adicional de perigo, e é mais inteligente pecar por excesso de cautela. É inacreditável o número de pessoas que não seguem essa recomendação lógica e não raro encontram-se trilheiros sozinhos em zonas vulcânicas particularmente remotas ou potencialmente arriscadas. Quem viaja sozinho deve considerar a possibilidade de contratar um guia local, e não costuma ser difícil encontrá-los.

Regra nº 6 para vulcões: Conheça os perigos locais específicos

Essa é outra regra de bom senso indicada para qualquer local remoto ou selvagem. No meu caso, os piores encontros que tive em áreas de vulcões foram, em uma ocasião, com um grupo de cachorros pouco amistosos e, em outra, com um fazendeiro de aparência ainda mais hostil, carregando uma arma. Nenhuma das ocasiões apresentava um perigo real; fazendeiros desconfiados tornam-se logo amáveis quando você explica que está estudando o vulcão "deles", e estão sempre dispostos a ouvir sua opinião. Já ouvi algumas histórias de vulcanólogos que cruzaram com animais selvagens, inclusive ursos e porcos selvagens, mas todos escaparam ilesos. De qualquer maneira, vale a pena saber o que nos espera e tomar as precauções necessárias. Às vezes é útil saber o que não esperar. Alguns anos atrás, dois catedráticos que conheço divertiram-se muito no Havaí após terem alertado seus estudantes a respeito da "temível *ahu* havaiana", uma cobra venenosa de cor preta que se camuflava entre as cordas da lava *pahoehoe* solidificada. Os alunos, que tiveram que andar alguns quilômetros sobre a lava, teriam ficado muito mais felizes se soubessem que não há cobras venenosas no Havaí.

Os raios são outro tipo de perigo sério que pode surgir em alguns vulcões. Grandes extensões cobertas de lava não contêm nem ao menos uma árvore, e você poderá ser o objeto mais alto no local. Uma colega foi atingida por um raio no topo do monte Etna mas, felizmente, não teve ferimentos. A meteorologia em alguns vulcões pode mudar drasticamente em um curto período de tempo, em especial na área próxima ao topo, e vale a pena se prevenir.

Um colega britânico passou por uma das experiências mais inusitadas em matéria de perigo em área vulcânica. Ele estava mapeando uma rede de tubos de lava no Havaí, num local em que estes podem se estender por muitos quilômetros e ter um diâmetro grande o bastante para que uma pessoa possa caminhar dentro deles confortavelmente. Às vezes, em alguns trechos, o teto desses tubos desmorona, formando o que é conhecido como clarabóia. Ele subiu por uma dessas e se viu no meio de uma densa vegetação, onde havia uma plantação de maconha muito bem cuidada. Sem dúvida alguma, os habitantes do lugar usavam o tubo de lava para alcançar áreas que seriam inacessíveis por outros meios. Felizmente para o vulcanólogo, os "proprietários" da plantação não estavam por perto.

Regra n° 7 para vulcões: Conheça seus limites

A única pessoa que eu já vi morrer em um vulcão foi um turista da Alemanha que subestimou o que uma subida curta, porém íngreme – desde o estacionamento de ônibus do Vesúvio até a borda da cratera – poderia provocar no seu coração. Ele desabou assim que chegou ao topo. Os esforços de um médico, que também fizera a subida, não foram suficientes para salvar o mal-aventurado turista. Um resgate rápido de helicóptero poderia ter salvado sua vida, mas poucos lugares no mundo podem se vangloriar desse tipo de resposta imediata a casos de emergência. Aliás, naquela época (final dos anos 1980), o telefone mais próximo estava a 3 km estrada abaixo. Eu não poderia imaginar que aquele amontoado de restaurantes e lojas de suvenir próximos ao estacionamento não tivesse pelo menos um rádio de emergência (isso aconteceu, obviamente, antes dos telefones celulares). Naquela situação, a ambulância levou duas horas para chegar, e já era então muito tarde. Os visitantes oriundos de países onde a resposta a emergências é rápida, principalmente em áreas com muito movimento de turistas, não devem esperar serviços semelhantes no exterior.

Isso se aplica, é claro, não apenas a lugares onde há vulcões. Porém, os riscos adicionais geralmente acarretados pelos vulcões, tais como altitude, encostas abruptas, terreno áspero, acidentado, e condições meteorológicas extremas, podem ser um duro teste para uma pessoa sadia, mesmo em um vulcão dormente.

Uma das queixas mais comuns é a insolação, que pode ser um problema sério mas fácil de ser tratado no início. Muita água, tabletes de glicose e uma boa noite de descanso curaram um caso de insolação sem muita gravidade que tive alguns anos atrás. Por mais estranho que pareça, o tempo estava bastante fresco, mas eu havia me esforçado em excesso andando sobre um fluxo de lava ainda quente. Altas temperaturas e um longo dia no campo forçaram um colega meu a ir parar em um hospital bem primitivo e lá passar uma noite bem desagradável. Não é difícil evitar tais desventuras:

basta adotar um ritmo compassado e despender o tempo necessário para aclimatar-se às condições locais.

REGRAS DE SOBREVIVÊNCIA EM CASO DE ERUPÇÃO

Quando um vulcão entra em erupção, os riscos se multiplicam e é preciso tomar outras precauções. O tipo e a intensidade da atividade vão determinar o grau de perigo. Por exemplo, observar uma erupção fraca no Havaí a partir de locais determinados pelas autoridades do Parque Nacional é uma coisa que virtualmente qualquer pessoa pode fazer em segurança. Por outro lado, ninguém que valorize sua vida deve, em hipótese alguma, aproximar-se de um vulcão durante uma erupção de estilo peleano, a menos que o visitante esteja acompanhado por especialistas que conheçam um ponto seguro privilegiado. No entanto, considerando a possibilidade (embora eu espere que seja improvável) de que um visitante seja pego no meio de uma forte chuva de cinzas ou de uma explosão muito violenta, incluí aqui algumas recomendações sobre como agir em tais circunstâncias.

Fig. 4.4 Bomba de lava recém-caída, com interior ainda incandescente, no Havaí. Essa bomba mede menos de 30 cm de diâmetro, mas pode causar danos substanciais. Observe como a superfície de cinzas afundou por causa do impacto

Erupções com explosões fracas e erupções efusivas

A atividade havaiana ou estromboliana, como já vimos, pode quase sempre ser observada com segurança. Isso não significa que não são potencialmente perigosas, e é preciso tomar cuidado com a queda de bombas, o risco mais comum. A regra de segurança principal é observar a erupção de um ponto adequado, um tanto distante e em localização privilegiada, e planejar uma rota de fuga para o caso de a erupção tornar-se subitamente mais violenta.

Regra nº 1 para erupções: Fique fora do alcance das bombas

Se um vulcão está no meio de explosões estrombolianas ou de fontes de lava, é importante observar o que está acontecendo a uma distância considerável antes de se aproximar, com muito cuidado, da abertura. Verifique onde os fragmentos lançados (bombas; ver Fig. 4.4) estão caindo e permaneça fora do raio de alcance. Como as explosões podem variar com o tempo, é preciso vigiar a abertura (*vent*) durante tempo suficiente para se sentir seguro quanto ao alcance potencial das bombas. "Tempo suficiente" é, obviamente, um critério pessoal, pois embora as erupções sigam, em geral, um padrão e alguma regularidade, a intensidade pode mudar, sobretudo no caso de erupções estrombolianas.

Esta é outra situação em que a opinião de um guia ou de um especialista local pode ser de grande valia, já que estão mais familiarizados com o padrão daquele vulcão em particular. Na ausência deles, a coisa mais sensata a fazer é observar um grande número de explosões até poder "sentir" qual o padrão do vulcão antes de se aproximar da abertura. Por exemplo, se as explosões ocorrem com intervalo de minutos, eu as vigiaria por uns 30 minutos antes de me aventurar até uma distância igual à do raio de alcance das bombas, com um acréscimo de 30% a 100%, ou mais ainda, dependendo do tamanho das bombas e da intensidade de queda em determinada área. As explosões que ejetam bombas do tamanho de blocos devem ser tratadas com muito mais cautela do que as que lançam pequenos grânulos. Deve-se usar sempre capacete, embora eles só protejam das bombas menores. No caso de a intensidade da erupção aumentar repentinamente, ou começar de maneira inesperada, pode haver gente dentro do raio de queda das bombas.

Embora a reação natural seja correr, essa não é a melhor atitude. O procedimento recomendado é olhar para cima e ver qual a direção e o raio de queda das bombas, e, se uma vier em sua direção, procure esquivar-se. É preciso ter calma para seguir esse procedimento, que pode ser um verdadeiro salva-vidas. É bem provável que os turistas mortos por uma explosão inesperada do monte Etna em 1979 tivessem sobrevivido se conhecessem essa recomendação, uma vez que o número de bombas ejetadas pela explosão foi relativamente baixo.

Se uma explosão lança um número tão grande de bombas que fica impraticável esquivar-se, a melhor solução é correr em busca de abrigo, seja atrás de um grande bloco, seja cobrindo a cabeça com alguma coisa, uma mochila, por exemplo. Foi o que os sobreviventes da explosão do Galeras fizeram. Mas eles tiveram sorte, porque poucas coisas podem oferecer proteção suficiente para os tipos de bombas que os vulcões são capazes de lançar. Durante a erupção do Etna em 1979, uma bomba furou o teto de uma Land Rover estacionada perto da cratera, embora não tenha atravessado o assoalho. Como o meu grupo tinha que completar um trabalho perto da mesma cratera no dia seguinte, elaboramos um plano caso ela entrasse em erupção novamente: esconder-nos sob o chassis da nossa Land Rover. Felizmente nunca tivemos que testar a eficiência desse plano.

Correr, é claro, é sempre um último recurso. Em 1986, outra erupção da cratera do topo do Etna surpreendeu algumas pessoas. Dessa vez, no entanto, eram vulcanólogos, e eles puderam ver que a cratera estava entrando em erupção. Eles ficaram a uma distância segura, mas a atividade começou a se intensificar rapidamente. Um dos membros do grupo me contou mais tarde que ficara bastante preocupado e que apressara o grupo a deixar o local, mas alguns colegas estavam fotografando e decidiram ficar mais um pouco. Este é um bom exemplo de situação em que o discernimento individual é melhor que o consenso da maioria. Meu colega também ficou e, alguns minutos mais tarde, uma explosão formidável fez chover bombas à volta de todos eles. Na seqüência, houve mais uma explosão, tão grande quanto a primeira, e depois mais uma.

O grupo não tinha como se abrigar, nenhum veículo por perto, e a atividade não dava sinais de arrefecimento. Os cinco membros do grupo desceram a encosta correndo às cegas enquanto as bombas caiam à volta. Todos conseguiram escapar, mas perceberam que tiveram realmente muita sorte. Até as máquinas fotográficas escaparam intactas, e as fotos ficaram muito boas. Veja uma delas na Fig. 4.5.

Há outro tipo de situação em que correr é realmente a melhor opção e não somente um último recurso. Isso acontece quando podemos verificar que as bombas lançadas são do tamanho de pequenos grânulos e que é possível sair do raio de alcance antes que elas caiam. Quando comecei a trabalhar em vulcões ativos, ninguém me falou sobre essa atitude de puro bom senso. John Guest, meu orientador de tese, ao contrário, martelou nos meus ouvidos a importância de nunca correr quando há uma chuva de bombas. Fiquei muito surpresa uma ocasião quando o monte Etna, cheio de surpresas, nos pegou desprevenidos com uma última explosão de um cone que tinha, supostamente, cessado sua atividade no dia anterior. Vimos as bombas voando e então John gritou: "Corra!". Hesitei por um segundo – isso não estava errado? Mas logo decidi me render à sua grande experiência em vulcões ativos. Ele tinha razão, e conseguimos sair do alcance das bombas a tempo. É importante lembrar, no entanto, que julgar a que distância as bombas vão provavelmente cair não é tarefa para um novato observador de vulcões.

Uma última palavra a respeito das bombas: às vezes, por uma questão de julgamento pessoal, vale a pena permanecer deliberadamente no raio de alcance delas. Muitos vulcanólogos, inclusive eu, já fizeram isso alguma vez por uma razão suficientemente forte, como

Fig. 4.5 Cratera Nordeste, monte Etna, erupção de 1986. Fotografia tirada por Christopher Kilburn pouco antes de uma retirada estratégica. Observe a pessoa no primeiro plano – que também conseguiu escapar

coletar amostras ou fazer medições. Certas pessoas podem considerar que a oportunidade de uma foto verdadeiramente espetacular pode valer o risco e que essa é uma decisão pessoal. Porém, eu gostaria de enfatizar que sair por aí driblando bombas por razões machistas poderá enfurecer Madame Pele ou qualquer deus vulcânico local, que podem se vingar de modo implacável.

Regra nº 2 para erupções: Cuidado com terrenos instáveis

O perigo da lava *shelly pahoehoe* (ver regra nº 3 para vulcões) torna-se muito mais grave se houver lava incandescente fluindo sob a crosta aparentemente sólida. É preciso muito cuidado ao caminhar sobre a superfície de lava récem-assentada, especialmente a do tipo *shelly pahoehoe*, pois os tubos abaixo dela podem estar ainda ativos. A melhor tática, obviamente, é ficar longe da lava *shelly*. Porém, mesmo a lava *pahoehoe* comum pode formar uma crosta instável sobre tubos de lava. Esses tipos são comuns no Havaí, e há casos de pessoas que tiveram sérias queimaduras por causa de quedas em locais de crosta instável. Todas sobreviveram porque conseguiram soltar-se rapidamente. Um colega meu, que perdeu o equilíbrio e afundou até o joelho em lava fundida, sobreviveu por se lembrar do conselho de outro vulcanólogo que passara por uma experiência análoga. Ele se projetou para trás e para fora do fluxo de lava, depois rolou no chão para desprender as pernas da lava.

Apesar disso, é quase sempre bastante seguro caminhar sobre fluxos de lava, mesmo que a crosta sólida cubra uma parte fundida. Como a superfície exterior do fluxo de lava resfria muito rapidamente e age como uma camada isolante, é comum que a lava crie uma crosta sólida e segura enquanto, alguns centímetros abaixo, o magma ainda está a centenas de graus. De fato, é até possível andar sobre alguns fluxos ainda em movimento, embora essa prática não seja recomendada, exceto em casos de urgência. A superfície do lento fluxo da lava aa, em particular, é geralmente capaz de suportar o peso de uma pessoa. As botas, no entanto, podem sofrer muito! Essa é outra razão por que os calçados resistentes são indispensáveis em vulcões ativos – é preferível um solado derretido a um pé queimado.

Regra n° 3 para erupções: Planeje uma rota de fuga

O comportamento de um vulcão em erupção pode mudar de uma hora para outra, e um local antes considerado seguro pode se tornar arriscado. Por conseguinte, é aconselhável ter um conhecimento prévio da topografia local, das estradas e trilhas. O melhor é ter um guia local; no mínimo, leve um mapa detalhado. Estude o terreno antes de se aproximar do vulcão. Assinale onde se encontram os pontos mais baixos da topografia e os vales dos rios, que podem ser locais particularmente arriscados em caso de fluxos, e áreas de floresta, que podem ser incendiadas por fluxos de lava.

Regra n° 4 para erupções: Evite respirar gases potencialmente tóxicos

Já examinamos a importância de ter uma máscara contra gases em um vulcão ativo. Gases vulcânicos são, de maneira geral, apenas desagradáveis, mas podem matar. Quem sofre de asma deve tomar mais cuidado. A única morte na erupção do Heimaey, na Islândia, em 1973, foi a de um homem que, segundo os relatos, foi envolvido por emanações tóxicas. Entre os gases que saem dos vulcões estão o dióxido de carbono, o dióxido de enxofre e o sulfeto de hidrogênio. O cheiro de ovo podre que eu carinhosamente associo aos vulcões vem do sulfeto de hidrogênio, um gás muitas vezes mais letal que o cianeto de hidrogênio (o veneno usado nas execuções em câmaras de gás). O sulfeto de hidrogênio pode ser especialmente perigoso porque o olfato se torna rapidamente insensível em presença de níveis perigosamente elevados do gás. Embora as concentrações de gases não sejam, em geral, suficientemente elevadas para provocar a morte, podem provocar tontura e trazer conseqüências fatais em um vulcão ativo.

Um colega do Havaí me contou de uma ocasião em que estava observando a atividade do Pu'u O'o quando, de repente, a direção do vento mudou. Ele se viu cercado por uma nuvem de gás e tentando desesperadamente tirar a máscara da mochila. Após essa experiência desagradável, passou a carregar a máscara contra gases fora da mochila. Um último recurso para quem se encontra em situação de perigo, sem máscara contra gases, é amarrar um pano molhado à volta do nariz e da boca. O folclore vulcanológico diz que o pano deve ser embebido em urina; eu, pessoalmente, penso que é melhor ter uma máscara.

Além dos gases, as erupções produzem fumaça quando, por exemplo, a lava corre sobre uma estrada pavimentada ou uma área de vegetação. A fumaça pode ser insuportável; por isso, permaneça a uma distância segura. Um tipo de perigo diferente, embora raro, pode ser causado simplesmente por vapor, quando lavas ainda quentes fluem em tempo úmido. O vapor resultante pode reduzir a visibilidade, o que pode também representar perigo quando de uma erupção. É aconselhável se afastar de qualquer local onde haja formação de vapor.

A lava que entra no mar, como é o caso no Havaí, pode produzir imensas nuvens de vapor que contém ácido hidroclorídrico. Respirar essas emanações pode causar problemas respiratórios e irritação nos olhos muito desagradáveis. E podem gerar tragédias. Duas pessoas que visitavam a erupção do Pu'u O'o em 2000 morreram, aparentemente após serem envolvidas por emanações próximas à costa, onde havia um fluxo de lava mergulhando no mar. Esse, no entanto, foi um evento raro. É possível evitá-lo permanecendo contra o vento a uma distância segura o bastante, caso o vento mude de direção. Com freqüência os fluxos de lava se derramam no oceano vagarosamente, sem formar grandes nuvens de vapor, sendo então bem seguro observá-los, como comprovam tantos visitantes no Havaí. Um último alerta essencial a respeito das "prateleiras de lava", isto é, partes da costa criadas por fluxos de lava ativos: não se aproxime. Nunca chego a menos de 30 m. O oceano escava sob a crosta de lava (daí o nome "prateleira"), que pode subitamente desmoronar, e isso acontece com freqüência.

Regra n° 5 para erupções: Atenção às explosões de vapor e de metano

As explosões de vapor resultam do rápido contato da lava com a neve ou um volume significativo de água; por exemplo, quando a lava entra no mar ou flui sobre terreno pantanoso. Há relatos de apenas uns poucos casos de ferimentos provocados por essas explosões. No entanto, as explosões de vapor na costa do Havaí têm causado ferimentos, em razão da ejeção de fragmentos de vidro pontiagudos que, carregados pelo vento, penetram nos olhos ou na pele de pessoas presentes no local.

As explosões de metano ocorrem quando a lava entra em contato com a vegetação. Essas explosões acontecem normalmente sob o fluxo em movimento, quando o metano liberado pela matéria orgânica vegetal aquecida pega fogo. Um som explosivo proveniente de um fluxo de lava significa que essas explosões estão ocorrendo, e é prudente manter distância. No caso de explosões que lançam bombas no ar, siga os procedimentos mencionados anteriormente e mantenha-se longe do fluxo, antes que aconteça outra explosão.

Erupções altamente explosivas

A melhor atitude é afastar-se da área de perigo o mais rápido possível. Observar uma erupção altamente explosiva é perigoso demais para que se recomende a um visitante, a menos que se tenha certeza de dispor de um ponto alto privilegiado e seguro – de preferência a muitos quilômetros de distância do vulcão. Os riscos de erupções peleanas, vulcanianas ou da catastrófica pliniana vão, de acordo com a distância, de dificuldades respiratórias causadas por pesadas chuvas de cinzas até a morte. As causas de morte podem ser diversas, mas são todas muito desagradáveis. Pode-se morrer por asfixia e/ou queimaduras severas causadas por fluxos piroclásticos ou por ferimentos mor-

tais decorrentes da queda de grandes bombas. Há, contudo, alguns vulcões onde é possível observar fluxos piroclásticos com um grau razoável de segurança. O Unzen foi considerado um desses vulcões, por causa da combinação rara de suprimento regular de magma, que tem produzido milhares de fluxos piroclásticos desde 1991, e uma topografia íngreme, favorável, que oferece condições de observação e uma certa segurança. No entanto, a tragédia de 1991 deixou bem claro que as coisas podem dar errado e que o risco é muito alto. Como não é recomendável observar erupções altamente explosivas, e tenho pouca experiência pessoal nesse assunto, não tentei estabelecer regras de segurança. Há algumas coisas, porém, que é possível fazer para reduzir o risco dessas erupções, caso alguém se encontre nessa situação desafortunada, e elas são resumidas a seguir.

Procure um local seguro

Um local seguro é um ponto qualquer bem distante do vulcão, de preferência bem alto, se houver probabilidade de fluxos piroclásticos ou fluxos de lava. A distância necessária depende do vulcão e da intensidade da erupção. Essa é uma das razões por que é preciso obter o máximo de informações sobre um vulcão qualquer antes de se aventurar nas proximidades. Sabendo que pode haver uma erupção, planeje cuidadosamente uma rota de fuga, sempre levando em consideração a topografia.

Cuidado com a topografia local ao tentar fugir

Em caso de risco de fluxos de lama (também chamados de *lahars*, causados pela mistura de cinzas com neve derretida, água de um lago de cratera ou de chuvas pesadas recentes), afaste-se de locais topograficamente baixos, especialmente de canais de rios ou vales de erosão (Fig. 4.6). Suba uma encosta, se possível. Não atravesse nenhuma ponte se houver fluxo de lama correndo embaixo, pois há grande possibilidade de a ponte desmoronar. Olhe na direção rio acima antes de atravessar qualquer ponte, para se certificar de que não há um fluxo de lama se aproximando. Tomar as mesmas precauções em caso de fluxos piroclásticos; estes, porém, não permanecem tão confinados à topografia quanto os fluxos de lama.

Se os fluxos de lama são o maior perigo, é melhor tentar escapar de carro do que a pé, já que os fluxos de lama podem andar mais rápido que as pessoas, mas não que os carros. Porém, se as estradas forem ruins e passarem por áreas mais baixas, é preferível correr em direção a um terreno mais elevado. As pesadas chuvas de cinza podem tornar a direção muito arriscada, pois reduzem consideravelmente a visibilidade.

Se há probabilidade de surgirem fluxos piroclásticos, é preferível correr em direção a um ponto mais elevado do que dirigir, pois os fluxos piroclásticos podem ser mais velozes que os carros. Caso seja impossível escapar do fluxo, o último recurso é ficar deitado de bruços em uma pequena área baixa, como uma vala pequena e estreita, ou ainda um porão. Foi assim que dois homens sobreviveram à erupção do monte Pelée em 1902 – um deles se trancou no porão e o outro era um prisioneiro que se encontrava em uma cela subterrânea. De qualquer maneira, as chances de sobrevivência a um fluxo piroclástico são remotas.

Procure abrigar-se das chuvas de cinzas

Se você estiver fora das zonas de perigo, mas a chuva de cinzas ainda for muito forte, não saia nem procure abrigar-se em um carro. Se possível, use máscara contra gases e poeira para filtrar a cinza, ou então respire através de um tecido molhado. Fique de olhos fechados o mais que puder. Se estiver dentro de uma casa cujo telhado seja plano ou baixo, fique atento à quantidade de cinzas que se acumula sobre ele, pois o peso das cinzas poderá provocar o desmoronamento do telhado. Limpe as cinzas assim que puder ou procure um pouco mais de proteção debaixo de uma mesa bem sólida. As fortes chuvas de cinzas nunca duram mais do que umas poucas horas, mas, durante esse período, poderá haver escuridão total e impossibilidade de usar rádio ou telefone por causa da interferência.

Fig. 4.6 A erupção do monte Pinatubo em 1991 produziu *lahars* (fluxos de lama) que causaram uma devastação substancial. Essas casas ao longo do rio Abalan, próximas a Sapangbato, foram inundadas por um *lahar*

Fique atento aos riscos de tsunami em zonas baixas litorâneas

Uma erupção violenta próxima à costa ou em uma ilha vulcânica pode desencadear um tsunami capaz de viajar grandes distâncias e destruir zonas costeiras baixas, até mesmo as situadas a centenas de quilômetros. Seus efeitos podem ser ainda mais catastróficos que os provocados diretamente pelos produtos vulcânicos. Por exemplo, quase todas as 36 mil mortes causadas pela erupção do Krakatoa em 1883 resultaram do gigantesco tsunami criado pela entrada de pesados fluxos piroclásticos no mar, deslocando um volume colossal de água, e quando a caldeira se formou com uma violenta explosão. Em alguns lugares, calcula-se que as ondas tinham 36 m de altura ao chegarem à costa.

Os terremotos e as erupções vulcânicas ao longo do Cinturão de Fogo provocaram numerosos tsunamis destrutivos, e, por essa razão, foram criados sistemas de alerta de tsunamis em várias regiões, como o Havaí e o Alasca. A única reação sensata a um desses alertas é fugir para um terreno mais elevado – ou pegar o próximo avião.

5 Planejamento e preparação de uma aventura vulcânica

A primeira pergunta que eu me faço é: "O vulcão estará em atividade?" Antes de partir em viagem para um vulcão, procuro saber o máximo sobre sua atividade passada e recente, se o vulcão é monitorado de maneira esporádica, freqüente ou contínua e, em caso de localização remota, se houve recentemente algum relato de visitante ou de habitantes da região a respeito de sinais de atividade. O nível atual de atividade e a probabilidade de uma erupção são fatores extremamente importantes, que devem ser levados em conta antes da decisão de partida. Quando ativos, é melhor deixar alguns vulcões de lado; muitos outros, porém, são decepcionantes quando quietos. Os leigos podem obter grande parte da informação necessária para tomar uma decisão do tipo ir ou não ir. No entanto, é importante ter algum conhecimento básico sobre monitoramento de vulcões para tirar melhor proveito da informação.

É POSSÍVEL PREVER ERUPÇÕES VULCÂNICAS?

Acertar a previsão de uma erupção está entre os objetivos mais importantes da vulcanologia, mas é difícil conseguir esse resultado. Os fatores determinantes são: a compreensão dos mecanismos de erupção, o histórico do padrão de comportamento de longo prazo e o monitoramento com utilização de várias técnicas. As erupções sempre produzem indícios prévios, mas os sinais críticos de que uma erupção está prestes a acontecer não são necessariamente os mesmos para todas. Se o vulcão não está sendo monitorado, esses sinais podem ser completamente desprezados, com resultados trágicos. Não é possível impedir ou interromper erupções, mas pode-se fazer muitas coisas para minimizar as perdas humanas e a catástrofe econômica que podem causar.

Os vulcanólogos trabalham com afinco para compreender e interpretar os indícios de uma erupção iminente usando vários tipos de informação, desde a atividade sistêmica até a análise dos gases que escapam de um vulcão. A vulcanologia é a combinação de muitas disciplinas – Geologia, Física, Química e Matemática, entre outras – aplicadas ao estudo do transporte e da erupção do magma. Outra definição (mais pessimista) de vulcanologia foi formulada por G. A. M. Taylor: "A ciência Cinderela que só avança sobre as cinzas da catástrofe". Às vezes é preciso uma tragédia para a evolução do conhecimento ou para que programas de monitoramento adequado sejam colocados em funcionamento.

Embora haja um longo caminho a percorrer antes que seja possível prever exatamente quando e onde ocorrerá uma próxima erupção, podemos, por meio de várias técnicas de monitoramento, detectar desvios de um padrão de comportamento regular. Uma das dificuldades é que alguns dos indícios precursores de uma erupção em um vulcão podem nunca aparecer em um outro. No entanto, qualquer vulcão prestes a entrar em erupção enviará muitos sinais de alerta e, quanto maior for o conhecimento sobre determinado vulcão, quanto mais longo o tempo de monitoramento, maior será a probabilidade de interpretarmos corretamente esses alertas.

O monitoramento de vulcões compreende a medição de vários fenômenos vulcânicos, como terremotos, movimentos do solo, composição química das emanações gasosas, além de mudanças na temperatura do solo e nos campos elétrico, magnético e gravitacional. A maioria das medidas é feita na área do vulcão, mas outras podem ser tomadas a distância por aeronaves ou mesmo satélites em órbita terrestre. As técnicas de sensoriamento remoto têm a vantagem de permitir o monitoramento em áreas muito isoladas ou inacessíveis, onde o monitoramento *in loco* pode ser muito caro ou complicado.

As mudanças no padrão de comportamento de um vulcão que podem ser indicativas de uma erupção iminente são, em geral, relatadas pelos cientistas que estudam o vulcão em uma publicação mensal denominada *Bulletin of the Global Volcanism Network* (ver próxima seção para mais detalhes). Essa é, hoje, a melhor fonte de informações sobre a atividade vulcânica atual no mundo inteiro. O *Bulletin* apresenta relatórios de atividade, trazendo às vezes descrições diárias das erupções. Para um eventual visitante, essa é a melhor fonte para verificar se há alguma erupção em curso ou se há indícios de que uma erupção esteja para acontecer. Certas informações sobre os sinais precursores podem não ser compreensíveis para os leigos em matéria de monitoramento de vulcões, por isso é importante descrever resumidamente essas técnicas e o que elas podem oferecer.

TÉCNICAS DE MONITORAMENTO DE VULCÕES

As técnicas mais comuns envolvem medições de movimentos do solo, quer causados por terremotos, quer por inflação do terreno. Normalmente, quando o magma ascende em direção à superfície e se acumula num reservatório, ele provoca o intumescimento do terreno, como mostra a Fig. 5.1. Podemos comparar o magma a um balão sendo inflado. A pressão força o terreno para cima e para fora e altera seu declive e a distância entre dois pontos na superfície. Esses efeitos podem ser medidos por vários tipos de instrumentos, como os tiltímetros, assim como pela repetição de levantamentos topográficos de campo (Fig. 5.2). Esses instrumentos estão cada vez mais automatizados e precisos, de modo que minúsculas alterações no nível do terreno podem ser rapidamente detectadas.

Os sismômetros também são usados para detectar movimento de magma ascendente: a inflação do terreno causa fraturamento das rochas, o que, por sua vez, causa terremotos. Uma rede de sismômetros colocados sobre o vulcão pode fornecer informação imediata e precisa sobre a freqüência, a localização e a magnitude dos terremotos. As medições mais importantes para o monitoramento do vulcão são a de atividade sísmica e de deformação do terreno; no entanto, não podem ser usadas isoladamente para prever erupções, a menos que o comportamento do vulcão seja bem conhecido por outras vias. Por exemplo, se a câmara magmática está localizada em profundidade, a deformação na superfície poderá ser pequena demais para servir como bom indicador de movimento de magma.

As mudanças no sistema geotermal de um vulcão, a água fervente e os fluidos que circundam o magma incandescente também podem servir de sinais precursores de erupções. A razão é que o aporte de novo magma para dentro da câmara ou o movimento do magma preexistente podem causar a liberação de certos gases ou fluidos. Os indícios que podemos detectar na superfície são: variações na temperatura, composição química e taxa de emissão dos gases ou fluidos liberados através de fraturas superficiais, fumarolas e fontes termais. Por exemplo, um aumento no teor de dióxido de enxofre liberado pelas fumarolas é, em geral, indício de magma ascendendo à superfície. Atualmente, o monitoramento geoquímico não

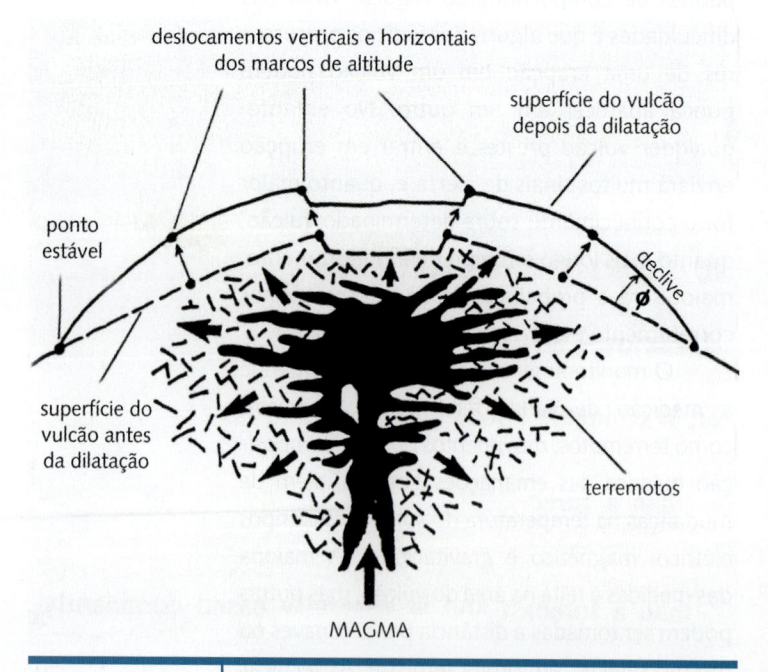

Fig. 5.1 Desenho mostrando o magma ascendendo à superfície e forçando o terreno a inflar (a proporção é exagerada; as mudanças, na realidade, são muito pequenas). O ângulo representa a variação da inclinação do flanco do vulcão, que pode ser medida por monitoramento de deformação do terreno. O intumescimento do vulcão pode desencadear atividade sísmica.
Fonte: modificado de Tilling, 1989.

é usado com tanta freqüência quanto as técnicas de monitoramento de deformação do terreno, mas é provável que esse quadro venha a se modificar à medida que compreendermos melhor esses sinais precursores.

Estão em fase de desenvolvimento outras técnicas baseadas nos efeitos geofísicos, tais como as alterações nos campos gravitacional, geomagnético e geoelétrico locais. Essas mudanças podem ser o reflexo de outras que ocorram na temperatura ou no equilíbrio da massa do magma, da água, dos gases e dos componentes das rochas sólidas. Um meio relativamente novo e promissor de monitorar vulcões é por meio de satélites em órbita terrestre. Os progressos no Sistema de Posicionamento Global (GPS) poderão, em breve, alcançar a resolução de poucas partes por milhão, necessária para o monitoramento de vulcões. Uma técnica de previsão de erupções muito promissora é a observação por satélites, que pode verificar a presença de atividades termais anômalas em vulcões. Uma vez iniciada a erupção, os dados de satélite podem ser importantes para monitorar seu avanço (Fig. 5.3). Por exemplo, os satélites meteorológicos podem mostrar plumas vulcânicas e, no caso de vulcões de localização remota, as imagens de satélite podem ser a primeira indicação de uma erupção em curso e o único meio de obter informações sobre a atividade. As técnicas de sensoriamento remoto nos permitem um aperfeiçoamento contínuo no tocante à topografia, às mudanças na superfície e à atividade termal de alguns dos vulcões mais remotos da Terra.

O ideal seria usar vários métodos de monitoramento ao mesmo tempo, pois certas combinações de métodos resultam em meios poderosos para prever erupções. Além do monitoramento sísmico e de deformação do terreno, normalmente usados juntos, já foram identificadas outras combinações promissoras. Por exemplo, após a trágica erupção do Galeras em janeiro de 1993, e outra que ocorreu dois meses depois, o sobrevivente Stanley Williams e seus parceiros de trabalho perceberam um padrão pré-erupção distinto

Fig. 5.2 Levantamento topográfico, Parque Nacional de Yellowstone. Note os bisões ao fundo

US Geological Survey

Fig. 5.3 Fluxos de lava, monte Etna, Itália. A erupção atual do Etna começou em 17 de julho de 2001 e ainda continua. Esta imagem, feita pelo Aster (Advanced Spaceborne Thermal Emission and Reflection Radiometer), foi obtida em 29 de julho de 2001 e mostra os fluxos de lava avançando pelo flanco sul do monte Etna em direção à cidade de Nicolosi, que estaria ameaçada caso a magnitude da erupção aumentasse. Acima dos fluxos de lava principais podemos ver as crateras luminosas do topo e uma pequena erupção fissural. As nuvens brilhantes e intermitentes foram formadas por vapor de água liberado durante a erupção. A imagem cobre uma área de 24 x 30 km

envolvendo os dois episódios, tanto a liberação de dióxido de carbono da caldeira quanto os tremores leves conhecidos como sismos de longo período.

Os registros mostram que as duas explosões do Galeras foram precedidas de três fases. A primeira foi o aumento da liberação do gás dióxido de enxofre várias semanas antes. A segunda foi uma redução da emissão de gases, ao mesmo tempo que a energia dos tremores aumentava, provavelmente em razão do fechamento das fraturas por onde o gás escapava para a superfície, provocando um aumento de pressão. Na fase final – quando os vulcanólogos se encontravam dentro da cratera –, o intervalo entre os tremores passou de minutos a segundos, e foram novamente detectados gases na superfície. Se esse padrão tivesse sido reconhecido anteriormente, é possível que algumas vidas tivessem sido poupadas. Há controvérsias em torno da erupção do Galeras, e se ela poderia ter sido efetivamente prevista, mas não entrarei em detalhes neste livro (para os interessados, há os livros listados na Bibliografia). Devo insistir, no entanto, que esses sinais não haviam sido reconhecidos como precursores de atividade vulcânica antes do episódio do Galeras, e ainda há dúvidas se eles estão presentes antes de toda e qualquer erupção do Galeras, e se esses sinais se aplicam a outros vulcões. Sabemos que um padrão semelhante ocorreu no Pinatubo, nas Filipinas – o qual, portanto, poderá vir a ser um indício precursor confiável para alguns tipos de erupção.

A erupção do Pinatubo em 1991 (Fig. 5.4) pode realmente ser considerada uma das maiores histórias de sucesso em previsão de erupções. O vulcão estivera quieto por mais de 400 anos quando, no dia 2 de abril de 1991, despertou com uma série de pequenas explosões. Sabia-se que era altamente perigoso, pois no passado havia produzido fluxos piroclásticos e fluxos de lama. Várias cidades estavam ameaçadas, além da Base Clark da Força Aérea norte-americana, que abrigava mais de 14 mil pessoas. Um grupo de vulcanólogos, chefiados por Chris Newhall, do USGS, foi para a região a fim de trabalhar com os cientistas filipinos na tentativa de entender a turbulência do vulcão e uma provável erupção. Esse trabalho levou à evacuação de 58 mil pessoas antes da grande erupção, no dia 15 de junho, um esforço que salvou milhares de vidas. A equipe norte-americana usou a Base Aérea Clark (que também havia sido evacuada) como centro de operações, e só foi embora quando a erupção começou. Escaparam por pouco, tanto que o General que estava no comando e permanecera na base com a equipe conta o que um jovem vulcanólogo lhe disse: "General, é melhor o senhor colocar geléia no bolso. Vamos todos virar torrada".

FONTES DE INFORMAÇÃO SOBRE ATIVIDADE VULCÂNICA

Uma vez tomada a decisão de visitar um vulcão em particular, como descobrir qual o nível de atividade atual, além de todas as outras informações necessárias por questões de segurança? Se o vulcão recebe turistas com freqüência e está sendo monitorado, será mais fácil obter essa informação do que se o vulcão estiver em localização remota e for raramente visitado. No entanto, há muita informação sobre vulcões facilmente acessível aos leigos, e essa quantidade só tende a aumentar nesta era de rápida comunicação. As listas abaixo não são exaustivas, mas oferecem indicações de por onde começar. Endereços e detalhes relativos às fontes estão listados nos Apêndices.

Fontes bibliográficas

São "produtos de papel" que podem ser obtidos nas bibliotecas ou por meio de assinaturas, embora estejam se tornando rapidamente disponíveis pela Internet. O mais útil é o *Bulletin of the Global Volcanism Network*, publicado pelo Smithsonian Institution, nos Estados Unidos (já disponível no website do Smithsonian; ver Apêndice I). Vulcanólogos do mundo inteiro enviam relatórios para esse boletim mensal, que é uma verdadeira mina de informações para os aficionados. Os primeiros 10 anos do *Bulletin* foram compilados no livro *Global Volcanism 1975-1985*. Organizado por vulcão, o livro oferece um resumo de toda a atividade vulcânica durante aquela década.

Para saber se um vulcão é considerado ativo e o que se conhece sobre sua atividade nos últimos 10 mil anos, pesquise no *Volcanoes of the World*, outra publicação do grupo de vulcanólogos do Smithsonian (ver Bibliografia). O livro é organizado tanto por uma listagem por vulcão e região quanto por data, e é um insuperável trabalho de referência sobre vulcões em atividade. O índice de explosividade vulcânica (VEI, sigla em inglês) é fornecido para cada erupção sempre que for conhecido ou que puder ser estimado; isso fornece alguma

Fig. 5.4 Erupção do monte Pinatubo vista da Base Aérea Clark, em 12 de junho de 1991

indicação sobre o nível de periculosidade das erupções ocorridas em um dado vulcão.

Existem várias publicações técnicas para quem deseja fazer uma pesquisa mais aprofundada. A International Association of Volcanology and Chemistry of the Earth's Interior publica o *Bulletin of Volcanology* (com a Springer-Verlag), que contém tanto artigos técnicos quanto notícias sobre a associação e suas várias atividades. Outros periódicos técnicos são o *Journal of Volcanology and Geothermal Research* e o *Eos*, da American Geophysical Union. De vez em quando surgem artigos não-técnicos sobre vulcões em revistas sobre ciência e geografia, como *National Geographic*, *Discover*, *Natural History* e *New Scientist*. Trata-se também de um tema recorrente de livros de fotografia e ciência. A bibliografia recomenda alguns livros sobre vulcões em geral e também sobre os vulcões específicos incluídos nos guias de campo deste livro. Quem planeja visitar outros vulcões poderá encontrar livros específicos pesquisando em bibliotecas.

Fontes eletrônicas

A superauto-estrada eletrônica pode ser muito útil para os aficionados por vulcões. Um dos melhores recursos de que dispomos é a lista *Volcano Listserv*, que tem mais de 800 assinantes internacionais, entre eles uma grande porcentagem de vulcanólogos profissionais. Essa lista funciona de maneira análoga à do boletim *Global Volcanism Network*, relatando a atividade vulcânica no mundo todo. A grande vantagem da *Volcano Listserv* é a rápida difusão das informações. Além disso, o texto (sem as ilustrações) do *Bulletin of the Global Volcanism Network* é divulgado uma vez por mês na lista. Os assinantes da *Listserv* sempre pedem ajuda a outros membros a respeito de algum vulcão em particular, e a resposta é geralmente muito boa. Essa rede de informações, criada pelo vulcanólogo Jon Fink, está em funcionamento há mais de uma década e acabou se transformando em valioso serviço para os pesquisadores de vulcões, escritores e educadores. Para inscrever-se na Listserv, basta enviar um e-mail para <volcano@asu.edu>.

Há um grande número de páginas na Internet dedicadas a vulcões. As mencionadas no Apêndice I têm grande chance de permanecer ativas por muito tempo. O site do Global Volcanism Program, da Smithsonian Institution, é especialmente útil para obter dados sobre a atividade de vulcões no mundo todo. Além dos websites mencionados, vale a pena verificar se o site do país onde se encontra determinado vulcão tem alguma página eletrônica que ofereça notícias sobre a região e o clima. Também é fácil pesquisar na Internet a existência de sites sobre vulcões em geral.

Contatos locais

Os cientistas e os habitantes locais podem fornecer informações muito valiosas sobre o vulcão e sua atividade. Há sugestões sobre contatos locais nos guias de campo deste livro. Para planejar uma visita a vulcões não incluídos aqui, há muitos caminhos para entrar em contato com os especialistas locais. Se o vulcão estiver localizado dentro de um parque nacional, procure o escritório do parque para informações sobre visitas ao vulcão; podem eventualmente oferecer caminhadas ou outros roteiros organizados; no mínimo, o escritório poderá fornecer informações sobre como chegar ao vulcão, a pé ou de carro. Quem pode, provavelmente, fornecer orientações úteis é a embaixada ou o escritório de turismo do país onde o vulcão está localizado. Se sua localização é longínqua ou se ele é raramente visitado, é aconselhável perguntar à embaixada como entrar em contato com o observatório vulcanológico local (se houver) ou com o departamento de geologia de uma universidade importante do país. Porém, leve em consideração o fato de que as pessoas que trabalham nesses locais podem estar excessivamente ocupadas para terem condições de ajudá-lo. Uma boa solução é pedir-lhes que indiquem um guia local. Caso não funcione, peça informações sobre um guia no seu hotel ou alojamento; às vezes é possível organizar esquemas informais rapidamente.

Associações vulcanológicas, viagens de campo e cursos

Viagens de campo, guiadas por especialistas, são em geral organizadas por sociedades geológicas ou vulcanológicas. Mesmo que essas viagens não tenham muito atrativo para um legítimo viajante independente, têm a grande vantagem de contar com guias-especialistas que, na maioria das vezes, podem levá-lo a lugares de difícil acesso do ponto de vista logístico.

Essas viagens são raramente divulgadas fora das sociedades mas, na maioria dos casos, não-associados que mostrem interesse genuíno são bem recebidos. Algumas das sociedades que organizam visitas de campo aos vulcões são a Geological Society of America (GeoVentures Tours) e a Geological Association of Canada. Alguns museus e roteiros especializados em história natural podem oferecer viagens que incluam vulcões. Também é possível assistir a conferências organizadas pela Association for Volcanology and Chemistry of the Earth's Interior (IAVCEI) ou pelo Congresso Geológico Internacional, que oferecem grande variedade de viagens de campo associadas às conferências.

Algumas companhias de turismo, especialmente aquelas localizadas em áreas onde há vulcões, muitas vezes oferecem boas opções de viagem, algumas inclusive contratam geólogos locais como guias. Um modo interessante de visitar um vulcão é juntar-se a uma expedição de pesquisa (por meio da Earthwatch ou alguma organização semelhante) e ajudar um vulcanólogo profissional a desenvolver um trabalho de campo. A Earthwatch tem sempre uma ou duas expedições programadas por ano que, no passado, incluíram Santorini e Kamchatka.

ITENS INDISPENSÁVEIS PARA UMA VIAGEM A UM VULCÃO

A maioria das pessoas que lêem este livro são, provavelmente, viajantes esporádicos; portanto, vou limitar minhas recomendações a itens essenciais ou particularmente indicados quando se visita um vulcão. O tipo e a quantidade de equipamento necessário dependem, obviamente, da natureza da viagem, das condições meteorológicas e de quão longínqua é a região. Há outras dicas mais específicas nos guias de campo, mas uma pequena lista de itens essenciais será útil para a maioria das viagens a vulcões. Como visto no Cap. 4, há, entre os itens essenciais, o equipamento de proteção para a cabeça e as máscaras contra gases (Fig. 5.5), que devem ser usados em vulcões ativos ou em fase de fumarolas (emitindo gases). Capacetes de escalada ou capacetes de segurança (como os usados na construção civil) são fáceis de encontrar. Máscaras contra gases podem ser encomendadas pela Internet para entrega pelo correio e muitas vezes é possível encontrá-las em lojas de ferragens (as máscaras contra gases são muito procuradas nos Estados Unidos desde o ataque terrorista de 11 de setembro de 2001). Pergunte ao especialista da loja que tipo de máscara há disponível e possa proteger contra emanações vulcânicas e cinzas; lembre-se de que você não precisa de nada muito caro nem sofisticado.

Fig. 5.5 Vulcanólogos usando máscaras no Havaí

Caminhar sobre lava recém-assentada, mesmo que já tenha esfriado, pode significar um grande risco, pois a superfície é, em geral, escorregadia, com fragmentos pontiagudos que podem provocar sérios ferimentos em caso de queda. Uma boa idéia é usar luvas de couro para proteger a pele, calças compridas e camisas de manga comprida. Botas de *trekking* são indispensáveis. Um problema menos sério, mas que pode causar muito desconforto, é a fina cinza vulcânica espalhada pelo vento. Recomenda-se sempre o uso de algum tipo de proteção para os olhos, e os portadores de lentes de contato devem considerar a possibilidade de usar óculos quando estiverem visitando vulcões. Aqueles, como eu, que não suportam a idéia de viver sem suas lentes de contato, devem usar óculos de sol (de preferência com protetores laterais) e carregar os preciosos *goggles* (óculos de proteção) para o período noturno, ou para quando as condições piorarem sensivelmente. Os geólogos raramente viajam sem seus martelos. No entanto, é preciso insistir que a coleta de amostras é proibida na maioria dos parques onde muitos vulcões estão localizados. Alguns países, como a Islândia, não permitem coleta de amostras em hipótese alguma, a não ser sob licença prévia. Nesses casos, é melhor deixar os martelos em casa.

FOTOGRAFAR VULCÕES

Os vulcões estão entre os temas da natureza mais gratificantes em termos de fotografia. Há muitos livros disponíveis mostrando fotos de vulcões extraordinárias, e os leitores apaixonados por fotografia devem folheá-los em busca de idéias.

Esses livros, todavia, não revelam como as fotos foram obtidas. Um fotógrafo profissional teria material suficiente para escrever um livro inteiro sobre a arte de fotografar vulcões, mas isso ainda não foi feito. Por essa razão, senti a necessidade de incluir algumas recomendações gerais sobre como fotografar vulcões, embora não me considere uma especialista. Tenho, porém, aprendido com a experiência alguns pontos básicos em fotografia de paisagens e atividades vulcânicas.

É melhor dividir a fotografia vulcânica em dois tipos principais que demandam atenção especial: vulcões dormentes e vulcões ativos. Os dormentes não diferem muito de outras paisagens como temas fotográficos, exceto pela presença de materiais escuros, como fluxos de lava ou fluxos piroclásticos (fragmentos de lava). Considerando que as pessoas em geral querem tanto o detalhe da lava quanto alguma extensão de céu azul, e às vezes neve, o nível de contraste é bastante elevado.

A exposição automática é inútil nesses casos, embora eu já tenha conseguido bons resultados deixando a câmera no automático e ajustando a exposição com o emprego da opção de ajuste por ponto na parte mais escura. Quando uso a câmera no modo manual, ajusto a exposição pela lava e deixo o céu ou a neve superexpostos, isso porque estou geralmente mais interessada na lava como tema. No entanto, fixar o grau de exposição é a melhor maneira de obter uma boa foto.

Fotografar atividade vulcânica já é algo muito diferente. O tipo de atividade a que me refiro é havaiana ou estromboliana, envolvendo fluxos de lava em movimento (Fig. 5.6), sendo o objeto principal a lava vermelha incandescente (há vários exemplos desse tipo de fotografia neste livro). A segurança deve ser

Fig. 5.6 Um fluxo de lava incandescente fotografado ao anoitecer

levada em consideração em primeiro lugar. Assumir riscos insensatos para conseguir aquela foto perfeita pode ser bastante tentador, e o grau de risco a assumir é uma escolha pessoal. Mas esteja preparado para, no mínimo, agarrar seu equipamento e correr. Preste atenção às coisas que deixa no chão, não apenas porque elas podem atrasar sua fuga, mas também porque a lava recém-assentada é quente e pode causar sérios danos ao equipamento. Um tripé é essencial para essas fotos de lava; devem ser bem sólidos, e os pés devem ter ponteiras agudas de aço.

A primeira preocupação quando se buscam as melhores fotos é encontrar o lugar certo, tanto do ponto de vista de segurança quanto de resolução. A lava incandescente emite ondas de calor que podem fazer a foto parecer desfocada. Utilize os ventos predominantes e áreas de lava resfriada para contornar esse problema. Outro ponto a considerar é a hora, se dia ou noite. O fotógrafo G. Brad Lewis, que já fez numerosas fotos extraordinárias das erupções havaianas, recomenda o nascer ou o pôr-do-sol como a "hora mágica" para fotografar a "luz líquida" das trilhas de lava contra o céu. Ele aconselha prestar atenção às condições de luminosidade: poucos minutos podem fazer toda a diferença entre uma imagem verdadeiramente espetacular e apenas mais uma foto de lava. Uma condição interessante para uma foto de uma fonte de lava é a possibilidade de neve no chão: uma foto tirada sob condições favoráveis de luminosidade ao nascer ou ao pôr-do-sol pode fazer a paisagem inteira parecer vermelha.

As fotos noturnas podem ser, de fato, maravilhosas, como comprovam as incontáveis imagens das trilhas percorridas pela lava em contraste com o céu escuro. Por outro lado, os fluxos de lava são melhor fotografados durante o dia, especialmente se os danos que provocam forem o tema principal da foto – por exemplo, árvores ou casas pegando fogo ao serem alcançadas pela lava. Não despreze as muitas possibilidades de fotos oportunas, às vezes engraçadas, tais como carros ou sinalização de estradas parcialmente enterrados pelos fluxos de lava (Fig. 5.7).

As erupções de estilos mais explosivos que o havaiano ou o estromboliano só devem ser fotografadas a partir de uma posição vantajosa em termos de segurança, longe da área ativa, ou de avião. A elevação e expansão de uma nuvem eruptiva pode oferecer uma seqüência impressionante de imagens se for possível fotografar rapidamente (nesse caso, uma

Fig. 5.7 A erupção do Pu'u O'o, no Havaí, danificou estradas e, em alguns casos, destruiu carros

máquina fotográfica com sistema de avanço automático – *auto winder* – é uma vantagem). As nuvens vulcânicas são geralmente de cor escura, quase sempre amarronzadas ou cinzentas; portanto, tente um enquadramento que permita ressaltar os detalhes ondulantes dentro da nuvem. A maioria das imagens aéreas de vulcões, ativos ou não, costumam figurar entre as mais impressionantes que se podem fotografar. Encontram-se aviões particulares ou helicópteros de aluguel em muitos sítios vulcanológicos. Em alguns, como o Havaí, eles constituem um negócio de peso. Os guias de campo dos vulcões incluídos neste livro trazem informações sobre a existência de aviões ou helicópteros para locação e também sugestões de pontos privilegiados, em terra, de onde fotografar o vulcão.

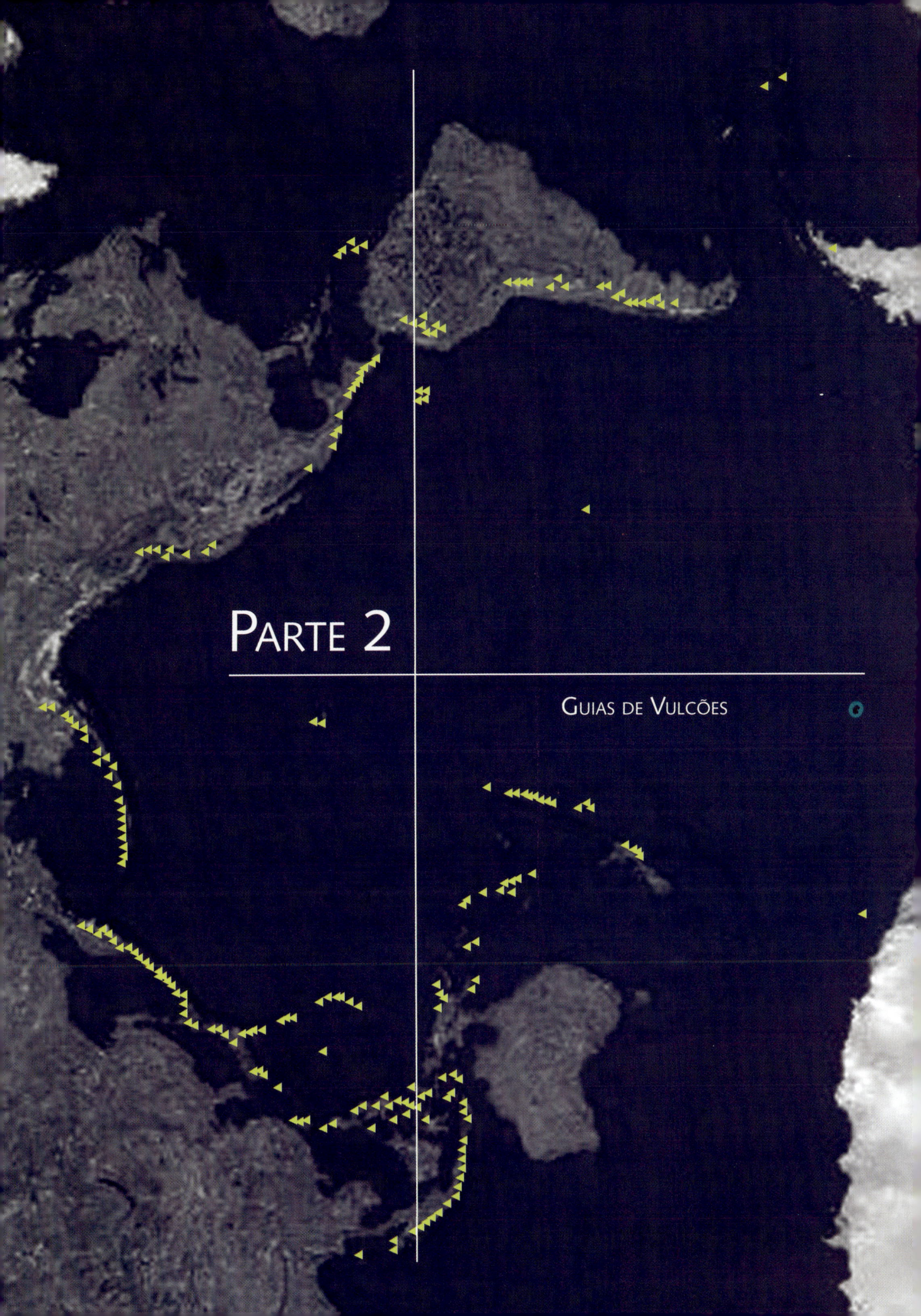

Parte 2

Guias de Vulcões

Parte 2

Cuias de Vozes

Introdução aos guias de campo

Os capítulos seguintes constituem os guias de campo dos 19 vulcões selecionados para este livro. Empenhei-me em tornar instrutiva, empolgante e agradável a visita a cada vulcão, em vez de ensinar questões técnicas disponíveis em livros-guias de campo de geologia. Os interessados em obter mais detalhes a respeito da geologia de cada vulcão podem consultar a Bibliografia. Os vulcões estão agrupados segundo as regiões ou países onde se encontram: Havaí, parte continental dos Estados Unidos, Itália, Grécia, ilhas Galápagos, Costa Rica e Índias Ocidentais. Para cada grupo, há uma análise do ambiente geológico e tectônico e da infra-estrutura turística em cada país. No final de cada guia de campo, há uma seção apresentando outras atrações, geralmente outros vulcões. A descrição destes e de áreas geotermais é sucinta mas suficiente para ajudar o visitante a decidir quanto a fazer ou não essas viagens.

Cada vulcão é único à sua maneira, e escolher qual deles visitar pode ser difícil. Muita gente tem critérios individuais, como a localização do vulcão e o custo da viagem, mas os Quadros A e B que apresentamos podem ser úteis para quem quiser basear a escolha em fatores especificamente vulcanológicos. O mais importante é saber quão explosivas – e, por conseguinte, perigosas – costumam ser as erupções de um determinado vulcão. Embora vários tipos de erupção possam acontecer em um único vulcão, é possível agrupá-los, em geral, como tendo explosões fracas, moderadas ou violentas. Essas categorias são baseadas no tipo predominante de erupção e no índice de explosividade vulcânica (VEI), já examinado no Cap. 3. O VEI varia de 0 (típico das erupções efusivas havaianas) a 7 (da erupção cataclísmica do Tambora, a maior conhecida).

Quadro A Classificação dos vulcões por tipo e freqüência de erupções

Freqüência	Tipo de erupção		
	Explosões fracas	Explosões moderadas	Explosões violentas
Freqüentemente ativos	Kilauea Mauna Loa	Stromboli Etna Poás	Arenal
Ocasionalmente ativos	Fernandina Sierra Negra	Vulcano Santorini Irazú	Vesúvio
Raramente ativos	Haleakala	Sunset Crater	Mt. Santa Helena Lassen Peak Soufrière Hills Yellowstone Mt. Pelée

A classificação dos vulcões por grau de explosividade proporciona rapidamente ao visitante uma resposta sobre os possíveis perigos. A segunda questão que vem à mente da maioria dos visitantes é: com que freqüência o vulcão entra em erupção? Embora isso varie bastante, também é possível agrupar os vulcões de acordo com a freqüência da atividade no passado recente. Os vulcões freqüentemente ativos são aqueles que tiveram atividade constante nos últimos 10 anos ou que costumam entrar em erupção uma vez a cada 10 anos. Vulcões ocasionalmente ativos são os que entram em erupção, em média, uma vez a cada século. Vulcões raramente ativos entram em erupção menos de uma vez por século e, em alguns casos, como o do Sunset Crater, talvez nunca mais entrem.

Quadro B Em caso de indecisão, considere os seguintes fatores (menos ortodoxos e um tanto parciais):

Mais freqüentemente ativo:	Stromboli
Atividade mais fotogênica:	Kilauea, Stromboli, Yellowstone
Acesso mais fácil até o topo (por estrada):	Kilauea, Irazú, Poás
Acesso mais difícil até o topo:	Mauna Loa, Arenal
Acesso ao topo interditado:	Sunset Crater, Fernandina
Acesso mais perigoso ao topo (atualmente):	Arenal, Soufrière Hills
Topo mais elevado:	Mauna Loa
Assassinos mais famosos:	Vesúvio, Mt. Pelée
Paisagens mais belas:	Haleakala
Melhores praias de areia vulcânica:	Mauna Loa, Vulcano, Santorini
Trilhas mais atraentes:	Kilauea, Yellowstone, Sunset Crater
Melhor cozinha local e vinhos:	qualquer um dos vulcões italianos
Vulcões mais fáceis de sobrevoar de avião ou helicóptero:	Kilauea, Mt. Sta. Helena, Yellowstone
Melhor salto de asa delta a partir de um vulcão (não por experiência própria!):	Haleakala

6 Vulcões do Havaí

HAVAÍ

Todas as ilhas havaianas foram criadas por vulcões. Erupções constantes durante milênios foram erguendo lentamente os vulcões a partir do fundo do oceano até a lava irromper na superfície e criar uma ilha após a outra. No início, havia apenas lava negra, basáltica, nas ilhas. Todo o resto – as plantas, os animais, as pessoas – veio para o Havaí de terras longínquas através do Pacífico. Os vulcões são os únicos originários do Havaí; já estavam lá muito antes que os recifes de corais começassem a crescer e a primeira palmeira balançasse ao vento.

O Kilauea, o Mauna Loa e o Maui Oriental (Haleakala) são três dos vulcões havaianos mais jovens e ativos. O Haleakala entrou em erupção apenas uma vez no período histórico, por volta de 1790, mas ainda é potencialmente ativo. O Mauna Loa, a maior montanha isolada da Terra, entra em erupção mais ou menos a cada 10 anos, e o Kilauea – um dos vulcões mais ativos do mundo – está em erupção contínua desde 1983.

O Havaí deu nome ao tipo de erupção vulcânica mais civilizada: são espetaculares e relativamente seguras para o observador. Poucas pessoas tiveram mortes causadas pela atividade dos vulcões havaianos, embora os fluxos de lava tenham devorado porções de terra e casas, às vezes até cidades inteiras. Mas há um aspecto vantajoso nessas erupções freqüentes: os longos fluxos de lava muitas vezes chegam ao oceano, criando novas terras e mais uma praia de areia negra.

Diante dos vulcões europeus, o Havaí é um jovem colaborador para o conhecimento científico do funcionamento da Terra, devido ao fato de não haver história escrita sobre as ilhas antes da chegada acidental do capitão James Cook, em 1778. A erupção de 1823 do Kilauea foi a primeira a ser narrada por escrito pelo missionário recém-chegado Reverendo William Ellis. Os guias que o levaram até a cratera contaram que o vulcão estivera ativo "durante o reinado de muitos reis", o que provavelmente representa muitos séculos.

Ellis não só descreveu a atividade na cratera, mas também entrevistou os habitantes da ilha a respeito de dois fluxos de lava que haviam sido observados e que ele situou por volta de 1750 e 1790.

Apesar da curta história científica, os vulcões havaianos têm contribuído mais do que a maioria para o conhecimento do mecanismo de funcionamento dos vulcões. As erupções freqüentes e relativamente seguras do Kilauea e do Mauna Loa têm apresentado condições ideais para uma grande variedade de estudos. A maioria das técnicas atuais de monitoramento de vulcões foram iniciadas ali. As erupções estão sempre surpreendendo e instigando a curiosidade dos observadores, e a ciência da vulcanologia deve muito a um grupo de residentes do Havaí que fundaram a Hawaiian Volcanic Research Association (Associação de Pesquisas Vulcanológicas do Havaí), em 1911, cujo brasão ostenta o lema otimista: "Nunca mais as cidades serão destruídas". Para alcançar esse nobre objetivo, a associação patrocinou estudos científicos dos vulcões e iniciou uma inestimável coleta de dados sobre a atividade vulcânica no Havaí e à volta do Cinturão do Pacífico.

Em 1912, o apoio financeiro da associação ajudou a fundar o Hawaiian Volcano Observatory (Observatório Vulcanológico Havaiano), que iria se tornar uma das instituições mais importantes para o estudo de vulcões ativos.

Os vulcões havaianos também contribuíram significativamente para aumentar o conhecimento e o interesse do público a respeito dos vulcões em geral. O Parque Nacional dos Vulcões do Havaí, criado em 1916, merece grande parte do crédito por promover a exibição dos vulcões, mas foram as erupções espetaculares do Kilauea e do Mauna Loa que deram a contribuição mais significativa para a educação do público. A maioria das cenas de erupções mostradas em televisão ou em filmes teve o Havaí como cenário, e pode-se dizer o mesmo a respeito das fotografias de atividade vulcânica no mundo todo – a maioria foi feita ali. Essa popularidade apagou um pouco da mística, e há pessoas que consideram a superexposição desestimulante. Quem acha, no entanto, que esses vulcões não oferecem nenhuma oportunidade de aventura, está muito enganado. É verdade que as atividades no Parque Nacional são restritas e que as trilhas bem demarcadas criam uma atmosfera de "vulcão para turistas". Por outro lado, é isso que faz do Kilauea uma ótima opção para os leigos que querem aprender muito, para os pais levarem os filhos e para quem não está fisicamente preparado para longas caminhadas. Os aventureiros podem fugir sem dificuldade das trilhas mais procuradas e das aglomerações. Ninguém que já tenha subido ao topo do Mauna Loa, caminhado dentro da cratera do Haleakala ou pelo deserto Ka'u do Kilauea poderá se queixar da falta de espaços ermos no Havaí.

Há diferenças marcantes entre o que os três vulcões havaianos descritos neste livro oferecem ao visitante. O Kilauea (que significa, "que se espalha, vomita muito"), localizado na Ilha Grande do Havaí, é o vulcão ativo mais acessível do mundo e um ótimo campo de aprendizagem. O Mauna Loa ("montanha comprida") proporciona uma experiência totalmente diferente. A grande maioria dos visitantes da Ilha Grande apenas fotografa de longe esse vulcão gigantesco. Poucos se aventuram em suas encostas e menos ainda alcançam o topo de 4.169 m de altitude, onde é possível se sentir realmente no topo do mundo. Na ilha de Maui fica o Haleakala ("morada do sol"), a cratera espetacular de Maui Oriental, um vulcão mais antigo, que oferece como atração o acesso fácil até o topo. Os flancos remotos e selvagens do Haleakala oferecem algumas das melhores caminhadas pelas ilhas havaianas (Fig. 6.1).

Há vulcões impressionantes em todo o Havaí, mas a maioria não é mais ativa. O Mauna Kea ("montanha branca"), situado na Ilha Grande – assim denominado por causa do seu pico freqüentemente coberto de neve –, é famoso por seu observatório astronômico de primeira linha. Seu vizinho, o Hualalai, tem o potencial de desencadear fluxos de lava que seriam desastrosos para os *resorts* de Kona Coast. O Diamond Head é um cone de tufo fabuloso, um dos pontos mais visitados de Oahu. Esses vulcões serão descritos resumidamente nos próximos capítulos. Além de fascinantes, dão uma idéia geral sobre os vizinhos mais ativos e uma melhor compreensão de como nasceu a cadeia vulcânica denominada Havaí.

Ambiente tectônico

As ilhas havaianas são o melhor exemplo conhecido de vulcanismo mesooceânico de ponto quente. A progressão do vulcanismo ao longo da cadeia de montanhas é muito clara.

Fig. 6.1 Mosaico de imagens da Ilha Grande do Havaí feitas pelo Landsat Multi-Spectral Scanner (MSS). A caldeira e a zona de *rift* do Mauna Loa se destacam na parte sudoeste da ilha. Em azul, os fluxos de lava relativamente jovem do Kilauea podem ser vistos no sudeste da ilha. Os vulcões mais antigos são o Hualalai (a noroeste do Mauna Loa, parcialmente coberto por nuvens nesta imagem), o Mauna Kea (no centro-norte) e o Kohala (formando a península noroeste)

As lavas de Kauai têm entre 5 e 6 milhões de anos; as de Oahu, entre 2 e 3 milhões; as de Maui, cerca de 1 milhão, e as da Ilha Grande são pelo menos meio milhão de anos mais novas. Próximo à costa sudeste da Ilha Grande, uma montanha submarina, Loihi, está crescendo lentamente – um dia ultrapassará o Kilauea como vulcão terrestre mais ativo.

A placa do Pacífico (Fig. 6.2) está se movendo na direção noroeste sobre o ponto quente do Havaí, a uma velocidade de cerca de 10 cm por ano, quase tão rápido quanto cresce o cabelo. A Ilha Grande foi a última a emergir do oceano, quando as lavas do vulcão Kohala irromperam à superfície da água há aproximadamente 400 mil anos. Esse vulcão está hoje completamente erodido e forma a ponta noroeste da ilha. O próximo vulcão mais antigo é o Mauna Kea (4.205 m de altitude), que entrou em erupção pela última vez há cerca de 3.600 anos. Descendo a lista, vem o Hualalai, cuja última erupção foi em 1801. O Mauna Loa entrou em erupção muitas vezes no século passado, a última vez em 1984. O Kilauea, que cresce junto ao flanco sudeste do Mauna Loa, é o vulcão mais novo e mais ativo da ilha.

A evolução dos vulcões havaianos tem seguido um padrão de erupção de fluxos de basaltos toleíticos mais fluidos durante a juventude desses vulcões, passando a eclosões menos freqüentes e mais explosivas, envolvendo basaltos alcalinos mais viscosos à medida que o vulcão envelhece. É por essa razão que os vulcões começam a crescer como escudos de pequena altitude, como o Kilauea, e acabam como montanhas enormes cobertas de cones piroclásticos e camadas de cinzas, como o Mauna Kea.

O magma ergue os vulcões havaianos mas, quando o suprimento se exaure, a erosão começa a destruí-los. À medida que o vulcão envelhece e as erupções tornam-se menos freqüentes, o poder da erosão se faz sentir cada vez mais. Os rios escavam enormes cânions, como o famoso cânion Waimea, em Kauai. O oceano, a chuva e o vento trabalham juntos e acabam varrendo os vulcões pela erosão. O último destino será a destruição acima do nível do mar, restando apenas uma cobertura de corais para indicar os locais onde um dia havia grandes vulcões. A placa do Pacífico vai continuar a carregar os velhos vulcões em direção ao noroeste até que, daqui a muitos milhões de anos, entrem em subducção sob o Cinturão de Fogo e voltem a desaparecer no manto. No entanto, se a pluma mantélica do Havaí continuar a trazer magma fresco para a superfície, outras ilhas havaianas nascerão – e talvez sempre haja um pedaço de paraíso no meio do oceano Pacífico.

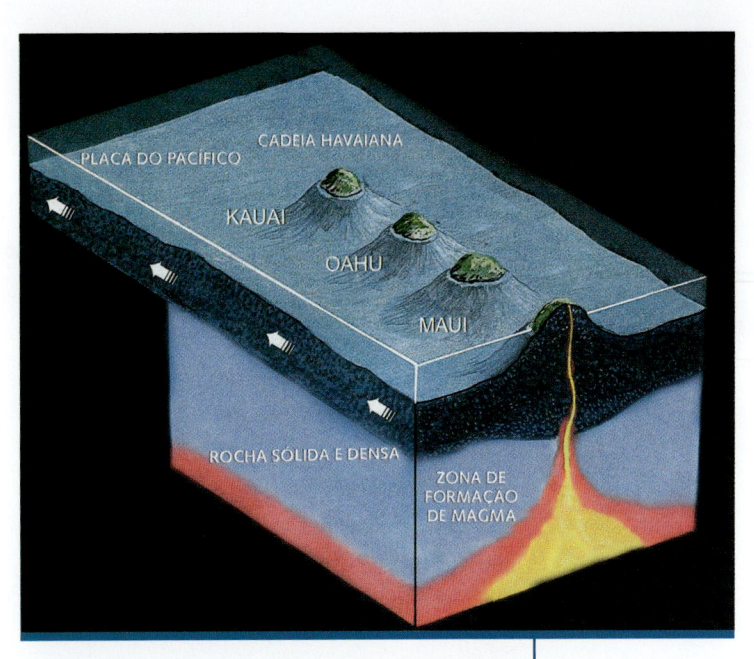

Fig. 6.2 Desenho mostrando o movimento da placa do Pacífico sobre o ponto quente do Havaí. A placa se move na direção noroeste, e novas ilhas são criadas sobre o ponto quente. Kauai é a mais antiga nesta imagem; a Ilha Grande do Havaí, a mais nova
Fonte: modificado de Tilling et al.,1990.

Informações práticas para o visitante

Os parques nacionais

O Parque Nacional dos Vulcões do Havaí estende-se desde o topo do Mauna Loa até a costa sudeste do Kilauea, preservando uma pequena porção do Mauna Loa e a maior parte do Kilauea. O parque é o maior distrito histórico dos Estados Unidos e cobre uma área de 976 km². Em Maui, o Parque Nacional Haleakala é dividido em dois setores: a cratera Haleakala, que inclui o topo desse vulcão sensacional, e o distrito Kipahulu, que se estende desde a borda leste da cratera e desce em direção à costa de Maui.

Os dois parques ajudam a preservar a flora e a fauna únicas do Havaí. Tanto a sede do Parque Nacional dos Vulcões do Havaí como o centro de visitantes situam-se na borda da cratera do Kilauea. Em Maui, a sede do Parque Nacional Haleakala localiza-se no interior do parque, a 1,6 km da entrada, no flanco nordeste. Faça uma parada nas sedes nas duas ilhas para obter autorização "back country" para incursões de mais de um dia (incluindo uso de cabanas ou abrigos), além de mapas detalhados e várias outras informações. Pode-se telefonar para uma *hotline* do parque nacional e obter informações sobre a condição dos vulcões (808-967-7977) ou verificar no website (veja Apêndice I).

Transporte

Alugar um carro é quase uma necessidade no Havaí, embora haja excursões de ônibus organizadas por várias agências situadas em Hilo e Kailua-Kona, na Ilha Grande, e nas maiores cidades de Maui. O transporte público para a sede do Parque Nacional dos Vulcões está sob a responsabilidade da companhia Hele on Bus, mas os horários não são muito convenientes. Carros de aluguel são relativamente baratos nas ilhas, e há muitas viagens do tipo "fly-drive", isto é, "avião-carro", para o Havaí. Encontram-se com facilidade veículos 4x4, mas eles só são necessários em caso de viagens a locais remotos. Fique atento ao fato de que muitas companhias de aluguel de carros proíbem o uso de veículos em algumas estradas estreitas da ilha, apesar de serem pavimentadas. Para quem está em boa forma física, uma alternativa aos carros alugados ou ônibus de turismo é o aluguel de bicicletas, para as quais há roteiros guiados na Ilha Grande e em Maui.

Sobrevôos de helicóptero são muito procurados no Havaí e recebem ampla publicidade. Atualmente há mais restrições de segurança nesses vôos do que em 1980, quando, segundo relatos, alguns pilotos chegaram a aterrizar sobre lava ainda quente. Há também oferta de passeios em pequenos aviões; são mais baratos porém menos procurados que os helicópteros.

Hospedagem

Há no Havaí possibilidades de alojamento em todas as faixas de preço. Ao visitar o Kilauea, a melhor opção é hospedar-se em um dos "cama&café" na vila Volcano, ou no histórico hotel Volcano House, no parque nacional (veja adiante). O camping Namakani Paio, a cerca de 5 km da entrada do parque, é a alternativa de baixo custo. A Kona Coast oferece uma grande variedade de locais de hospedagem e é o melhor lugar quando se visita o Mauna Loa, o Hualalai e o Mauna Kea. Os visitantes da cratera Haleakala, em Maui, podem encontrar hospedagem variada em Kahului (perto do aeroporto) ou ao longo da costa oeste da ilha, entre Kihei e Wailea, ou em hospedagens do tipo "cama&café", em Kula. O parque nacional mantém algumas cabanas na zona da cratera, mas é necessário fazer reservas com antecedência. Acampar dentro do parque nacional só é permitido em áreas específicas.

Serviços de segurança e emergência

Os serviços de emergência havaianos estão entre os melhores do mundo, mas os resgates, geralmente de helicóptero, são extremamente caros. Como em qualquer outro lugar dos Estados Unidos, os serviços médicos são pagos, o que torna um seguro saúde uma necessidade.

Mapas

Na entrada dos parques nacionais, na Ilha Grande e em Maui, são distribuídos mapas com as trilhas e atrações mais importantes (Fig. 6.3). O US Geological Survey (USGS) tem uma grande variedade de mapas das ilhas havaianas; podem-se comprar muitos deles a preços baixos no centro de visitantes, no Kilauea e no Haleakala, e também no Museu Jaggar, no Kilauea. Recomenda-se o uso dos mapas topográficos do USGS com escala de 1:100.000, além de mapas "recreativos" atualizados, que mostram com detalhes as trilhas em cada vulcão. As melhores livrarias têm em estoque os mapas topográficos do USGS com escala 1:24.000.

Observatório Vulcanológico Havaiano

Nosso conhecimento de erupções havaianas e vulcanismo em geral avançou muito por causa dos estudos contínuos realizados no Observatório Vulcanológico Havaiano, mais conhecido como HVO, que é a sigla em inglês para Hawaiian Volcano Observatory. O observatório foi fundado pelo Dr. Thomas A. Jaggar, do Massachusetts Institute of Technology. Antes de ir ao Havaí, o Dr. Jaggar foi enviado pelo governo dos Estados Unidos para investigar a catastrófica erupção de 1902 do monte Pelée, na Martinica. A experiência adquirida nessa viagem o convenceu da necessidade de um observatório vulcanológico para seu país. Em 1912, tornou-se ele o primeiro diretor do HVO, onde permaneceu até sua aposentadoria, em 1940. O observatório atualmente faz parte do USGS e ainda segue os dois objetivos principais delineados por Jaggar. O primeiro é fazer o monitoramento de vulcões, a previsão de erupções e o registro detalhado da atividade vulcânica. O segundo é realizar um estudo amplo e científico dos vulcões que possa conduzir, no futuro, a um melhor monitoramento e a melhores técnicas de previsão.

O HVO produz continuamente relatórios sobre a atividade dos vulcões havaianos para as autoridades do parque nacional, a fim de que os visitantes não entrem em áreas perigosas. O observatório também publica relatórios no *Bulletin of the Global Volcanism Network* (ver Bibliografia) e na Internet (Apêndice I). O HVO está situado na borda da cratera do Kilauea, em Uwekahuna, ao lado da sede anterior, que agora abriga o museu Thomas A. Jaggar. Pode-se reconhecer facilmente o prédio moderno por causa da impressionante torre de vidro, usada para observação da atividade no Kilauea e no Mauna Loa.

KILAUEA

O vulcão

Qualquer pessoa interessada em ver uma erupção vulcânica de maneira fácil e segura deve considerar o Kilauea como primeira escolha. Localizado dentro um dos parques nacionais americanos, é o vulcão mais visitado, mais fotografado e, provavelmente, o mais estudado do mundo. O Kilauea resume o espírito deste livro, isto é, que vulcões ativos são acessíveis e qualquer pessoa pode ir apreciá-los. Sempre que possível, o parque nacional permite que os visitantes contemplem o vulcão em plena atividade e com freqüência manda abrir trilhas temporárias que levam a pontos de observação seguros. A duradoura erupção da cratera Pu'u O'o do Kilauea multiplicou o número de passeios em helicópteros e pequenos aviões, tornando possível a observação da erupção até mesmo por pessoas mais velhas ou com dificuldade de locomoção. Ninguém sabe por quanto tempo a erupção do Pu'u O'o vai continuar; portanto, meu conselho é ir o mais rápido possível. O vulcão passa por períodos de dormência que podem durar vários anos.

Mesmo que a atividade cesse completamente, o Kilauea continuará a ser um dos melhores vulcões para visitar e aprender com ele. As trilhas pelos terrenos vulcânicos e pelos tubos de lava sempre impressionam, qualquer

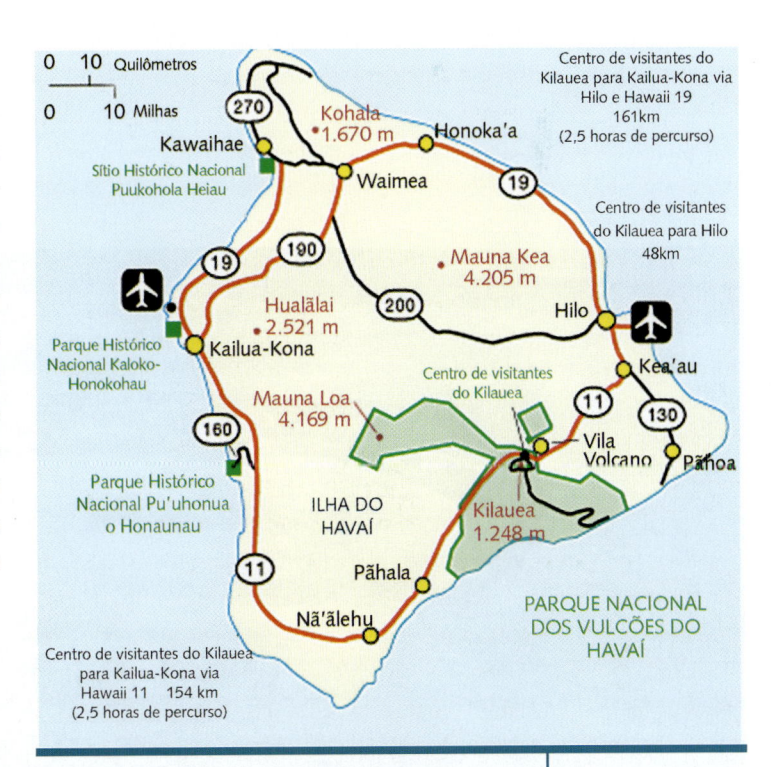

Fig. 6.3 Mapa da Ilha Grande do Havaí com as principais estradas, cidades e o contorno do Parque Nacional dos Vulcões
Fonte: modificado de um desenho do National Park Service.

que seja o grau de conhecimento das pessoas que as percorrem. Uma caminhada sobre lava resfriada pode fazer a pessoa sentir-se como um astronauta explorando a paisagem lunar, enquanto uma aventura pelos longos tubos de lava trazem à mente o professor Lindenbrock descendo ao centro da Terra.

O Kilauea é um vulcão clássico do tipo escudo, resultado da erupção de longos fluxos de lava fluida que percorrem grandes distâncias desde as bocas eruptivas.

No topo, a 1.247 m de altitude, encontra-se uma caldeira de 4 km de comprimento, 3,2 km de largura e mais de 120 m de profundidade, que contém uma cratera menor, a Halema'uma'u (Fig. 6.4). As bocas eruptivas do escudo estão localizadas no topo e ao longo de duas zonas de *rift* perpendiculares. A zona de *rift* leste corta o litoral em Kapoho e continua por mais uns 56 km mar adentro, enquanto a zona de *rift* sudoeste estende-se até Palima Point, terminando a uma pequena distância dali.

A simples visão da caldeira do Kilauea faz a maioria dos neófitos perderem o fôlego. Já foi um local de erupções freqüentes, mas tão bem circunscrito por paredes abruptas que as construções situadas na borda nunca sofreram danos. Aliás, o hotel Volcano House oferecia aos hóspedes uma visão espetacular das erupções. Ainda é possível pedir um coquetel flamejante no bar e, ao ver a crosta negra consolidada sobre o lago, imaginar como teria sido permanecer ali observando a dança das fontes de lava, como fizeram incontáveis visitantes afortunados. Até mesmo o irreverente Mark Twain ficou maravilhado com a visão majestosa do lago ativo de lava na cratera Halema'uma'u. Em seu livro *Roughing It,* Twain escreveu que o Vesúvio não passava de um "simples brinquedo, um vulcão de criança, uma chaleira de sopa, comparado a isto...".

Atualmente, com o fogo da Halema'uma'u temporariamente extinto, quem visita o Kilauea pode inicialmente pensar que não parece um vulcão. É verdade que é possível subir todo o caminho até o topo sem ver encostas íngremes ou vultos de um pico, mas as erupções freqüentes deliciaram visitantes por muito tempo. No entanto, nem todas as erupções são fracas e observáveis com segurança. Em 1924, houve uma erupção explosiva na Halema'uma'u, cau-

Fig. 6.4 A cratera Halema'uma'u do Kilauea

sada pelo contato de águas subterrâneas com o magma. A resultante série de explosões de vapor arremessou grandes blocos sobre o fundo da caldeira, matando um homem que se aventurou a chegar perto demais.

O Kilauea pode passar por longos períodos de quietude, como os 18 anos entre 1934 e 1952, o que não era bom para os negócios do Volcano House. Conta-se que a erupção de 1952 começou depois que um dos donos do hotel, conhecido como Tio George, jogou uma garrafa de gim dentro da Halema'uma'u para estimular a deusa Pele a entrar em ação (o gim é, de acordo com alguns, a bebida preferida de Pele). A deusa recompensou Tio George com um show espetacular na Halema'uma'u que durou 136 dias, um período bem lucrativo para o hotel.

Uma das erupções mais famosas do Kilauea começou em 1969, em uma boca na parte superior da zona de *rift* leste, que se tornou conhecida como Mauna Ulu ("montanha que cresce"). Grandes volumes de lava desceram em direção à costa sul, cobrindo trechos da Chain of Craters Road, e fontes de lava de até 150 m de altura jorraram de uma fissura entre as crateras de afundamento Aloi e Alae. Um grande fluxo de lava, volumoso e rápido, tomou a direção sul, caindo dos rochedos do sistema de falhas Hilina como uma cascata e formando uma grande piscina no terreno plano abaixo. Essa erupção fez a delícia dos fotógrafos. As imagens espetaculares da cascata de lava e das fontes incandescentes jorrando sintetizam a atividade havaiana. Essa erupção durou cinco anos e tornou-se uma atração turística. Menos de uma década mais tarde, o Kilauea entrou em atividade novamente e, até o momento em que o livro foi escrito, a erupção do Pu'u O'o-Kupaianaha continuava com toda a força por mais de 20 anos.

A erupção Pu'u O'o-Kupaianaha

Essa longa erupção provocou tal impacto sobre o Havaí e os estudos sobre o vulcanismo havaiano que é natural que muitos a considerem um marco. Os moradores falam da ilha "antes da erupção" quase como se a atividade vulcânica fosse incomum no Havaí. Essa erupção tem sido de fato bastante peculiar: a erupção de *rift* mais volumosa e duradoura do período histórico. Os fluxos de lava mudaram uma parte da ilha para sempre, destruindo as comunidades de Kapa'ahu, Royal Gardens e Kalapana, onde muita gente tinha a propriedade desse pedaço do paraíso. O lado positivo é que a Ilha Grande ficou maior: mais de um quilômetro quadrado de terra foi somado à costa.

Para os vulcanólogos, o acesso fácil e a longa duração da erupção criaram uma oportunidade de ouro para estudos que requerem medições de longo prazo. Para fotógrafos, cinegrafistas e operadoras de turismo, a erupção representou um verdadeiro *boom* econômico. Graças a seu trabalho, o público no mundo inteiro aprendeu muito sobre vulcões: praticamente qualquer pessoa com acesso a uma televisão já viu os fogos de artifício do Kilauea.

A erupção começou sem nada de especial. Como a câmara magmática do Kilauea encontra-se a baixa profundidade e o movimento ascendente do magma novo costuma inflar o vulcão como um balão, as erupções podem freqüentemente ser previstas. Os cientistas do HVO seguiram as pistas da movimentação do magma, plotando a localização dos terremotos em um mapa e determinando aproximadamente onde a erupção iria começar. Não querendo perder o início do espetáculo, um grupo de cientistas decidiu acampar perto da região prevista, na zona de *rift* leste. A deusa Pele cooperou e não os fez esperar muito. No dia seguinte, 3 de janeiro de 1983, o chão se abriu e a lava jorrou pelas fissuras, formando um grande alinhamento de fontes de lava.

Nos quatro dias seguintes, uma série de fissuras se abriu, estendendo-se por cerca de 8 km pela zona de *rift* leste. As fontes de lava foram concentrando-se ao longo de um trecho de 1 km, criando uma verdadeira cortina de fogo.

A partir daí, a erupção prevista tornou-se imprevisível. Três semanas depois, toda atividade cessou e muitos pensaram que havia acabado, mas recomeçou em fevereiro, desenvolvendo um padrão de episódios de atividade que se tornaram típicos. Desde então os vulcanólogos descrevem a erupção em termos de episódios – até o momento já houve mais de 50.

Por volta de junho de 1983, a erupção havia se restringido a uma única boca eruptiva com regularidade de episódios. Grandes fontes de lava, alimentadas por um conduto de cerca de 15 m de diâmetro jorraram durante menos de um dia. O nível do magma no conduto desceu quase 100 m, e subiu gradualmente durante o período de descanso de três ou quatro semanas. As fontes de lava chegaram até 460 m de altura, e os fragmentos que caíam construíram um cone piroclástico em torno da boca eruptiva. Durante os três primeiros anos, o novo cone alcançou 254 m e tornou-se um marco importante. Antes que fosse escolhido um nome oficial, era conhecido como a boca eruptiva "O", porque sua localização coincidia perfeitamente com a letra "O" da palavra "flow" (fluxo) – de 1965 – no mapa topográfico oficial. O nome começou a pegar e quando os habitantes de Kalapana assumiram a tarefa de escolher um nome para o cone, escolheram a palavra havaiana O'o, nome de um pássaro extinto cujas penas amarelas adornavam as vestes do antigos reis havaianos. Pu'u significa colina em havaiano; assim, o novo cone acabou se tornando o Pu'u O'o (Fig. 6.5).

Em julho de 1986, após 47 episódios, a erupção sofreu uma mudança radical. O conduto sob o Pu'u O'o se rompeu e o magma começou a jorrar de fissuras na base do cone. Pouco tempo depois, uma nova boca eruptiva, localizada a 2,9 km *rift* abaixo, tornou-se o principal foco eruptivo. Em vez de lançar fontes de lava ocasionais, a erupção da nova boca era calma e ininterrupta, e três semanas depois já havia formado um escudo com um lago de lava (Fig. 6.6). Pediram novamente aos habitantes de Kalapana que escolhessem um nome, e decidiram por Kupaianaha, que significa misterioso ou extraordinário. Não poderiam imaginar que os fluxos do lago tranqüilo iriam acabar destruindo sua comunidade.

Quase um ano depois, as paredes do conduto do Pu'u O'o, que não eram mais sustentadas por uma coluna de magma, começaram a desmoronar. No final de 1988, o conduto original, de 15 m de diâmetro, transformou-se em uma impressionante cratera de mais de 150 m. O Pu'u O'o ainda está ativo e oferece uma vista espetacular de helicóptero.

A boca eruptiva Kupaianaha, menor e mais calma, continuou jorrando continuamente, lançando fluxos de lava através de uma rede de tubos. Os fluxos formaram um pequeno escudo em torno da boca eruptiva, mas também percorreram um longo caminho, chegando pela primeira vez ao oceano no final de 1986, a 11 km de distância. A pequena comunidade litorânea de Kapa'ahu estava no meio do caminho e não sobreviveu. No fim de 1990, praticamente toda a cidade de Kalapana sofreu a mesma fatalidade. Os lentos fluxos de lava consumiram dezenas de casas, enquanto os proprietários permaneciam parados, olhando, impotentes diante do vulcão. Para muitos, foi uma longa e agonizante espera. Ao contrário das erupções violentas de outros lugares, que provocaram uma rápida destruição, os fluxos do Kupaianaha

Fig. 6.5 O cone ativo Pu'u O'o em 1984

fizeram seu trabalho lentamente e de modo quase meticuloso. Houve bastante tempo para evacuar e até para transportar para um lugar seguro a histórica igreja católica Estrela do Mar, mais conhecida como a Igreja Pintada.

O lago de lava do Kupaianaha atraiu muitos visitantes até secar em 1992. Em 1987, fui uma das muitas pessoas que caminharam pelos fluxos ainda quentes para vê-lo. Havia fontes de lava jorrando do lago e, de vez em quando, grandes placas de lava solidificada, originadas por rachaduras vermelhas que fragmentavam a superfície, afundavam e desapareciam dentro do lago.

A erupção continuou, abrindo novas fissuras e formando novas bocas eruptivas. Um novo escudo de lava formou-se no flanco oeste do Pu'u O'o, chegando a 60 m de altura. Em 2004, a lava continuava a derramar-se no oceano, e o serviço de atendimento do parque sempre se esforçou para permitir que os visitantes pudessem observar o espetáculo. No momento, ninguém sabe quando a atividade irá cessar, mas espera-se que continue por muito tempo, acrescentando novas terras à ilha e inspirando terror e reverência em quem vai conhecer o verdadeiro Havaí.

Uma visão pessoal: o lar de Pele

Como a mitologia é um dos meus assuntos favoritos, não há nada de surpreendente no meu fascínio por Pele, a temperamental deusa dos vulcões, que escolheu o Kilauea como morada. O aspecto mais interessante no mito de Pele é sua persistência na cultura do Havaí. Os deuses da antiga religião das ilhas caíram no esquecimento, mas de algum modo Pele conseguiu sobreviver, talvez porque tenha se tornado o símbolo do medo e da reverência que sentimos quando vemos uma erupção, um sentimento impossível de descrever em termos científicos.

Toda a gente que vive próximo a vulcões ativos encontra suas fórmulas para lidar com a ameaça constante contra a vida e os bens materiais. Culturas diferentes apóiam-se em vários métodos, desde o sacrifício humano até preces exaltadas. É difícil imaginar como se sentiram no seu novo lar, na Ilha Grande, os primeiros havaianos, os quais vieram de ilhas tranqüilas do Pacífico Sul. É espantoso que eles não tenham voltado para seus barcos à procura de costas mais tranqüilas e sem erupções. Em vez disso, tentaram compreender os vulcões e explicar sua ação por meio de uma rica mitologia.

Os havaianos nativos acreditavam que todas as forças da natureza eram deuses em ação e que Pele era a deusa encarregada dos vulcões. É surpreendente o quanto os primeiros habitantes conseguiram descobrir sobre os vulcões em seu novo lar. Eles perceberam que Pele criava novas terras e que, embora seu temperamento fosse devidamente vulcânico (impulsivo e imprevisível), ela nunca foi considerada como uma força do mal. Quando a lava consumia

Fig. 6.6 O lago de lava da erupção do Pu'u O'o

suas terras e casas, a crença era (e ainda é para alguns) de que a deusa estava apenas recuperando o que era dela, o que ela tinha criado.

Pele criou seu lar no Kilauea, mas os primeiros havaianos sabiam que ela estivera antes em outro lugar. Supostamente ela viera da antiga terra natal desses havaianos e viajou de canoa até o Havaí, como seu povo havia feito. Sua primeira parada foram as ilhas do norte do arquipélago havaiano. Pele precisava construir sua casa em um poço profundo, e ela desceu a cadeia havaiana cavando. No entanto, à medida que ela cavava sua casa, sua irmã mais velha, Na maka o Kaha'i, a deusa do mar e da água, enchia a cratera de água. De acordo com a lenda, Pele havia seduzido o marido da irmã na antiga terra natal, daí a amarga hostilidade familiar. A lenda da peregrinação de Pele mostra que os havaianos perceberam que as ilhas havaianas iam se tornando cada vez mais novas cadeias abaixo, na direção da Ilha Grande, principalmente na direção do Kilauea. Ali Pele criou sua morada, na companhia dos irmãos Kane hekili, o espírito do trovão; Ka poho i kahi ola, o espírito das explosões; Ke ua a ke po, o espírito da chuva e do fogo; e Ke o ahi kama kaua, um espírito que aparece nas "lanças de fogo" arremessadas durante uma erupção havaiana.

Essas lendas se propagaram oralmente por muitas gerações. Imagina-se que os primeiros havaianos tenham chegado do Pacífico Sul por volta de 450 d.C., vindos das ilhas Marquesas ou do Taiti. Não tinham língua escrita, mas um conhecimento profundo de lendas, poesia e cantos. Pele tornou-se a deusa mais importante e reverenciada do Havaí, e suas proezas – as erupções dos vulcões – foram transmitidas através das gerações.

A chegada dos ocidentais, especialmente os missionários, trouxe como conseqüência o fim daquela vida intocável. O pior golpe contra a antiga religião foi desferido em 1824 pela chefe superior Kapiolani, que se tornara cristã. Kapiolani sabia que o culto a Pele era o mais arraigado no coração dos havaianos, pois se fundava nas forças vulcânicas, misteriosas e potentes. Assim, a melhor maneira de arrebanhar conversões era provar a seu povo que Pele não existia. Com esse propósito, Kapiolani fez uma viagem de Kona ao Kilauea, acompanhada de muitos membros do seu povo, que rezavam e choravam, certos de que ela morreria se ousasse desafiar Pele.

A chefe andou em direção à borda do buraco incandescente da Halema'uma'u e desceu algumas centenas de metros dentro da cratera ativa. Proferiu uma prece cristã e depois passou a desafiar Pele jogando pedras dentro do poço e comendo as *ohelo berries* (um tipo de amora) consagradas à deusa. Kapiolani voltou à borda da cratera sã e salva depois de haver abalado irreversivelmente o verdadeiro alicerce da antiga religião havaiana. Esse feito corajoso foi imortalizado no poema "Kapiolani", de Lord Tennyson, e descrito por W. D. Alexander no livro *Brief History of the Hawaiian People* como um dos maiores atos de coragem moral.

Pele foi derrotada mas não seria esquecida. Nesta época de grande tolerância religiosa, é comum ver adoradores jogando oferendas dentro da cratera Halema'uma'u, entre as quais as frutinhas sagradas, moedas e gim, embora os verdadeiros fiéis não aprovem bebidas alcoólicas como oferendas. Madame Pele, como é freqüentemente chamada, conseguiu, de alguma maneira, coexistir com a pesquisa científica. A Grande Sacerdotisa de Pele é bem conhecida dos vulcanólogos, que respeitosamente a autorizam a oferecer suas preces quando uma erupção tem início. Os visitantes do parque nacional são avisados de que roubar as pedras de Pele traz má sorte – um mito particularmente útil, pois ajuda a reforçar a proibição do parque de coletar amostras sem permissão. Os geólogos, na sua maioria, parecem imunes à maldição, embora eu conheça uma que teve uma vaga de má sorte tão grande que ela mandou suas amostras de volta para o Havaí. Muitos visitantes do parque fizeram a mesma coisa, e suas cartas desventuradas estão expostas no centro de visitantes como alerta para os outros.

Há relatos correntes de aparições de Pele, especialmente antes das erupções, e acredita-se que ela se manifesta sob muitas formas femininas, que vão desde uma velha encarquilhada a uma linda mulher, ou até mesmo um cachorro branco. Os visitantes masculinos no Havaí devem lembrar que, em princípio, qualquer mulher pode ser a deusa Pele disfarçada, e que é muito imprudente enfurecê-la.

Visita em período de repouso

Mesmo que o Kilauea esteja ativo e que a lava incandescente seja um grande apelo, é importante dispor de algum tempo para ver as formações das erupções anteriores, convenientemente localizadas ao longo da espetacular Crater Rim Drive. Essa estrada de 17,5 km, que circunda toda a caldeira, é a melhor iniciação possível ao Parque Nacional dos Vulcões do Havaí (Fig. 6.7). Atravessa tanto florestas de temperatura amena quanto campos estéreis de lava fresca. As maiores atrações estão bem demarcadas, com mirantes e trilhas que guiam o visitante por todo o caminho. Quem quiser caminhar um dia inteiro pode percorrer uma trilha parcialmente pavimentada, a Crater Rim Trail (17,5 km), que começa no centro de visitantes e segue paralelamente ao cinturão.

Centro de visitantes do Kilauea e sede do parque

É melhor começar a visita pelo centro de visitantes, localizado a cerca de 400 m da entrada do parque. Há muitos painéis instrutivos, apresentação de filme sobre erupções e venda de mapas de trilhas, muito úteis, assim como livros, vídeos e pôsteres. Pode-se obter autorização para camping selvagem e também informações sobre a atividade atual do vulcão, interdição de estradas, caminhadas conduzidas por guardas florestais e palestras. Os pontos principais de parada ao longo da Crater Rim Drive são descritos resumidamente abaixo – atenção ao fato de que partes da estrada podem estar fechadas e ser preciso dar meia-volta. As outras atrações principais do parque estão localizadas ao longo da Crater Rim Road, que intercepta a Crater Rim Drive. As lavas do Pu'u O'o soterraram parte da estrada – informe-se no centro de visitantes sobre a condição atual.

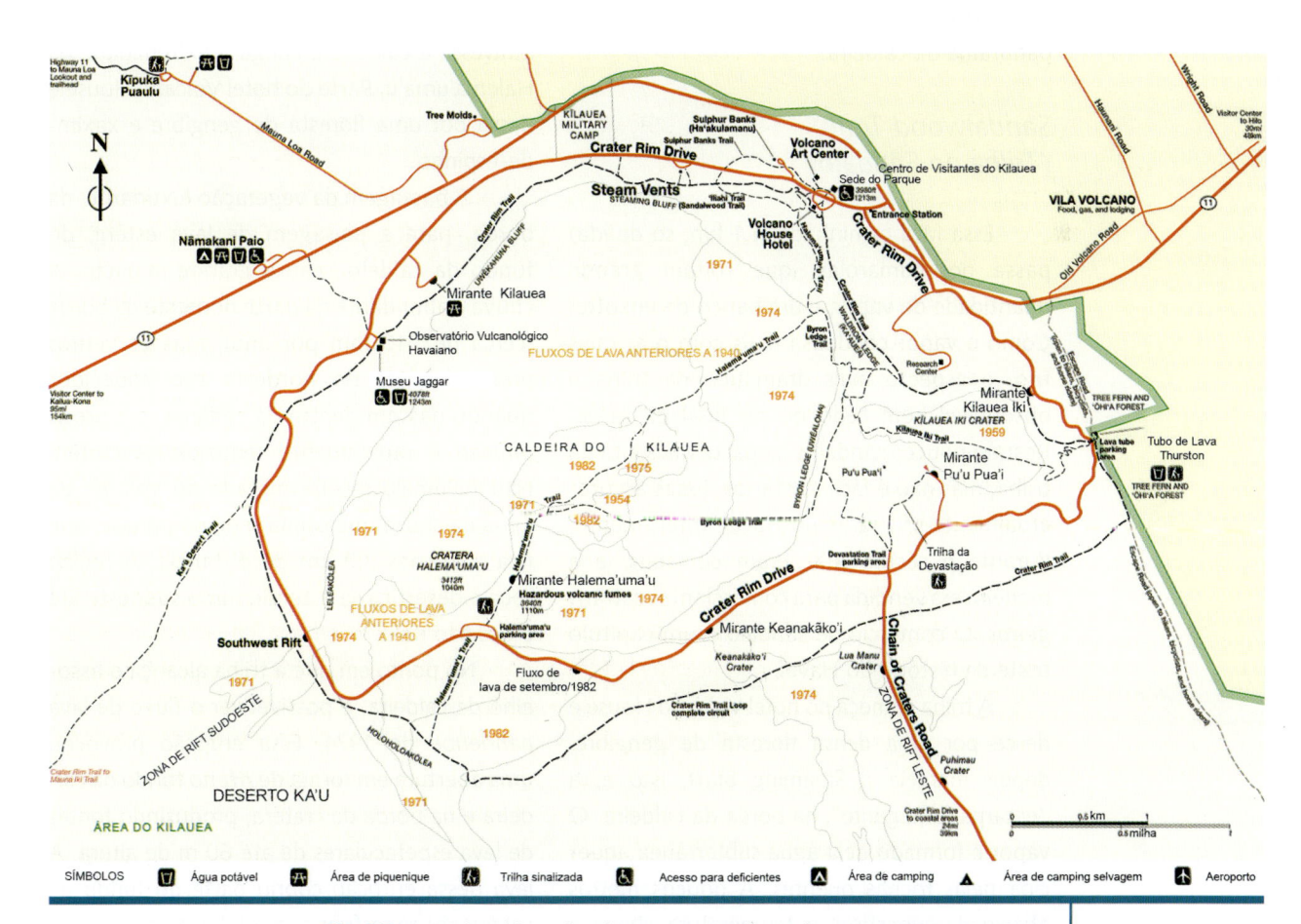

Fig.6.7 Mapa da caldeira do Kilauea com as trilhas principais e a Crater Rim Drive
Fonte: modificado de uma figura do National Park Service

Volcano House

Localizado próximo ao centro de visitantes, esse famoso hotel era uma simples construção com telhado de palha ao ser inaugurado em 1846. Reconstruído em 1866, teve Mark Twain e Robert Louis Stevenson como hóspedes. Esse edifício sobreviveu, mas já não abriga o hotel, e sim o Volcano Art Center, uma galeria de arte localizada em frente ao moderno Volcano House. Em 1891, foi construído um hotel vitoriano elegante, arrasado por um incêndio em 1940. O Volcano House atual foi erguido no local do antigo Observatório Vulcanológico Havaiano, na borda da cratera. Visite o hotel e veja no *hall* de entrada o quadro pintado em 1894 por D. Howard Hitchcock, mostrando a cratera Halema'uma'u em atividade, e a histórica lareira, cuja chama nunca se apagou, segundo dizem no hotel. Há, todas as noites, duas apresentações de um vídeo de erupções, abertas ao público. Vale a pena visitar o restaurante e o bar e apreciar a vista – ambos oferecem um magnífico panorama da caldeira.

Sandalwood Trail (Trilha do Sândalo)

Essa fácil caminhada (1,1 km, só de ida) passa por fumarolas, que soltam grande quantidade de vapor, e um banco de enxofre. Como o vapor condensa mais com o ar mais frio, o aspecto mais dramático da trilha é observável bem cedo ou no final da tarde. Restam poucos sândalos na parte mais alta da trilha, mas não é fácil avistá-los. Essas árvores atualmente são raras no Havaí; infelizmente, durante o século XIX, eram cortadas, e a madeira era vendida para comerciantes estrangeiros. O comércio de sândalo é um capítulo triste da história do Havaí.

A trilha começa no hotel Volcano House e desce por uma densa floresta de gengibre, depois margeia a Steaming Bluff, isto é, a "escarpa fumegante", na borda da caldeira. O vapor é formado pela água subterrânea aquecida pelas rochas quentes. A poucos metros abaixo da superfície, a temperatura chega a 93°C, que é a temperatura de ebulição da água nessa altitude. Como as raízes das árvores não conseguem sobreviver nesse ambiente, somente gramíneas rasteiras crescem ali. Antes que a água da chuva fosse coletada em cisternas, a única fonte local de água eram as poças de vapor condensado.

É possível fazer a volta até o hotel ou seguir as indicações para os Sulphur Banks (depósitos de enxofre). Seguindo essa última direção, chega-se à encosta de uma colina coberta de enxofre, gipsita e hematita, depositados pela saída dos gases ao longo de uma grande fratura. Os vapores de sulfeto de hidrogênio são responsáveis pelo cheiro de ovo podre tão característico dos vulcões ativos. A partir daí, a trilha sobe em direção ao Volcano House. Quem não quiser percorrer esse trecho pode parar no mirante das fumarolas (Steam Vents), na Crater Rim Drive. A distância entre esse ponto e a Steaming Bluff é pequena.

Halema'uma'u Trail

Essa trilha bastante freqüentada (5,1 km) atravessa a caldeira e chega à extremidade da Halema'uma'u. Parte do hotel Volcano House e passa por uma floresta de gengibre e xaxim-de-espinho.

A passagem da vegetação luxuriante, da borda, para a paisagem de lava estéril, do fundo da caldeira, causa grande impacto. A chuva é abundante na parte noroeste da borda (cerca de 240 mm por ano), mas os ventos predominantes de nordeste são aquecidos quando passam dentro da caldeira, e a precipitação é rapidamente reduzida. A cratera Halema'uma'u recebe metade do volume da água da chuva que cai na sede do parque, que fica a apenas 3,2 km de distância. A região seca e desértica se estende rumo sudoeste até o deserto Ka'u.

No ponto em que a trilha alcança o assoalho da caldeira, é possível ver o fluxo de lava *pahoehoe* de 1974. Essa erupção provocou uma abertura em forma de *rift* no fundo da caldeira e na borda da cratera, produzindo fontes de lava espetaculares de até 60 m de altura. A lava dessa erupção cobriu parte do fundo da caldeira e, ao resfriar e se solidificar, deixou nas paredes uma marca que ainda pode ser vista.

Perto do centro da caldeira, a trilha cruza o fluxo de lava de 1885, sobre o qual há incríveis depósitos sulfurosos alaranjados, brancos e amarelos. A trilha continua em direção ao mirante da Halema'uma'u, cruzando lavas de 1975 e 1954. Em alguns lugares, pode-se observar que a superfície da lava *pahoehoe* é irregular e forma pequenos montículos, chamados tumuli. São formados pela lava que empurra para cima a crosta do fluxo, ainda elástica. Algumas vezes a crosta se rompe e línguas de lava transbordam das rachaduras (Fig. 6.8).

Antes que a trilha chegue ao mirante da Halema'uma'u, passa próximo a cones de pedaços de lavas formados pela erupção de 1954. Essa erupção começou com uma fonte de lava majestosa no assoalho da caldeira, alcançando uma altura de 180 m. Em poucos minutos, uma fissura de cerca de 400 m de comprimento se abriu e uma cortina de fontes de lava irrompeu subitamente. A erupção durou apenas oito horas, e poucas pessoas tiveram a sorte de ver o espetáculo completo.

A trilha termina perto do mirante da Halema'uma'u, construído sobre lava de 1894. Pode-se voltar ao Volcano House seguindo a mesma trilha ou tomar outro caminho ligeiramente mais longo, a trilha Byron Ledge, que segue a borda oriental.

Museu Thomas A. Jaggar

Esse pequeno museu, considerado um dos melhores dos parques nacionais dos Estados Unidos, oferece muita informação e atrai de três a cinco mil pessoas por dia. Foi aberto em 1987 nas antigas instalações que o Observatório Vulcanológico Havaiano ocupou entre 1948 e 1986. Há sismógrafos em funcionamento como parte da exposição, que inclui ainda um modelo portátil, perto do qual os visitantes se deliciam em saltar, causando seus próprios "terremotos". Do lado artístico, há murais que retratam Pele, trabalhados pelo famoso artista havaiano Herb Kane. A loja do museu vende muitos livros e outros produtos relacionados a vulcões. O Observatório Vulcanológico fica ao lado, mas não está aberto ao público. O local onde se encontram os dois edifícios é conhecido como

Fig. 6.8 Um dos perigos das caminhadas sobre fluxos de lava do tipo havaiano é bem ilustrado aqui. Neste caso, a crosta resfriada do fluxo de lava *pahoehoe* é espessa, e a pessoa que se encontra próxima à clarabóia corre pouco perigo. As clarabóias são formadas quando o teto de um tubo de lava desmorona e deixa à mostra o material fluido incandescente que corre abaixo. Às vezes, a crosta pode ser perigosamente fina e quebrar-se sob o peso de uma pessoa

Uwekahuna, "o lugar dos sacerdotes lamuriantes". Antigamente havia um templo nesse local, onde eram oferecidos sacrifícios rituais para apaziguar Pele.

Zona de rift sudoeste

A Crater Rim Drive cruza o deserto Ka'u e a extremidade superior de uma das zonas de *rift* mais importantes do Kilauea. Lavas *pahoehoe* jovens e prateadas cobrem o terreno e cones piroclásticos pontilham o *rift*. Grandes fissuras, formadas provavelmente durante o terremoto e a erupção de 1868, podem ser vistas perto da estrada. É possível caminhar dentro das fissuras abertas e ver os afloramentos de cinza, escória e púmice dourado da violenta erupção de 1790; estes depósitos são conhecidos como cinzas Keanakako'i.

Desde que as erupções começaram a ser registradas no Havaí, a zona de *rift* sudoeste tem sido menos ativa que a zona de *rift* leste, e apenas quatro erupções históricas ocorreram ali, a última em 1971. Pode-se caminhar pela Crater Rim Trail atravessando a lava de 1971 e o deserto Ka'u, que não é um deserto de areia, mas uma área devastada por fluxos de lava e cinza fina semelhante a areia. As emanações gasosas da caldeira do Kilauea são carregadas até essa região pelos ventos predominantes, e a chuva ácida resultante dessas emanações garante que o Ka'u continuará sendo um deserto inclemente.

Mirante da cratera Halema'uma'u

Esse é, provavelmente, o ponto mais visitado do parque. O nome Halema'uma'u significa, literalmente, "casa das samambaias", denominação inusitada para um buraco estéril, muitas vezes incandescente. A história oral conta que, alguns séculos atrás, havia duas crateras na caldeira do Kilauea, uma delas cheia de samambaias. Uma violenta erupção uniu as duas crateras e presume-se que tenha destruído as plantas, mas o nome permaneceu. A Halema'uma'u tem sido a boca eruptiva principal por no mínimo 150 anos; sua última erupção data de 1982. Há uma pequena porção da lava desse ano à direita do mirante. A maior parte do assoalho da cratera é coberta por lavas de 1974, e na parede mais ao fundo destaca-se uma fissura escura produzida por essa erupção. Na parede da cratera, logo abaixo da borda, há uma marca deixada pela erupção de 1967-68, quando a lava preencheu a cratera a até 30 m da borda. Houve ocasiões no passado em que a cratera se encheu a ponto de transbordar.

Halema'uma'u é uma cratera de desmoronamento, formada quando o magma é drenado e a rocha assentada sobre ele fica sem apoio. Tem atualmente quase 1 km de largura e 83 m de profundidade. Antes da erupção de 1924, tinha a metade do diâmetro; logo após, a profundidade chegou a 350 m. Pode-se notar que na área ao redor de Halema'uma'u há milhares de blocos angulares: são fragmentos de lavas antigas cuspidos pela erupção de 1924. Embora alguns estivessem ainda quentes quando ejetados, nenhum era proveniente de magma novo. Seguindo uma pequena trilha além do mirante, pode-se ter uma melhor visão dos cones e das paredes de pedaços de lava (*spatter cones* e *spatter ramparts*) formados pelas erupções de 1954, 1975 e 1982. Há pequenas estalactites de lava, muito bonitas, penduradas em saliências. Não existem trilhas que entrem dentro da Halema'uma'u – e até mesmo os geólogos evitam descer na cratera, pois muitos havaianos ainda tratam o lar de Pele com muita reverência.

Cratera Keanakako'i ("Caverna dos Enxós")

Essa cratera, de cerca de 450 m de largura e 45 m de profundidade, é famosa porque os antigos havaianos usavam a densa rocha exposta no seu assoalho, em forma de funil, para fazer ferramentas. As erupções de 1877 e 1974 preencheram a cratera e nivelaram o fundo, mas o nome permanece.

Devastation Trail (Trilha da Devastação)

Essa pequena trilha (1 km, só de ida) passa por um reflorestamento de *ohias* (*Metrosideros polymorpha*), monitorado de perto por botânicos. A floresta original foi destruída em 1959 pela erupção do Kilauea Iki, quando imensas fontes de lava fizeram chover cinzas e fragmentos de lava. As árvores mortas, esbranquiçadas, compõem uma paisagem dramática. Ao caminhar por essa trilha, é interessante procurar pelas "lágrimas de Pele" e pelo "cabelo de Pele". As "lágrimas" são formadas por porções de lava espalhadas pelas fontes de lava que rapidamente resfriam em forma de gota. Como logo congelam no ar, as "lágrimas" são de vidro, geralmente de cor negra. Muitas gotas deixam para trás pequenos filamentos de lava que também se solidificam no ar. Trata-se dos "cabelos de Pele", e algumas "mechas" são de um marrom avermelhado impressionante. A trilha termina no mirante do cone piroclástico Pu'u Pua'i ("colina do esguicho"), sobre a cratera Kilauea Iki. O cone foi formado por fragmentos de lava que caíram das fontes da cratera Kilauea Iki na direção do vento. Ao se infiltrarem pelo Pu'u Pua'i, os gases e o vapor quente alteraram a cor das cinzas no topo do cone, tornando-as amarelas.

Tubo de lava Thurston

As lavas havaianas costumam formar grandes tubos, dos quais o Thurston é um ótimo exemplo. Durante a erupção, o tubo provavelmente se estendia por dezenas de quilômetros, mas agora se podem visitar apenas 137 m, a parte que foi preparada como atração turística. Os vulcanólogos são muitas vezes forçados a rastejar dentro dos tubos, mas os visitantes do Thurston podem ficar de pé confortavelmente, pois o teto chega a 6 m de altura. Os tubos de lava se formam porque as margens de um canal de lava se movem mais lentamente que o centro, resfriando-se e solidificando primeiro. A superfície superior exposta do canal também resfria e, com o tempo, vai também formando um teto. O tubo isola a lava, permitindo que ela percorra distâncias maiores do que se estivesse exposta. Quando a erupção termina, a lava pode ser drenada, deixando um túnel vazio, com um assoalho convenientemente plano. O tubo Thurston foi formado há cerca de 400 anos pela erupção 'Ai La'au, na zona de *rift* leste. A erupção também produziu um grande escudo de lava, cujo topo desmoronou, formando a cratera Kilauea Iki.

A trilha bem iluminada conduz o visitante 120 m pelo interior do tubo, cujo ponto de entrada é a parede de uma cratera de afundamento, e a saída, uma das clarabóias naturais. Dentro do tubo, podem-se ver muitos bancos e prateleiras de lava, que se formam quando a lava flui num nível constante, de modo a permitir o resfriamento das margens e o início da formação de um teto. É importante observar que as paredes do tubo têm uma cobertura vitrificada, típica das paredes internas de um tubo de lava.

Entre o tubo de lava Thurston e o mirante do Kilauea Iki, a trilha atravessa uma luxuriante floresta com muitas *ohias*. A *ohia* geralmente é a primeira árvore a criar raízes sobre uma nova lava, pois suas pequenas sementes são facilmente espalhadas pelo vento. Demonstra uma capacidade incomparável para sobreviver a erupções: se a árvore não for incendiada, consegue resistir ao cerco de lava. O calor da lava desencadeia na ohia um mecanismo que faz brotar raízes aéreas. É fácil reconhecer essas árvores por causa das flores vermelhas, as *lehuas*, parecidas com plumas e importante fonte de néctar para os pássaros nativos.

Mirante do Kilauea Iki ("Pequeno Kilauea")

Essa cratera tornou-se mundialmente famosa em 1959, com o início de uma das erupções mais fabulosas do Havaí. O espetáculo, que durou cinco semanas, incluía uma fonte de lava de 580 m, a mais alta já documentada no Havaí. Cascatas de lava encheram a antiga cratera até o meio, formando uma camada de 111 m de profundidade. Ainda é possível ver, sobre a parede da cratera, a marca deixada pela lava que recuou, cessada a erupção. Periodicamente se realizam estudos com base em perfurações, na tentativa de determinar a velocidade de resfriamento das lavas. O último estudo, de 1988, descobriu que ainda existe material fundido na cratera, a aproximadamente 60 m abaixo da crosta solidificada. O mirante é um local magnífico, de onde se pode fotografar a caldeira do Kilauea, tendo ao fundo a encosta suave do Mauna Loa.

Kilauea Iki Trail

A trilha (4,8 km) começa no estacionamento do tubo de lava Thurston e desce 120 m por uma floresta com grande variedade de pássaros e plantas nativos, incluindo orquídeas rasteiras. Para atravessar a cratera, caminha-se por lava ainda fumegante, desviando-se do Pu'u Pua'i no lado norte. A lava de 1959 jorrou de uma boca avermelhada na base do Pu'u Pua'i. Na extremidade oeste da cratera, pode-se observar lava *aa* repleta de grandes cristais verdes de olivina. O melhor horário de caminhada por essa trilha é de manhã bem cedo ou no final da tarde, quando as emanações de vapor da cratera estão mais visíveis.

Chain of Craters Road (Estrada da Cadeia de Crateras)

Estrada impressionante que intercepta a Crater Rim Drive entre a cratera Keanakako'i e a Devastation Trail (Trilha da Devastação), e segue por cerca de 32 km em direção à costa. Atualmente termina no ponto em que as lavas do Pu'u O'o cortam a estrada. Reserve pelo menos um dia inteiro para explorar as atrações ao longo dessa estrada, e mais de um dia se o acesso aos fluxos de lava ativos ainda for permitido (Fig. 6.9).

Logo ao sul da junção com a Crater Rim Drive, a Chain of Craters Road atravessa a zona de *rift* leste, onde a paisagem é marcada por cones de pedaços de lava, fraturas e crateras de afundamento que dão nome a essa via. Várias dessas crateras são pontos de parada. A Lua Manu ("poço do pássaro") tem cerca de 90 m de largura e 15 m de profundidade. A lava *pahoehoe* mais nova que fluiu para dentro da cratera é da erupção de 1974. A cratera Puhimau ("sempre fumegante") tem mais de 200 m de largura e 150 m de profundidade. O assoalho é coberto por pedregulhos de desmoronamentos e deslizamentos. A Ko'oko'olau é menor e mais velha que as outras e está atualmente coberta de vegetação. Seu nome vem de uma planta usada para fazer chá medicinal.

Em seguida, vem a intersecção com a Hilina Pali Road, que tem 13 km e conduz a uma área de piquenique de onde se tem uma vista espetacular da costa e da escarpa íngreme Hilina Pali ("escarpa fustigada pelo vento"). A Pali, de cerca de 518 m de altura, foi formada por um processo de falhamento e desmoronamento que ainda continua. O flanco sul do Kilauea está se quebrando ao longo de falhas e gradualmente deslizando para dentro do oceano. A razão é simples: o magma está sendo injetado ao longo das zonas de *rift* do Kilauea, mas grande parte não extravasa até a superfície, gerando pressão. De vez em quando, o flanco cede e se

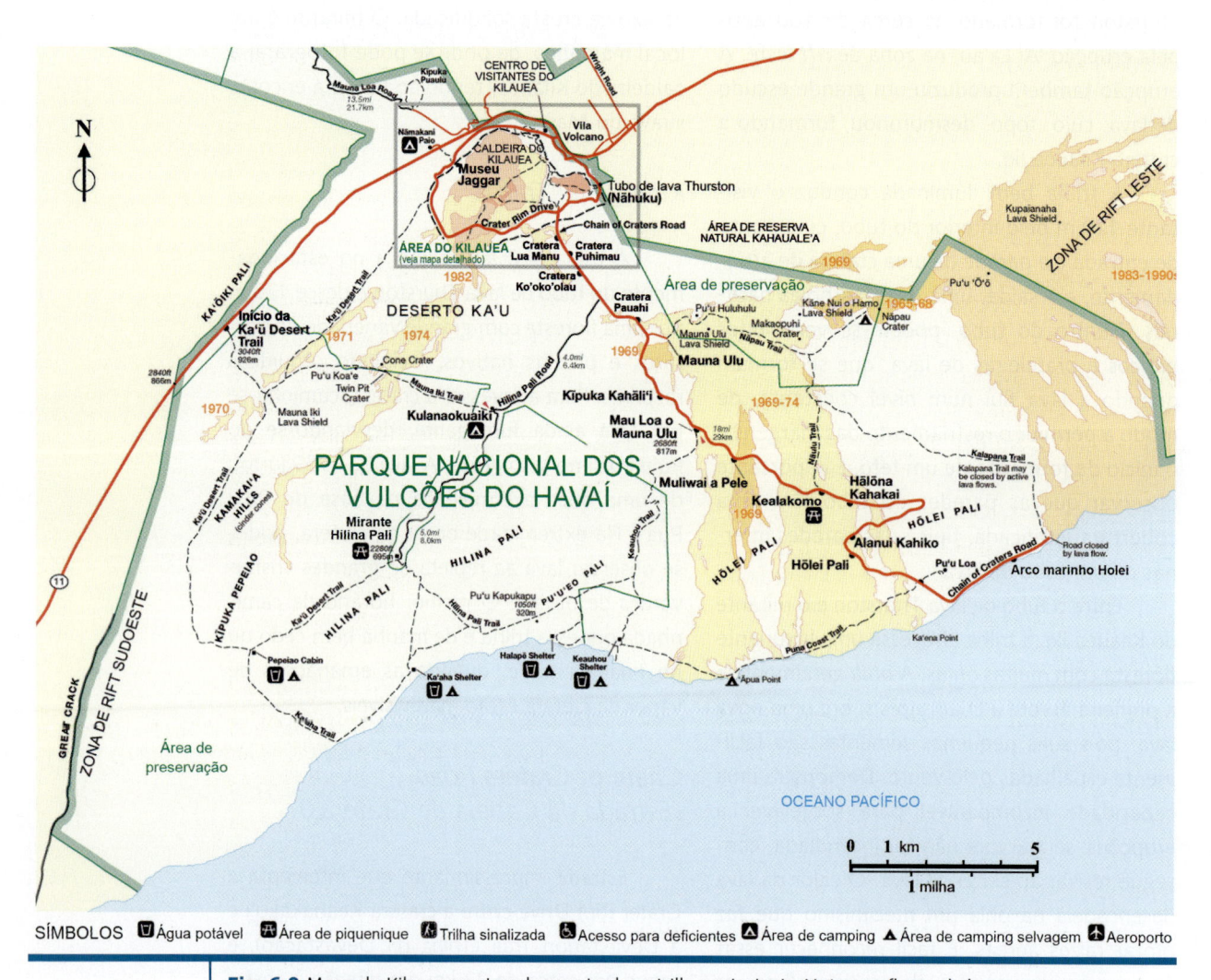

Fig. 6.9 Mapa do Kilauea mostrando as estradas e trilhas principais. Note que fluxos de lava continuam a escorrer pelos flancos do Kilauea e podem afetar a Chain of Craters Road (a estrada das crateras) e as trilhas. Verifique a condição das trilhas e estradas no serviço de atendimento do parque
Fonte: modificado de uma figura do National Park Service.

desloca na direção do oceano, aliviando a pressão. Não é de admirar que a área esteja sujeita a terremotos. Em 29 de novembro de 1975, um terremoto de magnitude 7.2 provocou uma queda do nível da costa de até 8 m em alguns lugares. O terremoto desencadeou um tsunami de 14 m de altura, matando um integrante de um grupo de escoteiros e um pescador que estavam acampando na costa.

Duas trilhas se encontram no mirante da escarpa Hilina Pali: a Ka'u Desert Trail e a íngreme Hilina Pali, que leva à costa. Quem pretende percorrer essas trilhas vai querer, provavelmente, usar um dos abrigos disponíveis para os caminhantes passarem a noite (é preciso obter uma autorização da administração do parque).

Depois da intersecção com a Hilina Pali, a Chain of Craters Road passa por duas crateras importantes: Hi'iaka e Pauahi. A Hi'iaka, que recebeu o nome da irmã mais nova de Pele, é uma cratera impressionante, de mais de 300 m de largura e 75 m de profundidade. A última erupção na área foi em 1973, quando fissuras se abriram dos dois lados da estrada e na parede sudeste da cratera, derramando lava sobre a estrada e dentro da cratera. Os visitantes rapidamente se dão conta de que a Chain of Craters Road costuma ser devastada por lavas. Do outro lado da estrada, a partir do mirante da Hi'iaka, há um pequeno caminho que cruza o fluxo de 1973. No final, há uma bela vista de uma escarpa de falha, uma parte da zona de falha Koa'e, que corta o Kilauea, ligando as zonas de *rift* sudoeste e leste. A parte do vulcão ao sul da zona de falha Koa'e está lentamente deslizando para o oceano.

A cratera Pauahi ("destruída pelo fogo"), que vem em seguida, merece ser vista principalmente em razão do tamanho e da forma: 520 m de comprimento, 100 m de profundidade e o formato de um "oito", resultado da fusão parcial de três crateras. Um lago de lava de 1973 deixou uma nítida marca na parede da cratera. A fissura eruptiva de 1973 atravessa a parede nordeste da Pauahi. Podem-se ver "os cabelos de Pele" perto da pequena trilha entre o estacionamento e o mirante. As árvores de lava são fáceis de ver. Essas estruturas bizarras são formadas pelo resfriamento rápido de lava em volta de uma árvore, criando uma sólida "pele" de lava. Quando o resto da lava continua a fluir, a pele permanece em pé como uma "árvore" de lava.

O próximo destaque ao longo da estrada – e um dos melhores – é o Mauna Ulu, um pequeno escudo de aproximadamente 100 m de altura. Cresceu devido ao empilhamento de sucessivos fluxos de lava entre 1969 e 1974, durante a segunda erupção mais longa conhecida na zona de *rift* leste do Kilauea. Os longos fluxos jorraram de várias bocas eruptivas, que depois se fundiram, formando no topo um lago de lava que durou muitos anos. Vários fluxos alcançaram o oceano, e a Ilha Grande cresceu 0,8 km^2.

Napau Crater Trail

A trilha (16 km) começa no estacionamento do Mauna Ulu e permite ver de perto esse escudo e muitos outros. É interessante percorrer ao menos a primeira parte da trilha (0,6 km), que leva ao lado norte do Mauna Ulu e ao topo do Pu'u Huluhulu ("morro emaranhado"), um cone de pedaços de lava que tem 60 m de altura e 400 anos de idade. Próximo ao sopé do Pu'u Huluhulu, a trilha cruza lavas pahoehoe do Mauna Ulu, que tem numerosos moldes de árvores. A subida ao topo do Pu'u Huluhulu é recompensada por uma visão panorâmica da zona de rift leste, do Mauna Loa e, a leste, do cone do Pu'u O'o. A meia distância entre o Mauna Ulu e o Pu'u O'o encontra-se um escudo de lava de aproximadamente 600 anos, atualmente coberto de vegetação, denominado Kane Nui o Hamo (um nome antigo, de significado desconhecido).

O desmoronamento do flanco oeste do escudo deu origem à cratera de desmoronamento Makaopuhi ("olho da enguia"), a maior da zona de *rift* leste. Antes de 1965, havia uma cratera dupla; o poço oriental tinha cerca de 300 m de profundidade, mas foi quase todo preenchido por lavas de 1965 e 1972-73, que derramaram apenas um pequeno volume no poço ocidental. A trilha continua pela encosta oriental da Kane Nui o Hamo e por uma floresta de samambaias. Atravessa ainda mais lava; um dos fluxos da gigantesca erupção de 1840 pode ser visto na parte sul da trilha, assim como, no lado norte, os de 1965, 1968 e 1969.

A trilha chega ao fim na cratera Napau ("fim da linha"), um poço de cerca de 1 km de diâmetro. Foi preenchido por grandes volumes de lava, as mais recentes provindas dos primeiros episódios da erupção do Pu'u O'o. A erupção começou em 1983 nessa cratera e, em janeiro de 1987, a atividade voltou ao mesmo ponto, marcando o início do 54° episódio da erupção.

De volta à Chain of Craters Road, há vários mirantes que valem a pena, em razão dos belos panoramas que se abrem a partir do Mauna Ulu. O primeiro é denominado Muliwai a Pele ("rio de Pele"), de onde se pode avistar claramente um canal em um fluxo de 1974 do Mauna Ulu. Kealakomo ("o caminho de entrada") e Halona Kahakai ("mirante da costa") oferecem vistas panorâmicas do Mauna Ulu e seus longos fluxos de lava, e também do flanco sul do Kilauea, que está em processo de desmoronamento. Kealakomo tem uma área de piquenique e é um ótimo lugar para uma pausa. Do outro lado da estrada, começa a Naulu Trail, trilha que sobe a cratera Makaopuhi, também acessível pela Napau Trail, como descrito anteriormente.

Olhando para baixo, em direção à costa, é possível notar o número de "degraus" na topografia. Antes do próximo mirante, a trilha cruza extensos fluxos de *pahoehoe* e *aa* do Mauna Ulu, antes de descer a Holei Pali ("escarpa da árvore *holei*"), uma escarpa íngreme de 460 m de altura. Do mirante seguinte, Alanui Kahiko ("estrada antiga"), pode-se ver parte da antiga Chain of Craters Road por entre "dedos" das lavas de 1972 do Mauna Ulu. Praticamente 20 km da antiga estrada foram enterrados pela erupção, em alguns pontos a uma profundidade de quase 100 m. O mirante Holei Pali oferece uma boa visão do ponto onde as lavas do Mauna Ulu se derramavam por sobre a escarpa. As lavas cobriram a face da escarpa, e a mudança de textura da *pahoehoe*, ao descer o declive íngreme e tornar-se "disforme", fica bem evidente. Notáveis *kipukas* verdes (ilhas de vegetação) se destacam no meio da lava negra.

Pu'u Loa Petroglyphs Trail (Trilha dos Petróglifos Pu'u Loa)

Essa pequena trilha (1,6 km) começa numa área de estacionamento que leva a um dos melhores sítios petroglíficos do Havaí. Os petróglifos são desenhos geométricos entalhados em blocos de lava, representando grande variedade de temas, inclusive figuras humanas. O significado da maioria é desconhecido, mas é provável que tenham fundo religioso. Podem-se também observar centenas de pequenos furos feitos nas rochas, que serviam de receptáculos para os cordões umbilicais; acreditava-se que isso garantiria vida longa para a criança. A trilha Pu'u Loa ("colina comprida") faz parte da antiga trilha que ligava Puna a Ka'u, e ainda pode ser seguida até a junção com a Ka'u Desert Trail.

Arco marinho Holei

Uma pequena caminhada em direção ao mar leva ao mirante desse belo arco de lava, escavado pela ação das ondas.

O fim da estrada

A Chain of Craters Road está atualmente bloqueada perto de onde havia sido encoberta pelas lavas do Pu'u O'o. Se a erupção ainda estiver ocorrendo, talvez seja possível andar até algum ponto de observação determinado para ver as lavas ativas. Se a atividade já tiver cessado, pode-se pelo menos caminhar sobre o mais novo pedaço do território dos Estados Unidos.

Visita em período de atividade

A oportunidade de ver a atividade vulcânica é um extraordinário atrativo para os visitantes do Havaí, e o serviço de atendimento do parque faz o máximo para não desapontá-los. Abrem-se trilhas para permitir a observação a uma distância segura, e o centro de visitantes está sempre pronto para dar informações sobre os melhores lugares de onde ver a erupção. Os aventureiros de verdade podem achar restritiva essa "observação controlada de vulcões", mas é preciso ter o cuidado de não entrar em zonas interditadas; há risco de prisão. Contaram-me sobre dois estudantes de vulcanologia que foram presos enquanto faziam trabalho de campo sem autorização oficial. Logo foram soltos, mas tomaram conhecimento de que a polícia local estava especialmente atenta a saqueadores que agiam em Kalapana, cidade que fora evacuada. Logo após esse incidente, visitei a parte ativa do fluxo em companhia de membros do Observatório Vulcanológico. Dois policiais acharam suspeito meu carro alugado, estacionado perto da área ativa.

Para minha grande surpresa, os policiais andaram sobre o fluxo quente para verificar se o motorista do carro tinha realmente permissão para estar ali. A polícia local e os guardas do parque podem às vezes parecer exageradamente cuidadosos, mas é preciso entendê-los; afinal, nenhum vulcão ativo do mundo atrai tantos visitantes quanto o Kilauea. A maioria das pessoas não têm idéia dos perigos de um vulcão e poderiam sofrer ferimentos sérios se não houvesse restrições. A polícia da ilha e os guardas do parque realmente tentam fazer o máximo para ajudar o turismo e a informação sobre vulcões. Durante a erupção do Pu'u O'o, as crianças das escolas eram trazidas em ônibus para ver os fluxos de lava e, quando a lava chegou perto da cidade de Kapoho, a polícia passou a escoltar comboios de carros para dentro e fora da cidade a cada 15 minutos. Durante a erupção da Kilauea Iki, o parque preparou um mirante a uma distância segura para que os espectadores pudessem ter uma visão inesquecível das fontes de lava. Só essa erupção atraiu cerca de 175 mil visitantes.

No momento em que escrevo, a erupção do Pu'u O'o se mantém forte e as lavas continuam a fluir em direção à costa sul. Os visitantes costumam ser autorizados a caminhar pelo campo de lava no final da Chain of Craters Road. É aconselhável seguir as placas de sinalização colocadas pelo parque, usar botas e calças compridas e carregar bastante água; no caso de quem planeja fazer o caminho de volta depois do anoitecer, carregar lanterna e pilhas. Vale lembrar que a nova linha costeira é muitas vezes instável e há sinais alertando para o risco de desmoronamento. Para os menos aventureiros, passeios de helicóptero ou pequenos aviões são uma opção.

Se a área de atividade estiver fora do parque nacional, ainda assim vale verificar no centro de visitantes as condições da atividade vulcânica, embora seja pouco provável que encorajem a visita a uma área ativa fora das fronteiras do parque. Os residentes locais podem ser ótimas fontes de informação nessas circunstâncias e, se o visitante tem condições, vale a pena alugar um helicóptero para sobrevoar a área ativa, de preferência levando um mapa para orientação (Fig. 6.10). Desse modo é possível ter uma boa idéia do tipo de atividade e quais são as rotas para dentro e fora da área; talvez dê até para ver caminhantes. Além disso, os pilotos de helicóptero costumam ser ótimas fontes de informação.

A decisão de se aproximar de uma área ativa é pessoal e depende das circunstâncias. Leia as recomendações no Cap. 4 e use o bom senso. O Kilauea é um vulcão relativamente seguro de observar quando em erupção, como atestam as poucas mortes, apesar do turismo intenso. A pior tragédia aconteceu em 1790, quando uma erupção matou cerca de 80 guerreiros havaianos. Conta-se que os guerreiros foram envolvidos pelas emanações gasosas ao cruzar o deserto Ka'u, mas é mais provável que tenham sufocado por causa da pesada chuva de cinzas. Um ponto de parada interessante ao longo da Hawaii Belt Road, que desce para o sudoeste a partir da caldeira do Kilauea, são as "Footprints", isto é, "pegadas". Pensa-se que as pegadas preservadas na cinza solidificada de 1790 tenham sido deixadas por alguns dos guerreiros que fugiam. No entanto, como as pegadas não parecem ter sido feitas por alguém que estivesse correndo, datam provavelmente do período pós-erupção.

Em 1992, uma mulher de 24 anos morreu no Kilauea, mas a tragédia não envolveu magma ativo. Ela e um amigo estavam sentados na borda de uma chaminé quando um jato particularmente quente os fez perder o equilíbrio e cair dentro do buraco, de menos de 1 m de largura. Seu companheiro conseguiu subir e sair, mas a mulher caiu 6 m abaixo e foi escaldada pelo calor. As mortes resultantes de quedas em chaminés naturais de vapor não são incomuns em áreas vulcânicas e mostram que os maiores perigos nem sempre são os óbvios. Um turista

Fig. 6.10 Este fluxo de lava da erupção do Pu'u O'o, no Havaí, mostra como os guias e mapas de vulcões ativos podem ficar rapidamente ultrapassados. O fluxo de lava não respeita as placas de sinalização, embora este esteja abaixo do limite de velocidade. As estradas no Parque Nacional Kilauea foram muitas vezes cobertas por fluxos de lava

desafortunado morreu durante a erupção do Pu'u O'o, quando uma plataforma de lava (*lava bench*) próxima ao oceano desabou.

Fotografar vulcões

Uma das maiores alegrias que se pode ter ao visitar o Kilauea em atividade é poder capturar as erupções em fotografia. As recomendações gerais são idênticas às dos outros vulcões, mas aí muitas vezes é possível chegar mais perto de uma boca ativa ou de um fluxo, mais do que seria sensato em outros vulcões. Há inúmeros livros e cartões-postais mostrando fotos espetaculares das erupções do Kilauea que servem de inspiração (Fig. 6.11). Talvez seja possível fotografar a lava entrando no mar, os lagos de lava parcialmente cobertos por uma crosta e, com muita sorte, fontes de lava. Uma lente telescópica é essencial para captar detalhes de como os desenhos maravilhosos são criados pela lava ao se derramar no oceano.

É preciso ter cuidado com o equipamento, pois a lava por onde se anda pode estar ainda quente na superfície, e colocar a máquina fotográfica no chão pode não ser uma boa idéia. Mesmo um tripé pode ter os pés queimados se deixado no mesmo local por muito tempo. Procure movimentar-se ao sentir cheiro de borracha queimada vindo das botas. Nas proximidades do oceano, é importante ficar alerta às gotículas ácidas que saem da fumaça. Em qualquer lugar pode haver cinzas ou "cabelos de Pele" carregados pelo vento; portanto, proteja o equipamento o máximo possível e limpe tudo no final do dia.

Outras atrações locais

Diamond Head, Oahu

Quem vai visitar o Kilauea, vindo de fora das ilhas havaianas, muito provavelmente vai chegar de avião via Honolulu, na ilha de Oahu.

Conhecida como o "ponto de encontro", Oahu recebe muitos visitantes, mas não vê uma erupção vulcânica há pelo menos 6 mil anos. Uma das feições vulcânicas mais notáveis é a Le'ahi, mais conhecida como Diamond Head ("cabeça de diamante"). Outro marco vulcânico é o Punchbowl, local de um famoso cemitério militar. As duas são cones de tufo formados durante o último estágio da atividade do vulcão Ko'olau, que forma a parte oriental de Oahu. Foram formados por violentas erupções freatomagmáticas, provavelmente causadas pelo contato do magma ascendente com o lençol freático. Os cones de tufo têm uma forma característica, parecida com um pires, e o Diamond Head é um exemplo extraordinário de cone. A maior parte das cinzas basálticas vítreas do cone se transformaram em palagonita. O tufo também contém fragmentos de coral, arrancados do recife subjacente, e cristais de calcita, que os marinheiros britânicos pensavam ser diamantes – razão do nome implausível. É fácil visitá-lo, pois a estrada leva diretamente ao cone. Chegando ao estacionamento, basta seguir a trilha que sobe o flanco ocidental até aproximadamente 170 m de altura. A trilha passa por um longo túnel escuro; por isso, aconselha-se levar lanterna. A vista do topo é espetacular e vale a curta escalada.

MAUNA LOA

O vulcão

O Mauna Loa é o maior vulcão ativo do mundo e, embora poucas pessoas o saibam, é também a maior montanha da Terra. Sua altitude é de 9 km acima do assoalho oceânico e 4.169 m acima do nível do mar. O volume colossal da montanha faz outros vulcões parecerem anões – poderíamos colocar 125 imponentes monte Shasta, de picos nevados (na Califórnia), dentro do Mauna Loa.

A massa descomunal do vulcão foi sendo formada vagarosamente por milhares de fluxos de lava, de espessura raramente superior a 3 m, empilhando-se uns sobre os outros. De fluxo em fluxo, o vulcão cresceu o suficiente para tornar-se um poderoso escudo havaiano de forma típica, com uma caldeira impressionante

Fig. 6.11 Erupções de estilo havaiano são as mais espetaculares e fotogênicas, como ilustra a imagem noturna de uma fonte de lava durante a erupção do Pu'u O'o. As fontes de lava podem alcançar facilmente dezenas de metros e, o que é melhor ainda, podem ser muitas vezes observadas em segurança; apenas mantenha distância dos fragmentos que caem e fique alerta a outros riscos potenciais, como fluxos de lava

no topo e cortado por zonas de *rift*. A caldeira recebeu um nome peculiar, Moku'aweoweo, que significa "pedaço do peixe aweoweo", provavelmente em razão de o vermelho do peixe ser parecido com a cor da lava cintilante. Ao final de uma penosa subida, a caldeira é uma verdadeira recompensa – cerca de 5 km de comprimento por 2,4 km de largura; a forma alongada é destacada por paredes abruptas de até 180 m de altura. No entanto, a maioria das lavas desse vulcão derramadas nos últimos 150 anos não vem daí, e sim de bocas localizadas ao longo das duas zonas de *rift* principais que descem os flancos. Um dos *rifts* se estende da caldeira para o sudoeste, na direção da ponta sul da ilha, e o outro para o nordeste, em direção à cidade de Hilo. Uma zona de *rift* bem menos proeminente se estende para o norte, rumo ao Humuula Saddle, localizado entre o Mauna Loa e seu vizinho gigante Mauna Kea (Fig. 6.12).

O Mauna Loa é um dos vulcões mais ativos do mundo: entrou em erupção 39 vezes nos últimos 150 anos. As erupções são muitas vezes espetaculares e podem produzir grandes volumes de lava por erupção, geralmente mais do que seu vizinho de atividade mais freqüente, o Kilauea. Acredita-se que a câmara magmática que alimenta o Mauna Loa seja muito maior do que a que se encontra sob o Kilauea. O Mauna Loa tem tanto erupções de flanco quanto de topo, e há um padrão geral de erupções de flanco que acontecem num espaço de três anos após as erupções de topo, mas o intervalo entre uma erupção de flanco e a próxima de topo é maior.

Até este momento, a última erupção do Mauna Loa foi de flanco, em 1984. Durou apenas 21 dias, mas preocupou seriamente os habitantes de Hilo, quando perceberam que a lava estava avançando em direção à cidade. Foi a sétima vez, desde que o Havaí foi colonizado, que Pele ameaçou destruir Hilo, e temos certeza de que não será a última.

O Mauna Loa é o vulcão potencialmente mais destrutivo do Havaí, porque pode verter longos fluxos de lava; alguns chegaram a mais de 40 km (Fig. 6.13). Infelizmente para seus habitantes, Hilo está localizada bem sobre o caminho dos fluxos provenientes do *rift* nordeste. A cidade escapou por pouco da destruição durante a grande erupção de 1880-81. Em 1935, quando outra erupção lançou um fluxo

Fig. 6.12 Vista aérea da Moku'aweoweo, a caldeira no topo do Mauna Loa. O vulcão de cume nevado que se avista ao longe é o Mauna Kea

na direção de Hilo, o governador do Havaí decidiu tentar um procedimento inédito e ousado para desviar o curso da lava: entrar literalmente em guerra contra o vulcão. Isso não foi feito por incitação dos militares, mas de Thomas A. Jaggar, diretor do Observatório Vulcanológico Havaiano. Uma esquadrilha de bombardeiros da Marinha Americana despejou 2.750 kg de explosivos sobre o fluxo, explodindo um tubo de lava e abrindo novos caminhos para a lava fluir.

Os resultados, no entanto, são discutíveis, porque logo após o bombardeio, a erupção parou por si só. Sete anos mais tarde, a manobra foi repetida quando outro fluxo de lava ameaçou a cidade. Dessa vez, tudo, inclusive a erupção, teve que permanecer em segredo por causa da Segunda Guerra Mundial. O Havaí, um alvo preferencial dos japoneses, estava em blecaute, e uma erupção havaiana pode ser mais visível que um farol. O segredo não funcionou, já que a famosa "Tokyo Rose" enviou congratulações ao Havaí por sua bela erupção, dois dias depois do início.

A Marinha entrou em guerra com a lava, jogando bombas na margem endurecida do fluxo, numa tentativa de formar uma abertura. Embora o ataque tenha sido bem sucedido, o novo fluxo seguiu paralelamente ao antigo, derrotando o exercício militar. Hilo, no entanto, teve sorte mais uma vez, pois o fluxo nunca alcançou a cidade.

A erupção de 1984 também ameaçou Hilo, mas dessa vez não cogitaram nenhum desvio. É claro que a lava desviada do seu curso vai para outra direção; talvez em direção a outra cidade, vilarejo ou fazenda. Atualmente nem vale a pena pensar nas conseqüências legais do desvio de lava nos Estados Unidos, e é improvável que as táticas visionárias, e um tanto questionáveis, de Jaggar sejam algum dia tentadas no Havaí. Hilo, como qualquer outro lugar na ilha, está inteiramente à mercê de Pele.

A fabulosa erupção de 1880-81

Na noite em que a erupção começou, os moradores de Hilo notaram um "clarão avermelhado" sobre o Mauna Loa, e a lava "esguichava em direção ao céu como um chafariz de fogo". Era o dia 5 de novembro de 1880, início de um longo período de agonia para os moradores de Hilo. A lava começou a verter de uma boca de fissura a uma altitude de cerca de

Fig. 6.13 Imagem do Mauna Loa feita pelo Shuttle Imaging Radar (SIR-C) mostra claramente a cratera no topo, as zonas de rift (em laranja) e muitos fluxos de lava irradiando das zonas de rift. As diferentes cores dos fluxos de lava são causadas pela aspereza da superfície. Fluxos mais lisos (pahoehoe) aparecem em vermelho, ao passo que fluxos mais ásperos (aa) são mostrados em amarelo e branco. A área azul embaixo, à esquerda da imagem, representa o South Kana District, conhecido pelo cultivo de macadâmia e café. A área mostrada é de aproximadamente 41,5 x 75 km

3.380 m, e o primeiro fluxo desceu em direção ao Mauna Kea, correndo pelo lado norte de um cone proeminente conhecido como Red Hill (Colina Vermelha). Logo em seguida, um segundo fluxo emergiu da mesma fissura, um pouco mais abaixo, e correu para sudeste. Foi, porém, o terceiro, expelido de uma parte ainda mais abaixo da mesma fissura, que se mostrou verdadeiramente sinistro, avançando em direção a Hilo.

Nervosos, os moradores pediram ajuda às autoridades de Honolulu, mas estas tinham outro problema para enfrentar. Oahu fora atingida por uma epidemia de varíola e estava sob rígida quarentena. Após algumas considerações, o Inspetor Geral do Reino do Havaí, professor W. D. Alexander, teve permissão para deixar Oahu e ir até Hilo, a fim de "verificar o que Madame Pele estava aprontando naquele lado da ilha". O professor chegou a Hilo no final de novembro e, nessa altura, o fluxo de lava *aa* já estava a 32 km da cidade. Ele foi ver o fluxo de perto, guiado pelo juiz D. H. Hitchcock, montanhista sagaz e observador de vulcões, cujo filho acabou se tornando famoso por suas pinturas de vulcões havaianos. A visita do professor à Ilha Grande foi curta porque o fluxo aparentemente tinha cessado. Pensando que a erupção havia acabado, ele voltou para Oahu.

No entanto, Madame Pele estava longe de terminar seu trabalho. Não demorou muito para que a lava *pahoehoe* se derramasse da mesma boca eruptiva e fluísse sobre a lava anterior, rumando em direção a Hilo. Durante meses, a *pahoehoe* avançou lentamente, menos de 1 km por mês, em média, mas não parou. Por volta do dia 30 de junho, o fluxo encontrava-se a apenas uns 8 km de Hilo e tinha quase 1,5 km de largura. Logo a situação piorou, pois a frente do fluxo concentrou-se em uma largura de cerca de 400 m e sua velocidade aumentou muito. Por volta desse período, a quarentena em Oahu foi suspensa e um dos seus habitantes mais frustrados pôde, enfim, ir até a Ilha Grande.

E. D. Baldwin era um jovem pesquisador e engenheiro civil que trabalhava para o governo havaiano. A maior parte do que sabemos sobre ele vem de seu diário, onde escreveu um relato vibrante dos últimos estágios da erupção. Baldwin e muitos colegas chegaram a Hilo em 12 de julho, quando a lava se encontrava a apenas 5 km da cidade. Acampado com os colegas perto do fluxo ativo, Baldwin registrou metodicamente o progresso da erupção e o cotidiano do grupo durante esse emocionante período. "Um fluxo de lava viva era novidade para nós e não ousávamos nos aproximar", ele escreveu. "Isso nos divertiu muito logo depois, pois vivemos praticamente sobre o fluxo durante duas semanas." A página relativa ao dia 15 diz: "... o fluxo cruzou o riacho Alenaio e formou um dique e um reservatório naturais, onde podíamos desfrutar de qualquer tipo de banho, de frio a escaldante. Cozinhávamos todas as refeições no fluxo de lava. Encontramos um ponto onde a lava escoava lentamente em um pequeno trecho e ali colocamos nossas panelas e fritávamos nossas panquecas. De vez em quando, a frigideira saía flutuando sobre a lava". Certa vez, quando Baldwin e seus amigos exploravam a região, encontraram o caminho de volta ao acampamento coberto de lava recém-assentada. "Após testarmos a língua de lava nova jogando pedras pesadas", escreveu, "lançamo-nos sobre ela com um mínimo de passos possível, apenas chamuscando levemente nossos sapatos".

No dia 20 de julho, Baldwin e seus companheiros tinham que voltar ao trabalho em Honolulu. O fluxo estava então a apenas 2,5 km de Hilo e mais próximo ainda da plantação e do moinho de açúcar Waiakea. Ao andar na direção da cidade, avistaram a princesa havaiana Ruth e suas servas, todas enfeitadas com bandanas vermelhas, cantando à beira do fluxo de lava.

A princesa Ruth (Luka) Ke' elikolani, uma das últimas descendentes de Kamehameha, o Grande, é uma das personagens mais coloridas da história havaiana. Mulher imponente, bastante alta, era anticristã fervorosa e ferozmente devotada aos costumes havaianos. Diziam que fora muito bonita na juventude, mas alguma cirurgia necessária e, pior ainda, uma briga com o segundo marido, deixaram seu nariz permanentemente desfigurado. À medida que envelhecia, tornava-se mais pesada e, por volta de 1881, aos 55 anos, pesava mais de 180 kg. A princesa decidiu responder a um pedido de ajuda de seu povo e fez a viagem de Oahu até Hilo com o propósito de suplicar a Pele que detivesse a lava. O percurso até Hilo foi muito difícil. Quando o navio chegou em Kailua, dizem que foi necessário usar equipamento para gado a fim de desembarcá-la. Quando ela subiu na carruagem que a esperava, o eixo quebrou-se.

Finalmente, com seu séquito ajudando o cavalo, a princesa chegou a Hilo e foi para sua casa. Nos dias seguintes, a lava continuou avançando em direção à cidade. Quando o fluxo estava a uma distância de cerca de 1 km de Hilo e a situação parecia desesperadora, a princesa mandou Oliver Kawailahaole Stillman, seu contador, comprar a maior quantidade possível de lenços vermelhos e uma garrafa da bebida preferida de Pele: *brandy* (parece que depois ela passou a preferir gim). A princesa e seu séquito foram então para a borda do fluxo crepitante, onde ela cantou e ofereceu a Pele os lenços vermelhos. Depois, em um gesto dramático, jogou a garrafa na lava quente. Quando o *brandy* pegou fogo, a princesa sentiu que cumprira sua missão e ordenou que todos fossem até as barracas montadas nas proximidades para um suntuoso jantar de porco assado. No dia seguinte, o fluxo parecia ter cessado.

A princesa retornou a Honolulu e foi saudada como heroína por seu povo. É interessante o fato de não haver relatos jornalísticos da proeza. Naquela época, a imprensa local era controlada por cristãos que preferiam ignorar esse evento potencialmente embaraçoso. A história só sobreviveu por meio da tradição oral e de alguns poucos livros contemporâneos. Baldwin mencionou no seu diário que os nativos acreditavam que a princesa tinha feito a lava parar.

Na realidade, o fluxo não havia cessado, embora tenha ficado muito mais lento. A lava voltou a se arrastar vagarosamente por alguns dias depois da partida da princesa. As pessoas da fazenda Waiakea começaram a construir um muro de pedras no caminho do fluxo, esperando proteger o moinho. Um engenheiro civil de Hilo, W. R. Lawrence, enviado pelo governador para ajudar a salvar a cidade, surgiu com um plano para desviar a lava. Naquele momento, a lava acompanhava o leito do rio Alenaio; assim, a recomendação de Lawrence era que construíssemos uma barragem na ravina no lado de Hilo. De volta a Honolulu, Baldwin passou a encomendar mil picaretas, pás e outras ferramentas. No entanto, o plano nunca foi executado porque a lava parou no dia 9 de agosto – data suficientemente próxima da visita da princesa para que o folclore a visse como a salvadora de Hilo.

Uma visão pessoal: expedição ao fluxo de enxofre

Por volta de 1950, um evento inusitado aconteceu na parte alta da zona de *rift* sudoeste. Na época, ninguém havia visto ou ouvido falar de depósitos de enxofre desse tipo. Antigos depósitos acumulados nas encostas de cones de materiais piroclásticos e pedaços de lava haviam derretido com a passagem de um fluxo de lava, e o enxofre fluíra pelo cone de declive abrupto até uma curta distância. Disso resultou um depósito em forma de leque, amarelo brilhante, de aproximadamente 27 m de comprimento. Esse evento vulcânico de pequena amplitude seria considerado insignificante não fossem dois fatores: primeiro, fluxos de enxofre são muito raros na Terra; segundo, é provável que existam fluxos de enxofre na superfície de Io, uma lua de Júpiter. Geólogos planetários como eu tentam encontrar na Terra formações semelhantes às que vemos em outros planetas. A isso denominamos "contrapartida terrestre", e a idéia é que, se conhecermos como tais formações se dão na Terra, podemos extrapolar os mecanismos para outros planetas, levando-se em conta as diferenças de gravidade e outras no ambiente. Os geólogos planetários ficaram particularmente interessados em fluxos de enxofre depois de 1979, quando as imagens da nave Voyager mostraram que poderiam estar se formando em Io.

Em 1983, três geólogos planetários da Universidade Estadual do Arizona subiram de helicóptero até o cone de enxofre. Antes dessa visita, o fluxo de enxofre do Mauna Loa fora descrito apenas uma vez, em 1970, em um artigo de duas páginas em uma obscura publicação científica. O autor, um certo B. J. Skinner, da Universidade Yale, havia visitado o local em julho de 1967. Ele escreveu que o cone de enxofre tinha sido mapeado e nomeado em 1921 por E. G. Wingate, um engenheiro topográfico do USGS. Skinner conseguiu contatá-lo e foi informado de que não havia nenhum sinal de fluxo de enxofre em 1921. Skinner então concluiu que o fluxo se formara em 1950, quando uma erupção causou o aquecimento local da área do cone de enxofre, fazendo com que se derretesse e fluísse pela encosta. O grupo do Arizona concordou com essa interpretação e imaginou que os fluxos em Io possam ter se formado da mesma maneira.

Em 1993, decidi ver o fluxo de enxofre por mim mesma (Fig. 6.14). Contatei colegas da Universidade do Havaí para organizar uma pequena expedição. Inicialmente, pensamos fazer uma caminhada até o cone; o problema era encontrar uma rota viável. Sabíamos que o grupo do Arizona havia alugado um helicóptero porque não sabiam se era possível caminhar até lá. Três outros colegas tinham tentado fazer essa caminhada, mas foram forçados a voltar depois de uma tentativa de cruzar um campo da perigosa lava *shelly*, que cedeu sob seus pés. Logo descobri que nenhuma das pessoas com quem falávamos sabia exatamente como chegar ao cone de enxofre a pé – nem mesmo Jack Lockwood, famoso vulcanólogo, também conhecido como "Mister Mauna Loa". O conhecimento que Jack tinha do vulcão era realmente notável, mas ele nunca estivera no cone. Tínhamos certeza de que houve mudanças nos flancos superiores do Mauna Loa desde a época em que Wingate e Skinner o visitaram, e a rota usada por eles podia ter sido interrompida por lavas mais recentes. Fiquei muito desapontada ao desistir da trilha, mas, para ter certeza de que chegaríamos ao cone de enxofre, decidimos pegar o meio mais fácil.

Meu colega Scott Rowland, um vulcanólogo da Universidade do Havaí, assumiu a frente da nossa pequena expedição e tomou todas as providências locais, inclusive alugar um helicóptero. Tínhamos que viajar dois de cada vez, para que o helicóptero conseguisse atingir altitudes acima de 3.000 m. Para minha surpresa, Scott também teve que obter permissão dos proprietários – o cone de enxofre encontra-se em uma propriedade particular. A invasão não é tolerada no Havaí, e conheço ao menos um vulcanólogo processado por entrar em terreno particular. Mesmo quando se vai a locais remotos acima de 3.000 m, não vale a pena correr o risco.

Encontramos o piloto no Observatório Meteorológico do Mauna Loa bem cedo e fomos levados, de dois em dois, até as encostas estéreis do vulcão. Foi realmente um vôo espetacular. Vistos de cima, os campos de lava amarronzados pareciam enganosamente acessíveis a pé. Após o que pareceram apenas poucos minutos, descemos em um trecho plano de terreno esbranquiçado, a cerca de 1 km do cone de enxofre. A paisagem era extraordinariamente bela – depósitos de enxofre brancos e

Fig.6.14 O fluxo de enxofre do Mauna Loa é um raro exemplo desse tipo de fluxo na Terra. O acesso só é possível de helicóptero, em razão das condições inóspitas na parte alta das encostas do vulcão. A autora (de chapéu) e alguns colegas aí estiveram em 1993; a autora retornou em 2000

amarelos cobriam o chão, havia vapor saindo de fumarolas, fissuras sinistras lembravam-nos que devíamos ter cuidado. Os depósitos eram friáveis e andávamos lentamente, parando aqui e ali para fotografar raras formações de cristal de enxofre. O cone surgiu a distância; sua cobertura branca e amarela contrastava com o céu azul profundo. Estávamos sozinhos num raio de muitos quilômetros, num lugar onde poucos haviam ido.

O que mais impressiona no fluxo de enxofre é a cor amarelo-clara, brilhante e uniforme. É composto de enxofre quase puro; na realidade, a análise de uma amostra acusou 99% de enxofre. Muitas amostras de enxofre de vulcões contêm impurezas que afetam a cor, as quais variam de amarelo baço a verde e marrom cor de lama. O Mauna Loa conseguiu produzir um exemplar excepcionalmente "limpo". A viagem acabou virando apenas uma visita de reconhecimento, pois as margens dos flancos onde eu contava fazer algumas medições estavam muito erodidas para produzir dados confiáveis.

Voltei ao fluxo de enxofre em 2000, para a filmagem de um documentário de televisão, *Planet Storm*. Um helicóptero nos carregou novamente, dois de cada vez, a partir do observatório. Um dos sentimentos mais agradavelmente apavorantes que tive foi com meu colega Bill Smythe, esperando pela volta do helicóptero que iria nos puxar da montanha. Éramos as últimas pessoas a voltar no final da filmagem e imaginávamos o que faríamos se o helicóptero não voltasse. Estávamos literalmente no meio do nada, sem rota de volta conhecida. Bill brincou comigo dizendo que sempre o levo para os lugares mais incríveis.

Ainda sinto um desejo renitente de encontrar uma rota para caminhar até o cone de enxofre. Ao mesmo tempo, fico feliz que não haja acesso fácil. As formações sulfurosas são extremamente frágeis e seriam provavelmente destruídas se o local se tornasse popular. Acima de tudo, é bom saber que o Mauna Loa ainda tem lugares remotos e indomados, de onde a beleza solitária do vulcão pode ser apreciada em toda a sua plenitude (Fig. 6.15).

Fig. 6.15 Fontes de lava vertendo de fissuras durante a erupção do Mauna Loa em 1984. Este é um início típico e grandioso das erupções do vulcão

J. D. Griggs, US Geological Survey

Visita em período de repouso

A subida até o topo

Numa ilha onde tantos atrativos da natureza são acessíveis de carro, entre os quais a cratera do Kilauea, a localização remota do Mauna Loa traz uma sensação de fato revigorante. Relativamente poucas pessoas empreendem a dura jornada até o topo, mas a maioria dos que conseguem fica imaginando quem teria sido a primeira pessoa a chegar lá. Só conhecemos a história da ascensão ao Mauna Loa realizada pelos ocidentais, deixando sem resposta a dúvida se os havaianos nativos o teriam escalado antes da chegada do Capitão Cook. É possível que não, simplesmente porque poderiam ter considerado essa viagem desnecessária e temerária, no que concordam a maioria dos visitantes atuais do Havaí. Quem discorda sente-se profundamente recompensado ao chegar ao alto – lugar onde a gente se sente no topo do mundo.

Um pouco de história

A primeira tentativa conhecida de escalar o Mauna Loa aconteceu durante a última viagem do Capitão Cook, na qual ele lançou âncora na Baía Kealakekua. John Ledyard, um cabo dos fuzileiros navais a bordo do navio de Cook, o Resolution, escreveu um livro em que descreve sua tentativa de subir a montanha. Diz Ledyard que o grupo era composto por ele e três outros da tripulação, entre os quais David Nelson, o botânico da expedição que "obteve grande sucesso" na coleta de espécimes vegetais. Muitos havaianos foram com eles, mas parece que se recusaram a carregar qualquer coisa e se cansaram antes dos ocidentais. A vegetação impenetrável e a lava áspera bloqueavam a rota que tentavam seguir e, dois dias depois, Ledyard e seu grupo foram forçados a desistir.

Dezesseis anos mais tarde, o naturalista, botânico e cirurgião Archibald Menzies, um integrante da expedição de George Vancouver às ilhas havaianas, liderou três expedições que tentaram alcançar o cume do Mauna Loa. As duas primeiras tentativas, uma em 1793 e a outra em janeiro de 1794, procuraram subir pelo flanco ocidental, como Ledyard havia feito, e tiveram o mesmo insucesso. Menzies, descrito como um escocês de meia-idade esperto e bastante persistente, não estava disposto a desistir. Num lance de astúcia, ele pediu conselhos a Kamehameha, o rei havaiano. Kamehameha garantiu a Menzies que o modo mais provável de conseguir subir a montanha seria partindo do sul. Além disso, o rei forneceu canoas para levarem os ocidentais à costa sul e os confiou a Rookea, um chefe local que, de acordo com o monarca, estava familiarizado com a rota adequada. Acredita-se que o chefe nunca tivesse chegado até o cume, pois ele e a maioria de seus homens desistiram da viagem antes de chegar à linha de neve. O que realmente importava é que Rookea sabia chegar até lá.

Menzies e seus homens viajaram por mar e terra, encontrando no caminho habitantes locais que lhes forneceram comida, hospitalidade e toda ajuda que podiam dar. Um dia antes de Menzies alcançar o topo, quando o grupo estava a uma altitude de aproximadamente 3.000 m, Rookea e a maioria dos havaianos foram forçados a abandonar a expedição. Estavam descalços e sentindo profundamente os efeitos do frio. Rookea aconselhou seriamente Menzies a abandonar a tentativa, temendo a morte de todos. O escocês lhe garantiu que não subiriam acima da linha de neve. Rookea e a maioria de seus seguidores voltaram para o acampamento e esperaram. Considerando as condições, é surpreendente que alguns havaianos tenham conseguido chegar o topo: segundo a narrativa de Menzies, dois deles ficaram esperando até que ele, junto com três dos seus homens, caminhasse em volta da caldeira, enquanto um número não especificado deles retornou ao campo mais cedo com um tal Mister Howell, que estava muito cansado e cujos sapatos haviam sido "rasgados pela lava".

A caldeira do Mauna Loa não estava ativa na ocasião, mas Menzies escreveu haver "fumaça....que acreditávamos sair de fontes térmicas". Ele descreveu paredões perpendiculares de quase 400 m de altura e o fundo da cratera como praticamente plano e coberto de lava resfriada. Presumiu corretamente que o Mauna Kea era mais elevado que o Mauna Loa, o que foi confirmado por um barômetro de mercúrio que indicou uma altitude de 4.156 m para o Mauna Loa – apenas 13 m abaixo da altitude medida hoje. Menzies e seus companheiros retornaram sãos e salvos da aventura, que descreveram como "a batalha mais árdua e perigosa que se pode conceber".

Depois disso, ao que se saiba, só subiriam ao Mauna Loa 40 anos mais tarde. David Douglas, o botânico cujo nome foi usado para a denominação do pinheiro Douglas, chegou ao cume em 29 de janeiro de 1834. Escreveu ele que, mesmo após um intervalo de 40 anos, os havaianos ainda se lembravam de Menzies e de seu papel como médico e botânico, chamando-o de "homem de cara vermelha que cortava pernas e braços dos homens e catava grama".

O próprio Douglas era um personagem extraordinário. Nas três semanas anteriores à bem-sucedida subida ao Mauna Loa, ele já tinha alcançado o cume do Mauna Kea e do Kilauea. Ficou profundamente impressionado com o Mauna Loa, chamando-o de "o fabuloso vulcão terminal". Alguns diziam que ele teria ficado mentalmente perturbado depois da subida ao pico, pois seus escritos tornaram-se imprecisos e confusos. Meses mais tarde, na volta à Europa, seu navio fez uma pausa no lado norte da Ilha Grande. Douglas desembarcou e decidiu andar até Hilo, encontrando morte precoce no caminho. Seu corpo foi achado num buraco onde também havia caído um porco selvagem. Não se sabe se ele foi assassinado ou se caiu no buraco e morreu por causa dos ferimentos causados pelo animal. "Preciso voltar ao vulcão", ele escrevera, e é possível que tenha morrido no caminho para ver o topo do Mauna Loa mais uma vez.

Caminhada até o pico nos dias de hoje

O maior destaque de uma visita ao Mauna Loa é certamente o topo, mas não é uma caminhada para qualquer pessoa. Extenuante, convém realizar essa jornada em dois dias, ou mesmo quatro, dependendo da rota escolhida. Existe uma possibilidade de chegar ao topo em um único dia pela Observatory Trail – isso se a pessoa for muito resistente e sair cedo. Embora a distância seja menor que 21 km, e a diferença de altitude de apenas 770 m, todo o percurso é feito acima de 3.000 m de altitude, o que significa lentidão. Uma pessoa em boa forma física consegue fazer todo o caminho de ida e volta em sete a nove horas, o que deixa pouco tempo para apreciar o topo. Qualquer que seja a rota, é importante lembrar que não se deve considerar o Mauna Loa despreocupadamente. Os males da altitude afetam muitos caminhantes, por vezes prejudicando seriamente sua capacidade de raciocínio.

As condições meteorológicas podem deteriorar rapidamente, e a temperatura é quase sempre gelada no topo. Neve, nevoeiro, chuva, ventos fortes e gelo podem surgir em qualquer época do ano. Em algumas épocas, o ar é extremamente seco, e a desidratação pode acontecer muito depressa, agravando os efeitos dos males da altitude. Se houver nevoeiro, a visibilidade pode ficar muito prejudicada; portanto, mesmo que considere a possibilidade de subir a montanha em um único dia, leve bastante comida, água e roupa quente. Caso queira passar a noite em uma das cabanas oferecidas pelo parque nacional, é preciso obter autorização prévia, em pessoa, do centro de visitantes e da sede do parque. O suprimento de água (impura) é limitado, assim como o espaço nas cabines, de modo que o parque precisa restringir o número de visitantes. Mesmo considerando uma caminhada de um dia só, informar seus planos ao parque é sempre uma boa precaução. Um alerta: nunca conte com a possibilidade de encontrar água nos poços demarcados – nem o suprimento de água nas cabanas pode ser garantido.

Há duas trilhas principais para subir o Mauna Loa: a Observatory Trail e a Mauna Loa Trail. Ambas convergem para a Summit Trail (Trilha do Topo), a cerca de 4.000 m de altitude. Uma terceira trilha, a Ainapo Trail, sobe ao longo da zona de *rift* sudoeste, mas é raramente usada desde o século XIX, e não deve ser seguida sem um guia experiente (Fig. 6.16).

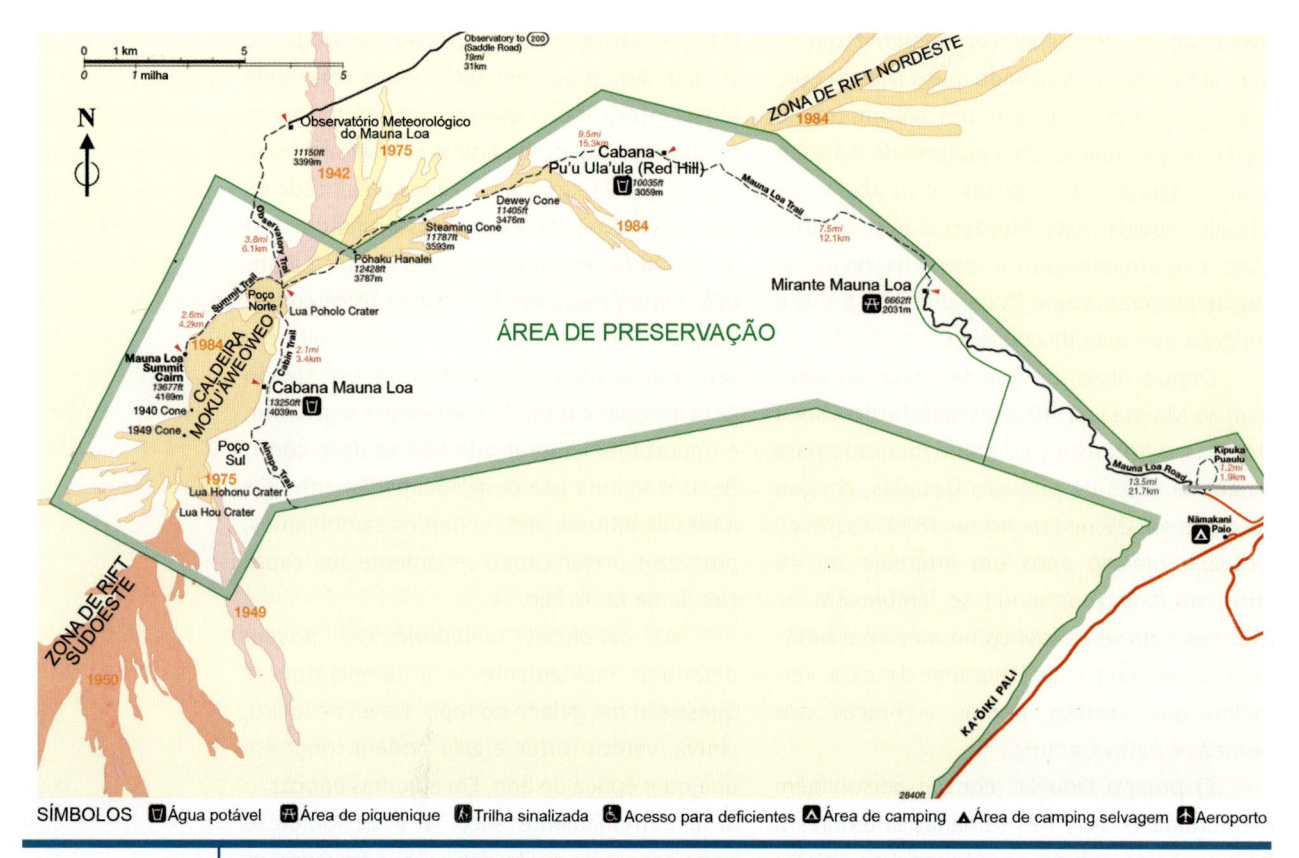

Fig. 6.16 Mapa de parte do Mauna Loa que mostra os limites do Parque Nacional (verde) e as duas trilhas até o topo
Fonte: modificado de um mapa do National Park Service.

Observatory Trail
(até a junção com a Summit Trail)

Ida e volta: distância, 12,5 km; diferença de altitude, 594 m; tempo de caminhada, de 7 a 9 horas. Combinada com a Summit Trail, essa é a rota mais direta até o topo e também a que exige mais esforço. Pode ser percorrida em um dia ou dois, com pernoite na cabana Mauna Loa. O Observatório Meteorológico, a 1.936 m de altitude, é onde estudos importantes sobre a quantidade de dióxido de carbono e ozônio na atmosfera são realizados. Não está aberto a todos, mas tem um estacionamento público. Para chegar lá, é preciso pegar a Saddle Road, que liga a Kona Coast a Hilo. A estrada secundária que leva ao observatório começa logo a leste do Pu'u Huluhulu, um velho cone piroclástico coberto de vegetação e circundado por lavas de 1935. Essa estrada secundária não é sinalizada, mas encontra-se a 12,4 km do Mauna Kea State Park (uma área de acampamento e recreação), para quem vem de Kona. No caso de subida ao topo em um único dia, é melhor acampar ali na noite anterior e tentar chegar ao início da trilha próxima ao observatório até, no máximo, 10 horas da manhã.

O percurso de carro do Mauna Kea State Park até o observatório leva aproximadamente uma hora – cerca de 29 km em estrada de pista única. Embora a Saddle Road e a Observatory Road sejam pavimentadas, carros alugados não são permitidos em nenhuma delas. Se quiser obedecer às regras, certifique-se de alugar um veículo 4x4. A estrada do observatório começa sobre lavas de 1953 e 1936, mas a apenas 300 m, passa sobre lavas pré-históricas de cor mais clara, de aparência bem mais suave e erodida que as lavas recentes. A 870 m da junção, alcança-se um fluxo histórico de cor mais escura, datado de 1899.

No km 11,4, a estrada sobe para transpor lavas de 1855 e 1856, mas no km 15,6, volta às lavas de 1899. Ao passar pelos fluxos históricos, é importante notar as *kipukas* (ilhas) de lavas mais velhas, a maioria pré-históricas. Vale a pena fazer uma breve pausa no km 22 para olhar para o alto da montanha, na direção de uma das muitas bocas fissurais do Mauna Loa, esta marcada por pedaços de lava que se acumularam ao longo dos lados da fissura (*spatter ramparts*). A estrada chega ao observatório após cruzar lavas da erupção de 1942. Continue até o estacionamento público e procure pela sinalização de início da trilha. Em dia claro, a vista é espetacular: ao norte vê-se o topo do Mauna Kea pontilhado de domos brancos que abrigam os telescópios astronômicos; a noroeste encontra-se o erodido vulcão Kohala e, mais além, está o Haleakala, em Maui.

A trilha começa não pavimentada mas, menos de 800 m depois, um sinal dirige os caminhantes para fora da via, a sul-sudeste, passando por um *cairn* (monte de pedras erigido como marco) e, em seguida, um fluxo de lava de cerca de mil anos de idade. Mesmo com um veículo 4x4, não é uma boa idéia dirigir depois de passar o observatório – estradas se entrecruzam e é fácil se enganar. Além disso, só se economizam 3 km na trilha, pois logo há um portão trancado.

A 2,4 km do início, a trilha passa a oeste de um velho cone piroclástico, e depois, entre dois *cairns*, ali situados como que para assinalar um tubo de lava desmoronado (pode-se olhar dentro dele com cuidado). Logo a trilha encontra novamente a estrada para veículos 4x4 e a acompanha por uns 500 m, passando por um cone coberto de pedaços de lava solidificada. Saindo de novo da estrada, a trilha passa por uma velha boca eruptiva de cor vermelha e preta e depois encontra um velho fluxo de lava *pahoehoe*. Depois de cruzar a estrada para veículos 4x4 mais uma vez, chega-se logo à junção entre a Observatory Trail, a Mauna Loa Cabin Trail e a Summit Trail. A junção encontra-se a cerca de 4.000 m de altitude.

No dia da subida ao topo, suba a Summit Trail (ver adiante) contornando o lado oeste do North Pit (Poço Norte). Outra opção é seguir a Cabin Trail, que cruza lavas jovens de 1942. Logo se avista a Caverna de Jaggar, um grande poço com o chão coberto de cinzas, onde Jaggar e seus colegas costumavam acampar durante as viagens para observar erupções. Há um "poço de água" ali, o que significa que neve ou gelo (sujos) podem (mas nem sempre) ser encontrados. Alguns passos à frente encontra-se a borda do North Pit (Poço Norte) da caldeira (às vezes chamado de North Bay). A beirada do poço é coberta por lavas de 1942, que se estendem também ao longo da beirada noroeste da caldeira.

Desse ponto é possível ver as impressionantes paredes de Moku'aweoweo. A cabana Mauna Loa fica a cerca de 3 km, a 4.038 m, na beirada da parede leste da Moku'aweoweo. O caminho, bem demarcado por *cairns*, passa por lavas de idades que variam entre 200 e 1.500 anos, margeando o lado sul do Lua Poholo. Essa cratera de afundamento formou-se depois de 1840, mas provavelmente antes de 1880, porque o fluxo que se vê derramando para dentro dela é considerado como sendo de 1880.

Pode-se passar a noite na cabana e pegar a trilha do topo no dia seguinte. É preciso lembrar que a cabana está a 4.000 m de altitude. Quem saiu do nível do mar poderá sofrer do mal de altitude no dia seguinte, o que faz da subida ao cume uma experiência desagradável ou mesmo impossível.

Mauna Loa Trail

Volta à cabana Mauna Loa, 62 km; diferença de altitude, 2.008 m; de 14 a 16 horas. Volta ao topo, 77 km; diferença de altitude, 2.291 m; de 20 a 22 horas. É a trilha mais procurada para subir o Mauna Loa porque minimiza a possibilidade do mal de altitude. Foi aberta em 1915 pelo Exército dos Estados Unidos, por insistência de Jaggar, que queria ter acesso às erupções do topo. É uma trilha mais fácil do que a do observatório, mas não é para os apressados: leva-se pelo menos dois dias para a ida até o topo e pelo menos um dia inteiro para a descida. A maioria das pessoas prefere fazê-la em três dias de subida e dois de descida. As cabanas Red Hill e Mauna Loa são locais de pernoite – não esquecer que é preciso autorização prévia. É melhor planejar essa viagem em três partes (ou dias): a primeira até a cabana Red Hill, a segunda até a cabana Mauna Loa e a terceira até o topo.

Do início da trilha Mauna Loa à cabana Red Hill (12 km): pegue a estrada Mauna Loa para Kipuka Puaulu e continue na estrada de pista única que termina no estacionamento da Mauna Loa Trail. A trilha começa cruzando antigas lavas agora cobertas de vegetação, com arbustos de *ohelo* (*Vaccinium reticulatum*), consagrados a Pele, e *kukae nene* (*Coprosma ernodeoides*), um tipo de amora que tem esse nome graças à infeliz semelhança com os excrementos dos gansos *nene* (ou havaianos). Logo a vegetação se torna esparsa e o terreno, difícil. De vez em quando é possível encontrar trechos da velha e suave *pahoehoe*, um alívio em relação à pedregosa lava *aa*. Sempre siga os *cairns* e não se aventure fora da trilha – tubos de lava desmoronados são um bom alerta de que o terreno é perigoso.

Há panoramas espetaculares do Kilauea vistos da trilha – uma boa razão para parar com freqüência e olhar em volta. A cabana Red Hill, o primeiro pernoite, está localizada dentro do cone Pu'u Ula'ula ("Red Hill"), a 4.039 m, produzido por uma erupção ocorrida milhares de anos atrás. Uma pequena trilha íngreme leva a um marco no topo do cone, que aponta para várias vistas que incluem o Mauna Kea e Haleakala. A leste do cone encontra-se um fluxo de lava de aparência jovem, da erupção de 1984. A oeste do Red Hill encontra-se o segundo fluxo, da erupção de 1880-81, e depois, mais lavas de 1984. É preferível subir o Red Hill bem cedo, quando há mais probabilidade de tempo claro.

Do Red Hill à cabana Mauna Loa (18,7 km): siga a trilha pelo lado oeste do Red Hill. Cruza-se os fluxos de lava de 1880 e 1984 e passa-se próximo a vários cones de pedaços de lava e tubos de lava desmoronados. Fique de olho nos *cairns*, pois não é seguro sair fora da trilha. A paisagem é particularmente colorida ao longo dessa trilha, pois os fluxos de lava têm manchas de tons vermelhos e amarelo-ouro. Há várias vistas interessantes ao longo do caminho, como o velho cone Pukauahi, a 3.374 m, em direção ao norte da trilha, coberto de lava vitrificada. Mais para a frente, e sinalizado por uma placa, há outro cone velho, o Dewey, a 3.593 m. A 3.594 m, encontra-se o fotogênico Steaming Cone (Cone Fumegante), de 1899, com o topo coberto de vermelho, circundado de lavas de 1984. Com sorte, o cone fará jus ao nome e soltará um pouco de vapor.

Perto da metade do caminho para a cabana Mauna Loa, a trilha chega a um poço de água demarcado, que pode ou não conter algum gelo – mas não conte com isso. A trilha fica mais difícil a partir desse ponto, passando por lavas jovens de 1975 e 1935, até alcançar o Cone Pohaku Hanalei, a 3.787 m. Mais adiante encontram-se a borda da cratera e a marca de 13.000 pés perto da Caverna de Jaggar e da junção das trilhas Observatory e Summit (descritas anteriormente). Nesse ponto, há duas opções. Uma é dirigir-se à cabana para uma noite de sono bem merecida. A outra, caso se disponha de energia e luz do dia suficientes, é seguir a Summit Trail até o topo.

Summit Trail

Volta à cabana Mauna Loa: distância, 15,3 km; diferença de altitude, 282 m; aproximadamente 6 horas. Volta para o cruzamento com a Observatory Trail: 8,9 km; diferença de altitude, 176 m; entre 3 e 4 horas. O verdadeiro pico do Mauna Loa está localizado no topo da parede oeste da caldeira. Para alcançá-lo, é preciso partir do referido cruzamento com a Observatory Trail. Toda a caminhada é feita acima de 4.000 m; portanto, é preciso dispor de tempo. A trilha passa sobre fluxos; além disso, a fissura eruptiva da erupção de 1942 margeia o North Pit (Poço Norte) da caldeira, inundado por lavas de 1940, e atravessa numerosas fissuras. Não é preciso dizer que é totalmente desaconselhável tentar empreender essa trilha após o pôr-do-sol! Mesmo com a luz do dia, a trilha é penosa e difícil de percorrer em certos trechos. Use os *cairns* como marcos – eles devem conduzir o visitante a uma estação sismográfica com um letreiro "K Summit Sysmograph". Já mais perto do cume, os *cairns* o conduzirão pelo sudeste em direção à caldeira.

A vista da borda é realmente impressionante – as paredes íngremes da Moku'aweoweo parecem desaparecer dentro da imensa depressão. No assoalho da caldeira, há ondas de lava endurecida, principalmente de 1940, 1949 e 1984 (Fig. 6.17). A visão nos faz imaginar como seria a caldeira quando tinha um lago de lava cintilante, como foi o caso em 1873, quando a

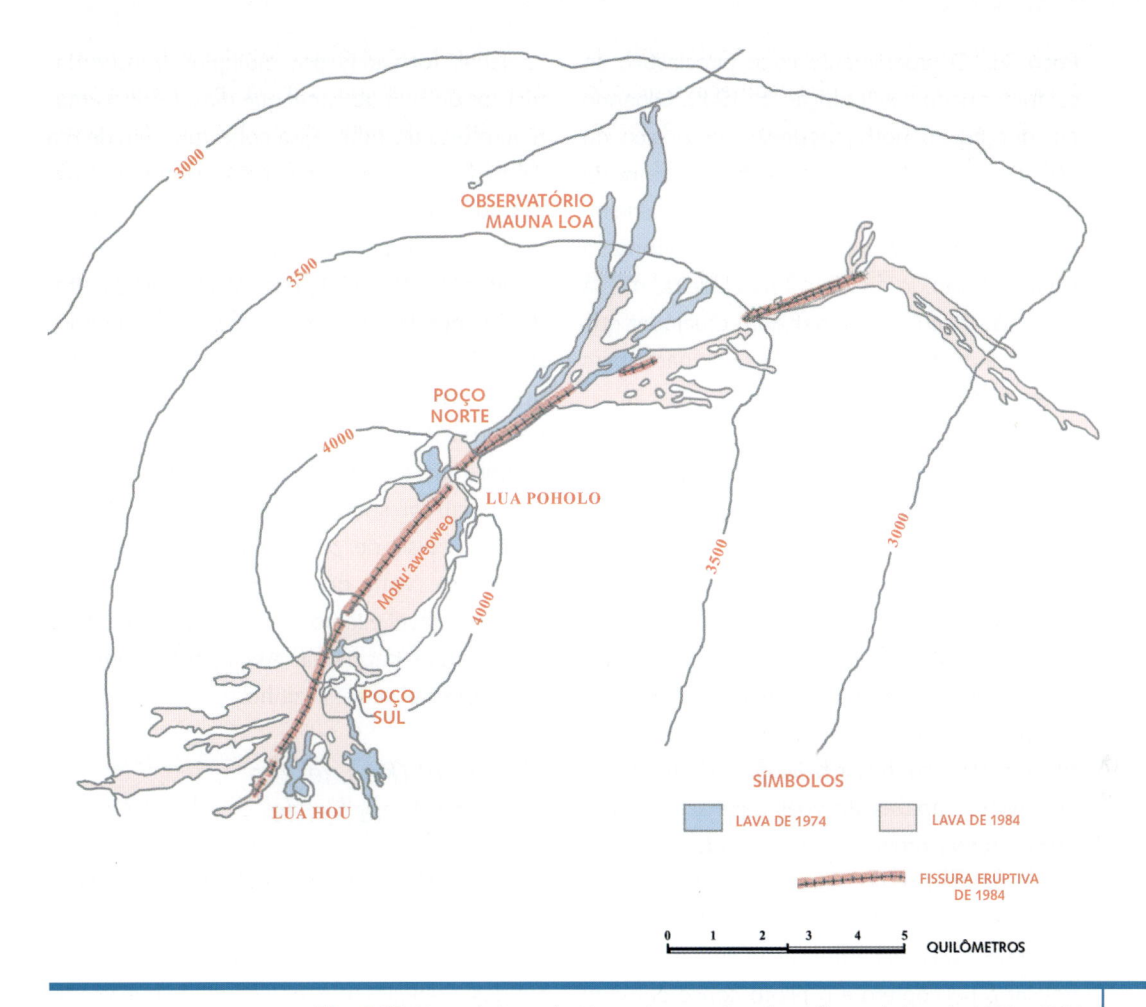

Fig. 6.17 Mapa do topo do Mauna Loa mostrando os fluxos de lava de 1974 a 1984
Fonte: modificado de Lockwood et al., 1987.

vitoriana *globetrotter* Isabella Bird ali chegou em lombo de burro. O vulcão estava no meio de uma espetacular erupção de topo e, de acordo com a Srta. Bird, havia "grandes fontes de fogo lá dentro". À noite, ela não conseguia dormir e rastejava até a beira da cratera para observar o espetáculo sozinha – uma cena de "sublime pavor", escreveu, "luz, beleza e terror, nunca vistos por olhos mortais além dos meus".

Mesmo no estado de desolada calma, é difícil desviar os olhos de Moku'aweoweo. No entanto, o verdadeiro pico, se você acha realmente necessário ir até lá, fica um pouco mais à frente, marcado por um *cairn*, um marco de altitude e uma "caixa de registro" onde se pode deixar o nome. É um bom lugar para fazer uma pausa e admirar a paisagem, e, principalmente, sentir o prazer de estar no topo da maior montanha do planeta, desde que ventos fortes, comuns nessa área, não tornem desconfortável permanecer ali em pé.

O topo

A caldeira Moku'aweoweo estende-se por cerca de 5 km na direção norte–sul e une-se, nas extremidades norte e sul, a duas crateras de afundamento (*pit craters*) quase circulares. São chamadas, sem originalidade alguma, de North Pit e South Pit (Poços Norte e Sul). A sudoeste do Poço Sul há duas outras grandes crateras de afundamento, chamadas de Lua Hou ("novo poço") e Lua Hohonu ("poço profundo"), que se formaram em algum momento após 1840. Na beirada nordeste, encontramos mais duas crateras, o East Pit (Poço Leste) e o Lua Poholo ("buraco que mergulha"). Quando se olha para o sul a partir do marco topográfico do pico, vê-se uma lacuna na parede da caldeira, do lado do

Poço Sul. O proeminente cone piroclástico ao sul foi formado pela erupção de 1940. Olhando em direção ao norte, pode-se ver o pico do Mauna Kea a erguer-se acima da parede norte da Moku'aweoweo. A leste, depois da caldeira, vê-se a cabana Mauna Loa. É possível retornar à cabana descendo o lado sul da caldeira, mas a trilha não é muito bem definida. Qualquer que seja a via de descida, assegure-se de partir bem antes do pôr-do-sol.

Outras (e mais fáceis) opções para visitar o Mauna Loa

Passeio aéreo pelo topo

É possível organizar (embora custe caro) um passeio aéreo pelo topo, ainda que este não seja o tipo de passeio comumente oferecido aos turistas. Para contratar helicópteros ou pequenos aviões capazes de voar àquela altitude é preciso tomar providências com antecedência e obter permissão do parque. Tempo bom é essencial e, portanto, deve haver flexibilidade. Se for possível obter autorização do parque para pousar o helicóptero e o piloto concordar com isso, peça para ser deixado no topo e que retornem para buscá-lo horas mais tarde. Uma opção menos cara, para quem se conformar apenas com uma vista aérea, é alugar um pequeno avião para sobrevoar a área do topo.

Caverna Kaumana

Essa caverna é, na verdade, um tubo de lava bastante grande, formado pelo fluxo de *pahoehoe* da erupção de 1880-81, a lava que ameaçou Hilo. A entrada está localizada logo na saída da cidade, na Kaumana Drive, que depois se transforma na Saddle Road. Siga as placas até o Kaumana Caves Country Park. O acesso à entrada do tubo é feito por meio de uma escada que desce uma clarabóia. Não há trilhas nem iluminação; portanto, é necessário levar uma boa lanterna (e uma sobressalente) para se aventurar pelo tubo frio e úmido. É possível percorrer quase 1 km dentro do tubo se, além de andar, a pessoa estiver disposta também a rastejar. As paredes do tubo expõem o interior de um fluxo de lava, inclusive as camadas formadas por múltiplos transbordamentos de lava do canal que mais tarde formariam o teto do tubo. Essa cobertura tem de 6 a 7,5 m de espessura, e não é preciso ter medo de desmoronamento – as clarabóias foram ali formadas durante ou logo após a erupção e estão estáveis desde essa época. Muitas estalactites de lava pendem do teto e das paredes superiores, formados pela lava que escorria à medida que o nível do tubo baixava. Quem chega a percorrer 450 m do tubo pode ver um outro menor, que se formou quando uma parte do teto se curvou sobre um pequeno canal. Mais à frente, o piso de *pahoehoe* passa a lava *aa* pedregosa. Volte quando começar a se sentir desconfortável e lembre-se de que poucas pessoas visitam Kaumana. Assim, tenha um cuidado especial se for sozinho.

Ponta Sul (Ka Lae) e a Praia de Areia Verde

South Point (Ponta Sul) é um local popular na Ilha Grande, talvez pelo fato de ser a ponta de terra mais setentrional dos Estados Unidos. Francamente, não há muito que ver ali, e muitas agências de locação proíbem que se dirija pela estreita estrada de South Point. A ponta em si é uma camada de lava pré-histórica do Mauna Loa coberta de cinza *pahala*, uma unidade geológica imponente no Havaí, pois serve de guia temporal entre as camadas de lava mais antigas e mais novas do que aquela erupção. Olhando para oeste, pode-se ver Pali o Kulani, uma escarpa abrupta formada quando um enorme deslizamento submarino fraturou a encosta sudoeste submersa do Mauna Loa. É possível ver muitas unidades finas de fluxos de lava do Mauna Loa formando a face da escarpa. Mais a oeste encontra-se o Pu'u Hou, um grande cone localizado a cerca de 8 km da borda do fluxo de lava de 1868. Apenas metade do cone sobreviveu, pois foi erodido pelas fortes ondas ao longo da costa.

Muito mais interessante e incomum que South Point é a Green Sand Beach (Praia de Areia Verde). Foi assim denominada por causa dos cristais de olivina que se desprenderam de um cone de tufo formado há cerca de 7.750 anos pela erupção Awawa Kahao. A ação das águas erodiu quase metade do cone, deixando a parte remanescente aberta para o mar. A praia encontra-se a cerca de 3 km a leste de South Point e há uma estrada para veículos 4x4 que liga os dois locais. É possível encontrar trechos de areia verde ao longo da estrada da praia; achei, aliás, que a areia nesses pequenos trechos parecia de um verde mais brilhante que as da própria praia. A estrada termina num mirante. É melhor parar ali, não apenas porque é difícil descer até a praia estreita, mas também por causa da preocupação em preservar esse local raro. Quem resolver descer até a praia deve lembrar que não é recomendável nadar ali, pois o mar é muito forte e traiçoeiro.

Visita em período de atividade

As erupções do Mauna Loa são similares às do Kilauea, exceto pelo fato de serem menos acessíveis e menos freqüentes. As erupções mais recentes puderam ser previstas, pois o vulcão lançou sinais de advertência na forma de inflação do solo e atividade sísmica. O intervalo entre erupções do Mauna Loa mais longo que se conhece foi de 1950 a 1975. Até o momento em que o livro foi escrito, a última erupção do Mauna Loa tinha sido em 1984, e o vulcão pode estar pronto para a próxima. Se seguir seu padrão usual, a próxima erupção será provavelmente no topo e deverá ser seguida por outra de flanco; o intervalo entre as duas devendo ser mais curto que o intervalo entre a erupção de 1984 e a seguinte de topo.

Uma erupção de flanco do Mauna Loa tem geralmente três fases. Na maioria das vezes, começa com atividade no topo e, poucas horas depois, a verdadeira "fase de abertura" começa. É a mais espetacular, com uma cortina de fontes de lava jorrando ao longo de uma fissura ou de uma série de fissuras que podem se estender por quilômetros. Durante a segunda fase, denominada "formação de cone", o comprimento da fissura diminui e as fontes de lava se concentram em um segmento que comumente não ultrapassa 500 m, podendo alcançar a altura máxima nesse período. Os pedaços de lava começam a se acumular em volta das bocas eruptivas ou ao longo das fissuras, formando cones e paredes de lava (*spatter ramparts*). Um ou mais fluxos de lava podem começar a derramar-se das bocas da fissura, embora às vezes comecem a fluir desde a primeira fase. O estágio final da erupção, chamado de "fase de declínio", acontece quando a pressão do fluido nas bocas eruptivas decresce e as fontes começam a secar, mas os fluxos de lava ainda podem continuar derramando por várias semanas ou mesmo meses, visto que o Mauna Loa pode ter erupções de longa duração.

Observar o Mauna Loa em erupção pode ser tão fácil quanto o Kilauea, ou muito mais difícil. O topo do Mauna Loa e uma pequena parte de seus flancos encontram-se dentro do parque nacional; portanto, as restrições mencionadas no capítulo referente ao Kilauea também se aplicam aí. Como as erupções dos dois vulcões são semelhantes, a recomendação geral para a observação de uma erupção é a mesma, com uma diferença: se a erupção do Mauna Loa for no topo e as pessoas tiverem autorização para subir até lá, há precauções adicionais a considerar. Mesmo que a vista de um lago incandescente dentro da Moku'aweoweo compense alguns riscos, é preciso não esquecer certos cuidados baseados no bom senso: suba até o topo somente se estiver em boa forma física, mas é preciso lembrar que mesmo atletas podem sofrer os males da altitude. Ficar com a capacidade de raciocínio prejudicada quando se está num vulcão decididamente não é uma boa idéia; disponha, portanto, de tempo para se ajustar à altitude. Faça o percurso com um amigo que possa ajudá-lo em caso de dificuldade, ou tente juntar-se a um grupo. É provável que o serviço de atendimento do parque só autorize a subida de pessoas durante uma erupção caso façam parte de um grupo organizado, tendo à frente um guia ou um guarda do parque.

Se a erupção se produz na parte mais baixa dos flancos, as condições de observação serão mais parecidas com as do Kilauea, mas muito dependerão do grau de acessibilidade do local. Os entusiastas de erupções que não moram em Hilo podem torcer por uma erupção de flanco que ameace a cidade – um fluxo se aproximando de Hilo é, provavelmente, de acesso muito fácil. Na verdade, uma repetição da erupção de 1880-81 iria atrair muitos Baldwins da era moderna para a Ilha Grande.

Outras atrações locais

Hualalai e o fluxo de lava Kaupulehu

Cravado entre o Mauna Loa e o Kohala encontra-se o Hualalai, um pequeno vulcão cuja última erupção foi em 1801. É o primeiro vulcão que muitos visitantes da Ilha Grande vêem, pois o aeroporto de Keahole, em Kona, foi construído sobre o fluxo Hu'ehu'e do Hualalai, datado da última erupção. Tem apenas 2.521 m de altitude, mas não é possível escalá-lo, pois se encontra em propriedade privada. No entanto, pode-se visitar o ponto mais interessante do Hualalai, o fluxo de lava Kaupulehu, convenientemente localizado perto da Highway 190, a Hawaii Belt Road (estrada que contorna a Ilha Grande).

A data do fluxo é incerta; pode ser também da erupção de 1800-01, mas é uma lava realmente especial. O magma trouxe nódulos de olivina para a superfície e hoje se pode encontrá-los espalhados ao longo do canal do fluxo (Fig. 6.18). Não é fácil encontrar esse canal sem um mapa, por isso recomendo o mapa de Kiholo 1: 24.000, disponível através do USGS e nas boas livrarias do Havaí. De Kailua-Kona, siga a Highway 190 em direção ao leste, passando Kalaoa. A estrada acompanha o contorno topográfico do Hualalai a cerca de 600 m de altitude. Observe o Hu'ehu'e Ranch, localizado ao longo da zona de *rift* do Hualalai. Há um oportuno mirante sobre o fluxo de lava Kaupulehu, a cerca de 5 km do Ranch. Estacione aí, ande mais 500 m pela estrada e procure o canal de lava no lado norte. Lembre-se de que a área é uma propriedade privada; portanto, permaneça no leito da estrada.

A composição do fluxo é de álcali-basalto com viscosidade muita baixa quando da extrusão. Fluiu muito depressa pelas encostas do vulcão, a uma velocidade estimada de 20 km/h. Há relatos plausíveis, mas não comprovados, de moradores dos vilarejos da costa que foram engolidos pela lava. Podem-se notar feições de esguichos (*splash*) e transbordamento (*overflow*) nas margens do canal, o que comprova a fluidez da lava.

Procure nódulos verde-amarronzados, também chamados de xenólitos (literalmente, rocha estrangeira). Ao ser drenada, a lava de baixa viscosidade expõe os xenólitos, que são mais pesados. Não é difícil encontrar nódulos entre 3 e 8 cm de diâmetro, mas podem alcançar até meio metro. Por favor, lembre-se da maldição de Pele e resista à tentação de coletar amostras, pois se trata de um local de feições geológicas raras que devem ser preservadas para as futuras gerações.

Mauna Kea

O vulcão mais alto do Havaí é famoso atualmente em virtude do observatório astro-

Fig. 6.18 Nódulo de olivina (à esquerda da moeda) do fluxo de lava do vulcão Hualalai conhecido como Kaupulehu. O magma extrudado aportou nódulos de olivina (xenólitos) para a superfície

nômico internacional, de onde é possível observar 90% das estrelas visíveis da Terra. O topo é de uma importância notável para os geólogos, pois é o único local conhecido das ilhas havaianas que já teve geleiras. Havia uma cobertura de gelo permanente durante a última Idade do Gelo, de extensão estimada de 72 km^2. As geleiras deixam marcas características na paisagem, principalmente em razão do lento movimento do gelo encosta abaixo, sob a influência da gravidade, carregando grandes volumes de rocha e detritos. Quando as geleiras derretem e retrocedem, as rochas e os detritos são deixados para trás, formando cristas conhecidas como morainas. Alguns desses depósitos estão bem preservados no Mauna Kea. Outro tipo de depósito, conhecido como *outwash*, pode ser encontrado em cânions profundos no alto da montanha. São, provavelmente, formados por inundações provocadas por erupções que derreteram a camada de gelo. Os visitantes mais entusiasmados também podem procurar pequenas áreas de polimento e estriações nas rochas próximas ao topo, formadas pelo movimento da geleira em atrito com a rocha subjacente. Muitas rochas são erodidas em forma de montículos arredondados que receberam o nome de "roches moutonnées" (rochas em forma de carneiros). Quem se interessa por geologia glacial deve dedicar algum tempo para subir as altas encostas do Mauna Kea.

É possível chegar de veículo motorizado ao topo do vulcão, mas a estrada exige tração nas quatro rodas, e o observatório não está aberto ao público. Há passeios organizados para visitar algumas partes do observatório; para isso, contate o centro de visitantes com antecedência (808-935-7606). As pessoas mais resistentes podem dirigir um veículo comum até o centro de visitantes, a 2.835 m de altitude, e depois caminhar até o topo. Para chegar ao centro de visitantes, siga a Saddle Road, de Kona em direção a Hilo. Logo a leste de Pu'u Huluhulu (ver descrição da Mauna Loa Observatory Road), uma estrada pavimentada, sem sinalização, toma o rumo norte, subindo as encostas do Mauna Kea. Vêem-se muitos cones piroclásticos antes de chegar ao centro de visitantes Ellison Onizuka, denominação em homenagem ao astronauta falecido no desastre da Challenger, que era natural do Havaí. Não caia na tentação de ir dirigindo além desse ponto, a menos que seu veículo seja 4x4.

De carro ou a pé, siga a estrada até o topo, passando por vários cones piroclásticos, alguns de um vermelho vibrante. O percurso tem 14 km e a diferença de altitude é de 1.407 m – reserve ao menos oito horas para ida e volta a pé. A estrada é pavimentada no trecho próximo ao topo, e só ali, a fim de manter em nível reduzido a quantidade de cinzas no ar e não haver interferência na visibilidade astronômica. A imagem dos telescópios cravados entre os cones piroclásticos é surpreendente: domos brancos e prateados em contraste com a árida paisagem vulcânica. Lembre-se de que visitantes inesperados não são bem-vindos e não bata à porta. Não há instalações públicas de nenhum tipo no topo; portanto, é preciso levar água e comida. Pode-se chegar ao verdadeiro pico, a 4.205 m de altura, por um caminho próximo ao telescópio de 88 polegadas da Universidade do Havaí. Em dia claro, é possível ver dali o topo do Mauna Loa e sua caldeira, assim como o Kohala, o Hualalai e, do outro lado do oceano, o Haleakala. No caminho de volta, preste atenção ao estacionamento no lado leste da estrada, a 4.000 m de altitude. Ali começa uma pequena trilha (800 m) que leva ao Waiau – um pequeno lago de altitude que os antigos havaianos acreditavam não ter fundo.

O lago fica no topo do Pu'u Waiau, um cone profundamente alterado por água e vapor percolados através das paredes, perto do fim da erupção do cone. A alteração produziu argila impermeável que permitiu a formação do lago. Também aumentou o escoamento concentrado da chuva e da neve fundida, resultando em profundas ravinas na base do cone. No lado norte do lago encontra-se parte de um fluxo que verteu do cone do Pu'u Hau Kea, localizado a nordeste. O fluxo deve ter sido bloqueado por gelo, pois tem feições características, tais como lava almofadada (*pillow lava*) e fraturas em mosaico. A oeste do lago Waiau encontra-se Pohakuloa Gulch, uma ravina onde aflora um depósito da glaciação mais antiga. Se você subiu até o topo a pé, tem a possibilidade de voltar ao centro de visitantes pela Mauna Kea Trail, que intersecta a Lake Waiau Trail.

HALEAKALA

O vulcão

O vulcão Maui Oriental, mais conhecido como Haleakala ("morada do sol"), é um dos mais espetaculares do mundo e a atração principal da ilha de Maui (Fig. 6.19). A última erupção aconteceu por volta de 1790 e, como a ilha de Maui já se desviou do ponto quente havaiano, provavelmente não entrará em erupção novamente. O tamanho do Haleakala, é impressionante: 53 km de largura e 3.055 m acima do nível do mar, mas isso representa apenas 7% da massa total da montanha. Como todos os vulcões havaianos, o Haleakala é um gigante que se levanta a partir do assoalho oceânico.

Caçadores de vulcões ativos não devem descartar uma visita ao Haleakala, pois, mesmo dormente, oferece algumas vistas de tirar o fôlego, das mais fascinantes que alguém pode ver neste planeta. A cratera do topo é gigantesca (49 km²), o que significa espaço suficiente para conter Manhattan inteira. Muitos comparam a vista ao Grand Canyon – uma colossal maravilha geológica com paredes que mergulham até quase 1 km de profundidade em alguns trechos, e uma paisagem estéril mas cheia de cores. O fundo da cratera é coberto de depósitos de cinzas em tons de cinza, marrom, vermelho e ferrugem, quebrados de vez em quando por íngremes cones piroclásticos ou fluxos de lava de cor escura.

Há semelhanças entre a cratera do Haleakala e o Grand Canyon. Ambos foram amplificados pela erosão e ambos são fáceis de observar a partir da borda – há uma estrada pavimentada que leva até o topo do Haleakala. Descer até o fundo é outra história – a cratera é toda recortada por trilhas, mas, ao contrário do Grand Canyon, não tem nenhuma gota de água, porém oferece uma grande vantagem: a possibilidade de caminhar até a costa, em vez de retornar subindo paredes íngremes. Caminhar dentro da caldeira é, certamente, a melhor maneira de compreender sua história vulcânica.

O Haleakala é o mais novo dos vulcões de um complexo que forma as ilhas de Maui,

Cortesia de Scott Rowland

Fig. 6.19 Vista aérea da cratera Haleakala no vulcão Maui Oriental

Lanai, Molokai e Kohoolawe. A atual ilha de Maui é formada por dois vulcões principais: o Maui Oriental (com a cratera Haleakala) e o Maui Ocidental, mais antigo (Fig. 6.20). O Haleakala emergiu do mar como uma pequena ilha há cerca de 1.250.000 anos, na época em que o Maui Ocidental estava encerrando sua vida ativa. Cresceu sobre o ponto quente havaiano e tornou-se um grande vulcão-escudo, com suas lavas se empilhando contra o Maui Ocidental e formando a larga planície do istmo de Maui. A maior cidade da ilha, Kahului, e o aeroporto estão localizados na extremidade norte do istmo.

A parte mais antiga do Haleakala é um vulcão-escudo formado por fluxos *pahoehoe* e *aa* de basalto toleítico. Essas lavas são atualmente conhecidas como a série vulcânica Honomanu e só afloram em poucos lugares. O estágio seguinte da vida do Haleakala é conhecido como a série vulcânica Kula, que consiste em lavas basálticas havaíticas e uma quantidade maior de cinzas e tefra de erupções explosivas. Muitos cones piroclásticos grandes foram formados durante o estágio Kula. A maioria dos fluxos desse período é de lava *aa* que estão bem expostas nas paredes da cratera e em muitos lugares na superfície.

A atividade do Haleakala entrou em declínio há cerca de 750 mil anos, e o estágio seguinte da vida do vulcão foi marcado pela erosão. Por volta de 400 mil anos atrás, a erosão fluvial começou a aumentar a cratera do topo e a escavar gigantescos vales nos flancos. O processo era mais acelerado nos lados chuvosos norte e leste. Alguns cursos formaram-se mais rapidamente, tornaram-se os principais traçados da drenagem e escavaram vales gigantescos, como o Ke'anae, ao norte, o Waihoi e o Kipahulu, a leste, e o Kaupo, a sudeste.

Os vales Ke'anae e Kaupo tinham o curso menor, mais abrupto, e acabaram se fundindo e expandindo, formando uma única e imensa depressão que atravessa o topo do vulcão. A erosão foi responsável pela formação da mais espetacular feição do Haleakala – sua gigantesca cratera de topo. A erosão também destruiu o topo anterior que, pelo que se calcula atualmente, estaria 900 m acima da borda da cratera atual. Antes da formação da cratera, o

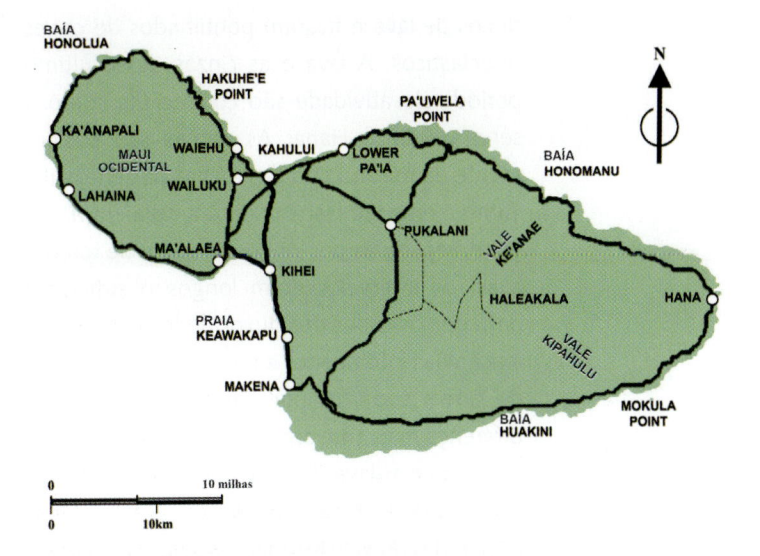

Fig. 6.20 (no alto) Mapa de Maui mostrando as principais estradas e os centros populacionais. A estrada sinuosa que sobe até o Haleakala aparece em linha tracejada. (embaixo) A ilha de Maui em imagem do Shuttle Imaging Radar (SIR-C). A capacidade de penetração do radar permite expor os terrenos mais elevados, geralmente cobertos por nuvens. A capacidade de operar múltiplos comprimentos de onda também permite identificar mudanças na vegetação. As áreas claras em azul e amarelo, próximas ao istmo (áreas baixas), são plantações de cana. Os flancos médios do vulcão Maui Oriental incluem florestas tropicais (amarelo) e áreas relvosas (verde-escuro, rosa e azul). As cidades maiores aparecem como pequenas manchas coloridas de amarelo, branco e roxo

Haleakala provavelmente era parecido com o Mauna Kea atual.

Há cerca de 40 mil anos, a atividade vulcânica recomeçou. As zonas de *rift* principais, sudoeste e leste, reabriram-se; os grandes vales formados pela erosão foram inundados por fluxos de lava e ficaram pontilhados de cones piroclásticos. A lava e as cinzas desse último período de atividade são conhecidas como a série vulcânica Hana. As rochas são basicamente do mesmo tipo das rochas da série Kula. Tanto a erupção Hana quanto a Kula eram, em geral, separadas por longos períodos de tempo; aliás, os intervalos eram longos o suficiente para que os topos dos fluxos de lava sofressem a ação das intempéries e fossem erodidos antes de serem cobertos por um novo fluxo. Uma diferença marcante entre as lavas dos dois períodos é que as lavas Hana eram mais finas e fluidas do que as Kula. Em alguns lugares, como as paredes do vale Ke'anae, as lavas Hana eram tão fluidas que, ao se derramarem e descerem as escarpas íngremes e as paredes dos vales, drenavam a maior parte do fluxo, deixando apenas uma fina cobertura contra a parede, que chegava, às vezes, a poucos centímetros de espessura.

Erupções mais explosivas também aconteceram durante o período Hana, formando alguns cones piroclásticos de grandes dimensões. Um evento de grande importância foi a formação de um tufo de palagonita, conhecido atualmente como Molokini, localizado a cerca de 5 km da costa sudoeste. A erosão destruiu metade dele, restando hoje uma ilhota em forma de lua crescente. Depois disso, o Haleakala foi se tornando cada vez menos ativo, e só conhecemos uma erupção histórica.

A erupção de 1790

Não há relatos escritos do que aconteceu durante a última erupção do Haleakala. Os eventos foram montados como um quebra-cabeça a partir da geologia local, da história oral havaiana e de alguns mapas contemporâneos. A geologia é bem direta: sabemos que houve uma erupção de lava *aa* de duas bocas na zona de *rift* sudoeste e que o fluxo rumou para o mar, onde é hoje Cape Kina'u, na costa sudoeste de Maui. O primeiro fluxo verteu de uma boca a 470 m acima do nível do mar, perto do cone piroclástico pré-histórico Pu'u Naio, e, pouco tempo mais tarde, o segundo fluxo saiu de uma boca a apenas 175 m acima do nível do mar. Sabemos que o fluxo mais baixo é mais jovem porque cobre uma parte do fluxo da boca eruptiva mais alta. Aliás, é comum que as erupções evoluam dessa forma, encosta abaixo. A lava dos dois fluxos cobriu uma área de cerca de 5,7 km² na terra e entrou no mar, formando um leque no lado norte da atual baía La Perouse. Essa erupção não foi digna de nota, a não ser pelo fato de ter sido a última do Haleakala. Se o vulcão não entrar em erupção novamente, pode-se dizer que acabou com um soluço sua vida cheia de acontecimentos.

Embora se refiram a essa erupção como tendo ocorrido em 1790, a data real pode variar alguns anos. A primeira tentativa de datar a erupção foi de Lorrin A. Thurston, editor do *Honolulu Advertiser* e grande entusiasta de vulcões que deu nome ao famoso tubo de lava na Ilha Grande. Thurston visitou Maui em 1879 e ouviu um relato da erupção feito pelo Padre Bailey. Ao chegar a Maui pela primeira vez, em 1841, o missionário, tendo percebido que o fluxo parecia bastante recente, interrogou os habitantes do lugar, que, por sua vez, disseram que seus avós tinham visto a erupção. Thurston conseguiu outra pista sobre a data da erupção em 1906, quando conversou com o vaqueiro sino-havaiano Charlie Ako. O sogro do vaqueiro, que havia morrido em 1905 aos 92 anos, contara que seu avô tinha visto a erupção quando já tinha idade suficiente para carregar dois cocos desde a praia até a estrada alta (uma distância de cerca de 8 km) e subir uns 600 m. Esse foi o fundamento que Thurston usou para propor a data de 1750, cálculo baseado na suposição de que cada geração havaiana na época durava 33 anos. Este é um exemplo magnífico do uso da história oral havaiana para auxiliar a ciência, embora não se possa esperar grande precisão.

A data aceita atualmente foi proposta por B. L. Oostdam em 1965, após comparar mapas da costa de Maui elaborados por uma expedição francesa, em 1786, liderada pelo Conde de La Perouse, e pela expedição Vancouver, em 1793. Há uma diferença marcante entre os dois mapas, o que é compatível com o fluxo que aí surgiu em algum momento entre as duas expedições. Por conseguinte, o ano de 1790, alguns anos a mais ou a menos, é hoje a melhor estimativa que temos da última erupção do Haleakala, assim como a única data conhecida de uma erupção em Maui.

Uma visão pessoal: a "morada do sol"

Todos os visitantes deveriam se programar de maneira a poder realizar a subida ao topo do Haleakala pelo menos duas vezes: a primeira durante o dia, para melhor perceber a magnitude da cratera e se familiarizar com a geologia geral; a segunda, à noite, ou, mais precisamente, antes do amanhecer. Há uma razão muito especial para o Haleakala ser chamado de "morada do sol", mas é preciso estar no topo antes de o Sol surgir para entender perfeitamente o significado desse nome.

A mitologia havaiana nos conta que, em passado distante, a ilha de Maui recebia a luz do sol por apenas algumas horas porque La, o Sol, corria pelos céus para voltar logo a dormir. Maui, meio homem, meio deus, vivia em Hana com a mãe Hina, que fazia tapa, um tecido de casca de árvore. As curtas horas de luz solar dificultavam para Hina a secagem do tecido. Maui pensou em uma forma astuta de garantir mais horas de sol à ilha. Sabia que La nascia no Haleakala, arremessando um raio de sol de cada vez sobre a cratera, como uma aranha subindo uma pedra. Maui levou algumas resistentes videiras *ie'ie* até o topo e esperou que La surgisse. Usou então as videiras como laço e amarrou os raios de sol um por um. Encurralado, La viu-se obrigado a concordar com a exigência de Maui: a de que se movesse pelo céu de forma lenta e regular.

Os visitantes atuais podem ter certeza de que La está mantendo sua palavra – é preciso apenas acordar antes dele. Isso é muito mais fácil se houver a possibilidade de pernoite em uma das cabanas do Haleakala, em vez de dirigir nas primeiras horas do dia pela sinuosa e lenta estrada da montanha. Há três cabanas na cratera: a Paliku, a Kapalaoa e a Holua – pode-se obter autorização de pernoite na sede do parque. Não é nenhuma surpresa que as cabanas sejam muito requisitadas e reservadas pelo parque com meses de antecedência, num sistema de sorteio. É proibido acampar fora das cabanas, mas não há nenhuma regra contra dormir dentro de um carro estacionado. Qualquer que seja o meio escolhido, saiba que vale a pena perder um pouco de sono por causa da vista. As palavras de Mark Twain podem expressar melhor: "o espetáculo mais sublime que já testemunhei e cuja lembrança permanecerá comigo para sempre".

Visita em período de repouso

A cratera do Haleakala

A majestosa cratera é o grande destaque de uma visita a Maui. A sinuosa e íngreme Haleakala Crater Road (Hawaii 378) sobe o flanco oeste e é a única estrada para o topo. Atenção aos ciclistas – há um roteiro organizado bastante popular em Maui que leva os turistas e as bicicletas até o topo e os deixa para descer a encosta, o que leva várias horas. É uma estrada bastante fotogênica, com vários mirantes e sinalização informando os pontos indicados (Fig. 6.21). Todas as rochas aflorando ao longo da estrada são basaltos do período Kula, a maioria sendo álcali-basaltos ricos em cristais verdes (olivina) e negros (piroxênios).

É interessante parar na sede do parque, a cerca de 2.100 m de altitude, para ver exposições, obter informações em geral e mapas das trilhas. Continuando pela estrada, encontra-se o Leleiwi Overlook, mirante de onde se avista o topo do Haleakala. Para oeste, vêem-se Maui Ocidental, Molokini e, bem ao longe, Molokai e Lanai. O próximo ponto de parada ao longo da estrada é o Kalahaku Overlook, de onde se pode ver uma grande concentração das plantas "espadas-de-prata" (*Argyroxiphium*) no Haleakala. Eram encontradas mais facilmente, mas correm o risco de extinção por causa dos homens e das cabras. Cada planta floresce uma única vez, entre junho e outubro, e depois morre.

O centro de visitantes (Crater Rim Visitor Center), a 2.970 m de altitude, oferece uma vista magnífica da cratera e também *displays* sobre a história geológica do Haleakala. Há uma grande variedade de livros e mapas à venda e, se o tempo for inclemente, os visitantes podem se deliciar com a vista da cratera através de uma janela panorâmica. O mirante

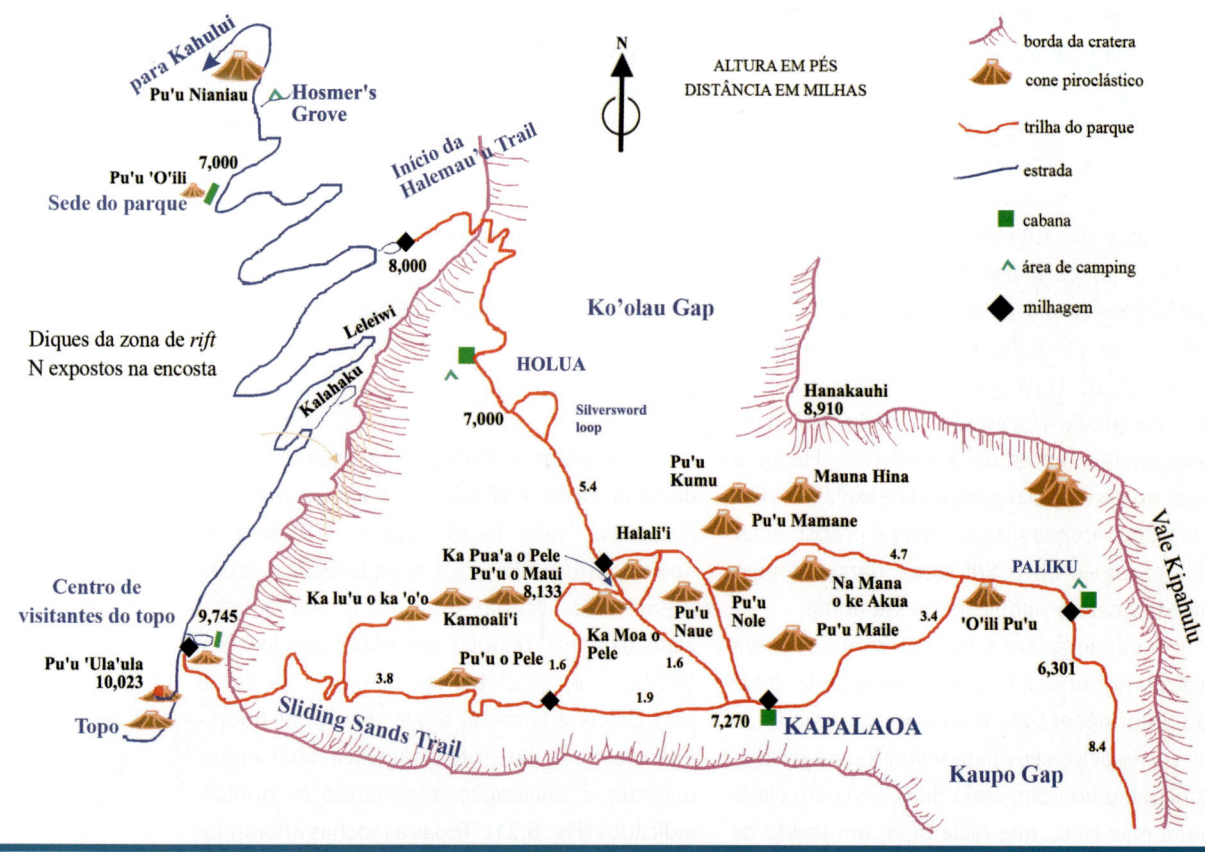

Fig. 6.21 Mapa do Parque Nacional Haleakala mostrando a estrada sinuosa que leva ao topo, a topografia local e as principais trilhas e atrações
Fonte: modificado de <http://www.haleakala.national-park.com>.

do Pu'u 'Ula'ula (colina vermelha) encontra-se a uma curta distância do centro de visitantes. É o ponto mais elevado de Maui, a 3.055 m. Os domos astronômicos que se encontram nas proximidades pertencem a um observatório de onde cientistas pesquisam asteróides que possam chegar perto da Terra.

A cratera do Haleakala tem 12 km de comprimento por 4 km de largura e quase 1 km de profundidade. Há trilhas recortando todo o fundo da cratera; as principais são a Sliding Sands Trail e a Halemau'u Trail (Fig. 6.22). Explorar todas as trilhas pode levar muitos dias, mas é possível ver os pontos mais interessantes num dia só, descendo a Sliding Sands Trail no lado sul, cruzando a cratera e saindo pelo início da Halemau'u Trail, no lado noroeste. Será preciso garantir um meio de resgate no final da trilha ou fazer a trilha em dois dias. O percurso de dois dias pode ser feito a partir de uma das extremidades, descendo até um ponto no meio do caminho ou pernoitando na cabana Holua.

Da Sliding Sands Trail ao início da Halemau'u Trail

Distância: 21 km; diferença de elevação: 512 m (descida); tempo de caminhada: 7 a 8 horas. A famosa Sliding Sands Trail começa perto do estacionamento do centro de visitantes. De perto da borda é possível ver a trilha correndo pela parede da cratera; revela-se aí toda a imensidão do Haleakala. O começo da trilha passa sobre cinzas do cone piroclástico Red Hill, datadas do período Kula. Vale a pena parar antes de a trilha começar a descida da cratera, para que o visitante se situe. À esquerda encontra-se o vale Ko'olau Gap; no centro, há uma linha de cones piroclásticos do período Hana, e à direita, mais ao longe, outro vale, o Kaupo Gap. Em dia claro é possível ver os cumes do Mauna Loa e do Mauna Kea mais adiante do Kaupo Gap.

Ao descer, observe as plantas nativas, tais como os arbustos *dubautia* e as famosas "espa-

Guias de vulcões | 127

Cortesia do Parque Nacional Haleakala, US National Park Service

Cortesia de Scott Rowland

Fig. 6.22 Interior da cratera Haleakala. (no alto) Vista do cone piroclástico Pu'u o Maui, a partir do Ka Moa o Pele. Pode-se chegar até lá seguindo a Sliding Sands Trail. A paisagem cheia de cores torna compensador parar muitas vezes para tirar fotos. (embaixo) Interior da cratera visto da Sliding Sands Trail

das-de-prata", ambas da família das *tarweed* (*Madia sativa*) californianas. Após 3 km, a Sliding Sands Trail intercepta uma trilha secundária que leva ao Ka Lua o Ka Oo, um cone piroclástico do período Hana. Suba a trilha até o cone, atravessando uma paisagem fotogênica de cinzas de um vermelho amarronzado, pontilhada do cinza das "espadas-de-prata" e do verde das plantas *dubautia*. A trilha conduz à beirada do cone e, mais acima, à colorida área da boca eruptiva. Os geólogos ficaram particularmente interessados no fluxo produzido por esse cone, de composição basáltica com cristais de olivina bastante grandes.

De volta à Sliding Sands Trail, continue em direção ao leste, cruzando um panorama de tons de marrom, rosa, dourado e até roxo, que vale muitas pausas para fotografia. O próximo destaque é o cone piroclástico Pu'u o Pele ("colina de Pele"). A trilha passa por lavas *aa;* em seguida, toma a direção leste–sudeste e desce em ziguezague até a junção com a trilha que leva à cabana Holua. Pegue essa trilha e avance pela cratera, passando por fluxos do período Hana. Vê-se aí o cone mais alto da cratera, o Pu'u o Maui ("colina de Maui"), no lado ocidental. A trilha sobe pelo Ka Moa o Pele ("a galinha de Pele"), um cone avermelhado do período Hana, onde se pode observar sua boca eruptiva fendida. Logo após, surge o "chiqueiro de Pele" – um pequeno cone de material piroclástico e pedaços de lava com um fluxo de lava que apresenta beiras salientes, parecendo um chiqueiro. Nesse ponto é possível pegar uma trilha em forma de anel de 1,2 km para Kawilinau, uma fissura de 20 m de profundidade. Percorra o anel ao redor do cone Halalii, caminhando sobre uma área que, de tão colorida, é chamada de "a lata de tinta de Pele". No final do anel, encontra-se a junção com a Halemau'u Trail. Observe as bombas e o lapíli acrescionário espalhado pela trilha e pelos flancos do cone. Lapíli acrescionário é uma pequena esfera de cinza fina, tipicamente formada em erupções que envolvem alguma quantidade de água, possivelmente pela concentração de cinzas em torno de gotículas de água. A trilha também cruza um fluxo rico em cristais de olivina e augita que jorrou da base do Halalii.

No caminho em direção à cabana Holua, seria interessante fazer um pequeno desvio pela Silversword Loop Trail (trilha circular das "espadas-de-prata") para admirar essa planta rara. A vegetação se torna mais abundante à medida que se aproxima da cabana, em contraste com a paisagem estéril do fundo da cratera. Da cabana Holua, há duas opções: voltar pelo mesmo caminho (não é recomendável subir as "sliding sands", isto é, as areias deslizantes, pois isso requer um esforço muito grande) ou continuar pela Halemau'u Trail até o ponto de junção com a Haleakala Highway.

Skyline Trail

Essa trilha pouco conhecida é também chamada de Skyline Drive ("Rodovia do Horizonte"), embora os veículos não sejam autorizados a trafegar por aí. Ela segue a zona de *rift* sudoeste e oferece vistas magníficas dos flancos mais baixos do Haleakala, do oceano e das ilhas ao longe. Para chegar à trilha, saia do centro de visitantes em direção ao edifício do cume, em Pu'u Ulaula. Vire à esquerda, a cerca de 400 m do topo, e continue à esquerda. Logo verá um portão com um cartaz "Skyline Drive, os caminhantes são bem-vindos".

Pu'u Ola'i e o fluxo de 1790

É fácil chegar de carro até esses fluxos saindo de Kihei, passando por praias populares e áreas de condomínios. Siga a estrada Wailea-Alanui, passe pelo Wailea Beach Park e, bem mais ao sul, do lado continental do Pu'u Ola'i, em direção ao Makena State Park. Situado na costa, o Pu'u Ola'i é um proeminente cone piroclástico de 110 m de altura, datado do período Hana de rejuvenescimento da atividade vulcânica do Haleakala. O cone foi produzido por atividade explosiva fraca mas, perto do final da erupção, houve derrames de fluxos de lava. É possível percorrer a trilha que contorna o cone e leva a seu topo. No lado sul, a erosão deixou exposta uma boca eruptiva, colocando em evidência um dique de basalto na parte baixa do flanco. Esse é um bom exemplo de um dique que alimentava de magma um fluxo de lava, e é possível ver o ponto em que o dique e o fluxo se juntam. Do alto do cone há uma excelente vista de Molokini. Próximo ao

Pu'u Ola'i há duas praias deliciosas: Big Beach, ao sul, e Little Beach, a oeste; a última, uma famosa, mas ilegal, praia de nudismo.

De volta à estrada, continue em direção ao sul, para a 'Ahini-Kina'u Natural Area Reserve. A estrada corta o fluxo de 1790, uma grande massa de lava *aa*. Após percorrer 1,6 km dentro da reserva, há uma vista excelente da zona de *rift* sudoeste do Haleakala. Olhando encosta acima, em direção à zona de *rift*, pode-se ver o cone partido, que é uma das bocas eruptivas dos fluxos de 1790. A estrada termina no fluxo da La Perouse Bay.

Hana Highway

Chamada de "Highway to Heaven" ("auto-estrada para o céu") pelos agentes de turismo, essa famosa via leva até a metade do caminho à volta do vulcão, ao longo das costas norte e leste. Começa na cidade de Kahului e termina em Kipahulu, na abertura do vale de mesmo nome. Muitos visitantes de Maui percorrem a Hana Highway, e poucos esquecem a experiência: 93 km de estrada estreita, com muito vento e, às vezes, pista única através de uma floresta tropical. É melhor pegar a estrada em velocidade de passeio e conseguir hospedagem para pernoitar em Hana. Há um hotel de primeira classe, que é o preferido dos ricos e famosos, mas é possível encontrar alternativas menos dispendiosas, inclusive o superbásico camping Ohe'o, perto de Kipahulu.

A primeira parte da auto-estrada é a Hawaii 36, que sai de Kahului rumo leste e cruza a planície aluvial do istmo, entre o Haleakala e Maui Ocidental. A poucos quilômetros a leste da cidade de Lower Pai'a, a estrada cruza a zona de *rift* noroeste do Haleakala, a zona menos ativa das três. Pouco antes do marco de milha 9, a estrada cruza um pequeno trecho de fluxos de basalto alcálico do período Kula. Procure ver a zona de *rift* – os cones piroclásticos do lado oposto à Ho'okipa Beach também foram formados durante o período Kula de rejuvenescimento da atividade vulcânica (cobertura alcálica). Em seguida, a estrada passa a Hawaii 365, e logo depois, a Hawaii 360, mergulhando e subindo vales e canais erodidos. A maioria das rochas aflorantes são basaltos do período Kula. Perto do marco de milha 11 encontra-se uma pequena trilha que leva a uma cachoeira: Puohokamoa Falls. A água do rio se derrama sobre o centro de um fluxo *aa* e cai dentro de uma piscina onde muitas pessoas gostam de se banhar. O próximo destaque é Ke'anae Valley, o maior vale de erosão a sair da cratera. O vale tem um corte profundo e sua base é feita de velhas lavas dos fluxos Honomanu que estão, na sua maioria, cobertos de sedimentos e lavas Hana. Pode-se descer o vale e visitar Ke'anae Arboretum, onde há um trecho em que o taro (planta usada para fazer o horrível *poi*, uma comida típica havaiana) é cultivado no estilo tradicional. Perto do marco de milha 19, vale a pena fazer uma parada no mirante que descortina toda a área.

É interessante ver algumas das cachoeiras ao longo da estrada para Hana. No Pua'aka'a State Park, há duas cachoeiras particularmente bonitas que caem sobre sucessivos fluxos de lava até piscinas naturais. Do ponto de vista geológico, a estrada torna-se mais interessante após a milha 24, quando cruza a zona de *rift* leste e a paisagem é dominada por cones piroclásticos e fluxos dos períodos Hana e Kula. Logo após a saída para o aeroporto de Hana, há uma estrada secundária que leva ao Wai'anapanapa State Park e sua praia de areia negra, formada por ondas que erodiram e consumiram os penhascos de lava basáltica. Um arco escavado numa saliência de lava mar adentro é uma indicação clara do poder de erosão das ondas. Há também um grande tubo de lava muito popular entre os visitantes. A água subterrânea inundou o tubo, e as clarabóias funcionam como buracos para nadar. Uma antiga trilha leva até Popolana Beach, logo ao norte de Hana.

A próxima atração é a própria Heavenly Hana ("Hana Celestial") e sua igualmente celestial praia de areia mista de lava e coral. O proeminente cone piroclástico perto de Hana Bay é o Kauiki Hill. As lendas havaianas dizem que "o céu chega perto de Hana" e contam a história de uma divindade que subiu ao topo do Kauiki Hill e lançou sua espada para o céu. O cone piroclástico também aparece na história havaiana como o local de uma fortaleza e de batalhas entre os habitantes de Maui e os invasores da Ilha Grande. As atrações de Hana incluem um pequeno museu cultural e a venerável loja Hasegawa General Store, que deu nome a uma canção. Logo a oeste da cidade encontra-se o Pu'u o Kahaula, um velho cone piroclástico do período Kula que se destaca por entre os fluxos jovens e a tefra que cobre seus flancos inferiores. Há uma estrada secundária que leva a um mirante, de onde se pode ver o cone e a zona de *rift* leste do Haleakala.

O setor Kipahulu do parque e a Pi'ilani Highway

Se você sobreviveu à Hana Highway, tome a sua continuação e passe ao próximo desafio: a Pi'ilani Highway, que vai de Hana a Kipahulu. Observe que os marcos de milhas decrescem a partir de 52 e que Hana é a última oportunidade para se abastecer de gasolina e outros artigos. A estrada torna-se cada vez mais estreita e há mais vento que na Hana Highway, mas o panorama vale a jornada. O primeiro destaque é a cachoeira Wailua Falls, cujas águas caem 29 m sobre colunas de basalto. Em seguida, vem o local responsável pela maioria do tráfego nessa estrada: 'Ohe'o Pools ("Piscinas 'Ohe'o"), muitas vezes erroneamente chamado de Sete Piscinas Sagradas. É maravilhoso nadar aí, pois as piscinas são de uma beleza surpreendente e, muitas vezes, com um número alarmante de freqüentadores (Fig. 6.23).

A estrada entra no Parque Nacional Haleakala após a milha 43 e logo cruza a boca do Kipahulu Valley, um gigante e remoto vale que corta os flancos do vulcão desde a cratera até o mar. O vale é uma reserva de pesquisa científica fechada ao público. A lava se derramou pelo vale durante o período Hana, e é possível ver o afloramento de alguns fluxos em Palikea Stream Gulch, logo após a cidade de Kipahulu. Uma trilha de 3 km vai do camping Ohe'o, subindo a ravina, até Waimoku Falls, onde o riacho se despeja sobre uma camada de basalto. Há outras trilhas e estradas de terra na área de Kipahulu que vale a pena explorar pelo menos uma vez. Não é recomendável continuar pela auto-estrada depois de Kipahulu, a não ser em um veículo 4x4. Esse setor da estrada é seco, esburacado e espremido entre o oceano e os flancos abruptos do vulcão. É possível ver o magnífico Kaupo Valley caminhando cerca de 8 km a partir do final da parte pavimentada da estrada ou seguindo de carro a partir do lado oeste, por outro trecho da Pi'ilani Highway. Quem dispõe de veículo 4x4 pode fazer toda a volta pelo lado sul do vulcão e subir pelo lado oeste de volta a Kahului.

Fig. 6.23 As famosas piscinas 'Ohe'o (também conhecidas como as Sete Piscinas Sagradas) estão entre as principais atrações de Maui, mas chegar até lá exige esforço. Estão localizadas perto da Pi'ilani Highway, que é continuação da estreita e sinuosa Hana Highway

Visita em período de atividade

É improvável, mas não impossível, que o Haleakala entre novamente em erupção. O vulcão é monitorado e, de fato, pequenos sismos ocorrem esporadicamente. Não resultam, porém, do movimento de magma ascendente, mas da subsidência da crosta em função do peso do vulcão. Maui está se acomodando no assoalho oceânico a uma razão de alguns centímetros por década.

É difícil prever como seria uma erupção em Maui ou que efeito teria sobre a ilha. Se considerarmos a possibilidade de uma futura erupção similar à de 1790, pode-se esperar um evento efusivo fraco. No entanto, uma erupção é uma grande incógnita, e as autoridades locais seriam, por certo, extremamente cautelosas. É pouco provável que os visitantes tenham acesso relativamente fácil à erupção, como no Kilauea. O Haleakala não é um velho amigo conhecido e poderia se transformar no semideus Maui: um malandro astucioso que ataca quando menos se espera.

Outras atrações locais

O vulcão Maui Ocidental

Esse vulcão-escudo alcança 1.764 m acima do nível do mar, tem 29 km de comprimento e 24 km de largura. Suas lavas mais jovens têm cerca de meio milhão de anos, e o vulcão é considerado extinto. Maui Ocidental seguiu o padrão comum dos vulcões havaianos, com erupções fracas de basaltos toleíticos na juventude e erupções mais explosivas de lavas mais evoluídas na velhice. As lavas mais antigas são chamadas de basaltos Wailuku e geralmente apresentam cor mais escura que as mais jovens, chamadas de formação Honolua. Uma atividade rejuvenescida após esses dois períodos foi responsável pela construção de quatro cones piroclásticos de basalto altamente alcálico, logo acima da cidade de Lahaina. Essas rochas vulcânicas mais jovens são chamadas de formação Lahaina.

É fácil contornar o vulcão pela Highway 30, que margeia a costa. Muitos visitantes vêm a Maui Ocidental para ver Lahaina, uma velha cidade portuária ligada à história local de pesca da baleia. O sítio mais interessante do ponto de vista geológico fica dentro da caldeira erodida desse velho vulcão, na cabeça do 'Iao Valley. Pode-se ir de carro até lá seguindo a 'Iao Valley Road (Highway 32), que intersecta a Highway 30 a oeste de Kahului. Ao longo dos três primeiros quilômetros após a intersecção é possível ver os basaltos Wailuku aflorando nas paredes do vale. A pouco mais de 4 km da junção, a estrada atravessa Black Gorge (Garganta Negra), um tributário do riacho principal do 'Iao Valley. Muitos visitantes param nesse ponto porque a massa de rochas escuras em um dos lados da garganta parece o perfil de John F. Kennedy. As rochas, datadas do período Honolua, são gabro, rocha intrusiva de composição semelhante ao basalto, mas que contém cristais maiores.

A estrada termina no 'Iao Valley State Park, dentro da velha caldeira escavada pela erosão. A beleza natural da região tornou-a muito popular e freqüentemente há aglomerações de visitantes. A primeira vista que chama a atenção é a do 'Iao Needle ("Agulha de 'Iao"), com cerca de 370 m acima do fundo do vale. Embora pareça uma rocha isolada, é, de fato, um pequeno monte na crista de uma serrania que divide os vales de dois riachos. O 'Iao Needle foi formado por fluxos de basalto fino Wailuku e resistiu à erosão que escavou o vale. Podem-se ver diques cortando os antigos fluxos de basalto, formados por lava de erupções posteriores que preencheram as fraturas no 'Iao Needle.

É possível caminhar em volta do parque e ver afloramentos de fluxos de lava e detritos que preencheram parcialmente a cratera, assim como plantas com flores e cascatas no riacho 'Iao. Não é fácil ver a borda da velha caldeira de nenhum ponto do parque, mas, se o tempo estiver claro, é possível reconhecer seu traçado a partir do mirante do 'Iao Needle.

Chega-se à parte oeste da borda da caldeira por uma estrada que sai de Honokowai, na costa oeste. A estrada pavimentada continua depois como estrada de terra e, finalmente, uma trilha de cerca de 9 km, que termina em Pu'u Kukui, o cume atual do vulcão, encastrado na borda da caldeira a 1.764 m. Seu nome vem de uma planta nativa, mas talvez devesse ser conhecido como La's Revenge (A Vingança de La), visto ser um dos lugares mais úmidos da Terra, com um índice pluviométrico de mais de 10.000 mm. Não é de surpreender que essa caminhada esteja ausente da lista dos lugares mais visitados em Maui.

Molokini

Essa ilha em formato de meia-lua, muito popular entre mergulhadores – seja usando cilindros de ar, seja *snorkel* –, é um cone de tufo semi-submerso, formado quando a lava quente encontrou a água do mar raso. É fácil chegar até lá de barco; na realidade, o que é quase impossível para o visitante é evitar algum tipo de mergulho. O coral cresce na parte interna do tufo, onde são levados os nadadores com *snorkel*. Os mergulhadores com cilindro são levados para o lado exterior do tufo anelar (*tuff ring*), que tem a vantagem de ser menos lotado. Molokini é um santuário de pássaros: o Marine Life Conservation District Seabird Sanctuary. O acesso à ilhota é, portanto, restrito. Na verdade, não há muita geologia interessante para ver na água, mas a experiência pode, ainda assim, valer a pena. Não é sempre que se pode nadar dentro de um tufo anelar, principalmente um que seja cheio de peixes de cores brilhantes superalimentados e superamigáveis. Para quem não gosta de nadar, é possível fazer um passeio do tipo *sightseeing*, de barco, ou aproveitar o magnífico panorama da ilha que se tem do McGregor Point, na costa sul do vulcão Maui Ocidental. McGregor Point é também um ótimo local para se apreciar o Haleakala, o Lanai e o Kahoolawe.

7 Vulcões na parte continental dos Estados Unidos

O OESTE DOS ESTADOS UNIDOS

Os Estados Unidos têm tanto a bênção quanto a maldição de alguns dos vulcões mais bonitos, fascinantes e perigosos do mundo. O país ocupa a terceira posição mundial em matéria de vulcões ativos, superado apenas pela Indonésia e pelo Japão, mas pode, no entanto, ser considerado o máximo em termos de variedade. A atividade quase constante e relativamente benigna dos vulcões havaianos contrasta com as imponentes montanhas da cadeia de montanhas Cascades, e, no Alasca, vulcões potencialmente letais são motivo tanto de temor quanto de orgulho para a população local. Quem não se lembra da erupção de maio de 1980 do monte Santa Helena e da mudança colossal que provocou na paisagem tranqüila? O Santa Helena poderá entrar de novo em erupção, assim como vários outros vulcões igualmente impressionantes situados ao longo da borda ocidental do Cinturão de Fogo. Muita gente desconhece que há outras áreas no interior dos Estados Unidos com o potencial de desencadear atividade muito violenta, como Yellowstone, que já foi sítio de uma gigantesca erupção formadora de caldeira.

Há livros inteiros dedicados aos vulcões americanos na parte continental. Escolhi quatro que são muito diferentes, de fácil acesso e representativos da variedade de paisagens vulcânicas na parte continental dos Estados Unidos. Lassen Peak é um domo de lava dacítica viscosa. O monte Santa Helena é fascinante tanto como vulcão composto quanto por sua recente e devastadora erupção. Yellowstone, uma enorme caldeira, é uma das mais importantes áreas geotermais do mundo, cheia de atrações, além do famoso gêiser Old Faithful. O Sunset Crater, no Arizona, representa um tipo de vulcão menor e menos violento – o cone piroclástico –, do qual ele é, provavelmente, o exemplo mais pitoresco do mundo.

A visita a esses vulcões vem com bônus especiais, pois a maioria está localizada em áreas de geologia e paisagens surpreendentes. As "outras atrações na região" poderiam encher várias páginas. É uma tarefa muito ambiciosa visitar, em uma única viagem, os quatro vulcões destacados aqui, mais outros descritos como atrações imperdíveis nas proximidades. Yellowstone merece pelo menos uma semana, e, no mínimo, uma semana adicional seria necessária para conhecer o Sunset Crater e o Grand Canyon, Meteor Crater e uma profusão de outras maravilhas geológicas da área. É possível visitar Lassen Peak e o monte Santa Helena em uma única viagem, mas lembre-se de reservar algum tempo para, no mínimo, uma pequena visita ao monte Shasta, Crater Lake e monte Rainier. Montanhistas apaixonados talvez queiram permanecer na área por mais tempo para poder escalar o monte Shasta, o monte Rainier ou algum dos vulcões da região, como o monte Hood.

A proximidade dos vulcões do oeste americano a cidades densamente povoadas e áreas agrícolas significa uma ameaça constante, e os vulcões devem ser continuamente observados para detectar qualquer sinal de aumento de atividade (Fig. 7.1). O monitoramento de todos os vulcões das Cascades, mais o Long Valley e o Mono Lake, na Califórnia, é realizado pelo Cascades Volcano Observatory (CVO), do United States Geological Survey (USGS). O observatório não está aberto ao público, mas fornece informações sobre os vulcões por telefone ou pelo seu portal na Internet.

É pouco provável que qualquer desses vulcões entre em erupção sem nenhum aviso. São capazes, no entanto, de erupções extremamente violentas, como demonstrou tão bem, em 1980, o monte Santa Helena, de aparência tão plácida. Mesmo as técnicas mais avançadas de monitoramento ainda não conseguem prever a data e a magnitude de uma erupção desses vulcões, significativamente mais complexos que seus primos havaianos. Se o CVO

com exceção dos gêiseres de Yellowstone, é melhor vê-los quando tudo está quieto.

Ambiente tectônico

O oeste dos Estados Unidos é uma região vulcânica complexa que se estende não apenas por uma grande área geográfica, mas também por uma vasta série de estilos vulcânicos e tipos de rocha. Os ambientes tectônicos envolvem subducção ao longo das montanhas Cascades, e pontos quentes, *rifts* e falhas nos outros locais. A atividade no oeste norte-americano durante os últimos 5 milhões de anos foi bem fraca em comparação com a do Terciário Médio, quando aconteceram erupções violentas formadoras de caldeiras. Não se sabe ainda por que essas erupções violentas ocorreram naqueles lugares e naquela época. Conhecemos melhor a relação entre o vulcanismo dos dias de hoje e o ambiente tectônico, mas muitos detalhes ainda exigem explicação.

A tectônica da região das Cascades é dominada pela subducção da placa Juan de Fuca, que mergulha sob a placa Norte-Americana. A placa Juan de Fuca está separada da placa do Pacífico pela cadeia Juan de Fuca, uma zona de alargamento do assoalho do oceano Pacífico (Fig. 7.2). A velocidade atual de convergência entre as placas é relativamente baixa, de 3 a 4 cm por ano, e é considerada quase a metade do que era a 7 milhões de anos atrás. Talvez seja esse o motivo para a diminuição do vulcanismo desde essa época, e para haver relativamente pouca atividade sísmica ao longo da zona de subducção.

Os vulcões das Cascades têm as características comuns aos vulcões de zonas de subducção: erupções explosivas e fluxos de lava formaram vulcões com encostas íngremes, tipos de magma que vão do basalto ao andesito e dacito, muitas ocorrências de fluxos piroclásticos e fluxos de lama. Há onze grandes vulcões nas Cascades que entraram em erupção nos últimos dois mil anos e muitos outros potencialmente ativos.

Além da cadeia de montanhas Cascades, que se estende desde o norte da Califórnia, Oregon e até o Estado de Washington, há outras grandes áreas vulcânicas consideradas

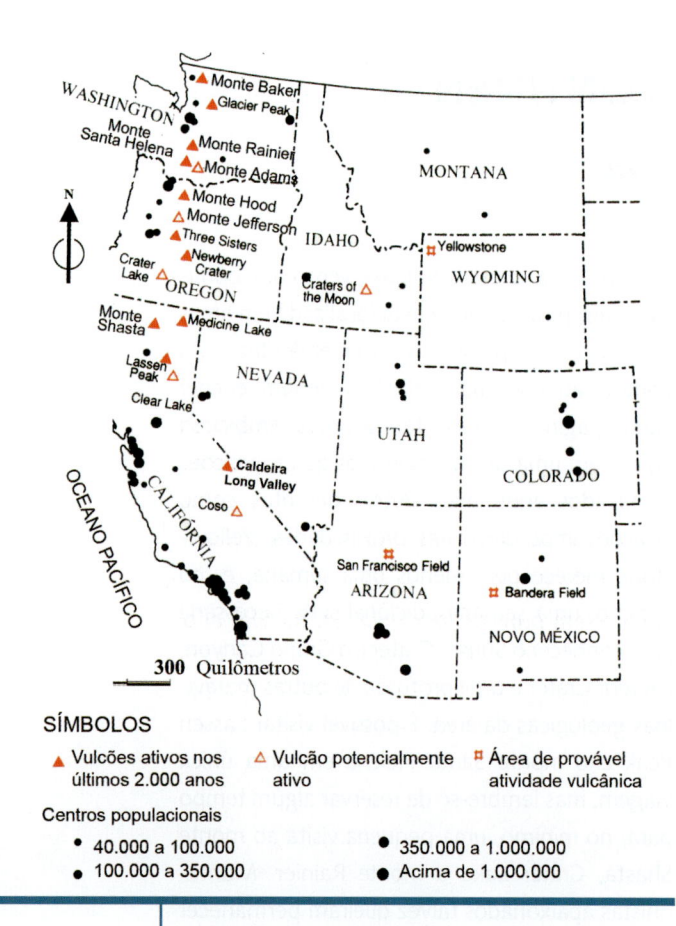

Fig. 7.1 Vulcões ativos e potencialmente ativos nos Estados Unidos. Observar que os vulcões das montanhas Cascades estão localizados em zonas próximas a centros populacionais importantes
Fonte: modificado de Brantley, 1995.

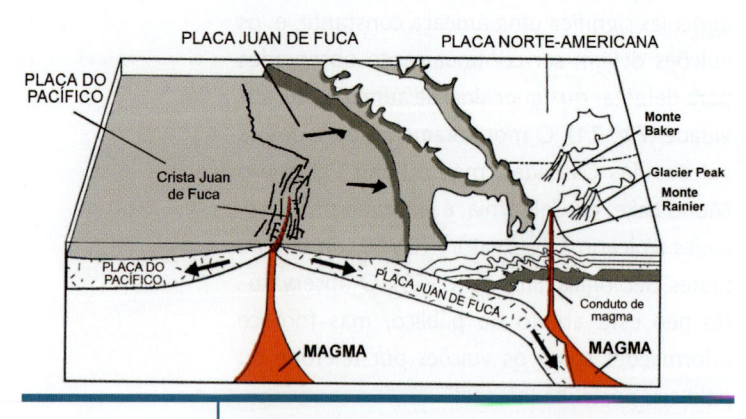

Fig. 7.2 Ambiente tectônico da América do Norte. A placa Juan de Fuca mergulha sobre a placa Norte-Americana. O limite entre a placa Juan de Fuca e a placa do Pacífico é marcado por uma grande cadeia submarina de montanhas, conhecida como crista Juan de Fuca, ao longo da qual o assoalho oceânico está se alargando
Fonte: modificado de Brantley, 1995.

lançar um alerta de não-aproximação de uma determinada área, respeite-o. Há muitos vulcões a visitar no oeste dos Estados Unidos e,

potencialmente ativas, entre as quais Craters of the Moon (Crateras da Lua) e os campos de lava de Snake River Plains, em Idaho; Yellowstone, em Wyoming; o campo vulcânico San Francisco, no Arizona; o campo Bandera, no Novo México; e Long Valley Caldera e Mono Lake, no leste da Califórnia.

As regiões Snake River Plains–Craters of the Moon e Yellowstone fazem parte de uma longa faixa de vulcanismo basáltico e riolítico de 80 km de largura e 450 km de extensão, que pode ser considerada a área vulcânica mais dinâmica da América do Norte. Isso pode parecer surpreendente, já que não têm ocorrido erupções nessas áreas. No entanto, a região está se movendo na direção nordeste a um índice de 3,5 cm por ano. Daqui a uns 20 milhões de anos, estará na fronteira com o Canadá, depois de ter destroçado a paisagem de Montana. A região Snake River Plains–Craters of the Moon é muito complexa, pois envolve um ponto quente, falhas de grande porte e grande subsidência da crosta entre as falhas. O vulcanismo inclui a formação violenta de grandes caldeiras, como Yellowstone, e também o derrame de quantidades colossais de lava, como os enormes fluxos de basalto de Snake River Plains.

Outra região vulcânica importante é o platô Colorado. O vulcanismo não ocorreu no próprio platô, mas nas suas margens, nos Estados de Utah, Arizona, Novo México e Colorado. Especula-se que, provavelmente, o movimento vertical repetitivo que levantou o platô ao longo de milhões de anos tenha aberto caminhos para o magma chegar à superfície. Os vulcões das bordas do platô são, na sua maioria, pequenos campos isolados de cones piroclásticos monogenéticos, tal como o Sunset Crater, originado em uma fase única de atividade, sem expectativa de repetição.

Há duas províncias vulcânicas principais nos Estados Unidos, o campo vulcânico Rio Grande Rift–Jemez Zone, no Novo México, e a região oriental da Califórnia, que inclui Mono Lake e a caldeira Long Valley. O vulcanismo no Novo México é o resultado de duas feições tectônicas importantes: a Jemez Zone e o Rio Grande Rift. Os dois principais campos vulcânicos nessa região, chamados Jemez e platô Taos, estão localizados na intersecção desses dois grandes sistemas tectônicos. A Califórnia Oriental tem vulcões espalhados, principalmente campos basálticos de cones piroclásticos monogenéticos. Esforços regionais controlam o vulcanismo na área, mas a formação da caldeira riolítica Long Valley é considerada uma anomalia. A erupção que a formou há cerca de 700 mil anos foi muito mais violenta e volumosa que qualquer outra na Califórnia. De vez em quando, há perturbações na caldeira, na forma de uma série de terremotos, mudanças nas fontes termais e levantamento do solo. As erupções da cadeia de vulcões Mono–Inyo Craters, localizada a noroeste de Long Valley, ocorreram num período recente, há 550 anos. Existe a possibilidade de futuras erupções nessa área e, muito provavelmente, em muitos outros vulcões do oeste norte-americano.

Informações práticas para o visitante

Parques e monumentos nacionais

A maioria dos vulcões destacados aqui fazem parte do sistema de parques nacionais dos Estados Unidos, sendo o Sunset Crater e o monte Santa Helena monumentos nacionais. O monte Shasta faz parte de uma área de preservação, enquanto os outros vulcões situam-se dentro dos parques nacionais. Os monumentos e parques fazem um trabalho notável para oferecer o melhor aos visitantes: muitas áreas selvagens para os mais aventureiros, caminhadas organizadas com guias, exposições e conferências para quem quer aprender sobre vulcões sem ter que explorar locais remotos. Os endereços postais e da Internet dos parques nacionais encontram-se nos Apêndices I e II.

Transporte

Os Estados Unidos são a terra dos carros particulares. É possível alugar automóveis em todos os lugares, e geralmente custa menos do que na maioria dos outros países. Turistas com idade inferior a 21 anos poderão ser proibidos de alugar carro, o que deve ser verificado em várias agências com muita antecedência. O transporte público costuma ser escasso. Podem-se obter informações junto às sedes dos parques e monumentos nacionais a respeito da disponibilidade atual de transporte público de ida e volta para essas áreas.

Passeios

Todos os parques e monumentos oferecem passeios organizados conduzidos por naturalistas ou guardas dos parques. O Yellowstone Institute, uma instituição educacional, oferece passeios guiados ao Parque Nacional de Yellowstone e grande variedade de aulas e cursos de curta duração, inclusive sobre sua geologia.

Há ofertas (amplamente anunciadas) de passeios aéreos, em helicópteros ou pequenos aviões, ao monte Santa Helena. Para outros pontos, pesquise nos aeroportos locais (Flagstaff para Sunset Crater; Redding para Lassen Peak; West Yellowstone para Yellowstone, somente nos meses de verão; Seattle/Tacoma para o monte Rainier; Klamath Falls e Medford para Crater Lake; e Montague/Yreka para o monte Shasta). Mount Shasta Balloon Company (916-841-1011) e Dream Chaser Balloon Adventures (916-938-2315) são duas companhias que operam vôos de balão até as proximidades do monte Shasta e permitem uma visão diferente de passeio vulcânico.

Acomodações/Hospedagem

Há uma grande variedade de acomodações a pequena distância de carro de cada vulcão descrito aqui: áreas de camping, albergues e hotéis baratos são fáceis de encontrar. Uma ótima fonte de informação sobre hospedagem é o guia da American Automobile Association (AAA). Os guias de cada Estado custam uns poucos dólares nos escritórios da AAA. É aconselhável entrar em contato com as sedes dos parques e monumentos nacionais para informação atualizada sobre áreas de camping e acomodações nessas áreas. Todos os parques e monumentos exigem que os visitantes se registrem nos escritórios ou que peçam uma autorização de pernoite em áreas mais remotas.

Monumento Nacional de Sunset Crater

A cidade de Flagstaff, localizada na histórica Route 66, é a opção mais evidente de hospedagem perto da região de Sunset Crater ("Cratera do Crepúsculo"), oferecendo grande variedade de acomodações, a maior parte a preços baixos e moderados. É permitido acampar em Sunset Crater no Bonito Campground, operado pelo Serviço Florestal dos Estados Unidos e localizado em frente ao centro de visitantes.

Parque Nacional de Yellowstone

O próprio parque nacional dispõe de hotéis, cabanas e instalações para camping dentro das fronteiras de quatro dos seus cinco "countries" ("territórios"). O parque é tão grande que é aconselhável, quando se dispõe de tempo para ver uma grande parte, trocar de hospedagem durante a visita. O Geyser Country oferece o Old Faithfull Inn, um monumento histórico nacional feito de troncos e pedras, datado de 1904. Se o orçamento for apertado, procure as cabanas do Old Faithful Lodge Cabins. Aconselho reservar uma das cabanas com banheiro privativo. O dinheiro gasto a mais vale a pena para evitar a possibilidade de encontro noturno com algum dos bisões, que parecem gostar de passear em volta das cabanas. Ao visitar o parque no inverno, há apenas duas opções: o Old Faithful Snow Lodge, também em Geyser Country, e o Mammoth Hot Springs Hotel and Cabins, em Mammoth Country, aberto o ano inteiro. O Canyon Lodge and Cabins, perto das espetaculares cachoeiras Lower Falls, é conveniente para quem for visitar Canyon Country. Outra alternativa é o bonito Dunraven Lodge, inaugurado em 1999. Roosevelt Lodge Cabins, em Roosevelt Country, de 1916, oferece cabanas rústicas de madeira perto da área da cachoeira Tower Fall, a favorita do presidente Teddy Roosevelt. No total, há cerca de 600 quartos de hotel e 1.600 cabanas dentro do parque, mas é fundamental reservar com antecedência, em razão do grande número de visitantes.

Quem estiver interessado em acampar pode escolher entre as 11 áreas de camping operadas pelo parque. Sete delas estão disponíveis segundo a ordem de chegada. Três outras podem ser reservadas com bastante antecedência, enquanto as áreas do Bridge Bay Campground podem ser reservadas com, no máximo, oito semanas de antecedência. Para quem viaja com RVs ("recreational vehicles": *trailers* ou *motorhomes*), há um local de estacionamento apropriado, Fishing Bridge RV Park, com mais de 300 pontos de instalação. Para qualquer informação sobre camping ou estacionamento para RVs, telefonar para (307) 344-7311.

Monumento Nacional Vulcânico do Monte Santa Helena

Há muitas áreas de camping públicas e privadas no local, embora nenhuma dentro do monumento, e uma grande variedade de hotéis e pousadas nas cidades que circundam a montanha. Por causa do traçado das estradas, a visita ao Santa Helena é mais bem aproveitada quando dividida em três estágios: os lados oeste, nordeste e sul. Para economizar tempo de percurso na estrada, é melhor mudar de hospedagem durante a visita. Entre os campings, há o Seaquest State Park (1-800-452-5687), na Highway 504, no lado oeste; o Iron Creek (1-800-280-2267), na Forest Road 25, no lado nordeste; e o Kalama Horse Camp (1-800-280-2267), na Country Road 81, no lado sul, todos campings públicos bem localizados. Há outros no lado sul, operados pela Pacificorp (503-464-5035). Para hotéis e pousadas, procure as cidades de Castle Rock (lado oeste), Cougar (lado sul) e Randle (lado nordeste). Há muitos hotéis com tarifas padronizadas e também muitas acomodações do tipo cama&café. Consulte o guia da AAA para informações e preços atualizados.

Parque Nacional Vulcânico Lassen

A única hospedaria dentro do parque é Drakesbad Guest Ranch, na área do Warner Valley, a 29 km da cidade de Chester. A fazenda oferece refeições, uma piscina com aquecimento geotérmico e passeios a cavalo até as atrações locais. No entanto, só abre no verão e sua localização não é muito conveniente em relação à parte oeste do parque, onde se encontra a maioria dos pontos interessantes. Há várias possibilidades fora do parque – peça ao serviço de informações do parque uma lista de hospedagens ou use o guia da AAA. Os hotéis na cidade de Mineral, a 16 km da entrada sudoeste do parque, encontram-se em localização muito conveniente para ir a Lassen Peak ou a outras atrações do parque. Quem quiser acampar terá muitas opções. Fora do parque, as áreas de camping são privadas.

Para as várias áreas de camping dentro do parque, inclusive as de Manzanita Lake, Juniper Lake, Butte Lake e Warner Valley, verifique a disponibilidade na sede.

Monte Shasta

Há hotéis e acomodações do tipo cama&café na cidade de Mt. Shasta, em Weed, Dunsmuir, McCloud e outras nas proximidades. O Siskiyou County Visitor's Bureau tem um número gratuito (800-446-7475) para informação sobre hospedagem. É permitido acampar na área selvagem do monte Shasta.

Crater Lake

O famoso Crater Lake Lodge é a melhor escolha, embora não seja a mais barata. Construído em 1909, o hotel escapou por pouco da demolição no final dos anos 1980, mas o protesto do público forçou sua restauração e reabertura em 1995. Funciona apenas no verão e tem 71 apartamentos; portanto, é fundamental reservar com antecedência. A característica mais impressionante do Lodge é a vista majestosa do lago. Se não puder se hospedar aí, considere a possibilidade de conhecer a original sala de jantar, de ponderoso pinho e paredes de pedra. Uma alternativa mais barata é o Mazama Village Motor Inn (reservas por telefone). Também é possível acampar: as áreas de camping Mazama e Lost Creek, ambas dentro do parque, não aceitam reservas e funcionam somente no verão. Não é possível hospedar-se dentro do parque durante o inverno. Há hotéis e "cama&café" nas cidades próximas de Kalamath Falls e Medford.

Monte Rainier

Há dois hotéis rústicos e imponentes dentro do parque nacional: o Paradise Inn, aberto apenas durante o verão, e o National Park Inn, em Longmire, aberto o ano todo. Bem perto da entrada Nisqually (Nisqually Entrance) do parque, encontra-se a cidade de Ashford, que oferece várias opções de hotéis e "cama&café", assim como outras cidades circunvizinhas. Dentro do parque, há cinco áreas de camping: Cougar Rock, Ipsut Creek, Ohanapecosh, Sunshine Point e White River. Algumas delas estão abertas durante o ano todo, mas nenhuma aceita reservas.

Serviços de segurança e emergência

Os Estados Unidos têm os melhores serviços de resgate de urgência do mundo, mas isso tem um preço. Visitantes de outros países devem adquirir um seguro médico antes de deixar o país de residência. Os vulcões americanos descritos aqui estão localizados em áreas onde crimes violentos não constituem um grande problema, mas é preciso ter cautela. Pedir carona (ou dar carona a estranhos) não é considerado seguro em nenhuma parte dos Estados Unidos, tampouco dormir dentro do carro em "áreas de descanso" nas estradas.

Mapas

O USGS publica mapas topográficos e geológicos de todas as áreas do país – pode-se comprá-los pelo correio (ver endereços no Apêndice I). A série de mapas topográficos em escala de 1:24.000 são particularmente úteis, e há mapas geológicos de todos os vulcões descritos aqui. Nas entradas dos parques e monumentos nacionais são distribuídos mapas que, embora sejam menos detalhados, também são úteis. Pode-se encontrar um grande número desses mapas à venda nos centros de visitantes e livrarias locais. Não esquecer de verificar na Internet a variedade de mapas disponíveis (endereços no Apêndice I).

LASSEN PEAK

O vulcão

Lassen Peak é a maior cúpula vulcânica do mundo, um vulcão formado por lava muito viscosa e que funciona quase como um pistão rígido, terminando por bloquear seu próprio conduto (Fig. 7.3). Lassen Peak é o vulcão mais ao sul nas montanhas Cascades, assim como o mais alto entre os que não são estratocones, alcançando 610 m acima do terreno circundante e uma elevação total de 3.187 m. Antes da erupção do monte Santa Helena, em 1980, o Lassen teve a honra de ser o vulcão de erupção mais recente na parte continental dos Estados Unidos. Embora suas erupções sejam esporádicas, ele merece, de fato, o posto entre os melhores vulcões do mundo para visitar, em razão do seu extraordinário domo de lava. Há muitas coisas para lembrar aos visitantes que esse vulcão não está morto: fumarolas ejetando vapor na área do topo, terreno quente no flanco norte e extensas áreas geotermais na vizinhança.

Lassen é muito agradável e fácil de visitar. Sua localização é extraordinária, não apenas por causa da magnífica paisagem, mas também pela variedade de formas vulcânicas existentes nas proximidades. O parque nacional foi criado em 1916, durante a última erupção significativa, embora Lassen Peak e o Cinder Cone vizinho tenham sido declarados monumentos nacionais já em 1907. Lassen é um parque nacional muito especial, pois abriga também a maior coleção de feições geotermais ativas das montanhas Cascades. Entre as maiores atrações, encontra-se Bumpass Hell, uma área geotermal espetacular, com panelas de lama fervente, fumarolas bufando e depósitos de enxofre de várias cores.

Outro destaque é o Cinder Cone (cone piroclástico), um belo exemplar desse tipo de estrutura. O parque tem até alguns pequenos vulcões-escudo do tipo islandês, de lavas andesíticas, além de Chaos Crags ("penhascos do caos"), um grupo de domos dacíticos que cobre uma área de cerca de 5 km². Chaos Jumbles ("mistura caótica"), formado pelo desmoronamento de um dos domos, é um exemplo didático de avalanche de rochas. Quem procura variedade de feições geológicas poderá ver estruturas glaciais e falhas tectônicas. Lassen, porém, não é interessante apenas para quem gosta de geologia. A paisagem espetacular e a infra-estrutura do parque fazem dele um lugar ideal para as famílias aproveitarem a natureza. Há campings, exposições educativas, muitas trilhas, passeios a cavalo, passeios de barco e pescaria em lagos azuis anis, e inúmeras oportunidades de observar a vida selvagem.

A paisagem variada do parque, do ponto de vista vulcânico, foi produzida por uma combinação de diferentes tipos de erupção, começando pela formação de um estratovulcão andesítico, o monte Tehama, cerca de 600 mil anos atrás. Também chamado de vulcão Brokeoff, o monte Tehama parece ter sido um estratocone de cerca de 3.350 m de altitude e 24 m de diâmetro, formado principalmente por fluxos andesíticos (especificamente olivina-augita e hiperstênio-augita andesitos), intercalados com fluxos piroclásticos. Sua evolução pode ter sido similar à do monte Mazama, no Oregon, atualmente o sítio de Crater Lake (Lago de Cratera). A datação de lavas do monte Tehama mostra que o vulcão esteve ativo por cerca de 200 mil anos. Foi recortado por uma série de falhas e acabou por afundar, formando uma caldeira de uns 4 km de largura. Imagina-se que a principal boca eruptiva do Tehama ficasse onde hoje se localiza Sulphur Works. Sofreu erosão profunda pela ação glacial e atividade hidrotermal que tornou as rochas friáveis, mas ainda é possível ver os remanescentes da caldeira na extremidade sudoeste do parque: os montes Brokeoff, Diller, Pilot Pinnacle, Diamond Peak e Conard formam um círculo quebrado que marca a localização da caldeira.

Depois da extinção do Tehama, houve uma grande mudança no tipo de vulcanismo dessa área. A atividade deslocou-se para o flanco norte do Tehama, e as lavas eram mais silicáticas. Três seqüências de lavas silicáticas e

Fig. 7.3 Lassen Peak visto do Reflection Lake (Lago do Reflexo)

um grupo de lavas híbridas (mistas) foram extrudados dos últimos 400 mil anos, começando com a erupção de um pequeno fluxo de lava riodacítica e um domo riolítico. Algumas dessas lavas ainda estão preservadas no Raker Peak e no monte Conard. Essa atividade foi rapidamente seguida por uma erupção explosiva de mais de 50 km³ de magma riolítico, formando fluxos de cinzas e produzindo uma pequena caldeira no flanco norte do velho Tehama. A caldeira foi posteriormente preenchida por lavas da seqüência de atividade posterior. Essas lavas formaram 12 domos e vários fluxos espessos associados a eles. A segunda seqüência ocorreu de 250 a 200 mil anos atrás, provocando a extrusão de 15 a 25 km³ de lava. As bocas eruptivas principais ficaram concentradas na extremidade norte da caldeira do Tehama, e os domos mais proeminentes são Bumpass Mountain, Mt. Helen, Ski Heil Peak e Reading Peak. A terceira seqüência de atividade também envolveu a formação de domos de lava, que atualmente formam as porções norte e oeste do campo de domos dacíticos. Os domos surgiram em 12 episódios separados, começando há cerca de 100 mil anos e envolvendo não apenas a extrusão de lava pastosa em pequenos fluxos espessos, mas também fluxos piroclásticos. Os domos de lava mais proeminentes desse período são Eagle Peak (cerca de 55 mil anos), Sunflower Flat (35 mil anos), Lassen Peak (25 mil anos) e Chaos Crags, que entrou em erupção há apenas 1.050 anos. Os condutos desses domos estão concentrados ao longo de cadeias lineares, perto de onde se imagina que a borda oeste da caldeira se situava.

Lassen Peak nasceu como boca eruptiva no flanco norte do monte Tehama. Antes da formação do domo Lassen, por lava dacítica viscosa, a mesma boca expeliu grande quantidade de lavas fluidas, chamadas de "dacitos pré-Lassen". O maior exemplo remanescente dessas lavas é hoje conhecido como Loomis Peak. Após os dacitos fluidos, houve extrusão de pelo menos um fluxo piroclástico pela mesma boca eruptiva. Seus depósitos são encontrados na área de Kings Creek Meadows e foram datados de 11 mil anos. O domo de lava foi extrudado imediatamente após o fluxo piroclástico. Naquele período, ainda havia geleiras cobrindo os restos do monte Tehama.

A formação do Lassen Peak deve ter sido um evento aterrorizante. À medida que o corpo de lava maciço subia, quebrando a rocha subjacente, terremotos fortes por certo sacudiam o terreno. A massa viscosa emergiu, construindo lentamente o enorme domo. Imagina-se que a lenta extrusão durou cerca de 5 anos e que logo a enorme massa do vulcão tampou o conduto, e o magma não ascendeu mais. Ao resfriar e fraturar-se, a lava descia e formava uma encosta de tálus, onde as geleiras deixaram sua marca na forma de pequenas morainas. Ainda é possível encontrar pontos onde se vê a lava dacítica original, dando uma idéia do aspecto do abrupto domo na época da formação (Fig. 7.4).

Após seu nascimento, o Lassen Peak sofreu os efeitos da erosão glacial. Durante o Pleistoceno, a área foi coberta por uma grande camada de gelo. A erupção do Lassen aconteceu perto do final do Pleistoceno, quando uma grande camada de gelo já havia derretido. Mais tarde, com a volta do clima frio, as geleiras do vale erodiram e formaram anfiteatros rasos nos lados norte e nordeste do domo. Ao sul do Lassen Peak, os lagos Helen e Emerald se formaram em bacias em forma de anfiteatros. As provas da erosão glacial no Lassen são evidentes em vários locais. Detritos glaciais se misturaram aos detritos vulcânicos, e os dois tipos de material podem ser encontrados em depósitos de fluxos de lama e de avalanches.

A erupção de 1914-21 é a única de que se tem registro no Lassen Peak, mas há evidências de erupções anteriores. Sabe-se que antes de 1914 havia no topo do domo uma grande cratera em forma de concha com fundo de tefra, de cerca de 200 m de diâmetro e uns 110 m de profundidade. Foi formada por uma grande erupção explosiva, provavelmente tão violenta quanto o episódio de 1914-21. Outra evidência de atividade antes de 1914 vem de depósitos de fluxos de lama que partiam do domo. Esses depósitos são encontrados ao longo dos rios Hat Creek, Lost Creek, e a leste da Devastated Area (Área Devastada). Alguns podem ter menos de 500 anos.

A última seqüência de lavas na área do Lassen foi um grupo de lavas andesíticas híbridas (mistas) que formaram fluxos complexos com cones marcando suas bocas eruptivas.

O volume dessas lavas, extrudado em torno das margens do campo de domos dacíticos, foi de cerca de 10 km³. As erupções começaram há 300 mil anos e foram agrupadas em dez episódios principais. Os produtos da erupção de 1915 do Lassen entram nesse grupo, assim como os da Hat Mountain e do Cinder Cone. Certos episódios mais recentes de atividade datam de alguns milhares de anos, quando ocorreram erupções a partir de bocas ao longo de uma linha que começa ao sul de Old Station e passa por Prospect Peak. O fluxo de lava de Hat Creek, embora tenha menos de 2 mil anos, resultou de uma erupção na extremidade noroeste dessa linha, a cerca de 10 km ao norte da Badger Mountain. Outro fluxo verteu do cone de tefra localizado na depressão entre West Prospect Peak e Prospect Peak. O fluxo de basalto em blocos alcançou 6 km ao norte e ainda parece recente. Há cerca de 1.200 anos, o complexo Chaos Crags começou a ser formado, inicialmente como pequenos cones de materiais piroclásticos e tefra erigidos ao longo de fissuras localizadas alguns quilômetros ao norte de Lassen Peak, na cabeceira do rio Manzanita Creek. Vários fluxos piroclásticos expelidos por esses cones desceram tanto o Lost quanto o Manzanita Creek. Logo após, houve a extrusão de lavas dacíticas, formando as cúpulas vulcânicas. Parte de um dos domos desmoronou há cerca de 300 anos, desencadeando uma avalanche de rochas que deu origem ao depósito hoje conhecido como Chaos Jumbles.

Uma das feições mais jovens do parque é o lindamente simétrico Cinder Cone, de 225 m de altura. A cratera do topo tem duas bordas distintas, mais segmentos de duas outras, indicando a ocorrência de várias erupções. Quatro fluxos de lava andesítico-basáltica verteram dessa boca. A erupção mais antiga ocorreu provavelmente por volta de 1567. As erupções depositaram uma camada de cinzas que cobriu cerca de 300 km², e dois dos fluxos são mais jovens que essa cinza. O fluxo mais recente foi documentado por relatos de testemunhas oculares em 1851.

Embora os registros históricos da área de Lassen remontem a menos de dois séculos, os nativos americanos devem ter conhecido as forças vulcânicas. Um dos nomes indígenas de Lassen Peak é "Amblu Kai", que significa "montanha rasgada" ou "montanha de fogo". A área era um ponto de encontro de quatro tribos durante os meses quentes – Atsugewi, Mountain Maidu, Yahi e Yana –, mas não é um local adequado para se viver o ano todo. As tribos não conheciam a cerâmica; por isso, deixaram poucas marcas de sua presença, e não há sítios arqueológicos que ajudem a datar os depósitos. O primeiro homem branco

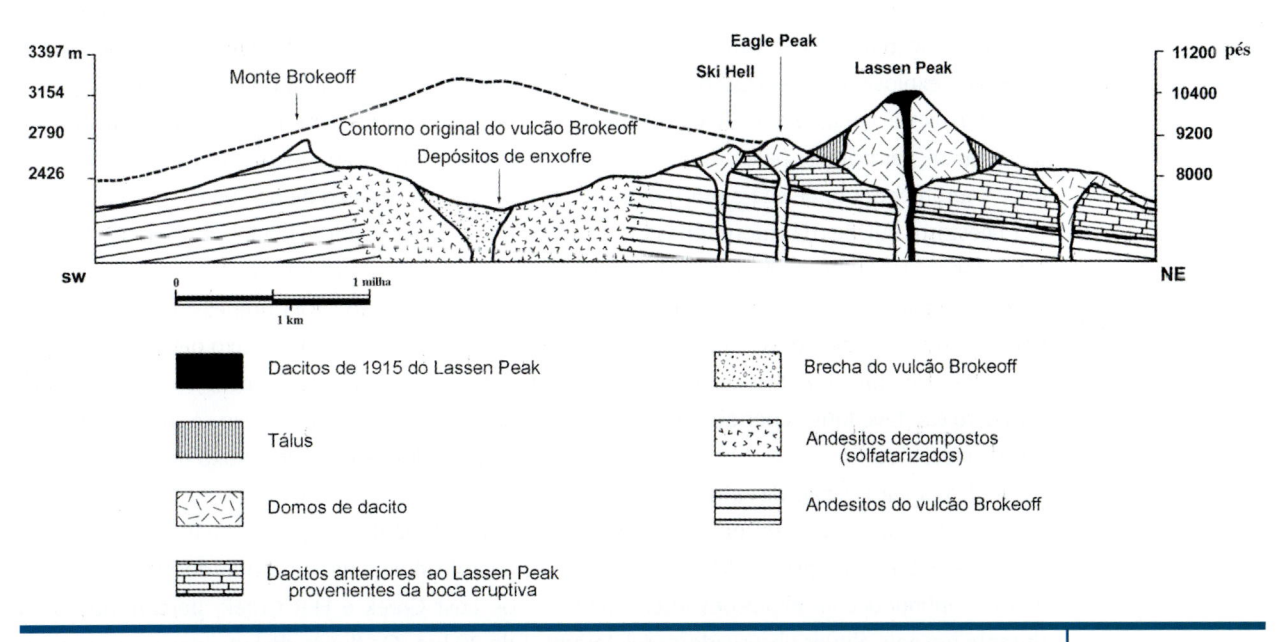

Fig. 7.4 Corte transversal esquemático passando pelos vulcões Brokeoff e Lassen Peak
Fonte: modificado de Kane, 1990.

a chegar ao Lassen foi Jedediah Smith, a caminho da costa oeste, em 1821. A corrida do ouro na Califórnia trouxe colonos para a região, e Lassen Peak acabou recebendo o nome de um deles – o ferreiro dinamarquês Peter Lassen, que chegou em 1843 ou, de acordo com outras fontes, nos anos 1830.

Lassen recebeu do governador mexicano da Califórnia uma grande concessão de terra, começou a formar um rancho e a guiar outros pioneiros que iam para o oeste através da Lassen Road, localizada ao norte do parque atual. Não se tem certeza se Peter Lassen chegou a subir alguma vez a montanha que recebeu seu nome. Há uma história, não confirmada, relatando que ele se perdia com freqüência enquanto guiava os infelizes pioneiros, porque não conseguia ver diferença entre "sua" montanha e o monte Shasta.

A história relata que, certa vez, um pioneiro forçou Lassen a subir o Lassen Peak sob a mira de uma arma, para que ele pudesse se situar. No entanto, a primeira subida de que se tem registro é a do grupo de Grover K. Godfrey, em 1851. A segunda escalada conhecida, em 1864, incluía uma senhora, Helen Tanner Brodt, cujo propósito era desenhar a bela paisagem. Foi muito apropriado dar seu nome ao Lake Helen, uma das áreas mais bonitas do parque.

A erupção de 1914-1921

A erupção foi longa e variada, com muitos episódios explosivos e extrusão de fluxos de lava, fluxos de lama, e um fluxo piroclástico devastador. Foi notável pelos muitos momentos de surpreendente beleza e por mostrar que os majestosos vulcões das montanhas Cascades estão longe da extinção. A erupção do Lassen atraiu espectadores ávidos e deve ter sido ideal para observar a distância, contanto que se pudesse permanecer algum tempo na região, pois o vulcão teve longos períodos de descanso entre os eventos.

O primeiro sinal de atividade que se conhece foi uma curta erupção de cinzas e vapor na cratera do topo, no dia 30 de maio de 1914. Continuou com explosões intermitentes durante um ano; alguns observadores relataram 170 eventos distintos. É provável que tenha havido muitos mais que não foram vistos em razão de nuvens de tempestades de inverno que encobriam o monte ou por terem ocorrido à noite. Lassen estava apenas limpando a garganta, e o material expelido era não-juvenil, isto é, somente pedaços de velhos dacitos. Até essa etapa, o magma brilhante ainda não tinha começado a derramar. As cinzas dessas explosões iniciais chegaram até as cidades Manton e Mineral, respectivamente a 32 km a oeste e 18 km a sudoeste do vulcão. O magma começou a se mover lentamente e a forçar seu caminho para o topo, e o Lassen logo começou o espetáculo. Na noite de 14 para 15 de maio de 1915, alguns observadores viram um clarão avermelhado em volta do pico. No dia 18 de maio, a funcionária do correio em Manton viu, por uma abertura na borda da cratera do topo, uma "massa negra" subindo devagar. O magma tinha finalmente chegado à superfície.

Nas primeiras horas do dia 19 de maio, a lava preencheu a cratera do topo, transbordou e desceu o flanco oeste, para o deleite de quem observava. Um certo G. R. Milford era um dos espectadores da cidade de Volta, a 31 km a oeste do vulcão. Mais tarde ele escreveria sobre o "espetáculo maravilhoso" em uma carta a um geólogo: "O brilho do clarão começou a ficar mais forte, mais brilhante, mais brilhante ainda, até que, vejam só, toda a borda da cratera ficou marcada por uma linha de fogo vermelho intenso que oscilou por um instante e, em seguida, como uma folha, quebrou-se sobre a parte mais baixa da borda e saiu de vista por um momento, para reaparecer na forma de inúmeros glóbulos vermelhos de fogo a cerca de 500 pés abaixo da boca da cratera". E continuou descrevendo os "glóbulos" que "rolavam pela encosta da montanha". O Sr. Milford provavelmente não sabia que esse é o comportamento esperado de um fluxo de lava em blocos em declives abruptos – os blocos se desprendem da beirada do fluxo e rolam encosta abaixo. Houve um outro fluxo de lava não relatado que desceu o lado nordeste, provocando o derretimento de grande quantidade de neve, criando fluxos de lama que desceram os vales de Lost Creek e Hat Creek, percorrendo mais de 20 km. Os fluxos de lama carregaram grandes blocos de lava pela encosta e arrasaram árvores e construções em quatro fazendas. Um desses blocos é hoje conhecido como "Hot Rock" (Pedra Quente) porque, como outros do mesmo tamanho, demorou uma semana para esfriar o suficiente para ser tocado. Os entulhos do fluxo de lama criaram um dique num curso d'água, o Hat Creek, formando o Hat Lake.

Dias mais tarde, em 22 de maio de 1915, a erupção alcançou o ponto máximo com uma violenta explosão (Fig. 7.5). Perto das 4h30 da tarde, uma gigantesca coluna subiu até 9.000 m e, ao mesmo tempo, um fluxo piroclástico desceu pelo lado nordeste, seguindo o mesmo caminho do fluxo de lama anterior, derrubando árvores e criando a Devastated Area. Ninguém viu o fluxo piroclástico, mas a coluna eruptiva foi avistada na maior parte do norte da Califórnia. A cinza começou a cair e continuou até tarde da noite, chegando a 500 km de distância, em Elko, Nevada. Bombas caíram em volta do topo, algumas alcançando Prospect Peak, a cerca de 15 km.

Depois desse evento violento, o Lassen acalmou-se um pouco, expelindo vapor e cinzas até 1917, quando as explosões tornaram-se mais intensas nos meses de maio e junho. Como no ano precedente, houve provavelmente uma correlação entre o derretimento da neve na primavera e explosões mais violentas, provocadas pela água percolada que chegou até o magma incandescente. Depois de junho, o vulcão entrou em fase de calmaria, soltando apenas jatos de vapor ocasionais até 1921. Por volta de 1935, ainda havia 30 fumarolas ativas no topo, e até hoje algumas ainda soltam baforadas nas bases norte e noroeste. Não se sabe quando o Lassen entrará novamente em erupção mas, quando isso acontecer, será um espetáculo memorável.

Uma visão pessoal: um vulcão para fotógrafos

O Parque Nacional Vulcânico Lassen é talvez o mais agradável de todos os parques nacionais americanos. Não dá a impressão de haver gente demais nem comércio excessivo, apesar do grande número de atrações. É ideal para quem planeja fazer caminhadas, acampar, apreciar a natureza em um ambiente preservado, e também para quem quer aprender sobre vulcões. Na minha opinião, Lassen é comparável a Crater Lake em beleza, mas tem maior variedade de atrações vulcânicas – além de ser bem mais tranqüilo. Não existe maneira de prever até quando o parque estará livre de aglomerações, mas tenho certeza de que uma nova erupção tornaria Lassen tão popular quanto o monte Santa Helena e Yellowstone atualmente. Meu conselho: vá a Lassen antes que ele venha a explodir. Ver uma nova erupção pode ser espetacular e empolgante, mas a oportunidade de apreciar a plácida paisagem longe das aglomerações, lojas e cinemas IMAX poderá acabar para sempre.

Fig. 7.5 Erupção do Lassen vista de Anderson, Califórnia, no dia 22 de março de 1915. (Cortesia do US National Geophysical Data Center, National Oceanic and Atmospheric Administration.)

Fotógrafos devem colocar o Lassen no topo da lista de vulcões a visitar. Esse é, provavelmente, um dos vulcões mais fotografados do mundo – suas paisagens de cartão-postal aparecem com freqüência em calendários com fotos da natureza. É difícil encontrar algum local no parque nacional que não seja digno de uma fotografia, mas há alguns pontos especiais que fotógrafos não devem perder. As cores vibrantes de Bumpass Hell e Sulphur Works são ideais para fotos em cores. A plácida beleza do Lassen Peak é mais bem fotografada (e com mais freqüência) a partir dos lagos Manzanita e Reflection, ambos localizados na extremidade oeste do parque.

A caminhada em torno do Manzanita Lake oferece esplêndidos panoramas da montanha, principalmente das margens oeste e norte. O lago mostra o reflexo do Lassen Peak em toda a sua glória, assim como faz seu vizinho Reflection Lake (Lago do Reflexo), como o nome indica. O final da tarde é o melhor horário para fotografar, pois o sol bate diretamente sobre o Lassen Peak, e o vento é fraco, não causando ondas no reflexo. O início do outono é, provavelmente, a melhor estação, pois há neve no vulcão e as folhas das árvores às margens do lago começam a ficar douradas. Embora sejam espetaculares em cores, as paisagens de Lassen Peak também são perfeitas para fotografia em preto-e-branco ao estilo de Ansel Adams.

Visita em período de repouso

O parque fica aberto o ano todo mas, por causa das fortes nevascas, é melhor visitá-lo no verão. A estrada Trans-Park fica fechada do final de outubro até o início de junho, limitando consideravelmente as opções nesse período. Quem gosta de esquiar pode aproveitar a área de esportes de inverno que funciona perto da entrada sul do parque. No entanto, quem deseja subir o Lassen Peak e apreciar ao máximo o cenário vulcânico deve ir no final de agosto ou começo de setembro, depois das férias escolares. Não esquecer que algumas trilhas (inclusive Bumpass Hell) nunca abrem antes de 1º de julho. A cobertura de neve em altitude persiste mesmo durante o verão, acrescentando beleza à paisagem. O tempo é geralmente muito bom durante o verão, mas tempestades de trovão são comuns na parte da tarde. Não suba Lassen Peak, Brokeoff Mountain ou outras montanhas durante essas tempestades, pois os raios representam um grande perigo.

Há muito a explorar em Lassen (Fig. 7.6). O parque é imenso – 400 km² de área recortada por mais de 240 km de trilhas de caminhada. A Lassen Park Road cruza a metade oeste do parque, serpenteando por três lados do Lassen Peak, mas para chegar às melhores atrações da metade oriental do parque é preciso ir pelo lado de fora usando outras entradas. Assim, parece lógico planejar a visita em três partes: o lado oeste, a área de Butte Lake e a área do Warner Valley.

A maior parte das atrações descritas adiante está concentrada na metade oeste, mas recomendo expressamente que o visitante faça um esforço para conhecer ao menos o Cinder Cone, na área do Butte Lake.

As duas entradas principais do parque estão localizadas a sudoeste (Sulphur Works) e a noroeste (Manzanita Lake). Em ambas há centros de informação e exposições abertas do início de julho até o final de setembro. Encontram-se à venda publicações sobre Lassen, mapas e informações sobre as trilhas, assim como o cronograma de caminhadas guiadas por um naturalista. A sede do parque, em Mineral, oferece informações e vende publicações o ano todo.

Há vários livros inteiramente dedicados ao Lassen que contêm muito mais detalhes do que posso apresentar aqui (veja Bibliografia). As trilhas mais importantes têm placas que explicam a geologia e a história natural da área e também folhetos para ajudar o caminhante a se situar na trilha. O itinerário apresentado a seguir cobre os destaques vulcânicos do parque.

O lado oeste

A Highway 89 passa a se chamar Lassen Park Road ao cruzar o parque. É preferível começar a visita pela extremidade sudoeste, que tem mais atrações nas proximidades. A ordem abaixo segue a Park Road e tem o benefício adicional de iniciar a visita nos remanescentes do velho monte Tehama. O início da trilha para Brokeoff Mountain está localizado a cerca de 800 m antes da entrada sudoeste. Logo após o guichê de entrada encontram-se a área de camping sudoeste, o Centro de Informações e o Lassen Chalet, que aluga equipamentos para esportes de inverno.

Brokeoff Mountain Trail

É uma trilha moderadamente íngreme (ida e volta, 11 km; 4 horas) que sobe os remanescentes do monte Tehama, um estratovulcão andesítico. O início da trilha está localizado próximo ao marco de entrada número 2, perto de um riacho. Inicialmente ruma ao sul, afastando-se de Brokeoff, mas logo vira a oeste, passando por uma floresta de pinhos ociden-

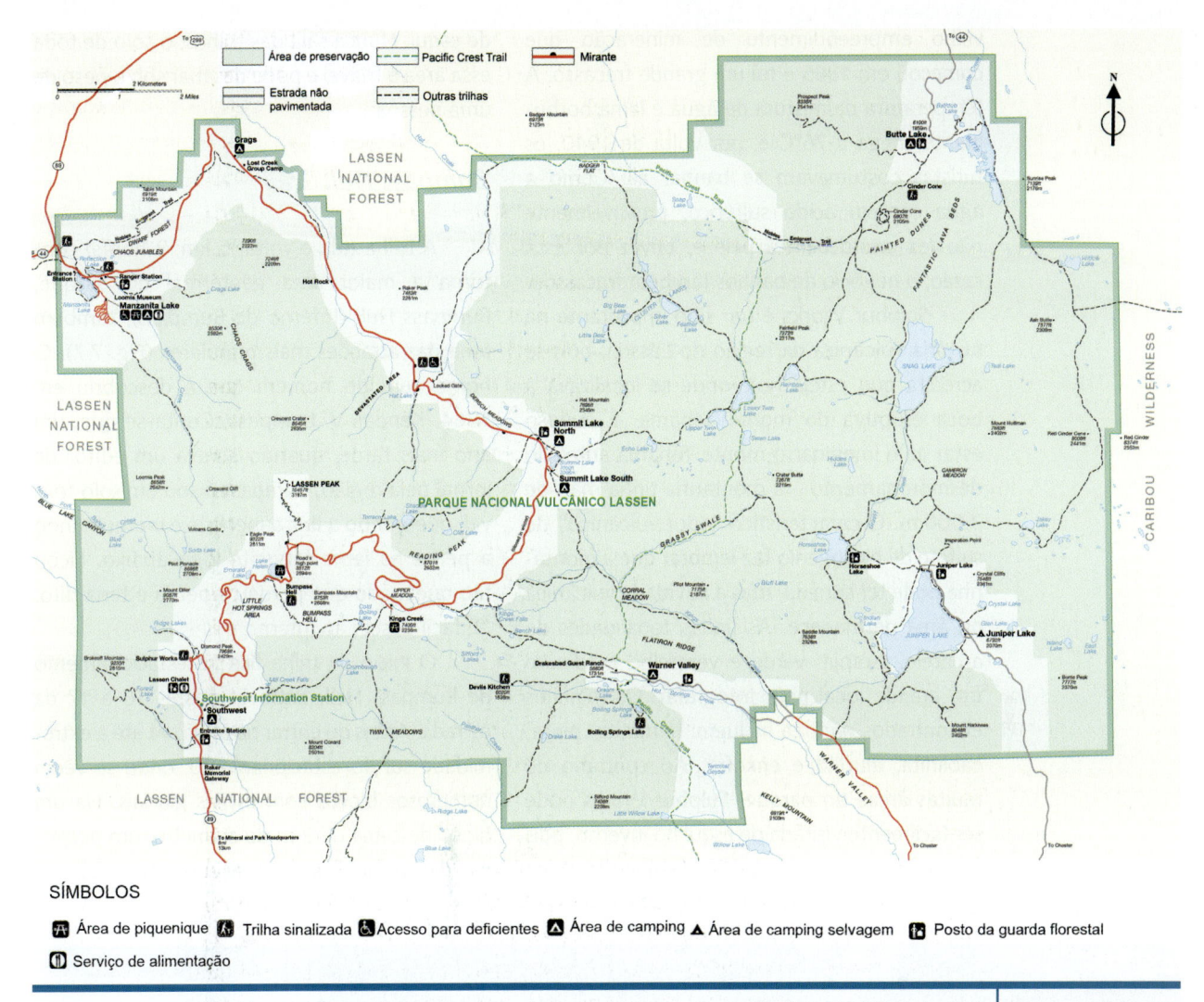

Fig. 7.6 Mapa com as principais atrações do Parque Nacional Vulcânico Lassen
Fonte: modificado de <http://www.lassen.volcanic.national-park.com/map.htm>.

tais e de abetos vermelhos. Após os primeiros 500 m, a trilha vira a noroeste e há ótimos ângulos de Brokeoff Mountain. Observe as encostas de tálus marcando onde houve deslizamento de rochas. A partir daí, a trilha inicia uma subida íngreme. A trilha não identificada que se ramifica à direita é curta e leva ao Forest Lake. É possível ver o lago de um ponto mais acima da Brokeoff Trail; portanto, decida se o desvio vale a pena. À medida que se sobe em direção ao topo, é possível ver o monte Harkness a leste. A cerca de 400 m do início, a trilha passa paralelamente ao lado oeste de Brokeoff e logo alcança a zona alpina acima da linha das árvores. Flores selvagens como o pincel indiano e as *sulphur flowers* (*Eriogonum umbellatum*) são abundantes na primavera. No topo, as vistas do monte Lassen e do Helen Lake (a nordeste) são fantásticas. Ao norte pode-se ver Chaos Crags e, a nordeste (no primeiro plano do Lassen), os restos da borda da cratera do velho monte Tehama, entre Brokeoff e monte Diller. Em dia claro, pode-se facilmente ver o monte Shasta.

Sulphur Works Trail

Essa pequena trilha (300 m; 25 minutos) começa exatamente ao norte do estacionamento na Lassen Park Road, perto do poste número 5. É a mais fácil do parque e a única acessível para cadeira de rodas. Sulphur Works é uma área hidrotermal que nunca decepciona os visitantes, por causa das panelas de lama borbulhante, fontes termais, fumarolas e depósitos de cores variadas. O nome vem de um velho empreendimento de mineração que começou em 1865 e foi um grande fracasso. A temperatura da mistura de água e lama borbulhante chega a 76°C e, por volta de 1940, os turistas costumavam se banhar ali. Como a água contém ácido sulfúrico, provavelmente não fez muito bem à pele e, talvez por essa razão, o negócio de banhos também fracassou.

Sulphur Works é um sítio importante na história vulcânica da região do Lassen, pois se acredita que esteja hoje onde se localizava a boca eruptiva do monte Tehama. É curioso estar ali e imaginar o monte Tehama antes do desmoronamento – a montanha tinha mais de 3.000 m. O característico "odor vulcânico" de sulfeto de hidrogênio faz lembrar que a montanha pode ter sumido, mas a atividade vulcânica na área permanece. As lindas tonalidades de amarelo, laranja, verde e vermelho a tornam um grande local para fotografar. Os minerais encontrados na área incluem: hematita, pirita, caolinita, alunita e enxofre. Ao contrário de muitas áreas do parque, Sulphur Works pode ser facilmente visitada de esqui no inverno, pois fica a apenas uma pequena distância da área de esqui. Nunca saia das trilhas; o solo de toda essa área é friável e pode desabar sob o peso de uma pessoa.

Bumpass Hell Trail

A trilha (ida e volta, 5 km; 3 horas) contorna a maior área geotermal do parque, Bumpass Hell (Inferno de Bumpass), também uma das atrações mais populares (Fig. 7.7). O nome vem do homem que a descobriu em 1864, Kendall V. Bumpass. Conta-se que, um ano mais tarde, quando guiava um editor de jornal pela região, Bumpass pisou em solo friável, quebrando a fina superfície e mergulhando a perna na lama fervente logo abaixo. Ficou tão queimado que perdeu a perna e teria dito: "É fácil descer ao inferno".

O início da trilha fica no estacionamento de Bumpass Hell, entre os postes 16 e 17 da estrada. Antes de entrar na trilha, vá até a extremidade sul do estacionamento, onde se vêem numerosos blocos com estrias glaciais. Há um bloco de cerca de 2 m de diâmetro, um piroxênio-dacito de Bumpass Mountain. Antes de

Fig. 7.7 Área geotermal Bumpass Hell, um dos lugares mais interessantes e coloridos para visitar no Parque Nacional Vulcânico Lassen

partir, pegue um folheto-guia individual na caixa que se encontra no início da trilha. O folheto descreve os vários pontos de interesse pelo caminho e conta que a pessoa está caminhando sobre os restos do velho monte Tehama. Para ser mais precisa, Bumpass Hell localiza-se nas escarpas externas da caldeira do velho monte Tehama e, ao contrário de Sulphur Works, não era local de uma das muitas bocas eruptivas. No entanto, a área é o foco e o vertedouro termal mais importante do sistema geotérmico do Lassen, composto de um reservatório central de vapor a uma temperatura de cerca de 235°C.

O reservatório de vapor encontra-se acima de um reservatório de água quente. Bumpass Hell é recortado por fissuras que penetram a profundidades suficientemente grandes para permitir que os gases vulcânicos e o calor escapem até a superfície.

A trilha oferece um belo panorama da parede oeste da caldeira do Tehama, marcada pelas montanhas Brokeoff, Diller e Pilot Pinnacle. As trilhas então entram na cavidade, em forma de bacia, de Bumpass Hell, uma área de cerca de 64.700 m², escavada em lava andesítica pela ação de gases sulfurosos quentes, que erodiram as rochas. O processo continua nos muitos poços de lama fervente e nas fumarolas superaquecidas. Durante o verão de 1988, uma das fumarolas alcançou a temperatura de 161,4°C. O solo friável e colorido está coberto por sulfatos amarelos e alaranjados por toda parte. As panelas de lama cinza e preta contêm pirita, que também pode ser vista como escória flutuando na superfície das piscinas. Por razões de segurança, o parque construiu uma série de plataformas de madeira para permitir que as pessoas se aproximem das aberturas sem sofrer o mesmo infortúnio de Kendall Bumpass.

Muitas pessoas voltam daí para o estacionamento, mas há uma alternativa. Uma outra trilha vai de Bumpass Hell até Cold Boiling Lake (3 km) e à área de piquenique de Kings Creek, perto da estrada do parque (mais 1 km). Ao longo da trilha para Cold Boiling Lake, há belos panoramas do monte Conard, assinalando o remanescente oriental da caldeira do Tehama, e do fotogênico Crumbaugh Lake. O Cold Boiling Lake ("lago frio fervente") recebeu esse nome em razão do desprendimento contínuo de bolhas de gás da água fria. Continuar até Kings Creek é uma opção perfeita, contanto que a pessoa se organize para que venham buscá-la no estacionamento, senão é uma jornada de 5 horas, ida e volta, a partir do início da Bumpass Hell Trail.

Lassen Peak Trail

Essa subida (ida e volta, 8 km ; 4,5 horas) é a atração mais importante do parque e, embora seja um tanto íngreme, não apresenta dificuldades para a maioria dos caminhantes (Fig. 7.8). É importante lembrar que a temperatura no topo é baixa e que venta muito; traga roupa apropriada. O início da trilha e o estacionamento estão localizados no marco da milha 22. Pegue um folheto sobre a trilha no centro de visitantes ou no estacionamento. Durante o percurso, há várias placas explicando o que se vê, e os marcos de milha indicam a distância até o topo. Permaneça na trilha em ziguezague, apesar da tentação de cortar caminho em linha reta – por questões de conservação e segurança, o parque desaprova essa atitude.

À medida que a trilha sobe o domo sinuosamente, há vistas fabulosas da parede oeste da caldeira Tehama, com os montes Brokeoff e Diller, bem visíveis quando se olha para oeste. A maior parte do que se vê ao longo da trilha são

Fig. 7.8 Trilha de subida do Lassen Peak

encostas de tálus, já que a massa do domo está exposta em apenas alguns afloramentos. As geleiras deixaram sua marca na forma de morainas nas encostas de tálus. Plantas e vida animal são escassas ao longo da trilha, mas há falcões e águias, que fazem ninhos quase sempre em penhascos inacessíveis. Na minha primeira visita à montanha, encontrei um casal de esquilos muito amistosos (e famintos). Podem-se encontrar, mais raramente, lebres assobiadoras, tímidas parentes dos coelhos.

Lassen Peak é uma cúpula vulcânica incomum pelo tamanho e também pela presença de crateras no topo, de onde material piroclástico foi ejetado. Por exemplo, Chaos Crags é formado por vários *plugs* de dacito, mas não tem cratera. A cratera arredondada no topo do Lassen contém um grande fluxo de lava dacítica de 1915, que cobriu a boca eruptiva de 1914-15, e outra anterior a 1914. O fluxo derramou-se pelo lado oeste da montanha e pôde ser observado no dia 19 de maio de 1915. Uma terceira área de aberturas no topo também data de 1915, e a boca eruptiva mais recente é uma cratera que estourou na extremidade noroeste por meio de uma série de explosões de vapor e cinzas em 1917.

Quando a trilha chega ao topo (Fig. 7.9), termina a longa subida e começa a descer 300 m dentro da larga depressão, formada por uma explosão durante o primeiro ano da erupção de 1914-15. A trilha percorre o lado sudeste da depressão e sobe até o cume atual, a 3.187 m de altitude. Observe o fluxo negro de dacito que preenche o fundo da cratera e se derrama para fora no lado sudoeste. Olhando para o nordeste, pode-se perceber que a lava não é mais visível, pois foi coberta por depósitos do fluxo de lama do dia 19 de maio de 1915. Esse fluxo desceu até os rios Hat Creek e Lost Creek.

A trilha cruza um fluxo negro de dacito e sobe em direção a duas pequenas crateras de explosão situadas no lado noroeste. A mais próxima ao fluxo de lava foi formada no dia 22 de maio de 1915, quando uma grande nuvem eruptiva foi avistada. Essa cratera corta a lava (ao longo do lado oriental) e é um ótimo local para estudar os depósitos da última erupção. A segunda cratera de explosão é menor e situa-se a noroeste. Foi formada durante o primeiro semestre de 1917.

Os outros panoramas avistados do alto do Lassen são verdadeiramente extraordinários. Pegue um mapa e procure outros pontos de interesse geológico: remanescentes do monte Tehama, a sudoeste; Chaos Crags, a noroeste; Hat Mountain, a leste; e além deste, a nordeste, Prospect Peak e Cinder Cone.

Devastated Area, Hat Lake e Hot Rock

A devastação refere-se aos efeitos da última erupção do Lassen. O serviço florestal calculou que cerca de 1,5 milhão de metros de madeira foram destruídos. Como em outros locais desse tipo, essa área tornou-se um laboratório natural para estudar a recuperação da vegetação. Os naturalistas do parque explicaram que tanto a Devastated Area quanto Chaos Jumbles estão renovando imediatamente as coníferas, sem passar pelo estágio preparatório de plantas herbáceas, um modo de recuperação observado em Lassen pela primeira vez.

O fluxo de lama de 19 de maio de 1915 quebrou as árvores, mas um efeito ainda maior

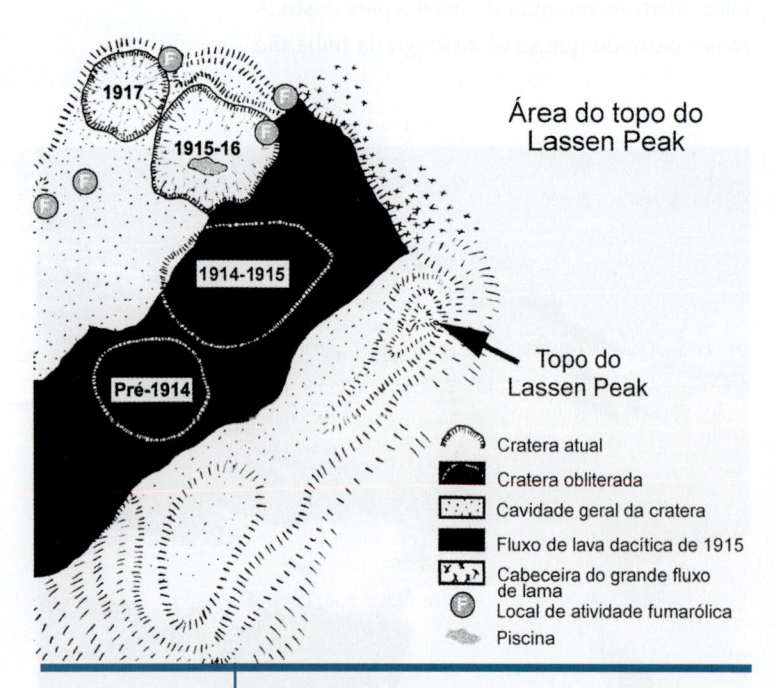

Fig. 7.9 Mapa da área do topo do Lassen Peak
Fonte: modificado de folheto do US National Park Service – Lassen Peak Trail.

foi o da explosão e do fluxo piroclástico de 22 de maio, que provocaram destruição até as cabeceiras dos cursos d'água Lost Creek e Hat Creek. Benjamin Franklin Loomis, que visitou a região em junho de 1915, relata que todas as árvores num trecho de 2 km de largura foram destruídas. Ao examiná-las caídas no chão, Franklin e seu grupo perceberam que as partes altas dos troncos (que estavam viradas para o lado da montanha quando ainda de pé) mostravam onde o fluxo de lama de 19 de maio havia arrancado a casca e esfolado a madeira, mas ainda deixando a maioria das árvores no lugar. Concluíram corretamente que os fluxos de lama do dia 19 não foram acompanhados de uma explosão horizontal.

O Hat Lake está localizado próximo ao poste 42 da estrada Trans-Park, logo ao sul da Devastated Area. Foi formado pelo fluxo de lama de 19 de maio que, ao se depositar no braço oeste de Hat Creek, criou uma barragem. Há uma trilha a partir do Terrace Lake (perto do poste 27 da Trans-Park) em direção ao Hat Lake, que leva a Paradise Meadows, uma área de beleza singular em meados do verão, por causa da quantidade de flores. A trilha tem 4,5 km, e é possível percorrê-la, na ida, em 2,5 horas, descendo do Terrace Lake. Essa caminhada vale a pena se o tempo permitir, principalmente se a pessoa puder se organizar para que venham buscá-la no estacionamento do Hat Lake. Caso contrário, é melhor andar somente um pequeno trecho saindo do Hat Lake e da Devastated Area para ver os resquícios dos fluxos de lama de 1915.

Mais ao norte, seguindo pela estrada Trans-Park, está Hot Rock, um dos muitos e impressionantes blocos de lava quente arrastados pelo fluxo de lama de 19 de maio.

Chaos Crags e Chaos Jumbles

A trilha de Chaos Crags e Crags Lake (5,8 km; 3 horas, ida e volta) começa perto da estrada de Manzanita Camp (próximo ao cruzamento com o riacho) e segue até a borda do depósito de Chaos Jumbles através de uma floresta de pinheiros. Quem dispõe de pouco tempo poderá observar Chaos Crags e Chaos Jumbles da estrada, entre a área de camping Crags e a entrada oeste do parque. Os depósitos piroclásticos de Chaos Crags podem ser mais bem apreciados ao longo da drenagem do Manzanita Creek e do Lost Creek.

A formação dos domos vulcânicos de Chaos Crags uns 1.100 anos atrás começou com atividade explosiva, que erigiu um cone de tefra, seguida de dois fluxos piroclásticos e da extrusão de lava, que bloqueou a boca eruptiva. Cerca de 70 anos depois, o complexo de domos foi destruído por uma violenta erupção, que produziu outro fluxo piroclástico. Chaos Jumbles é uma enorme avalanche de rochas resultante do desmoronamento parcial do domo mais a noroeste, em Chaos Crags. É um dos depósitos de avalanche mais espetaculares nos Estados Unidos e um dos pontos de parada preferidos nos trabalhos de campo geológicos. O depósito, composto por blocos de dacito e dacito pulverizado, cobre uma área de cerca de 8 km^2, tem 1,5 km de largura e uma espessura de mais de 40 m. O volume total estimado é de 150 milhões de metros cúbicos. A avalanche moveu-se rapidamente na direção noroeste a partir do domo, cruzou a atual estrada Trans-Park em direção a Table Mountain e, desviada pela montanha, tomou a direção oeste, passando pela área dos lagos Manzanita e Reflection. O Reflection Lake é um lago formado pelo afloramento do lençol freático em uma das muitas depressões da superfície do depósito de avalanche em forma de língua. O Manzanita Lake também foi criado pela avalanche quando os depósitos formaram uma barragem no Manzanita Creek.

Estudos detalhados mostram que a avalanche consistiu, de fato, em três unidades, a primeira foi a maior e as outras foram se tornando progressivamente menores, mais curtas, porém mais espessas. A datação por carbono 14 da madeira das árvores submersas no lago indica que as três avalanches ocorreram em rápida sucessão, por volta de 1690.

A superfície da avalanche é uma verdadeira miscelânea: muitos blocos de detritos angulares e uma topografia ondulada com cristas e sulcos. A topografia é típica de avalanches de alta velocidade cujo movimento foi provavelmente lubrificado por um colchão de ar que ficou preso sob o material, reduzindo a fricção. À medida que a avalanche se movimentava, o ar subia gradualmente e as bordas dos detritos sofriam uma parada brusca. A súbita desaceleração das margens produziu ondas de choque que se propagaram pelos depósitos, criando cristas e sulcos.

Chaos Jumbles deve ter se movido a grande velocidade, pois conseguiu subir quase 120 m da íngreme encosta de Table Mountain antes de desviar-se para o oeste. Os cálculos mostram que a avalanche deve ter alcançado uma velocidade acima de 160 km/h. Há várias hipóteses sobre o que teria causado o desmoronamento do domo e a avalanche. Um terremoto poderia ter desencadeado o evento, levando os já instáveis rochedos do lado de Chaos Crags a desmoronar. O evento motor também pode ter sido a intrusão de um novo domo, causando uma inclinação exagerada da encosta, ou explosões de vapor na base do domo. Não é loucura imaginar que qualquer um desses cenários possa se repetir. Um estudo dos riscos de avalanche e fluxos piroclásticos na área do Manzanita Lake forçou o parque a fechar diversas instalações e áreas de residência em 1974.

Museu Loomis

Localizado próximo ao Manzanita Lake, o museu recebeu esse nome em homenagem a Benjamin Franklin Loomis, que esteve na região em 1874. Seu *hobby* era a fotografia, e quando o Lassen entrou em erupção, ele foi um dos primeiros a fotografá-la e a observar as áreas afetadas, fornecendo valiosas informações científicas para a posteridade. Suas fotos da erupção ficaram tão famosas que, após a morte da única filha, Louisa Mae, Benjamin e a esposa construíram o Mae Loomis Memorial Museum como local para expor sua coleção única e para homenagear a memória da filha. O museu foi aberto em 1927 e, dois anos depois, o casal doou o prédio e a terra ao redor para o parque nacional. Hoje o museu fica aberto durante o verão, fornecendo informações sobre o parque e vendendo publicações.

Reflection Lake e Manzanita Lake

Esses dois lagos fotogênicos estão ambos localizados perto da entrada Manzanita Lake (oeste) do parque e são atrações obrigatórias para amantes da natureza. O Reflection Lake está localizado ao norte da estrada e pode-se chegar até lá a pé, seguindo uma pequena trilha; para o Manzanita Lake, há uma estrada pavimentada, que fica no lado sul, uma área de camping, de piquenique e um restaurante. Há trilhas que circundam esses lagos, que são também ótimos locais para a observação de pássaros.

A extremidade inferior do Reflection Lake reflete o Lassen Peak, daí seu nome. É também um dos melhores pontos de onde fotografar o Lassen, para ver Chaos Crags e o fluxo de lava de 19 de maio de 1915, descrito por Milford. O fluxo tem a forma de uma língua negra que desce a montanha por cerca de 300 m. A cor negra é inusitada, pois as lavas dacíticas são geralmente cinza ou rosa. A cor escura desse fluxo se deve ao resfriamento rápido da lava, que gerou vidro natural; assim, os compostos de ferro e magnésio permaneceram como nuvens de partículas na massa da rocha e não formaram cristais pretos individuais. A vista do Lassen Peak a partir do Manzanita Lake é magnífica, e a curta caminhada em torno do lago (cerca de 1 km) é obrigatória para fotógrafos. O lago foi formado pela primeira avalanche de Chaos Crags e, em 1912, seu nível de água foi elevado pela construção de uma pequena barragem de terra na extremidade sudoeste. No outono, o lago é um ponto de escala para aves aquáticas migratórias, como o ganso canadense e o marreco carolina.

A área nordeste (Butte Lake)

Pode-se chegar até essa área por uma pequena estrada secundária que sai da Highway 44 e percorre o norte do parque. A estrada secundária entra no parque em Butte Lake Ranger Station (posto de guarda do Butte Lake) e termina no lago, um local isolado e de belas paisagens, onde se encontra uma das áreas de camping do parque. Duas trilhas principais saem desse ponto, uma que contorna a margem leste do Butte Lake e cruza a extremidade leste do parque, e outra que vai para o sudeste em direção ao Prospect Peak e ao Cinder Cone. Há uma trilha até o topo do Prospect Peak, que é um dos quatro vulcões do tipo escudo formados na área do Lassen durante os últimos estágios de desenvolvimento do monte Tehama. Os outros são Raker Peak, Red Mountain e monte Harkness. Todos os quatro são formados principalmente de fluxos de lava andesítica. Embora Prospect Peak seja uma feição geológica interessante, o panorama visto do topo não é tão fabuloso a ponto de compensar as quatro horas de caminhada, a não ser que se disponha de muito tempo livre. A atração principal desse lado do parque é o Cinder Cone (Fig. 7.10). Quem está acampado na área do Butte Lake poderá chegar até lá por uma longa trilha que sai do início da Butte Lake Trail em direção ao Lower Twin Lake via Nobles Emigrant Trail, rumando para leste na direção do Rainbow Lake e do Cinder Cone. O circuito total perfaz 19,8 km e leva cerca de 6,5 horas. Quem dispõe de pouco tempo deve ir diretamente ao Cinder Cone, uma das feições mais novas e impressionantes do parque.

Cinder Cone

Essa trilha tem 2,2 km só de ida até o sopé do cone e mais 0,8 km até o topo. As trilhas que circundam a borda da cratera acrescentam mais 1,5 km à caminhada. Reserve 3,5 horas para ida e volta. A trilha começa perto do posto de guarda do Butte Lake e há folhetos na entrada da trilha. O Cinder Cone é um exemplo didático de um cone de cinzas e escória (pedaços de rocha vulcânica). Entrou em erupção pela última vez em 1851, produzindo uma série de fluxos de lava vindos da base do cone, que se derramaram dentro do Butte Lake. A composição dos fluxos é incomum: andesito basáltico que contém xenocristais (isto é, "cristais estrangeiros") de quartzo. Como o quartzo não ocorre naturalmente nesse tipo de magma, imagina-se que esses fluxos sejam provenientes de uma câmara magmática contaminada por um magma mais félsico antes da erupção. Esse tipo de lava híbrida é chamado às vezes de quartzo-basalto.

Logo no início da trilha, pode-se observar que o chão está salpicado de cinza negra. De fato, toda a extremidade leste do parque está coberta de cinzas provenientes do Cinder Cone e de outras bocas eruptivas do tipo estromboliano, como os vizinhos Prospect Peak e Fairfield Peak. A trilha que leva ao Cinder Cone tem um certo interesse histórico, pois faz parte da Nobles Emigrant Trail, que foi estabelecida em 1852 por William Nobles como uma alternativa mais curta à trilha de Peter Lassen. O primeiro ponto de grande interesse geológico são os fluxos escuros, pedregosos e de aparência recente do Cinder Cone. No mapa, são denominados The Fantastic Lava Beds (fantásticos leitos de lava), embora não correspondam à expectativa. Os cristais de quartzo são o único aspecto incomum desses fluxos. São brancos e facilmente identificáveis de perto (as pintas brancas vistas de longe no fluxo são, na verdade, liquens). Os fluxos mais recentes, de 1851, não são visíveis da trilha, pois correram entre velhas lavas ou sobre elas. Próximo à trilha e à lava negra, há restos carbonizados de pinheiros, antes abundantes na área. O fogo que destruiu as árvores pode ter sido provocado pelo fluxo de lava ou talvez por raios.

Cinder Cone é um lindo cone simétrico de cerca de 225 m de altura, com um diâmetro máximo de 800 m na base. Em torno da base é possível observar bombas redondas e vitrificadas. Foram ejetadas do topo e rolaram quando ainda quentes. É fácil percorrer a trilha até o topo do Cinder Cone, embora a cinza solta e a encosta íngreme obriguem as pessoas a parar de vez em quando para recuperar o fôlego. O ângulo da encosta é de 35 graus, que é o ângulo de repouso, o que significa que este é o maior ângulo possível para uma estrutura desse tipo. Esse ângulo é

Fig. 7.10 O Cinder Cone, uma das maiores atrações do Parque Nacional Vulcânico Lassen

típico de cones piroclásticos não erodidos, pois o material se acumula em torno da boca eruptiva em ângulo de repouso. Ao subir, podem-se perceber fragmentos de púmice branco em meio ao material escuro do cone; o púmice provém da erupção de 1914-1921 do Lassen Peak.

A subida vale a pena, pois o panorama do topo é espetacular. Olhando para baixo, em direção ao Snag Lake, pode-se ver o fluxo negro de basalto de 1851, que verteu de bocas eruptivas próximas à base do cone. O Snag Lake foi, na realidade, criado por um fluxo anterior do Cinder Cone que bloqueou e criou uma barragem em Butte Creek e, em seguida, derramou-se dentro do Butte Lake.

Depois de admirar o panorama, desvie sua atenção para o interior do cone. Pode-se andar em volta das bordas das três crateras, que representam diferentes erupções. A cratera principal tem 72 m de profundidade e 300 m de diâmetro. É, na verdade, uma cratera dupla, evidência de, no mínimo, dois episódios eruptivos. Uma ou duas possíveis bordas remanescentes podem ser vistas no lado noroeste do cone. O passeio em volta do cone é muito instrutivo, e a paisagem e as oportunidades para fotografar são extraordinárias. Há uma trilha que faz o círculo completo em volta da cratera dupla, e uma ramificação dela para descer dentro da cratera. Uma outra trilha circunda o lado sul do cone. As trilhas têm marcos autoexplicativos que correspondem às descrições do folheto sobre trilhas. Tem-se uma vista especialmente bela na direção de Painted Dunes (Dunas Pintadas), localizadas a sudeste do cone. Imagina-se que essas feições de cores variadas tenham sido "pintadas" pela erupção do cone de 1666. Acredita-se que o fluxo de lava da erupção (que mais tarde ficou conhecido como "dunas") foi bombardeado com tefra a partir do cone enquanto o bloco de lava ainda estava quente. As cinzas caíram sobre a lava quente, o calor e o vapor oxidaram o ferro contido nelas, criando as belas cores.

A área sudeste
(Juniper Lake e Warner Valley)

Pode-se chegar à área do Warner Valley por trilhas a partir da Lassen Park Road, mas os visitantes que dispõem de pouco tempo talvez prefiram ir de carro, saindo da cidade de Chester, localizada a sudeste do parque. Há duas pequenas estradas saindo de Chester até o parque: uma vai para a área de camping do Juniper Lake, e a outra, ao Drakesbad Guest Ranch (única possibilidade de hospedagem dentro do parque) e à área de camping do Warner Valley. É possível alcançar o cume do monte Harkness a partir de trilhas que saiam de qualquer uma das estradas. Uma advertência: embora os ursos não sejam comuns no parque, já foram avistados perto do Juniper Lake (e também do Summit Lake). Quando estiver caminhando, faça ruídos para dar-lhes a chance de se afastar. Tome cuidado ao acampar e, o mais importante, nunca deixe comida na barraca.

Drakesbad Guest Ranch

O rancho recebeu esse nome por causa de um dos antigos donos da terra, Edward R. Drake. O "bad" vem da palavra alemã para banho ou spa e reflete a presença de fontes termais adequadas para banhos na área. O rancho para hóspedes foi criado em 1900 e é hoje administrado pelo parque. Oferece hospedagem, refeições e passeios a cavalo, mas é preciso fazer reserva para tudo. Os caminhantes podem usar o telefone e comprar bebidas, lanches e mapas. Há várias caminhadas interessantes que partem do rancho. As melhores, do ponto de vista vulcanológico, são as que vão a Devil's Kitchen (Cozinha do Diabo), Boiling Springs Lake (Lago das Fontes Ferventes) e Terminal Geyser (Gêiser Terminal). Só os nomes já despertam a vontade de conhecer essas áreas geotermais. Devil's Kitchen é uma fonte termal ativa e uma área sulfatárica similar a Bumpass Hell, com panelas de lama borbulhante e fumarolas. O Boiling Springs Lake tem 200 m de diâmetro e impressiona profundamente por causa da cor da água, um tom pronunciado de marrom e, às vezes, vermelho. Fontes térmicas submersas são responsáveis pelo nome do lago, embora a cor da água e os condutos de vapor à volta da margem confiram uma aparência amedrontadora que pode estar na origem do nome alternativo Lake Tartarus (Lago Tártaro), como o lago infernal da Ilíada de Homero. Terminal Geyser não é um gêiser de verdade nem tampouco está em estado terminal. A razão do nome permanece um mistério, embora a denominação incorreta de gêiser possa ter ocorrido em função dos jorros irregulares dessa fonte.

Devil's Kitchen a partir de Drakesbad

Essa trilha tem 3 km só de ida; reserve 2,5 horas para ida e volta. Pode-se ir a Devil's Kitchen a cavalo saindo do Drakesbad Ranch, mas esta é uma trilha muito agradável para caminhadas. Começa perto do estacionamento, a oeste da área de camping do Warner Valley, cruza uma pradaria perto de Drakesbad, muito bonita quando há flores silvestres, e depois entra numa floresta. Após 2,25 km, a trilha se ramifica: Devil's Kitchen fica à direita, a outra trilha vai para Drake Lake, a 1,6 km de distância. Mais à frente, a trilha desce e cruza Hot Springs Creek; em seguida, passa por um lindo bosque de pinheiros e cedros antes da descida íngreme em direção a Devil's Kitchen. Hot Springs Creek é um riacho que atravessa toda a área, e as panelas de lama mal-cheirosa estão localizadas em um terraço logo acima da margem. Não é difícil imaginar o diabo nesse local cozinhando alguma coisa repulsiva. Kitchen não é tão grande quanto Bumpass Hell, mas é uma área geotermal conveniente e que encanta as pessoas que preferem ficar desse lado do parque.

Terminal Geyser Loop via Boiling Springs Lake

A trilha tem 1,4 km até Boiling Springs Lake, 4,3 km até Terminal Geyser; reserve três horas para ida e volta. Esta é uma das melhores caminhadas do parque e, a julgar pelas poucas pessoas vistas no caminho, deve ser um dos seus segredos mais bem guardados. A trilha segue parte da Pacific Crest Trail, que cruza o parque aproximadamente na direção norte-sul. É bem sinalizada, e há folhetos explicativos sobre o que se vê durante o percurso. Os primeiros 600 m são os mesmos da trilha para Devil's Kitchen, a partir do estacionamento. Logo após o entroncamento para Devil's Kit-chen, há outro; a ramificação da direita vai para o Drake Lake e a da esquerda, para o Boiling Springs Lake. Outro entroncamento aparece no poste 16; a via à esquerda leva ao contorno do lago e, em seguida, ao Terminal Geyser.

Boiling Springs Lake é outra área geotermal multicolorida, onde vale a pena tirar muitas fotos. A água do lago mantém-se quente (52°C) devido ao vapor que sai de condutos subterrâneos. Em dias de temperatura amena, é possível observar o vapor se desprendendo da superfície do lago. A cor da água é amarelo-amarronzado em função de partículas de argila, opala e óxido de ferro em suspensão na água. As partes mais rasas, próximo à margem, parecem esverdeadas, talvez pela presença de alguma alga que tenha se adaptado a esse ambiente. As panelas de lama ao longo da margem sudeste estão entre as melhores do parque.

É possível ouvir o Terminal Geyser antes de vê-lo: ele emite sons como carros em uma auto-estrada. Anteriormente, seu nome era mais apropriado: Steamboat Springs (Fontes do Barco a Vapor), visto que não é um gêiser, mas uma fumarola que bufa violentamente e emite uma grande quantidade de vapor. Há também panelas de lama nessa área, perto do poste 37 da trilha. Seja cauteloso ao caminhar nesse local e permaneça na trilha. A superfície próxima às panelas é friável, e é fácil afundar ali – essa pode ser a verdadeira razão do nome "terminal" dado à área.

Monte Harkness, saindo do Juniper Lake

Essa trilha tem 3,1 km só de ida ao topo do monte Harkness; reserve 2,5 horas para ida e volta. A Loop Trail tem 9 km; reserve 3,5 horas. O monte Harkness é um pequeno vulcão-escudo andesítico de cerca de 382 m de altura, com um cone piroclástico no topo. A trilha não é "imperdível" do ponto de vista vulcanológico, mas eu a recomendo por causa do panorama e pela oportunidade de observar a vida selvagem, com cervos, perdizes-da-montanha e tetrazes. Além disso, é uma caminhada muito agradável. A trilha começa na área de camping do Juniper Lake e sobe por entre uma floresta de pinheiros. Há belos panoramas do lago e de alguns fluxos de lava que criaram esse escudo. É possível ver afloramentos de lavas ao longo da trilha. A vista do mirante do monte Harkness é fantástica: a oeste encontra-se Lassen Peak e muitas outras feições do parque; ao norte, o Cinder Cone e, mais além, o topo coberto de neve do monte Shasta.

Pode-se voltar ao Juniper Lake pelo mesmo caminho (descendo o flanco nordeste do monte Harkness) ou descer o lado noroeste e, em seguida, cruzar a base do monte Harkness pela margem do lago. Olhando para cima, em direção ao pico do monte Harkness, é possível observar deslizamentos de rocha nos flancos desse escudo, que tem um ângulo maior do que é comum nos escudos basálticos, porque os fluxos de lava andesítica são geralmente mais espessos que os basálticos.

Visita em período de atividade

Dos vulcões da cadeia Cascades, o Lassen Peak, o monte Santa Helena e o monte Shasta são considerados os que mais probabilidade têm de entrar em erupção num futuro próximo. Nos últimos anos, as áreas geotermais do Lassen apresentaram aumentos de temperatura, alcançando, em algumas fontes, temperaturas acima do ponto de ebulição. Pode ser que a próxima erupção não esteja muito longe.

Como será a próxima erupção do Lassen? A erupção de 1914-1921 é o único período do qual existem registros, mas é provável que ela tenha sido bem típica do que se pode esperar do vulcão. Como o Lassen está localizado dentro de um parque nacional, os visitantes serão alertados pelo pessoal do parque a respeito de restrições e procedimentos de segurança. O risco de fluxos piroclásticos e fluxos de lama são motivo de grande preocupação. As erupções do Lassen são mais bem observadas a distância, exatamente como Milford fez durante o último evento. Felizmente a montanha pode ser vista com facilidade a milhas de distância ao redor; portanto, o desafio para os visitantes será o de encontrar o local perfeito. Os guardas do parque saberão certamente quais e informarão quanto aos lugares mais seguros e melhores. Imagino que haverá muita gente nesses pontos.

Cinder Cone e Prospect Peak podem ser locais ideais se estiverem abertos ao público na época da erupção do Lassen Peak. As bombas do violento evento de 22 de maio de 1915 chegaram até eles; portanto, esse risco será uma preocupação para o pessoal do parque. O acesso dependerá, evidentemente, do nível de atividade. O monte Harkness, a sudeste do parque, é outra boa aposta. Locais privilegiados que exigem alguma caminhada encosta acima serão menos disputados que os locais de acesso mais fácil.

Acredito que fotos tiradas a partir dos lagos Reflection e Manzanita seriam espetaculares, mas infelizmente são áreas de risco, pois os fluxos piroclásticos e os fluxos de lava do Lassen poderiam facilmente chegar até lá. Podem ser pontos excepcionais para câmeras com controle remoto, mas é preferível que sejam do tipo descartável.

Outras atrações locais

Subway Cave

Esse tubo de lava está localizado a cerca de 24 km ao norte da entrada Manzanita Lake do parque. Siga a Highway 89 e procure a indicação de saída para Subway Cave ("Caverna do Metrô"). O tubo foi formado no fluxo basáltico Hat Creek e tem, provavelmente, menos de dois mil anos. Não é especialmente notável como tubo de lava, mas quem não conhece exemplos melhores pode querer vê-lo. O acesso ao interior é através de uma claraboia. A seção transversal do tubo é bastante regular, com um assoalho praticamente plano e um teto quase semicircular. Subway Cave realmente faz lembrar um túnel de metrô, mas a origem do nome é desconhecida.

Monte Shasta

Essa magnífica montanha com o topo coberto de neve, de 4.316 m de altitude, está localizada a apenas 120 km a noroeste do Lassen (Fig. 7.11). É o maior vulcão das montanhas Cascades, com um volume de cerca de 350 km^3, e o segundo mais elevado, superado apenas pelo monte Rainier. Como a maioria dos vulcões das Cascades, Shasta é um estrato-vulcão. Sua massa principal foi formada por quatro cones sobrepostos de idades diferentes, produzidos por magmas de composição andesítica a dacítica. A atividade durante os últimos 10 mil anos erigiu os cones mais novos: Hotlum, que forma o pico atual, e Shastina, que, considerado isoladamente, seria o terceiro pico mais elevado das Cascades.

O Shasta é um dos vulcões potencialmente mais perigosos dos Estados Unidos, e estima-se ser grande a probabilidade de ele entrar novamente em erupção. O vulcão se mostrou turbulento nos últimos mil anos e entrou três vezes em erupção. A atividade recente ficou concentrada no Hotlum e no Shastina, embora tenha ocorrido alguma atividade em um grupo de domos sobrepostos conhecidos como Black Butte. Acredita-se que a erupção mais recente do Shasta, no Hotlum, aconteceu em 1786. La Perouse observou uma erupção na direção do Shasta quando estava navegando próximo à costa norte da Califórnia. Embora não haja certeza de que a erupção fosse efetivamente do Shasta, a datação por carbono 14 dos depósitos mais recentes confirma o relato. Essa última erupção produziu fluxos piroclásticos que desceram as encostas da montanha por 12 km.

Há várias maneiras de visitar o Shasta. Pode-se simplesmente contorná-lo de carro, fotografando-o de diferentes pontos, pela Highway 97 e uma estrada de terra chamada de Military Pass. As melhores cidades para usar como base são Weed e Mt. Shasta, próximas à auto-estrada Interstate 5. Há duas áreas de camping perto da Everitt Memorial Highway, uma estrada que leva a Bunny Flat, no flanco sul do vulcão. Há uma trilha bem conhecida que vai de Bunny Flat até a cabana Sierra Club,

Fig. 7.11 O majestoso monte Shasta, com o topo coberto de neve

em Horse Camp, localizada na altura da linha das árvores. O percurso é fácil (5,5 km) e é o primeiro degrau na subida até o pico. Horse Camp (assim chamado porque é o local onde os montanhistas costumavam amarrar os cavalos antes de partir para o topo) é um lugar bastante usado para acampar e pernoitar, embora o interior da cabana seja apenas para emergências. No verão, há geralmente um zelador para ajudar os montanhistas. O primeiro zelador da cabana, Mac Olberman, construiu Olberman's Causeway usando grandes pedras planas como caminho, subindo quase 1,5 km em direção ao topo. Mac trabalhou sozinho por cerca de nove anos para construir Causeway, e já tinha quase 60 anos quando começou. No seu aniversário de 70 anos, ele subiu ao topo em cinco horas exatas, sem parar nenhuma vez. O topo fica a apenas 6,6 km da cabana, mas a diferença de altitude é de 1.800 m.

Para a maioria das pessoas, a subida é difícil e exige o uso de picaretas (*ice-axes*). A agência Shasta Mountain Guides, sediada na cidade de Mt. Shasta, oferece escaladas com vários níveis de dificuldade. A rota mais popular é a John Muir/Avalanche Gulch, usada pelo Capitão E. D. Pearce em 1854 para realizar a primeira escalada dessa montanha de que se tem registro. É considerada "nível 1" em termos de dificuldade e pode ser realizada em um único dia. No entanto, muitas pessoas preferem pernoitar em Camp Horse ou Helen Lake, uma área plana a 3.120 m. Como o lago Helen no Lassen, este também recebeu seu nome em homenagem a uma alpinista: Helen Wheeler subiu o monte Shasta em 1924. O lago, no entanto, costuma estar coberto de neve, e é raro poder vê-lo. Acima do nível do Helen Lake fica a parte mais extenuante da escalada: 750 m cobertos de neve, que alcançam um ângulo de 35° perto do pico. Ao subir, dirija-se ao lado direito de Red Banks, um proeminente afloramento de púmice soldado, um dos produtos mais recentes do vulcão. Red Banks é também a maior fonte de queda de rochas em Avalanche Gulch, e este é o maior perigo dessa escalada.

Para aumentar a segurança, pernoite em Helen Lake e comece a escalada de manhã bem cedo, antes que o calor do sol possa tornar as rochas soltas. Há uma pequena charneira entre Red Banks e Thumb Rock a 3.840 m, onde os montanhistas freqüentemente descansam. A partir daí, passe por detrás de Red Banks à beira da geleira Konwakiton, evitando a fenda de geleira (*crevasse*); em seguida, retome Red Banks e siga a crista até o topo. A crevasse às vezes fica muito larga, tornando a passagem insegura, e a alternativa é subir por um dos vários sulcos (conhecidos como chaminés) em Red Banks. A última parte da escalada é feita subindo Misery Hill até a parte plana do topo nevado, freqüentemente esculpido pelo vento em formas de grande beleza. Cruze o platô e dirija-se a um colo entre o pico principal (a leste) e um pico menor (a oeste). A escalada final é uma subida até a parte noroeste do pico. Por causa da neve, não há muitas rochas expostas no flancos superiores do Shasta, mas há fumarolas para nos lembrar que o vulcão está longe de ser extinto.

O Shasta pode entrar em erupção novamente e com muito ímpeto. A neve permanente no topo e os flancos abruptos significam que há grande probabilidade de avalanches e fluxos de lama. É difícil imaginar como alguém poderia visitar Shasta durante uma erupção; é provável que, nesse caso, uma vasta área em torno do vulcão seja evacuada e que, infelizmente, a beleza tranqüila da montanha se perca por muitos anos. Por enquanto, tudo fica como o poeta Joaquim Miller descreveu no final do século XIX: "Solitária como Deus e branca como uma lua de inverno".

MONTE SANTA HELENA

O vulcão

O monte Santa Helena tornou-se um dos vulcões mais conhecidos do mundo quando entrou em erupção violentamente em maio de 1980, matando 57 pessoas e mudando drasticamente a paisagem ao redor. A erupção ainda perdura na lembrança das pessoas, talvez não por causa das mortes ou da devastação – que não foram, de modo algum, o que de pior pode acontecer em uma erupção pliniana –, mas por causa do fator surpresa. O vulcão enviou muitos sinais de alerta. Os vulcanólogos previram corretamente que haveria uma erupção mas, até o último momento, havia um elemento de descrença de que a montanha bela e serena, de topo coberto de neve, conhecida como o monte Fuji dos Estados Unidos, pudesse, em questão de minutos, perder 400 m de altura e transformar-se em um cone assimétrico rodeado de terrenos desolados e estéreis. A mudança da paisagem foi realmente espantosa. Florestas, o glorioso Spirit Lake, o ambiente de grande beleza que atraíra durante anos pessoas que acampavam ou outras que se instalavam na região, tudo isso desapareceu em poucos instantes cataclísmicos. Impossível limpar ou reconstruir. Apenas o tempo e a natureza podem tornar a paisagem verdejante e a montanha serena de novo, mas isso levará séculos (Figs. 7.12 e 7.13). Uma visita ao monte Santa Helena é, ao mesmo tempo, educativa e pede reflexão. Ainda é possível ver grandes marcas da devastação de 1980, comprovar os poderes destrutivos do vulcão e testemunhar os sinais da incrível habilidade de recuperação da natureza. O acelerado ressurgimento da vida tem sido uma das lições mais importantes da erupção.

Antes de 1980, o monte Santa Helena esteve dormente por mais de um século, e as erupções no período histórico nunca chegaram nem a um grau próximo dessa violência. Os americanos nativos, que devem ter presenciado algumas erupções, chamavam a montanha de "Louwala-Clough", que significa "montanha fumegante" – nome mais adequado que o atual, conferido pelo Comandante George Vancouver em homenagem a seu amigo, o Barão St. Helens, que nunca chegou a ver o vulcão. No entanto, parece que os americanos nativos se preocupavam mais com outros vulcões na região. Suas lendas narram batalhas entre os irmãos Wy'east (monte Hood) e Pahto (monte Adams) por causa da bela jovem Loowit (monte Santa Helena). O mau comportamento dos irmãos incluía o arremesso de pedras quentes um contra o outro e a criação de riachos de fogo líquido.

A verdadeira natureza do Santa Helena ficou evidente a partir dos registros geológicos, que o mostram como o vulcão mais ativo das Cascades durante os dois últimos milênios. As provas da atividade anterior violenta são

Fig. 7.12 Monte Santa Helena visto do Spirit Lake antes da erupção de 1980. O velho monte Santa Helena tinha 2.950 m de altitude; o novo vulcão tem apenas 2.549 m. Spirit Lake era uma área de esporte e lazer muito procurada antes de ser devastada pela erupção

Fig. 7.13 Monte Santa Helena visto do Spirit Lake depois da erupção de 1980

dadas pelos vários depósitos de fluxos piroclásticos, avalanches de detritos e erupções explosivas. O belo e simétrico estratocone, que tinha 2.950 m de altura antes de 1980, fora quase inteiramente formado nos últimos 2.200 anos. A atividade vulcânica na área, anterior à formação do Santa Helena, remonta a 40 mil anos. Esse antigo período compreende erupções explosivas e efusivas de dacitos e andesitos silicáticos, com raros riodacitos, formando domos, fluxos piroclásticos, fluxos de lama e depósitos de tefra. O estágio eruptivo conhecido como Spirit Lake começou há 3.900 anos e se estende até o presente. Os geólogos o dividiram em sete períodos. O primeiro, chamado de Smith Creek (de 3.900 a 3.300 anos atrás) acabou com um repouso de 5 mil anos. Os estudos dos depósitos desse período mostram que a maior erupção conhecida do Santa Helena aconteceu há cerca de 3.500 anos. Essa erupção maciça gerou cerca de 4 km³ de tefra, isto é, mais de 13 vezes o volume produzido pela erupção de 1980. A área coberta por essa tefra, conhecida pelos geólogos como "Yn", estende-se por 900 km a nordeste, alcançando o Canadá. Estudos dos depósitos mostram que a erupção deve ter sido semelhante à do Vesúvio no ano de 79 d.C., mostrando o que o Santa Helena é capaz de desencadear.

O segundo período eruptivo, conhecido como Pine Creek, ocorreu entre 2.900 e 2.500 anos atrás. Erupções intermitentes produziram um espesso leque de fluxos piroclásticos na parte onde é hoje o lado sul da montanha. O Silver Lake foi formado durante esse período, quando o curso d'água Outlet Creek foi interrompido por uma série de enormes fluxos de lama, decorrentes do rompimento de lagos encosta acima. Os depósitos de fluxos de lama desse período foram um sinal de alerta para os geólogos após a erupção de 1980; eles perceberam o perigo que haveria caso a água irrompesse do obstruído Spirit Lake e descesse carregando consigo um destruidor fluxo de lama. Foram tomadas medidas preventivas, e hoje existe um túnel que drena a água do lago.

O início do período conhecido como Castle Creek, há cerca de 2.200 anos, foi marcado por uma mudança significativa na atividade do vulcão. Inúmeros fluxos de lava desceram por todos os lados, alguns de composição basáltica, numa gama que ia de olivina-basaltos, andesitos basálticos a traquibasaltos, embora tenha havido erupção de andesitos e dacitos durante esse período. Uma das erupções basálticas formou, há uns 1.700 anos, o fluxo Cave Basalt, notável por conter o tubo de lava Ape Cave, atualmente uma das atrações mais importantes da área. Não se sabe exatamente por que aconteceram essas flutuações incomuns na composição das lavas do Santa Helena. Pode ser por estratificação na câmara magmática, com a acumulação das lavas mais densas, como o basalto, no fundo da câmara, talvez por milhares de anos. As erupções desse período devem ter retirado conteúdo das partes mais profundas da câmara. O período Castle Creek terminou há cerca de 1.600 anos, quando o Santa Helena quase havia atingido a altura que tinha antes da erupção de 1980.

O quarto período eruptivo, Sugar Bowl, recebeu o nome do seu maior produto, o domo Sugar Bowl, que ainda pode ser visto no flanco norte do vulcão, logo a leste da atual boca da cratera. Não há datações por carbono 14 suficientes para delimitar a extensão desse período, mas imagina-se que o domo tenha sido formado uns 1.150 anos atrás. À luz dos eventos de 1980, é interessante saber que o crescimento do antigo domo parece ter sido acompanhado de duas explosões laterais. A maior de todas depositou material lítico (sem magma novo) a uma distância de 10 km da cratera. Por volta do mesmo período, outro domo foi formado, conhecido hoje como simplesmente Domo Leste, por causa da localização na base leste do vulcão. Ambos eram compostos de lavas riodacíticas, que são algumas das lavas mais silicáticas já encontradas no Santa Helena.

O quinto período eruptivo, Kalama, começou em 1480. Essa data foi obtida por dendrocronologia (datação pelo estudo dos anéis das árvores) e sabe-se inclusive que o grande volume de tefra ejetado que inicia esse período aconteceu no inverno ou no início da primavera. A tefra dacítica (conhecida pelos geólogos como tefra "Wn") foi produzida pela maior ejeção de tefra do vulcão nos últimos 4 mil anos, com um volume quase seis vezes maior do que o produzido pela erupção de 1980. No ano seguinte, houve outro episódio de ejeção de tefra, não tão volumoso mas igualmente de grande extensão. A atividade intermitente continuou, inclusive com erupções de volumosos fluxos de andesito, que se depositaram junto aos fluxos anteriores de Castle Creek e se intercalaram com depósitos de tefra, fluxos piroclásticos e fluxos de lama, para produzir a paisagem e o cone simétrico tão admirados antes de 1980.

O período seguinte de atividade, Goat Rocks, teve curta duração, de 1800 a 1857. Nesse período ocorreu a extrusão do domo Goat Rocks no flanco noroeste da montanha, a 700 m abaixo do que era então o pico. Já não é possível vê-lo, pois foi destruído na erupção de 1980. Os eventos desse período incluem a erupção do fluxo de lava Floating Island, um fluxo andesítico rico em sílica que foi coberto pelos produtos da erupção de 1980. Em 1842, uma grande explosão depositou cinzas a uma distância de 100 km na direção do vento. O evento foi testemunhado pelo Reverendo Josiah Parrish e outros missionários, que registraram a data como sendo 22 de novembro. Há outros relatos contemporâneos de atividade durante o período Goat Rocks, mas a maioria é imprecisa e alguns são contraditórios. Existe um registro histórico, particularmente interessante e visualmente fantástico: uma bela pintura feita pelo artista Paul Kane em 1847. O quadro, atualmente no Royal Ontario Museum, em Toronto, mostra o domo em crescimento na lateral do monte Santa Helena e uma erupção incandescente no topo. A boca eruptiva era aparentemente o domo Goat Rocks. O último evento significativo desse período aconteceu em 1857, e há relatos de "densa fumaça e fogo". Erupções menores podem ter ocorrido em 1898, 1903 e 1921, mas não há confirmação nem identificação de depósitos correspondentes. Em seguida, o monte Santa Helena entrou num sono profundo que durou até 1980, início do período eruptivo conhecido simplesmente como Moderno, que ainda não terminou.

A erupção de 1980

Depois de um sono de 123 anos, o monte Santa Helena começou a se agitar por volta de 16 de março de 1980, com leves terremotos percebidos apenas pelos sismógrafos. Em 20 de março, às 15h47, um terremoto de magnitude 4.2 deu aos cientistas o primeiro sinal de que algo poderia estar acontecendo, mas ninguém na região disse ter sentido o tremor. Os terremotos tornaram-se mais freqüentes na semana seguinte e, entre 25 e 27 de março, a atividade tornou-se frenética, com 174 registros de magnitude 2.6 ou superior. As pessoas que viviam nas redondezas apenas sentiram os sismos maiores, mas os cientistas sabiam que o vulcão podia estar acordando. Ainda assim, acalmaram a imprensa local: não havia motivo para pânico – por enquanto. Como disse um geólogo, os vulcões arrotam de vez em quando.

No dia 27 de março, às 12h36, o Santa Helena acordou com um sério caso de indigestão, sob a forma de explosões freáticas trovejantes, ejetando cinzas e vapor. Essa foi a primeira erupção nas montanhas Cascades desde o evento do Lassen Peak, entre 1914 e 1917. A coluna eruptiva subiu a 2 km de altura e uma nova cratera, de 75 m de largura, surgiu dentro da cratera maior do topo, coberta de neve. A nova cratera parecia um mancha negra na montanha imaculada. David Johnston, um vulcanólogo de 30 anos que trabalhava para o USGS, conversou com os repórteres sobre o fato. Embora a explosão não tenha sido grande e magma novo não tenha alcançado a superfície, Johnston sabia que aquele era apenas o tiro inicial. Comparou a montanha a um barril de pólvora com uma mecha acesa. O problema é que ninguém sabia o seu comprimento.

As explosões continuaram nas semanas seguintes; o vulcão ejetava cinzas e vapor em detonações que duravam entre alguns segundos e dezenas de minutos. As cinzas provinham do velho domo do topo, destruído pelas explosões de vapor. À primeira cratera veio juntar-se outra, um pouco maior, no lado oeste. Com a continuação da atividade, as duas crateras cresceram e acabaram se juntando e formando uma só. Várias avalanches de gelo e neve escurecidos pelas cinzas vieram montanha abaixo. A imagem branca e irretocável não existia mais. Os terremotos continuaram, mas não com intensidade suficiente para fazer as pessoas irem embora. O USGS destacou um grupo de cientistas para o que pensavam ser um longo período de observação vulcânica. As autoridades locais prepararam planos de evacuação e bloquearam estradas próximas ao vulcão. Jornalistas se mudaram para a região, e o Santa Helena virou notícia diária. Começaram a chegar observadores de vulcões e turistas do mundo inteiro. Um rapaz de Washington, de 21 anos, não respeitou as barricadas e subiu a montanha no dia 3 de abril. Disse que podia ver o solo se movendo "como ondas no oceano" e recebeu uma chuva de cinzas da cratera. O espaço aéreo em torno da montanha ficou congestionado com aeronaves carregando cientistas, jornalistas e visitantes. Os comerciantes começaram a vender suvenires, inclusive uma camiseta com um slogan bastante prematuro "Sobrevivente, Monte Santa Helena, 1980".

Enquanto a atmosfera de carnaval prevalecia na superfície e as explosões de vapor sem maior perigo deliciavam os observadores, o que acontecia no interior do vulcão estava longe de ser tranqüilizante. O magma subia no interior da montanha, provocando uma grande e rápida deformação no solo. O magma incandescente esquentava a água do lençol freático, que era expelida subitamente de maneira explosiva, criando as erupções de vapor no topo. O vulcão literalmente partia-se ao meio, tornando-se altamente instável. As fotografias tiradas antes de 27 de março, comparadas com as de um mês depois, mostravam que uma agourenta protuberância crescia na cabeça da geleira Forsyth, a cerca de 2.500 m de altura no flanco norte do vulcão. A área havia crescido cerca de 90 m e continuava se expandindo à espantosa velocidade de 1,5 m por dia. A protuberância foi causada pela pressão do magma em movimento dentro da montanha, e o perigo ficou bastante claro: mesmo que não houvesse erupção, a geleira poderia descer rapidamente pelo flanco norte e cair dentro do Spirit Lake. Um especialista descreveu a geleira como "uma bomba-relógio sobre bolas de gude".

A evacuação da área do Spirit Lake era obviamente necessária, e o governador do Estado de Washington, Dixy Lee Ray, decretou uma "zona vermelha" de 7,5 km ao redor do pico, ordenando que todas as pessoas, com exceção dos cientistas e da polícia, deixassem a área. A decisão não recebeu a aprovação de alguns moradores. Harry Truman, de 83 anos e dono de um *resort* em Spirit Lake, recusou-se a sair. Outros donos de propriedades na região obedeceram às ordens de evacuação, mas não esconderam a contrariedade em relação à decisão do governador. Para evitar confrontos, as autoridades policiais escoltaram pela zona vermelha uma caravana de 35 proprietários de cabanas em Spirit Lake, a fim de que resgatassem seus bens. Era sábado, 17 de maio. O xerife local, Bill Closner, descreveu o exercício como "um jogo de roleta-russa com a montanha".

A manhã de domingo, 18 de maio, despontou sem sinais aparentes do que estava por vir (Fig. 7.14). David Johnston estava de serviço no posto de observação, a cerca de 10 km ao norte do vulcão. Esse posto fora instalado em ponto elevado e era considerado um local seguro. Às 7h, ele entrou em contato por rádio com colegas cientistas em Vancouver, no Estado de Washington, a cerca de 60 km, para relatar os resultados de algumas medições a laser que acabara de efetuar. Essas medições, como várias outras utilizadas em monitoramento de vulcões, não mostraram nenhuma variação incomum.

Fig. 7.14 Em 18 de maio de 1980, às 8h22, hora local, o monte Santa Helena entrou em erupção de forma espetacular e violenta. Cerca de 400 m do pico desmoronaram ou explodiram, devastando uma imensa área com a explosão, a avalanche de detritos e os fluxos de lama. O número de mortes foi calculado em 57; alguns corpos nunca foram encontrados. Outras cinco explosões ocorreram em 1980, incluindo o espetacular evento de 22 de julho

Pouco depois das 8h32, um terremoto de magnitude 5.1 fez o chão estremecer. De repente, a protuberância instável na parte norte do vulcão desmoronou, desencadeando um série de acontecimentos que levaram 57 pessoas à morte (Fig. 7.15). David Johnston chamou seus colegas novamente, mas eles não o ouviram. Um radioamador foi a única pessoa que escutou as últimas palavras de Johnston e pôde mais tarde relatar que ele, Johnston, parecia empolgado em vez de assustado ao gritar "Vancouver! Vancouver! É isso...".

Muito acima do vulcão, os geólogos Keith e Dorothy Stoffel voavam num pequeno avião. Inicialmente, perceberam um deslizamento de rochas e detritos para dentro da cratera. Cerca de 15 segundos depois, todo o lado norte da cratera começou a mover-se. Contam eles que nesse momento "toda a massa começou a ondular e encrespar, sem movimento lateral. Em seguida, todo o lado norte do topo começou a deslizar em direção ao norte, ao longo de um plano de deslizamento bem definido...

Tiramos algumas fotos da seqüência de deslizamento mas, antes que pudéssemos tirar outras, uma colossal explosão rompeu o plano de descolamento. Não ouvimos nem sentimos nada, mesmo estando logo a leste do topo naquela hora".

O piloto conseguiu fugir da nuvem eruptiva que ameaçava engolir o pequeno avião. O relato dos Stoffel tem um valor inestimável para a compreensão da seqüência de eventos. Eles foram testemunhas da maior avalanche de detritos registrada na História. Calcula-se que a avalanche começou entre 7 e 20 segundos após o terremoto que a desencadeou. A avalanche de detritos movia-se na direção norte a velocidades de quase 300 km/h. Uma parte da avalanche se despejou no Spirit Lake, mas a maior parte desceu para o oeste até a bifurcação norte do rio Toutle. A força da avalanche foi gigantesca – em um ponto localizado a cerca de 6 km do topo, a massa de detritos vulcânicos, gelo glacial e, provavelmente, água do Spirit Lake, chegou a deslocar-se e ultrapassar

Fig. 7.15 O carro de Reid Blackburn, destruído pela erupção a cerca de 16 km ao norte do monte Santa Helena. Blackburn, fotógrafo da revista *National Geographic*, morreu na erupção

um serro de mais de 350 m de altura. Essa avalanche descomunal cobriu uma área de 60 km², que se transformou numa paisagem lunar.

A pior parte da erupção aconteceu poucos segundos depois do início da avalanche. Como os Stoffel descreveram, uma explosão, que eles não ouviram nem sentiram, fez partir o plano de descolamento. O desmoronamento do flanco norte causou quase instantaneamente uma expansão do vapor que estava sob alta pressão e alta temperatura até aquele momento, porém dissolvido no magma que formara a citada protuberância. A avalanche "tirou a rolha" do vulcão, ocasionando uma gigantesca explosão lateral de rochas, cinzas e gases superaquecidos que correram encosta abaixo como um leque mortal que destruiu totalmente e em poucos instantes uma área de cerca de 600 km², a maior parte ao norte do vulcão. A explosão lateral começou alguns segundos depois da avalanche, mas a velocidade da explosão foi muito maior, logo ultrapassando a avalanche. A velocidade inicial da explosão foi de 350 km/h, mas cresceu depressa e chegou a atingir níveis supersônicos de aproximadamente 1.100 km/h. Os detritos vulcânicos compreendiam o primeiro magma novo, liberado do que tinha sido o protuberante domo magmático. A magnitude da explosão foi estimada como tendo sido 500 vezes maior que a bomba atômica de Hiroshima. David Johnston estava bem no caminho. Um colega geólogo que esteve na colina de helicóptero alguns dias depois encontrou a área completamente varrida – não havia nenhum sinal de David Johnston, nem do jipe, nem do *trailer*. Tudo, até mesmo as árvores, tinha sido dizimado.

Keith Ronnholm e Gary Rosenquist estavam na área de camping de Bear Meadows, a uns 18 km a nordeste do vulcão, quando o terremoto aconteceu. Ambos pegaram as máquinas e registraram a seqüência de eventos que levaram ao desmoronamento da montanha. Conseguiram escapar, e suas fotos têm um valor incalculável por terem ajudado os cientistas a compreender o encadeamento de eventos. Outras pessoas que estavam nas margens da explosão também conseguiram sobreviver. Bruce Nelson e a namorada viram a nuvem da explosão chegar ao local onde estavam acampados, bem fora da zona vermelha. Eles se agarraram um ao outro enquanto as árvores caíam por todos os lados e, embora tivessem ficado praticamente enterrados pelas cinzas, conseguiram sobreviver. Seus dois amigos, a uma pequena distância, morreram quando a barraca foi esmagada.

Pouco após a explosão lateral, o Santa Helena soltou mais um demônio: uma forte explosão criou uma coluna de cinzas que chegou a 19 km de altura em menos de 10 minutos e se expandiu em forma de cogumelo. Para os sobreviventes que se encontravam além da zona devastada e para os moradores das cidades vizinhas, esse foi o evento mais assustador. Perto do vulcão, as partículas de cinza que rodopiavam na atmosfera provocaram raios que, por sua vez, incendiaram florestas. Os ventos dominantes carregaram a maior parte dessa nuvem para o leste e nordeste a velocidades de aproximadamente 100 km/h. Quando a nuvem alcançou as cidades de Yakima, às 9h45, e Spokane, às 11h45, era tão densa que transformou o dia em noite.

A probabilidade de fluxos de lama e fluxos piroclásticos preocupava os cientistas, e o monte Santa Helena correspondeu totalmente a seus temores. Os fluxos de lama começaram poucos minutos após a explosão, assim que o material quente da avalanche de detritos, da explosão lateral e da chuva de cinzas da coluna eruptiva entrou em contato com o gelo e a neve das encostas do vulcão. Foram avistados fluxos de lama nas partes mais altas da bifurcação sul do rio Toutle por volta das 8h50. Os fluxos de lama maiores e mais destruidores formaram-se várias horas mais tarde na bifurcação norte do rio, quando os depósitos da avalanche de detritos, saturados de água, começaram a assentar e fluir. Nas partes mais altas da montanha, os fluxos de lava corriam a velocidades de até 150 km/h, desacelerando até chegar a 5 km/h nas áreas planas e mais largas da drenagem do rio Toutle. A lama ainda estava quente – mesmo após percorrer dezenas de quilômetros, a temperatura variava entre 29 e 33°C. Como cimento úmido, desceu as duas bifurcações do rio Toutle até os rios Cowlitz e Columbia. No caminho, a lama varreu duas áreas madeireiras a 19 km do vulcão, matando pelo menos três pessoas.

Um casal que acampava a 37 km, às margens do rio Toutle, escapou da morte por pouco quando o rio de lama os carregou por mais de 1 km antes de conseguirem se arrastar para fora da correnteza. O fluxo de lama chegou até a cidade de Toutle, a cerca de 40 km do vulcão, destruindo tudo que ficava perto do rio. Mais de mil pessoas foram retiradas do vale, 150 casas foram destruídas e muitas mais inundadas. A alta temperatura do rio matou todos os peixes. Em certos pontos, a lama chegou a 110 m de profundidade, deixando marcas nas paredes dos vales. Os detritos acabaram se depositando no rio Columbia, reduzindo a profundidade do canal de navegação de 12 para 4 m. Os cargueiros que estavam a montante em Portland encalharam, e o tráfego fluvial foi suspenso. Outros meios de transporte não conseguiram resultado melhor: as cinzas forçaram o fechamento de estradas, o tráfego aéreo foi suspenso, e por toda a região havia pessoas bloqueadas, já que carros, trens e ônibus não conseguiam avançar. Calcula-se que cerca de 10 mil pessoas ficaram presas nos bloqueios.

Os fluxos piroclásticos eram a outra grande preocupação, e o monte Santa Helena garantiu que houvesse alguns. O primeiro foi avistado logo após o meio-dia, mas é provável que tenham começado a se formar logo após a explosão. Pelo menos 17 fluxos piroclásticos desceram a montanha durante as cinco horas seguintes, cobrindo as camadas de detritos depositadas antes. Testemunhas relataram que os fluxos maiores começaram com a subida de material na cratera; em seguida, a massa desceu em direção ao norte, escapando pela abertura da cratera – um cientista descreveu o evento como uma panela de mingau fervente se derramando. A maior parte do material que formava os fluxos piroclásticos era púmice juvenil, isto é, novo material magmático extrudado pelo vulcão. Os fluxos formaram um depósito em forma de leque, com placas e lóbulos sobrepostos. Duas semanas depois da erupção, alguns depósitos ainda tinham temperaturas elevadas, chegando a 420°C. Os fluxos piroclásticos foram uma das maiores preocupações dos cientistas, mas os estragos que eles causaram mostraram-se relativamente pequenos comparados à explosão e aos fluxos de lama.

À medida que o fatídico 18 de maio ia chegando ao fim, a erupção continuava inexorável. A fase mais vigorosa durou cerca de nove horas, alimentando constantemente a coluna flutuante de cinzas. Aproximadamente 540 milhões de toneladas de cinzas caíram em uma área de mais de 57 mil km^2. No final do dia, a erupção começou a diminuir. No dia seguinte, finalmente cessou. Naquele momento, a nuvem de cinzas já tinha se espalhado pelas regiões centrais do país; lugares distantes como Oklahoma foram atingidos pelas cinzas (Fig. 7.16).

A mudança da forma da montanha foi um choque para muitas pessoas, mesmo para quem tinha percebido o grau de violência da erupção. O imponente pico de 2.950 m estava despedaçado. Um geólogo disse que um lado inteiro da montanha parecia ter sido retirado por uma gigantesca mão. Um anfiteatro colossal passara a dominar todo o lado norte. A cratera tinha 1,5 km de largura e 3 km de comprimento, e sua borda havido descido uns 900 m. Mais chocante ainda foi a mudança na paisagem ao redor do vulcão. Montículos acinzentados de lama e detritos solidificados substituíram as luxuriantes florestas. As árvores caídas, que pareciam palitos de fósforo quebrados, cobriam 400 km^2. Dias depois, ao sobrevoar a região, disse o presidente Carter que o cenário "era de uma devastação literalmente indescritível" (Fig. 7.17).

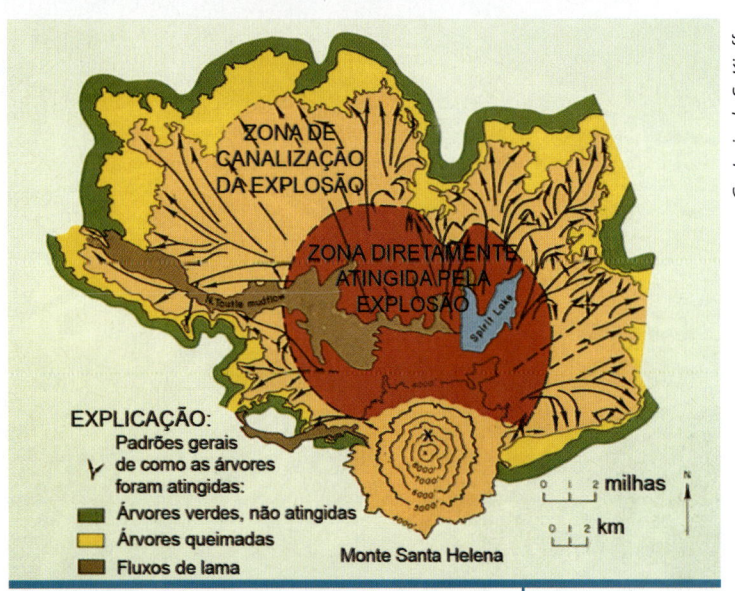

Fig. 7.16 Mapa geológico dos produtos da erupção, mostrando o alcance dos fluxos de lama e de outros depósitos
Fonte: Kieffer, 1981.

Em seguida, veio a dura tarefa de procurar sobreviventes, limpar as cinzas e abrigar os que haviam perdido suas casas. As equipes de resgate tiveram que se defrontar com inúmeras dificuldades, inclusive o fato de que helicópteros não podiam descer em várias áreas por causa da cinza solta no chão. Apesar dos problemas, quase 200 sobreviventes foram salvos num curto período após a erupção. A remoção das cinzas tornou-se um problema significativo. Só na cidade de Yakima, a limpeza demorou dez semanas, a um custo de mais de 2 milhões de dólares. O prejuízo econômico causado pela erupção foi estimado entre 1 e 3 bilhões de dólares, basicamente devido às perdas em madeira, obras civis e agricultura. Um efeito inevitável da erupção foi a perda de receita do turismo, mas isso acabou se revelando temporário. O monte Santa Helena aumentou em muito o atrativo para os visitantes, que passaram a ir lá para ver ao vivo a devastação, aprender o que os vulcões podem provocar e como a natureza consegue recuperar-se de tal catástrofe. Em 1982 foi criado o Mount St. Helens National Volcanic Monument, englobando uma área de 485 km^2 em torno do vulcão. O Santa Helena vem sendo muitas vezes citado como "o vulcão favorito dos Estados Unidos".

Uma visão pessoal: lições da erupção

Onde você estava quando a montanha explodiu? Mesmo tantos anos depois, os moradores das áreas de onde se avista o monte Santa Helena ainda fazem uns aos outros essa pergunta. A erupção foi manchete no mundo inteiro e é lembrada por muita gente, embora eventos mais letais, como El Chichón, em 1982, e Nevado del Ruiz, em 1985, pareçam ter sido completamente esquecidos pelo público e pela mídia. A erupção do Santa Helena matou 57 pessoas, enquanto o número de mortos do El Chichón foi de dois a três mil, e de 25 mil, no caso do Nevado del Ruiz. Por que, podemos nos perguntar, o Santa Helena conseguiu tanto destaque?

Não tenho nenhuma dúvida de que a razão principal do impacto que teve a erupção foi simplesmente porque aconteceu nos Estados Unidos, onde existia o sistema mais moderno de monitoramento de vulcões e também muitos dos geólogos mais bem treinados do mundo. O vulcão era monitorado 24 horas por dia, aventou-se a possibilidade de uma erupção e uma grande área – mas não suficientemente grande – foi evacuada. Muitas das pessoas que pereceram encontravam-se

Fig. 7.17 A impressionante devastação causada pela erupção fica evidente nesta imagem de caminhões e tratores de esteira capotados na área madeireira de South Fork Toutle River. A fotografia foi tirada no dia 19 de maio de 1980, dia seguinte à erupção

Phil Carpenter, cortesia do USGS/CVO

bem fora da zona vermelha, em áreas consideradas seguras. A lição que o mundo aprendeu foi que nem a ciência nem a tecnologia podem prever com certeza quando uma erupção pode acontecer ou qual será sua magnitude. As pessoas que vivem em regiões próximas a outros vulcões, aparentemente plácidos, se deram conta de que a tragédia do Santa Helena também pode acontecer com elas.

Lembro-me de onde estava quando a montanha finalmente explodiu: num Kilauea bastante tranqüilo. Era minha primeira visita e esperava sinceramente que ele explodisse, mas é óbvio que Pele estava tirando férias no continente. Meus colegas e eu nos reunimos à volta de um alto-falante no Observatório Vulcanológico Havaiano para ouvir as últimas notícias dadas por um dos cientistas do observatório que, como vários outros, fora para o monte Santa Helena quando os primeiros sinais de agitação ficaram evidentes. Eu pensava no vulcão como Humpty Dumpty a cair do muro, enquanto os cientistas e seus instrumentos – como se fossem os cavalos e os homens do rei – se mostravam impotentes para prevenir a catástrofe e incapazes de consertar os estragos.

Só nos restava aprender. O monte Santa Helena ganhara um legítimo lugar na história, não por causa da magnitude da erupção ou do número de vidas ceifadas, mas por tudo que nos ensinou, tanto do ponto de vista científico quanto social. A lição mais dura foi a de que podemos ser surpreendidos por um vulcão intensamente monitorado. O Santa Helena estava sob monitoramento constante antes da erupção, e ainda assim conseguiu provocar o inesperado. O fenômeno do crescimento de um gigantesco domo na lateral do vulcão nunca havia sido estudado em detalhes; além disso, o desmoronamento e a explosão lateral foram totalmente imprevistos. Não que fosse um evento desconhecido – na verdade, segundo os cientistas que trabalharam durante o período crítico do Santa Helena, eles discutiram a erupção de 1956 do vulcão Bezimianny, na Rússia, onde uma protuberância lateral acabou explodindo e derrubando árvores até uma distância de 25 km. Esse evento chegou a ser mencionado num artigo do jornal *Tacoma News Tribune*, publicado em 6 de maio de 1980, em que Jack Hyde, um geólogo da região, especulava sobre a instabilidade potencial do flanco norte do Santa Helena, que poderia provocar deslizamentos maciços de terra. Retrospectivamente, pode parecer estranho que a catástrofe não tenha sido prevista com exatidão. O problema foi a falta de conhecimento a respeito desse tipo de erupção, isto é, não havia condições de avaliar todas as possibilidades. O quadro geral do Bezimianny foi considerado apenas uma das muitas possibilidades.

Antes da crise do monte Santa Helena, o conhecimento sobre estratovulcões era claramente falho no seguinte ponto: que tipo de sinais são enviados antes de uma erupção? Até aquele momento, o vulcão mais monitorado do mundo era o Kilauea, um vulcão-escudo. As respostas do Kilauea tornaram-se bem conhecidas, e os vulcanólogos que trabalhavam no Havaí tinham, em geral, condições de prever quando e onde uma erupção aconteceria. No entanto, o comportamento de estratovulcões como o Santa Helena é muito diferente. O monitoramento realizado antes, durante e depois da erupção de 1980 foi de valor extraordinário para aumentar o conhecimento sobre como funcionam os estratovulcões. Alguns anos mais tarde, grande parte desse conhecimento foi muito útil no caso do monte Pinatubo, nas Filipinas, evitando o que poderia ter sido uma enorme catástrofe.

Visita em período de repouso

O Santa Helena fica perto de duas grandes cidades: Seattle, em Washington, e Portland, no Oregon; e dentro de um parque-monumento nacional: o Monumento Nacional Vulcânico do Monte Santa Helena (Fig. 7.18). O acesso é fácil e a infra-estrutura é ótima, o que faz do Santa Helena uma destino muito procurado – na realidade, um importante ponto turístico. Isso traz vantagens, como excelentes museus e trilhas, disponibilidade de mapas, livros, filmes e passeios aéreos, sem mencionar as áreas de camping e hospedagem. É um excelente destino para famílias e crianças em fase escolar que queiram aprender sobre vulcões. O lado negativo é perceber a exploração excessiva da montanha. Com um pouco de sorte é possível fugir dos caminhos habituais, encontrar paisagens indescritíveis e até mesmo algum isolamento.

A melhor época de visita é entre meados de junho e final de setembro, quando os dias são longos, claros e ensolarados. Apesar disso, o tempo pode mudar a qualquer hora, de modo que é melhor estar preparado para chuva e quedas bruscas de temperatura. As noites podem ser bastante frias e, mesmo no verão, podem ocorrer tempestades de neve acima da linha das árvores. Muitas estradas do monumento fecham durante o inverno, e escalar a montanha nessa época pode ser perigoso por causa das avalanches. Se for preciso ir no inverno, deve-se entrar em contato com a sede do monumento e ir aos centros de visitantes (abertos o ano inteiro) para obter informações sobre as condições das estradas e da escalada. A infra-estrutura de inverno inclui duas áreas de *Sno-park* para esqui de fundo e *snowmobile* (trenó motorizado).

As vistas mais impressionantes no monte Santa Helena são as áreas devastadas e a cratera com o domo (Fig. 7.19). Para ajudar a compreender melhor sua distribuição, é interessante rememorar as diversas áreas de devastação. As principais são a zona de impacto da explosão, o depósito da avalanche de detritos, os depósitos de fluxos piroclásticos e os depósitos de fluxos de lama. A zona de impacto da explosão lateral é geralmente descrita em três partes distintas: a mais próxima do vulcão é a do impacto direto da explosão, ou "zona de remoção de árvores", com raio de cerca de 13 km; quase tudo nessa área sofreu destruição total e foi carregado pela explosão, sendo que o fluxo do material não foi em momento algum desviado pela topografia. A segunda zona é a zona de impacto canalizado da explosão, ou "zona de derrrubada de árvores", que se estende até uns 30 km do vulcão. Tudo foi arrasado nessa área, e a força e a direção da explosão ficam visíveis no alinhamento paralelo das grandes árvores que foram quebradas na base e tombaram como palitos de fósforo. A topografia dessa área canalizou o fluxo até um certo ponto, daí o nome. A terceira zona, a mais exterior, na extremidade da área impactada pela explosão, é chamada de "zona queimada" ou "morta em pé". As árvores dessa área continuaram de pé, mas ganharam uma coloração amarronzada pela ação dos gases quentes da explosão. Os depósitos de fluxo de lama se estendem para além da zona da explosão, pelos vales das bifurcações norte e sul do rio Toutle e ao redor do cone do topo nas direções sul, leste e oeste.

Uma das melhores maneiras de observar a área devastada é por cima. Graças à popularidade do Santa Helena como atração turística, os passeios de helicóptero e pequenos aviões são oferecidos regularmente, e não são caros. Muitos passeios de helicóptero circundam o domo de lava que cresce dentro da cratera, oferecendo a melhor vista e também a

Fig. 7.18 Mapa do Monumento Nacional Vulcânico do Monte Santa Helena mostrando as principais estradas e pontos de interesse
Fonte: modificado de folheto do US National Park Service.

mais próxima, já que o acesso por terra até a cratera é proibido.

No solo, o melhor local para começar a visita é o centro de visitantes de Silver Lake. O centro tem um estoque de mapas e livros sobre o vulcão que fornecem mais detalhes do que é possível colocar aqui (ver Bibliografia). As sugestões adiante são os destaques de minha escolha para uma visita ao monte Santa Helena. Por causa do traçado das estradas locais, é preferível planejar a visita em três etapas, reservando dois dias para cada um: o lado oeste, o lado nordeste e o lado sul. Recomendo começar pelo lado oeste, fazendo uma parada nos centros de visitantes para um plano geral do vulcão e da erupção de 1980. Não é uma boa idéia parar em todos os centros de visitantes no mesmo dia: corre-se o risco de uma dose excessiva de exposições e apresentações multimídia.

O lado oeste

A Interstate 5 passa a cerca de 50 km a oeste do vulcão, ligando Portland a Seattle. As cidades mais próximas do Santa Helena ao longo dessa estrada são Castle Rock e Woodland. A Spirit Lake Memorial Highway (504) começa perto de Castle Rock, na saída 49 da Interstate 5. Perto dessa saída há uma sala de cinema, Cinedome, que mostra um filme impressionante sobre o vulcão em tela gigante. Quando chegar à auto-estrada Memorial, dirija-se ao centro de visitantes de Silver Lake. A auto-estrada corta o vale North Fork do rio Toutle e termina no Observatório Johnston Ridge, onde David Johnston perdeu a vida em 1980. Ela cruza o rio Toutle em vários pontos, e alguns mirantes permitem ver os dramáticos efeitos da erupção de 1980, bem como os depósitos de eventos anteriores. Com o passar dos anos, o rio cortou várias camadas de fluxos de lama, deixando expostos os depósitos, que podem ser reconhecidos pelos blocos arredondados, cimentados caoticamente em uma massa de lama seca com espessura que costuma variar de 1 a 3 m. As várias camadas de fluxos de lama comprovam sua freqüência na história eruptiva do monte Santa Helena. Esses fluxos podem ocorrer mesmo que não haja erupção, uma vez que as cinzas e as rochas friáveis podem se desprender em decorrência de chuvas fortes ou de derretimento de neve. Os depósitos da erupção de 1980 tornaram os vales dos rios e as áreas de drenagem particularmente propensos a novos fluxos de lama.

Centro de visitantes do monte Santa Helena em Silver Lake

Localizado a cerca de 50 km a noroeste do vulcão e a 8 km a leste da cidade de Castle Rock, esse centro é a melhor primeira parada durante uma visita ao Santa Helena. Entre as atrações, há uma sala de cinema que projeta um filme premiado sobre o vulcão e a erupção de 1980, uma grande maquete por onde se pode andar e *displays* sobre a geologia e a história da região. Em dia claro, pode-se ver a cratera do terraço na frente do edifício, com o Silver Lake em primeiro plano. Esse lago surgiu quando um fluxo de lama pré-histórico do Santa Helena formou uma barragem em uma das bifurcações do rio Toutle. Do lado oposto da auto-estrada encontra-se o Seaquest State Park, que oferece uma infra-estrutura de lazer e uma área de camping, lugar especialmente conveniente para quem visita o lado oeste e quer acampar.

Continue na direção leste pela auto-estrada por uns 35 km até um mirante, o Hoffstad Viewpoint, e o centro de visitantes

Fig. 7.19 O crescente domo de cerca de 1.100 m de diâmetro, no Santa Helena

Cortesia de Nick Gautier

Hoffstadt Bluffs. Faça uma parada para admirar uma bela vista do vulcão. No primeiro plano encontram-se os remanescentes da primeira barragem de sedimentos construída após a erupção de 1980 no vale do rio Toutle. O objetivo dessa barragem foi bloquear a saída de cinzas soltas e detritos de avalanche durante as tempestades de inverno; mas não durou muito: logo ficou cheia e transbordou por causa de fluxos de lama em 1981 e 1982. O centro de visitantes, operado pela Cowlitz County, oferece informações, uma livraria e um restaurante. Esse é o local onde se pode contratar passeios de helicópteros que sobrevoem a cratera. Recebeu esse nome por causa das Hoffstadt Bluffs (escarpas Hoffstadt), que podem ser avistadas dali e também da auto-estrada. Esses penhascos são restos erodidos de rochas das erupções vulcânicas que ocorreram milhões de anos atrás, antes da formação do cone do monte Santa Helena.

Continue pela auto-estrada, que fica mais íngreme a partir desse ponto, por mais 10 km até o Charles W. Bingham Forest Learning Center (Centro de Ensino Florestal Charles W. Bingham). Como o nome indica, o foco da exposição é a destruição e a recuperação da floresta. No *hall* de entrada há uma reconstituição da floresta pré-1980. Um caminho leva à "câmara eruptiva", onde há uma recriação da zona de explosão e um programa multimídia intitulado "Você está lá". As exposições seguintes tratam dos esforços para salvar a madeira derrubada e da recuperação natural da paisagem. Pode-se fazer um "passeio em vídeo pela floresta", um vôo simulado de helicóptero sobre o vulcão e deixar as crianças brincarem em um playground com tema vulcânico.

Se vier até aqui, não deixe de ir até a Elk Viewing Area (área de observação de alces). É possível vê-los com freqüência nesse ponto, mas o destaque é o panorama do vale North Fork do rio Toutle. Foi nesse ponto que a avalanche mortal varreu tudo nos primeiros estágios da erupção de 1980. Enchentes e fluxos de lama erodiram e cobriram a maior parte dos depósitos da avalanche, mas é possível ver a montante uma nítida textura de montículos, característica de depósitos de avalanche. As árvores nessa área foram derrubadas, mas a maior parte da madeira foi recuperada após a erupção e desde então plantaram-se novas árvores. Na manhã da erupção, quatro lenhadores trabalhavam ali, atrás de North Fork Ridge, com o vulcão fora do seu campo visual. Apenas um deles sobreviveu.

Prossiga pela estrada por uns 6 km, subindo até Elk Rock Viewpoint para ver um panorama do vulcão, com o vale do rio Toutle em primeiro plano. A oeste do Santa Helena encontra-se a Spud Mountain (Montanha Batata), assim chamada por causa da forma do topo, que atualmente divide a "zona de árvores derrubadas" (no lado leste) da "zona de árvores em pé" (no lado oeste). No lado leste do monte Santa Helena, é possível avistar Johnston Ridge e, mais além, o monte Adams, a 50 km.

Ao continuar pela estrada e passar por Elk Pass, observe as tonalidades de rosa e verde fortemente alteradas das velhas rochas. Não deixe de fazer uma parada em Castle Rock Viewpoint, a cerca de 9 km de Elk Rock. Esse é um dos melhores pontos de observação dos depósitos de avalanche de detritos de 1980. A avalanche formou uma barragem no Castle Creek e criou o pequeno Castle Lake, que corta o vale na direção sul. O nível do lago é mantido estável através de um escoadouro. Observe os terraços de erosão ao longo do vale North Fork do rio Toutle, que expõem as camadas de antigos fluxos de lama.

Continue por mais 8 km até o centro de visitantes de Coldwater Ridge, um dos maiores destaques da visita ao Santa Helena. O foco da exposição é a recuperação natural da área devastada. Vale a pena fotografar o domo e a cratera desse local e fazer uma parada no guichê de informações, na livraria e no restaurante do centro. A trilha explicativa Winds of Change (Ventos de Mudança) é um pequeno anel (0,5 km) que ilustra a recolonização do meio ambiente. Muitos visitantes gostam de descer até o Coldwater Lake, onde há atualmente uma área de pescaria e canoagem. Os depósitos da avalanche de detritos de 1980 que se encontram perto do lago são fáceis de reconhecer por causa da superfície cheia de montículos. Alguns ultrapassam a superfície do lago na extremidade sul, formando pequenas ilhas. A trilha explicativa Birth of a Lake (Nascimento de um Lago), de 0,4 km, mostra como o lago foi formado durante a erupção de 1980, quando os detritos da avalanche formaram uma barragem em Coldwater Creek.

Para ver de perto os depósitos de avalanche, continue na auto-estrada por mais 3 km, subindo até a Crater Rocks Trail. Esse pequeno anel (de 400 m) passa pelos montículos dos depósitos de avalanche. Uma extensão da trilha desce até o vale North Fork do rio Toutle (3,5 km, ida e volta). Observe os grandes fragmentos de material pré-1980 carregado pela avalanche. As diferentes cores e texturas se devem às diferentes idades e composições. Fragmentos cinza-claros são dacitos do período mais velho, o Kalama. Fragmentos marrom-avermelhados escuros são andesitos basálticos também do período Kalama, enquanto os fragmentos negros são basaltos e andesitos basálticos do Castle Creek. É possível ver algumas bombas "casca-de-pão" da erupção de 1980 no topo dos depósitos de avalanche. As bombas são pedaços da massa dacítica que penetrou sob o vulcão em 1980. Foram ejetadas ainda quentes, resfriando rapidamente ao cair na superfície.

Johnston Ridge Observatory

Esse é um local absolutamente imperdível para qualquer visitante do monte Santa Helena. A vista do observatório é inacreditável – de longe, a melhor vista da cratera pelo lado norte. É também o melhor ponto no lado norte para fotografar o domo de lava com os depósitos de avalanche de 1980 e a planície de púmice entre o vulcão e o Spirit Lake, no primeiro plano. A cratera está a apenas 8 km ao sul, mas a vista faz pensar que se está quase dentro dela. É amedrontador imaginar-se no local onde estava David Johnston quando toda a face norte da montanha desmoronou.

Johnston Ridge é um observatório vulcanológico em funcionamento que abriga sismômetros e outros equipamentos de monitoramento. Uma câmera de vídeo focaliza o vulcão e as imagens são enviadas para a Internet a cada cinco minutos durante o dia todo. Os tecnófilos podem sentar-se diante de monitores e acessar a Internet e vídeos com informações sobre o vulcão. Uma grande variedade de outras exposições conta a história da erupção de 1980 e mostra aos visitantes como interpretar a paisagem que vêem. Há conferências esporádicas no auditório de 280 lugares.

O próprio edifício é algo que vale a pena ver – parcialmente escavado na rocha, ele se integra à paisagem. A sensação de estar num museu vulcanológico dentro de um vulcão faz dele o local acessível por estrada mais interessante de todo o monumento. O observatório é o ponto final da Spirit Lake Memorial Highway, mas é possível continuar a exploração a pé. A curta Eruption Trail (0,8 km) começa perto do observatório e há nela um memorial às 57 pessoas que morreram durante a erupção de 1980.

Norway Pass Trail

Essa trilha parte da Boundary Trail 1. Distâncias, só de ida, a partir do observatório: para Harry's Ridge, 5,2 km; para Norway Pass, 19 km; para o início da trilha na Road 26, 23 km. Essa trilha, que também começa no observatório, é considerada uma das melhores trilhas do monumento para caminhantes e mochileiros. Os altos e baixos da topografia exigem um dia de extenuante caminhada ou jornada com mochila nas costas. Fique atento à neve que pode resistir nas encostas da face norte até quase o final da estação, tornando a trilha difícil de encontrar. Quem dispõe de pouco tempo, ou não está em boa forma física, deve caminhar só até Harry's Ridge. Há um caminho alternativo que leva da Road 26 até Norway Pass, descrito mais adiante.

Começando no observatório, a trilha passa por depósitos de avalanche de detritos até chegar a Harry's Ridge, batizada em homenagem a Harry Truman (morto pela avalanche). O mirante de Harry's Ridge tem a melhor vista da cratera, do domo e do Spirit Lake em todo o parque. Passado esse ponto, volte ao observatório ou prossiga até o início da trilha na Road 26 (organize-se para que venham buscá-lo). O panorama visto da trilha é espetacular – com as paisagens clássicas da cratera refletidas no Spirit Lake –, mas a melhor parte é o que se avista no trajeto que vai do início da trilha, na

Road 26, até Norway Pass, com a vantagem de ser esse um percurso bem mais curto. O que a caminhada completa a partir de Harry's Ridge proporciona é a possibilidade de ver uma linda parte do campo selvagem, sem aglomerações. Pequenos lagos verdes brilham no meio de cinza e púmice e, no verão, numerosas flores silvestres acrescentam cores à paisagem.

O lado nordeste

Para chegar a esse lado da montanha, saia de Castle Rock em direção ao norte até a Highway 12, e siga em sentido leste-oeste, a cerca de 30 km do vulcão, para a cidade de Randle. A estrada acompanha o rio Cowlitz e chega perto de suas duas represas, Mayfield e Riffe. A Randle Ranger Station (posto de guarda de Randle) localiza-se a 5 km a leste de Randle e funciona durante os meses de verão, fornecendo informações sobre as condições das estradas e sobre o vulcão em geral. A Highway 12 continua na direção do monte Rainier. Para descer ao lado nordeste do monte Santa Helena é preciso entrar na Road 25, ao sul de Randle. O Woods Creek Information Station (posto de informações) fica 10 km ao sul de Randle, e lá se podem obter informações no guichê sem sair do carro. A partir daí, o trajeto torna-se mais interessante. Toma-se a Road 26, uma estrada rural de mão dupla, pista única e sem nenhum tipo de serviço. Há desvios para a passagem do tráfego, mas a velocidade é, obviamente, baixa. A paisagem, com cachoeiras e velhas e magníficas coníferas, é um presente. Ver essas árvores vivas, em contraste com o quadro da zona devastada, realmente dá uma idéia da magnitude da explosão. Árvores semelhantes a essas, algumas de 60 m de altura, foram destruídas em segundos, derrubadas como palitos de fósforo.

Ryan Lake Trail

A cerca de 20 km do início da Road 26 encontra-se um estacionamento, onde fica o início da trilha Ryan Lake. Essa trilha em forma de anel (1 km) sobe até o mirante do vale do rio Green e permite que se observem os efeitos da explosão. Ryan Lake fica do lado de dentro da fronteira da área de "árvores derrubadas", e há sinais ao longo da trilha que explicam aos visitantes a destruição ocorrida, assim como os esforços de salvamento e a recuperação natural da paisagem desde a erupção. As cinzas sobre a trilha, que formam uma camada de cerca de 8 cm de espessura, caíram da nuvem eruptiva. Procure lugares por onde a trilha corte a cinza e observe as diferentes camadas. Em cima da cinza podem-se encontrar pequenos fragmentos de púmice. O pequeno Ryan Lake, localizado logo ao norte da trilha, está cercado de árvores caídas ali desde a erupção de 1980; outras madeiras foram, no entanto, aproveitadas depois da erupção. Uma pessoa morreu nesse local; um campista que estava na margem norte do lago.

De volta à Road 26, continue subindo por mais 2,5 km até um pequeno desvio de onde se pode ter uma vista maravilhosa da área de "árvores derrubadas". As árvores nessa área foram deixadas exatamente como ficaram logo após a explosão. Ao contrário das árvores caídas perto da cratera, que apontam nitidamente para a direção contrária, essas mostram variações de alinhamento devido ao efeito da topografia e da gravidade sobre o movimento da nuvem explosiva. A melhor maneira de ver essa área de perto é caminhando pela Norway Pass até a trilha Independence Pass. O início da trilha fica a 4,4 km na Road 26.

Norway Pass até Independence Pass Trail

As distâncias são de 10 km só de ida até a Road 99, e 3,5 km até o topo de Norway Pass. Essa é uma das caminhadas mais recomendadas no parque. Providencie que venham buscá-lo na outra extremidade da trilha, na Road 99, a não ser que queira voltar até o início da trilha na Road 26, depois de chegar ao topo de Norway Pass. Começando pelo início do trajeto na Road 26, a trilha sobe uns 330 m em cerca de 3 km através da área de floresta derrubada, subindo até Norway Pass a 1.400 m de altitude, de onde há uma vista maravilhosa do Spirit Lake, do monte Santa Helena e do domo de lava. As árvores carbonizadas e derrubadas que se encontram ao longo da trilha contrastam com a nova vegetação e as flores silvestres, criando um cenário realmente espetacular que os fotógrafos não devem perder. Quem continuar descendo até Independence Pass vai passar exatamente sobre a zona de impacto da explosão, vendo de perto seu poder destrutivo.

Meta Lake Trail e Miner's Car Site

Na Road 66, pegue a saída para a Road 99 em direção ao Spirit Lake e ao mirante de Windy Ridge, até o Meta Lake. O pequeno lago verde-esmeralda, circundado de árvores derrubadas, pode ser acessado por uma trilha curta, sem barreiras (0,8 km). O Meta Lake dá uma lição interessante de sobrevivência e recuperação. Os pequenos e saudáveis abetos do Pacífico em torno do lago eram árvores muito jovens em 1980 – tão pequenas que conseguiram sobreviver à erupção, sob a cobertura de gelo e neve, ao passo que árvores mais velhas pereceram. O gelo e a neve que cobriram o lago também permitiram que alguns peixes, anfíbios e larvas de insetos sobrevivessem à explosão. Infelizmente, uma família morreu no local durante a erupção. O carro deles, jogado a 18 m pela explosão, ainda pode ser visto próximo à estrada. A família tinha passado a noite na cabana de um minerador, que foi totalmente destruída.

Harmony Viewpoint

O mirante na ponta norte do Spirit Lake situa-se a cerca de 8 km na Road 99. O lago foi formado há mais de 3 mil anos, quando detritos de uma violenta erupção formaram uma barragem no rio Toutle. Desde então outros episódios eruptivos provocaram o aumento ou a queda do nível da água do lago. Depois da erupção de 1980, o lago subiu cerca de 70 m por causa do bloqueio do escoadouro natural para a bifurcação norte do rio Toutle e também por causa da queda de detritos, que reduziram a profundidade. Pouco após a erupção, a superfície do lago ficou coberta por um acúmulo de toras. Algumas ainda flutuam na superfície, embora a maior parte já tenha afundado. Quando a avalanche de 1980 atingiu o lago, a água deslocada subiu a encosta. Observe que há toras espalhadas encosta acima porque o deslocamento da água as tinha varrido para dentro do lago. As toras nesse local apontam para a direção da descida da encosta, enquanto as arrancadas pela explosão apontam uniformemente para a direção contrária à do vulcão. O nível do lago ainda está mais alto do que antes da erupção de 1980, mas foi estabilizado graças a um canal de escoamento que o liga ao South Coldwater Creek. Em 1982, o lago chegou ao perigoso ponto de quase transbordamento, e ainda é possível ver a "banheira" de toras que foram deixadas para trás.

Harmony Trail até Spirit Lake

A distância de ida e volta é 5 km; reserve 1h30. Essa trilha curta, porém íngreme, é o único acesso legal para o Spirit Lake. Ela desce a parede de um anfiteatro de erosão por 180 m até a margem leste do lago. A maior parte das rochas que afloram ao longo da trilha são velhas brechas (rochas piroclásticas fragmentadas e tufos, mas na metade do caminho há um fluxo de lava mostrando disjunção colunar). À medida que a trilha fica mais plana, olhe para o lado norte do anfiteatro – há uma cicatriz deixada pelo deslocamento da água do lago quando a avalanche de detritos de 1980 se depositou dentro dele.

O nome Spirit Lake foi dado pelos americanos nativos, que acreditavam ser ele habitado por maus espíritos. A lenda é perfeitamente adequada ao local, já que a devastação da área faria até o espírito mais maligno sentir-se em casa. É difícil acreditar que antes de 1980 esse era um dos lugares mais bonitos do Estado de Washington. Embora sejam ainda necessários muitos anos para que a paisagem perca seu aspecto de desolação lunar, a natureza está lentamente se recuperando. As mudanças químicas no lago logo após a erupção foram tão violentas que os cientistas não tinham certeza se o lago poderia voltar à vida algum dia. Numa extraordinária lição de recuperação, as águas do lago voltaram quase ao normal em cinco anos, graças à água fresca adicionada pelas chuvas, ao derretimento da neve, à ação do vento e das ondas que agitam a água. O Spirit Lake contém vida novamente, inclusive sapos e algas.

Windy Ridge Interpretive Site (Sítio Explicativo de Windy Ridge)

Esse ponto de observação, a cerca de 1.200 m de altitude, oferece um dos melhores panoramas do parque-monumento: a cratera, Spirit Lake, Johnston Ridge, Harry's Ridge e a zona de impacto da explosão (Fig. 7.20). Há um anfiteatro ao ar livre onde são apresentadas conferências durante os meses de verão (peça um calendário em qualquer centro de visitantes ou posto de informação). A vista é especialmente boa do alto dos 361 degraus que saem do estacionamento e sobem uma pequena colina – vale a pena subir. É um ótimo lugar para fotografar a paisagem devastada e a cratera, que fica a apenas 6 km. Os depósitos em forma de montículos entre Johnston Ridge e Harry's Ridge são depósitos de avalanche. A que subiu Johnston Ridge tirou a vida do jovem vulcanólogo. Já Harry Truman morreu quando a avalanche soterrou seu *resort* em Spirit Lake.

Truman Trail até Harry's Ridge

Essa trilha (11 km só de ida; reserve 4 horas para ida e volta), que recebeu o nome em homenagem a Harry Truman, desce em ziguezague do Windy Ridge Viewpoint até a planície de púmice e leva ao ponto mais próximo ao domo de lava com acesso permitido por lei. Harry e seu *resort* estão enterrados ali, cobertos por uns 100 m de fluxos piroclásticos e púmice. A devastação nessa área foi total; nenhuma planta ou animal sobreviveu. Observe que essa é uma área de pesquisa restrita, onde a recolonização está sendo estudada desde a erupção. A trilha passa por vários sítios de pesquisa – é muito importante seguir a direção indicada e manter-se sempre na trilha.

Para terminar a visita ao lado nordeste da montanha, volte para Randle pela Road 99 e depois vire rumo ao norte na Road 26, que leva ao Bear Meadow Viewpoint. Foi desse ponto que Gary Rosenquist e Keith Ronholm tiraram a mundialmente famosa seqüência de fotografias da fase inicial da erupção. Tiveram muita sorte em sobreviver, pois Bear Meadow é um trecho localizado exatamente entre as zonas norte e leste, devastadas pela explosão.

O lado sul

A razão principal para visitar o lado sul é escalar o vulcão, embora Ape Cave também valha a pena. Como a erupção de 1980 não provocou mudanças significativas nesse lado, é possível ter uma idéia de como era o monte Santa Helena. Para explorar as várias atrações, vá até Cougar pela Highway 503, que segue o vale do rio Lewis, e continue pela Road 90. Se precisar de informações, dirija-se ao Pine Creek Information Station, localizado a 27 km a leste de Cougar, na Road 90. O posto de

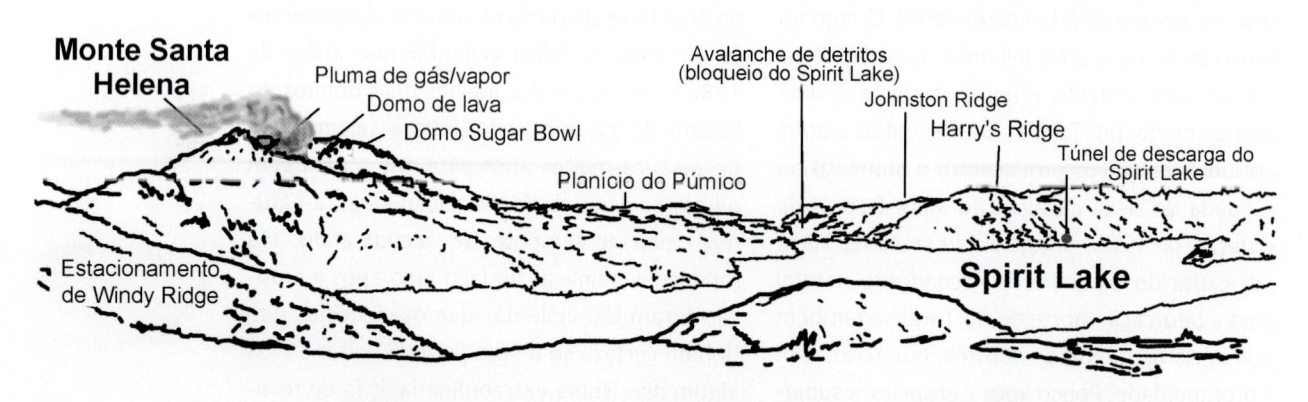

Perspectiva do lado oeste do parque, a partir de Windy Ridge

Fig. 7.20 Panorama visto de Windy Ridge, um dos sítios mais visitados do Monumento Nacional Vulcânico do Monte Santa Helena
Fonte: modificado de desenho do US Geological Survey/CVO.

informações está aberto diariamente no verão e oferece auxílio, indicações, vende livros, vídeos e um curta-metragem sobre o vulcão. Para chegar a Ape Cave, tome a Road 83 rumo ao norte e siga as indicações até Ape Cave, situada na Road 8303. Para chegar a Lava Canyon, continue rumo ao norte e ao leste até o final da Road 83. Para escalar a montanha começando em Climbers' Bivouac, saia da Road 83 no cruzamento com a Road 81 e, em seguida, siga para o leste na Road 830 até o final da estrada.

Ape Cave

Descoberta em 1946, Ape Cave (Caverna do Símio) tem 3,9 km de extensão. É famosa por ser o mais longo tubo de lava intacto da América do Norte e também um dos mais longos do mundo. Seu nome vem de um grupo local de jovens que praticavam várias atividades ao ar livre, o St. Helens Apes, que o exploraram durante os anos 1950. O tubo foi formado cerca de 1.700 anos atrás pelo fluxo de lava *pahoehoe* Cave Basalt, durante uma erupção de estilo muito diferente da de 1980. É possível descer o tubo por uma clarabóia e andar pela parte mais baixa (em descida) usando uma lanterna. Podem-se alugar lanternas e obter um folheto informativo sobre a trilha em Apes' Headquarters, localizado perto da entrada do tubo e aberto durante o verão. Podem-se também conseguir os horários dos passeios na caverna, guiados por espeleólogos voluntários, disponíveis nos fins de semana do verão.

A parte mais baixa do tubo tem cerca de 1.200 m de extensão, enquanto a subida se estende por uns 2.100 m. A parte mais alta é bem mais difícil de explorar porque implica movimentar-se com dificuldade sobre pilhas de rochas fragmentadas. Ao explorar o tubo, observe as estalactites de lava pendentes do teto, formadas por respingos de lava, assim como as estalagmites de lava do chão, formadas pela acumulação de respingos. Um fluxo de lama arenoso penetrou na caverna algum tempo depois da formação, provavelmente em torno de 1480 ou 1482 d.C., deixando depósitos que incluem fragmentos de púmice.

A vizinha Trail of Two Forests (Trilha das Duas Florestas), com 0,4 km, é uma curta trilha de tábuas que permite a observação de moldes de árvores deixados pela lava, Cave Basalt que se derramou pela floresta. O início da trilha fica perto da entrada do tubo de lava, na estrada secundária 8303. O nome refere-se à floresta atual e à velha floresta destruída pelo fluxo. Os moldes das árvores foram formados quando a lava resfriou e endureceu em volta dos troncos das árvores. As árvores queimaram, mas os "moldes" permaneceram. Traga uma lanterna se quiser engatinhar dentro de algum.

Lava Canyon Trail e Lahar Viewpoint

A Road 83 cruza um *lahar* (fluxo de lama) que desceu por Pine Creek em 18 de maio de 1980, criando mais uma extensão de paisagem estéril. Pode-se ver seu depósito a partir do Lahar Viewpoint (mirante), a cerca de 1,5 km do final da estrada. O Lava Canyon, localizado bem no final da Road 83, é um antigo vale preenchido por lava uns 3.500 anos atrás. Canais profundos e caldeirões foram abertos na lava pela erosão, mas foram posteriormente preenchidos por fluxos de lama e depósitos piroclásticos. O fluxo de lama de 1980 irrompeu pelo vale com tal força e velocidade que erodiu alguns depósitos mais antigos e expôs os canais e caldeirões. O primeiro quilômetro da Lava Canyon Trail é pavimentado para facilitar o acesso e leva ao mirante de uma cachoeira, onde o rio Muddy mergulha no cânion. A parte central da trilha forma um anel de 1,5 km que cruza o turbulento rio Muddy. A parte mais baixa da trilha (4 km) é bastante íngreme e irregular na descida para o cânion, mas oferece maravilhosas vistas de várias cachoeiras. Tome cuidado com rochas escorregadias e quedas abruptas.

A subida ao topo

A maior atração da visita ao Santa Helena é, sem dúvida alguma, a cinematográfica subida até o topo. A vista da borda da cratera é de tirar o fôlego: o domo de lava aninhado dentro da cratera e, mais além, a devastação causada pela erupção de 1980. Somente do alto é que a dimensão dos eventos se torna realmente evidente (Fig. 7.21). A subida mais comum é pela rota Ptarmigan Trail–Monitor Ridge. Embora esse trajeto seja relativamente fácil e não exija equipamento especial durante os meses de verão, não é para qualquer um. Leva-se de 7 a 12 horas para ir e voltar, a altitude pode causar problemas em algumas pessoas, o terreno é escarpado e, às vezes, é preciso escalar com o emprego das mãos. No inverno, pode ser necessário usar picaretas (*ice-axes*), *crampons* e cordas.

É preciso obter autorização para prosseguir acima dos 1.500 m. Durante os meses de verão, cobra-se uma pequena taxa, e cada autorização é válida por 24 horas (também é possível obter passes anuais). Para conseguir uma autorização, vá ao Jack's Restaurant and Store na Road 503, a cerca de 37 km a leste de Woodland. A escalada tem um limite diário de cem pessoas durante os meses de verão. Reservas antecipadas podem ser feitas por correspondência dirigida ao Monument Headquarters. Há sempre 40 autorizações disponíveis diariamente no Jack's e, caso a demanda ultrapasse esse número, faz-se um sorteio. Chegue ao Jack's logo de manhã cedo durante os meses de maior movimento (julho e agosto), caso não tenha feito reserva antecipadamente. Para obter informações atualizadas, ligue para 360-247-3961 (Climbing Information Line).

A escalada para Monitor Ridge começa num acampamento, o Climbers' Bivouac (ver indicações dadas anteriormente). Essa rota sobe 1.400 m em 8 km até alcançar a borda da cratera, a uma altitude de 2.550 m. Siga a Ptarmigan Trail (216A nos mapas) a partir de Climbers' Bivouac. A trilha sobe levemente 330 m até a linha das árvores, a cerca de 3,7 km. A partir desse ponto, segue Monitor Ridge, ficando cada vez mais irregular, inclinada, passando por fluxos de lava em blocos na parte mais baixa do flanco e, nos declives superiores, por púmice e cinza soltos. A trilha não tem sinalização nos últimos 400 m, mas aí já é possível avistar a borda da cratera. Tome cuidado ao descer, pois o menor desvio poderá colocá-lo fora da rota.

A vista do topo é magnífica. Comece a subida logo cedo a fim de dispor de tempo suficiente para andar em volta da cratera e fotografar o domo, as paredes abruptas da cratera, de onde saem fumarolas, e os outros vulcões das montanhas Cascades: monte Adams fica a 55 km a leste; monte Hood, a 100 km a sudeste; e monte Rainier, a 80 km ao norte.

Por questões de segurança, mantenha distância da borda da cratera, pois ela é friável e instável em alguns pontos. A distância até o fundo é considerável: uns 600 m. No inverno, cuidado com as cornijas de neve que se formam na beirada e às vezes subsistem durante o verão. Podem ser muito lisas, escorregadias e apresentar grandes fendas ou *bergschrunds*.

O domo de lava

Os visitantes não têm permissão de entrar na cratera; portanto, só é possível ver o domo de lava a distância – a borda da cratera é realmente o melhor local, a menos que se possa fazer um sobrevôo de helicóptero. O domo tem 270 m de altura e 1.100 m de diâmetro. É composto de lava dacítica e resultou de uma série de eventos, a maior parte envolvendo lava pastosa empurrada para cima, fissurando e quebrando parte do velho material consolidado. Uma boa analogia é um tubo de creme dental espremido periodicamente, embora o crescimento do domo também tenha incluído algumas pequenas explosões que lançaram grandes fragmentos.

Fig. 7.21 A autora no topo do monte Santa Helena, setembro de 1995

O domo começou a crescer dentro da cratera no dia 18 de outubro de 1980. O crescimento se deu, em parte, pela acumulação de lava, e foi parcialmente endogênico (a partir do interior), isto é, o magma viscoso subiu pelo conduto e para o interior do domo, fazendo-o dilatar-se e provocar fissuras em padrão radial nas paredes e falhas de empurrão, no fundo da cratera. Tipicamente, as intrusões ocorreram de uma a três semanas antes que o magma realmente se derramasse como pequenos mas espessos lóbulos de fluxo. As fissuras e outras deformações do domo tornaram-se bastante úteis para prever quando e onde um novo lóbulo seria extrudado. Em geral, a intrusão afetava apenas uma parte do domo; com frequência, a parte exposta mais velha. Isso ocorreu, provavelmente, porque as rochas mais velhas sofreram mais alterações e tornaram-se mais fracas, permitindo que o magma fosse empurrado para cima com mais facilidade.

Uma das feições mais notáveis do domo é o leque de tálus que recobre os flancos. A maioria dos tálus são resultantes de quedas de rochas quentes ocorridas durante a extrusão dos lóbulos ou durante a rápida deformação do domo à medida que o material ia forçando seu caminho por dentro. É possível distinguir alguns dos lóbulos de fluxo; a maioria se originou no topo do domo. Em geral, tinham somente de 200 m a 400 m de extensão e de 20 m a 40 m de espessura. Esses lóbulos foram se empilhando de um modo um tanto desordenado.

Houve um total de 17 episódios de crescimento do domo entre 18 de outubro de 1980 e 22 de outubro de 1986, 14 dos quais produziram um lóbulo cada, e três produziram dois lóbulos cada. Entre esses episódios, o domo sofreu uma lenta subsidência por causa do efeito da gravidade sobre o núcleo quente e viscoso. Em 2004, o domo voltou a crescer, e continua crescendo até o momento.

Visita em período de atividade

Considera-se o monte Santa Helena atualmente em estado de quietude, mas isso não significa que não possa voltar a entrar em atividade. Os episódios de crescimento do domo cessaram em 1986, mas o vulcão não entrou imediatamente em repouso. Pequenas explosões que produziram cinzas continuaram a ocorrer esporadicamente até 1991, mas a cinza era formada por fragmentos pulverizados do domo, e não de magma novo. Os eventos eram, provavelmente, desencadeados por chuva ou neve derretida que tivessem penetrado no domo ainda quente. Terremotos pequenos e profundos foram registrados em 1994 e aumentaram de intensidade em 1995, talvez sugerindo um aumento da pressão do gás que ainda se desprendia da massa de magma em resfriamento. Não há indicação de subida de magma novo, mas os esforços de monitoramento continuarão intensos por algum tempo.

Entrar na cratera é terminantemente proibido. Pequenas explosões ainda podem ocorrer, mas outra boa razão é a preservação da delicada recuperação natural, que vem sendo estudada intensivamente. É pouco provável que os visitantes obtenham permissão para escalar o domo em algum momento nos próximos anos.

O Santa Helena nos ensinou uma valiosa lição a respeito de visitas a vulcões em período de atividade. A tendência da população é pensar que as autoridades civis são excessivamente protetoras durante uma crise vulcânica, o que se traduz pelo fechamento de áreas bem mais extensas que o estritamente necessário. Em 1980, as autoridades não foram cuidadosas o bastante, e a infeliz consequência foi a morte de pessoas mesmo fora da zona vermelha. Os residentes da área do Spirit Lake, na tentativa de recuperar seus bens, escaparam da morte por poucas horas. Outros entraram sem permissão nas áreas bloqueadas e pagaram com suas vidas. Mapas topográficos, com marcações de bloqueios feitas apressadamente, permitiram que as pessoas tomassem estradas pouco conhecidas utilizadas por madeireiros. A polícia e outras autoridades civis não tinham condições de monitorar todas as estradas, e as conseqüências foram trágicas.

A explosão foi classificada como "muito grande", com um VEI igual a 5. No entanto, os estragos provocados pelos fluxos de lava, inclusive as vidas perdidas, são um ótimo alerta de que uma explosão também pode ser devastadora. Se o monte Santa Helena, ou algum vulcão de tipo semelhante, ameaçar explodir de novo, fique longe dos vales dos rios e de zonas topograficamente baixas, sem esquecer as áreas bloqueadas pelas autoridades. Os perigos desse tipo de vulcão – incluindo fluxos de lama e fluxos piroclásticos, que podem alcançar grandes distâncias – estão entre os piores que os vulcões podem desencadear.

Outras atrações locais

Monte Rainier

Considerado o vulcão mais perigoso dos Estados Unidos, o monte Rainier (4.392 m) reina como a maior montanha do Estado de Washington (Fig. 7.22). O perigo não vem da freqüência das erupções, mas da proximidade a centros urbanos. Está situado a apenas 35 km da área metropolitana de Seattle–Tacoma, com uma população de mais de 2,5 milhões de habitantes, e mais de 100 mil pessoas vivem sobre antigos depósitos de fluxos de lama do vulcão. Sabe-se que o monte Rainier é capaz não somente de grandes erupções explosivas, como também de desencadear inundações por causa de suas 26 geleiras, e fluxos de lama de longo alcance. Mesmo sem erupção, há enormes riscos de que a ruptura de geleiras provoquem inundações, fluxos de lama e avalanches, pois a estrutura do vulcão é completamente instável: camadas de rochas estruturalmente fracas depositadas por erupções explosivas, cobertas de gelo e neve. Terremotos e deformações do solo causados por movimento de magma ascendente poderiam provocar o desmoronamento de grande parte da montanha, com resultados catastróficos. O vulcão é intensamente monitorado, e estudos recentes sugerem que sua atividade é mais freqüente do que se imaginava. Já foram estabelecidos planos de evacuação, e as escolas infantis das áreas ameaçadas realizam treinamentos práticos. As pessoas que visitam o monte Rainier são instruídas a correr para um terreno mais elevado caso estejam nas proximidades de um rio e, de

Fig. 7.22 Monte Rainier, considerado um dos vulcões mais perigosos das montanhas Cascades

repente, percebam uma brusca subida do nível da água ou ouçam um estrondo.

Os registros da atividade passada do monte Rainier são escassos. Há relatos de antigos pioneiros da área que mencionam a ocorrência de várias pequenas erupções no século XIX, a última em 1894; mas fumarolas ativas no topo confirmam sua atividade. Lendas dos nativos norte-americanos falam de uma erupção cataclísmica, mas não há indícios que as corroborem. O monte Rainier é um estratovulcão semelhante ao Santa Helena, e muitas lições aprendidas com a erupção de 1980 são de grande valor para avaliar os perigos que o Rainier pode trazer. Talvez a mais importante delas seja que ele pode entrar novamente em erupção após um longo período de repouso. Vale a pena visitar o majestoso vulcão e suas velhas florestas antes que a paisagem mude para sempre.

O Parque Nacional do Monte Rainier fica a cerca de 160 km a nordeste de Portland, no Oregon, e a uns 100 km a sudeste de Seattle, Washington. A entrada Nisqually, localizada na extremidade sudoeste, fica aberta o ano todo, mas muitas estradas do parque só abrem durante o verão. A maioria dos visitantes se dirige ao Henry M. Jackson Memorial Visitor Center e ao Paradise, um prado subalpino de onde saem várias trilhas. As caminhadas são muito comuns, mas escalar o monte Rainier não é coisa simples. É preciso obter autorização, e é aconselhável escalar com um guia, ainda que não obrigatório. A subida é perigosa e, desde a primeira subida documentada, em 1870, pelo menos 68 pessoas já morreram tentando chegar ao pico. A maioria foi vítima de avalanches, quedas, *crevasses* (fendas de geleiras), ou simplesmente se perdeu e sucumbiu ao frio. Cerca de 5 mil pessoas conseguem completar a escalada todos os anos. Se quiser ser uma delas, pesquise a Rainier Mountaineering, Inc. (RMI), uma empresa que oferece treinamento e escaladas de dois dias com guia. A rota mais popular começa em Paradise e sobe até Camp Muir, a 3.100 m, para pernoite. A subida ao pico começa por volta das 2 horas da manhã, de modo a chegar ao topo e voltar antes que o sol do meio da tarde comece a derreter a neve, a abrir *crevasses* e provocar avalanches. Mesmo dormente, o monte Rainier apresenta muitos riscos. Se houver ameaça de erupção, lembre-se das lições do monte Santa Helena – uma nova erupção pode ser ainda mais letal do que o previsto.

Crater Lake

Essa magnífica caldeira vulcânica fica um pouco mais perto do Lassen Peak do que do Santa Helena; no entanto, é mais conveniente para os visitantes do Santa Helena irem de carro a Crater Lake, pois o aeroporto mais importante e mais próximo desses dois vulcões é o de Portland. Crater Lake (Lago de Cratera) é uma depressão cheia de água, com 10 km de largura, formada pelo desmoronamento do estratovulcão conhecido como monte Mazama. O lago azul-escuro, de cerca de 600 m de profundidade, é quase perfeitamente circular, rodeado por escarpas abruptas, e de uma beleza que ultrapassa qualquer descrição. Irrompendo à superfície do lago encontra-se um cone piroclástico de flancos abruptos e altura de 240 m, denominado Wizard Island (Ilha do Bruxo), por causa da semelhança com a forma de um chapéu de feiticeiro (Fig 7.23). Crater Lake surgiu da transformação catastrófica do monte Mazama, de cerca de 3.600 m de altitude, em uma caldeira cujas paredes mais altas alcançam no máximo 2.400 m. A erupção ocorreu há uns 6.900 anos, foi uma

Fig. 7.23 Crater Lake é uma antiga caldeira, famosa pela beleza. No centro encontra-se a Wizard Island, um cone piroclástico de flancos abruptos

Cortesia de Nick Gautier

das mais violentas dos tempos pós-glaciais e cerca de dez vezes maior que a do Krakatoa em 1883. A quantidade de magma ejetado pela erupção do tipo pliniana do monte Mazama foi tão grande que o vulcão perdeu o suporte e desmoronou. Os depósitos de fluxos piroclásticos têm 75 m em alguns locais, e a cobertura de cinzas atingiu uma área de 800 mil km². Durante o milênio seguinte, ocorreu nova atividade no fundo da cratera, porém em escala bem menor, produzindo pequenos domos e a Wizard Island. O vulcão está dormente há cerca de 5 mil anos, mas, diante de sua história pregressa, a possibilidade de erupções violentas ainda causa preocupação.

A maioria das pessoas que vão a Crater Lake são atraídas pela paisagem, não por seu passado vulcânico. Pouca matéria orgânica consegue entrar no lago, pois não há nenhuma passagem de água para dentro ou para fora, e as margens são praticamente estéreis. A clareza do lago é, portanto, fabulosa. A profundidade – é o lago mais profundo dos Estados Unidos – é a razão do surpreendente tom de azul-cobalto. O Parque Nacional de Crater Lake oferece muitas atrações em termos de caminhadas, paisagens e atividades náuticas. Pode-se contornar toda a cratera pela Rim Drive. É melhor começar a visita no Rim Village Visitor Center e caminhar daí até o Discovery Point (4,2 km, ida e volta), ao longo da Pacific Crest Trail. Também é possível fazer caminhadas na Wizard Island. Há barcos que levam à ilha saindo de Cleetwood Cove, no lado norte do lago. Há uma trilha que sai do píer em Wizard Island, sobe algumas centenas de metros e então bifurca. A bifurcação à esquerda passa por blocos de lava andesítica até Fumarole Bay, um local popular entre os banhistas, apesar da água muito fria. A bifurcação à direita da trilha leva ao topo da ilha, de onde a vista do lago é de tirar o fôlego. Outro destaque do parque é o Devil's Backbone (Coluna Vertebral do Diabo), no lado noroeste do lago: um dique andesítico que aflora desde a beira do lago até a borda da cratera. O dique destaca-se na encosta por ser mais resistente às intempéries e à erosão que os materiais vulcânicos friáveis encaixantes.

SUNSET CRATER

O vulcão

Sunset Crater (Cratera do Crepúsculo) é o mais novo dos cerca de 400 cones piroclásticos do San Francisco Volcanic Field, no Arizona. É extraordinário pela beleza e pela condição quase perfeita, apesar de já ter quase um milênio de idade (Fig. 7.24). O nome poético da cratera foi dado por John Wesley Powell em 1885, quando na qualidade de diretor do USGS, explorou esse campo vulcânico. Escreveu Powell em diário que "o contraste de cores é tão grande que, ao ser a montanha avistada a distância, os cones vermelhos parecem pegar fogo. É por isso que o cone ganhou o nome de Sunset Peak". Na verdade, os tons de vermelho e amarelo provêm da emissão de gases que oxidam o ferro nos fragmentos de lava e depositam enxofre, gipsita e limonita perto da borda da cratera.

Sunset Crater é o único vulcão monogenético incluído neste livro. Monogenético significa que o vulcão foi erigido em curto período de tempo, por uma única erupção ou uma série de erupções relacionadas, e não é de esperar que entre novamente em erupção. Mesmo sem essa perspectiva, certamente vale a pena visitar Sunset Crater, um dos melhores exemplos de vulcão monogenético. O cone de 300 m de altura é incrivelmente fotogênico, estranho e belo. Fica

Fig. 7.24 Sunset Crater é um grande cone piroclástico do San Francisco Volcanic Field, perto de Flagstaff, Arizona.

numa área cheia de maravilhas geológicas: a uma pequena distância de automóvel encontram-se o Grand Canyon, o Oak Creek Canyon e Meteor Crater. A formação do Sunset Crater causou grande impacto na população indígena da época, e os visitantes interessados em história ficarão fascinados pela riqueza de achados arqueológicos, como as habitações Wupatki.

O Sunset Crater é naturalmente preservado, graças ao clima seco da região. Ironicamente, o que a natureza protegeu por tanto tempo correu sério perigo recentemente. Em 1928, uma companhia cinematográfica de Hollywood planejava dinamitar parte da cratera para simular uma erupção. Os protestos furiosos de grupos locais fizeram cessar a ameaça e levaram o presidente Hoover mais tarde, em 1930, a declarar Sunset Crater um monumento nacional. A pessoa-chave no *lobby* para proteger a cratera foi Harold Colton, cujo trabalho em arqueologia foi fundamental para juntar os pedaços da história do povo indígena.

Outra ameaça ao Sunset Crater tornou-se evidente anos mais tarde, quando os flancos ficaram seriamente erodidos pelo grande número de pessoas escalando o cone. Em 1973, as autoridades responsáveis pela preservação da cratera fecharam o acesso ao cume. Embora isso certamente deixe muitos visitantes desapontados, há outras maneiras de fazer essa visita valer a pena. O fluxo de lava Bonito, na base do cone, é cortado por uma trilha que mostra aos visitantes uma grande variedade de padrões de fluxo com aparência recente (Fig. 7.25). Há numerosos sítios arqueológicos e vulcanológicos na região, e também é possível subir os cones vizinhos.

A história geológica do Sunset Crater é uma pequena parte daquela do San Francisco Volcanic Field, um aglomerado de vulcões predominantemente basálticos próximos à margem sul do planalto do Colorado. São quase todos cones piroclásticos, e há mais de 600 em uma área de cerca de 4.700 km². A atividade vulcânica começou por volta de 6 milhões de anos atrás, perto da atual cidade de Williams. Com o passar do tempo, a atividade migrou para o leste e o nordeste, até o Sunset Crater, que fica a cerca de 80 km do ponto inicial. O Sunset Crater entrou em erupção exatamente da mesma maneira que os outros cones no campo de San Francisco: o magma basáltico foi ejetado na forma de explosões estrombolianas e fluxos de lava. O volume de magma ejetado no Sunset Crater foi bastante grande para uma típica erupção estromboliana – quase 3 km³ compostos de cinzas que formaram o cone, dois fluxos de lava e materiais mais finos espalhados em um vasta área, chegando a até 1.300 km de distância. Como não há registros escritos, o que conhecemos sobre a história da erupção provém de uma combinação de estudos geológicos e arqueológicos. O Sunset Crater criou sua própria Pompéia nos Estados Unidos, com a feliz diferença de que parece não ter havido perdas humanas.

Fig. 7.25 A áspera textura *aa* do fluxo Bonito, visto da Lava Flow Nature Trail. Ao fundo, vê-se o Sunset Crater

A erupção do Sunset Crater

O Sunset Crater compartilha muitas semelhanças com o Paricutín, no México, e é provável que suas erupções tenham começado da mesma maneira. Muitas pessoas já conhecem a história desse vulcão que surgiu no meio de uma plantação de milho em 1943, causando tremenda surpresa a um agricultor local. A erupção do Sunset Crater deve ter certamente causado um choque aos Sinagua, o povo que cultivava a área há cerca de mil anos.

A primeira erupção ocorreu entre as estações de crescimento das plantas dos anos de

1064 e 1065 d.C. Provavelmente começou como o Paricutín, com uma pequena fissura no solo. Logo explosões começaram a jorrar cinzas e pedaços de lava no ar. Os fragmentos maiores caíram no chão e começaram a formar o cone, enquanto as cinzas recobriam o campo.

Não há registros históricos da erupção, mas as habitações dos nativos soterradas pelas cinzas e outras evidências arqueológicas permitiram datar a erupção. Podem-se obter dados precisos graças aos pinhos *ponderosa* que ainda conferem à região um certo ar alpino. Os troncos desses pinhos foram usados na construção das casas subterrâneas (*pit houses*) dos Sinagua. Especialistas em dendrocronologia, o estudo do crescimento dos anéis das árvores, conseguiram datar de modo preciso a erupção, examinando os troncos encontrados nas casas dos Sinagua. O anel mais novo das casas enterradas pela erupção data da estação de crescimento das plantas de 1064 d.C., ao passo que o anel mais antigo dos troncos das casas do período pós-erupção data de 1071 d.C. Isso restringe o período de ocorrência da erupção, mas a dendrocronologia pode fazer melhor ainda. O crescimento dos anéis também reflete as condições de crescimento, e os cientistas que estudaram os pinhos que sofreram danos mas não morreram por causa da erupção constataram que os anéis parecem normais até o ano de 1064 inclusive. No entanto, os anéis de 1065 eram mais finos, indicando algum evento que acarretou problemas para as árvores. Os anéis dos anos seguintes mostram que as árvores se recuperaram lentamente do trauma, isto é, da erupção que deve ter ocorrido entre 1064 e 1065.

A datação paleomagnética também foi importante na datação da erupção. O alinhamento direcional das partículas de ferro nos fluxos de lava solidificados foi medido e comparado ao norte magnético atual. O desvio fornece o número de anos decorridos desde que as partículas foram depositadas. Esses e outros estudos geológicos reconstruíram os vários eventos da erupção, que não aconteceu somente em Sunset Crater. A primeira atividade foi a abertura de uma fissura de uns 15 km, com fontes de lava em toda a extensão. Imagine o que as pessoas pensaram ao ver esse espetáculo! Logo a erupção tornou-se localizada na extremidade noroeste da fissura, começando a erigir o Sunset Crater lentamente. As cinzas mais pesadas caíram perto da boca eruptiva e foram construindo o cone; as cinzas finas e os pequenos fragmentos subiram em uma coluna eruptiva que alcançou várias centenas de metros. Dois fluxos de lava foram despejados antes do fim da fase explosiva. O primeiro foi o fluxo Kana-a, que saiu do lado leste do cone e desceu uma ravina por cerca de 11 km. Enquanto a atividade explosiva continuava formando o cone, o fluxo Bonito saiu da base do cone nos lados oeste e noroeste, cobrindo uma área de 4,6 km^2. O fluxo retirou pedaços do cone e os carregou como se fossem balsas sobre a superfície da lava.

Não se sabe precisamente a duração total da erupção, mas acredita-se que as últimas manifestações de atividade do Sunset Crater aconteceram em 1250, quando magma contendo um teor relativamente elevado de ferro e enxofre foi ejetado do topo do cone. Esse magma mais tarde oxidou-se e produziu as cores vermelha e amarela que deram à cratera o nome atual e, antes de Powell, a denominação descritiva de "Yellow-Topped Mountain" (Montanha de Topo Amarelo), pelos Navajo, e "Red Hill" (Montanha Vermelha), pelos Hopi. A duração total da erupção, mais de dois séculos, é extraordinariamente longa, talvez única, para um vulcão monogenético. O Paricutín, por exemplo, cessou toda atividade em pouco mais de nove anos.

Na falta de registros históricos, é impossível saber o que os Sinagua sentiram quando o Sunset Crater entrou em erupção em seu quintal. Sabemos que era um povo valente. Seu nome significa "sem água" em espanhol e reflete o fato de serem povos do deserto que conseguiam plantar e prosperar nas condições de seca da região. A erupção deve lhes ter dado tempo suficiente para fugir, pois não foram encontrados corpos. Sabemos, no entanto, que muitos voltaram. Construíram novas casas antes que o Sunset Crater tivesse soltado seu último suspiro eruptivo. A cinza da erupção acabou tornando o solo ainda mais fértil, e logo novos *pueblos* foram construídos em volta dos campos de cinza e lava. Atribui-se, aliás, ao Sunset Crater o fato de ter dado origem a uma das primeiras explosões populacionais nos Estados Unidos.

Uma visão pessoal: uma terra de maravilhas geológicas

O norte do Arizona é uma região notável. Se for sua primeira visita, procure reservar pelo menos uma semana para percorrer a área. A natureza colocou ali tantas maravilhas geológicas que as pessoas ficam tomadas pela emoção. Lembro-me de pouca coisa da minha primeira visita ao Sunset Crater, provavelmente porque ela aconteceu no final de três dias exaustivos de um percurso de carro, tentando abarcar o Grand Canyon, Oak Creek Canyon, Meteor Crater, Painted Desert e outros locais de interesse. Ir a todos esses lugares em uma única viagem só faz sentido se o visitante vier de longe, mas a ordem é importante – é melhor deixar o Grand Canyon para o final. Para muitas pessoas é provável que essa seja a feição geológica mais impressionante que um dia verão, mas sua magnitude pode fazer todo o resto parecer insignificante.

Minha recomendação para quem visita a região é usar Flagstaff como base, a menos que se queira acampar ou ir de mochila nas costas. A cidade de Flagstaff fica na histórica Rota 66 e tornou-se uma curiosa mistura de hotéis para pernoite, importante escala ferroviária, cidade universitária, reminiscência do faroeste e centro da Nova Era. Não há escassez de lugares onde se hospedar ou comer, embora eu não tenha encontrado nenhum de categoria excepcional. Conveniência é a palavra-chave, já que é possível sair da cidade a caminho das atrações locais em pouco tempo. Sunset Crater e Wupatki são ótimos locais para começar a visita, pois permitem que as pessoas apreendam facilmente a geologia local, a história indígena e o modo como a erupção do Sunset Crater influenciou as pessoas que vivem na área. O tema continua em Walnut Canyon, onde *pueblos* e habitações encravadas na escarpa são tão bem preservados que é difícil acreditar que ninguém mora ali há mais de sete séculos.

Uma das mais lindas paisagens do Arizona é o Painted Desert (Deserto Pintado). Ainda me lembro claramente de quando o vi pela primeira vez, na estrada circular entre Sunset Crater e Wupatki. A vista era de tirar o fôlego mesmo depois de ficar com meus sentidos um tanto anestesiados pelo Grand Canyon.

Depois de visitar vulcões, o deserto e sítios arqueológicos, vá conhecer uma coisa que realmente não é deste planeta: Meteor Crater (Cratera do Meteoro), a cratera de impacto mais bem preservada da Terra. Não desanime com a atmosfera de parque temático na estrada que leva à cratera ou com o preço da entrada. O local é único, e o museu, além de muito bom, focaliza não só meteoritos e crateras de impacto, mas também o programa Apollo (os astronautas que foram à Lua fizeram treinamento de campo em Meteor Crater). Se o tempo permitir, faça um passeio contornando a borda da cratera (traga calçados para caminhada e proteção contra o vento).

Antes do Grand Canyon, vá até Oak Creek Canyon, que serve de cenário para o espetacular Red Rock Country de Sedona. A estrada de Flagstaff a Sedona (Highway 89A) serpenteia pela base do cânion, que o Oak Creek escavou no arenito vermelho. As formações de rochas avermelhadas são tão incríveis quanto as do Grand Canyon, mas em uma escala mais abordável. Pode-se parar no Slide Rock State Park e percorrer uma das numerosas trilhas. Melhor ainda, nadar no Oak Creek, com a vantagem de um declive em rocha natural. A estrada continua até a cidade de Sedona, que vale a pena visitar devido à localização em meio aos picos de rochas vermelhas. Infelizmente Sedona transformou-se num grande *resort* e, de certo modo, uma armadilha para turistas. Tornou-se também a meca da Nova Era, graças à crença de que energias espirituais se concentram em vórtices ao redor da cidade.

Recomendo deixar o Grand Canyon por último, mas deve ser visto sob boas condições climáticas; fique, portanto, atento à previsão do tempo. O cânion é espetacular em qualquer época do ano, inclusive no inverno, quando a neve abraça os cumes rochosos e a luz é quase etérea. Há inúmeros livros sobre a geologia e a história do Grand Canyon e sobre como planejar a visita. As opções incluem caminhadas, descidas em dorso de mula, descer os rios em *rafting* e vôos panorâmicos. É preciso lembrar que esse é um dos locais mais procurados da Terra e que os passeios organizados, como os com mulas ou *rafts*, devem ser reservados com meses ou mesmo um ano de antecedência. Para quem dispõe de pouco tempo, faça um passeio em torno da South Rim (Borda Sul), parando nos numerosos mirantes – e faça planos para voltar em outra oportunidade.

Para quem vem de longe visitar as maravilhas do Arizona, seria interessante estender a viagem para incluir algumas das maravilhas geológicas do Estado vizinho de Utah, principalmente as localizadas na parte sul do Estado, perto do Grand Canyon. Minha atração predileta é o Zion National Park, com cânions e *mesas* fabulosamente coloridos. Evite as aglomerações do verão, se possível. O Bryce Canyon National Park também vale a pena, pois seus mirantes em grande altitude e o céu claro oferecem vistas espetaculares dos picos e espirais.

A visita ao Sunset Crater

Não se espera que o Sunset Crater entre novamente em erupção; parece, portanto, que só é possível visitá-lo em repouso. Talvez ocorram novas erupções em San Francisco Volcanic Fields, ou talvez nenhuma por muitos milênios. Embora a opinião dos especialistas divirja na classificação do Sunset Crater como ativo ou dormente, os visitantes devem considerar essa cratera um campo de estudo de vulcões monogenéticos e de seus produtos, em vez de um vulcão ativo. A visita em si não precisa demorar muito; a maioria das pessoas passa apenas um dia na área, começando pelo centro de visitantes e seguindo pelas trilhas Lava Flow e Lenox Crater (Fig. 7.26). No entanto, há muito mais a explorar na região de San Francisco, tanto em termos de geologia quanto de arqueologia, e é necessário no mínimo um dia para visitar o Monumento Nacional Wupatki.

Para chegar ao Sunset Crater a partir de Flagstaff, tome a Highway 89 norte, avance 19 km e entre na estrada em anel Sunset Crater–Wupatki. A melhor maneira de visitar a área é percorrendo essa estrada circular (58 km só de ida), parando nas localidades descritas adiante. Não se esqueça de comprar comida e gasolina antes de deixar Flagstaff.

Centro de visitantes

Cerca de 3 km depois de pegar a estrada em anel, encontra-se o centro de visitantes, e esta deve ser a primeira parada. Há venda de livros, mapas, distribuição de folhetos para orientar o percurso pela Nature Trail, e também uma exposição informativa que inclui o vídeo de uma erupção. Peça informações sobre programas especiais, como Lava Walk, e autorizações para fazer trilhas e acampar. A partir do centro, continue por cerca de 2,2 km até a saída para o estacionamento da Lava Flow Nature Trail.

Lava Flow Nature Trail

Fácil e bem sinalizada, a trilha (um anel de 1,6 km) é praticamente plana e pavimentada desde o início, com um pequeno trecho acessível para cadeira de rodas. Ela leva até o fluxo Bonito e apresenta muitas feições interessantes comuns em fluxos basálticos, como *squeeze-ups*, lava *blisters*, *hornitos* e até um pequeno tubo. A sinalização indica as várias feições interessantes, também descritas num folheto bastante útil disponível no centro de visitantes. A lava negra e pedregosa parece produto de uma erupção recente. O fluxo é ainda tão estéril e de aparência lunar que foi usado como treinamento de campo para os astronautas do projeto Apollo nos anos 1960. Os engenheiros da Nasa trouxeram uma imitação de um veículo lunar para dar umas voltas no local, e os pobres astronautas tiveram que andar sobre a lava usando trajes espaciais.

Bonito é também um ótimo terreno para treinamento de geólogos. Sua espessura é incomum para um fluxo de basalto, chegando a 30 m em alguns pontos, pois a lava formou pequenas piscinas no sopé do cone. A maior parte do fluxo é do tipo *aa*, mas algumas partes são *pahoehoe*, com a típica textura superficial encordoada. Entre as feições geológicas encontradas na trilha, há *squeeze-ups*, que se formam quando a lava derretida do interior do fluxo vaza por rachaduras na crosta. Algumas partes do fluxo contêm *blisters*, ou bolhas de lava, algumas intactas, outras estouradas. São formadas pela liberação de gás do interior da

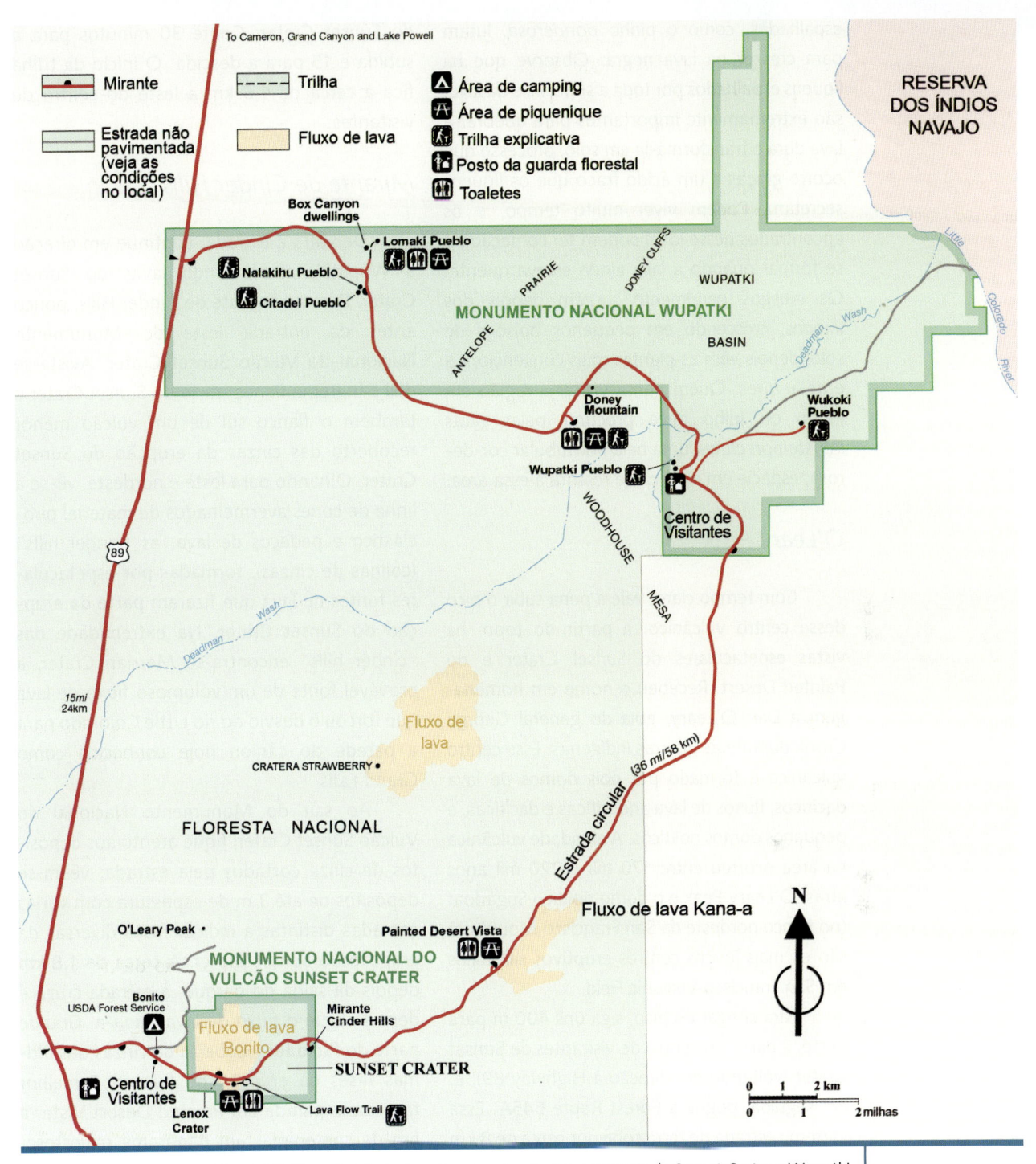

Fig. 7.26 Mapa local mostrando os monumentos nacionais de Sunset Crater e Wupatki
Fonte: modificado de um mapa do US National Park Service.

lava quando a crosta está quase, mas não totalmente, solidificada. Em um dos pontos da trilha podem-se ver xenólitos ("rochas estrangeiras"). São pedaços de calcário Kaibab, de cor branca amarelada, que se quebraram e fundiram com a lava derretida. Infelizmente, uma das feições mais interessantes do fluxo – um tubo de lava de 68 m denominado Ice Cave – não está mais aberta ao público, embora seja possível ver sua entrada. Uma parte do tubo desmoronou em setembro de 1984 (felizmente não havia ninguém dentro), e agora é considerado perigoso. O nome Ice Cave (Caverna do Gelo) vem do fato de que é possível encontrar ali gelo durante quase o ano todo; nos anos 1880, esse gelo era usado para abastecer os *saloons* de Flagstaff.

O clima seco preservou a superfície do fluxo Bonito, e umas poucas plantas e árvores espalhadas, como o pinho *ponderosa*, lutam para crescer na lava negra. Observe que há liquens espalhados por toda a superfície da lava; são extremamente importantes para quebrar a lava dura e transformá-la em solo, processo que ocorre graças a um ácido fraco que os liquens secretam. Podem viver muito tempo, e os encontrados nesse local podem ter começado a se formar quando a lava ainda estava quente. Os musgos geralmente surgem depois dos liquens, crescendo em pequenos bolsões de solo; depois vêm as plantas mais convencionais e as árvores. Quem pensa visitar a região em junho ou julho deve procurar pelas raras *Penstemon clutei*, uma bela flor tubular cor-de-rosa, espécie em extinção e restrita a essa área.

O'Leary Peak

Com tempo claro, vale a pena subir o pico desse centro vulcânico: a partir do topo, há vistas espetaculares do Sunset Crater e do Painted Desert. Recebeu o nome em homenagem a Dan O'Leary, guia do general George Crook durante as guerras indígenas. Esse centro vulcânico é formado por dois domos de lava dacíticos, fluxos de lava andesíticas e dacíticas, e pequenos domos riolíticos. A atividade vulcânica na área ocorreu entre 170 mil e 220 mil anos atrás. O'Leary Peak e o domo riolítico Sugarloaf (no flanco nordeste da San Francisco Mountain) são os mais jovens centros eruptivos silicáticos em San Francisco Volcanic Field.

Para chegar ao pico, siga uns 400 m para oeste, a partir do centro de visitantes de Sunset Crater (voltando em direção à Highway 89), e, em seguida, pegue a Forest Route 545A. Essa íngreme estrada de terra sobe por cerca de 8 km até uma torre de vigilância de incêndio, no topo, mas às vezes há um portão bloqueando o acesso à última milha. Se for o caso, estacione e continue a pé. Vá no final da tarde, se possível, quando as cores do Sunset Crater e do Painted Desert são mais fotogênicas.

Lenox Crater Trail

Essa trilha íngreme (1,6 km, ida e volta; ganho de altitude de 85 m) oferece a oportunidade de escalar um cone piroclástico perto do Sunset Crater. Conte 30 minutos para a subida e 15 para a descida. O início da trilha fica a cerca de 1,6 km a leste do centro de visitantes.

Mirante de Cinder Hills

De volta à estrada, continue em direção a Wupatki, atravessando lavas do Sunset Crater. Pare no mirante de Cinder Hills, pouco antes da entrada leste do Monumento Nacional do Vulcão Sunset Crater. Avista-se dali o íngreme flanco norte do Sunset Crater e também o flanco sul de um vulcão menor recoberto das cinzas da erupção do Sunset Crater. Olhando para leste e nordeste, vê-se a linha de cones avermelhados de material piroclástico e pedaços de lava, as "cinder hills" (colinas de cinzas), formadas por espetaculares fontes de lava que fizeram parte da erupção do Sunset Crater. Na extremidade das "cinder hills" encontra-se Merrian Crater, a provável fonte de um volumoso fluxo de lava que forçou o desvio do rio Little Colorado para a parede do cânion hoje conhecida como Grand Falls.

Ao sair do Monumento Nacional do Vulcão Sunset Crater, fique atento aos depósitos de cinza cortados pela estrada; vêm-se depósitos de até 3 m de espessura com várias camadas distintas a indicar fases diversas da erupção do Sunset Crater. A cerca de 1,8 km depois da saída do parque, a estrada cruza e depois segue o fluxo de lava Kana-a. Grande parte do fluxo foi recoberta de cinzas das últimas fases da erupção do Sunset. É melhor fazer uma parada em Painted Desert Vista, a fim de contemplar um panorama majestoso. Tente chegar ali bem cedo ou no final da tarde, quando as cores são mais vibrantes. Múltiplas tonalidades de vermelho, laranja, cinza, azul-esverdeado e roxo surgem nas altas escarpas, criando a delícia dos fotógrafos. As rochas expostas são sedimentares da era mesozóica, denominadas Chinle Formation. O Painted Desert é também famoso por sua madeira petrificada, que se pode apreciar melhor no Petrified Forest National Park, e também por seus fósseis, que incluem ossos de dinossauros e de mamíferos primitivos.

Monumento Nacional Wupatki

A erupção do Sunset Crater forçou os Sinagua a abandonar as terras que cultivaram durante 400 anos. Mudaram-se para a bacia do Wupatki e a eles juntaram-se os Kayenta Anasazi, do nordeste do Arizona, e os Cohonina, do oeste. Wupatki ("casa alta" na língua hopi) tornou-se um próspero centro cosmopolita, com três grupos diferentes compartilhando tecnologia e progredindo em decorrência disso. A localização ajudou a comunidade a crescer. Uma pequena camada de cinzas do Sunset Crater absorvia a umidade, reduzia a evaporação e conservava o calor no solo, estendendo assim o período de cultivo. A camada de rocha mais jovem, o arenito vermelho Moenkopi, provou ser um material de construção ideal, e, assim, grandes casas de vários andares substituíram as rústicas casas subterrâneas que os Sinagua tinham abandonado. Wupatki foi também um belíssimo local para se viver; os *pueblos* foram construídos em afloramentos rochosos isolados pela erosão, oferecendo vistas sensacionais da paisagem.

Por razões desconhecidas, as pessoas começaram a deixar a área, e Wupatki foi completamente abandonada por volta de 1225. Uma seca que teve início em 1150 é uma das explicações sugeridas, mas também é possível que a violência entre as várias tribos tenha sido a causa. Não há, no entanto, indício de conflitos em larga escala, pois somente um único sítio escavado, conhecido como a Casa da Tragédia, contém restos de seres humanos que sofreram mortes violentas. A pesquisa arqueológica indica que as tribos migraram para o sul, até o Verde Valley, e para o norte, até as *mesas* Hopi. As lendas Hopi traçam sua genealogia até Wupatki.

O Monumento Nacional Wupatki é o melhor lugar para se aprender acerca dos efeitos do Sunset Crater sobre a população local. Os 145 m^2 de terra seca e pedregosa contêm cerca de 2.700 sítios arqueológicos. Apenas alguns estão abertos ao público, mas são os mais impressionantes. Faça uma primeira parada no centro de visitantes, onde há uma mostra de artefatos indígenas e uma reconstrução do interior de um cômodo Wupatki. A parte mais impressionante são as próprias ruínas de Wupatki, que se pode visitar seguindo uma trilha a partir do centro de visitantes (Fig. 7.27). Um dos pontos mais intrigantes é um campo de jogo de bola parecido com alguns dos encontrados no México. Vários outros foram descobertos no norte do Arizona, e imagina-se que tenham significado religioso, como seus correspondentes mexicanos, embora num grau menos aterrorizante. Os astecas usavam esses pátios para lutas entre dois homens, um dos quais (nem sempre o perdedor) era sacrificado aos deuses no final. Outra curiosidade das ruínas Wupatki é um respiradouro logo a leste do pátio, uma abertura na camada de calcário Kaibab conectada a outras na área por um sistema de fissuras subterrâneas, provavelmente criadas por terremotos. Às vezes o ar sopra com força ou corre por dentro dos respiradouros, fato que pode ter assumido significado religioso para as tribos.

Outras ruínas que vale a pena visitar são Wukoki ("casa grande e larga"), o *pueblo* em forma de forte-cidadela Nalakihu ("casa fora da vila") e Lomaki ("casa bonita"). Quem planeja ficar na área por mais tempo nos meses de abril ou outubro deve reservar com antecedência a caminhada com pernoite até a ruína Crack-in-the-Rock, guiada por um guarda do monumento. O percurso de ida e volta perfaz 22 km e sobe até as ruínas que se encontram no topo de uma *mesa*, de onde é magnífico o panorama do rio Little Colorado.

Não perca a fácil subida (800 m) ao Doney Mountain – que não é uma montanha, mas um cone piroclástico, cujo nome lhe foi dado em homenagem a um pioneiro que prospectava na região ao redor de Wupatki em busca de uma mina perdida. A paisagem do topo do cone é fabulosa, e a trilha tem muitas placas explicativas sobre a geologia e a ecologia locais. Tem importância significativa a Doney Fault (falha Doney), marcada por um grupo de cones avermelhados, dos quais o Doney Mountain é o mais alto. O movimento ao longo do plano de falha foi tremendo; as rochas do lado leste caíram cerca de 60 m em relação às do lado oeste. O próprio Doney Mountain foi formado quando os movimentos mais importantes ao

Fig. 7.27 As ruínas de Wupatki já foram um *pueblo* ocupado pelos índios Sinagua, que viviam na região e a cultivavam quando o Sunset Crater surgiu

longo da falha cessaram. Isso ficou evidente porque as camadas de cinzas do Doney não foram deslocadas nem cortadas pela falha. No entanto, o magma aproveitou o corte na crosta terrestre que a falha provocou e utilizou-o como caminho, ejetando-se ao longo da falha para formar o Doney e outros numerosos cones piroclásticos.

Quando estiver na área de piquenique do Doney, ou no topo da trilha, podem-se ver a leste, em dia claro, as Hopi Buttes (ou *mesas*). Essas feições em forma de torre são resquícios erodidos de um grupo de vulcões que entraram em erupção há cerca de 7 ou 8 milhões de anos. As erupções que formaram as Hopi Buttes foram inicialmente freatomagmáticas, isto é, o magma ejetado encontrava-se sob água rasa ou lama. As poderosas explosões de vapor criaram grandes crateras que foram mais tarde preenchidas de lava. A lava era muito mais dura e mais resistente à erosão que as cinzas ou fragmentos que formavam a cratera circundante; por isso, apenas o "núcleo" de lava resistiu. Pode-se ter outra bela visão das Hopi Buttes a partir da Interstate 40, entre Flagstaff e Winslow (saindo de Flagstaff, olhe para nordeste depois do poste de milhagem 217).

Outras atrações locais

Os sítios mencionados a seguir não são tão famosos nem tão espetaculares quanto Grand Canyon e Meteor Crater, mas são mais diretamente relevantes para a vulcanologia e a arqueologia da região do Sunset Crater.

Museu do Norte do Arizona

Localizado em Flagstaff, o museu oferece um vasto acervo e muitas informações sobre a história natural e cultural da região. É um ótimo lugar para aprender sobre a geologia do planalto do Colorado.

Monumento Nacional Walnut Canyon

Esse lindo cânion localizado a leste de Flagstaff contém as ruínas de cerca de 300 habitações encravadas nas escarpas construídas pelos Sinagua, que aproveitavam as camadas erodidas do calcário Kaibab. Esses índios viveram ali entre 1120 e 1250 d.C., quando o Sunset Crater ainda estava em atividade. É provável que as pessoas que moravam perto do Sunset Crater tenham se mudado para o local por causa da erupção. Walnut Canyon deve ter sido um ótimo lugar para se viver: o Walnut Creek, no fundo do cânion, fornecia água; o solo era bom para o cultivo, e nas florestas próximas havia caça abundante. Não se sabe por que os Sinagua abandonaram essas moradias.

Pode-se caminhar por umas trilhas para ter uma idéia de como esse povo vivia e fazer uma parada no centro de visitantes, a fim de ver uma coleção de artefatos e uma interessante exposição sobre os Sinagua. Há outras ruínas desse povo nos parques Tuzigoot e Montezuma Castle, ambos ao sul de Flagstaff.

SP Crater e seu fluxo

Essa cratera e a língua de lava na sua base são bem conhecidas dos vulcanólogos (Fig. 7.28). As fotografias do cone piroclástico, da cratera e do fluxo de lava andesítica em blocos foram reproduzidas em muitos livros de geologia, principalmente em razão da forma quase simétrica do cone e dos sulcos bem preservados na lava do fluxo. O vulcão SP Crater é muito parecido com o Sunset Crater; tem até cinzas avermelhadas na borda. Situa-se em um rancho particular, cujo primeiro dono, C. J. Babbit, batizou-o nos anos 1880. Infelizmente, Babbit não era tão poético quanto John Wesley Powell. A cratera em forma de tigela e os borrões negros na borda lembravam a esse homem simples um urinol cheio de excrementos, e o nome pegou. Os cartógrafos não tinham coragem de escrever o nome todo, então ficou simplesmente "SP" (*shitpot*) – provavelmente o único vulcão do mundo denominado por um acrônimo tão grosseiro.

Não é fácil chegar à cratera, sendo preciso passar por estradas de terra. Saindo de Flagstaff, tome a Highway 89 rumo ao norte em direção a Hank's Trading Post (poste de milhagem 446). Vire à esquerda (oeste) na estrada não sinalizada, logo ao sul do Trading Post. Observe que é impossível trafegar por essa estrada quando molhada. Pode-se reconhecer o SP por sua simetria e altura (cerca de 300 m). Mantenha a esquerda quando a estrada se bifurcar e continue por uns 800 m. A estrada margeia o fluxo do SP e pode-se então ver sua estrutura maciça. A cratera fica à direita, antes que a estrada chegue a outra bifurcação. Siga pela bifurcação da direita (a da esquerda o levará à Colton Crater) por uns 100 m e, depois, pela trilha de terra à direita. É possível seguir por uns 800 m, dependendo das condições climáticas e do veículo. Estacione e siga uma trilha de caminhada até a base do cone. Não há trilha de subida; é preciso usar pés e mãos na cinza solta.

Fig. 7.28 A cratera SP e seu fluxo em imagem capturada pelo Aster (Advanced Spaceborne Thermal Emission and Reflection Radiometer), do satélite Terra da Nasa, em julho de 1986

Cortesia de Elsa Abbott, JPL

A vista do topo vale o esforço: uma vista panorâmica do San Francisco Volcanic Field e da língua negra de lava, abaixo. O fluxo do SP estende-se por cerca de 7 km ao norte do cone e tem uma espessura entre 9 e 15 m. É um ótimo exemplo de fluxo de lava em blocos, com uma superfície tão bem preservada que é difícil acreditar que entrou em erupção uns 70 mil anos atrás. A borda da cratera está cheia de bombas espalhadas, muitas de mais de 1 m de comprimento. Pode-se contornar a cratera e descer o fluxo, mas descer os 110 m até o fundo da cratera não é seguro. Quando estiver em SP Crater, lembre-se de que está em propriedade particular. Os donos do Babbit Ranch têm sido hospitaleiros e não insistem em autorização para visitar a cratera, mas os visitantes não devem abusar da sua boa vontade.

Se quiser ver outra cratera, volte para a estrada e siga a bifurcação para a Colton Crater. A subida até o topo é uma caminhada fácil, pois a cratera tem apenas 100 m de altura. É muito interessante e foi formada por uma erupção freatomagmática. É possível descer facilmente até o fundo e ver as entranhas do cone piroclástico. Há uma surpresa: um segundo cone, avermelhado, de apenas 150 m de comprimento – provavelmente um dos mais lindos minivulcões do mundo.

YELLOWSTONE

O vulcão

O planalto de Yellowstone é a área vulcânica mais famosa e visitada dos Estados Unidos, e tem a honra de ter sido o primeiro parque nacional criado no mundo. O Congresso americano instituiu o Parque Nacional de Yellowstone (Fig. 7.29) em 1872, um ano depois de uma expedição dirigida pelo geólogo F. V. Hayden ter explorado a área e relatado suas fabulosas características. Um membro importante da expedição Hayden era o artista Thomas Moran que, apesar de ter descrito a paisagem como além do alcance da arte humana, produziu inúmeros desenhos e pinturas, inclusive uma tela a óleo intitulada *The*

Fig. 7.29 Lower Geyser Basin, Parque Nacional de Yellowstone

Grand Canyon of Yellowstone. O trabalho de Moran, o relatório explicativo feito por Hayden e as excelentes fotografias de W. H. Jackson ajudaram a convencer o Congresso de que a singularidade de Yellowstone exigia sua preservação "para benefício e lazer da população". O primeiro parque nacional foi então fundado, e Yellowstone tornou-se uma das maiores atrações turísticas dos Estados Unidos. O quadro de Moran, comprado pelo Congresso, ainda está pendurado no Capitólio.

Os integrantes da expedição Hayden foram os primeiros a documentar com detalhes as maravilhas de Yellowstone, mas não foram, de maneira alguma, os primeiros a vê-las. Os americanos nativos já viviam na região há milhares de anos, atraídos pelas fontes termais e pelo enorme suprimento de obsidiana para o fabrico de ferramentas e armas. Os Wyoming Shoshones, também conhecidos como "Sheepeaters" (comedores de carneiro), tinham até uma palavra própria para designar gêiser, que pode ser traduzida como "água que continua saindo". Pelo que se sabe, o primeiro homem branco a visitar Yellowstone foi John Colter, que havia sido guia na expedição Lewis e Clark. Em 1807, ele viajou sozinho a pé até Yellowstone, fez comércio com os povos indígenas e foi ferido em uma batalha entre tribos. Depois de conseguir chegar a um posto comercial em Montana, Colter descreveu um incrível lugar "de fogo e enxofre", mas suas histórias foram atribuídas ao delírio e desconsideradas. Parece também que ninguém acreditou no famoso homem da montanha Jim Bridger quando, em 1857, ele começou a espalhar histórias sobre jorros de água, fontes de água fervente e uma montanha de vidro. Com o passar do tempo, no entanto, a quantidade de relatos desse tipo começou a despertar a curiosidade e até a ganhar algum crédito. Em 1870, Henry Washburn, engenheiro cartográfico geral do Território de Montana, comandou uma expedição que contornou todo o lago Yellowstone. Os relatos dessa aventura serviram de estímulo para a expedição de Hayden.

Os visitantes que chegam hoje a Yellowstone ainda ficam maravilhados com o que vêem, mas nem todos se dão conta de que esse vulcão é muito mais que uma coleção de gêiseres e fontes termais. O planalto situa-se no centro de um dos maiores campos vulcânicos do mundo e tem sido palco de erupções de proporções verdadeiramente cataclísmicas. Yellowstone é um vulcão relativamente novo: todas as lavas da área foram expelidas nos últimos 2,5 milhões de anos. As erupções durante esse período têm sido colossais: o total de magma já expelido por Yellowstone chega a cerca de 6 mil km^3 – embora isso seja apenas uma pequena fração do fenomenal volume de intrusão magmática sob a crosta. Na superfície, as erupções produziram fluxos de cinzas gigantescos e três caldeiras imbricadas, sendo a mais jovem a caldeira de Yellowstone. As duas mais velhas formam parte de uma nítida bacia circular na borda oeste do campo vulcânico, denominada Island Park. A caldeira de Yellowstone tem uma topografia pouco acentuada porque foi preenchida por lavas riolíticas mais jovens (Fig. 7.30).

Cada uma das três caldeiras representa o clímax de um ciclo de atividade que compreendia dois tipos de magma: basalto (olivina-toleíto) e riolito, que se misturaram a baixa profundidade. Trata-se de uma combinação rara porque o teor de sílica dos dois magmas é muito diferente. No início de cada ciclo, os dois magmas foram expelidos. À medida que o ciclo continuava, grandes volumes de lava riolítica saíram das fraturas anelares formadas pela colossal pressão da intrusão do magma abaixo. Cada ciclo terminou com uma grande explosão, quando volumes ainda maiores de magma riolítico foram ejetados das fraturas em anel, liberando magma das partes superiores da câmara. Essas erupções ao final de cada ciclo expeliam de centenas a milhares de quilômetros cúbicos de magma em questão de poucas horas ou dias, formando camadas de fluxos de cinzas que cobriram vastas áreas. A rápida retirada do magma provocou o desmoronamento da câmara magmática, a cada vez formando uma caldeira. Entre os ciclos, as erupções de magma riolítico dentro das caldeiras, após o desmoronamento, preencheram-nas e suavizaram os contornos topográficos, de modo que hoje essas caldeiras mal se distinguem.

As três erupções cataclísmicas no final de cada ciclo formaram depósitos de cinzas

QUATERNÁRIO

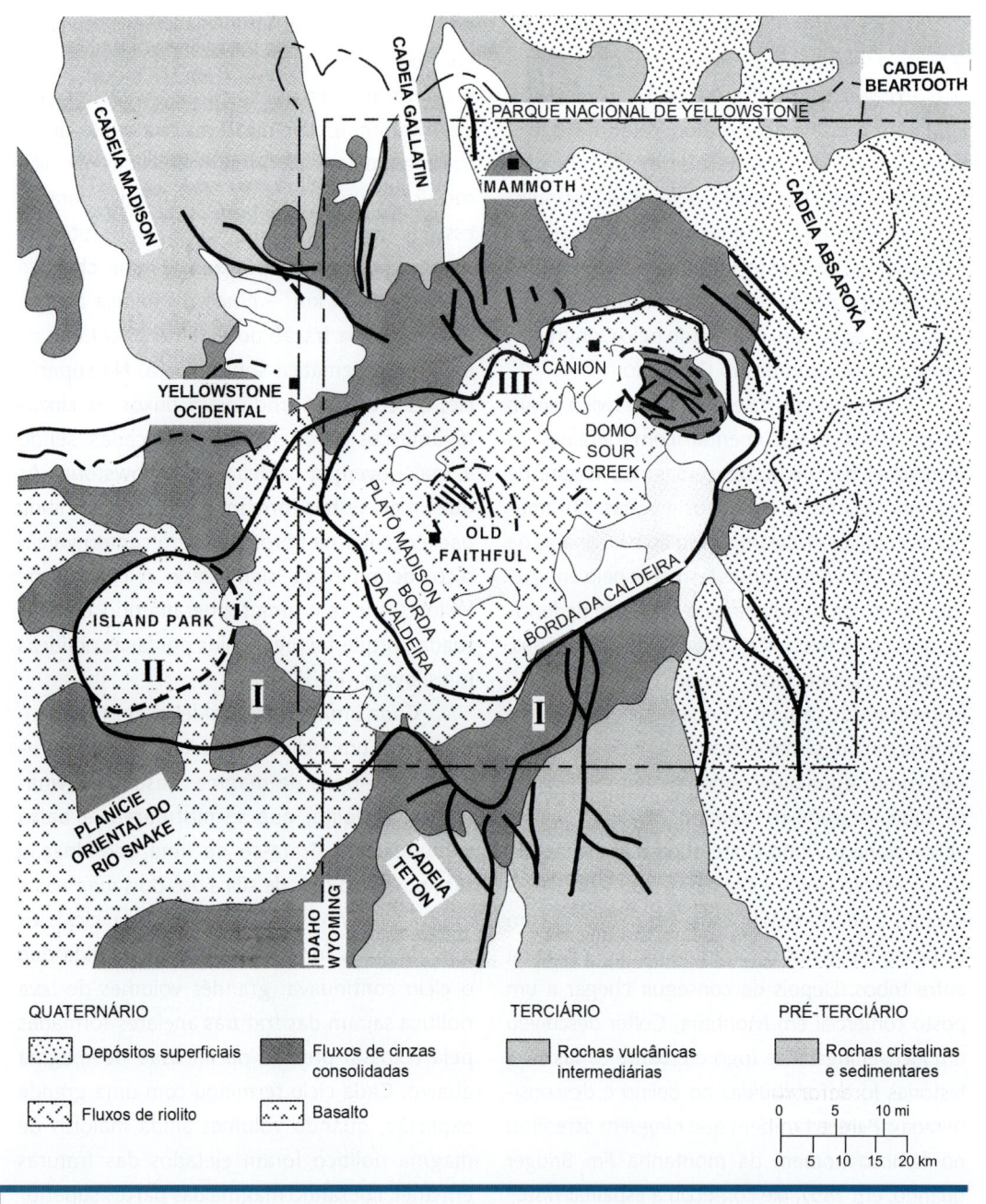

- Depósitos superficiais
- Fluxos de riolito
- Fluxos de cinzas consolidadas
- Basalto

TERCIÁRIO

- Rochas vulcânicas intermediárias

PRÉ-TERCIÁRIO

- Rochas cristalinas e sedimentares

0   5   10 mi
0 5 10 15 20 km

Fig. 7.30 Mapa geológico simplificado da caldeira de Yellowstone e da área circundante
Fonte: modificado de Smith e Braille, 1994.

(tufos) que definem a estratigrafia da região. A primeira delas, cerca de 2 milhões de anos atrás, erigiu o tufo Huckleberry Ridge, que é, de longe, o maior, com um volume de cerca de 2.500 km³. Essa erupção também produziu a maior caldeira, que tem uns 80 km de diâmetro, mas já não pode ser vista. A erupção do final do segundo ciclo criou o tufo Mesa Falls há cerca de 1,3 milhão de anos. Esse é o menor tufo em volume (280 km³) e corresponde à menor das três caldeiras, Henrys Fork, de cerca de 20 km de diâmetro. Tanto a caldeira quanto os afloramentos desse tufo são visíveis atualmente na área de Island Park.

O ciclo de atividade mais recente produziu o tufo Lava Creek e a caldeira de Yellowstone, há 600 mil anos. O volume do tufo é de cerca de 1.000 km³. A caldeira, que mede 70 x 40 km, situa-se no centro do planalto de Yellowstone e é do tipo ressurgente, isto é, o levantamento ou ressurgência do assoalho da caldeira aconteceu após sua formação. No caso da caldeira de Yellowstone, dois domos cresceram no assoalho da caldeira, seguidos de erupções de mais lavas riolíticas ao longo das fraturas anelares. Após longo período de repouso, a atividade recomeçou há uns 150 mil anos na parte oeste da zona de fratura anelar, seguida do soerguimento de mais um domo. Alguns pesquisadores consideram que essa retomada da atividade, seguida de erupções há uns 110 mil e 70 mil anos, pode indicar um quarto ciclo vulcânico, mas o assunto ainda está em debate. Durante essa fase recente de retomada da atividade, enormes fluxos de lava riolítica foram derramados dentro da caldeira a partir de bocas eruptivas nas zonas de fratura oeste e leste. A lava preencheu a parte central da caldeira e transbordou na parte oeste, formando dois planaltos: Madison (110 mil anos atrás) e Central (70 mil anos atrás).

Além das erupções vulcânicas, a área de Yellowstone também é tectonicamente muito ativa. É recortada por numerosas falhas normais extensionais, formadas pelas forças que expandem a crosta, empurrando-a de baixo para cima. Ao sul do planalto de Yellowstone, as falhas têm direção norte, ao passo que ao norte do planalto, a direção é noroeste–oeste. As bocas das erupções dos planaltos Madison e Central foram por fim controladas por esse sistema de falhas, que se estendeu até a caldeira a partir das margens.

Embora não tenham ocorrido erupções magmáticas desde a formação do planalto Central, há deformação contínua do solo, o que indica movimento de magma sob a caldeira. O assoalho da caldeira se elevou cerca de 1 m entre 1923 e 1984, e desde meados dos anos 1980 o assoalho tem sofrido subsidência da ordem de 1,5 cm/ano. Há muitos outros sinais de que o magma ainda permanece a baixa profundidade sob a caldeira, como grupos de pequenos terremotos de baixa profundidade. O mais evidente desses sinais é o sistema hidrotermal de Yellowstone, o maior do mundo. Na realidade, há ali mais gêiseres e fontes termais que a soma de todos os outros no mundo. O sistema hidrotermal produz tanto calor que o fluxo de calor da caldeira de Yellowstone é 40 vezes maior que a média terrestre.

Em muitos aspectos, Yellowstone é um dos ambientes terrestres mais singulares. Foi nomeado Reserva da Biosfera em 1976 e Patrimônio da Humanidade em 1978. Em termos de geologia, é um exemplo extraordinário de sistema vulcânico de grandes proporções e longa duração, originado por um ponto quente sob uma placa continental. As manifestações atuais de vulcanismo – gêiseres e fontes termais – fazem dessa área um dos ambientes vulcânicos mais espetaculares do mundo.

É possível que erupções magmáticas venham a ocorrer em Yellowstone, talvez pequenas erupções de riolito e basalto nas margens do planalto, ou erupções médias de riolito dentro da caldeira. Há até a possibilidade de uma erupção de grande porte que produza fluxos de cinzas e outro desmoronamento da caldeira. Podemos acreditar, no entanto, que Yellowstone vai se mexer e dar sinais de alerta antes de acordar novamente.

O espetáculo diário dos gêiseres

Há mais de 400 gêiseres dentro do parque, o que corresponde a cerca de dois terços de todos os gêiseres conhecidos no mundo. Yellowstone é aquele lugar onde se pode ter certeza de ver esse fenômeno vulcânico inúmeras vezes todos os dias. O gêiser Old Faithful (O Velho Fiel) comporta-se quase como um relógio, mas no parque há muitos outros que entram em erupção com freqüência, fazendo desse o lugar ideal para compreender como funcionam (Fig. 7.31).

O sistema que cria gêiseres e fontes termais funciona como uma gigantesca chaleira natural, onde o magma quente fornece o calor que vai transformar a água da chuva em água quente pressurizada. A água da chuva escoa devagar através de fraturas e penetra nas rochas porosas, que a coletam como uma esponja. O calor da câmara magmática localizada abaixo alcança a camada de rocha permeável por condução e esquenta a água. Em razão da pressão da água e da rocha sobre ela, a água armazenada na camada de rocha permeável pode ficar superaquecida, alcançando temperaturas acima de 260°C sem ferver. Sendo mais leve que a água fria que desce pelo sistema, ela sobe à superfície. O modo específico como essa água sobe determina se alcançará a superfície como fumarola, fonte termal ou gêiser.

Fig. 7.31 O gêiser Old Faithful visto do leste. Entra em erupção com mais freqüência do que qualquer um dos outros grandes gêiseres, embora não seja o maior nem o mais regular do parque

Se o caminho até a superfície estiver desobstruído e houver uma quantidade relativamente pequena de água passando por ele, essa água vai ferver à medida que a pressão cair, emergindo à superfície como fumarola. Se a água superaquecida se misturar com a água fria na subida e não ferver, vai emergir como fonte termal (ou piscina) ou panela de lama, caso haja lama proveniente das rochas circundantes que se misture com a água ascendente. As rochas que revestem uma cratera de fonte termal podem se desintegrar com facilidade e se transformar em lama por causa da ação corrosiva do ácido sulfúrico. Esse ácido é formado a partir do sulfeto de hidrogênio contido na água da fonte, oxidado tanto por reações químicas quanto pela ação de bactérias, como as *Sulfolobus*. O aspecto das panelas de lama pode variar ao longo do ano, dependendo da quantidade de água da chuva ou de neve derretida. Variam de "paint pots", que são pequenas fontes, a "vulcões de lama" um tanto viscosa. Às vezes uma panela de lama seca completamente e se transforma em fumarola. A fumarola, na verdade, sempre esteve sob a lama, e são seus gases ascendentes os responsáveis por fazer as panelas "borbulharem".

Se a fonte termal contiver água subsuperficial suficiente para evitar que a lama e os detritos preencham a cratera, e que a água se evapore, forma-se uma piscina termal. A temperatura da água é geralmente próxima do ponto de ebulição, de modo que não fica estagnada. A água pode ser incrivelmente clara e de cores vívidas, embora apenas pareça ter cor. Na realidade, a água muito clara e limpa absorve todas as cores do espectro, exceto o verde e o azul, como acontece com os oceanos e lagos muito claros. O tom da piscina – geralmente turquesa, azul-celeste ou verde – depende da profundidade e do volume de água. Bactérias e algas podem se desenvolver nas bordas mais frias e nos canais de drenagem das fontes termais e gêiseres, conferindo à água cores vivas realmente espetaculares. As diferentes temperaturas da água permitem o crescimento de diferentes tipos de algas e bactérias. No caso de uma fonte termal típica, o canal de drenagem é bem claro próximo à fonte, pois apenas poucas bactérias unicelulares conseguem viver em água a cerca de 93°C. Mais longe da fonte, com a água já um pouco resfriada, as bactérias termofílicas (que gostam de água quente) se desenvolvem em longos fios parecidos com cabelo. Mais além, chegando a água aos 75°C, bactérias coloridas, como as cianobactérias, podem se desenvolver, formando tapetes de micróbios.

Fumarolas, fontes termais comuns e piscinas termais podem ser encontradas em muitos lugares no mundo inteiro. Gêiseres, no entanto, são eventos muito mais raros. Constituem um tipo especial de fonte termal, caracterizado pela descarga intermitente de água ejetada de forma turbulenta, sob a grande pressão da fase de vapor dos gases (principalmente vapor d'água) que sobem das profundezas. O modo de funcionamento de um gêiser é bastante simples. A água superaquecida sobe até bolsões de água do lençol freático que estão sob pressão suficientemente grande para que não haja ebulição. A temperatura das águas misturadas sobe até que uma pequena quantidade ferva, apesar da pressão. O vapor, que tem volume muito maior que a água que o formou, faz pressão para cima e para fora do bolsão, carregando alguma água com ele. Quando o vapor e a água saem do sistema, mais água superaquecida se transforma em vapor e lança a água subterrânea para a superfície. O gêiser solta seus esguichos. Ao baixar, o processo recomeça, com água subterrânea acumulando-se nos bolsões e entrando neles água superaquecida que vem de baixo.

O que torna os gêiseres raros é que são necessárias circunstâncias muito especiais para produzi-los. Em primeiro lugar, precisam de grandes volumes de água. Alguns expelem milhares de litros de água em uma única erupção, de modo que as bacias de gêiseres precisam de um suprimento abundante de água de chuva ou degelo. Segundo, é necessário que haja uma grande fonte de calor subterrânea para aquecer toda a água. Terceiro, o sistema deve poder conter a pressão. Se a rocha abaixo do gêiser liberar pressão, ele não se formará. O lacre é fornecido pela sílica dissolvida das rochas. É preciso uma quantidade suficiente de sílica para revestir o gêiser; portanto, as rochas vulcânicas locais devem ter alto teor de sílica, como o riolito. Parte da sílica contida nessas rochas é dissolvida na água e vai, aos poucos, formando um tipo de opala chamada geiserita ou precipitado de sílica. Os depósitos de geiserita (precipitados) podem ser facilmente encontrados em torno das bacias de gêiseres, formando muitas vezes padrões ornamentais, embora a geiserita necessária à formação do gêiser esteja obviamente em profundidade.

A quarta e última exigência para a formação de um gêiser é um sistema especial de encanamento (Fig. 7.32). Deve haver um ponto estreito de constrição, geralmente próximo à superfície. A água acima desse ponto funciona como uma tampa, ajudando a manter sob pressão a água fervente abaixo. Quando o gêiser entra em erupção, faz explodir a tampa.

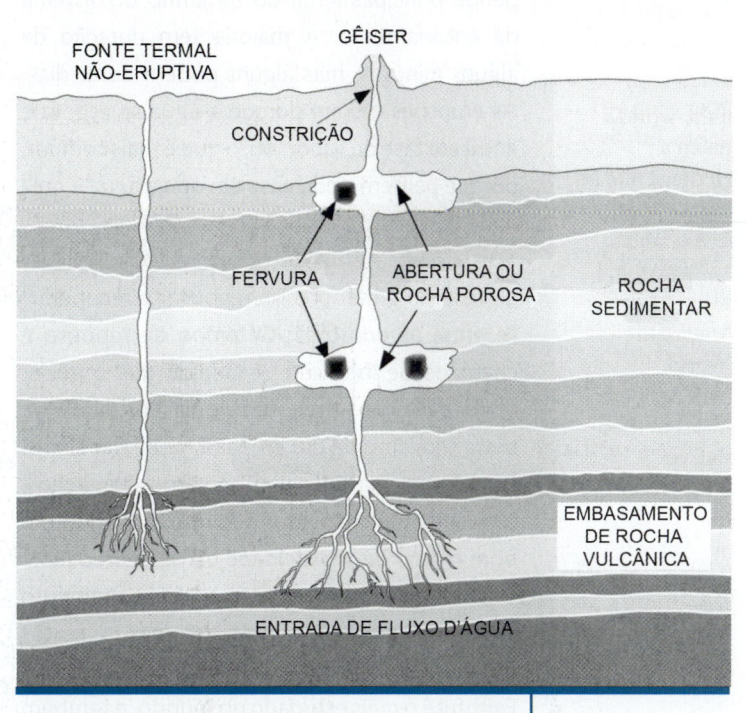

Fig. 7.32 Ilustração de um corte vertical mostrando os sistemas de encanamento de uma fonte termal e de um gêiser
Fonte: modificado de Bryan, 1990.

A atividade de gêiseres diversos varia em função da aparência, da duração e do intervalo entre as erupções.

A aparência das erupções depende da estrutura do gêiser na superfície. Há dois tipos principais: cone e fonte. A maioria dos gêiseres famosos, como o Old Faithful, é do tipo cone. A característica desse tipo é uma abertura muito estreita logo abaixo da superfície e, muitas vezes, um cone de geiserita acima da superfície. A abertura estreita funciona como um bocal durante a erupção, resultando em um jato de água de grande força, que pode atingir grandes alturas. Gêiseres do tipo fonte têm uma cratera aberta na superfície que se enche de água antes e durante a erupção. Como o jato tem que atravessar a piscina de água, a erupção parece menos poderosa que as do tipo cone, e tem a aparência de esguichos ou fontes. A maioria dos gêiseres pequenos de Yellowstone é desse tipo, que é mais comum que o tipo cone. Entre os maiores do tipo fonte, temos o Imperial Geyser (Lower Geyser Basin), e o Grand Geyser (Upper Geyser Basin), bem como o Geysir, da Islândia.

O tempo de erupção de um gêiser depende principalmente do tamanho do sistema de encanamento. A maioria tem duração de alguns minutos, mas alguns podem durar dias. As erupções cessam porque a água se esgota e entra em fase de vapor; ou, o que é mais comum, porque perdem calor, caso em que a água é drenada de volta e a erupção cessa rapidamente.

Como a erupção consome toda água e/ou calor, o gêiser precisa repousar e recuperar-se entre as erupções. O tempo de repouso é chamado de intervalo. À medida que o gêiser se reabastece, se reaquece e se apronta para entrar novamente em erupção, pode dar sinais, como borbulhar ou soltar pequenos esguichos, tecnicamente chamados de prólogo, dando um bom indício da proximidade de nova erupção.

É fácil compreender o funcionamento básico dos gêiseres, mas os detalhes de certos gêiseres são muito mais complexos. O Old Faithful é o mais estudado do mundo, e também o mais famoso. Entra em erupção, em média, a cada 79 minutos, mas o intervalo pode variar de 45 a 105 minutos, dependendo da quantidade de água que resta no sistema após o fim do vapor. Em 1984, um grupo de cientistas começou uma pesquisa detalhada a respeito desse gêiser. Fizeram medições de temperatura e pressão a cada cinco segundos em oito diferentes profundidades ao longo dos últimos 21,7 m da garganta do gêiser, a única parte acessível. A brilhante vulcanóloga Susan W. Kieffer fazia parte da equipe, mas nem ela conseguia chegar a uma boa conclusão a partir dos dados obtidos, que não correspondiam à expectativa gerada pelas teorias atuais sobre o comportamento dos gêiseres. Susan disse ao colega Jim Westphal, geólogo do California Institute of Technology, que ela tinha muita vontade de ver como era o interior do Old Faithful. Isso parecia impossível na época, mas, por volta de 1992, surgiram as câmeras de vídeo miniaturizadas, e os cientistas conseguiram baixar uma câmera impermeabilizada de 5 cm dentro do conduto. Viu-se então que o conduto tinha uma forma muito mais complicada do que o esperado, e Susan Kieffer entendeu a razão de os dados parecerem ilógicos. Ela tinha considerado uma geometria simples para a fissura e imaginado encontrar uma explicação física complicada para o comportamento do gêiser. A câmera mostrou que a verdade era o inverso.

O conduto não é um tubo liso, mas uma rachadura correndo na direção leste-oeste, com profundidade mínima de 14,3 m. Alguns trechos são tão largos que a câmera (que tinha um campo de 1,8 m) não conseguia ver as paredes (Fig. 7.33). Em outros trechos era extremamente estreito – em um ponto, a distância entre as paredes era de apenas 14 cm. A câmera também mostrou que as paredes são recortadas por rachaduras e que a água entra continuamente no sistema em diferentes profundidades.

Quando os pesquisadores compararam as medidas de temperatura e pressão, ficou claro que a estreita abertura de 15 cm desempenha um papel essencial. Durante os primeiros 20 ou 30 segundos de cada erupção de 3 a 5 minutos, o vapor e a água fervente são ejetados através da pequena abertura à velocidade do som. Essa abertura estreita é fundamental porque limita a vazão do gêiser. Quando a pressão que provoca a erupção cai abaixo de determinado índice, a erupção fica mais lenta e o gêiser começa a retroceder.

Embora esses resultados tenham representado um grande avanço, o comportamento detalhado do Old Faithful ainda não foi completamente esclarecido. Os pesquisadores observaram, às vezes, que a água na fissura retrocedia durante vários minutos a níveis mais baixos do que o equipamento podia observar. Isso ocorre apesar de a água subterrânea constantemente reabastecer a fissura. Mas o que realmente acontece nos níveis mais profundos do Old Faithful continua sem explicação.

Assim como os seres humanos, os gêiseres envelhecem e morrem, mesmo que alguns permaneçam em atividade por milhares de anos. Essencial à formação do gêiser, a sílica é, no fim das contas, responsável por sua morte, pois vai se acumulando gradualmente até bloquear a fissura. Os visitantes de Yellowstone têm sorte porque o Old Faithful, com apenas 300 anos, ainda vai deliciá-los por muito tempo.

Perigos em Yellowstone

Yellowstone é um local verdadeiramente selvagem, que oferece tanto maravilhas quanto riscos. O parque tornou-se a tal ponto uma espécie de meca de férias em família que é comum os visitantes pensarem apenas nas belezas. Como não está explodindo atualmente nem vomitando rios de lava, os visitantes têm uma falsa sensação de segurança, apesar de ser um local selvagem e traiçoeiro. Há um livro inteiro dedicado às mortes em Yellowstone, e sua leitura não é agradável.

Alguns perigos podem ser surpreendentes e inesperados. Durante minha primeira visita a Yellowstone, tive um encontro imediato com um bisão que vagava livremente ao redor dos chalés de Old Faithful, onde estava hospedada. É difícil ver um bisão no escuro e eu, por negligência, não carregava lanterna. As regras do parque dizem que os visitantes estão proibidos de chegar a menos de 23 m de animais selvagens, 91 m no caso dos ursos. Infelizmente os animais não estão sujeitos à regulamentação recíproca. Tive a sorte de ter sido ignorada por esse bisão, mas há aqueles que não são tão gentis. No website do parque há um desenho animado que mostra um turista sendo chifrado por um bisão.

De modo geral, é fácil manter-se em segurança, mas é preciso ficar atento aos riscos e usar o bom senso. Principalmente, é importante ter muito cuidado para não dar início a um incêndio, já que em Yellowstone podem escapar rapidamente ao controle. O incêndio de 1988 destruiu milhares de árvores e causou uma enorme devastação no parque. Há ainda milhares de árvores mortas em pé, conhecidas como *snags*, que podem cair sem aviso prévio – tome, portanto, cuidado. Os animais selvagens de Yellowstone são uma das maiores atrações do parque, mas também um de seus maiores perigos. Os ursos pretos (*Ursus americanus*) e, principalmente, os ursos pardos (adequadamente batizados de *Ursus horribilis*) são a grande preocupação dos caminhantes e campistas. Além das precauções que o bom senso impõe, como não deixar comida no chão perto da barraca, uma boa idéia é fazer bastante barulho ao caminhar, a fim de dar aos ursos a possibilidade de fugir. Bater tampas de panelas é uma tática bastante eficaz, mas dizem que cantar mal e alto funciona melhor. Se o pior acontecer e você encontrar um urso, não corra.

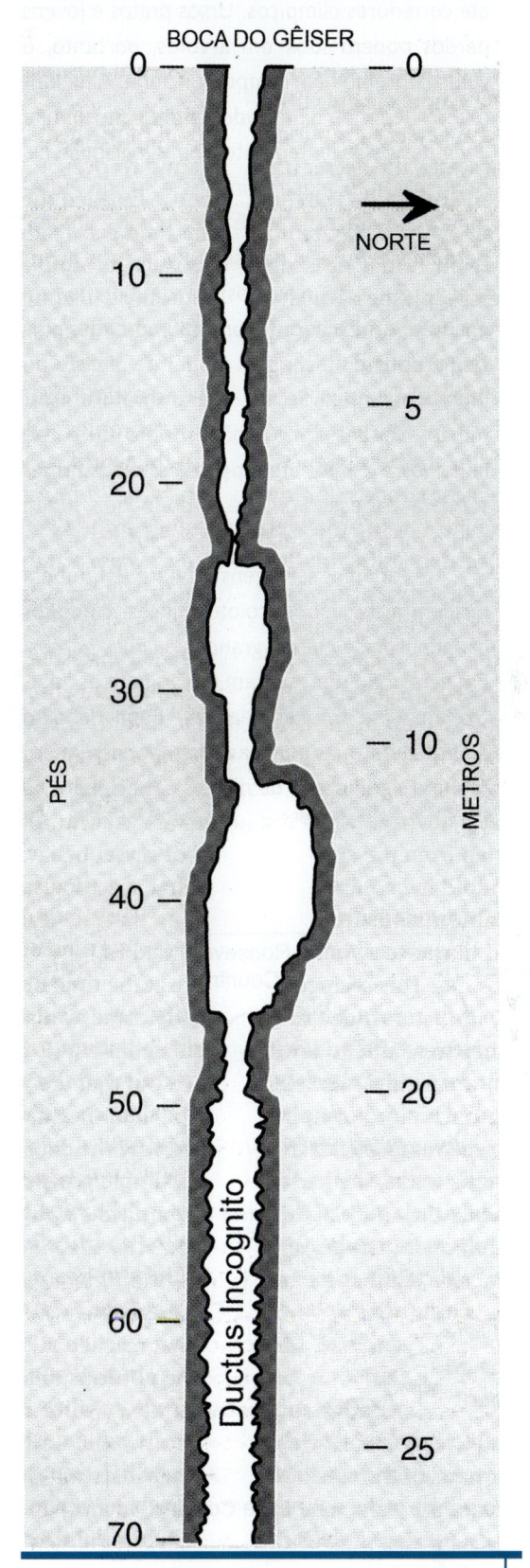

Fig. 7.33 Corte vertical do interior do Old Faithful nos 14,3 m mais próximos à superfície. J. Westphal e S. Kieffer usaram uma câmera de vídeo para sondar o encanamento interno do gêiser
Fonte: modificado de um desenho de J. Westphal, Caltech.

Os ursos saem em perseguição e podem vencer até corredores olímpicos. Ursos pretos e jovens pardos podem subir em árvores; portanto, o velho conselho nem sempre funciona. A melhor reação depende da atitude do urso. Se ele não o vir, desvie-se lentamente e em silêncio. Se ele o vir mas não mostrar interesse, recue lentamente. Se atacar, e você tiver nervos de aço, permaneça em pé e não se mova. O que acontece é que os ursos gostam de sair de um encontro ameaçador recorrendo ao blefe; portanto, podem atacar mas mudar de direção no último instante. Se for atacado, finja estar morto. Jogue-se no chão, dobre o corpo levando os joelhos até o peito e as mãos firmes sobre a cabeça. Foi desse modo que muita gente sobreviveu a ataques de ursos.

Os animais selvagens do parque também incluem alces, lobos, coiotes, linces, carneiros canadenses de chifres grandes e linces pardos. Em geral, não representam perigo para os adultos, mas, se trouxer crianças, fique de olho nelas. De fato, as crianças correspondem a um número significativo de mortes por acidente no parque. Sete crianças, entre três e quinze anos de idade, foram vítimas de piscinas térmicas, algumas por terem caído da passarela. Sabe-se também que três adultos morreram nessas piscinas. Uma das mortes não foi nem um pouco acidental – um jovem vestiu o equipamento de mergulho e foi escaldado até a morte ao tentar mergulhar em uma das piscinas termais.

Tenha muito cuidado nos arredores das áreas geotermais: permaneça nas trilhas e segure as crianças pela mão o tempo todo. O solo próximo a panelas de lama, gêiseres e fumarolas é geralmente pouco denso, friável e pode quebrar-se facilmente sob o peso de uma pessoa (até o de uma criança). O inverno pode tornar a situação ainda mais perigosa, pois as trilhas ficam cobertas de neve. Um jovem morreu alguns anos atrás quando esquiava, ao cair acidentalmente em uma piscina termal perto do Shoshone Lake. Mais trágica ainda foi a morte do geólogo do parque, Rick Hutchinson, em uma avalanche em 1997. Esses desastres mostram que, embora Yellowstone não ofereça os perigos comuns de um vulcão ativo, têm outros riscos menos óbvios, mas potencialmente fatais.

Como visitar o Parque Nacional de Yellowstone

O Parque Nacional de Yellowstone é bem grande – quase 9 mil km² de gêiseres fumegantes, lagos, cachoeiras, animais selvagens e paisagens de tirar o fôlego. É o maior parque nacional na parte continental dos Estados Unidos e, durante o verão, geralmente fica congestionado, chegando a receber 20 mil visitantes em um único dia. Situa-se no canto noroeste do Estado de Wyoming, mas existem acessos a partir dos Estados de Montana e Idaho. Há cinco entradas: a entrada norte (Highway 89, a partir da Interstate 90, em Livingston, Montana), a nordeste (Highway 212, a partir da Interstate 90, em Billings, Montana, ou Highway 296, a partir de Cody, Wyoming), a oeste (Highway 191, a partir de Bozeman, Montana, ou Highway 20, a partir de Idaho Falls, Idaho), a leste (Highway 16, a partir de Cody, Wyoming) e a sul (Highway 89, a partir de Jackson, Wyoming). Uma vez dentro do parque, os visitantes têm a

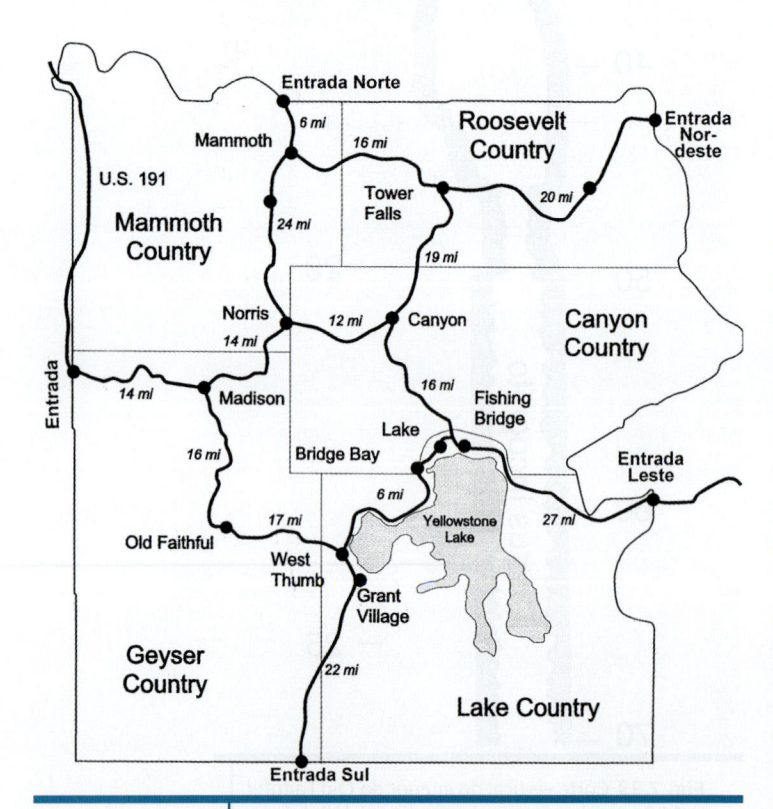

Fig. 7.34 Mapa do Parque Nacional de Yellowstone com as cinco áreas e principais estradas e atrações. Fonte: modificado de mapa do US National Park Service.

opção de mais de 1.900 km de trilhas de caminhada, 600 km de estradas pavimentadas, cerca de 10 mil feições geotermais (inclusive 250 gêiseres ativos), cinco grandes centros de visitantes e dois museus. Pode-se levar um dia inteiro percorrendo unicamente os 228 km da Grand Loop Road, dentro do parque. No verão, as estradas podem ficar congestionadas com o tráfego e, no inverno, intransitáveis ou fechadas. Para informações atualizadas sobre as condições das estradas e bloqueios, veja o website do parque ou telefone para o serviço de informações (veja Apêndice I).

A maioria dos visitantes percorre o traçado em forma de oito da Grand Loop Road a fim de apreciar as principais atrações. O itinerário adiante contempla os destaques vulcanológicos. Há muitos livros dedicados inteiramente a Yellowstone ou a aspectos específicos do parque, como a geologia, a história e os animais selvagens. Pode-se passar um mês inteiro visitando o parque e ainda assim não ver grande parte. Recomendo uma permanência de no mínimo cinco dias, evitando o período de pico de férias escolares (julho e agosto). O final de junho e o início de setembro são épocas particularmente agradáveis em Yellowstone. A maior parte da infra-estrutura e as estradas fecham de meados de outubro a meados de maio, embora em alguns anos as estradas possam ser abertas mais cedo, já em meados de abril. Estabelecimentos de hospedagem começam a abrir no início de maio, fecham em datas escalonadas, a partir do final de agosto até meados de outubro, e apenas dois permanecem abertos durante o inverno. Pode haver acesso restrito durante o inverno, mas apenas pela entrada norte. Ainda assim, há quem apareça para esquiar, e é possível alugar *snowmobiles* ou ver alguns panoramas em passeios de *snowcoach*.

Conhecer a geografia do parque pode ser bastante útil antes de começar a visita. O parque é dividido em cinco áreas, ou *countries*: Geyser, Mammoth, Canyon, Roosevelt e Lake (Fig. 7.34). Cada qual tem uma pequena cidade com infra-estrutura e centros de visitantes. A Grand Loop Road liga todas elas, e há estradas secundárias que levam às cinco entradas do parque. O itinerário que apresentamos começa na entrada sul, conveniente para quem chega pelo aeroporto Jackson Hole. Os cinco trajetos podem ser percorridos confortavelmente um a cada dia, embora seja possível fazer dois em ritmo acelerado e pulando algumas paradas. O Trajeto 5 oferece pouco acesso a veículo motorizado, pois está totalmente na área do Old Faithful e nas proximidades do Shoshone Lake. Não deixe de pedir um folheto informativo e um mapa (grátis) em qualquer entrada do parque (Fig. 7.35). O folheto contém detalhes sobre as atrações principais e mapas dos cinco povoados. Para conhecer os intervalos, a duração e a altura dos principais gêiseres ativos no momento, ver Tab. 7.1.

Trajeto 1: *Entrada Sul para Grant Village*

O percurso entre Jackson Hole até a entrada sul do parque atravessa o Parque Nacional Grand Teton (veja a seção "Outras

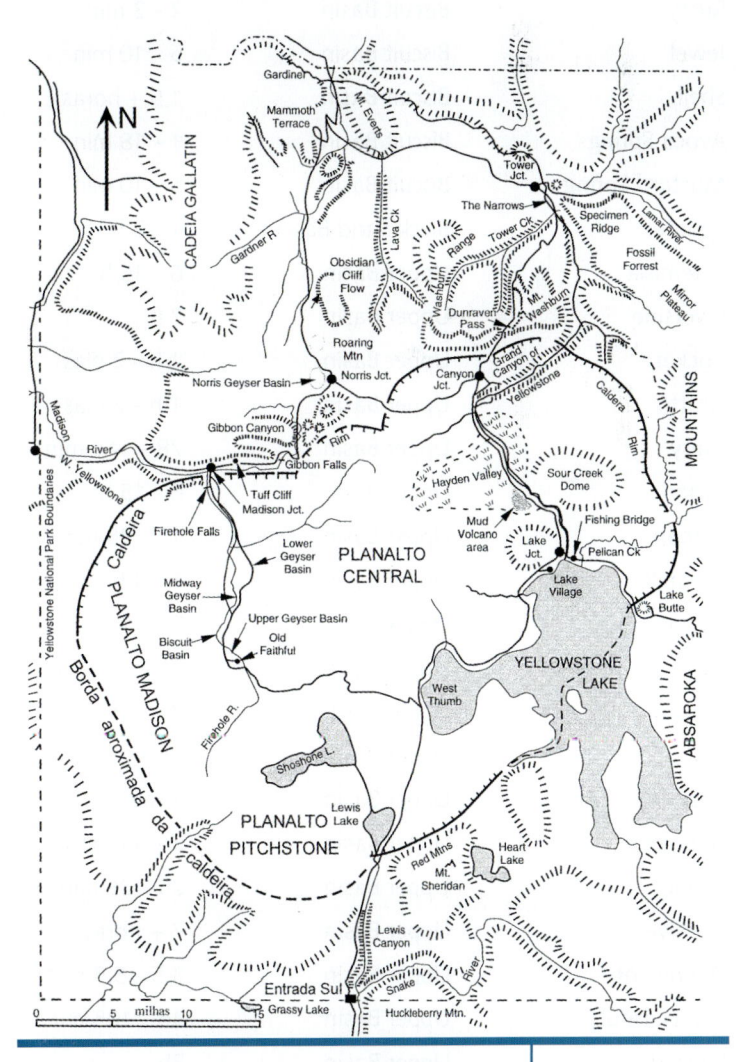

Fig. 7.35 Mapa do Parque Nacional de Yellowstone mostrando a caldeira de Yellowstone e as principais feições termais
Fonte: modificado de Parsons, 1978.

Tab. 7.1 Gêiseres mais ativos de Yellowstone

Gêiser	Localização	Intervalo	Duração	Altura (m)
Occasional	West Thumb	20 - 40 min	4 - 5 min	1 - 4 m
Steamboat	Norris Basin	Dias - anos	Minutos - horas	30 - 115 m
Vixen	Norris Basin	Minutos - horas	Segundos - 50 min	1,5 - 9 m
Echinus	Norris Basin	30 - 120 min	3 - 15 min	15 - 30 m
Monument	Gibbon Basin	Nenhum	Estável	0,3 - 1 m
Spray	Lower Basin	1 - 5 min	3 - 10 min	3 - 8 m
Fountain	Lower Basin	Horas - anos	30 - 60 min	15 - 21 m
Steady	Lower Basin	Nenhum	Constante	0,6 - 5 m
Narcissus	Lower Basin	2 - 8 h	5 - 10 min	3 - 5 m
Bead	Lower Basin	25 - 33 min	2,5 min	5 - 8 m
Pink Cone	Lower Basin	6 - 16 + horas	30 min - 3 h	6 - 11 m
White Dome	Lower Basin	12 - 24 min	2 min	3 - 9 m
Great Fountain	Lower Basin	8 - 12 h	45 - 60 min	25 - 45 m
Rusty	Biscuit Basin	2 - 3 min	20 - 45 seg	1 - 2 m
Jewel	Biscuit Basin	5 - 10 min	60 - 90 seg	3 - 9 m
Shell	Biscuit Basin	1,5 + horas	20 - 90 seg	1,5 - 2,5 m
Avoca Spring	Biscuit Basin	1 - 18 min	10 - 30 seg	3 - 6 m
Mustard Spring	Biscuit Basin	5 - 10 min	5 min	1 - 2 m
Spouter	Black Sand Basin	1 - 2 h	10 - 11 h	1,5 - 2 m
Artemisia	Upper Basin	6 - 16 h	10 - 30 min	3 - 8 m
Riverside	Upper Basin	7 h	20 min	25 m
Rocket	Upper Basin	1 h - 2 dias	Variável	1 - 3 m
Grotto	Upper Basin	1 h - 2 dias	3 - 13 h	6 - 9 m
Daisy	Upper Basin	78 - 144 min	2,5 - 4,5 min	25 - 45 m
Grand	Upper Basin	6 - 15 h	9 - 16 min	45 - 60 m
Turban	Upper Basin	15 - 25 min	4 - 5 min	1,5 - 6 m
Sawmill	Upper Basin	1 - 3 h	15 - 90 min	1,5 - 12 m
Castle	Upper	9 - 11 h	1 h	18 - 27 m
Lion	Upper Basin	2 - 5 + horas	2 - 4 min	9 - 18 m
Aurum	Upper Basin	3 - 4 h	1 min	3 - 9 m
Pump	Upper Basin	Quase constante	Quase constante	0,5 - 1 m
Sponge	Upper Basin	1 min	Segundos - 1 min	0,3 - 0,6 m
Anemone	Upper Basin	3 - 8 min	Segundos - 2 min	0,5 - 3 m
Plume	Upper Basin	25 - 36 min	1 - 2 min	3 - 9 m
Beehive	Upper Basin	7 + horas	4 - 5 min	25 - 60 m
Depression	Upper Basin	3,5 - 5,5 h	2 - 3 min	2,5 - 3m
Old Faithful	Upper Basin	45 - 105 min	1,5 - 5 min	30 - 55 m
Lone Star	Upper Basin	3h	30 min	11 - 12 m
Minute Man	Shoshone Basin	1 - 3 + min	2 - 10 seg	3 - 12 m
Soap Kettle	Shoshone Basin	9 - 21 min	1 - 3 min	1 - 2 m

atrações locais") e cruza o rio Snake, passando por Flagg Ranch. A oeste, a extremidade norte da cadeia Teton mergulha sob o planalto de Yellowstone. Um pouco além avista-se no horizonte o planalto Pitchstone, um grande fluxo de lava riolítico ejetado da caldeira de Yellowstone.

Moose Falls e o fluxo de lava riolítico

Siga a trilha de apenas 40 m até Moose Falls. As águas do Crawfish Creek caem sobre um fluxo de lava riolítico de cerca de 0,9 milhão de anos, assentado antes da formação da caldeira de Yellowstone e do tufo Lava Creek a ela associado.

Vista do Lewis Canyon e do tufo Lava Creek

De volta à estrada, procure um acostamento a cerca de 7,4 km da entrada sul. Os riolitos do Lewis Canyon, depositados depois do tufo Lava Creek e do riolito Moose Falls, descritos anteriormente, encontram-se bem expostos dentro do cânion. Do outro lado da estrada, pode-se ver o contato entre o tufo Lava Creek e o riolito – procure a parte vitrificada e fragmentada no topo do riolito e, acima dele, camadas de cinzas do tufo.

Lewis Falls e a caldeira de Yellowstone

Continue por mais 5,3 km pela borda do Lewis Canyon. Ao longo da estrada, há bons afloramentos do tufo Lava Creek, que se torna progressivamente mais espesso à medida que se aproxima da caldeira de Yellowstone. Estacione antes que a estrada atravesse a ponte do rio Lewis (há acostamentos dos dois lados da estrada). Ali a estrada cruza a margem da caldeira, e esse é um ponto ideal para se orientar com um mapa. A oeste encontra-se o planalto Pitchstone, um grande fluxo de riolito e, a leste, as Red Mountains terminam abruptamente na margem sul da caldeira. É difícil perceber a topografia da caldeira, mas pode-se reconhecer sua margem logo ao norte das Red Mountains: o relevo torna-se progressivamente mais baixo ao aproximar-se do rio Lewis. A oeste do rio, não há nenhuma indicação topográfica da margem, soterrada pelos riolitos do planalto Pitchstone. Dentro da caldeira, a leste, encontra-se o fluxo Aster Creek, um riolito mais antigo.

Lewis Falls situa-se no lado oeste da estrada ao se atravessar a ponte do rio Lewis. A cachoeira e o rio (Lewis Falls e Lewis River) receberam o nome em homenagem ao famoso Capitão Lewis, da expedição Lewis e Clark. A cachoeira tem uma queda de 11 m, é muito bonita e pode haver alces no terreno pantanoso próximo ao rio, um de seus hábitats.

Lewis Lake

Logo após a ponte, encontra-se a área de camping de Lewis Lake e um acostamento no lado direito da estrada, de onde se tem uma bela vista do lago. O lago é delimitado por lavas riolíticas, e o efeito é bem pitoresco. Mais ao fundo da borda oeste do lago, vê-se o planalto Pitchstone.

De volta à estrada, logo se cruza a Continental Divide (Divisa Continental), assinalada no mapa do parque e também por uma placa. As águas ao sul da divisa são drenadas para o oceano Pacífico pelos rios Snake e Columbia, ao passo que as águas ao norte caem no Atlântico, depois de seguir pelos rios Missouri e Mississippi. Ao chegar a um entroncamento, siga as placas que indicam Grant Village e West Thumb Geyser Basin (a bifurcação a oeste leva ao Old Faithful).

Grant Village

A infra-estrutura da cidade compreende um armazém, hotel, restaurante, área de camping, posto da guarda florestal e lojas. O centro de visitantes de Grant Village tem uma exposição que fornece uma boa iniciação ao parque e, no auditório, há exibição de *slides* a intervalos freqüentes.

West Thumb Geyser Basin

Essa pequena bacia de gêiseres, a cerca de 3 km de Grant Village, é a mais fotogênica do parque, devido à sua localização às margens do

Yellowstone Lake. O estranho nome, West Thumb (Polegar Oeste) foi dado pelos membros da expedição Washburn, de 1870, que achavam que o Yellowstone Lake tinha forma de mão, e West Thumb, a forma de um polegar. Os gêiseres e fontes termais em West Thumb tendem a maiores variações de temperatura e vazão que os de outras importantes áreas termais do parque. Às vezes a atividade é vigorosa, mas decepcionante em outros períodos, e até pode haver abundância de algas, um sinal de temperaturas mais baixas que o normal, já que as algas não crescem em verdadeiras fontes ou piscinas termais. Acredita-se que as variações na atividade decorram do efeito das águas do lago ao reabastecerem o encanamento abaixo da bacia. A sílica pode às vezes formar um lacre que impede a entrada de água, forçando a redução da atividade. Quando alguma fratura quebra o lacre, a água fria do lago penetra novamente e a bacia é reabastecida.

Considera-se West Thumb uma caldeira relativamente pequena dentro da imensa caldeira de Yellowstone. Foi formada por uma erupção explosiva durante o período de vulcanismo após o colapso da caldeira de Yellowstone. Seu contorno não é evidente, pois as bordas foram completamente soterradas por fluxos riolíticos mais jovens.

Para visitar a bacia, estacione e siga uma curta trilha (0,8 km) na extremidade norte do estacionamento. Chega-se logo ao Occasional Geyser (Gêiser Esporádico), uma feição bastante antiga, como indica sua formação de geiserita pré-glacial, de quase 6 m de espessura. Na volta para o estacionamento, tome a Loop Trail até a beira do lago, passando pelos raramente ativos Twin Geysers (Gêiseres Gêmeos) e a Abyss Pool (Piscina do Abismo), de cor verde-escura, a mais profunda (16 m) de Yellowstone. A Black Pool (Piscina Negra) recebeu o nome devido à combinação de suas águas de coloração azul com as algas alaranjadas que riscam o fundo. A temperatura é de apenas 55°C, permitindo que as algas se desenvolvam. Em seguida, chega-se ao Fishing Cone (Cone de Pesca), um gêiser dormente na beira do lago que recebeu esse nome dos primeiros exploradores, os quais achavam muito prático pescar ali, já que podiam cozinhar o peixe na boca fumegante sem precisar nem ao menos tirá-lo do anzol. O Lake Shore Geyser tem longos períodos de dormência, mas quando em erupção, a água alcança de 6 a 9 m de altura. Há duas fontes termais importantes nessa bacia: Blue Funnel (Funil Azul), que recebeu o nome por causa da ilusão de ótica que faz a boca eruptiva parecer mover-se quando se anda à sua volta, e Surging Spring (Fonte que Jorra). As Paint Pots (Latas de Tinta) de West Thumb são panelas de lama borbulhante, um dos grandes destaques de Yellowstone para os turistas de antigamente.

Trajeto 2: *de Grant Village a Canyon Village*

Continue rumo norte na Grand Loop Road em direção a Lake Village. A cerca de 16 km ao norte de Grant Village encontra-se o estacionamento de Pumice Point, de onde se tem uma ótima vista da West Thumb Basin até as Red Mountains, na parede sul da caldeira. De volta à estrada, estacione em um acostamento à direita, a 10 km de Pumice Point, e caminhe até o mirante e a área de piquenique à beira do Yellowstone Lake.

Bacia principal do Yellowstone Lake

A nordeste encontra-se o domo Sour Creek, formado após o desmoronamento da caldeira. O Sour Creek tem uma área proeminente no lado sul, chamada Sulphur Hills, onde as rochas foram alteradas pela ação hidrotermal. A borda da caldeira de Yellowstone continua na direção oeste, ao longo da frente da cadeia de montanhas Abasaroka, cruzando o lago. Logo ao norte do lago encontra-se uma área de soerguimento atual, que chega ao índice de 250 mm por ano. Esse soerguimento pode ser sinal de atividade vulcânica futura.

Bridge Bay, Lake Village e Fishing Bridge

Essa bonita área oferece hospedagem, alimentação e outras comodidades. Há postos da guarda florestal tanto em Bridge Bay quanto em Lake Village, e um centro de visitantes em Fishing Bridge, que expõe os pássaros do parque. O Yellowstone Lake é o maior lago de montanha da América do Norte. Tem 32 km de comprimento, 23 km de largura e chega a 98 m de profundidade. Barcos ou lanchas são permitidos no lago, mas é preciso obter autorização – informe-se em um dos postos de guarda. A natação é desaconselhável porque as águas do lago são tão frias que podem provocar hipotermia em poucos minutos.

Área hidrotermal do Mud Volcano

Essa pequena área, muito rica em gases, tem várias panelas de lama e apresenta depósitos na superfície que sofreram alterações profundas pela atividade hidrotermal. O sulfeto de ferro é responsável pelas águas de um cinza-escuro, preto ou marrom, muito ácidas. A acidez deve-se aos gases que sobem com o vapor e se dissolvem no condensado, especialmente o sulfeto de hidrogênio, que desprende o cheiro de ovo podre tão característico de áreas vulcânicas. Siga a trilha em anel (cerca de 1,2 km) a partir do estacionamento para ver as várias feições geotermais, inclusive o Black Dragon's Caldron (Caldeirão do Dragão Negro), o Mud Volcano (Vulcão de Lama) e o Dragon's Mouth (Boca do Dragão). O Mud Volcano era muito mais ativo em 1870, quando recebeu esse nome da expedição Hayden. Tanto a expedição Hayden quanto a Washburn descreveram um som que poderia ser ouvido a muitas milhas de distância, parecido com artilharia pesada. Há outra pequena área geotermal, Sulfur Caldron, a apenas 300 m ao norte do estacionamento do Mud Volcano. Essa fonte hidrotermal incomum apresenta elevada acidez (pH 1,2) e abriga bactérias responsáveis por sua cor amarelada.

Vista da parte nordeste da caldeira de Yellowstone

Continue rumo ao norte por cerca de 7,6 km a partir do estacionamento do Mud Volcano até um mirante onde há um acostamento largo nos dois lados da estrada. A leste, do outro lado do rio, encontra-se a ponta norte do domo Sour Creek. As montanhas ao norte demarcam a parede da caldeira. A nordeste da estrada está a extremidade do fluxo Hayden Valley, um fluxo de lava riolítico do planalto Central, localizado a oeste do mirante.

Artist Point e o Grand Canyon de Yellowstone

Continue na estrada em direção ao norte e vire à direita na placa que indica Artist Point. Há um estacionamento no final da estrada e uma pequena trilha (100 m) que leva a um mirante sobre o cânion, que mergulha uns 300 m. Essa vista é considerada por muitas pessoas, inclusive eu, a mais bonita de Yellowstone.

O cânion foi escavado pelo rio Lamar, um afluente do rio Yellowstone, principalmente em lavas riolíticas e tufos. A parte mais profunda do cânion foi escavada no fluxo Canyon. A água subterrânea aquecida e as fontes termais provocaram alterações hidrotermais nas rochas, resultando em uma fabulosa paleta de cores: vermelhos, marrons e as extraordinárias "rochas amarelas" que deram o nome a Yellowstone. Essas rochas são, na verdade, riolitos alterados. Perto do fundo do cânion, as fontes termais ainda borbulham e as fumarolas soltam baforadas, continuando o processo de alteração das rochas.

No início da parte mais profunda do cânion, encontra-se a Lower Falls, cascata com queda de 94 m sobre a beirada de um fluxo riolítico inalterado, mais resistente que o tufo e os riolitos mais macios encontrados abaixo. Menor, a Upper Falls encontra-se acima. Uma terceira cachoeira, Tower Falls, situa-se perto do fim do cânion e pode ser avistada de um mirante próximo de Tower–Roosevelt (Trajeto 3). Na volta à estrada principal, faça uma parada no estacionamento da Uncle Tom's Trail, a fim de explorar as pequenas trilhas que oferecem lindas vistas em *close-up* tanto da Upper Falls quanto da Lower Falls.

Canyon Village e pontos de observação do cânion

Em Canyon Village há hotéis, um camping, alimentação, lojas e um centro de visitantes. Pegue a estrada em forma de anel (4 km), de mão única, que vai da cidade até Inspiration Point. Há vistas espetaculares do cânion a partir desse ponto e também de Grandview Point. Pare em Lookout Point para contemplar um belo panorama de Lower Falls. Uma pequena trilha desce até um ponto de onde se tem uma vista ainda mais próxima da cachoeira.

Trajeto 3: *de Canyon Village a Mammoth Hot Springs*

Saindo de Canyon Village, siga a estrada rumo ao norte, em direção a Tower Junction, e estacione no mirante de Washburn Hot Springs, no lado direito da estrada, a cerca de 5,3 km de Canyon Junction, para apreciar uma vista da caldeira.

Vista da caldeira de Yellowstone

A parede norte da caldeira pode ser avistada desse mirante, embora não seja muito fácil distingui-la. A melhor maneira de se orientar é olhar para o norte, em direção à cadeia Washburn e ao monte Washburn, situados ao norte da parede da caldeira. No primeiro plano dentro da caldeira, vê-se a superfície do fluxo Canyon coberta de árvores, que alcançam a parede da caldeira. O fluxo é cortado pelo Grand Canyon de Yellowstone. A sudeste encontra-se o relevo suave do domo Sour Creek, fendido por uma falha tectônica de direção noroeste. Em dia claro, pode-se ver desse ponto a parede sul da caldeira, localizada bem diante das Red Mountains. Perto do estacionamento, há um barranco onde aflora um fluxo de detritos andesíticos cortado por um dique andesítico (de cerca de 4 m de largura) desde o centro vulcânico do monte Washburn, datado do Eoceno.

De volta à estrada, logo se deixa para trás a caldeira de Yellowstone e cruza-se Dunraven Pass, o ponto mais alto da Grand Loop Road (elevação de 2.700 m). As flores silvestres podem constituir um verdadeiro espetáculo nessa área. Há um estacionamento e o início da trilha para o topo do monte Washburn (cerca de 5,8 km). Uma trilha alternativa começa mais abaixo na estrada, perto do estacionamento de Chrittenden. A vista do topo do monte Washburn é fantástica: pode-se ver grande parte do parque e, em dias claros, até Grand Tetons. Cuidado ao caminhar nessa área, uma das favoritas dos ursos.

Tower Falls e The Narrows do Grand Canyon de Yellowstone

Pare no estacionamento de Tower Falls e desça a pequena trilha pavimentada até o mirante. A bela cascata mergulha 40 m sobre brechas andesíticas do Eoceno, algumas das quais foram erodidas e formaram as "towers" (torres). Perto do topo da cascata, observe a grande bomba, que parece em equilíbrio precário. Em 1871, os membros da expedição Hayden fizeram apostas sobre a hora em que ela cairia.

A partir do mirante, há uma trilha curta (0,5 km) que desce até a base da cascata. Essa parte do cânion do rio Yellowstone revela uma complexa história de erosão. No período anterior ao de cerca de 2,5 milhões de anos atrás, o rio corria ao longo de um largo vale aberto, onde lavas basálticas haviam empoçado e o tufo Huckleberry Ridge se depositou. Os basaltos ainda podem ser vistos em alguns lugares, como a grande escarpa que se projeta sobre o cânion a noroeste, mas o tufo Huckleberry Ridge foi quase totalmente erodido. O largo vale foi mais tarde cortado por outro mais estreito. Esse vale mais jovem foi então preenchido por cascalho e camadas intercaladas de basalto e cinzas, as últimas datadas de 1,2 milhão de anos. Essas rochas foram profundamente alteradas pela atividade geotermal e são agora de cor amarela. O vale mais jovem foi mais tarde recortado a leste da escarpa de cascalho amarelo e basaltos, e depois preenchido por sedimentos glaciais conhecidos como Pinedale Till. O vale hoje conhecido como The Narrows (Os Estreitos), a jusante, foi inteiramente escavado após o depósito de Pinedale Till, menos de 12 mil anos atrás. É a parte mais estreita do Yellowstone Canyon e tem cerca de 150 m de profundidade.

A cerca de 1,3 km ao longo da estrada encontra-se o mirante de Calcite Springs (Fontes de Calcita), de onde se pode avistar a atividade das fontes e a parte mais ao norte do cânion. Do outro lado do mirante, a parede do cânion mostra dois afloramentos de maciços fluxos de lava basálticos, de quase 1,5 m de espessura, com disjunção colunar. Entre os fluxos, há cascalho de dejeção glacial e, acima dele, uma camada de tilito. Os fluxos basálticos têm cerca de 1,5 milhão de anos e foram ejetados de bocas eruptivas localizadas ao sul, sobre o campo vulcânico do planalto de Yellowstone.

Tower–Roosevelt

Os serviços disponíveis no povoado incluem o Roosevelt Lodge, onde podem ser contratados passeios a cavalo e de diligência. O posto da guarda florestal oferece informações a respeito de atividades naturalistas, incluindo caminhada de um dia inteiro a Petrified Forests (Florestas Petrificadas), em Specimen Ridge. Para programas noturnos, há o Tower Campground Amphitheater.

Os terraços de Mammoth Hot Springs

Pegue a estrada de Tower Junction a Mammoth Hot Springs. Os terraços brancos em forma de degraus são uma grande atração de Yellowstone desde os velhos tempos do turismo em diligências. Assim como a atividade varia de uma para outra fonte, as formas e cores também mudam com o tempo. Os depósitos mais impressionantes são bem brancos, constituídos de travertino jovem formado pela precipitação de cálcio e carbonato. Com o tempo, o travertino torna-se cinzento. Durante a formação de um terraço, o travertino precipita-se ao redor da borda de uma piscina, com um índice de acumulação da ordem de até 215 mm ao ano.

Como a água resfria ao cair de terraço em terraço, permite o crescimento de algas que lhe conferem tonalidades de um azul-esverdeado. Cintilações coloridas, em tons de verde, amarelo, laranja e vermelho, são acrescentadas pelas cianobactérias. O efeito geral é verdadeiramente espetacular. Há, no entanto, ocasiões em que os terraços estão secos e, embora ainda assim impressionem, a beleza do efeito das cores desaparece.

Há duas áreas principais, denominadas Main Terrace e Upper Terrace. Bem ao sul do povoado, há um estacionamento para o Main Terrace. Uma passarela de madeira e uma trilha (de cerca de 2,4 km) a partir do estacionamento levam às principais atrações. Minerva Springs e Terraces são o grande destaque de Mammoth, sendo, em geral, os terraços mais coloridos e espetaculares (Fig. 7.36). Outra atração muito apreciada é o Liberty Cap, bem ao norte do estacionamento. Esse cone de 14 m de altura formou-se devido ao constante fluxo de água quente originado de uma única fonte, produzindo densas camadas de travertino. A expedição Hayden deu-lhe esse nome em virtude da semelhança com os bonés usados pelos patriotas do período colonial dos Estados Unidos durante a guerra revolucionária.

O Upper Terrace pode ser acessado por uma estrada de mão única de cerca de 2,4 km de extensão, situada bem ao sul do estacionamento; procure um desvio à direita, indo na direção de Norris. A grande atração ali é Orange Spring Mound, assim denominado por causa das cianobactérias que riscam o montículo de travertino em forma de cone.

Mammoth situa-se perto da entrada norte do parque, e os serviços oferecidos incluem um restaurante e uma área de camping próxima. Quem quiser uma hospedaria terá, no entanto, que voltar a Tower–Roosevelt, onde fica o Roosevelt Lodge, a mais próxima dentro do parque, a 29 km para o leste.

Trajeto 4: *de Mammoth Hot Springs a Old Faithful*

Siga a estrada ao sul de Mammoth em direção a Norris e Old Faithful. Cerca de 6 km depois, pare no estacionamento Golden Gate. Essa é a extremidade norte do planalto de Yellowstone. A ponte da auto-estrada passa acima de penhascos de tufo amarelo, daí o nome Golden Gate. Caminhe para o sul ao longo do acostamento da estrada para avistar o Swan Lake do lado direito.

Panorama do Swan Lake e da cadeia Gallatin

A cadeia Gallatin é um bloco que se ergue entre zonas de falha normais. Assim como a cadeia Teton, a Gallatin expõe rochas do período Pré-cambriano ao Baixo Terciário. A leste do mirante fica a cadeia Washburn, onde o gelo glacial tinha pelo menos 670 m de

Fig. 7.36 Mammoth Hot Springs: o Minerva Terrace

profundidade durante a glaciação Pinedale. Algumas das superfícies das rochas perto do topo das montanhas apresentam estriações glaciais, o que indica já terem sido cobertas de gelo. Grande parte do vale e das serranias baixas dentro dessa cadeia recebem um manto de tilito e apresentam uma topografia suave.

Obsidian Cliff

Procure o estacionamento da área de piquenique de Beaver Lake e caminhe em direção à extremidade norte do lago, a fim de ter uma boa visão do despenhadeiro. Obsidian Cliff é a margem oeste de um fluxo de lava riolítica que se formou há cerca de 180 mil anos, durante a fase pós-caldeira do último ciclo eruptivo. Note as grandes colunas na base do fluxo. Essas feições são conhecidas como disjunção colunar e se formam à medida que o fluxo resfria e encolhe. A zona pedregosa perto do topo do fluxo formou-se quando a superfície do fluxo resfriou e endureceu, mas o centro continuava a fluir, fazendo a superfície romper-se. As grandes cristas perto do topo do despenhadeiro são cristas de pressão formadas quando a lava formava dobras e saliências. A boca eruptiva para Obsidian Cliff situa-se a cerca de 1 km a leste dali, e é uma de uma série de bocas riolíticas e basálticas ao longo de uma zona estreita entre Mammoth Hot Springs e Norris Geyser Basin.

Roaring Mountain ("Montanha Estrondosa")

Situada a cerca de 4 km mais adiante pela estrada, essa fumarola fortemente alterada por ácidos exala muito vapor, mas já não produz o ruído estrondoso de descarga de alta pressão que lhe era característico na época em que recebeu o nome, em fins do século XIX. A rocha alterada provém do tufo Lava Creek. Para quem tem tempo, compensa demorar-se um pouco no local. Mais 3,9 km adiante fica Frying Pan Springs, outro lugar cujo nome impressiona mais do que a feição propriamente dita. De volta à estrada, vá até Norris Junction e pegue a bifurcação a oeste, na direção de Madison.

Norris Geyser Basin

Essa é uma das grandes atrações do parque. Norris tem um grande estacionamento, um museu, trilhas bem sinalizadas e fáceis de seguir. É a bacia de gêiser mais dinâmica de Yellowstone, com mudanças mais freqüentes do que em qualquer outro lugar no tocante ao comportamento dos gêiseres e das piscinas. A principal característica de Norris Basin são as águas mistas: uma grande parte de água rica em cloreto, de neutro a levemente alcalino, que deposita precipitado de sílica, e uma parte menor de água com sulfato ácido que produz grande alteração no tufo Lava Creek. Essa bacia tem o mais quente reservatório raso de todas as áreas hidrotermais do parque, bem como o maior gêiser do mundo: o Steamboat Geyser. Talvez você não tenha a sorte de vê-lo em erupção, já que seus períodos de dormência podem durar décadas. Quando o Steamboat entra em erupção, há um espetáculo de jatos d'água que alcançam até 115 m de altura.

Uma pequena trilha liga o estacionamento ao museu e a duas grandes trilhas circulares. A trilha ao norte leva a Porcelain Basin, um ambiente multicolorido mas estéril e muito acidífero. Algas e bactérias não proliferam aí, e as cores provêm dos depósitos minerais que mancham a sílica com aparência de porcelana: os tons de rosa, vermelho e laranja advêm dos óxidos de ferro, enquanto o amarelo resulta dos sulfatos de enxofre e de ferro. Também ao norte encontram-se alguns gêiseres não confiáveis, com longos períodos de dormência. A trilha sul passa pelo Steamboat Geyser e sobe para Back Basin, onde ficam os gêiseres Vixen e Echinus, freqüentemente ativos. Já o Porkchop Geyser, além de ser uma piscina borbulhante, esteve em erupção quase contínua de 1985 a 1989. Em 1989, explodiu bem diante dos visitantes, lançando rochas e detritos a até 67 m de distância.

Gibbon Geyser Basin

Situada bem a sudoeste de Norris, Gibbon Basin apresenta feições pequenas e muito interessantes, mas não é sinalizada, sendo difícil de encontrar. A mais incomum dessas feições é Chocolate Pots (Panelas de Chocolate), do lado oeste da estrada, a cerca de 1 km da área de piquenique de Gibbon Meadows. Os "pots" são uma pequena série de cones de aproximadamente 1 m de altura que, devido a depósitos de precipitado de sílica, impressionam pela cor de chocolate. São muito fotogênicos, com listras de cores vivas nas laterais: verdes, amarelas, alaranjadas, por causa das bactérias e algas que proliferam na água quente. O efeito geral é o de bombons de chocolate partidos, com recheio líquido a escorrer.

Mais adiante na estrada encontram-se os estacionamentos de Artist Paint Pots e Monument Geyser. Os Artist Paint Pots estão isolados na floresta, ao fim de uma trilha de 0,8 km. São panelas de lama em tons pastéis de bege, rosa e cinza, produzidos por óxidos de ferro. Dependendo da estação, a lama pode ser como sopa borbulhante ou tão espessa que as panelas entram em erupção como minivulcões, lançando porções de lama quente a até 4,5 m de altura. Já o Monument Geyser, também conhecido como Thermos Bottle (Garrafa Térmica), tem um cone cilíndrico que torna apropriado um ou outro nome, dependendo do ponto de vista. O cone tem 3 m de altura e uma pequena abertura que produz um constante ruído sibilante. Esse gêiser ejeta pouca água e é hoje considerado em processo de extinção, devido ao bloqueio da boca eruptiva com depósitos internos de precipitados de sílica. As feições hidrotermais dessa área são controladas por uma falha e por fraturas a ela relacionadas ao longo do cânion do rio Gibbon, radial à caldeira de Yellowstone.

Vista de Gibbon Falls

Procure o estacionamento ao lado de Gibbon Falls, do lado esquerdo da estrada. A parede noroeste da caldeira fica bem ao sul desse ponto. As quedas d'água, que mergulham no tufo Lava Creek, resultam de um recuo da cabeceira do rio Gibbon, a partir da escarpa interna da caldeira. Olhando em direção ao sul, note a superfície coberta de florestas do fluxo Nez Percé Creek, grande fluxo riolítico na parte interna da caldeira que irrompeu há cerca de 150 mil anos.

Madison

No cruzamento entre a estrada para a entrada oeste e a estrada para Old Faithful, em direção ao sul, há em Madison um posto de informações e uma livraria. Pegue a estrada que vai para o sul, passando por Firehole Falls, que mergulha numa parte do fluxo Nez Percé Creek. Uma estrada secundária, denominada Firehole Canyon Drive, leva às quedas d'água e segue paralelamente ao rio Firehole. Há bons afloramentos do fluxo riolítico Nez Percé Creek ao longo das margens do rio.

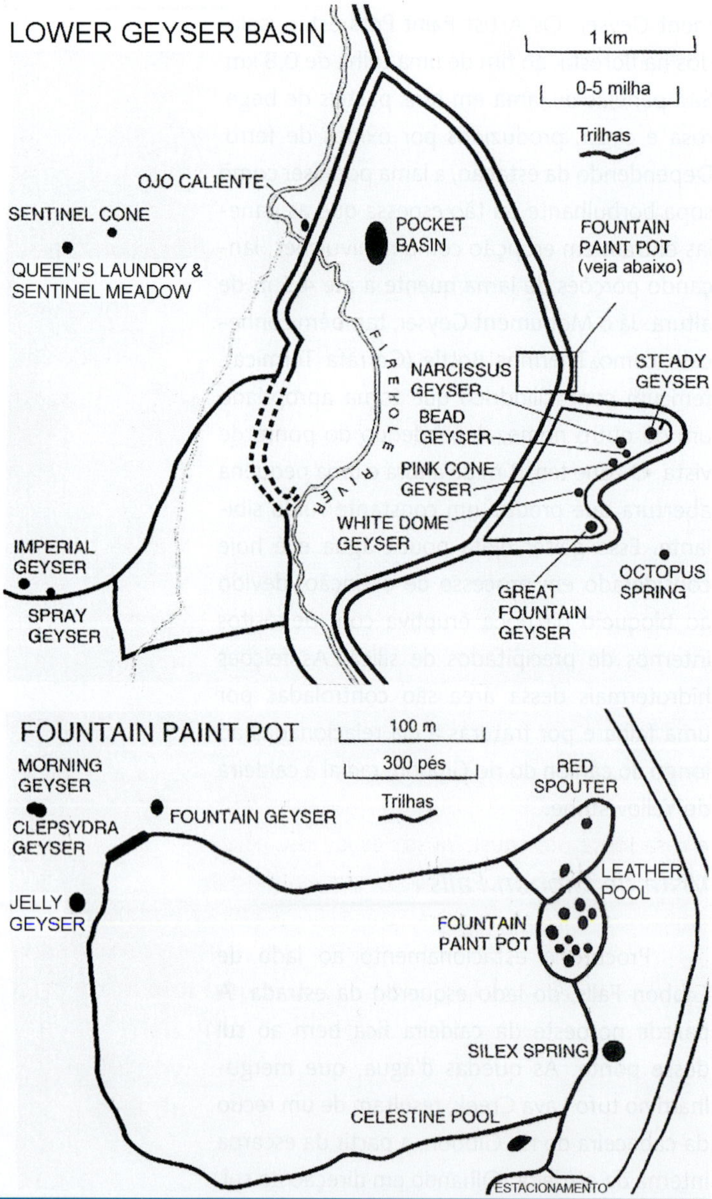

Lower Geyser Basin

Uma das maiores atrações do parque, essa bacia é um vale aberto delimitado pelos planaltos Madison, a oeste, e Central, a leste. A maioria das feições termais dessa bacia encontram-se espalhadas em pequenos grupos, de modo que faz sentido dividir a visita também em grupos (Fig. 7.37). A grande estrela de Lower Geyser Basin é, sem dúvida, o Great Fountain Geyser, situado na parte sudeste. As erupções começam cerca de uma hora depois de a cratera encher-se de água e transbordar para os terraços ao redor do intricado cone de geiserita. Alguns minutos antes da erupção, a água se agita e ferve. Os jatos costumam alcançar 30 m de altura. As erupções geralmente duram cerca de uma hora e têm várias fases; portanto, vale a pena ficar observando por algum tempo. O intervalo entre as erupções é longo e irregular, durando de 8 a 12 horas. É possível aumentar as chances de o visitante estar lá na hora certa com informações obtidas no posto em Madison a respeito de quando a última erupção se deu, ou então fazer dessa a primeira parada em Lower Geyser Basin, a fim de verificar se a cratera está se enchendo.

Para chegar às feições do lado oeste da bacia, pegue a Fountain Flat Drive saindo da Grand Loop Road. Ojo Caliente Spring ("olho quente", em espanhol) é uma fonte alcalina superaquecida e cercada de uma pesada plataforma de geiserita. Atravesse a pé a estrada e pegue a trilha para Pocket Basin, formada por uma explosão hidrotermal. Essa trilha passa por depósitos de material ejetado, na maior parte constituído de rochas sedimentares cimentadas. Pocket Basin tem o maior número de panelas de lama do parque. Permaneça nas passarelas, pois a área é frágil e perigosa.

Continue pela estrada em direção ao sul até o início da trilha para o Imperial Geyser. Esse gêiser tornou-se ativo em 1927, e suas erupções durante os primeiros dois anos chegaram a 46 m de altura. As erupções foram tão violentas que provavelmente danificaram o sistema de encanamento do gêiser, fazendo

Fig. 7.37 Mapa de Lower Geyser Basin
Fonte: modificado de Schreier, 1992.

o Imperial permanecer em dormência até 1966. O gêiser voltou a ser ativo por alguns anos, mas em 1985 entrou de novo em período de dormência. No momento, continua em dormência, embora sua bela piscina azul e alcalina continue a ferver. É possível ver atividade no Spray Geyser, nas proximidades, que, embora pequeno, tem tido erupções confiáveis há décadas. É um dos poucos gêiseres que têm um tempo mais longo de erupção do que de intervalo. Sua erupção consiste em dois jatos d'água principais, um deles num ângulo de cerca de 70°, oferecendo um espetáculo surpreendente.

Chega-se ao lado leste da bacia voltando pela Fountain Flat Drive até a Grand Loop Road e pegando esta última em direção ao sul. A primeira área de importância onde vale a pena parar é Fountain Paint Pot, uma série de panelas de lama borbulhante em tom pastel. Uma trilha circular leva das panelas de lama ao Fountain Geyser, que, embora possa estar dormente, tem uma bela piscina azulada que vale a pena admirar. Perto dali há o Clepsydra Geyser, com um jorro bastante confiável, como indica o nome do antigo relógio d'água grego. Mais adiante pela trilha, encontra-se o Jelly Geyser, pequeno mas também confiável, com sua piscina de águas claras e azuladas que realmente parecem gelatina azul.

Continuando pela Grand Loop Road, pegue a bifurcação à esquerda, bem ao sul de Fountain Paint Pot. Essa estrada circunda algumas outras notáveis feições de Lower Basin. O Steady Geyser é o maior gêiser do mundo em erupção constante, sem período de intervalo que se possa notar. O Narcissus Geyser tem um intervalo com várias horas de duração, mas, se o nível da água na cratera começar a transbordar das margens, isso é sinal de atividade iminente, ou melhor, de que o Narcissus entrará em erupção em, no máximo, uma hora. O Bead Geyser é, provavelmente, o mais regular em Yellowstone, com um período de intervalo quase constante de cerca de meia hora, e uma duração quase constante de 2,3 minutos. Como o nome indica ("bead", em inglês, significa "conta"), sua cratera tem uma intricada e atraente superfície com aparência de contas formadas por depósitos de geiserita. O Bead Geyser era conhecido por suas contas de geiserita do tamanho de um ovo, mas infelizmente essas contas todas foram há muito levadas dali por turistas irresponsáveis do ponto de vista ecológico. O Pink Cone Geyser recebeu o nome devido à bela cor de conchas rosadas que apresenta seu cone de geiserita. O White Dome Geyser também tem um nome descritivo. Seu cone de geiserita, formado sobre uma antiga fonte termal de montículo, tem 6 m de altura e é coberto de depósitos brancos. Perto dali, o destaque nessa área é um dos gêiseres mais espetaculares do parque: o Great Fountain Geyser, que entra em erupção a cada 12 horas, aproximadamente. Se o visitante puder se programar com antecedência, será bom fazer um piquenique enquanto observa esse impressionante gêiser em ação, já que cada erupção dura, no mínimo, 45 minutos.

Midway Geyser Basin

Bem ao sul de Lower Basin, Midway apresenta poucas feições termais, mas que impressionam pelo tamanho; duas delas estão entre as maiores fontes termais do mundo: a Grand Prismatic Spring e o Excelsior Geyser. Midway costuma ser chamada de "Pedacinho do Inferno", nome dado à área por Rudyard Kipling quando ele visitou Yellowstone em 1889. A principal feição da bacia é a Grand Prismatic Spring, a maior fonte termal de Yellowstone, a terceira maior do mundo e uma das feições mais fotografadas do parque. Sua piscina de águas azuladas mede 75 m x 115 m e situa-se em cima de uma ampla colina com uma série de terraços em forma de degraus. Em 1871, a expedição Hayden deu esse nome a essa fonte por causa da sua espantosa coloração: no centro, azul profundo que vai se tornando mais pálido em direção às margens. As algas colorem a água rasa perto da extremidade verde, e, perto da borda em formato de concha, os depósitos amarelos vão se tornando alaranjados e vermelhos quanto mais se afastam da água. Thomas Moran pintou aquarelas da Grand Prismatic Spring que causaram incredulidade em muitos que as viram, entre os quais o geólogo A. C. Peale. Sete anos depois, Peale foi a Yellowstone para se certificar das cores. Felizmente elas não mudaram ao longo desses anos todos, e a Grand Prismatic permanece tão bela quanto na época em que Moran pintou suas aquarelas.

Outra grande feição de Midway é o Excelsior Geyser, embora já não ocupe a posição de maior gêiser do mundo. Suas últimas grandes erupções conhecidas aconteceram durante os anos 1880, quando a coluna freqüentemente alcançava 90 m de altura. A violenta atividade talvez tenha causado danos permanentes ao sistema de encanamento, e as erupções cessaram. Em 1985, despertou por apenas dois dias, embora essas erupções tenham sido pequenas em comparação às do século anterior. Essa atividade pode ter sido o último suspiro do gêiser, que, no entanto, continua sendo uma fonte termal produtiva, expelindo 18 mil litros por minuto de águas ferventes e agitadas. O Excelsior parece ter uma conexão subterrânea com a vizinha Turquoise Pool, pois, quando o Excelsior era ativo, a água da piscina Turquoise diminuía significativamente. A água azul da Turquoise Pool sobre o fundo branco leitoso faz o gêiser parecer uma pedra preciosa, daí seu nome.

Trajeto 5: *as bacias Biscuit Geyser, Black Sand e Upper Geyser*

Upper Geyser Basin é o local mais apreciado do parque, principalmente por ser aí que se encontra Old Faithful. As bacias Biscuit e Black Sand, situadas entre as bacias Midway e Upper Geyser, são menos conhecidas, mas compensam o desvio para ir visitá-las. Se você gosta de visitar áreas termais pouco procuradas, pegue a trilha que vai de Upper Geyser Basin a Shoshone Geyser Basin, na extremidade oeste do Shoshone Lake. Também é possível chegar ao Shoshone de canoa, saindo do Lewis Lake, lago próximo à entrada sul do parque.

Biscuit Geyser Basin

Assim denominada devido aos depósitos de geiserita semelhante a *biscuit* que circundavam a cratera de Sapphire Pool nos anos 1880, essa pequena bacia apresenta uma pequena mas interessante série de feições termais. Infelizmente, uma erupção a partir de Sapphire Pool, em 1959, fragmentou a geiserita *biscuit*.

Biscuit Basin é cortada pela estrada e pelo estacionamento, bem como pelo rio Firehole. A partir do estacionamento, há trilhas nas direções leste e oeste. O lado leste da bacia tem um pequeno grupo de fontes termais, entre as quais a única feição excepcional é o Cauliflower Geyser (Gêiser Couve-Flor), assim denominado em razão dos volumes de geiserita semelhantes a couve-flor ao redor da cratera. O Rusty Geyser, à direita do estacionamento, é um pequeno gêiser que entra em erupção a cada dois minutos em uma bacia cor de ferrugem. Sua cor resulta das manchas que o óxido de ferro produz na geiserita. Já a trilha do lado oeste do estacionamento conduz a Sapphire Pool, com suas águas cristalinas que às vezes fervem. O Jewel Geyser é um gêiser de intervalos curtos cujas erupções podem atingir até 9 m de altura. O jato cai quase imediatamente, mas pode ser seguido de até outros cinco jorros. Os gêiseres em East Mustard Spring e Avoca Spring são pequenos, mas de jorros confiáveis em intervalos curtos. Já o Shell Geyser, de atividade muito irregular, tem uma cratera atraente, com um contorno de geiserita dourada, que, segundo dizem, assemelha-se à concha de um bivalve.

Black Sand Basin

Grupo isolado de feições termais pertencentes a Upper Geyser Basin, Black Sand situa-se do lado oeste da estrada, pouco antes de esta encontrar a via secundária que conduz a Old Faithful. Há um estacionamento a partir do qual uma trilha conduz às principais atrações de Black Sand. Essa bacia ganhou o nome que lhe deram os primeiros turistas, devido aos pequenos fragmentos de obsidiana que cobrem certas porções do solo. A pequena série de gêiseres e coloridas fontes termais inclui a espetacular Emerald Pool, cuja cor, de um verde profundo, resulta das temperaturas relativamente baixas que permitiram o crescimento de bactérias amarelas e algas à beira da piscina. Suas extremidades alaranjadas e marrons fazem um contraste particularmente fotogênico com a água cor de esmeralda. As algas e as cianobactérias também são responsáveis pelas extremidades multicoloridas da Rainbow Pool e pela cor amarelada do Sunset Lake. Nos primeiros anos do século XX, a principal atração dessa bacia era a Handkerchief Pool, situada na extremidade sul da Rainbow Pool. Os turistas costumavam mergulhar seus lenços na piscina para que correntes de convecção os puxassem para baixo e os fizessem emergir em outro lugar momentos depois, já bem lavados. Infelizmente, a piscina ficou entupida pela ação de vândalos, e a máquina de lavar natural parou de funcionar em 1929.

Black Sand também tem dois gêiseres, Cliff e Spouter. O Cliff Geyser tem intervalos irregulares e pode permanecer dormente durante anos, mas, quando entra em erupção, seus jatos com freqüência alcançam 12 m de altura, e a erupção é capaz de durar até três horas. Um sinal de erupção iminente é a cratera se encher de água fervente; se isso acontecer, espere perto do local, pois a erupção é impressionante. Já o Spouter Geyser é mais confiável, e suas erupções duram muitas horas, mas não são particularmente espetaculares. Os transbordamentos do Spouter escorrem para a vizinha Opalescent Pool e têm, ao longo dos anos, causado inundação da área circundante, matando numerosos pinheiros. As árvores mortas que continuam em pé na piscina azul são conhecidas como "meias soquetes" porque a parte de baixo dos troncos parece pintada de branco com o precipitado de sílica.

Upper Geyser Basin

É a parte mais apreciada (e lotada) do parque. Sua popularidade não é de surpreender, considerando que os aproximadamente 5 km² da bacia compreendem quase um quarto de todos os gêiseres do mundo (Fig. 7.38). Se você tiver apenas um dia para visitar o parque, esse é, sem dúvida, o lugar aonde ir. Passarelas de madeira e trilhas facilitam o acesso. A área Old Faithful oferece numerosos serviços, entre os quais o Old Faithful Inn and Lodge, bem como lojas e um posto de atendimento.

Começando na extremidade norte da bacia, o Artemisia Geyser tem a maior cratera ornamentada de Yellowstone, com cristas de geiserita que parecem pipoca. Uma subida brusca no nível da água é sinal seguro de que o

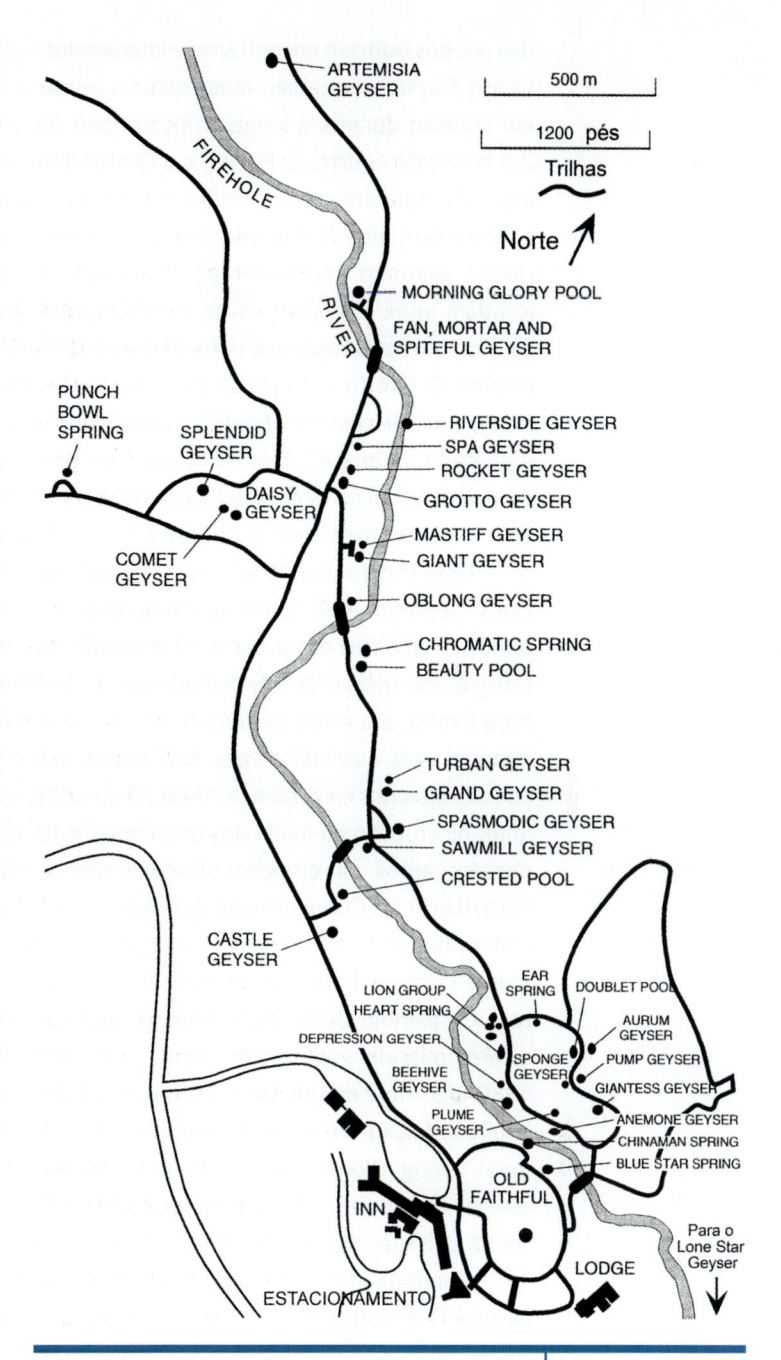

Fig. 7.38 Mapa da Upper Geyser Basin
Fonte: modificado de Schreier, 1992.

Artemisia está para entrar em erupção. Mais ao sul fica Morning Glory Pool, que se parece com a flor (ipoméia) que lhe deu o nome, graças à piscina profunda em forma de funil, de centro azul-escuro. O Riverside Geyser situa-se, como o nome indica, às margens do rio Firehole. A coluna de água produzida durante suas grandes erupções faz uma curva acima do rio, criando um belo efeito fotogênico. Os gêiseres Spa, Rocket e Grotto situam-se nas proximidades uns dos outros e encontram-se interligados. O Spa Geyser é irregular, mas costuma entrar em erupção durante a longa erupção (mais de 2,5 horas) do Grotto. O Rocket e o Grotto têm intervalos que duram de uma hora a dois dias, e costumam entrar em erupção simultaneamente. Algumas grandes erupções do Rocket jorraram água a uma altura de até 15 m, mas seus eventos costumam ser bem menos espetaculares. O Grotto irrompe de uma boca incomum, uma feição de geiserita semelhante a uma gruta de quase 2,5 m de altura. Tem dois modos de erupção: a erupção curta dura cerca de 3 horas; a longa, de 9 a 13 horas.

Uma trilha secundária a oeste conduz ao Daisy Geyser, o mais confiável e previsível dos principais gêiseres dessa bacia. O intervalo do Daisy é, em média, de aproximadamente uma hora e meia, e a erupção dura menos de cinco minutos, mas dá sinais de que está para ocorrer: os esguichos começam cerca de 20 minutos antes da erupção no maior dos dois cones, e 10 minutos antes da erupção no cone menor. Perto dali fica o Comet Geyser, que tem a maior cratera desse grupo, mas suas erupções raramente fazem a água espirrar para fora da cratera. O Splendid Geyser tinha erupções espetaculares quando ganhou seu nome nos anos 1880, mas hoje raramente entra em atividade. A última feição termal desse grupo é a Punch Bowl Spring (Fonte Poncheira), que recebeu esse nome em razão da borda erguida, de geiserita, que sua cratera apresenta.

Continuando na trilha para o sul, em direção ao Old Faithful, a primeira feição importante que o visitante verá é o Mastiff Geyser, assim denominado por causa da posição de "cão de guarda" em relação ao Giant Geyser. O Mastiff tem jorros freqüentes e fracos, e erupções infreqüentes. O Giant Geyser ganhou esse nome por suas erupções espetaculares, que costumavam alcançar até 75 m de altura. Embora só tenha entrado em erupção poucas vezes desde 1955, ainda solta jorros e faz rugir seu impressionante cone quebrado; além disso, continua sendo uma das bocas eruptivas mais quentes de Yellowstone, com temperaturas de aproximadamente 95°C. Pouco antes de a trilha atravessar o rio Firehole, encontra-se o Oblong Geyser, mais conhecido por sua piscina verde-azulada e pelas formações de geiserita ao redor da cratera do que por suas erupções, difíceis de prever. Do outro lado do rio ficam Chromatic Spring e Beauty Pool, duas das piscinas mais coloridas da bacia. As cores vão de um azul profundo, no centro, a amarelo, laranja e vermelho, quanto mais se distanciam desse centro. As duas piscinas estão relacionadas e, quando uma delas começa a transbordar, cai o nível d'água na outra.

Continuando para o sul, o grupo seguinte de feições termais consiste de quatro gêiseres, entre os quais o espetacular Grand Geyser. Esse é um dos poucos gêiseres importantes do parque que não apresentaram mudanças dignas de nota desde sua descoberta em 1871. Suas erupções continuam sendo verdadeiramente espetaculares, com jatos que alcançam até 60 m. O Grand não é, porém, um gêiser de fácil previsão, já que seus intervalos variam de 6 a 15 horas. A rasa bacia não se enche de água antes da erupção, e o processo é lento, com duração de cerca de cinco horas. A atividade no Grand está relacionada à do vizinho Turban Geyser, sendo que o Grand só entra em erupção quando a atividade no Turban começa. Como o nome indica, o Turban tem massas globulares de geiserita que o fazem parecer um turbante turco. Quando o nível da água começa a subir na cratera do Turban, isso é sinal de que uma erupção está para começar no Grand. Os dois gêiseres então entram em erupção, e o Turban continua ativo por cerca de uma hora depois que o Grand volta ao normal. Perto dali fica o Spasmodic Geyser, que tem esse nome por causa das erupções irregulares, e o Sawmill Geyser, cujos jatos pulsantes irrompem de uma piscina acompanhados de um ruído sibilante.

Uma trilha curta que atravessa o rio Firehole conduz ao Castle Geyser, feição conhecida por causa do cone de geiserita que alcança 3,7 m e parece um castelo em ruínas. Sua erupção tem uma fase de água, com cerca de 15 minutos de duração, seguida de uma fase de vapor, que dura 45 minutos e faz o Castle Geyser parecer uma locomotiva, para o deleite das crianças. A Crested Pool, também situada ao longo dessa trilha, é uma piscina superaquecida, com água que chega a 93°C. Às vezes seus jatos de água quente alcançam 30 m de altura.

À medida que a trilha vai se aproximando do Old Faithful, aumenta a concentração de feições termais. A trilha única divide-se na altura do Lion Group, tornando-se uma trilha circular que conduz os visitantes às feições principais. O Lion Group compõe-se de quatro gêiseres interligados: Lion, Lioness, Big Cub e Little Cub. Visto do sul, o grupo parece um leão em posição de descanso e, ao entrar em erupção, há uma súbita emissão de vapor que soa como um rugido. O Lion Geyser, o mais ativo, é o que tem o maior cone de geiserita. O resto da família Lion apresenta períodos mais longos de dormência, e o grupo todo às vezes dorme por até duas semanas.

Seguindo para o leste pela trilha circular, chega-se a Ear Spring, popular entre os visitantes por sua forma de orelha humana. Em seguida, a trilha faz uma curva para o sul, conduzindo ao Aurum Geyser, pequeno mas atraente, assim denominado por causa das formações de geiserita em cor pastel, com tons de pêssego a dourado. Já a Doublet Pool, com sua cor de safira, produz um ruído surdo e periódico que mais pode ser sentido do que ouvido, caso o visitante se aproxime da borda. O Pump Geyser, pequeno mas quase constante, também produz um característico ruído surdo. Sua atividade permaneceu inalterada desde sua descoberta no final do século XVIII, embora o terremoto de 1959 tenha afetado muitas outras feições da área. O canal de escoamento do Pump abriga uma estável comunidade microbiana que sustenta uma variedade de insetos. O Sponge Geyser (Gêiser Esponja), nome que se deve ao cone arredondado repleto de pequenos buracos, é um dos menores gêiseres do parque; suas colunas são tão pequenas que mais parecem esguichos que erupções. O Giantess Geyser tem longos períodos de dormência, mas, quando entra em erupção, sua coluna pode alcançar até 60 m de altura.

À medida que a trilha vai virando na direção do rio Firehole, ela se divide: uma ramificação segue na direção do Old Faithful e a outra segue para o norte, novamente na direção do Lion Group. Nessa altura, é uma boa idéia seguir na direção do Old Faithful e para o Lodge, onde está afixado o horário das erupções. Dependendo do que constar nessa tabela, fique perto do Old Faithful ou volte a atravessar o rio Firehole, a fim de ver as outras feições termais próximas do Lion Group. O Anemone Geyser, previsível e freqüentemente ativo, costuma ser usado por professores visitantes para demonstrar os princípios das erupções de gêiser. O Anemone tem erupções curtas, em intervalos de poucos minutos, que se alternam entre duas bocas. Pouco antes da erupção, a cratera se enche d'água enquanto a boca eruptiva produz um ruído de gorgolejo. Cessada a erupção, a água recua com um singular ruído de aspiração. O vizinho Plume Geyser é um bom exemplo de gêiser mais jovem. Formou-se em decorrência de uma explosão de vapor, em 1922, que criou uma abertura no assoalho. O Plume era irregular no início, mas desde o terremoto de 1959 tem entrado em erupção a cada meia hora, aproximadamente. Pouco antes da erupção, a água enche a cratera e começa a esguichar e pulsar. A erupção desse gêiser é oblíqua, voltada para o oeste, em um a cada quatro jatos.

Um dos gêiseres mais espetaculares de Yellowstone e também um dos maiores gêiseres ativos do mundo é o Beehive Geyser. Pena que seja irregular e possa permanecer dormente por semanas ou até mesmo meses. Quando, porém, está para entrar em erupção, o Beehive dá sinais: uma boca bem a leste do cone, apropriadamente denominada Beehive Indicator, começa a soltar jatos de até 3 m de altura por cerca de 10 a 20 minutos antes da explosão. A erupção então começa pelo cone do Beehive, a partir de esguichos que vão se transformando num espetáculo ruidoso, com jatos que saem de uma abertura estreita e sobem até 60 m.

O Depression Geyser, assim denominado pela aparência de sua cratera, é outro gêiser cuja atividade foi desencadeada pelo terremoto de 1959. Durante os intervalos, a cratera se enche de uma água verde-escura que transborda e começa a esguichar, anunciando a erupção. E bem ao sul do Lion Group fica Heart Spring, uma feição notável devido à forma da cratera e às bactérias e algas coloridas que ali se desenvolvem.

Pegue a trilha para o sul, do outro lado do rio Firehole, em direção à área do Old

Faithful. Perto do rio, há duas fontes termais. Blue Star Spring ganhou esse nome pelas formações de geiserita em formato de estrela que circundam a piscina. Nos anos 1980, um desafortunado filhote de bisão chegou perto demais dessa piscina; seus ossos ainda podem ser vistos no fundo. Já Chinaman Spring ganhou esse nome por causa de um tintureiro chinês da década de 1880 que usou as águas quentes para ferver a roupa. Ele armou sua barraca acima da fonte e usou um cesto para manter a roupa sem afundar. Desconhecia, porém, a mecânica das fontes termais, e, quando adicionou sabão à água, a fonte entrou em erupção, arrastando a barraca e a roupa. É verdade que os turistas do passado já usaram sabão para provocar a erupção dos gêiseres, mas essa prática pode danificar permanentemente o delicado sistema de encanamento, e há muito deixou de ser adotada.

O Old Faithful, a estrela de Yellowstone, não tem intervalos regulares, mas suas erupções podem ser previstas de modo bastante preciso. Os intervalos costumam ter 45 a 90 minutos, tendo a erupção uma duração média de quatro minutos. Se o tempo total da erupção for menos de quatro minutos, a erupção seguinte ocorrerá dentro de 40 a 60 minutos. Se a erupção durar mais de quatro minutos, o intervalo seguinte terá de 75 a 100 minutos. Essa correlação foi descoberta em 1938 e ainda funciona. É possível prever a erupção seguinte usando a Tab. 7.2. O truque é começar a contar a partir da primeira coluna d'água contínua e constante que se erguer durante a erupção, não a partir do esguicho que costuma ocorrer previamente. O princípio por trás da previsibilidade é simples: quando o gêiser tem uma erupção curta, descarrega apenas uma parte da energia e da água, podendo, portanto, recuperar-se mais rapidamente. O Old Faithful proporciona um belo espetáculo, com uma coluna d'água que alcança de 30 m a 55 m.

O gêiser mais ao sul em Upper Basin é o Lone Star, cujo nome se deve ao fato de estar isolado, perto do rio Firehole. Para chegar lá, siga de carro na direção sudeste pela Grand Loop Road e procure o estacionamento de Kepler Cascades. A partir dali, uma trilha de 4 km conduz até o Lone Star. A feição mais notável do gêiser é seu elevado cone, de quase 4 m. Mesmo durante seu regular intervalo de três horas, o Lone Star jorra a partir de alguma de suas várias bocas eruptivas. Esse jorrar quase constante é responsável pela formação do alto cone. Suas erupções têm duas fases. A primeira dura de 3 a 5 minutos e consiste de jatos que podem alcançar até 8 m de altura. Depois de 15 a 25 minutos, a erupção entra na segunda fase, que dura cerca de 30 minutos. Começa com esguichos seguidos de um forte jato que vai se transformando em vapor. Graças às diversas fases de atividade, não é difícil encontrar o Lone Star fazendo algo interessante.

Shoshone Lake Trail

Na extremidade oeste do Shoshone Lake, a Shoshone Geyser Basin tem a vantagem de não ser acessível por estrada. É, portanto, bem menos lotada do que as outras bacias. Suas paisagens continuam bem preservadas e suas piscinas e gêiseres ainda conservam grande parte das intricadas formações originais de geiserita (Fig. 7.39). Para chegar à Shoshone Basin, pegue a trilha (de 12 km) que sai do Lone Star Geyser. A certa altura, essa trilha torna-se paralela ao riacho denominado Shoshone Creek. Tome cuidados especiais nessa área, já que não há passarelas de madeira. Há mais de cem feições termais na bacia, cuja principal atração é o Minute Man Geyser, assim chamado por entrar em erupção quase de minuto em minuto. Uma série de pequenas erupções ocorrem antes de o

Tab. 7.2 Previsão das erupções do Old Faithful

Duração da erupção (min)	Intervalo para a erupção seguinte (min)
1,5	45
2,0	52
2,5	59
3,0	65
3,5	70
4,0	75
4,5	80
5,0	86
5,5	89

gêiser entrar num período de repouso de algumas horas, entrando em seguida novamente em erupção. Bem ao norte do Minute Man fica o Soap Kettle Geyser, com seu característico cone tracejado de contas de geiserita dourada. É fácil ver uma erupção desse gêiser, pois seus intervalos têm, no máximo, 21 minutos de duração. A noroeste do Minute Man fica Gourd Spring, com suas águas ferventes a borbulhar e erupções pequenas e ocasionais. A trilha bifurca-se no Minute Man Geyser, sendo que um lado segue para o sul e outro para o oeste. A bifurcação sul leva ao Taurus Geyser, que hoje só ferve e esguicha, mas é bastante atraente: as águas do centro da piscina, de um azul profundo, contrastam com a faixa alaranjada das extremidades, cor esta produzida pelas cianobactérias. A trilha oeste a partir do Minute Man leva ao North Group, formado por pequenas e numerosas fontes termais, todas com bacias e canais de escoamento coloridos graças às algas e cianobactérias. Muitas das fontes termais apresentam intricadas margens de geiserita, algumas manchadas de vermelho pelos óxidos de ferro. O Knobby Geyser faz parte desse grupo. Embora suas erupções sejam pequenas e longos seus períodos de dormência, o Knobby é particularmente belo por suas formações de geiserita e sua piscina quadrada. As margens de geiserita branca e cinzenta são bastante atraentes, com intricados aglomerados que parecem rosas em plena floração.

Outras atrações locais

Monumento Nacional Craters of the Moon

Situado em Idaho, esse monumento nacional apresenta uma paisagem verdadeiramente lunar, já tendo sido descrito como o lugar mais estranho da América do Norte ou, mais rudemente, como um deserto medonho e desolador. Na verdade, Craters of the Moon (Crateras da Lua) é um monumento vulcânico notável com 215 km² de numerosos e sobrepostos fluxos de olivina basáltica expelidos num período que vai de 15 mil anos a cerca de 2 mil anos atrás. Parecem surpreendentemente jovens, o que torna esse o lugar ideal para o

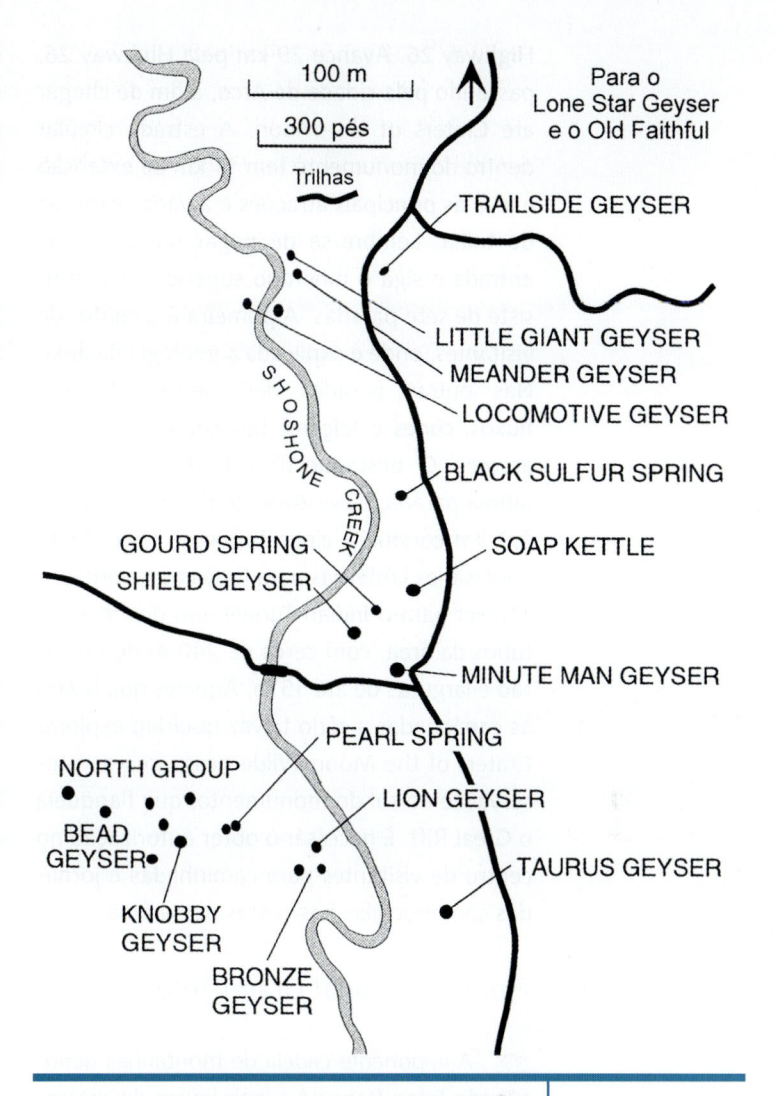

Fig. 7.39 Mapa da Shoshone Geyser Basin
Fonte: modificado de Schreier, 1992.

estudo das muitas estruturas encontradas em fluxos basálticos, tanto do tipo *pahoehoe* quanto do tipo *aa*. Há mais de 60 fluxos de lava que podem ser mapeados individualmente, uns 25 cones piroclásticos e oito fissuras. A principal fissura, denominada Great Rift, atravessa o monumento de noroeste a sudeste. Consiste não apenas de uma, mas de várias fissuras "en échelon", isto é, escalonadas, que formam um corte de aproximadamente 3 km de largura.

Esse monumento situa-se a cerca de 300 km a sudoeste da entrada oeste de Yellowstone, sendo possível visitar a maioria de suas atrações num único dia. Para chegar lá, pegue a Highway 20 a partir de Yellowstone e siga para o sul, na direção de Idaho Falls. Continue para oeste na Highway 20 até chegar à

Highway 26. Avance 29 km pela Highway 26, passando pela cidade de Arco, a fim de chegar até Craters of the Moon. A estrada circular dentro do monumento tem 11 km de extensão e leva às principais atrações e a várias cabeças de trilha. Lembre-se de pegar um mapa na entrada e siga o itinerário sugerido, que consiste de sete paradas. A primeira é o centro de visitantes, onde é explicada a geologia da área. Nas outras paradas destacam-se diversos fluxos, cones e feições, tais como moldes de árvores. O destaque da estrada circular é a última parada, Cave Area, onde uma trilha de 0,8 km conduz a cinco tubos de lava. Serão necessárias lanternas para todas as cavernas, a não ser para o Indian Tunnel, um dos maiores tubos da área, com cerca de 240 m de extensão e larguras de até 15 m. Aqueles que levam as caminhadas a sério talvez queiram explorar Craters of the Moon Wilderness, área de preservação ao sul do monumento, que flanqueia o Great Rift. É necessário obter autorização no centro de visitantes para caminhadas e jornadas com mochilas nas costas nessa área.

Parque Nacional Grand Teton

A imponente cadeia de montanhas denominada Teton Range é a mais jovem do sistema das montanhas Rochosas. Grand Teton chega a um altitude de 4.197 m, dominando o vale conhecido como Jackson Hole, enquanto 11 outros picos dessa cadeia alcançam mais de 3.650 m, altura suficiente para comportar geleiras.

O Parque Nacional Grand Teton oferece uma variedade de serviços, entre os quais quatro centros de visitantes e cinco áreas de acampamento. Situa-se a 90 km da entrada sul de Yellowstone, e é fácil chegar lá de carro em menos de duas horas. Há muito o que fazer e ver nesse parque nacional (ao entrar no parque, o visitante recebe um mapa grátis), e vale a pena ir até lá a partir de Yellowstone, ainda que por metade de um dia, a fim de ver algumas das principais atrações. Caso você se interesse por história local, procure o Colter Bay Visitor Center e o Indian Arts Museum para ter uma visão de relance da vida dos americanos nativos no século XIX. Para encontrar vistas espetaculares de toda a cadeia Teton Range, bem como do Jackson Lake e grande parte de Jackson Hole, suba a estrada Signal Mountain Summit, saindo do Signal Mountain Lodge and Campground, a 8 km de distância. Se dispuser de mais tempo, pegue a via panorâmica Jenny Lake para ter uma das melhores vistas de Grand Teton. O parque também oferece muitas trilhas para caminhadas (mais de 300 km ao todo), barcos infláveis para passeios pelo rio Snake e muitos roteiros para escalada e montanhismo.

8 Vulcões da Itália

SUL DA ITÁLIA

Os vulcões da Itália estão entre os mais mal-afamados e perigosos do mundo. O deus mitológico Vulcano deu nome a todos os vulcões do mundo; a erupção do Vesúvio do ano 79 d.C. é, provavelmente, o evento vulcânico mais conhecido de todos os tempos; o Stromboli é o vulcão há mais tempo em atividade contínua no mundo; e o monte Etna é o maior vulcão ativo da Europa. O sul da Itália tem sido, há séculos, o destino principal para os entusiastas de vulcões, e pode ser considerado o berço da vulcanologia. Os registros históricos das erupções na Itália remontam há uns dois mil anos, proporcionando uma rica fonte de informações sobre mecanismos de erupção, ciclos de atividade e os efeitos das erupções vulcânicas na sociedade. As observações científicas da atividade vulcânica começaram no Vesúvio com o relato de Plínio, o Jovem sobre a erupção de 79 d.C. O Vesúvio tem o mais antigo observatório vulcanológico do mundo, criado em 1845, e foi o primeiro vulcão a ser sismicamente monitorado, quando o cientista Palmieri mediu os tremores durante a erupção de 1872. A combinação potencialmente desastrosa de perigosos vulcões e cidades prósperas no sul da Itália há muito vem sendo um grande estímulo diante de nossa necessidade de compreender e prever as erupções vulcânicas.

A maioria das pessoas que visitam a Itália são atraídas pelos sítios históricos incomparáveis, as ricas coleções de arte e as esplêndidas paisagens. Aquelas que têm por foco os vulcões lá encontram todos esses elementos, além de paisagens vulcânicas espetaculares e, no caso do Stromboli, uma quase certa erupção em curso.

Os vulcões em destaque na seção a seguir (Vesúvio, Stromboli, Vulcano e Etna) são os mais ativos do país. Têm a grande vantagem de ser facilmente acessíveis e relativamente próximos uns dos outros do ponto de vista geográfico, o que torna possível vê-los todos em uma viagem (de pelo menos duas semanas). Diante de sua diversidade, atividade e história, é difícil imaginar uma viagem mais atraente.

Ambiente tectônico

O vulcanismo das extensões mediterrâneas da Espanha às montanhas Cáucaso resulta, em grande parte, da convergência constante entre as placas Eurasiana e Africana. A placa Africana move-se para o norte cerca de 2,3 cm por ano, fazendo a bacia mediterrânea encolher de modo contínuo. As zonas de subducção sob as ilhas gregas (o Arco Helênico) e o sul da Itália (o Arco da Calábria) explicam a existência de grandes vulcões na região. No entanto, a história tectônica detalhada é muito complexa, com várias pequenas placas – chamadas microplacas – que desafiam as tentativas de entender a região em termos de modelos simples.

Os vulcões italianos situam-se à beira do mar Tirreno (Fig. 8.1). Sabe-se que a bacia tirrena é uma área de grande fluxo de calor, com uma fina crosta oceânica. Essa bacia provavelmente se abriu num evento de *rifting* há cerca de 7 milhões de anos. O alargamento se completou no final do Plioceno, cerca de 1,6 milhão de anos atrás. Desde então o mar Tirreno tem estado sujeito a falha tensional, o que complica a história tectônica. Na extremidade leste, onde se situam o Vesúvio e o Campi Flegrei, ocorreu vulcanismo no lado oeste dos Apeninos, com exceção do agora dormente monte Vulture. Os vulcões do sul da Itália (Roccamonfina, Campi Flegrei, Vesúvio, Ischia e Vulture) são associados a grandes falhas na crosta, que provavelmente chegam a profundidades consideráveis e dão vazão a fontes de magma na crosta inferior ou até mesmo no manto superior. O vulcanismo nessa área começou há cerca de dois milhões de anos e continua ainda hoje, sendo o Vesúvio e o Campi Flegrei considerados os mais

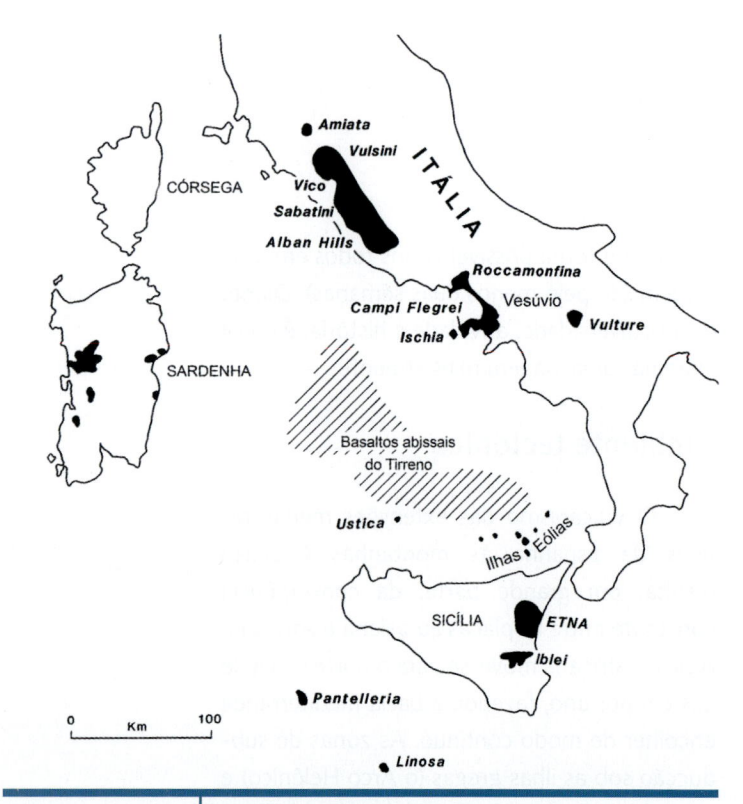

Fig. 8.1 Localização dos principais centros vulcânicos da Itália (fim do Terciário e Quaternário)
Fonte: modificado de Chester et al., 1985.

ativos e ameaçadores. Essa área toda é também muito ativa do ponto vista sísmico – o terremoto de Irpínia, em 23 de novembro de 1980, matou mais de três mil pessoas e causou danos consideráveis em Nápoles.

A Sicília forma a margem mais ao sul do mar Tirreno, e a atividade do monte Etna está ligada a movimentos tensionais. O Etna situa-se na intersecção de grandes falhas, particularmente a falha Messina, que corta o lado leste da Sicília, e a falha Alcântara, que corta a ilha de leste a oeste. A atividade do Etna estende-se do Pleistoceno médio até o presente. Ao sul do Etna encontra-se outra região vulcânica, não mais ativa, os montes Ibleos.

O evento vulcânico mais recente no mar Tirreno é a formação das ilhas Eólias (Isole Eolie), uma cadeia de sete grandes ilhas vulcânicas que incluem Vulcano e Stromboli. A interpretação tradicional para o ambiente tectônico das ilhas Eólias é a de um arco insular vulcânico, formado pela subducção da placa do mar Jônico (uma parte da placa Africana) sob o mar Tirreno (Fig. 8.2). Arco insular é o nome dado a uma região oceânica em subducção, em que uma placa afunda sob outra. Essa interpretação não é, porém, inteiramente compatível com vários aspectos da geologia local, aí incluída a química das lavas.

O magma irrompido em épocas recentes – um tipo de basalto com altos índices de potássio, conhecido como shoshonita – costuma estar presente em arcos insulares somente quando estão em estágio senil, isto é, quando o processo de subducção está próximo do fim. O problema dessa explicação é que as ilhas Eólias têm apenas um milhão de anos, o que é considerado pouco em termos tectônicos. Estudos recentes indicam que a subducção da margem norte da placa Africana sob o mar Tirreno realmente terminou. Alguns pesquisadores argumentam que agora vem ocorrendo um *rift* de placa, mas que isso afeta apenas as ilhas ativas mais recentes (Vulcano, Lipari, Stromboli).

A relação entre os vulcões italianos, o mar Tirreno e as placas tectônicas convencionais ainda vem sendo discutida. A ausência de concordância entre os pesquisadores é indicativa da informação científica limitada que temos a respeito dessa região e também das lacunas no nosso conhecimento das complexidades das placas tectônicas.

Informações práticas para o visitante

Quando ir

As melhores épocas para visitar os vulcões italianos são o final da primavera e o começo do outono, quando o tempo está bom, não há neve nos topos e já se foram as multidões típicas do verão. As ilhas Eólias devem ser especialmente evitadas em julho e agosto.

Informações sobre a atividade vulcânica

Uma erupção do Vesúvio ou do Vulcano dariam notícia no mundo todo, mas as do monte Etna e do Stromboli ocorrem com freqüência e costumam não ser relatadas, a não ser que constituam eventos importantes (Fig. 8.3). O melhor modo de verificar os níveis de atividade é consultar o *S.E.A.N. Bulletin* (detalhes no

Cap. 5) e as páginas iniciais de websites dedicados aos vulcões italianos (ver Apêndice I).

Observatórios vulcanológicos

O Osservatorio Vesuviano de Nápoles (Centro Sorveglianza, Via Manzoni 239, 80100, Nápoles) monitora o Vesúvio e o Campi Flegrei, além de desenvolver pesquisas sobre outros vulcões italianos. Na Sicília, o Istituto Internazionale di Vulcanologia (Piazza Roma 2, 95123, Catânia) monitora o Etna e os vulcões eólios, inclusive o Vulcano e o Stromboli.

Perigos não vulcânicos

Pequenos crimes são comuns na Itália, particularmente em Nápoles e na Sicília, mas incidentes envolvendo violência grave são relativamente raros. Pode-se dizer ser mais provável que o visitante seja roubado no sul da Itália do que em qualquer outro lugar mencionado neste livro; tome precauções, portanto. Não use jóias e mantenha máquinas fotográficas fora de vista. As mulheres não devem sair de bolsa; duas bolsas minhas foram roubadas num período de 12 horas, em Nápoles. O conselho de um colega napolitano é levar a maior parte do dinheiro num bolso escondido, mas deixar algum na carteira (em outro bolso) "para agradar os ladrões".

Monitoramento vulcanológico e serviços de emergência

Os métodos de monitoramento são sofisticados, e avisos de erupção iminente podem ocorrer, na medida do possível. Pouco se faz, no entanto, para prevenir as pessoas de entrarem em áreas de risco em potencial, a menos que uma atividade vulcânica crítica esteja em curso. Cabe, portanto, ao visitante cuidar para manter-se longe do perigo. Os serviços de busca e salvamento são adequados, mas ainda não à altura dos encontrados nos Estados Unidos. Não espere que haja helicópteros disponíveis. É bom notar que a qualidade do atendimento médico nos hospitais públicos do sul da Itália pode ser precária, sendo altamente recomendável contar com a cobertura de seguro médico particular.

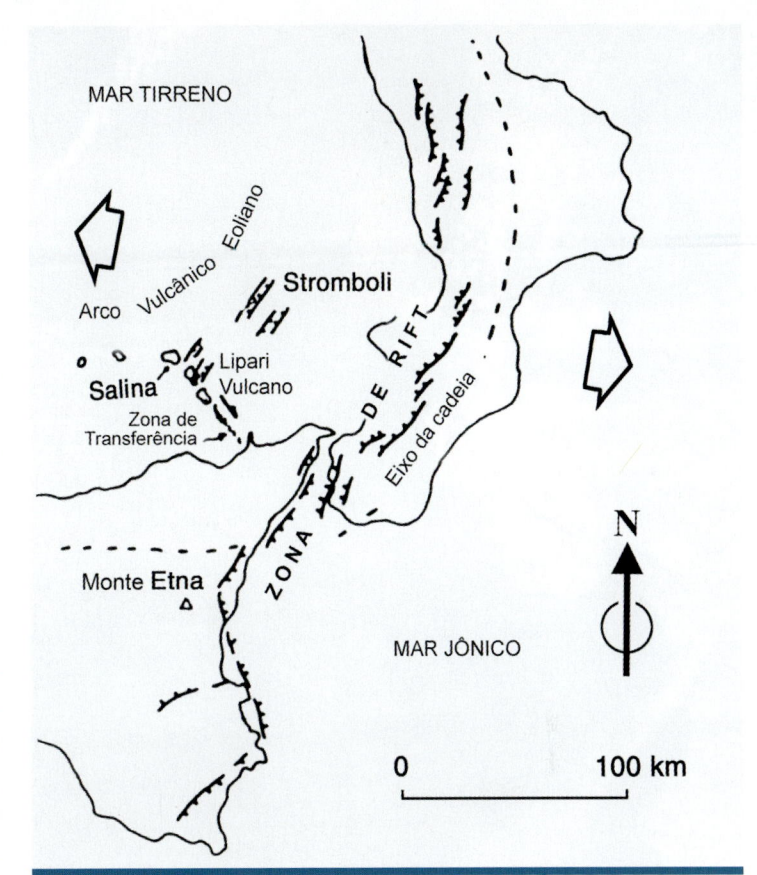

Fig. 8.2 Mapa esquemático que ilustra uma interpretação atual do ambiente tectônico das ilhas Eólias
Fonte: modificado de Mazzuoli et al., 1995.

Transportes

Os transportes públicos são, de modo geral, bons na Itália. Em Nápoles fica o aeroporto mais próximo do Vesúvio, e em Catânia, o mais próximo do Etna e das ilhas Eólias. A base do Vesúvio é circundada por uma ferrovia, a Circumvesuviana, com trens que ligam as localidades de Nápoles, Pozzuoli (em Campi Flegrei), Pompéia, Herculano, Torre Annunziata (lugar do palacete Oplontis) e Sorrento. Os automóveis de aluguel são úteis nos arredores de Nápoles e na Sicília, mas não são disponíveis em Vulcano e Stromboli. Aos visitantes não é permitido levar seus próprios carros a essas ilhas, mas isso não é problema. Os veículos não são necessários nem úteis em Stromboli, já que há poucas estradas lá. Vulcano e Lipari contam com limitados serviços de ônibus e passeios panorâmicos. Há, nas duas ilhas, táxis, motos e bicicletas disponíveis para aluguel. Um automóvel alugado é quase essencial para visitar as partes baixas das encostas do

Etna, mas nas estradas que levam ao topo somente são permitidos veículos 4x4 operados pelas agências de turismo locais.

Antes de alugar um carro no sul da Itália ou na Sicília é bom lembrar que dirigir lá é uma experiência e tanto, que exige bastante coragem e total desconsideração das regras locais de trânsito.

Para chegar às ilhas Eólias

Balsas e hidrofólios circulam ao longo do ano pelas ilhas Eólias, mas no inverno a oferta é reduzida. Os serviços mais regulares partem de Milazzo, na Sicília, mas há alguns a partir de Messina e Reggio Calabria. Durante o verão, há serviços diários ligando as ilhas a Cefalù, Palermo e Nápoles. Muitos outros serviços vão a Lipari, e de lá para Stromboli, Vulcano e outras ilhas.

Alojamento/Hospedagem

Nápoles é a base mais conveniente para quem quer explorar o Vesúvio, mas Sorrento é uma boa opção para quem preferir mais tranqüilidade. Quem quiser permanecer em Pompéia por mais tempo do que a costumeira viagem de um dia, poderá encontrar vários hotéis e áreas de acampamento nas proximidades. Entre as ilhas Eólias, Lipari é a que oferece mais opções de hospedagem, mas há muitos hotéis e pensões em Vulcano e Stromboli. Os preços em Vulcano costumam ser altos, principalmente no verão. É proibido acampar em Vulcano, mas tolerado em Stromboli. Na Sicília, há uma variedade de hotéis em Catânia, mas quem quiser permanecer no próprio Etna pode fazer isso. Os povoados de Nicolosi, Zafferana e Randazza oferecem acomodações limitadas. Uma alternativa é Refugio Sapienza, um albergue sem confortos adicionais, a 2.100 m de altitude, e também uma espécie de ponto de encontro para os guias de montanha locais. Infelizmente o lugar sofreu danos causados por erupções recentes e pode não estar em operação.

Mapas

Há mapas geológicos de todos os vulcões apresentados aqui, mas não são facilmente

Fig. 8.3 Monte Etna em atividade em 22 de julho de 2001. Essa imagem foi obtida pelo Multi-Angle Imaging SpectroRadiometer (MISR). Vê-se à deriva uma grande pluma de cinzas e piroclásticos acima do mar Jônico. Essas cinzas provocaram o fechamento do aeroporto de Catânia. Perto do topo vê-se uma pluma esbranquiçada, composta basicamente de gotículas de água e ácido sulfúrico diluído

obtidos e muitos deles encontram-se agora fora de catálogo. Foram todos publicados pelo Consiglio Nazionale delle Ricerche (ver Apêndice II); alguns vêm sendo atualizados e ficarão novamente disponíveis. Mapas topográficos das ilhas Eólias (com escala 1:25.000) e mapas do Stromboli que indiquem trilhas para caminhadas podem ser adquiridos em livrarias locais e lojas de suvenires. O Club Alpino Italiano publica um mapa topográfico e de estradas (1:50.000) do Parque Nacional do Etna (de 1993), e um mapa geológico revisado do Etna (1:60.000), atualizado pela última vez em 1990.

VESÚVIO

O vulcão

O Vesúvio é certamente o vulcão mais mal-afamado do mundo. Todos adoram uma boa história de catástrofe, e a destruição das cidades de Pompéia e Herculano, ricas e libertinas, tem todos os ingredientes de um folhetim. Ao contrário da crença popular, a erupção não surpreendeu aqueles antigos romanos em meio a festas, sem terem idéia do iminente desastre. Muitos foram os que fugiram durante os primeiros estágios da atividade, antes de ocorrerem as explosões letais.

Esse estratovulcão de 1.281 m de altura começou a vida com erupções submarinas, posteriormente formou uma ilha e, por fim, passou a integrar a porção principal do território italiano. As primeiras efusões formaram longos fluxos de lava, hoje sobrepostos pelo cone do topo, conhecido como monte Somma, ele próprio resultado de fortes erupções explosivas e volumosos fluxos de lava. A atividade do Somma terminou há cerca de 17 mil anos com uma grande erupção pliniana, que supostamente causou a queda do topo do cone, formando a caldeira do Somma. O cone atual do monte Vesúvio nasceu dentro da caldeira, provavelmente durante a mesma erupção. A proeminente parede da caldeira do Somma limitou a expansão dos fluxos de lava do Vesúvio, principalmente no lado norte, e influenciou a distribuição de fluxos piroclásticos e jorros durante a erupção de 79 d.C.

O nome Vesúvio é tido como uma derivação do grego "besubios", que significa fogo, e o vulcão foi apelidado "o que não foi extinto" – apropriadamente, diga-se, pois continua bastante ativo. A última erupção foi em março de 1944, quando a batalha de Monte Cassino, durante a II Guerra Mundial, estava sendo travada uns 90 km ao norte. Desde então o Vesúvio tem desfrutado seu mais longo repouso em 350 anos, mas isso apenas nos faz cogitar a respeito de quando vai despertar de novo. Há algumas pistas provenientes de seu comportamento pregresso: o Vesúvio tem, até o momento, apresentado uma série de ciclos eruptivos, cada qual com vários séculos de duração. Uma característica particularmente perigosa desses ciclos é que começam com uma grande erupção pliniana depois de séculos de inatividade. O começo de uma violenta erupção pliniana pode se dar de repente, como aconteceu em 79 d.C. O Vesúvio era então considerado extinto. Aliás, relatos da revolta de Spartacus e dos gladiadores romanos, por volta de 73 a.C., descrevem o vulcão como uma volumosa montanha de topo achatado, coberta por uma densa floresta, famosa por seus javalis. A cratera aparentemente extinta serviu de fortaleza para os rebeldes.

Embora não tenham sido documentadas erupções do Vesúvio antes de 79 d.C., estudos de produtos de erupções mais antigas revelam que o vulcão passou por seis grandes ciclos durante os últimos 17 mil anos. Em cada ciclo, ao evento pliniano inicial seguiram-se séculos de erupções mais amenas. O ciclo mais recente começou em 1631 com uma erupção violenta, durante a qual pelo menos três mil pessoas sucumbiram. A erupção de 1944, um evento relativamente ameno, é considerada o fechamento desse último ciclo.

A existência de ciclos eruptivos pode dar a impressão de que o comportamento do Vesúvio é previsível. No entanto, os ciclos não são idênticos e, para complicar ainda mais as coisas, subciclos menores podem ser observados dentro de um ciclo. Um subciclo geralmente começa com uma pequena atividade havaiana ou estromboliana dentro da cratera do topo, e termina com uma forte erupção, que produz um grande volume de fluxos de lava e uma pesada ejeção de tefra. A isso se segue um breve período de repouso até que recomeça uma pequena atividade dentro da cratera. Os períodos de repouso dentro do ciclo 1631-1944 foram, no máximo, de sete anos. A falta de atividade desde 1944 tem sido interpretada como sinal de que o vulcão chegou ao fim de um de seus grandes ciclos. Agora a questão é se o Vesúvio permanecerá dormente por muitos séculos (Fig. 8.4).

Por que ocorrem ciclos vulcânicos no Vesúvio? Sabe-se, a partir de estudos de erupções passadas, que há uma relação clara entre a duração do intervalo de repouso e o volume de materiais ejetados. Às erupções plinianas de grandes proporções seguem-se muitos séculos de repouso; as erupções de porte intermediário ocorrem depois de um ou dois séculos, e as erupções efusivas pequenas surgem depois de uns poucos anos de repouso. A relação também se reflete na composição do magma ejetado: os eventos plinianos ejetam magmas do tipo fonolítico ou traquítico. São semelhantes aos andesitos e riolitos em conteúdo de sílica (ver Cap. 2), mas contêm mais álcali. Já o magma das erupções menos violentas é mais básico (basaltos alcalinos com alto teor de potássio). A interpretação é que o Vesúvio tem um suprimento contínuo de magma básico profundo armazenado numa câmara rasa, provavelmente de 3 a 4 km de profundidade. A composição do magma altera-se dentro da câmara, mas novas porções de magma continuam a chegar do fundo, e a câmara passa a ter camadas. Quanto mais longo o tempo entre as erupções, mais volume na câmara, mais evoluído (e potencialmente explosivo) é o magma estagnado no alto e mais energia é necessária para romper a tampa. A erupção pliniana no início de um grande ciclo esvazia completamente a câmara e reduz a pressão no sistema. As pulsações posteriores do magma básico profundo provocam erupções de porte intermediário dentro do ciclo, enquanto os períodos de atividade efusiva quase contínua resultam de um sistema "chaminé aberta", em que o magma sobe de modo mais ou menos direto a partir de sua fonte profunda.

Embora o padrão de erupção do Vesúvio seja compreendido em termos gerais, há ainda demasiados detalhes inexplicados e variações de comportamento para que possamos responder à importante pergunta: Quando o Vesúvio vai entrar novamente em erupção? Os que argumentam ter o vulcão chegado ao fim de um grande ciclo esperam um período de dormência de muitos séculos, seguido de uma erupção catastrófica. Outros, no entanto, discordam, dizendo que a atual quietude é estranha ao padrão que o Vesúvio tem seguido ao longo de sua história eruptiva recente. Se isso for verdade, a próxima erupção deverá ser moderada em termos de volume, mas ainda assim poderia ser altamente explosiva e causar grande destruição, talvez daqui a uns dois séculos. Num ponto todos parecem concordar: o monitoramento deve ser constante, pois se espera que o Vesúvio dê sinais de que vai despertar. A grande incóg-

Fig. 8.4 No alto: o Vesúvio visto de Pompéia. Embaixo: o Vesúvio e a baía de Nápoles em imagem captada pelo Aster (Advanced Spaceborne Thermal Emission and Reflection Radiometer), do satélite Terra da Nasa. Note-se a área densamente povoada ao redor do vulcão

Cortesia de Mike Abrams, JPL

nita é quanto tempo antes da erupção os sinais de agitação começam a surgir: semanas, dias ou talvez apenas horas.

A erupção de 79 d.C.

Foi a erupção pliniana mais violenta do Vesúvio em tempos históricos – seu índice de explosividade vulcânica (VEI) foi de um cataclísmico 6. Além de ser a erupção mais famosa do mundo, é também uma das mais estudadas. A seqüência de eventos durante a erupção foi reconstituída a partir do relato testemunhal de Plínio, o Jovem, conforme carta ao historiador Tácito, e de estudos dos depósitos da erupção (Fig. 8.5).

A erupção começou em 24 de agosto, ou talvez na noite anterior, com uma breve mas violenta fase de explosões freatomagmáticas. Essas explosões produziram um volume relativamente pequeno de cinzas finas que caíram sobre a encosta leste do vulcão, mas aparentemente não atingiram as cidades. Essa fase inicial talvez tenha causado alarme na população local, mas não um êxodo maciço. As duas maiores cidades da região eram Pompéia, a cerca de 8 km a sudeste, e Herculano, a uns 6 km a oeste do topo. A população de Pompéia chegava a cerca de 20 mil habitantes, enquanto a menor Herculano contava com 5 mil habitantes. Havia numerosas comunidades pequenas e propriedades isoladas ao redor do vulcão, entre as quais o palacete real de Oplontis. A cidade de Estábias, 14 km a sudeste do topo, hoje sobrevive com o nome de Castellamare di Stabia.

Plínio, o Jovem e seu tio, o famoso estadista e erudito Plínio, o Velho, estavam em Miseno, a 32 km do Vesúvio, do outro lado da baía. Os dois Plínios testemunharam a subida de uma alta nuvem eruptiva acima do Vesúvio às 13h do dia 24 de agosto. A parte inferior da coluna era estreita e ia se alargando na parte de cima, como um pinheiro mediterrâneo, e em poucos minutos alcançou uma altura de 15 km. Plínio, o Velho, almirante no comando da esquadra romana em Miseno, decidiu sair de barco para investigar o estranho fenômeno. Quando saía de casa, recebeu uma mensagem com um pedido de socorro de Rectina, considerada esposa do ex-cônsul Cascus. Estava ela

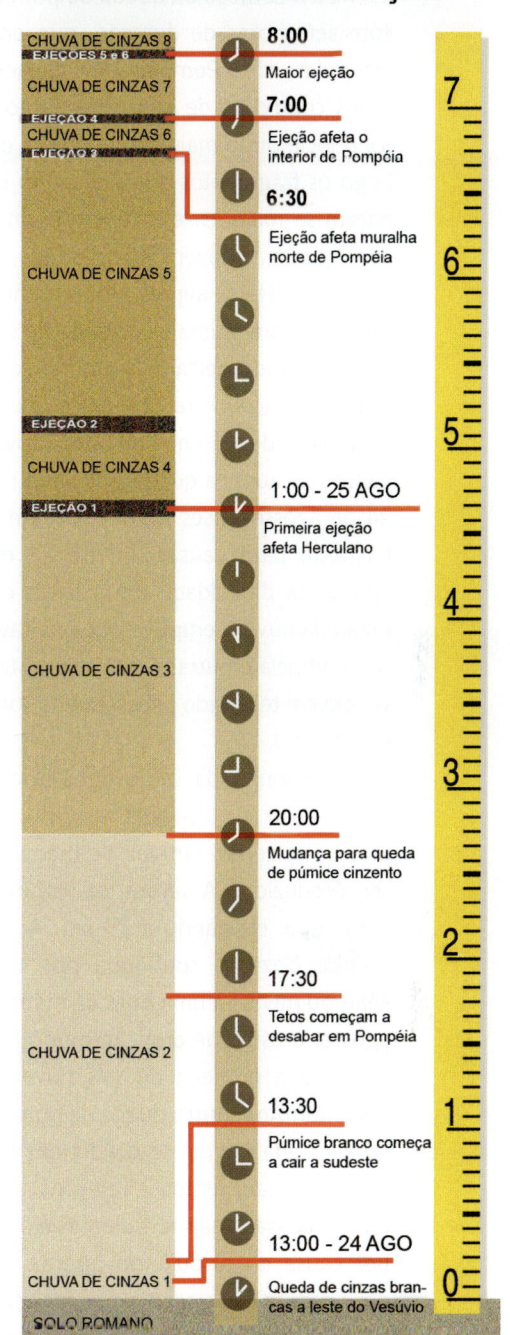

Fig. 8.5 "Escala" simulada da seqüência e da duração dos eventos da erupção do Vesúvio de 79 d.C. Fonte: modificado da revista *Kids Discover Pompeii*, publicada por Mark Levine, EUA, 1995.

em sua "casa ao pé da montanha" – a localização não é conhecida, mas é provável que seja dentro do alcance da primeira queda de cinzas provocada pelas explosões menores. Isso deve ter assustado Rectina, fazendo-a enviar uma mensagem pedindo ajuda a Plínio.

O surgimento da coluna eruptiva às 13h assinala o começo da queda de púmice branco, com sete horas de duração, que passou a se acumular sobre Pompéia. Por causa das incomuns condições de vento de então, Pompéia foi o local onde mais houve queda de púmice. Logo os fragmentos de púmice em queda tornaram-se maiores, e fragmentos mais densos começaram a chover sobre a cidade. Esses perigosos projéteis, alguns do tamanho de um punho, caíam a uma velocidade de cerca de 50 m por segundo, certamente ferindo ou matando as pessoas ao ar livre. O púmice que se acumulava cerca de 15 cm por hora provavelmente passou a causar a queda dos tetos na tarde de 24 de agosto. Esses eventos devem ter sido o bastante para causar um êxodo em massa, apesar da dificuldade em sair da cidade, em razão da nuvem eruptiva que ocultava a luz do sol. Pompéia e outras áreas a sudeste do Vesúvio devem ter ficado em escuridão total durante esse tempo.

Ao longo da tarde de 24 de agosto, a composição do magma ejetado mudou, e púmice cinzento, em vez de branco, passou a ser produzido. A altura da coluna eruptiva aumentou, chegando a 33 km. A erupção de púmice cinzento continuou por cinco horas. Mais ou menos à uma hora da manhã de 25 de agosto, o estilo de erupção mudou: o Vesúvio produziu a primeira de seis nuvens ardentes que interromperam a queda de púmice por sete horas. Cada nuvem se dividia em fluxos piroclásticos mais lentos e ejeções piroclásticas menos densas, mais turbulentas e mais rápidas. Por causa da turbulência interna e da baixa densidade, uma ejeção pode avançar sem que a topografia constitua grande obstáculo, a velocidades de cerca de 100 km/hora. As ejeções piroclásticas foram a causa da maioria das mortes durante a erupção.

Os efeitos da primeira ejeção piroclástica foram muito dramáticos em Herculano. Por causa das condições de vento durante as 12 horas precedentes, a cidade sofrera apenas uma leve queda de cinzas, com uma acumulação de menos de 1 cm. No entanto, por estar somente a 7 km do topo da cratera, a população ficou certamente alarmada com os eventos, e muitos fugiram da cidade antes da chegada da primeira ejeção. Esses felizardos provavelmente foram para Nápoles, onde supostamente se estabeleceram. Os que permaneceram em Herculano devem ter ficado em alerta, observando o vulcão durante a noite. É provável que tenham visto o brilho da primeira nuvem ardente descendo em cascata pelas encostas do vulcão. Estima-se que a ejeção piroclástica levou menos de dez minutos para chegar à cidade. Os moradores de Herculano fugiram principalmente para a orla marítima, buscando refúgio sob as câmaras em forma de arco que constituíam a base da Área Sagrada. A nuvem de cinzas quentes entrou na cidade por volta de uma hora da manhã, alcançando a beira-mar e cobrindo as pessoas na praia e nas câmaras. O calor da ejeção talvez não tenha sido suficiente para matar, mas as cinzas devem ter aderido à traquéia das vítimas, sufocando-as. O fluxo piroclástico da mesma nuvem ardente alcançou Herculano pouco depois da ejeção. Por causa da localização relativamente elevada de Herculano, o fluxo não avançou pela cidade, mas seguiu por um vale ao longo de sua extremidade sul e chegou à praia, diante das termas (banhos públicos), onde cobriu os depósitos da ejeção antes de entrar no mar.

A camada de ejeção piroclástica depositada na praia diante das câmaras e das termas contém muitos esqueletos humanos e, dentro das câmaras, a camada contém ainda mais esqueletos. Essas centenas de vítimas só foram descobertas em 1982, quando a beira-mar foi escavada. Antes disso, apenas dez vítimas da erupção haviam sido encontradas em Herculano, e acreditava-se que praticamente todos os 4.500 habitantes haviam fugido. Hoje se sabe que pelo menos algumas centenas ficaram para trás, à espera de quase dois milênios para serem descobertos.

Duas outras nuvens ardentes surgiram durante a noite, mas não entraram em Pompéia. Por volta das 6h30 da manhã de 25 de agosto, o Vesúvio ejetou púmice escuro que ficou caindo por cerca de uma hora. Depois disso, por volta das 7h30 da manhã, veio a quarta ejeção piroclástica, arrasando Pompéia. A maioria dos habitantes já tinha fugido, mas estima-se que uns dois mil – cerca de 10% da população – tenham sido mortos nesse momento. Assim como as vítimas de Herculano, foram asfixiados pela nuvem de cinza quente. Pouco depois, uma ejeção ainda maior desceu pelas encostas do vulcão. Dessa vez, Plínio, o Velho estava isolado em Estábias. Havia desistido, na tarde anterior, de sua missão de salvamento, quando blocos e uma forte chuva de púmice quente caíam sobre os navios, o que, com o púmice flutuando à deriva no mar, tornava impossível a navegação perto da costa sudoeste do Vesúvio. Plínio, o Jovem narra (presumivelmente a partir de relatos de homens de seu tio) que na manhã do dia 25 a acumulação de púmice caído em Estábias era tanta que chegava a dificultar a abertura das portas para os pátios. Os edifícios tremiam, e negra nuvem eruptiva escurecia o céu. Por volta das 8h da manhã, a sexta e maior ejeção avançou na direção de Estábias, ceifando a vida de Plínio, o Velho. Como seus companheiros sobreviveram, a causa de sua morte é questionada. Os relatos de Plínio, o Jovem dizem que seu tio era um homem acima do peso normal, de constituição fraca, e que ele caiu nos braços de dois escravos, sufocado com a nuvem de pó. É possível que ele tenha de fato morrido sufocado, provavelmente porque sua traquéia, sujeita a inflamações freqüentes, tenha ficado ainda mais obstruída por causa da nuvem de gases e cinzas, mas há indícios de que ele, em vez disso, morreu de falência cardíaca.

De volta a Miseno, fortes tremores de terra fizeram Plínio, o Jovem e sua mãe tomarem a decisão de deixar a cidade, que ruía. Durante a fuga, eles viram "uma assustadora nuvem negra" acima do vulcão e "grandes línguas de fogo", provavelmente a nuvem ardente que logo causaria a morte de Plínio, o Velho. A nuvem ejetada atravessou a baía de Nápoles e chegou a Miseno, mas já tinha perdido calor e estava bastante dispersa. O relato de Plínio não registra a erupção depois disso, mas os depósitos remanescentes indicam que outras ejeções se seguiram, talvez ao longo de vários dias ou semanas. A fase final da erupção consistiu de explosões freatomagmáticas, causadas pela interação da água do solo com o magma remanescente nos condutos. No total, o evento de 79 d.C. expeliu quase 4 km^3 de magma, devastando uns 300 km^2 ao redor do Vesúvio em apenas dois dias, e deixando uma tragédia que nunca seria esquecida. Embora essa não tenha sido a erupção vulcânica mais destruidora em tempos históricos, é a que se tornou símbolo de catástrofe vulcânica.

Uma visão pessoal: convivendo com o vulcão

Assim como muitos vulcanológos, considero os eventos da erupção de 79 d.C. do Vesúvio o episódio mais fascinante e aterrorizante da história do vulcão. A questão de quando o Vesúvio vai entrar novamente em erupção é uma das mais urgentes da vulcanologia moderna, devido ao fato de a montanha estar rodeada por cerca de um milhão de pessoas, a maior população a viver nas proximidades de um vulcão ativo e extremamente perigoso.

Tive a sorte de me tornar bem familiarizada com o mais famoso de todos os vulcões quando fazia pesquisa de pós-doutoramento no Osservatorio Vesuviano de Nápoles. Além de o vulcão ser incrivelmente interessante por si só, outro aspecto me chamou a atenção: como a população local lida com o risco de viver à sombra dessa ameaça permanente. Tem sido assim ao longo de mais de dois mil anos. A população desenvolveu modos peculiares de conviver com o perigo enquanto explora o que de melhor o vulcão pode proporcionar: belas paisagens, solo fértil e exploração já há muitos anos do turismo que o Vesúvio atrai para o local.

O sul da Itália é uma região de fortes tradições, e a religião desempenha um papel importante na vida das pessoas. Embora os cientistas sejam aceitos e respeitados, minha percepção é que servimos de sucedâneos dos santos padroeiros da cidade. Os napolitanos particularmente parecem bem suspeitosos daqueles que ocupam posições de autoridade mundana, e muitas vezes com boas razões para isso. Assim sendo, confia-se mais em San Gennaro, o padroeiro da cidade, do que em cientistas, e certamente mais do que em autoridades governamentais, no que diz respeito ao Vesúvio. Duas vezes por ano (em maio e em setembro), uma cerimônia peculiar acontece no Duomo (catedral), durante a qual dois frascos de sangue congelado de San Gennaro são retirados da Capella del Tesoro. Na catedral lotada (às vezes numa basílica próxima), os fiéis rezam para que o milagre da liquefação do sangue aconteça mais uma vez. Às vezes o sangue deixa de se liquefazer, e isso é interpretado como sinal inequívoco de catástrofe. O temperamento explosivo dos napolitanos pode irromper caso sintam que seu santo não está cooperando. Há alguns estranhos relatos de tais ocasiões, quando gritos de "porco" e outros epítetos enchem a cúpula da catedral.

San Gennaro fez uma contribuição indireta mas valiosa para a compreensão científica do Vesúvio, pois durante séculos os padres têm registrado as ocasiões em que o santo tem sido solicitado para livrar o povo da ameaça do vulcão. As erupções – que, de outro modo, teriam deixado de ser documentadas – puderam ser conhecidas por causa desses registros, que têm sido de valor inestimável para detalhar a natureza cíclica do comportamento do Vesúvio. A ocasião mais recente em que a proteção do santo foi solicitada se deu em 1944, quando uma grande parte da cidade de San Sebastiano ficou coberta de lava. O padre local mandou que uma imagem de San Gennaro fosse colocada numa loja de vinhos no meio da cidade, mas, infelizmente, até mesmo com essa precaução a lava destruiu cerca de dois terços das casas da cidade. Um rápido exame do mapa topográfico do Vesúvio deixa claro que o trabalho de San Gennaro não era nada fácil: a cidade foi construída diretamente abaixo do Atrio del Cavallo, um vale que canaliza lavas que descem da cratera do topo. Embora San Sebastiano tenha sido destruída quatro vezes desde 1822, as pessoas simplesmente voltaram e a reconstruíram exatamente no mesmo local. A tradição fala mais alto do que os mapas indicando probabilidade de sinistros.

Talvez seja esse senso profundamente enraizado de tradição e relutância em abandonar a terra natal o que tem mantido a região do Vesúvio povoada e próspera, apesar do perigo constante. Em anos recentes, os vulcanólogos da Itália têm feito campanha por restrições à urbanização ao redor do Vesúvio, mas seus esforços, até o momento, não foram bem-sucedidos (Fig. 8.6). É fácil para os cientistas criticarem a população local pela insistência em viver nas encostas de um vulcão tão perigoso, mas não podemos deixar de admirar a flexibilidade, a fé e o otimismo dessa população. Muitas outras gerações talvez ainda surjam antes que o Vesúvio volte a despertar, mas podemos estar certos de que milhares de pessoas, talvez milhões, serão profundamente afetadas pelo evento.

Visita em período de repouso

A cratera do topo

O topo de Vesúvio é de fácil acesso, pois há uma estrada quase inteiramente pavimentada que conduz até o estacionamento em "quota mille" (1.000 m de subida). Há também ônibus que conduzem até esse ponto saindo de Ercolano e Torre del Greco. Quem estiver em veículo particular pode seguir além da estrada secundária, a partir do estacionamento, e chegar mais perto da cratera. Ir de carro até a área do topo é um bom modo de verificar a extensão da urbanização dos flancos do vulcão e a magnitude do risco de uma grande erupção.

Há alguns pontos interessantes de parada na subida ao Vesúvio. No cruzamento da estrada principal com a que leva ao velho Osservatorio Vesuviano (que também é a estrada que leva ao Hotel Eremo), há um afloramento importante para o estudo dos produtos da erupção de 79 d.C.; é o ponto mais próximo ao topo em que esses depósitos foram encontrados. O edifício do velho Osservatorio Vesuviano não deve ser ignorado, embora não esteja atualmente aberto ao público (há planos para que seja transformado em museu num futuro próximo). A estrada para o observatório passa logo abaixo do Hotel Eremo e conduz a um edifício moderno localizado ao lado de uma capela. Estacione ali e vá a pé, passando pela capela, até o velho edifício. A estrutura esplendidamente ornamentada data de 1841, quando foi encomendada por Ferdinando II de Bourbon, tornando-se o primeiro observatório vulcanológico do mundo. Caso consiga permissão para visitar seu interior, será possível encontrar em exposição, em salas bem sinalizadas, um velho sismógrafo e outros materiais relacionados ao vulcão. O moderno observatório, onde é realizado o monitoramento do Vesúvio, localiza-se em Posilipo, entre Nápoles e Campi Flegrei.

Passando o observatório, a estrada para o topo serpenteia lavas e cones piroclásticos de 1895-99, atravessando em seguida fluxos de lava de 1944. Há bons pontos de avistamento do fluxo de lava de 1944 em Atrio del Cavallo. O Atrio ganhou esse nome no século XVIII, quando estava coberto de vegetação e era usado pelos visitantes do Vesúvio para descanso e pasto dos cavalos. O Atrio e o Valle dell'Inferno, no lado leste, são depressões, de cerca de 300 m de profundidade, entre a borda da caldeira do Somma e o cone do Vesúvio. Os dois vales são canais naturais para os fluxos de lava e estão cobertos de lavas recentes, principalmente do fluxo de 1944, que invadiu o povoado de San Sebastiano.

Ao redor do estacionamento do topo, há lanchonetes, lojas de suvenires e gente tentando vender minérios que não vieram do Vesúvio. Uma trilha íngreme de 5 km leva até a cratera; o tempo estimado de subida é de 30 minutos a 1 hora (Fig. 8.7). Paga-se uma taxa de ingresso na área do topo e há guias disponíveis, embora a maioria das pessoas não precise deles. É possível caminhar ao redor da impressionante cratera de 450 m de largura e 330 m de profundidade. Algumas fumarolas isoladas podem muitas vezes ser vistas da borda, dando à cratera um sinal de vida. Lavas das erupções de 1944 cobrem as partes norte e leste do assoalho da cratera; o resto é coberto de lavas mais velhas. Há uma nítida desigualdade (uma linha separando as rochas mais velhas das mais jovens) na parede da cratera, resultante do surgimento da cratera de 1944 a partir da cratera mais velha, de 1906.

A maioria das pessoas se contenta em caminhar ao redor da borda, mas às vezes alguém quer saber se é possível descer para dentro da cratera. É possível, mas não é fácil tomar as providências necessárias. O melhor modo é entrar em contato com a filial de Nápoles do Club Alpino Italiano, uma organização de primeira categoria para montanhismo e escaladas. Disseram-me que é uma aventura empolgante, mas menos do que a descida de Charles Babbage em 1828. O famoso inventor da máquina calculadora desceu na cratera quando

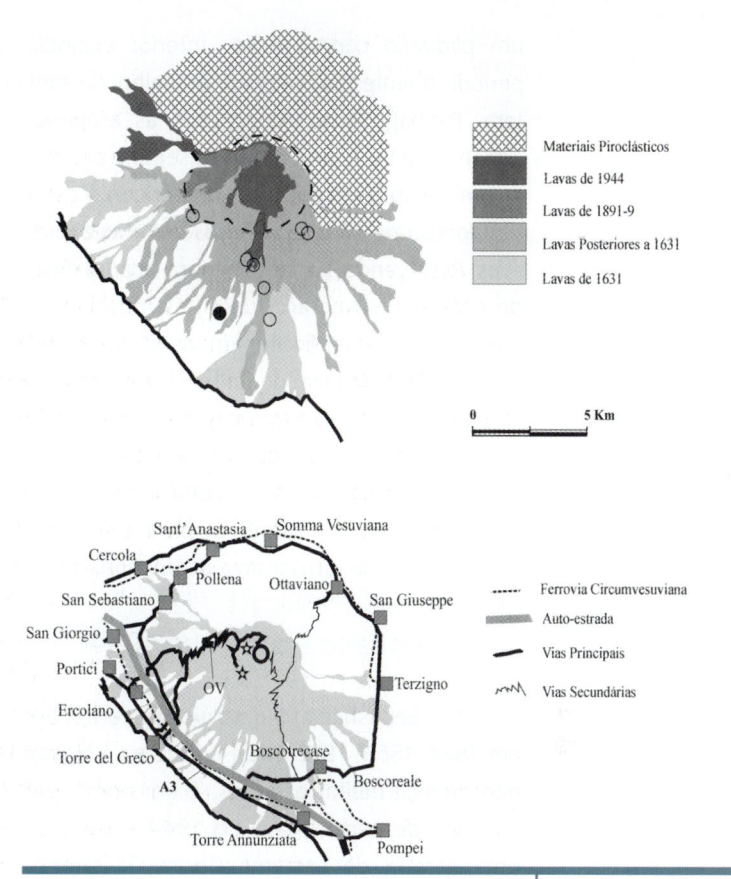

Fig. 8.6 No alto: mapa geológico simplificado de Somma–Vesúvio que mostra a metade nordeste do vulcão coberta de materiais piroclásticos, e a outra parte recoberta de fluxos de lava recentes, como os de 1944. Os círculos indicam históricas bocas eruptivas nos flancos; os círculos cheios indicam a localização dos Camaldoli, anteriores à erupção de 79 d.C. Embaixo: mapa que indica a localização de cidades importantes, estradas (inclusive a rodovia A3) e a ferrovia Circumvesuviana. OV indica a localização do Osservatorio Vesuviano, e as "estrelas", a localização dos estacionamentos para acesso à cratera do topo. Note-se que a estrada secundária de Boscotrecase a Ottaviano não está aberta a veículos e, além disso, o acesso a pé pode ser restrito
Fonte: modificado de Kilburn e McGuire, 2001.

Fig. 8.7 Trilha para a cratera do topo do Vesúvio

um pequeno cone em seu interior explodia periodicamente. Sozinho no assoalho da cratera, Babbage ficou observando as erupções estrombolianas a uma distância segura, até que se sentiu confiante de haver um período regular de repouso de 10 a 15 minutos entre as explosões. Reservando 10 minutos para se aproximar do cone e olhar para o fundo, ele observou o que poucos até então tinham visto: um incandescente lago de lava, de onde enormes bolhas se erguiam e ameaçavam explodir. Felizmente sua estimativa de tempo de repouso estava certa, e as bolhas caíram de volta sem explodir. Voltou ileso de sua aventura, para a surpresa dos guias que se recusaram a acompanhá-lo.

San Sebastiano e a lava de 1944

San Sebastiano foi destruída por erupções em 1822, 1855, 1872 e 1944. Embora a cidade não ofereça muitas atrações, é um bom lugar para ver de perto a lava de 1944 e comprar uma garrafa de Lacryma Christi, o famoso vinho do Vesúvio. Algumas características da cidade são bem interessantes. Por exemplo, várias ruas perto do centro estão uns 6 m abaixo dos edifícios ao redor. Isso se deu porque a via foi aberta através da lava, depois de as casas e apartamentos terem sido literalmente construídos em cima da lava. Em certos lugares é possível ver a lava de 10 m de altura que invadiu a cidade em 21 de março de 1944. Muitos dos moradores ainda se lembram desse dia fatídico, e alguns contam histórias que falam da destruição de casas de seus pais e avós causada por erupções anteriores.

Pompéia e Herculano

Livros inteiros foram escritos a respeito das maravilhas dessas cidades destruídas (ver Bibliografia), por isso as descrições adiante são breves e, principalmente, tentam colocar os vários sítios no contexto da erupção de 79 d.C.

A maioria dos visitantes em Pompéia procuram as grandes casas, tais como Villa dei Misteri, Casa del Fauno e Casa dei Vettii. No entanto, as casas escavadas mais recentemente têm afrescos e artefatos na posição original, o que torna mais fácil a visualização de como era a vida no local antes da erupção. Algumas das casas bem preservadas são Casa di Criptoportico, Casa del Sacerdote Amandus e Casa di Menandro. Os visitantes não devem deixar de ir ao Anfiteatro, ao Fórum, nem de caminhar pela Via dell'Abbondanza, que corta o outrora florescente distrito comercial. O Lupanare (bordel) compensa o trabalho de ir até lá e costuma receber o maior número de visitantes. Fora da área de escavação, há o Museo Vesuviano, que conta com um interessante acervo de artefatos.

A velha cidade de Pompéia é cercada de muros com torres e oito portas. A primeira ejeção piroclástica a alcançar a cidade entrou pelo muro norte, depositando cinza escura perto da Porta de Herculano. A cidade foi invadida pela quarta ejeção, letal para a população remanescente. Essa ejeção chegou a Bottaro, a 1 km ao sul de Pompéia, e a Tricino, a 3 km a oeste. Os restos das vítimas foram encontrados sob a quinta camada e, principalmente, sob a espessa sexta camada. A sexta ejeção foi responsável pela maior parte da destruição dos edifícios de Pompéia, bem como pela morte de Plínio, o Velho quando uma extremidade dessa ejeção alcançou Estábias. A seqüência de eventos da erupção em Pompéia foi reconstituída, em grande parte, a partir do estudo de depósitos encontrados perto da Porta de Herculano, da Porta do Vesúvio e da Necrópole. Depósitos da ejeção podem ser encontrados na Necrópole, perto da Porta de Nocera. Ao entrar na Necrópole, o visitante poderá ver os depósitos do seu lado esquerdo (Fig. 8.8). Parte do afloramento foi infelizmente coberta por um muro de concreto, mas espera-se que esses importantes depósitos não fiquem totalmente enterrados no futuro. O afloramento revela chuva de púmice coberta pelas quarta, quinta e sexta ejeções.

Quanto às vítimas, alguns de seus famosos moldes de corpo encontram-se expostos no Antiquário perto da Porta Marina, em Terme Stabiane, e perto da Basílica. A preservação dos restos das vítimas é bem diferente em Pompéia e em Herculano, embora a causa da morte tenha sido a mesma: o efeito das ejeções piroclásticas. Em Herculano, porém, os corpos ficaram soterrados abaixo do nível do lençol d'água, após a erupção. Os depósitos de ejeção ficaram, portanto, molhados e, à medida que os tecidos moles das vítimas se decompunham, o depósito ao redor foi gradualmente envolvendo os esqueletos, sem deixar espaços vazios. Em Pompéia, os depósitos de ejeção que continham corpos ficaram acima do lençol d'água, permanecendo, portanto, secos e duros, o que preservou os espaços ocos em que os corpos estavam. Macabros moldes de gesso foram feitos nesses espaços ocos, preservando, com espantosos detalhes, a postura derradeira das vítimas.

As ruínas de Herculano, localizadas na moderna Herculano, não receberam tanta atenção quanto as de Pompéia. São, porém, ainda mais fascinantes do que as de Pompéia do ponto de vista vulcanológico, pois a cuidadosa escavação arqueológica se deu em tempos recentes paralelamente aos estudos vulcanológicos (Fig. 8.9). Em decorrência disso, os catastróficos eventos foram reconstituídos com detalhes notáveis. À medida que os esqueletos iam sendo desenterrados, examinavam-se os detritos vulcânicos em que se encontravam e colocava-se a morte das vítimas no contexto da série de nuvens ardentes da erupção. Por exemplo, um barco virado de cerca de 8 m de comprimento foi descoberto na praia diante das Termas. Ao lado do barco, havia o esqueleto de um homem que passou a ser denominado "o timoneiro". Um exame cuidadoso das camadas piroclásticas revelou, porém, que o homem fora soterrado no depósito da primeira ejeção, enquanto o barco jazia em cima desse depósito; homem e barco acabaram, portanto, se revelando não relacionados entre si.

Alguns mosaicos extraordinários sobrevivem na cidade, dos quais o melhor exemplo se encontra em Nymphaeum (fonte e banho) e na Casa di Nettuno e Anfitrite. Os extensos pisos em mosaico da Casa del Atrio a Mosaico ficaram deformados com o peso dos depósitos da erupção e ainda mais distorcidos com os terremotos. Os padrões geométricos originais ficaram ondulados, uma visão realmente dramática. Perto dali, a Casa dei Cervi (Casa dos Cervos) abriga uma estátua cômica de um Hércules embriagado, segundo a lenda, o fundador da cidade. Ao andar pela cidade, é interessante

Fig. 8.8 Fluxo piroclástico e depósitos de chuva de detritos na Necrópole de Pompéia

notar a madeira carbonizada ao redor das janelas e portas. Uma visão impressionante é a madeira carbonizada da grade da Casa del Tramezzo di Legno.

As Termas Suburbanas, casa de banhos dos cidadãos ricos, situam-se pouco acima da praia e da beira-mar atingidas pelo evento de 79 d.C. As câmaras em arco a oeste das Termas é o local onde centenas de esqueletos foram encontrados – refúgio inútil para centenas de pessoas que tentavam escapar da ejeção piroclástica. O Palestra – magnífica arena de esportes e ginásio público – revelou-se um importante local para a reconstituição da seqüência de eventos da erupção. No centro do Palestra, há uma grande piscina em forma de cruz, cheia de detritos vulcânicos petrificados, hoje cortados por túneis. As camadas dos depósitos revelam como os eventos da erupção afetaram a parte leste da cidade. Por exemplo, a primeira camada de ejeção encontrada na piscina está coberta por um maciço fluxo piroclástico, mas esse fluxo encheu apenas a parte leste da piscina, indicando que o fluxo passou ao redor da cidade sem entrar nela. Uma das melhores amostras dos fluxos piroclásticos que arrasaram a cidade situa-se bem diante da entrada do túnel que conduz à piscina em forma de cruz. O afloramento revela ao fundo o quinto fluxo piroclástico, coberto pela sexta ejeção e pelo sexto fluxo.

Outro local importante para estudos vulcanológicos é o Teatro, construído no alto de

Fig. 8.9 As ruínas de Herculano são um dos locais mais interessantes de serem visitados na área. O Vesúvio encontra-se ao fundo

uma colina. Essa esplêndida estrutura, com capacidade para três mil pessoas sentadas, é o único teatro romano da Antiguidade descoberto intacto. As estátuas ao redor das extremidades foram arrancadas, mas todo o resto ficou preservado, embora grande parte ainda esteja enterrada. Como muito do que restou de Herculano permanece não escavado, preciosos detalhes da erupção de 79 d.C. certamente ainda virão à luz.

Villa di Oplontis

Esse esplêndido palacete foi descoberto em 1967 na moderna cidade de Torre Annunziata. Presume-se que tenha pertencido a Poppaea Sabina, segunda esposa do imperador Nero – suas dimensões e ricos adornos por certo indicam que o proprietário deve ter sido consideravelmente rico. Belos murais foram ali descobertos, e as escavações ainda prosseguem, embora um tanto dificultadas pela localização da propriedade, isto é, no meio de uma cidade moderna. Uma outra *villa*, conhecida como Villa Lucius Crassus Tertius, foi encontrada a cerca de 500 m a leste de Oplontis. As duas construções forneceram dados importantes a respeito dos produtos da erupção de 79 d.C. A primeira ejeção piroclástica – a mesma que matou os moradores de Herculano – também atingiu Oplontis, mas não foram aí encontrados remanescentes humanos, do que se deduz que os moradores fugiram. As camadas piroclásticas encontradas na piscina em Oplontis foram particularmente úteis na reconstituição dos eventos da erupção; os estudos vulcanológicos puderam até constatar que a piscina continha água no momento da erupção! Com efeito, as camadas depositadas na piscina fornecem um exemplo singular da passagem de ejeções piroclásticas por um volume de água. A maioria das pessoas que visitam Pompéia e Herculano não vão a Oplontis, mas o palacete merece ser visto não somente por causa de sua importância para os estudos vulcanológicos, mas também por sua beleza em termos de arquitetura e arte.

Visita em período de atividade

O Vesúvio é um vulcão notavelmente versátil em termos de estilo de atividade. Suas erupções podem variar de havaianas, com lagos de lava e fontes de lava dentro da cratera, a plinianas, com fluxos e ejeções piroclásticos mortais. Se algumas das previsões estiverem corretas, pode-se esperar um período de repouso de pelo menos dois séculos, talvez muitos mais. Caso o vulcão nos surpreenda a todos com uma erupção em curto prazo, é provável que sejam detectados sinais indicativos, tais como eventos sísmicos mais intensos e deformação do solo. Os relatos históricos indicam que esses sinais eram evidentes antes da erupção de 79 d.C. e do ciclo iniciado em 1631. É claro, no entanto, que retirar mais de um milhão de pessoas da área constituirá um grande problema. A única circunstância em que seria sensato visitar o Vesúvio em período de atividade ocorreria na eventualidade de o vulcão encontrar-se em meados de um ciclo de erupções moderadas.

Outras atrações locais

Nápoles

Certamente uma das cidades mais fascinantes do mundo, Nápoles foi construída sobre uma série de antigas crateras vulcânicas. A síntese da cidade contida no guia turístico *Cook's Tourist Handbook*, de 1884, é ainda hoje totalmente válida: "Nápoles é uma cidade mal construída, mal pavimentada, mal iluminada, mal drenada, mal policiada, mal governada e mal ventilada...". O livro conclui que "talvez seja o lugar mais adorável da Europa". O paradoxo permanece: os ruídos, a azáfama, os pequenos roubos são compensados pela arquitetura esplêndida, pelas paisagens fantásticas e pelo calor da população. As atrações de Nápoles encontram-se enumeradas na maioria dos guias turísticos padronizados, mas vale a pena destacar o Museo Archeologico Nazionale (Piazza Museo Nazionale) por tratar-se de uma grande atração relacionada ao Vesúvio. Lá se encontram expostos muitos dos tesouros soterrados descobertos em Pompéia, Herculano e Estábias, entre os quais há murais, afrescos e artigos domésticos. A maior atração do museu é, provavelmente, sua famosa coleção de arte erótica romana. As pinturas gráficas e outros artefatos foram, em determinado momento, mantidos trancados numa sala conhecida como "Objetos Privativos", à qual apenas pessoas de mais idade e autoridades tinham acesso. Além desses itens, um dos mais conhecidos em exposição é o mosaico "A Batalha de Alexandre", que outrora cobria o assoalho da Casa del Fauno, em Pompéia. Mais diretamente relacionada ao Vesúvio é a pintura encontrada no Larário da Casa do Centenário, em Pompéia: mostra o deus do vinho Baco numa montanha coberta de bosques e vinhas identificada como Vesúvio. O único pico da montanha retratada nessa pintura foi interpretado por alguns como prova de que os picos duplos do vulcão se formaram depois da erupção de 79 d.C. Há, porém, pinturas murais em Herculano que mostram o Vesúvio com dois picos. Os estudos geológicos concordam com os artistas de Herculano, pois foi claramente constatado que a parede da caldeira do Somma influenciou a distribuição de depósitos da erupção.

Os geólogos talvez apreciem o Museo della Mineralogia (Via Mezzocannone 8, Nápoles), um pequeno museu que conta uma abrangente coleção de pedras do Vesúvio. Já os visitantes interessados no milagre de San Gennaro podem ver os frascos com seu sangue no Duomo, catedral que data do século XIII. E os fotógrafos devem visitar o Castello dell'Ovo, do século XI, um lugar perfeito de onde fotografar o Vesúvio com a baía de Nápoles em primeiro plano.

Ischia

Viagem fácil de um dia, por hidrofólio a partir de Nápoles, essa encantadora ilha é famosa por suas fontes termais, lamas "curativas" e excelentes vinhos locais. A atração vulcanológica é o monte Epomeo, com 788 m de altura, o ponto mais alto da ilha. Esse vulcão entrou em erupção pela última vez em 1302 e ainda é considerado ativo. O topo pode ser facilmente alcançado a pé a partir das cidades de Panza ou Serrara Fontana; a caminhada ao longo da trilha leva cerca de uma hora e meia. É um lugar magnífico de onde ver e fotografar a baía de Nápoles e o Vesúvio; só a vista já faz valer a pena uma visita a Ischia.

Campi Flegrei e La Solfatara

Campi Flegrei ("Campos Incandescentes") é uma caldeira de cerca de 12 km de diâmetro, localizada ao longo da costa norte da baía de Nápoles. Cerca de um terço da caldeira encontra-se abaixo do nível do mar e forma a baía de Pozzuoli, que recebeu o nome de uma cidade de pescadores conhecida por seus restaurantes e por localizar-se bem em cima da câmara magmática do vulcão. Campi Flegrei não é um simples vulcão; é considerado potencialmente o mais perigoso da Itália, o que não é nada tranqüilizador para as 400 mil pessoas que vivem dentro da caldeira, a maioria delas em Pozzuoli mesmo. De fato, uma erupção nesse local poderia ser tão violenta que seria capaz de até destruir Nápoles e seus habitantes – cerca de um milhão de pessoas.

O passado de Campi Flegrei revela seu potencial perigoso. A erupção que formou a caldeira aconteceu há cerca de 34 mil anos e depositou uns 80 km^3 de piroclásticos conhecidos como ignimbrita campana. Uma erupção explosiva menor ocorreu cerca de 11 mil anos atrás, depositando o conhecido tufo amarelo napolitano. Dois outros períodos importantes de atividade explosiva aconteceram antes do único evento histórico, constituído de uma erupção que durou uma semana, em 1538.

Essa erupção foi um evento relativamente moderado e formou os 130 m de altura do monte Nuovo, um cone de escória situado no canto noroeste da baía de Pozzuoli. Essas erupções do passado tiveram longos períodos de repouso entre si, da ordem de vários milhares de anos, mas isso não é muito tranqüilizador devido ao fato de que a próxima erupção pode ser um outro violento evento formador de caldeira. A área é, portanto, monitorada com cuidado e constância.

Houve um período vulcânico crítico de 1983 a 1984, quando centenas de terremotos sacudiram a região, danificando seriamente edifícios em Pozzuoli. Estaria o vulcão se agitando antes de despertar? Parecia plausível, principalmente porque o assoalho da caldeira ergueu-se quase 2 m em 18 meses. A parte mais saliente, com centro em Pozzuoli, podia ser uma indicação de magma ascendente. Calcula-se que a câmara magmática do Campi Flegrei está situada bem abaixo da cidade, a uma profundidade de apenas 4 km, aproximadamente. A crise motivou a retirada de 40 mil pessoas, mas não houve erupção alguma, e nenhum outro sinal de atividade iminente foi detectado até dezembro de 1984. A grande pergunta é: Por quanto tempo ainda Campi Flegrei permanecerá em repouso e dará ele algum sinal confiável de estar prestes a despertar? O solo no local subiu e desceu várias vezes desde que o fenômeno foi registrado pela primeira vez em 1819, mas nenhuma erupção ocorreu ainda. Esse fenômeno (denominado bradissismo; literalmente "terremoto lento") não é necessariamente uma indicação de movimento de magma. No entanto, os períodos de movimento mais acelerado de solo que pontuam as flutuações bradissísmicas em geral dão causa a preocupação legítima. Mesmo assim, talvez não ocorra erupção alguma nas próximas décadas ou séculos. Mas de uma coisa todos podem estar certos: Pozzuoli encontra-se precariamente situada em cima de um dos vulcões mais perigosos do mundo.

Pozzuoli e La Solfatara, nas proximidades, podem facilmente ser visitadas a partir de Nápoles. Pozzuoli oferece duas grandes atrações: o Grande Anfiteatro, um dos primeiros com tal estrutura na Itália, é um belo exemplo do grau de sofisticação da arquitetura romana. Já o outro sítio é de interesse mais vulcanológico. É o Serapeum, ou Templo de Serápis (Fig. 8.10), nome errôneo por, na verdade, ter sido um mercado. As três colunas remanescentes registraram o levantamento e a queda do nível do solo, funcionando como uma espécie de instrumento acidental de monitoramento da atividade bradissísmica. Entre 3,5 e 5,5 m acima da base de cada coluna, há pequenas cavidades, sinal inequívoco da aderência de moluscos marinhos bivalves, o que revela a flutuação do nível do solo (e, portanto, do mar). Um estudo mais atento das colunas revelou que, ao longo dos últimos dois mil anos, as colunas subiram e desceram cerca de 12 m!

A cerca de 2 km de Pozzuoli encontra-se La Solfatara, uma cratera vulcânica de 4 mil anos, com cerca de 500 m de largura, paredes baixas, assoalho liso pontuado de fumarolas e piscinas de lama fervente (Fig. 8.11). A constante agitação de nuvens de vapores e gases, bem como o odor sulfuroso tão característico dos vulcões ativos, dão ao local um aspecto sinistro. A temperatura das fumarolas chegou às vezes a ultrapassar 200°C. Os romanos davam à cratera o nome de Forum Vulcani e a usavam como sauna natural. Na parte nordeste da cratera encontram-se os remanescentes de uma sauna romana conhecida como Grotta del Cane. A parte leste de La Solfatara é particularmente interessante, com inúmeras fumarolas próximas à parede de tufo pumicento. Há um visível veio de traquita, bastante alterado por gases fumarólicos quentes, na parede próxima à Bocca Grande. Sobre o assoalho da cratera, há ruínas de um edifício denominado "Osservatorio Friedlaenger", ou simplesmente "velho observatório", cujo desmoronamento infelizmente ocorreu em ocasião recente.

ILHAS EÓLIAS

Todas as ilhas Eólias são vulcânicas, e todas têm sofrido o intenso açoite de fortes ventos e dos mares mais agitados em todo o Mediterrâneo. A erosão resultante desse processo contribuiu para a beleza lendária das ilhas, esculpindo pilares e grotas ao redor de

Fig. 8.10 O Templo de Serápis, em Pozzuoli. As três colunas registraram o levantamento e a queda do nível do solo

suas costas. O arquipélago recebeu sua denominação do deus grego Éolo, dos ventos, a quem logicamente se atribuía ter ele feito dessas ilhas sua morada. Segundo Homero, Ulisses lá desembarcou em sua épica viagem, tendo sido recebido pelo próprio Éolo. O rei partiu levando um presente de valor inestimável que lhe dera o deus: um saco de vento, que haveria de acelerar a longa viagem de volta a Ítaca. No entanto, alguns marinheiros curiosos abriram o saco logo depois de deixar o porto, soltando fortes ventos que sopraram o navio de volta para a ilha. O relato de Homero pode ser fantástico, mas o que se sabe ao certo é que Ulisses não pode ter sido o primeiro a ir a essas ilhas, pois já eram habitadas bem antes do começo das guerras de Tróia.

Das sete principais ilhas, a mais popular entre os turistas é Lipari (ver a seção "Outras atrações locais"), também a maior e mais desenvolvida. Além disso, devido à variedade de suas atrações, a ilha constitui uma boa base

Fig. 8.11 Fumarolas de La Solfatara, em Campi Flegrei

para a exploração do arquipélago. A mais distante das ilhas é Alicudi, que em grande parte manteve intactas as características que antes tinham as Eólias, entre as quais os jumentos, que continuam sendo o principal meio de transporte. Em contraste, a minúscula Panarea tornou-se um ponto do *jet set* internacional, com preços a altura desse estilo de vida. Vulcano atrai turistas principalmente por causa dos banhos de lama, e Stromboli, por causa da espetacular atividade vulcânica. Viajar pelas ilhas Eólias é relativamente fácil, já que há muitas balsas e hidrofólios ligando as ilhas. Os serviços, porém, são às vezes interrompidos por causa do mar agitado, um lembrete de que Éolo continua a habitar essas ilhas.

STROMBOLI

O vulcão

Stromboli, conhecido como o "Farol do Mediterrâneo", tem estado ativo de modo quase contínuo por ao menos 2.500 anos e é o destino predileto daqueles que querem ter a certeza de encontrar ação (Fig. 8.12). As explosões freqüentes, em média a cada 20 minutos, lançam lava incandescente e gases centenas de metros acima, criando uma miríade de traços que costumam ser vistos em inúmeras fotografias de vulcão. O Stromboli vem há séculos deliciando os visitantes e muito tem contribuído para o desenvolvimento da vulcanologia como ciência, até dando nome a um dos principais tipos de erupção: a estromboliana. Os mais antigos registros de atividade do Stromboli remontam a cerca de 300 a.C. O vulcão foi mencionado por Aristóteles e Plínio, o Velho. A descrição das erupções do Stromboli feita pelo cientista italiano Spallanzani em 1788 é considerada um marco na compreensão da natureza dos vulcões. Seu famoso contemporâneo Sir William Hamilton foi também outro agudo observador do Stromboli.

O Stromboli também ganhou um lugar significativo no mundo da ficção. Em *Viagem ao Centro da Terra*, as personagens de Júlio Verne emergem na ilha depois de uma longa jornada subterrânea a partir da península de Snæfellsnes, na Islândia. Em *Pinóquio*, Stromboli era o nome do maldoso mestre dos bonecos. O vulcão ganhou a ribalta com o filme *Stromboli*, de 1950, de Roberto Rossellini, anunciado como "Ilha tempestuosa, paixões violentas". O clímax

Fig. 8.12 A ilha de Stromboli vista do mar Eólio

desse mal-afamado exemplo do gênero cinema-verdade mostra uma despreparada Ingrid Bergman tentando subir a cratera sozinha. Ela fracassa, mas descobre seu verdadeiro "eu" durante o processo. O filme tornou o Stromboli mundialmente famoso na época, e gente que normalmente não tinha interesse em vulcões passou a visitar a ilha.

A maior atração do Stromboli é sua atividade: as praticamente contínuas explosões moderadas, que podem quase sempre ser vistas de perto com segurança. Podemos agradecer ao funcionamento interno do vulcão pelo espetáculo vulcânico há mais tempo em cartaz no Planeta. É provável que a câmara magmática grande e rasa do Stromboli seja continuamente alimentada por uma fonte do manto. No passado, porém, sua atividade não foi tão moderada. O Stromboli é, aliás, um estratovulcão surgido a partir de violentas erupções explosivas e também de fluxos de lava.

O vulcão passou a maior parte de sua vida debaixo d'água, erguendo-se do assoalho do mar Tirreno para formar, erupção após erupção, a ilha que hoje vemos. O Stromboli é pequeno, tem uma área de apenas 12,2 km² e 924 m acima do nível do mar. É mais ou menos simétrico, com um eixo no sentido sudoeste-nordeste. A maioria das bocas principais do vulcão, dique e fendas situam-se ao longo desse eixo, assim como o rochedo marinho Strombolicchio, remanescente de um antigo centro eruptivo. Esse padrão de diques e fendas ao longo de um eixo, em vez de radial em relação ao topo, é incomum em um vulcão central e está provavelmente relacionado ao *rifting* local. Esse padrão tornou a forma da ilha ligeiramente alongada e o nome do vulcão um tanto inadequado, pois Stromboli deriva da antiga palavra "Strongyle", que significa "ilha redonda".

A evolução geológica do Stromboli pode dividir-se em seis grandes períodos, a partir de cerca de 200 mil anos atrás (Fig. 8.13). O único remanescente do primeiro período é a rocha marinha Strombolicchio, situada a 1,5 km ao largo da costa nordeste do Stromboli. Os dois primeiros períodos da formação da ilha principal, denominados Paleostromboli I e II, começaram há cerca de 85 mil anos. A atividade incluía não apenas as erupções do tipo estromboliano, mas também as violentas plinianas, que formaram depósitos e fluxos piroclásticos. O terceiro grande período do Stromboli (que tem dois estágios, o Paleostromboli III e o Vancori) ocorreu entre 35 mil e 13 mil anos atrás. Nesse período ocorreu uma transição na composição do magma expelido, que passou de calcialcalino a um tipo shoshonítico com alto teor de potássio. Durante o quarto período, denominado Neostromboli (de 13 mil a 5 mil anos atrás), houve um significativo decréscimo do conteúdo de sílica nos magmas e da explosividade das erupções. Um grande número de fluxos de lava foi produzido durante esse período. A maioria proveio de bocas nos flancos nordeste e oeste do vulcão. Um grande evento desse período foi a formação da Sciara del Fuoco ("Trilha de Fogo"), a característica mais marcante do Stromboli. Trata-se de uma cicatriz profunda e muito íngreme (cerca de 40 graus) em forma de ferradura, do lado noroeste do vulcão, provavelmente formada por uma grande queda e deslizamento de terra. A Sciara estende-se até a costa, ponto em que apresenta 1.500 m de largura, com paredes de cerca de 300 m de altura. Como o nome indica, a Trilha de Fogo é um canal natural por onde a lava escoa até o mar. As altas paredes confinam a lava, protegendo as cidades e permitindo às pessoas viverem com relativa segurança nas encostas do vulcão.

O atual período de atividade, denominado Stromboli Recente, iniciou-se há 5 mil anos. Seus principais produtos compõem-se de lavas shoshoníticas e escória, em grande parte acumuladas no topo e dentro da Sciara del Fuoco. Durante a parte pré-histórica desse período, a atividade do Stromboli foi, provavelmente, bastante semelhante à de hoje, caracterizada por explosões relativamente moderadas, ocasionais fluxos de lava e, a mais ou menos cada cinco anos, um período de explosões mais fortes. A atividade raramente tem representado ameaça para a pequena população da ilha (cerca de 400 habitantes), que na sua maioria vive em duas comunidades: San Bartolo e San Vicenzo. Os dois povoados situam-se no lado norte e com freqüência são simplesmente tratados como um só: Stromboli.

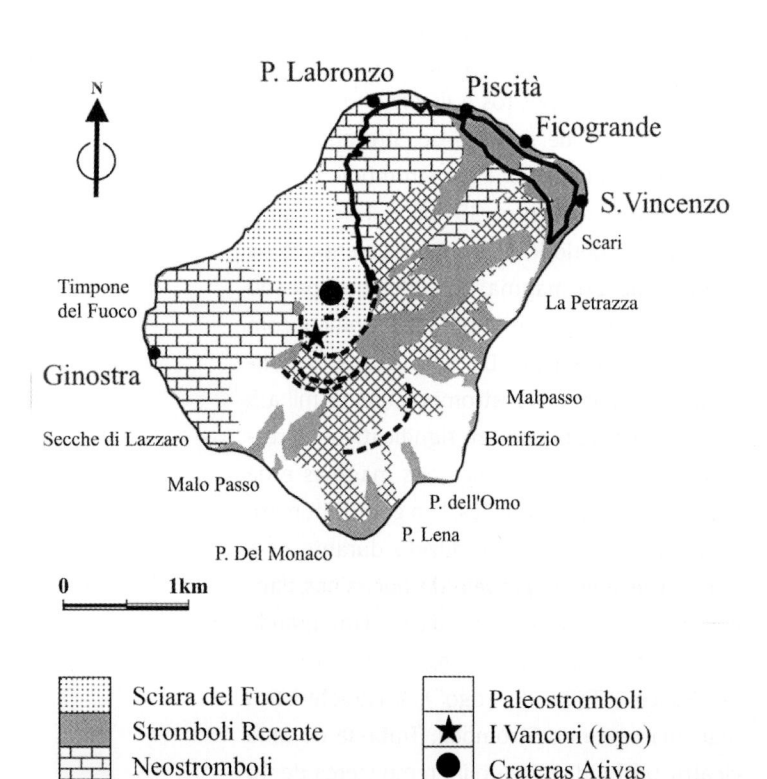

Fig. 8.13 Mapa geológico simplificado do Stromboli indicando as quatro principais unidades vulcanológicas. As linhas tracejadas indicam bordas de crateras que ruíram. A zona de crateras ativas (círculo negro) situa-se bem a nordeste do mirante Pizzo sopra la Fossa, localizado entre as duas bordas mais internas. O topo do Stromboli é denominado I Vancori. A via de subida (linha negra) margeia a Sciara del Fuoco
Fonte: modificado de Kilburn e McGuire, 2001.

Isolado no lado sudoeste da ilha encontra-se o pequeno povoado de Ginostra, com apenas 30 moradores. Todas essas comunidades ficam seguras durante a atividade normal do vulcão, que não ultrapassa o topo, com exceção dos fluxos de lava que correm pela Sciara del Fuoco. Os ocasionais eventos violentos do Stromboli fazem, porém, chover cinzas nos povoados e, mais raramente, lançam grandes bombas e blocos. A atividade forte e explosiva de 1912 lançou cinzas que alcançaram a Sicília e a Calábria, e também blocos sobre o povoado de Stromboli. As fontes de lava, aí raras, alcançaram 700 m de altura durante essa erupção. Alguns anos depois, em 22 de maio de 1919, uma grande explosão fez novamente chover cinzas, que alcançaram a Sicília e Calábria, e lançou blocos nos povoados de Stromboli e Ginostra. Alguns blocos chegavam a pesar dez toneladas. O resultado dessa erupção foi trágico: quatro pessoas morreram, várias outras ficaram feridas, e houve a destruição de várias casas. Além disso, a erupção desencadeou um tsunami que destruiu barcos e plantações nas proximidades da praia. O Stromboli, no entanto, ainda haveria de demonstrar sua plena força em 11 de setembro de 1930, quando de sua erupção mais desastrosa já registrada, com seis mortos e 22 feridos. Felizmente o vulcão não voltou a repetir a atuação de 1930, apesar da ocorrência, em anos recentes, de explosões fortes, chuvas de cinza sobre os povoados e uma vítima fatal.

A erupção de 1930

A mais violenta das erupções conhecidas do Stromboli começou quase sem aviso. Antes da manhã de 11 de setembro, a atividade do vulcão estivera em nível normal havia meses, sem nenhum indício de desastre iminente. Às 8h10 da manhã, uma série de emissões fortes de cinzas provocou uma leve chuva de cinzas na parte sudoeste da ilha, mas essa fase durou apenas cerca de 10 minutos. O vulcão aparentemente voltou ao normal até as 9h52 da manhã, quando duas violentas explosões lançaram grandes blocos compostos de velhas rochas da região do topo, nas partes norte e sudoeste da ilha. Alguns blocos tinham mais de 10 m³ e causaram danos consideráveis, destruindo várias casas em Ginostra e parte do Semaforo ("Farol") Labronzo. Essas duas explosões foram acompanhadas de tremores de terra sentidos até em Lipari e na Calábria. O mar ao redor do Stromboli desceu cerca de 1 m, produzindo um efeito que alcançou Lipari, onde houve barcos lançados em terra. Calcula-se que essas duas primeiras explosões, de natureza freática, foram desencadeadas pela remoção repentina de magma dos condutos que alimentam as crateras principais. Não se sabe onde a lava foi parar; possivelmente foi injetada nas paredes do vulcão, permanecendo em diques e *sills*, ou talvez tenha escoado para o assoalho marinho. Depois de esvaziados, os condutos encheram-se de água do subsolo que entrou em contato com as paredes quentes, o que produziu duas explosões freáticas. Tendo "tossido" o material velho, o vulcão começou a expelir fragmentos incandescentes e bombas. O material novo acumulou-se rapidamente nas encostas íngremes perto do topo, logo formando duas avalanches de material ainda incandescente que desceu pelo flanco nordeste. Infelizmente essa parte dos flancos fica fora dos limites topográficos da Sciara del Fuoco, que normalmente canaliza para o mar os produtos do Stromboli. A maior avalanche desceu pelo vale Vallonazzo e entrou no mar, bem ao norte do povoado de San Bartolo. Três pessoas morreram na avalanche e uma quarta, na água fervente resultante do fluxo que entrou no mar. Nesse meio tempo, os principais povoados foram atingidos por uma forte chuva de cinzas, e uma pessoa morreu no povoado de Stromboli sob blocos lançados pela explosão. Outros danos e mais uma morte foram causados por um tsunami com ondas de 2,5 m de altura, que entraram cerca de 300 m na ilha pela praia de Punta Lena (Fig. 8.14).

A erupção foi desastrosa para a ilha, mas não durou muito: a atividade diminuiu depois de aproximadamente 10h40 da manhã. O estágio final de erupção consistiu principalmente de fluxos de lava a escoar pela Sciara del Fuoco, e as emissões de lava pararam em algum momento durante a noite. Ao todo, essa atividade atípica do Stromboli durou apenas cerca de 15 horas. No entanto, seus efeitos sobre a vida na ilha ainda podem ser sentidos. Antes de 1930, a população beirava 5 mil habitantes, tendo, a partir de então, decrescido de modo acentuado. Embora fatores econômicos tenham contribuído bastante para o êxodo, atribui-se à violenta erupção a principal causa desse decréscimo.

De 1930 até o final da década de 1970, houve algumas explosões fortes, fluxos intermitentes de lava e também alguns períodos de repouso de quase um ano. O registro histórico de atividade é fraco por volta da II Guerra Mundial e no período pós-guerra. Há poucas referências na literatura à atividade do Stromboli durante os anos 1960, e os registros da década de 1970 são incompletos. Há, porém, registros melhores desde 1985; a partir de então, o Stromboli vem sendo bem monitorado.

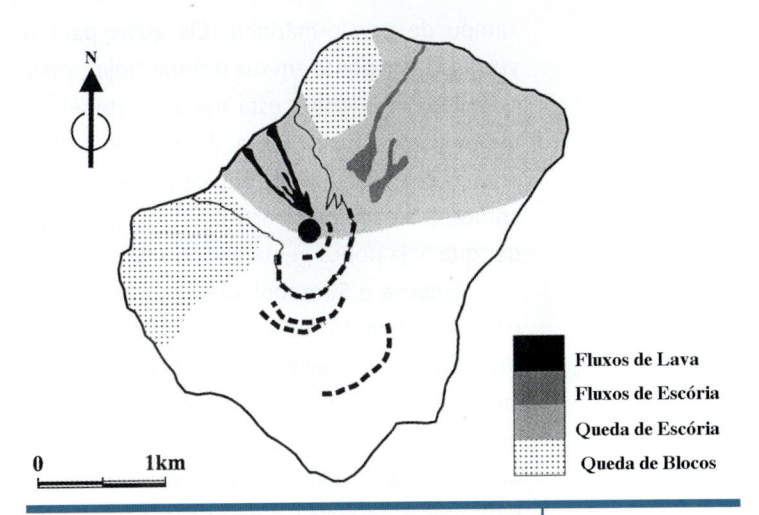

Fig. 8.14 Distribuição do material da erupção de 11 de setembro de 1930
Fonte: modificado de Kilburn e McGuire, 2001; geologia de Rittmann, 1931.

Uma visão pessoal: visitando uma ilha bem preservada

Considero o Stromboli, sem dúvida, a ilha mais charmosa das Eólias, e sinceramente espero que o turismo sempre crescente não a descaracterize. É delicioso visitar um lugar com estradas tão estreitas que os únicos veículos que nela circulam são as motocicletas e os onipresentes *piaggios*, caminhonetes italianas de três rodas que parecem capazes de transportar tudo, de hortaliças a móveis. Veículos de outras modalidades permanecem estacionados no porto, onde fica a única rua capaz de comportá-los. Tudo em Stromboli funciona de um jeito simples. Chega-se de balsa e se vai caminhando até o hotel. Caso o visitante avise em que balsa vai chegar, um *piaggio* poderá aguardá-lo para transportar a bagagem. Não leva mais do que dez minutos uma caminhada para qualquer ponto do povoado, e, embora haja alguns táxis *piaggio*, a maioria das pessoas não precisa deles. O povoado em si é um encanto. Não há edifícios altos, nem hotéis pomposos, nem sinais de trânsito. As casas lá têm nomes (como "casa do gato"), muitas vezes escritos em belos azulejos locais. As lojas são bem informais, algumas delas exibem mapas e livros ao lado de vinhos e gêneros alimentícios. A farmácia, situada na praça da igreja de San Vicenzo, vende sua própria linha de produtos feitos ali mesmo, entre os quais um xampu de cavalo-marinho. Os guias para o vulcão fazem ponto em sua própria "loja", mas, quando o movimento está fraco, o estabelecimento passa a funcionar também como barbearia. A ilha é tranqüila, praticamente livre de crimes, e amada pelos artistas. É de surpreender que haja pouca gente vivendo lá.

Embora o Stromboli ofereça menos risco para a população local do que o Vesúvio, o Vulcano ou o Campi Flegrei, foi lá que a população diminuiu. Em determinado momento, houve tanta emigração que muitas das casas da ilha foram abandonadas, levando alguns visitantes a descrever o lugar como inspirador de uma certa melancolia. Isso começou a mudar nos últimos anos, pois o Stromboli tornou-se uma destinação da moda. Ainda não está claro como isso afetará a ilha no longo prazo, já que a moda costuma ter vida curta.

É verdade que a ilha também tem seus problemas, um dos quais é a insuficiência de água. A água da chuva é ainda coletada dos telhados, mas agora passou a vir também do continente várias vezes por semana durante o verão. Conviver com um vulcão permanentemente ativo não é fácil para a maioria das pessoas, mas os moradores da ilha raramente se preocupam com as explosões, que chamam de "scoppi". Essas inconveniências foram, porém, suportadas por muitas gerações que viveram em condições econômicas bem piores do que as de hoje. A pobreza durante a década de 1950, tão bem retratada no filme de Rossellini, também pode ser vislumbrada nas palavras do vulcanologista Fred Bullard, que visitou o Stromboli em 1952. Sua descrição da subida ao topo não parece diversa daquela que os visitantes hoje fazem, a não ser pelo fato de seu guia não ter sapatos! Bullard descreveu a ilha como um lugar "sem automóveis, sem eletricidade, sem rádios, sem jumentos; aliás, até mesmo sem um cachorro". Tinha, porém, o dobro da população de hoje.

A violenta explosão de 1930 costuma ser apontada como a desencadeadora do êxodo da ilha, mas é, sem dúvida, econômico o motivo para esse êxodo não ter deixado completamente de existir. No filme de Rossellini, uma jovem dona-de-casa sonhava emigrar para os Estados Unidos, o que muita gente fez. Mas o medo do vulcão já não afugenta as pessoas, e o monitoramento constante proporciona alguma segurança de que uma grande erupção não vá acontecer sem algum aviso. Será interessante acompanhar o destino da ilha num futuro próximo. Talvez a nova condição de destinação da moda leve mais gente para viver na ilha, resulte na construção de mais hotéis e estradas, e daqui a dez anos o charme sonolento do lugar tenha desaparecido.

Visita em período de repouso

Em poucas palavras: é improvável que isso aconteça! No entanto, o Stromboli tem períodos de inatividade que podem durar de meses a alguns anos, de modo que o visitante pode não ter sorte. O último desses períodos de repouso começou em meados de agosto de 1967 e terminou em maio de 1968. Realmente vale a pena verificar o nível atual de atividade do vulcão antes de partir para a ilha. Se o Stromboli estiver surpreendentemente quieto, considere adiar a viagem. No caso de uma visita à ilha quando o vulcão estiver adormecido, mesmo assim vale a pena subir ao topo para ver as crateras e talvez apreciar a baforada de uma fumarola. Também vale a pena fazer um passeio de barco ao redor da ilha para ter um bom panorama da Sciara del Fuoco e ver os numerosos diques expostos pela erosão tanto na ilha principal quanto em Strombolicchio (Fig. 8.15). Depois disso, explore os produtos das erupções do passado e volte mais uma vez.

Um dos lugares mais interessantes a partir do qual explorar a geologia do Stromboli, e aonde a maioria dos visitantes nunca vai, é Ginostra. Com o nome de uma planta rasteira local semelhante à giesta, esse pequeno povoado quase deserto da costa sudoeste da ilha tem a honra de ser o menor porto do mundo. O cais estreito é cercado de lava, o que forma uma parede natural protetora diante das freqüentes tempestades. A passagem é tão estreita que os barcos só podem passar um por vez. Ginostra só é facilmente acessível por barco, já que a velha trilha de jumentos que a liga a San Vicenzo tornou-se intransitável. É possível chegar lá a pé rodeando a ilha a partir de San Vicenzo, mas às vezes a água chegará à altura dos joelhos.

Quando o mar está bravo, Ginostra fica completamente isolada, e nem mesmo o padre que para lá viaja todos os dias consegue chegar. Além da paisagem estranha e encantadora, a atração de Ginostra para os interessados na geologia da ilha advém da proximidade ao Timpone del Fuoco ("Tambor de Fogo"), um pequeno vulcão-escudo que forma a parte mais a oeste do Stromboli. A partir de Ginostra é possível caminhar até o topo do Timpone, de 147 m de altura, e ver a cratera, de apenas 15 m de diâmetro, a partir da qual foram expelidas as lavas-escudo mais recentes. As lavas ficam bem expostas ao longo da falha costeira, onde afloraram até 100 m de altura, formando uma parede.

Outro centro eruptivo parasítico, um pouco mais recente do que Timpone, é Vigna Vecchia ("Vinha Velha"). Situa-se a cerca de 600 m acima do nível do mar, na parte sudoeste da ilha, e suas lavas podem ser vistas acima de Ginostra. Vigna Vecchia constitui o evento vulcânico mais recente do Stromboli antes da formação da Sciara del Fuoco.

Visita em período de atividade

A caminhada até a cratera do topo

A grande atração da visita ao Stromboli é a subida ao topo. O ponto mais alto do Stromboli, I Vancori (924 m), é o remanescente de uma cratera mais velha, mas o Pizzo sopra la Fossa, com 918 m de altura, é o ponto ao qual sobe a maioria das pessoas. Os visitantes que lá chegam podem esperar ser recompensados com um espetáculo fabuloso e relativamente seguro: explosões que lançam gases quentes e fragmentos incandescentes de magma em intervalos de cinco minutos a menos de uma hora. A atividade costuma ser bastante moderada, e as bombas raramente ultrapassam 150 m acima da borda. O Stromboli, porém, às vezes sai dessa atividade normal e pode se tornar bastante perigoso. Fortes explosões e até fluxos piroclásticos já ocorreram no passado.

A trilha a partir do povoado é fácil de seguir, mas, de acordo com o posto de turismo, é proibido subir ao vulcão sem um guia. Essa restrição não é levada muito a sério pela maioria dos visitantes, mas é muito prudente contratar um guia caso não se esteja familiarizado com esse tipo de passeio ou se queira empreender a subida depois do crepúsculo. Não faltam na ilha guias experientes, que podem ser contatados por meio do escritório do Club Alpino Italiano do povoado. O passeio mais comumente oferecido é a subida em grupos de cerca de 12 pessoas, com saída às 6h da tarde e retorno às 11h30 da noite. Esse tempo é suficiente para a maioria dos turistas apreciarem a atividade, mas não para os verdadeiros vulcanófilos e fotógrafos exigentes, já que a viagem de ida e volta leva cerca de quatro horas.

Há várias alternativas sensatas para a "subida de turistas". A primeira consiste em contratar um guia particular, o que sai caro para uma pessoa só, mas é razoável para um grupo pequeno que queira fazer um passeio mais longo. Nesse caso, pode-se optar por subir no fim da tarde e voltar o mais tarde que o guia se

Fig. 8.15 Vista aérea do Stromboli em julho de 1986. A Sciara del Fuoco está à esquerda do topo e aparece mais escura do que o resto da ilha

dispuser a permanecer lá em cima. Sendo o crepúsculo o melhor momento para se obter uma boa fotografia de vulcão, é bom chegar ao topo com tempo suficiente para montar o equipamento, observar bem os arredores e o tipo de atividade. Outra alternativa sensata é subir durante o dia por conta própria e contratar antecipadamente um guia que suba depois e conduza a volta à noite. Quem fizer questão de passar a noite observando a atividade talvez queira voltar na manhã seguinte. De dia é fácil seguir a trilha sozinho. Durante os meses de verão, muita gente passa a noite no topo, e para isso deve-se ter bastante companhia. Há quem leve sacos de dormir e até barracas. Não é, no entanto, sensato dormir no topo de um vulcão em erupção, já que a atividade pode mudar e a área de acampamento deixar de ser segura (um vulcanológo francês recorda que certa vez acordou e viu tefra fresca já perto de sua barraca!). Recomendo que o visitante permaneça acordado e aprecie o grande espetáculo.

Para fazer a caminhada sozinho, siga a estrada à beira-mar, depois de Ficogrande. A trilha é bem sinalizada e fácil de seguir. Ultrapassado o povoado, a trilha começa a subir a colina e, uns 20 minutos depois, desvia em direção ao "observatório" em Punta Labronzo. Esse lugar é bastante procurado para se apreciar alguma atividade, e lá há também uma conhecida pizzaria. Acima do observatório, a trilha vai se tornando mais íngreme, ziguezagueando pelas rochas, algumas das quais com listras pintadas para guiar quem sobe. A cerca de 300 m acima do nível do mar, há um bom mirante para a íngreme cicatriz da Sciara del Fuoco; notem-se os fluxos de lava recentes e a escória a descer. Em média, a subida a Pizzo sopra la Fossa leva de três a quatro horas. Ao chegar ao topo, observe as placas de sinalização e fique bem fora do alcance do material que cai.

É bom saber que com freqüência faz um certo frio e venta muito lá em cima; além disso, há grande quantidade de cinzas soprando. É possível apreciar as cinzas no caminho de volta, quando os guias pegam um caminho diferente para descer com os visitantes. Descer encostas íngremes de cinza fina é, de fato, uma experiência e tanto: dá a impressão de sermos astronautas a caminhar na Lua; cada passo se dá quase sem esforço. Se você estiver sozinho e não conhecer a trilha do "passo lunar", é melhor descer pelo mesmo caminho da subida. Poucas coisas podem ser piores do que ir parar lá embaixo, em queda abrupta para dentro do mar.

A "trilha dos turistas" não é o único caminho para subir o Stromboli, e há quem prefira uma rota mais vertical. Tem havido, porém, alguns acidentes fatais, o que torna essa rota não recomendável aos inexperientes. Os guias do Club Alpino Italiano podem dar informações a respeito das condições desse trajeto.

A área da cratera do topo

Um tanto difícil, a subida provavelmente está entre aquelas que mais valem o esforço. Conforme sucintamente afirmou o escritor de viagens, o Stromboli é "o maior espetáculo gratuito, afora as pirâmides, e de cheiro ainda mais forte que elas" na região do Mediterrâneo. Oferece as paisagens, os sons e os odores de um vulcão realmente vivo, além de exercer alguns efeitos desagradáveis sobre os sentidos, tal como o provocado pela fina chuva de cinzas que parece presente em toda parte. O Stromboli pode ser escalado ao longo de todo o ano, desde que não haja neblina e a visibilidade seja boa. É melhor reservar alguns dias a mais quando da visita ao Stromboli, a fim de subir sob boas condições meteorológicas, principalmente no outono e no inverno.

É possível notar que a região do topo apresenta uma depressão quase circular de cerca de 1 km de largura. Estima-se que se trate do remanescente de uma antiga cratera de explosão. As crateras atualmente ativas do Stromboli não se situam no topo, como talvez fosse de se esperar. Ficam aproximadamente de 100 a 150 m abaixo de Pizzo sopra la Fossa, na extremidade superior da Sciara del Fuoco. A Sciara é delimitada por duas altas escarpas: Filo del Fuoco ("Crista de Fogo"), no lado nordeste, e Fili di Baraona ("Cristas de Baraona"), no lado sul. Do ponto de observação em Serra Vancura é possível olhar para baixo das crateras, para o outro lado e além delas, em Sciara del Fuoco. Extraordinariamente bem localizado, esse ponto é um dos motivos pelos quais as erupções do Stromboli são um verdadeiro espetáculo para os olhos.

Sendo o Stromboli um vulcão constantemente ativo, alguns dos detalhes geológicos aqui descritos podem mudar. Há no momento três crateras situadas no denominado terraço da cratera, que se estende na direção nordeste–sudoeste e vai crescendo gradualmente. Até meados do século XX, o terraço da cratera era delimitado por dois promontórios rochosos em forma de espinha. Eram denominados Filo dello Zolfo ("Fio de Enxofre", no lado nordeste) e Torrione ("Torre", no lado sudoeste), embora às vezes fossem empregadas outras denominações. Essas feições já foram quase totalmente soterradas pelos cones, cada vez mais ativos. Torrione, a sudoeste, ainda permanece um pouco visível.

As três principais crateras foram simplesmente denominadas Crateras 1, 2 e 3, partindo de nordeste para sudoeste (Fig. 8.16). Essas crateras principais têm estado presentes ao menos desde 1972, e provavelmente bem antes disso. Em 1768, Sir William Hamilton estudou todos os relatórios anteriores disponíveis sobre a atividade do Stromboli e concluiu que as três principais bocas que ele observara existiam há pelo menos 150 anos. A persistência das três bocas é um dos enigmas do Stromboli, já que o padrão habitual das bocas vulcânicas é sair do lugar e mudar ao longo do tempo. As três crateras do Stromboli podem representar condutos profundamente assentados, que canalizam magma da câmara. Para tornar a questão ainda mais complexa, muitas vezes há mais de uma boca em atividade em cada uma das três crateras principais, de modo que as bocas menores costumam ser designadas, por exemplo, de 1/1 e 1/2 (o que significa Cratera 1, primeira e segunda bocas). O *S.E.A.N. Bulletin* do Smithsonian Institution publica freqüentemente mapas atualizados da atividade no topo do Stromboli. Como em geral acontece com vulcões continuamente ativos, a atividade do Stromboli alterna formação e desabamento. A atividade de formação enche as crateras de tefra e, às vezes, de lava, o que leva à formação de cones, depois destruídos por pequenos desabamentos e explosões. Explosões maiores, que são raras, podem destruir os cones, produzindo poços com laterais íngremes e, às vezes, alongadas. O

Fig. 8.16 As crateras ativas do noroeste e do nordeste em espetacular demonstração de atividade estromboliana, em 1º de agosto de 2002

maior cone em dez anos de observações bem registradas (1985-95) alcançou cerca de 30 m de altura e situava-se dentro da Cratera 1.

Não é preciso dizer que tentar a descida para o terraço da cratera, ou para dentro das próprias crateras, é extremamente perigoso, embora isso já tenha sido feito com êxito. Na primeira parte do século XX, o sismólogo A. Kerner desceu 245 m numa das crateras, mantendo por algum tempo o recorde nessa modalidade de aventura vulcânica. Uma tentativa mais recente resultou, porém, em tragédia. Em junho de 1986, um biólogo espanhol que tentou descer numa das crateras foi surpreendido por uma erupção e morreu ao ser atingido por uma bomba, ao tentar abrigar-se.

Perigos nas proximidades das crateras

Centenas de visitantes sobem o Stromboli todos os anos para ver a atividade a partir de Pizzo, e o número de feridos tem sido bem pequeno. Contudo, o fato de alguém estar num vulcão ativo sempre implica algum risco. O maior perigo no Stromboli é ser atingido por bombas ou blocos. As áreas mais perigosas no topo encontram-se agora cercadas e há placas de advertência, mas essas medidas apenas são úteis no caso da habitual atividade moderada. Uma erupção maior do que o normal, em 16 de outubro de 1993, lançou bombas a 600 m de distância das crateras, e uma pessoa ficou ferida no topo. Por isso é importante informar-se a respeito do nível de atividade do vulcão no momento, não só antes de chegar à ilha (ver fontes no Apêndice I), mas também na chegada. Mesmo que você esteja planejando fazer a subida sozinho, pergunte aos guias qual tem sido a atividade do vulcão. Na maioria dos anos, o Stromboli apresenta prolongados períodos de maior atividade, com explosões mais freqüentes, que podem se tornar jorros de lava quase contínuos. Embora normalmente ainda seja seguro subir o vulcão nessas circunstâncias, os materiais ejetados podem alcançar 300 m acima da boca, em vez da distância mais habitual de 50 a 100 m, podendo cair mais longe ainda. A área de Pizzo sopra la Fossa pode estar dentro do alcance da queda de tefra e de bombas, fazendo o local deixar de ser um ponto de avistamento seguro. Embora o período de maior atividade não signifique que uma grande explosão vá ocorrer de repente, já que o sistema do Stromboli é basicamente aberto e não há aumento de pressão, algumas áreas do topo podem não ser seguras. Também é importante lembrar que os jorros de lava (e o alcance dos materiais) podem às vezes aumentar rapidamente, tornando necessária uma fuga rápida.

Explosões do Stromboli mais fortes que de costume, que afetem apenas a área do topo, ocorrem esporadicamente, em média uma vez a cada um ou dois anos. Essa é uma das várias razões para não ser seguro dormir no topo. Embora seja pequena a probabilidade de alguém estar lá quando ocorrer algum desses eventos, é melhor estar preparado. Siga as recomendações de segurança para o tipo estromboliano de atividade apresentadas no Cap. 4, e também seu bom senso. Recomendo com ênfase a adoção da "aparência de um vulcanólogo profissional", isto é, o uso de chapéu duro ou capacete quando o visitante estiver na área do topo. É verdade que a maioria dos turistas não faz isso, mas é também verdade que isso acontece não por estarem mais bem informados.

Bloqueio do acesso ao topo

Durante períodos de atividade mais forte, o topo do vulcão permanece às vezes "fechado", isto é, não há guias disponíveis e, teoricamente, é proibido subir. Embora seja, em princípio, uma boa idéia estar longe do topo nessas ocasiões, recomendo que o interessado procure obter informações. Visitei o Stromboli quando o acesso ao topo estava bloqueado, não por causa do nível de atividade, mas porque alguém fora ferido uns três meses antes. As autoridades não sabiam o que fazer, então "fecharam" o vulcão. Quando nosso grupo chegou ao topo, pôde ver que o nível de atividade era bastante moderado. Um colega italiano, que conhecia o vulcão razoavelmente bem, admitiu que nunca tinha visto o Stromboli tão quieto.

Previsão de uma grande erupção explosiva

O maior perigo potencial quando de uma visita à cratera do Stromboli é que ocorra uma de suas ocasionais explosões violentas. Se uma explosão do porte da de 1930 acontecesse hoje, é provável que dezenas de turistas morressem. Um evento desse tipo não pode ser previsto com segurança, já que o monitoramento do Stromboli por instrumentos funcionou apenas por alguns anos. Não temos informações históricas de que grandes eventos explosivos no passado do Stromboli tenham apresentado previamente sinais. No entanto, alguns sinais indicativos quanto ao aumento da pressão dos gases na câmara magmática (ou no fundo do conduto) podem ser reconhecidos por meio dos atuais instrumentos de monitoramento, que incluem tiltímetros e sismógrafos. Embora isso talvez não soe muito tranqüilizador, é importante lembrar que esses grandes eventos são raros e ocorrem, em média, uma vez a cada 16 anos. Durante essas explosões, porém, os riscos não se limitam à área do topo, principalmente se ocorrerem avalanches quentes ou tsunamis. De acordo com um estudo de probabilidade de riscos realizado por vulcanólogos italianos, a área mais segura é o interior da ilha, a partir do povoado Stromboli.

Alternativas para a subida

Aqueles que não se dispõem a subir ao topo podem, mesmo assim, contar com vários modos de ver alguma atividade. O mais fácil deles é pela tela de televisão de uma agência de passeios do porto do povoado. Uma câmera instalada no topo transmite constantemente cenas da atividade vulcânica. (É possível ver essas imagens até mesmo pela Internet, graças ao Instituto Vulcanológico de Catânia.) O segundo modo mais fácil é pegar um dos barcos noturnos para avistar do mar a Sciara del Fuoco. Essas viagens costumam ser oferecidas todas as noites, a partir de Ficogrande. Uma viagem semelhante parte de Lipari. A vista não é, em momento algum, tão boa quanto a do topo, mas ainda assim impressiona. Quando a atividade é suficientemente forte, riscos de fogo cortam o céu acima da Sciara. Outra alternativa é caminhar até certa altura na subida para o topo do vulcão. Muita gente prefere ver a atividade a partir do Osservatorio ("Observatório") em Punta Labrozo, no ponto mais ao norte da ilha. À luz do dia, o brilho da lava é imperceptível, mas isso muda dramaticamente depois do crepúsculo. Leve binóculos para ver os riscos de fogo do magma a cair. O Osservatorio fica no local onde há também uma famosa pizzaria, talvez a única no mundo com vista praticamente assegurada para uma erupção vulcânica.

Fotografando as erupções

O Stromboli é um dos melhores vulcões para fotografar; portanto, vale a pena levar equipamento e muito filme (e baterias adicionais) montanha acima. Para mais recomendações no tocante a fotografias, ver Cap. 5. Recomendo também a página inicial do Stromboli na Internet (ver Apêndice I), que traz exemplos de fotografias espetaculares tiradas do topo do vulcão e revela detalhes a respeito de como foram batidas. Os autores dessa página inicial, J. Alean e R. Carniel, recomendam armar o tripé e as câmeras à luz do dia e observar ao menos uma erupção através do visor, a fim de avaliar a altura e a direção do material da erupção. Dão também uma dica particularmente útil para fotografias noturnas: direcionar a câmera para uma cratera e manter uma exposição de cerca de meia hora. Isso poupa ao fotógrafo ter que encontrar o cabo disparador depois de a erupção ter começado. Se nenhuma erupção acontecer nessa meia hora, comece outra exposição, pois uma espera mais longa pode tornar o fundo brilhante demais. Outra boa dica é posicionar a câmera na borda que conduz ao topo, a cerca de 800 m de altitude, a partir de onde é possível avistar material das seguidas erupções da Cratera 1 a escorrer pela Sciara. Dessa posição é possível tirar uma fotografia bem interessante deixando a câmera exposta por algum tempo após o término da explosão, de modo que o material escorrido seja captado pelo filme. Fotógrafos exigentes vão querer experimentar vários locais e exposições. Não se esqueça de proteger o equipamento da cinza abrasiva do vulcão com filtro de lente (do tipo *skylight*, por exemplo) e um pano que envolva o corpo da máquina fotográfica. Por fim, lembre-se de verificar regularmente se há condensação nas lentes, o que costuma ser um problema à noite, devido à queda de temperatura e ao vapor das fumarolas.

Outras atrações locais

San Vicenzo e San Bartolo

Essas duas paróquias, cada qual com uma bela igreja, formam as duas partes principais do povoado de Stromboli, que também inclui o porto de Scari. As ruas estreitas e as casas brancas, simples, que caracterizam o estilo eólio, são muito charmosas. A única casa vermelha no povoado tem uma placa em comemoração ao fato de que Ingrid Bergman e Roberto Rossellini se hospedaram lá durante a filmagem de *Stromboli*. A maioria dos alojamentos e restaurantes situam-se no povoado e na praia de Ficogrande. Os visitantes talvez queiram comprar o vinho branco de sobremesa, o Malvasia di Stromboli. Embora seja considerado o melhor vinho das ilhas Eólias, a falta de trabalho em Stromboli o tem tornado tão raro que talvez logo deixe de ser produzido.

A praia de Ficogrande

Literalmente "Figo Grande", essa praia tem a honra de ter sido escolhida pela revista *Condé Nast Traveler* a melhor praia de areia negra do mundo. Os escritores, no entanto, também afirmam que a areia vulcânica parece um leito de carvão quente, não muito confortável. Isso não parece incomodar os aproximadamente dois mil turistas que vão ao Stromboli a cada verão, já que a maioria deles passa algum tempo em Ficogrande. Talvez por esse motivo essa praia tenha o único centro de informação turística da ilha, aberto apenas nos meses de verão.

Strombolicchio

Esse erodido istmo vulcânico de aproximadamente 49 m de altura, cercado de falésias abruptas, é o remanescente de um cone pré-Stromboli. Embora pareça inacessível, Strombolicchio tem um farol no topo que pode ser acessado por uma escada com mais de 200 degraus de concreto. Num dia claro, é possível ver lá do alto o topo do monte Etna. É fácil organizar um passeio de barco até o rochedo, mas a maioria das pessoas se contentam em circundá-lo, obtendo uma boa vista dos grandes diques intercalados de lavas andesítico-basálticas. Também é possível organizar um passeio de mergulho para o Strombolicchio, sendo o local bastante procurado para a prática da pesca submarina.

VULCANO

Essa ilha mais ao sul das Eólias deu seu nome a todos os vulcões do mundo, bem como a um dos maiores tipos de erupção vulcânica: a vulcaniana (Fig. 8.17). Na Antiguidade, essa ilha era conhecida como Iera (ou Hierà), que significa ilha sagrada. Os gregos e os romanos acreditavam que aí ficava a forja de Hefestos, deus do fogo e ferreiro de Zeus. Hefestos era conhecido como Vulcano pelos romanos, daí o nome atual da ilha. Na Idade Média, Vulcano passou a ter uma nova fama: a de entrada do inferno. A população da vizinha Lipari atribuía a seu patrono, San Bartolomeo, o feito de ter separado as duas ilhas, Lipari e Vulcano, embora na verdade nunca tenham estado unidas.

Vulcano era pouco habitada, provavelmente porque suas erupções violentas não atraíssem visitantes, menos ainda moradores. A maioria dos relatos da atividade do vulcão foram feitos por observadores das ilhas vizinhas e dos navios em trânsito. A mais antiga descrição que se conhece das erupções de Vulcano são as de Tucídides (em 475 a.C.) e Aristóteles (século IV a.C.). Em seu livro *Metereologica*, Aristóteles escreveu a respeito de uma erupção particularmente violenta, durante a qual a cidade de Lipari, a 10 km de distância, ficou coberta de cinzas. Esse relato é tido como a mais antiga descrição de uma chuva de cinzas encontrada na literatura européia. Alguns séculos depois, o filósofo romano Plínio, o Velho descreveu uma "nova ilha" emergindo do mar perto de Lipari. Muito provavelmente ele se referia à erupção de 183 a.C., que formou Vulcanello, no estreito entre Vulcano e Lipari.

Vulcano pode ser pobre em história humana, mas sua evolução geológica é significativa. A ilha compõe-se de quatro grandes centros vulcânicos alinhados na direção norte–sul, refletindo a tectônica da região. Esse vulcão do tipo composto tem 500 m de altura e cobre uma área de 21,2 km². Vulcano é muito jovem – menos de 150 mil anos – e formou-se ao longo

Fig. 8.17 Imagem da ilha de Vulcano captada pelo Aster (Advanced Spaceborne Thermal Emission and Reflection Radiometer), do satélite Terra da Nasa. A caldeira La Fossa é claramente vista como uma área cinzenta sem vegetação

de quatro principais períodos de atividade, que correspondem a quatro grandes estruturas vulcânicas da ilha: Vulcano Sul, Lentia, cone La Fossa e Vulcanello. Durante o primeiro período, o de Vulcano Sul, erupções de lavas pastosas (de composição traquibasáltica a traquiandesítica) e de piroclásticos formaram um estratovulcão. Aproximadamente 97 mil anos atrás a atividade foi interrompida pelo desabamento da Caldera del Piano, uma estrutura de cerca de 2,5 km de largura. Erupções posteriores encheram a caldeira de piroclásticos e lavas, até que a atividade parou, há cerca de 50 mil anos, e Vulcano acomodou-se para um repouso de trinta milênios (Fig. 8.18).

O segundo período, Lentia, começou cerca de 15.500 anos atrás com erupções em três locais: Quadrara, na parte sul da ilha; Spiaggia Lunga ("Praia Longa"), na parte oeste; e a partir do domo de lava de Lentia, na costa noroeste. O domo é composto de fluxos de lava espessa, de composição riolítica a traquítica. Um grande evento nesse período foi uma explosão eruptiva em alguma parte do estreito entre Vulcano e Lipari, que depositou o tufo marrom encontrado em grande parte da Caldera del Piano. Entre aproximadamente 15 mil e 14 mil anos atrás, Vulcano sofreu um segundo desabamento de caldeira, que então formou a caldeira La Fossa ("O Poço"). Erupções dentro da nova caldeira produziram piroclásticos e lavas, entre os quais o fluxo de lava Punta Roja que pode ser visto na base leste do cone La Fossa.

O terceiro grande período da história geológica de Vulcano começou cerca de 6 mil anos atrás, com a formação do ainda ativo cone La Fossa dentro da nova caldeira. La Fossa é agora o único centro ativo de Vulcano e domina a paisagem da ilha. A evolução geológica do cone divide-se em quatro grandes ciclos de atividade, nomeados a partir dos fluxos de lava que produziram: Punta Nere ("Ponta Negra"), Palizzi, Commenda e Pietre Cotte ("Pedras Cozidas"). Cada um dos ciclos teve boca eruptiva diversa, mas uma seqüência semelhante de erupções. Todas começaram com erupções hidromagmáticas em que magma quente e água interagiam de modo explosivo. À medida que as explosões prosseguiam, as erupções tornavam-se menos influenciadas pela água externa, de modo que as erupções do final de cada ciclo foram essencialmente "secas" (por exemplo, efusões tranqüilas de fluxos de lava). Houve longos repousos entre os ciclos, mas não dentro de cada um.

O primeiro ciclo de La Fossa terminou há cerca de 5.500 anos, com o posicionamento

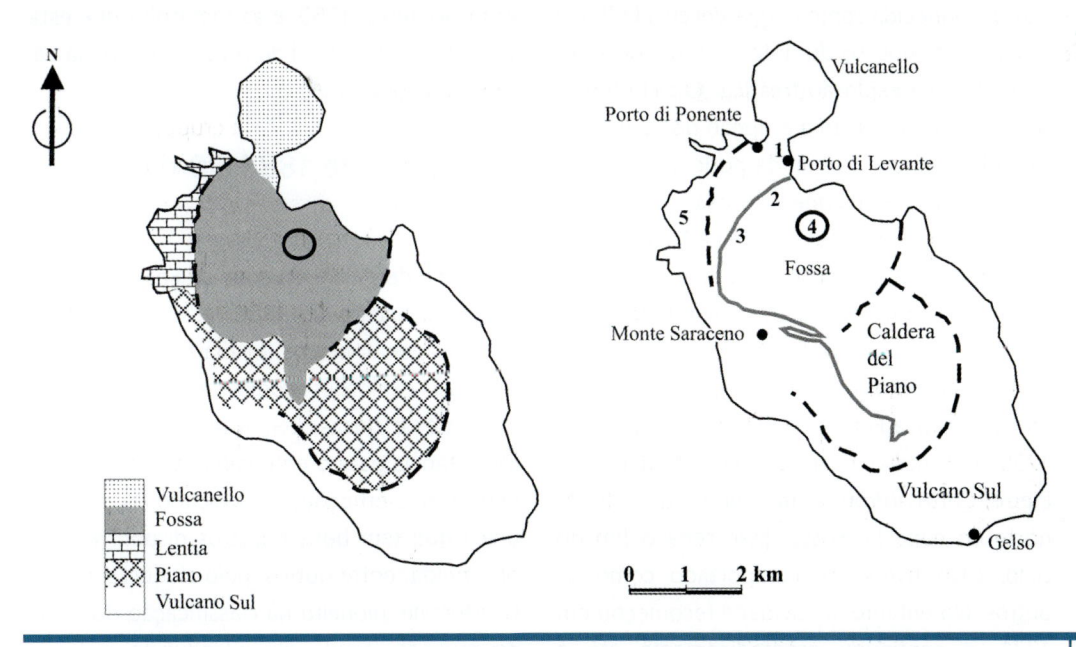

Fig. 8.18 Esquerda: mapa geológico simplificado da ilha Vulcano indicando as cinco grandes unidades vulcanológicas e os contornos das caldeiras. Direita: principais locais mencionados no texto: (1) Il Faraglione, (2) acesso ao fluxo de lava Pietre Cotte, (3) começo da trilha de subida para a caldeira La Fossa, (4) topo de Fossa, (5) principais domos de lava do grupo Lentia. As localizações das principais cidades e de Monte Saraceno são também indicadas
Fonte: modificado de Kilburn e McGuire, 2001; geologia conforme Ventura, 1994.

do fluxo de lava traquítico de Punta Nere, que forma uma feição de delta na base norte do atual cone La Fossa. O segundo ciclo foi semelhante ao primeiro e terminou com a erupção do fluxo traquítico de lava, cerca de 1.600 anos atrás. O fluxo pode ser visto como uma língua estreita no flanco sudoeste do cone La Fossa. Houve pelo menos três períodos de menor atividade entre os ciclos de Punta Nere e Palizzi, durante os quais foi gerado um fluxo de lava hoje conhecido como Campo Sportivo, bem como um milhão de m³ de tefra.

O terceiro grande período da história de La Fossa, denominado Commenda, começou com uma forte explosão, mas, diversamente dos outros ciclos, não foi hidromagmático. Sabe-se que o ciclo Commenda começou antes de meados do século VI, pois cinzas da erupção de 6 d.C. do monte Pilato, em Lipari, cobrem parte dos antigos depósitos de Commenda. Depois disso, a atividade mudou para hidromagmática e produziu várias ejeções, secas e molhadas (a ejeção seca consiste de uma nuvem de partículas e vapores superaquecidos, enquanto o tipo molhado contém, como terceiro componente, vapor em condensação da água da subsuperfície). A maior das duas crateras situadas no flanco norte de La Fossa, conhecida como Forgia Vecchia I ("Forja Velha"), formou-se durante esse período por meio de uma explosão freática. O ciclo terminou em 785 d.C. com a erupção do fluxo riolítico Commenda, que ainda pode ser visto no flanco sudoeste do cone La Fossa.

O último grande ciclo de La Fossa, denominado Pietre Cotte, começou do modo característico, com atividade hidromagmática seguida de ejeções molhadas e secas. Um dos principais eventos desse ciclo foi a formação da cratera freática Forgia Vecchia II, em 1727. Em 1739, o espesso fluxo de lava obsidiana de Pietre Cotte jorrou acima da borda inferior norte do cone La Fossa. Esse seria o fim do ciclo, caso tivesse se comportado como os outros. No entanto, a atividade recomeçou em 1771, e continuou esporadicamente até a grande erupção de 1888-90. Essa erupção pode, de fato, ter assinalado o fim do ciclo, mas não podemos ter certeza disso. Alguns cientistas crêem que essa última erupção talvez pertença a um "ciclo moderno", que pode ainda estar em curso.

As erupções de Vulcano durante os últimos séculos não ocorreram somente a partir de Fossa. A formação de Vulcanello, em 183 a.C., assinala o último grande período da história eruptiva do próprio Vulcano. A atividade de Vulcanello foi, de início, efusiva, com sucessivos fluxos de lava que formaram uma plataforma de lava. Seguiram-se erupções explosivas, formando os três cones hoje vistos, conhecidos simplesmente como Vulcanello I, II e III. Outros fluxos de lava foram expelidos, entre os quais o mais notável foi o fluxo traquítico Punta del Roveto, proveniente do flanco norte de Vulcanello II. A última grande erupção de Vulcanello foi um evento explosivo do cone III, em 1550. Nessa época, Vulcano e Vulcanello haviam se tornado ligados por acumulação de areia no istmo entre os dois. O estreito istmo é hoje o local dos dois grandes portos da ilha: Porto di Levante ("Porto Leste"), onde atracam as balsas e os hidrofólios, e Porto di Ponente ("Porto Oeste"), usado apenas por barcos de lazer. A maioria dos 400 habitantes vivem no povoado entre os portos, conhecido como Vulcano Porto, onde também se situa a maioria dos hotéis. Vulcanello não entra em erupção desde 1550, e as fumarolas que estavam ativas até o final do século passado já não são vistas (Fig. 8.19).

A erupção de 1888-90 de La Fossa

O redespertar do cone La Fossa começou em 3 de agosto de 1888. A explosão inicial lançou apenas blocos de material velho, mas depois as explosões produziram bombas incandescentes e cinzas. Essa erupção é de grande importância para o entendimento das características das erupções de Vulcano, já que é a única que tem bons registros disponíveis. Foi observada, entre outros, pelo cientista italiano G. Mercalli, pioneiro na classificação dos tipos de erupção, tendo ele introduzido o termo "erupção vulcaniana" (ver Cap. 3). As características principais das erupções vulcanianas são as explosões que lançam grandes quantidades de cinzas, além de bombas e fragmentos sóli-

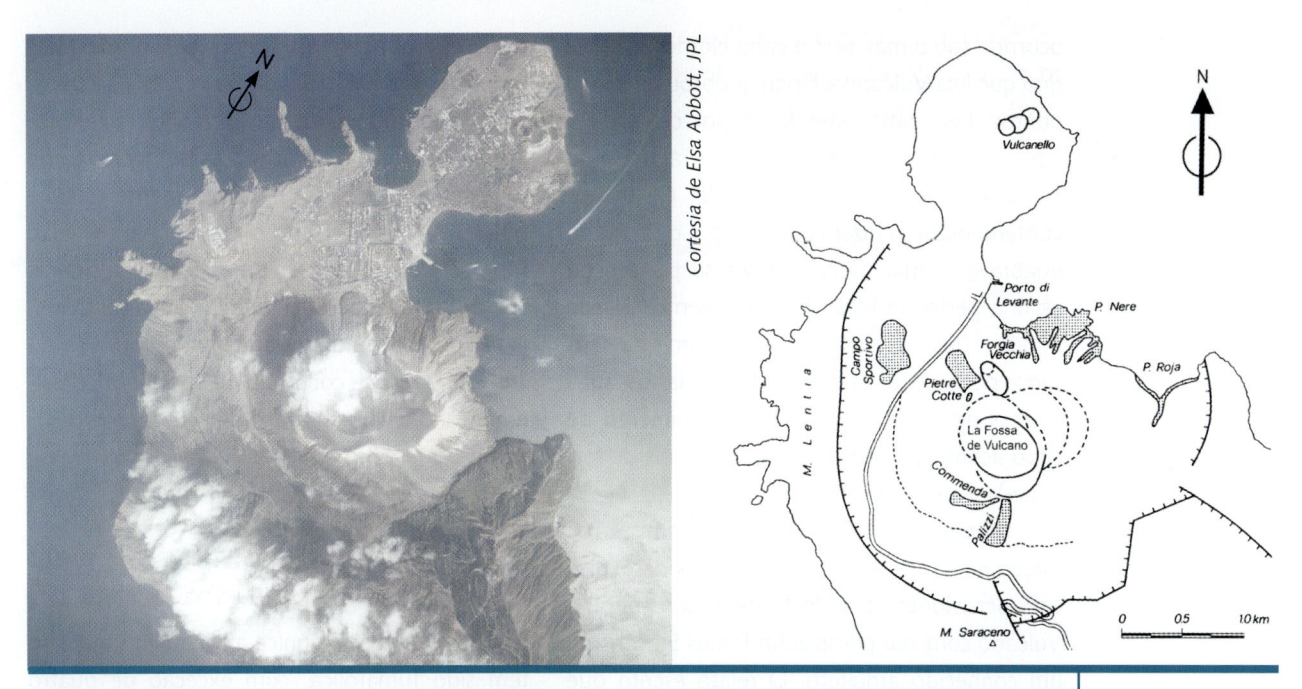

Fig. 8.19 Esquerda: vista aérea da parte norte de Vulcano mostrando La Fossa e Vulcanello, em julho de 1986. Direita: mapa mostrando fluxos de lava na parte norte da ilha, os cones de Vulcanello e outras feições descritas no texto. A linha tracejada assinala a primeira parte da trilha do topo de La Fossa
Fonte: modificado de Da Rosa et al., 1992.

dos. Em geral, essas erupções não produzem fluxos de lava.

Na época dessa última erupção, Vulcano não era uma ilha deserta. Desde a década de 1870, era propriedade de James Stevenson, um rico e obstinado escocês conhecido por sua própria família como Croesus. O que motivava Stevenson a ser proprietário da ilha era fazer uso das operações de mineração de enxofre e alume que lá haviam se estabelecido naquele século. Além de suprir sua indústria química em Glasgow com minérios de Vulcano, Stevenson também queria experimentar o aproveitamento da energia do vulcão. Para isso, chegou a montar uma usina química ao lado da cratera, fato esse que sua família depois acreditaria ter causado a erupção. A população local, que incluía mais de 400 homens em prisão preventiva vindos de Lipari, também acusou Stevenson de ter despertado o vulcão, mas por outro motivo: o escocês, um protestante linha-dura, expulsara o padre católico da localidade para fora da capela.

A erupção violenta não causou nenhuma morte, mas deixou a ilha devastada. Visto terem ocorrido tantos danos nos primeiros dias da erupção, é surpreendente a inocorrência de vítimas. Há relatos de testemunhas oculares falando de enormes explosões que quebraram vidraças a 10 km de distância, em Lipari; de cinzas brancas depositadas em grandes áreas e de bombas de 1 m caindo na área de Porto. Uma característica dessa erupção foi o grande número de bombas casca-de-pão lançadas. Bombas casca-de-pão são bombas arredondadas ou angulares que têm uma crosta macia e vítrea marcada de fendas. Formam-se quando são ejetadas porções de magma viscoso e rico em gás; a crosta exterior esfria rapidamente enquanto a bomba voa pelos ares, mas o interior permanece quente e continua a borbulhar, expelindo gases. Assim como acontece com o pão de verdade, a expansão do interior faz a crosta rachar. Alguns bons exemplos de bomba casca-de-pão ainda podem ser vistos na borda de Fossa. A maior bomba da erupção, lançada durante a forte explosão de 15 de março de 1890, media, conforme foi relatado, 2,7 m x 1,8 m x 1,8 m. Foi descrita como uma massa de lava com uma crosta de obsidiana de 10 cm. Ainda se encontram bombas gigantes nos flancos do vulcão (Fig. 8.20).

As bombas e a tefra danificaram muito os edifícios de Stevenson onde se processava a mineração de enxofre, em Porto Levante, bem como sua casa, conhecida como Piccolo Castello ("Castelinho"). Parte da atividade parece ter ocorrido sob o mar, pois o cabo elétrico submarino que liga Vulcano a Lipari quebrou em cinco pontos. Esse cabo estendia-se por cerca de 5 km para leste de Vulcano, onde a água tinha cerca de 900 m de profundidade. Os relatos contemporâneos dizem que, sempre que o cabo quebrava, o mar "fervia" e via-se púmice ou escória perto do local do rompimento. Parece provável que os rompimentos tenham sido causados por erupções submarinas nos flancos submersos de Vulcano. O último rompimento de cabo aconteceu quase 18 meses depois de terminada a atividade em terra.

A erupção na ilha terminou em 22 de março de 1890, depois de 20 meses de explosões persistentes. Em 1891, Stevenson voltou a Vulcano com seu primo John James Stevenson, um conhecido arquiteto. O relato escrito que John fez da viagem apresenta uma descrição vívida da devastação na ilha e afirma que os moradores locais buscaram refúgio em cavernas escavadas na rocha, que lhes serviram de casas. Não ficaram feridos, mas algumas portas tiveram que ser desobstruídas, pois bombas lançadas da cratera as haviam bloqueado.

Os primos Stevenson e seu grupo desembarcaram em Vulcano e subiram o cone La Fossa, a fim de espiar para dentro da cratera ainda fumegante: certamente um ato de coragem, já que não tinham como saber se a erupção tinha realmente parado. Parece que James Stevenson ficou desolado com a devastação de sua ilha e nunca mais voltou. Seu primo John retornou em 1907, depois da morte de James, para negociar a venda das terras. Nessa altura, a maior parte da ilha ainda estava coberta de uma camada de tefra negra, e somente giesta e outras plantas resistentes lutavam para vicejar. John vendeu a ilha, com um prejuízo considerável, a um fazendeiro chamado Giovanni Conti. O filho do fazendeiro, antevendo o futuro da ilha como *resort*, construiu o Hotel Conti, o primeiro a acolher visitantes em busca dos duvidosos poderes curativos do vulcão.

A recente agitação do cone La Fossa

Desde 1890, a única atividade de Vulcano tem sido fumarólica, com exceção de quatro pequenos fluxos de enxofre ocorridos entre 1913 e 1923, que saíram de fumarolas nas paredes externas de La Fossa. Em anos recentes, a atividade fumarólica tem se concentrado na borda norte de La Fossa e na base do cone, na praia de Baia di Levante. As fumarolas exalam principalmente vapor e dióxido de carbono, com pequenas quantidades de enxofre e outros gases. A temperatura dos gases varia, geralmente em torno de 100-200°C, mas um recorde de 615°C foi registrado em 1924. Como as variações de temperatura e composição dos gases podiam ser um sinal de atividade vulcânica iminente, passaram a ser monitoradas com freqüência.

Em anos recentes, Vulcano tem dado alguns sinais de agitação, fazendo lembrar que ainda é um vulcão ativo e potencialmente perigoso. O primeiro desses sinais foi um terremoto de magnitude 5.5, em 5 de abril de 1978, com epicentro a cerca de 5 km ao sul da ilha. O terremoto causou oito mortes no norte da Sicília, mas nenhuma em Vulcano. Em 1985, houve um aumento do gás exalado das fumarolas, sua composição química apresentou mudanças, as temperaturas subiram de 200 para 300°C, e novas fraturas e fumarolas se abriram na borda da cratera. Além desses sinais preocupantes, houve mudanças significativas no nível do solo, indicando o inchaço do vulcão. Esses eventos causaram grande preocupação na comunidade local e, embora não tenha ocorrido erupção

Fig. 8.20 As bombas gigantes estão entre os produtos potencialmente letais das erupções vulcanianas

nenhuma, isso levou a um reforço no programa de monitoramento do vulcão.

Do final de 1986 ao começo de 1987, as temperaturas das fumarolas continuaram a subir gradualmente, ultrapassando 400°C. O período entre março e junho de 1988 foi assinalado por numerosos terremotos pequenos e rasos, e um evento mais dramático ocorreu em 20 de abril: um deslizamento de terra fez que um pedaço do cone La Fossa caísse no mar, a cerca de 1 km ao sul da área povoada da Baia di Levante. No final de 1988, a atividade fumarólica voltou a crescer, com temperaturas atingindo 470°C (875°F). A agitação pareceu diminuir depois disso, e as mensurações dos níveis de solo no início de 1990 indicavam que o vulcão estava encolhendo. Vulcano parecia estar voltando ao normal quando, em julho de 1994, a atividade sísmica atingiu um nível alarmante e muita gente se perguntou se o topo do vulcão estaria a ponto de explodir de novo. Felizmente não houve erupção alguma e, desde então, Vulcano parece estar voltando a uma condição normal e estável.

A provável explicação para esses períodos de agitação é que gases quentes tenham sido injetados no raso sistema hidrotermal do vulcão, fazendo crescer a pressão interna e o solo se inflar. Alguns vulcanólogos acreditam que Fossa tem passado por uma evolução gradual e contínua desde 1978, e que a rasa fonte de calor sob os campos fumarólicos tenha sido reavivada. Contudo, nenhum movimento de magma tem sido detectado, e não há motivo para crer que a situação seja iminentemente perigosa. Os períodos de agitação têm sido preocupantes, mas é preciso lembrar que as interpretações do comportamento de Vulcano são limitadas pela falta de monitoramento em longo prazo; é, portanto, difícil colocar dentro de contexto os eventos recentes. Vulcano por certo entrará de novo em erupção, mas não é possível dizer quando isso provavelmente acontecerá.

Uma visão pessoal: um *spa* duvidoso

Os visitantes vão ao Stromboli para ver um vulcão vivo, mas parecem ir a Vulcano para sentir os efeitos que um vulcão provoca, particularmente nas narinas e na pele. Parece surpreendente que uma ilha onde o cheiro de ovo podre se espalha ao redor possa atrair um grande número de turistas, mas Vulcano é a prova de que isso acontece. A cada verão, cerca de 10 mil pessoas lotam a ilha em busca dos duvidosos benefícios que trariam para a saúde o chafurdar em lama quente e o uso de nocivas fumarolas como sauna natural (Fig. 8.21). Do ponto de vista econômico, Vulcano prosperou com o turismo; hotéis e inevitáveis condomínios proliferaram em decorrência dessa atividade. A Vulcano de hoje faz lembrar um cartão-postal que um colega me mandou de uma ilha vulcânica tão lotada quanto essa; escreveu ele: "O vulcão é magnífico, o *resort* é decididamente horrível. Uma erupção daria um jeito nisso".

Tendo deixado clara essa questão, devo enfatizar que Vulcano deve constar da lista de visitas obrigatórias de todos os que amam os vulcões: a paisagem é espetacular, grande parte da ilha ainda é bem preservada, e a fumegante cratera La Fossa é de fácil acesso. Todo mundo é constantemente lembrado de estar num vulcão ativo graças às fumarolas e aos belos depósitos de enxofre (sem falar do cheiro característico), mas o risco é mínimo (Fig. 8.22). Vulcano é multicolorida e ótima para fotografar, assim como a vizinha Lipari. Do ponto de vista geológico, Vulcano oferece diversas e fascinantes características, tais como depósitos de ejeção e fluxos de lava altamente viscosos. Apesar de meus comentá-

Fig. 8.21 A duvidosa piscina de lama perto de Il Faraglione. Turistas insuspeitadamente chafurdam na "saudável" lama quente

rios anteriores, apreciei muito minhas estadas em Vulcano, embora a experiência me faça evitar ir para lá nos meses de verão, quando até a cratera La Fossa pode ficar lotada de visitantes.

Visita em período de repouso

É certamente melhor visitar Vulcano em seu estado atual de atividade solfatárica moderada. O vulcão é monitorado continuamente, e é muito improvável que uma erupção comece sem aviso. A grande atração para todos os visitantes, entendam eles ou não de vulcões, é a cratera La Fossa, mas a paisagem em outros lugares também é espetacular. A ilha é suficientemente pequena para ser percorrida a pé, mas há *scooters* e bicicletas disponíveis para aluguel e também táxis. Para quem estiver viajando em grupo, ou puder formar um, é possível organizar um passeio de ônibus; informações para isso podem ser obtidas em Gioelli del Mare, no Porto di Levante. O porto, que é atualmente o principal centro urbano de Vulcano, tem um posto de informações turísticas, mas só fica aberto durante os meses de verão.

Vulcano della Fossa (também conhecido como Gran Cratere di Vulcano)

O caminho para a cratera começa em Porto di Levante e termina no topo, a 391 m de altitude. A caminhada até a borda é fácil e leva uma hora, mas quem quiser apreciar a interessante geologia no caminho deve demorar-se mais. O cone compõe-se principalmente de piroclásticos com um pequeno volume de lavas. Os depósitos piroclásticos foram, de um modo geral, posicionados como ejeções secas, mas há também tufos multicoloridos de grãos finos (vermelhos, amarelos, verdes e cinzentos) formados por ejeções molhadas, especialmente perto da crista do cone. O caminho passa bem abaixo das crateras freáticas Forgia Vecchia e, mais adiante, atravessa o espesso fluxo de lava riolítica obsidiana Pietre Cotte. Na borda da cratera, há vapores de fumarolas e depósitos multicoloridos de cristal de enxofre, bem como numerosas bombas casca-de-pão lançadas pela erupção de 1888-90. A paisagem é magnífica para fotografia colorida; os tons de amarelo, ocre, vermelho e laranja dos depósitos de tefra proporcionam imagens espetaculares. A própria cratera é magnífica, com cerca de 460 m de diâmetro, 175 m de profundidade e em forma de funil de paredes íngremes. Dentro da cratera principal, uma pequena cratera pode ser avistada, formada por explosões de violência decrescente ao final da última erupção. Há uma trilha da borda ao assoalho da cratera, e os mais aventureiros descem para caminhar sobre a crosta plana e marrom. Camadas de

Fig. 8.22 Na subida para La Fossa, observe os multicoloridos depósitos de enxofre. Belos cristais se formam ao lado das muitas fumarolas

tefra de variadas cores ficam bem expostas nas paredes internas da cratera. Claramente visível, o depósito alaranjado, a cerca de 1,7 m abaixo da borda, data da fase inicial da erupção de 1888-90.

É possível caminhar facilmente ao redor de toda a borda da cratera e, em dias claros, ver dali as outras ilhas Eólias. A borda é um ponto privilegiado a partir do qual ver e fotografar Vulcanello e o remanescente da velha Caldera del Piano, representada por uma encosta abrupta com a face voltada para a parte sul do cone La Fossa. A proeminente colina ao sul é monte Sarraceno, uma boca formada depois do desabamento da Caldera del Piano. A partir da borda de La Fossa é possível caminhar para o sul, na direção da borda da cratera dos ciclos Palizzi e Commenda, e, mais adiante, passar pelos fluxos de lava Commenda e Palizzi. Uma trilha fácil leva de volta à estrada principal.

Ir caminhando até a borda ou o fundo da Gran Cratere costuma ser bastante seguro, mas episódios de intensa atividade fumarólica podem tornar muito perigosos a borda e o assoalho, por causa do vapor quente e dos gases sulfúricos. Os terremotos também podem tornar as trilhas perigosas, devido a possíveis quedas de rochas das encostas íngremes.

Vulcanello

Com 124 m de altitude, Vulcanello certamente merece ser visitado (Fig. 8.23). O problema atualmente é que há tantas construções em andamento que as trilhas estão ficando bloqueadas, às vezes por inamistosos arames farpados. Vulcanello é um lugar onde os ricos construíram casas e onde até o momento as autoridades locais não parecem preocupadas em manter o acesso a áreas de interesse geológico. Como os mapas de trilhas estão desatualizados, é melhor pedir informações às pessoas do local, talvez no próprio hotel, a respeito de como chegar ao topo dos cones de Vulcanello.

A atividade em Vulcanello produziu três cones de tefra e escória sobrepostos, com fluxos de lava dos lados norte, oeste e sul. As

Fig. 8.23 Vulcanello visto do oceano

três crateras se formaram porque a trilha usada pelo magma mudou cerca de 100 m para o lado, ao longo de sucessivas erupções. A cratera mais jovem data de 1550 e ainda apresenta uma borda perfeitamente circular e encostas internas íngremes. Há uma trilha que desce para a cratera principal e conduz a uma colorida "caverna" de onde outrora se extraía alume. O lado leste de Vulcanello foi intensamente erodido pelo mar, que expôs as diversas camadas de lava e materiais piroclásticos que formam o cone. Essa seção transversal natural pode ser belamente fotografada de um barco. Em termos de composição, os produtos de Vulcanello são principalmente leucitita tefrítica, mas os fluxos de lava mais recentes, em Punta dei Roveto, são traquíticos. Esse fluxo espesso, que foi altamente viscoso, petrificou-se em formações de lava de aspecto sinistro, hoje conhecidas como Valli dei Mostri ("Vale dos Monstros").

Laghetto di Fanghi

Essa é a suspeita poça de lama em que chafurdam pelo menos uma vez muitos dos que visitam Vulcano. Não tenho qualificação para comentar benefícios que os banhos em uma poça coletiva de lama quente possam trazer à saúde, mas posso afirmar que, depois de ter passado cerca de 20 minutos ali, eu me senti cansada, desidratada e cheirando mal. É uma boa idéia ir nadar no mar depois do banho de lama, principalmente na praia de Acqua Calda, de cujas areias brota água quente, o que torna o banho semelhante ao de uma banheira natural, agradável efeito colateral de um vulcão ativo. As partículas filamentosas que podem dar ao leito marinho um aspecto leitoso são depósitos de enxofre coloidal.

É bom saber que nas praias de Vulcano há (não oficialmente) as opções de usar ou não trajes de banho. Um colega britânico, que preferira manter-se vestido, teve um divertido encontro com um vizinho da cidade onde morava, o qual preferira a outra opção. Vulcano foi descrita como um cenário digno de um filme de Fellini; nos arredores da poça de lama não fica difícil imaginar por quê.

Faraglione della Fabbrica e Piccolo Castello

Bem ao norte de Porto di Levante fica o rochedo de 65 m de altura conhecido como Faraglione della Fabbrica, um velho cone piroclástico provavelmente formado durante os primórdios de Vulcanello. O material colorido foi alterado por atividade fumarólica, erodido pelo mar e explorado por James Stevenson. A atividade de mineração há muito parou, mas ainda é possível ver as cavernas das quais os materiais eram extraídos. Perto dali, há um local de interesse histórico: a casa de Stevenson, conhecida como Piccolo Castello ou Castello Scozzese ("Castelo Escocês"), devido à peculiar mistura de estilos baronial escocês e italiano vernacular. Hoje em dia, o "castelo" é uma loja de suvenires às vezes chamada de Casa Inglese, nome que certamente haveria de desagradar ao escocês. A contribuição mais duradoura de Stevenson à ilha parece ter sido o vinho, pois foi ele quem plantou as primeiras videiras.

Área fumarólica de Porto di Levante

A área fumarólica de Porto di Levante é particularmente interessante. Há minivulcões, pequenos cones com aberturas de onde escapam gases e vapores sibilantes. Durante a estação da seca (principalmente o verão), o chão fica coberto de sulfato de alumínio e outros minérios fumarólicos sublimados, que colorem a área de matizes variegados e fotogênicos. Infelizmente esses depósitos são levados pela chuva. Gêiseres em miniatura também podem ser encontrados no local, às vezes jorrando lama quente. Perto do porto, há uma fonte quente denominada Acqua di Bagno, também famosa por suas propriedades curativas.

Vulcano Piano

A única estrada da ilha leva a Vulcano Piano, onde há algumas casas de veraneio e pequenos restaurantes. A estrada passa pelas ruínas de Sant' Angelo, destruída por um terremoto na década de 1950. Vale a pena pegar o ônibus da ilha ou um táxi para Vulcano Piano e caminhar pela área a fim de ver os remanescentes do estratocone Piano. Como indica a palavra italiana "piano", o topo do cone é quase plano. A estrada termina perto da base dos 466 m de altitude de Sassara dei Pisani, um dos dois mais notáveis remanescentes da borda da caldeira. Perto dali fica outro remanescente, o monte Aria, o ponto mais alto da ilha, com 500 m de altitude, e o local de uma concentração de diques. Há algumas trilhas a partir do povoado de Vulcano Piano que merecem ser exploradas. Uma delas conduz a Fara Vecchio ("Velho Farol"), perto da costa sul. A orla é bastante acidentada nesse ponto, e o pequeno povoado de Gelso, na costa, é de acesso mais fácil por barco.

Passeios de barco

Esse é um bom modo de ver as exposições geológicas que, de outro modo, seriam praticamente inacessíveis. É fácil encontrar excursões, muitas das quais param em Gelso para o almoço, e a maioria visita a Grotta del Cavallo. O ponto alto dos passeios de barco é passar por Bocche di Vulcano, passagem de 1 km de largura entre Vulcano e Lipari pontuada de muitas rochas vulcânicas que se erguem abruptamente do mar.

Visita em período de atividade

As erupções de Vulcano costumam ser explosivas, perigosas e desagradáveis quanto aos efeitos, para dizer o mínimo. Se a atividade explosiva recomeçar, é improvável que permitam até mesmo o acesso de visitantes à ilha. De acordo com vários pesquisadores, a erupção provavelmente começaria com uma explosão freática, já que é grande a probabilidade de o magma encontrar alguma água ao subir à superfície. Essa explosão de vapor fragmentaria rochas, lançando pedaços delas para fora, e provavelmente seria seguida de outras explosões à medida que a erupção entrasse em fase freatomagmática (isto é, quando grandes quantidades de água entram em contato com magma quente). Essa fase pode ser muito violenta e produzir ejeções molhadas e quentes, talvez mortais para a população. Embora seja difícil prever a localização de uma área de boca em uma nova erupção, as mais prováveis seriam a cratera de Fossa ou algum ponto nas proximidades, talvez ao norte ou a oeste, direções que as bocas tomaram ao longo da história do cone. Uma nova boca do lado norte seria, de fato, má notícia para a população de Vulcano Porto, já que as ejeções costumam devastar a área atingida. A parte sul da ilha é considerada segura quanto a ejeções provenientes do cone de Fossa, mas não quanto à queda de bombas.

O mais prudente para assistir a uma erupção desse tipo seria a partir de Lipari, embora a chuva de cinzas lá possa ser intensa. Vários locais ao sul de Lipari proporcionam bom avistamento de Vulcano; o melhor deles talvez seja Quattrocchi, no lado sudoeste. Uma alternativa seria alugar um barco em Lipari e assistir do mar à atividade. As ilhas Eólias ainda não oferecem regularmente passeios de helicóptero nem de aviões leves, mas é bom perguntar, já que esse tipo de turismo talvez não demore a chegar ao local.

Se a atividade de Vulcano for efusiva, talvez não seja possível vê-la de perto. No entanto, é difícil saber como as autoridades locais reagiriam, já que esse vulcão não tem estado ativo desde que o turismo lá chegou. É provável que uma retomada de atividade leve a uma completa evacuação da ilha, sendo grande o risco potencial. Até mesmo em repouso há risco significativo em Vulcano, pela possibilidade de avalanches. Parte da borda norte do cone de Fossa é considerada instável, pois a erosão desgasta por baixo a rocha, enfraquecida pelos efeitos da atividade fumarólica. A área mais instável encontra-se acima das crateras de Forgia Vecchia, onde numerosas tendas podem ser vistas. Há a possibilidade de blocos virem a se soltar e cair na direção de Vulcano Porto; além disso, se houver um grande desabamento da borda, a avalanche então provocada poderia soterrar partes do povoado.

Outras atrações locais

Lipari

Principal ilha da cadeia das Eólias, Lipari é uma próspera comunidade com mais de 8.500

habitantes. Além do turismo e da pesca, a população ganha a vida exportando púmice (Fig. 8.24) e cultivando vinhas para a produção do famoso Malvasia delle Lipari, agradável vinho doce. Vale a pena visitar a principal cidade de Lipari, principalmente por causa de Castello, grande fortaleza do século XVI, com muralhas de pedra erguidas como defesa contra piratas turcos. Dentro de Castello há uma catedral, um teatro em estilo grego, uma necrópole romana e um dos principais museus arqueológicos do Mediterrâneo. Não deixe de visitar o anexo do museu denominado "A. Rittman Sezione di Vulcanologia", com exposições de primeira categoria a respeito da história vulcânica das ilhas Eólias.

Lipari tem se revelado um verdadeiro tesouro em termos de descobertas arqueológicas, o que indica terem seus primeiros colonizadores vindo do Oriente Próximo, em aproximadamente 3000 a.C. Há indícios de que os habitantes da ilha estabeleceram um bem-sucedido comércio de obsidiana, material então muito apreciado para a confecção de ferramentas. A obsidiana de Lipari foi encontrada na França, na Espanha, em Malta, e a cerâmica da ilha também aponta para a evidência de contato com várias culturas. Por razões desconhecidas, o povo que exportava obsidiana desapareceu por volta de 2350 a.C. Seus sucessores parecem ter florescido graças à localização da ilha na rota de comércio oriente–ocidente, entre os mares Egeu e Tirreno. Os Liparesi, assim chamados os habitantes da ilha, brava e sucessivamente defenderam sua ilha de ataques de piratas fenícios e etruscos, e, em 427 a.C., dos atenienses, que a queriam usar como base durante a Grande Expedição contra Siracusa. Lipari tornou-se aliada de Cartago, e algumas das mais importantes batalhas navais da Primeira Guerra Púnica se deram em águas Eólias. No entanto, em 251 a.C., os romanos enviaram uma esquadra contra Lipari, deixando na ilha poucos sobreviventes. Séculos depois, em 1544 d.C., Lipari e outras ilhas Eólias foram alvo de outro golpe fatídico: o mal-afamado pirata Barbarossa, numa sanha assassina e incendiária, deixou as ilhas despovoadas e os assentamentos humanos em ruínas. O imperador Carlos V, que considerava importante a posição estratégica das ilhas, ordenou que fossem recolonizadas. As invasões cessaram, mas a vida não era fácil nas ilhas Eólias antes de o turismo tornar-se significativo, na década de 1970.

Lipari é hoje a mais visitada das ilhas Eólias, principalmente devido a suas paisagens encantadoras e seu passado histórico. A ilha ainda é classificada como vulcanicamente ativa, embora tenha havido apenas uma erupção conhecida em tempos históricos (em 729 d.C.). Os únicos sinais vulcânicos no momento são as fontes termais em San Calogero, na parte oeste da ilha, e algumas fumarolas de baixa temperatura. O lado norte de Lipari tem espantosos depósitos de púmice branco (denominado Campo Bianco), que compõem o cone de monte Pilato, de 476 m de altura, o mais recente centro vulcânico da ilha. O cone foi formado por numerosas erupções explosivas de magma riolítico, e é provável que a água do mar aí tenha desempenhado um papel importante. No lado nordeste do cone, há uma fenda causada por fluxo de obsidiana expelido da cratera em 729 d.C. Esse fluxo é conhecido como Rocche Rosse ("Rochas Vermelhas"), em razão da cobertura de óxido de ferro resultante do envelhecimento natural (exposição ao tempo) da superfície. Ao quebrar-se um pedaço com martelo geológico (com muito cuidado por causa dos fragmentos cortantes), é possível expor a obsidiana vítrea do interior.

Fig. 8.24 Encostas brancas de Lipari, de onde provém grande parte do púmice usado em salas de banho do mundo todo

O fluxo corre pela lateral do cone e cai no mar, compondo um cenário impressionante. Além do apelo estético, Rocche Rosse é de especial interesse para os geólogos, pois foi ali que se deu o reconhecimento do tipo de rocha denominado liparito (o mesmo que riolito).

Monte Pilato e Rocche Rosse são de acesso fácil a partir da cidade principal e estão incluídos nos itinerários dos passeios panorâmicos locais. Vale a pena subir ao monte Pilato para se ter uma vista melhor dos depósitos de púmice e de Rocche Rosse. A cratera do topo é impressionante, tem cerca de 1 km de largura e paredes íngremes com alturas de 120 a 180 m. Um bom avistamento de cratera pode ser conseguido do topo do monte Chirica, o ponto mais alto de Lipari (602 m), remanescente de um cone maior.

A estrada principal ao redor da ilha passa perto da mineração de púmice de Vallone Fiume Bianco, uma vista impressionante dos flancos do monte Pilato. Há uma mina a céu aberto nas proximidades da cidade de Acquacalda que espero permaneça acessível. É possível caminhar pela branca e cegante extensão de púmice e entrar nas cavernas abertas numa parede de púmice de cerca de 100 m de altura. Em passado não distante, havia homens trabalhando em minas do monte Pilato iguais a essa, e em condições tão terríveis que tais minas ficaram conhecidas como "inferno branco".

Um dos lugares mais visitados de Lipari é Quattrocchi ("Quatro Olhos"), na costa sudoeste da ilha, facilmente acessível pela estrada. Dizem que é preciso ter quatro olhos para apreender a magnífica vista de Vulcano e Vulcanello, ao sul, e, a sudoeste, dos domos riolíticos do monte Guardia e do monte Giardina, em Lipari.

MONTE ETNA

O monte Etna é um dos vulcões mais ativos do mundo e também o maior da Europa continental. Sua base estende-se por 60 km de norte a sul, e sua altura, majestosos 3.350 m, levou os navegadores do Período Clássico a acreditar que se tratava do ponto mais alto da Terra (Fig. 8.25). A região do Etna vem sendo ocupada desde a Antiguidade, e a tumultuada

Fig. 8.25 O monte Etna visto da cidade de Randazzo, nas montanhas do lado norte

história de invasões da Sicília reflete-se nos vários nomes do vulcão. Foi "Gibel Uttamat" ("Montanha de Fogo") para os sarracenos, que ocuparam a Sicília do século IX ao século XI. O vulcão ainda é conhecido por muitos habitantes locais como Mongibello, uma combinação latino-arábica que significa "montanha das montanhas". A origem do nome Etna é incerta; talvez derive da palavra fenícia "athana", que significa "fornalha", ou dos verbos grego e latino que significam "queimar". A atividade do Etna vem sendo observada há cerca de 2.500 anos, e os registros históricos dos últimos 1.500 anos são considerados quase completos, o que representa uma fonte valiosa para os estudos vulcanológicos.

A história do Etna indica que a montanha formou-se como uma série de vastas estruturas vulcânicas sobrepostas umas às outras, a partir de aproximadamente 500 mil anos atrás. As primeiras erupções, de lavas basálticas (toleíticas), ocorreram debaixo d'água dentro de um grande golfo. As erupções que preencheram o golfo, mais o gradual levantamento dessa parte da Sicília, acabaram por tornar possível que as lavas formassem vulcões em terra. Esses antigos vulcões (denominados Calanna, Trifoglietto I e monte Po) formaram-se entre 168 mil e 100 mil anos atrás e eram relativamente pequenos. A fase seguinte da história do Etna foi a da formação de um estratocone, o Trifoglietto, a partir de explosões e fluxos de lava no período entre 80 mil e 64 mil anos atrás. Esse período também foi assinalado pela formação do Valle del Bove ("Vale do Gado"), uma impressionante depressão em forma de buraco de fechadura no flanco leste, de aproximadamente 3,5 km de largura. Ainda não se sabe exatamente como o vale se formou; alguns dizem tratar-se do resultado de vários desabamentos de caldeira que acabaram formando uma única grande depressão; já outros levantam a hipótese de um gigantesco desabamento e de um deslizamento de parte do vulcão, deslizamento esse que teria lançado material para dentro do mar. Sabe-se que muitos outros desabamentos de caldeira ocorreram no período Trifoglietto, havendo poucos remanescentes desse antigo vulcão. O período atual da história do Etna, denominado Mongibello, começou há cerca de 34 mil anos.

Iniciou-se com erupções explosivas que causaram mais desabamentos de caldeira, semelhantes aos do período anterior. No entanto, ao longo dos últimos 8 mil anos, o Etna parece ter se tornado menos violento e muito mais amistoso para com os visitantes. As erupções têm sido principalmente efusivas e, com freqüência, bastante espetaculares, produzindo grandes rios de lava basáltica havaítica a escorrer pelos flancos da montanha.

Um rápido exame do Etna revela tratar-se de um estratovulcão de flancos superiores abruptos. A íngreme parte de cima é o elevado cone do topo, de 260 m, constituído de camadas de lava e tefra. No topo do cone fica a cratera Central, de cerca de 500 m de largura. Aliás, não se trata de uma, mas de duas crateras juntas, denominadas Abismo (ou La Voragine) e Bocca Nuova. O cone do topo tem outras duas proeminentes crateras, conhecidas simplesmente como cratera Nordeste e cratera Sudeste. As freqüentes erupções do Etna refletem-se na complexa e sempre cambiante geografia da região do topo, e também no fato de os mapas não se atualizarem no mesmo ritmo das transformações do vulcão. A erupção mais recente (na época da impressão do original deste livro) durou de outubro de 2002 a janeiro de 2003, tendo ocorrido tanto do lado norte quanto do lado sul do vulcão, produzindo consideráveis mudanças na paisagem.

Os flancos inferiores do Etna encontram-se, em toda a sua extensão, rompidos por numerosos pequenos cones, o que indica as freqüentes erupções de flanco, em que o magma sai das bocas laterais da montanha, em vez de provir do topo. Muitas torrentes de lava incandescente já jorraram dessas bocas de flanco, com freqüência ameaçando as muitas cidades e povoados que, em outras ocasiões, se beneficiam dos solos férteis do vulcão. Não é de surpreender que a primeira tentativa de desviar o curso de um fluxo de lava tenha acontecido no Etna. Em 1669, um enorme fluxo de lava irrompeu no flanco sul, e essa lava chegou a cobrir mais de 37 km² de terras. Moveu-se inexoravelmente na direção da cidade de Catânia, levando a população local a tentar mudar seu curso. Conduzidos por Diego Pappalardo, uns 50 homens atacaram a lateral de um curso de lava com picaretas e machados, usando um couro encharcado d'água para proteger seus corpos do calor. Conseguiram romper a camada resfriada da lateral do fluxo, e a lava escorreu dali, desviando-se de Catânia. Infelizmente a lava passou a fluir na direção de outra cidade, Paternò. Uns 500 paternesi armados então convenceram o grupo de Catânia a abandonar seus esforços. A brecha na margem do fluxo rapidamente fechou, e o fluxo retomou o curso anterior, acabando por destruir uma grande parte de Catânia (Fig. 8.26).

Os fluxos grandes e morosos de lava tipo *aa* provenientes de erupções de flanco, que ocorrem, em média, após intervalos de poucos anos, têm representado uma grande força destruidora na história recente do Etna, mas raramente causaram mortes na população. Os relativamente poucos casos de morte acontecidos no Etna foram decorrentes de inesperadas explosões estrombolianas ou freáticas, a maioria a partir de crateras do topo. As explosões de topo não costumam ser violentas, mas podem acontecer a qualquer momento sem dar aviso prévio. O cone do topo do Etna formou-se bem acima do conduto central do vulcão, sendo, portanto, um local de atividade quase ininterrupta. Pelo menos uma das quatro grandes crateras do topo parece encontrar-se aberta o tempo todo para o conduto alimentador. Isso não significa que haja atividade constante; é comum a ocorrência de muitos meses seguidos de repouso, mas há sempre o potencial para a atividade. A área do topo é perigosa até mesmo durante os períodos de repouso, por causa dos freqüentes desabamentos de solo que continuam a aumentar as crateras. É bom saber que em 1978, quando nasceu, Bocca Nuova era um buraco de 8 m de diâmetro, mas 15 anos depois, tornou-se uma cratera de aproximadamente 300 m de largura. Os desabamentos do topo também podem tornar as crateras mais profundas, o que costuma ocorrer durante erupções de flanco, por causa da drenagem da coluna de magma no conduto central. Durante algumas erupções de flanco, as profundidades de Voragine e Bocca Nuova chegaram a cerca de 1 km.

Antes da fatal explosão de topo de setembro de 1979, era comum os turistas ficarem em pé à beira de Voragine e de Bocca Nuova para observar, através das nuvens de vapor, as pare-

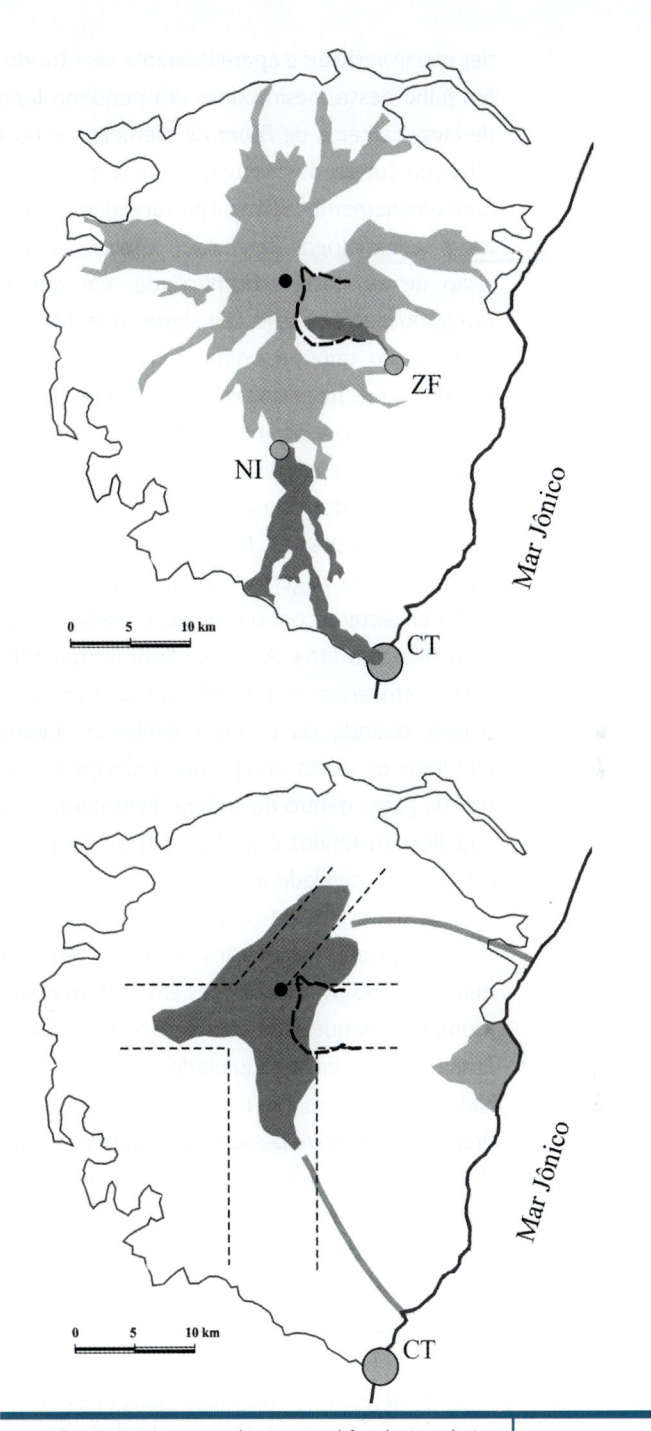

Fig. 8.26 Mapa geológico simplificado (no alto) e mapa estrutural (embaixo) do monte Etna. O mapa geológico mostra lavas expelidas desde o século XVI (em cinza) e, em cinza mais escuro, o fluxo de lava de 1669 na direção de Catânia, bem como o fluxo de 1991-93 na direção de Zafferana. O contorno da depressão do Valle del Bove está assinalado por uma linha pontilhada no flanco leste. O mapa estrutural (embaixo) mostra que o Etna formou-se na intersecção de falhas regionais. As tendências regionais (indicadas pelas linhas pontilhadas) são visíveis diante da concentração de bocas no vulcão: o sombreado escuro mostra áreas em que a concentração de bocas é de pelo menos uma por quilômetro quadrado. O sombreado claro no lado leste assinala a formação Chiancone, que consiste de material proveniente do Valle del Bove. A área do flanco leste entre as linhas cinzentas desliza lentamente para o mar
Fonte: modificado de Kilburn e McGuire, 2001.

des quase verticais e aparentemente sem fundo. Em julho desse mesmo ano, um pequeno lago de lava, de cerca de 80 m de diâmetro, estava ativo no fundo de Voragine, que então tinha aproximadamente 150 m de profundidade. Turistas e vulcanólogos pasmavam diante da rara visão de atividade estromboliana, em que o fundo do lago se erguia por alguns minutos sob a forma de enorme bolha. Quando a bolha explodia, seus fragmentos eram lançados para o alto, mas não o suficiente para ameaçar a segurança dos espectadores no topo. O ambiente se enchia dos ruídos da explosão, empolgando as centenas de visitantes. Na época, eu estava em minha primeira viagem de campo a um vulcão e fiquei encantada com o espetáculo inesquecível oferecido pelo Etna. A cratera Sudeste também entrou em erupção naquele verão, surpreendendo, quando da primeira explosão, alguns membros de nossa equipe que colhiam amostras de gases dentro da cratera. Felizmente eles não ficaram feridos e puderam testemunhar a espetacular atividade mais tarde naquela noite, quando explosões estrombolianas quase contínuas lançaram fragmentos incandescentes a mais de 100 m de altura. Em determinado momento, naquele mesmo verão de 1979, o Etna parecia ter se aquietado por completo. Ninguém esperava que o vulcão logo haveria de tirar a vida de nove pessoas que tinham ido até lá simplesmente ver suas crateras, assim como haviam feito, sem nada sofrer, milhares de visitantes naquela temporada.

As erupções de 1981 e 1983

É interessante contrapor essas duas erupções, em vez de destacar uma delas, já que são bons exemplos de diferentes tipos de erupção comuns no Etna. As duas erupções produziram longos fluxos de lava que ameaçaram cidades, mas o evento de 1981 chegou ao fim em poucos dias, enquanto a lava de 1983 fluiu ao longo de meses. Embora não saibamos exatamente por quê, os fluxos de lava do Etna parecem surgir de modo súbito e furioso para durar um curto período (horas ou dias), ou escorrem lentamente durante meses ou anos, com poucas erupções nesse meio tempo. Uma parte do trabalho que realizei no Etna foi reconhecer a existência desses dois principais tipos de erupção de lava e o fato de que produzem fluxos de diferentes formas. Os fluxos que irrompem rapidamente são estreitos, enquanto os outros são largos. A razão para isso é o índice de vazão da lava e o modo como ela muda durante a erupção. O índice costuma ser alto de início, produzindo um fluxo comprido e estreito. Algumas erupções param de modo bastante abrupto, depois de horas ou dias; esse é o primeiro dos dois tipos principais. As outras erupções vão cedendo lentamente, com a vazão de lava em índice bem reduzido. Novos fluxos se formam ao lado do primeiro, engrossando o campo de fluxo e cobrindo uma área mais ampla.

A erupção de 17 de março de 1981 é um exemplo do primeiro tipo (Fig. 8.27). A lava irrompeu a 2.550 m acima do nível do mar, a dois terços do caminho para o topo, e rapidamente escorreu pelo lado norte do vulcão. Não ficou claro, de início, que tipo de erupção seria essa. Os cientistas locais telefonaram para o meu orientador de tese da época, John Guest, que estava em Londres e dirigia o Volcanic Eruption Surveillance Team, do Reino Unido. Esse grupo britânico decidiu então ir estudar a erupção e partimos pouco mais de um dia depois de iniciada. Na época não havia vôos diretos de Londres para Catânia, e eram comuns os atrasos nos vôos domésticos da Itália. Desconhecida para nós, a erupção acabou se revelando do tipo rápida e furiosa, e a lava cessou enquanto nossa equipe esperava o vôo no aeroporto de Roma.

Extremamente frustrados, voltamos a trabalhar no vulcão no dia seguinte, já que poderíamos ao menos colher amostras recentes e mapear a extensão do fluxo. Ficamos então sabendo que essa rápida erupção fora a mais danosa dos dez anos anteriores, tendo o fluxo de 7,5 km de comprimento coberto cerca de 4 km², entre os quais excelentes terras de cultivo, atravessado estradas importantes, trilhos de ferrovia e matado centenas de ovelhas e gado. A erupção tinha sido espetacular: durante seis horas a lava saíra de fissuras que se estendiam 4,5 km pela encosta noroeste do vulcão, formando linhas de fogo repletas de fontes de lava que chegaram a 200 m de altura. Felizmente poucas casas foram destruídas quando o fluxo passou pela fenda de 3,5 km de largura entre a cidade de Randazzo e o povoado de Montelaguardia.

Logo ficaríamos sabendo que a erupção ainda não parara completamente. John Guest e eu caminhamos até uma das bocas de fissura, onde um novo cone de pedaços de lava e material piroclástico, de 15 m de altura, havia se formado. Tínhamos começado a subir no cone quando ouvimos um ruído, como que de cacos de vidro em fricção uns contra os outros, som característico de lava *aa* em movimento. Seguindo esse ruído, logo encontramos um pequeno fluxo de lava que mal se movia, talvez com 10 m de comprimento. "Isso ainda não parou", disse John. Como que aproveitando a sugestão, o cone explodiu, lançando bombas incandescentes para as alturas. Erguemos o olhar, recuando alguns passos, e John então gritou: "Corra!". Por uma fração de segundo, hesitei – sabia que desviar o olhar das bombas que caíam e sair correndo era a medida errada para se tomar. Porém, pensei comigo mesma que meu orientador visitara vulcões ativos muito mais vezes do que eu e que aquele não era um bom momento para discutir com ele. Depois, quando o questionei sobre sua estratégia, ele explicou que, como as bombas não tinham ido muito acima do cone, ele concluíra que poderíamos sair fora de alcance antes que elas chegassem ao chão. Nessas circunstâncias, fazia sentido correr. Devo enfatizar, no entanto, que é preciso ter muita experiência para avaliar corretamente o alcance das bombas. Na dúvida, eu seguiria a recomendação habitual de permanecer no lugar, desviando-me das que viessem na minha direção.

Depois de realmente terminada a erupção, calculamos que a média de descarga de lava fora de 75 m³ por segundo, isto é, o suficiente para encher cem piscinas olímpicas em uma hora. Em contraste com isso, a vez seguinte em que o Etna soltou um fluxo de lava, em 1983, a erupção durou 131 dias, e a lava saiu a apenas 9 m³ por segundo, aproximadamente. É interessante notar que as duas erupções produziram fluxos com quase a mesma extensão e área, embora com volume maior em 1983, o que se refletiu na espessura do campo final de lava.

Fig. 8.27 A erupção de 1981 do monte Etna

A erupção de 1983 também começou no mês de março; dessa vez, porém, a lava saiu do flanco sul, inicialmente a uma altitude de 2.300 m. A lava não tardou a destruir instalações turísticas, casas, e causou grandes danos a Rifugio Sapienza, o alojamento habitual de nossa equipe e estação de base do teleférico para a popular área de esqui da encosta sul do Etna. Ficou visível que a erupção teria vida longa e que os prejuízos financeiros seriam grandes, principalmente se a lava chegasse à cidade de Nicolosi e outras encosta abaixo. As autoridades civis então concluíram que algo deveria ser feito para evitar o desastre e que a única solução seria tentar desviar a lava, a primeira tentativa desde 1669.

A lava fluía num complexo sistema de canais e tubos, a maior parte para sudeste, na direção do complexo turístico de Sapienza. A construção de uma barreira no lado leste do fluxo começou em 1º de maio, enquanto se experimentava abrir mais acima uma fenda para o fluxo, com o emprego de explosivos. A idéia era fazer que uma quantidade maior de lava escorresse para oeste, a fim de diminuir a ameaça ao complexo turístico. A operação envolveu cerca de 200 homens, entre os quais dois engenheiros para explosões que elaboraram o plano. Foram empregadas escavadoras para retirar uma parte da margem do fluxo e, assim, facilitar a abertura de buracos para os explosivos. O plano inicial era abrir três fileiras de 20 buracos cada uma na margem já menos densa do fluxo, a fim de enchê-los de dinamite.

Verificou-se, no entanto, que a temperatura da parede de lava era muito superior a 200°C, considerado o limite máximo de segurança para a dinamite Gel-A. A solução dos engenheiros seria a de resfriar os buracos com água e revesti-los com gelo seco. Isso não funcionou, já que a temperatura não baixou para um nível seguro; mas o procedimento resfriou a margem do fluxo, estreitando o canal de lava, o que, por sua vez, causou transbordamentos que acabaram cobrindo muitos dos buracos abertos na parte mais baixa. Depois de muita frustração, os engenheiros resolveram o problema usando mangueiras pneumáticas para injetar as cargas dentro do fluxo, inserindo essas cargas por meio de tubos de aço cuja ponta ficava para fora da margem de lava. As cargas foram injetadas todas ao mesmo tempo, e os trabalhadores mal tiveram 30 segundos para se afastar do local.

A explosão rompeu a parede de lava em 14 de maio, mas a fenda que se abriu – bem como o efeito produzido sobre o canal de lava – foi menor do que se esperava. Em menos de dois dias, a fenda se fechou, mas a experiência acabou funcionando de um modo inesperado, já que os detritos lançados pela explosão entraram no fluxo, criando um grande bloqueio ao longo de aproximadamente 500 m fluxo abaixo. O bloqueio conseguiu o que a fenda no fluxo não conseguira, alcançando êxito em desviar a lava para o sudoeste. Em poucos dias, cerca de 65% da lava se encaminhava para uma nova barreira perto do cone monte Vetore. Uma outra barreira foi construída perto de Rifugio Sapienza, a qual resistiu até o final da erupção, em 6 de agosto, poupando o restante das instalações turísticas. Embora o desvio de lava não tenha funcionado exatamente do modo esperado, foi considerado bem-sucedido. Ao custo de cerca de 3 milhões de dólares, estimou-se que o esforço evitou prejuízos de, no mínimo, 5 milhões de dólares, talvez muito mais.

O desvio de lava pode ser tentado num tipo de fluxo como o produzido pela erupção de 1983, do que se conclui que o procedimento por tentativa é viável no caso de erupções de longa duração e relativamente lentas. Embora o volume de lava da erupção de 1983 tenha sido três vezes maior do que o de 1981, ficou claro que o tipo de erupção de 1981 pode ser bem mais danoso, já que não costuma haver tempo para outro procedimento que não o de evacuar as áreas de risco. O desvio de lava foi novamente tentado no Etna em 1992, com benefícios mais questionáveis dessa vez, e de novo em 2002, a fim de salvar algumas instalações próximas do complexo turístico de Sapienza. No entanto, ainda que o fluxo não possa ser interrompido, ficou claro que podemos aprender muito com cada tentativa, o que já é suficiente para, a longo prazo, compensar o custo.

Uma visão pessoal: meu primeiro vulcão

O Etna é especial para mim porque foi o primeiro vulcão que visitei como vulcanóloga em treinamento. Suas erupções freqüentes e inesperadas ensinaram-me lições valiosas quanto à segurança em vulcões e, o que é mais importante, deram-me uma perspectiva no tocante às maravilhas e tragédias das erupções vulcânicas. Minha primeira temporada em campo, no verão de 1979, foi verdadeiramente a melhor e a pior para mim. Como integrante de uma equipe de cerca de uma dezena de vulcanólogos britânicos, ajudei na coleta de dados e amostras e logo passei a conhecer o vulcão. Meu projeto pessoal era estudar as formas dos fluxos de lava e descobrir como variavam de acordo com o modo de fluir: rápido ou lento, em terreno plano ou encostas íngremes, e assim por diante. Por fim, eu seria capaz de usar esses estudos para estimar como as lavas fluíram na superfície de Marte muitos milhões de anos atrás. Meu projeto levou-me por todo o Etna, já que precisei fazer medições de muitos de seus fluxos mais velhos. O trabalho foi interrompido da melhor forma possível por uma erupção a partir da cratera Sudeste, em julho. Fizemos o estudo dessa erupção estromboliana, medindo o tamanho e o alcance das bombas, bem como a freqüência das explosões. Aprendi como abordar uma cratera em erupção, a me desviar dos fragmentos incandescentes e a estar preparada para eventos inesperados. Foi um treinamento valioso, mas a verdadeira lição que o Etna haveria de me ensinar aconteceu mais tarde naquele verão.

No começo de setembro, o vulcão estava quieto e nosso trabalho mais material prosseguia tranqüilamente. Nossa equipe, então de apenas cinco pessoas, devia partir no dia 14 daquele mês e tínhamos deixado nossa "travessia de nível" para o fim. Isso consistia em coletar dados ao longo de uma linha que atravessava de um lado a outro a parte de cima do vulcão – as medições precisas revelariam a existência de algum inchaço do solo. A travessia era um trabalho lento e tedioso, que exigia quase uma semana para ser concluído. Quando encerramos o trabalho do dia 11 de setembro, subimos ao topo para ver as crateras fumegantes. Tinham ocorrido desabamentos internos na Bocca Nuova, e de vez em quando a cratera lançava para fora nuvens de pó. Nossa breve visita transcorreu sem ocorrências significativas; estivemos lá, por sorte, quase exatamente 24 horas antes de um acontecimento trágico.

Na manhã de 12 de setembro, retomamos a travessia, dessa vez começando na estrada bem abaixo da cratera Central, a uns 400 m de distância da Bocca Nuova. O vulcanólogo John Murray, o pesquisador mais experiente de nossa equipe, montou o instrumento e tentou obter a primeira leitura. Alguns minutos depois, desistiu. Embora não sentíssemos, o chão balançava para cima e para baixo como barco em mar encrespado – o movimento tornava-se aparente apenas quando olhávamos pelo telescópio de inspeção na barra de medição situada a alguns metros de distância. O tremor do solo é um evento comum e de modo algum constitui precursor inequívoco de atividade vulcânica. Nossa equipe vivia na esperança de que uma erupção ocorresse, e John Murray, meio de brincadeira, previu que uma logo haveria de acontecer. Não tínhamos meios de fazer uma previsão científica na ocasião, nem de saber o que significava aquele tremor quase imperceptível; então continuamos nosso trabalho, retomando as medições a uma distância maior da cratera, onde o chão parecia não se mover.

Às 17h47 daquele dia, nosso grupo estava a cerca de 2 km de distância da cratera Central quando, de repente, vimos uma nuvem negra de cinzas erguer-se rapidamente acima da Bocca Nuova. Não ouvimos nenhuma explosão, mas soubemos imediatamente que tinha ocorrido uma. Recolhemos tudo às pressas e nos dirigimos ao topo. Logo encontramos um dos Land Rovers de turistas que vinha descendo. O motorista, um dos guias de montanha, parou para nos dizer que ocorrera uma violenta explosão e que havia muita gente ferida ou morta. Seu Land Rover, cheio de turistas em pânico, tinha um buraco na capota, onde fora atingido por uma bomba. Cerca de 150 turistas estavam perto da cratera no momento da explosão e muitos precisavam de ajuda para descer a montanha. O líder do nosso grupo então decidiu subir de jipe sozinho, a fim de poder levar mais turistas para baixo. Eu me lembro de ter ficado à beira da estrada, tentando imaginar o que tinha acontecido. A nuvem negra continuava a subir e já alcançava centenas de metros acima da cratera. Turistas assustados corriam ou desciam para a segurança das partes mais baixas da encosta. Alguns pararam para nos falar da explosão súbita que espalhara grandes bombas por toda a área do topo (Fig. 8.28).

Quando finalmente voltamos para o alojamento em Rifugio Sapienza, encontramos o lugar repleto de policiais, soldados do exército e repórteres. Vários turistas que haviam estado no topo também estavam presentes. Alguns tinham perdido pessoas queridas – pais, um cônjuge, amigos –, e a dor dessas pessoas fazia daquela súbita explosão uma tragédia pessoal, não apenas mais um evento científico para ser estudado. Em uma noite apenas, o Etna me ensinou que o trabalho de um vulcanólogo não é só ciência e aventura. Nossa ciência falhara com aquelas pessoas, pois ainda sabemos muito pouco a respeito da atividade dos vulcões.

A explosão foi um evento isolado, inesperado; nem sequer chegou a ser uma verdadeira erupção – não envolvia magma novo. As bombas eram, na verdade, velhos blocos de rocha, a maioria com menos de 25 cm de largura, mas foram lançadas a velocidades superiores a 50 m por segundo, tendo sido fatais para os que se encontravam em seu caminho – a até 400 m de distância da cratera. A grande pergunta era, e continua sendo, o que teria causado a explosão. Supomos que a Bocca Nuova tivesse ficado bloqueada por causa dos seguidos desabamentos ocorridos nas semanas anteriores. A explosão foi provavelmente desencadeada por um acúmulo de gases ou de vapor, proveniente do magma sob a boca bloqueada ou da água misturada ao material do desabamento. Quando o acúmulo atingiu um ponto crítico, a Bocca Nuova simplesmente tossiu para fora o material da obstrução. Foi um evento vulcânico menor, mas mesmo assim trágico. O tremor de solo que detectamos pode ter estado associado ao acúmulo de gases, mas é improvável que algum dia possamos saber ao certo qual foi a causa.

A manhã seguinte foi a última de nossa temporada de campo. Soldados do exército bloqueavam a estrada para o topo, mas nos deixaram passar para terminar o trabalho. Tivemos que recomeçar a travessia de nível perto da cratera do topo e estávamos muito conscientes do perigo. Pensamos em desistir, mas isso significaria não cumprir um dos principais objetivos de nossa viagem. Então elaboramos um plano de segurança: uma pessoa iria dirigindo nosso Land Rover, que permaneceria perto do grupo. No caso de outra explosão, o interior do veículo não seria um abrigo adequado, sabíamos disso – tínhamos visto o buraco na capota de um Land Rover no dia anterior. Pensamos, no entanto, que o chassi nos protegeria da maioria das bombas, já que nosso plano era mergulhar debaixo dele se houvesse alguma explosão. Não era o melhor plano de segurança, mas talvez servisse. Felizmente não precisamos testá-lo.

Quando subíamos a montanha, encontramos uma caravana de caminhões do exército, que desciam. Só fiquei sabendo quantos haviam morrido quando contei os caixões nas carrocerias. Com um simples soluço e nem um pingo de magma fresco, o Etna fez nove vítimas, mais do que em qualquer de suas espetaculares erupções em tempos recentes.

Visita em período de repouso

Em 1987 foi criado o Parco dell'Etna, que transformou grande parte do vulcão, inclusive toda a região do topo, em parque nacional. Os serviços oferecidos quando se visita o Etna têm, desde então, melhorado constantemente. O Club Alpino Italiano tem feito muito para facilitar a subida ao vulcão. Mantém diversos refúgios e publica um mapa geológico e de trilhas muito valioso para os visitantes (ver Apêndice I). O Etna é um movimentado *resort* de esqui durante os meses de inverno, embora os entusiastas de vulcões o apreciem mais quando a neve não cobre as formações de lava e o acesso ao topo é mais fácil. Raramente fica lotado de turistas, de modo que todo o período de maio a setembro é uma boa escolha; entra em erupção com freqüência, e as informações obtidas no sopé da montanha podem logo perder a validade. Na época da publicação do original deste livro, o acesso ao topo tornara-se bastante restrito após a erupção de 2002-3, que destruíra edifícios e estradas. Recomendo a consulta a sites da Internet a respeito do Etna e alguns telefonemas para obter as informações mais recentes (ver Apêndice I).

Fig. 8.28 A trágica explosão de setembro de 1979: nuvem acima da cratera

Acesso ao topo

Há dois caminhos principais: um pelo lado sul, outro pelo lado norte, e os dois ficam fechados durante o inverno (Figs. 8.29 e 8.30). Por causa das vítimas de 1979 e de datas posteriores, os grupos de turistas já não são rotineiramente levados à cratera Central. As regras atuais para o acesso ao topo não são claras, costumam mudar e, às vezes, são tão eficazes quanto os sinais vermelhos de trânsito em Nápoles. O melhor modo para organizar uma ida ao topo é informar-se nos postos locais de turismo, ou no complexo turístico Rifugio Sapienza, ponto de partida para o caminho pelo sul. Rifugio Sapienza localiza-se a 1.910 m de altitude, e o complexo turístico compreende um teleférico, lojas e restaurantes. Tenha em mente que o teleférico, o Sapienza e outros edifícios ficaram danificados ou estiveram em risco várias vezes por causa das erupções, a mais recente em 2002, de modo que não há garantia de que estarão em funcionamento quando de uma visita.

Para chegar ao complexo turístico Sapienza, siga a Strada dell'Etna a partir de Catânia ou tome o ônibus diário na Stazione Centrale da cidade. O Sapienza é operado pelo Club Alpino Italiano e, quando em funcionamento, é o ponto de encontro preferido dos vulcanólogos e guias do Etna. Sofreu sérios danos causados pela erupção de 2002-3, de modo que seu futuro é incerto. Até então, seus quartos eram básicos e compartilhados, mas era um lugar conveniente a partir do qual explorar o lado sul do vulcão e o topo.

A subida pelo lado norte do Etna é considerada um caminho secundário, mas vale a pena tentar, caso os guias em operação nos passeios pelo lado sul não estejam fazendo a viagem – a política dos dois grupos costumam diferir e, é claro, muita coisa depende das condições das estradas. O melhor ponto a partir de onde começar a ida ao topo pelo lado norte é Linguaglossa, uma cidade *resort* de esqui de características alpinas. O nome da cidade, que significa "língua brilhante", provavelmente se refere ao fluxo de lava de 1566. Os passeios são marcados no posto turístico, que comporta um minimuseu dos minerais, flora e fauna do Etna. O posto turístico pode dar informações quanto ao aluguel de um veículo com tração nas quatro rodas e contratação de um guia de montanha. A estrada norte para o topo oferece vistas particularmente boas do *rift* nordeste, a parte do vulcão com a densidade máxima de bocas eruptivas.

Fig. 8.29 O topo do monte Etna

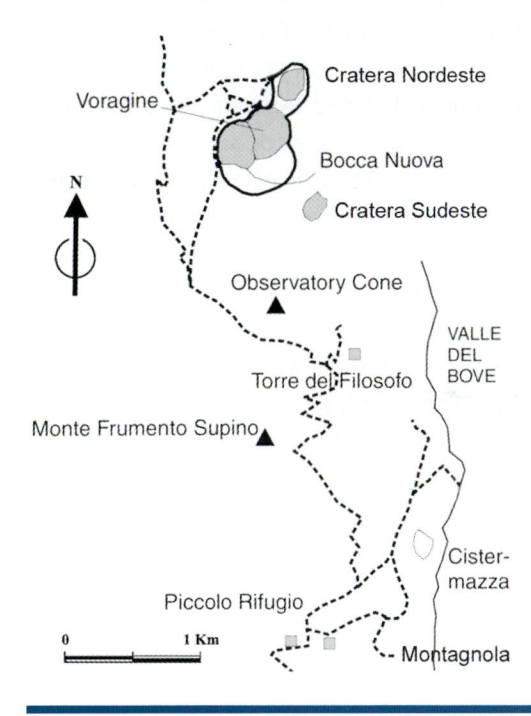

Fig. 8.30 Mapa esquemático da área do topo do monte Etna indicando as crateras do topo, os principais cones piroclásticos e a parede do Valle del Bove. Os edifícios ou abrigos são indicados por meio de quadrados. Os turistas costumam ser levados para o Piccolo Rifugio (em cima da estação do teleférico) e, dependendo das condições, para a Torre del Filosofo ou as crateras do topo. A linha tracejada indica a trilha
Fonte: modificado de Kilburn e McGuire, 2001.

A subida pelo lado sul

O trajeto guiado para o topo (supondo que o passeio esteja sendo oferecido) é fácil de percorrer, já que os veículos com tração nas quatro rodas podem levar os grupos por quase todo o caminho (se as condições permitirem), seguindo por uma estrada particular que começa perto de Sapienza. Como alternativa, se o teleférico estiver em operação, os grupos poderão subir até os 2.500 m e, a partir dali, seguir em veículos.

A primeira parada costuma ser no Piccolo Rifugio ("Pequeno Refúgio"). Localizado a 2.500 m de altitude, perto da estação do teleférico, esse prédio arruinado já foi um refúgio para montanhistas. Durante a erupção de 1983, sofreu rachaduras e, em 1985, o Etna concluiu o trabalho. Abriram-se outras rachaduras, e a lava escorreu de uma fissura a apenas dezenas de metros encosta acima. As construções nas encostas do Etna costumam ter vida curta; aliás, o teleférico anterior fora destruído pela lava de 1971. Quando se caminha pela lava, pouco acima do Rifugio, é possível ver pequenos canais de lava, túneis e outras estruturas interessantes.

Antes da erupção de 2002-3, a segunda parada costumava ser na Torre del Filosofo, mas a erupção cobriu o prédio e danificou a estrada, de modo que, quando os passeios forem retomados, a parada provavelmente será em outro lugar. A situação antes de 2002-3 era que os visitantes tinham duas opções a partir da estação do teleférico. A primeira era subir com outros visitantes de ônibus com tração nas quatro rodas; a segunda era subir a pé. Os ônibus costumavam parar numa cabana perto do prédio da Torre del Filosofo, que ainda estava em pé, a 2.919 m. A torre original fora destruída bem antes da última erupção e substituída por um prédio horroroso, mas útil. Diz a história local que a Torre fora construída em comemoração à visita do imperador romano Adriano. A designação "filósofo" advém de Empédocles (494-432 a.C.), erudito grego que passou muitos anos vivendo perto do topo, observando a atividade do Etna. Dizem que ele morreu por ter caído na cratera, ou pulado dentro dela, embora os historiadores refutem essa história popular.

Uma parada perto do prédio destruído proporciona um bom avistamento da cratera Sudeste e do cone do topo. Conforme o nível de atividade no topo, talvez seja possível ver alguma tefra de explosões e ouvir grandes estrondos. Os guias são muito diligentes em assegurar que todos os visitantes que eles levam até esse ponto voltem com eles para baixo. Isso significa que, caso você queira se arriscar a percorrer todo o caminho até o topo, é melhor ir caminhando a partir da primeira parada, perto do alto do teleférico. A estrada era fácil de percorrer, mas foi cortada por fluxos recentes, e não se sabe quando vai reabrir. A caminhada, mesmo numa boa estrada, é longa; reserve pelo menos quatro horas para a subida. A velha estrada terminava abaixo da cratera Central e, dali para a frente, uma trilha íngreme conduzia às crateras fumegantes do topo. Devido à condição mutável do topo, é de extrema importância contratar um guia ou, pelo menos, informar-se no local por ocasião da visita. O Etna pode ser uma montanha perigosa e inclemente.

A cratera Sudeste

Situada ao lado do cone do topo numa altitude de 3.050 m, essa impressionante cratera, hoje com cerca de 400 m de diâmetro, nasceu durante a erupção de 1971 sob a forma de poço com menos de 100 m de largura. Tornou-se novamente ativa em 1978 e, desde esse ano, entrou em erupção com mais freqüência do que qualquer outra cratera do Etna. Suas explosões estrombolianas podem ser perigosas: em 1987, duas pessoas morreram e dez ficaram feridas. Desde 1989, a atividade dessa cratera tem sido particularmente impressionante. Isso se deve à grande quantidade de magma que vem penetrando sob o Etna e sendo drenado para dentro do conduto que alimenta a cratera Sudeste.

Costumava ser relativamente fácil chegar à cratera Sudeste, tanto a pé pela estrada, a partir do teleférico, quanto de ônibus para turistas. Já para ir ao topo, peça informações e procure saber se há passeios que levem os turistas até esse ponto. Se você for capaz de percorrer todo o caminho até o topo, também poderá descer da cratera Central até a cratera

Sudeste. No entanto, não é aconselhável fazer isso sem um guia local e uma máscara contra gases, já que o terreno é perigoso e costuma haver situações em que se atravessam nuvens vindas da cratera.

O topo

Voragine e Bocca Nuova são duas impressionantes crateras fumegantes, cada qual com mais de 250 m de diâmetro, separadas uma da outra por uma crista íngreme e estreita. As duas apresentam paredes quase verticais e, embora suas profundidades variem, parecem na maioria das vezes, um abismo sem fundo. Atividade estromboliana amena ocorre com freqüência no fundo de ao menos uma das crateras, e os fortes estouros vindos das profundidades de fato impressionam. É desagradável permanecer contra o vento, por causa das ondulantes nuvens de vapor, e é aconselhável ter máscara contra gases bem à mão o tempo todo para o caso de o vento mudar de direção.

Em 1974, o guia de montanha Antonio Nicolosi desceu cerca de 130 m dentro de Bocca Nuova usando uma escada de corda, e não chegou ao fundo. Usando traje de proteção, ele suportou temperaturas acima de 100°C até ser forçado a abandonar sua ousada tentativa, por causa da falta de oxigênio. Basta um olhar por cima da beira da cratera fumegante para se compreender por que ninguém mais repetiu a aventura de Nicolosi.

O ponto mais alto do Etna é a cratera Nordeste, separada da cratera Central por uma estreita charneira. Ela se abriu sob a forma de boca em 1911 e, desde então, com freqüência tem sido palco de erupções estrombolianas espetaculares, embora seu nível de atividade tenha diminuído desde que a cratera Sudeste se abriu em 1978. Para chegar à cratera Nordeste, basta uma curta caminhada a partir da cratera Central. Conforme as condições do momento, é possível escalar o flanco da cratera para se ter uma boa visão da região do topo. A borda, no entanto, é muitas vezes instável devido a desabamentos. Se você estiver no topo sem um guia, não é prudente correr esse risco.

É bom lembrar que ocorrem explosões inesperadas no topo do Etna, sendo, portanto, recomendável usar capacete e prever rotas de fuga. Um ano depois da explosão fatal de 1979, Bocca Nuova me surpreendeu com mais uma explosão súbita, bem quando eu estava à beira da cratera. Vi as bombas negras emergirem a poucos metros acima da borda e, felizmente, caírem todas novamente dentro da cratera. Assim como na explosão de 1979, esse não foi o começo de uma erupção – apenas um pequeno tossido, mas potencialmente mortal, que pode acontecer a qualquer momento.

Valle del Bove

Esse vale espetacular, de 7 km de extensão e 3,5 km de largura, pode ser facilmente avistado das estradas norte e sul para o topo (Fig. 8.31). Passeios guiados ao topo geralmente vão até bons pontos de avistamento, tal como o "Belvedere", no lado sul, a 2.760 m de altitude. A lava de 1991-3 cobriu completamente o assoalho da parte sul do vale. Muitos dos fluxos de lava do Etna correm por esse vale, sobrepondo-se ao anterior, de modo que as lavas talvez não fiquem expostas por muito tempo. Uns poucos cones piroclásticos erguem-se aqui e ali acima do oceano de lava negra enrijecida. Qualquer um que olhe para o chão do vale é capaz de imaginar o espetáculo oferecido quando as lavas estavam ativas e com brilho vermelho à noite, tal como em 1989.

É possível ir a pé para o vale, mas nada fácil, e ficou ainda mais difícil desde a erupção de 1991-3. O vale é distante, não tem água, e há sempre o perigo trazido pela névoa. Aventurar-se dentro dele quando há fluxos descendo é verdadeiramente muito arriscado. Se o Etna estiver quieto e forem boas as condições meteorológicas, compensa descer até lá. Como as erupções podem causar grandes mudanças na trilha de caminhada (e o Etna entra freqüentemente em erupção), recomendo que, ao chegar, o visitante contrate um guia local, ou ao menos converse com um. Dadas as condições do vale, é altamente recomendável a contratação de um guia. No mínimo, vá na companhia de alguém. Há muito o que ver dentro do vale: fluxos de lava fresca, cones piroclásticos, numerosos diques e falhas, que oferecem uma visão singular do complexo sistema de alimentação

Fig. 8.31 O Valle del Bove, uma depressão gigantesca no flanco leste do Etna, canaliza muitos dos fluxos de lava do vulcão

do vulcão. O Valle del Bove é um excelente local para o estudo da atividade antiga do Etna, já que certos produtos vulcânicos expostos remontam ao Pleistoceno. Perto da parede sul, há depósitos do período Trifoglietto do Etna, e perto da extremidade sudeste do vale fica o monte Calanna, do mesmo período.

Atrações do lado sul

Há muitas paisagens e caminhadas interessantes ao longo da estrada de Catânia ao Rifugio Sapienza. Bem ao norte da cidade de Nicolosi fica o monte Rossi, cone piroclástico que se ergue a 200 m e foi a boca do enorme fluxo de lava de 1669. A lava em si pode ser vista ao longo do trecho da estrada Catânia–Nicolosi. Assim que se chega à área do Sapienza, é possível caminhar sobre o fluxo de 2002 que praticamente destruiu o prédio. Muitos visitantes caminham para o leste a partir de Sapienza e sobem os cones marrom-avermelhados de monte Silvestri, da erupção de 1892. Olhando para o norte, você poderá ver um pico escuro que alguns confundem com o topo do Etna. Trata-se, na verdade, de La Montagnola, local do fluxo de lava do Etna de 1763 e área de boca eruptiva. Essa é a lava mais espessa da história do Etna, chegando a 100 m em certos pontos. Mais empolgados, certos visitantes escalam o topo íngreme, a fim de obter uma das melhores vistas do lado sul do Etna. Para ver outro fluxo incomum, siga de Sapienza na direção da cidade de Zafferana: a estrada serpenteia pela lava de 1792, um dos raros fluxos de lava *pahoehoe* do Etna.

A frente do fluxo de lava de 1991-3

A frente do fluxo de lava de 1991-3 pode ser vista em Piano dell'Acqua ("Planície de Água"), a cerca de 500 m a noroeste da cidade de Zafferana. Para chegar lá, siga as placas da cidade onde se lê "Colata lavica 1992". Apesar das quatro barreiras erguidas na tentativa de deter o fluxo, a lava invadiu casas nos arredores da cidade em 1992. Cessada a erupção, um pequeno parque foi construído ao lado da frente do fluxo, onde colocaram até uma imagem da Madonna. Os grafites em algumas casas deixam claro que seus donos não se impressionaram com os esforços do governo para deter a lava.

Visita em período de atividade

As erupções do Etna são freqüentes, geralmente de duas a quatro vezes por década, às vezes mais. Além das espetaculares erupções de flanco, a região do topo apresenta atividade freqüente, de modo que às vezes fica difícil definir o que realmente significa "erupção" em se tratando desse vulcão. Sendo de fácil acesso e atividade freqüente, é potencialmente um excelente lugar de onde ver e fotografar uma erupção. Grande parte da atividade constitui-se de explosões estrombolianas e fluxos grandes, espessos, de lava *aa* que, teoricamente, fazem dessas erupções um atrativo ideal para os visitantes (Fig. 8.32). A atividade estromboliana pode, no entanto, tornar-se subitamente violenta, explosões freáticas podem ocorrer sem dar aviso, e as erupções podem começar de modo repentino. Se os vulcões tivessem personalidade, o Etna seria um cheio de manhas. Diferentemente de muitos outros, não mata por meio de erupções violentas e devastadoras; é o elemento surpresa que causa as tragédias. Um exemplo recente foi a forte explosão ocorrida perto do complexo Sapienza, que feriu 32 pessoas na noite de 17 de dezembro de 2002. Essa explosão não foi diretamente provocada pela erupção, mas pela vaporização do óleo e da água dentro do edifício que estava sendo coberto pela lava.

Afora os casos fatais e bastante divulgados, como os de 1979 e 1987, os registros históricos marcam a ocorrência de outros dois acontecimentos trágicos: em 1843, 36 espectadores da cidade de Bronte morreram quando a frente de um fluxo de lava explodiu de repente ao encontrar terreno molhado, pantanoso. Durante a erupção de 1928, três homens supostamente decidiram passar mais uma noite em suas casas ameaçadas, perto da cidade de Mascali. Na manhã seguinte, as casas e, presumivelmente, seus moradores haviam sido consumidos pela lava. Esses eventos tipificam o maior perigo do Etna: a falsa sensação de segurança em que se pode facilmente cair. A atividade do Etna caminha por uma linha estreita entre o ameno e o violento, e muitas vezes é difícil prever para qual lado ela vai resvalar. Felizmente, grande parte da atividade pode ser observada em relativa segurança, e os turistas se juntam aos habitantes locais para ver os morosos fluxos de lava *aa* devorarem as partes mais baixas das encostas. As erupções de flanco são as mais fáceis de observar, e é provável que o visitante tenha muita companhia, a menos que o fluxo esteja num lugar de difícil acesso.

A atividade no topo, no Valle del Bove ou no adjacente Valle del Leone é difícil prever e, potencialmente, muito perigosa. Um guia local pode ser de valor inestimável nessas circunstâncias. Ainda que não possam levar o visitante para perto da atividade, eles vão saber de bons lugares para ver dali a erupção com segurança. Durante a erupção de 1991-3, muita gente foi ao mirante na estrada para o monte Zoccolaro, que proporcionava uma excelente visão do assoalho sul do Valle del Bove. Infelizmente, dois espectadores demasiado ansiosos morreram por terem caído dali.

Quem quiser ver a atividade de cima poderá contatar o aeroporto de Catânia. Os vôos panorâmicos estão se tornando populares na região, mas ainda não são rotineiramente oferecidos.

Sendo o Etna uma grande montanha, é particularmente importante verificar onde se encontra a erupção antes de fazer planos para ir vê-la. A época do ano também precisa ser

Fig. 8.32 O fluxo de lava de 1989. Nesta fotografia, o céu sofreu superexposição para que os detalhes da lava escura ficassem visíveis

considerada, já que muitos lugares no Etna são de difícil acesso durante os meses de inverno, e a neve se mantém nas grandes altitudes por grande parte do ano. Ir ver uma erupção no Etna pode ser tão fácil quanto ir a pé até um fluxo ativo em companhia de muitas pessoas, ou tão difícil quanto organizar uma expedição cara para uns poucos corajosos.

Outras atrações locais

Há muitas cidades interessantes e atrações geológicas na região do Etna. O melhor modo de circundar a montanha é de carro, embora haja ônibus para quase todas as cidades e a ferrovia Circumetnea sirva muitas cidades nas partes mais baixas das encostas da montanha.

Aci Castello

Assim denominada por causa do rio Aci e de um castelo datado de 1297, essa cidade oferece uma das mais irrepreensíveis atrações geológicas: uma espetacular exposição de lavas almofadadas, que formam a "rocha" sobre a qual foi construído o castelo. Entre todas, essa é, provavelmente, a exposição mais fotogênica de lava almofadada: uma língua de uns 50 m de altura erguendo-se acima do mar, coroada por um castelo normando. As lavas expostas são algumas das antigas lavas toleíticas do Etna expelidas sob a água no início da história do vulcão, há cerca de meio milhão de anos. A extensão total dessas lavas é desconhecida, já que foram praticamente cobertas em outros lugares por produtos mais jovens. Degraus unem a estrada à parte de baixo da língua vulcânica, rodeada por uma plataforma também composta de lava antiga.

Aci Trezza

Situada na costa, bem ao norte de Aci Castello, essa charmosa cidade ganhou fama por causa das lavas antigas que formam as rochas próximas da orla marinha, denominadas Ciclopi. O nome advém dos monstros de um olho só da *Odisséia*, de Homero. Segundo o poema épico, os ciclopes arremessaram rochas ao mar enquanto Ulisses e sua tripulação se afastavam em fuga. É possível fazer um passeio de barco para ver as Ciclopi de perto. As lavas aí também são basaltos toleíticos, aproximadamente da mesma idade das de Aci Castello.

Taormina

Pendurada na encosta bem ao norte do Etna, essa importante cidade *resort* é um dos melhores lugares de onde fotografar o vulcão. Taormina é famosa por seu belo anfiteatro grego, ainda usado para vários eventos artísticos. Vá à cidade de manhã cedo ou no fim da tarde, para obter uma fotografia perfeita do vulcão. Taormina é rica em história e tem uma bela arquitetura, mas a beleza da cidade fica prejudicada por causa da multidão e do número quase infinito de lojas de suvenires.

Bronte

Os aficionados em História talvez queiram visitar essa charmosa cidade, outrora o ducado que Ferdinando III de Nápoles conferiu a Lord Nelson. Até recentemente, os herdeiros de Nelson ainda eram proprietários do Castello Maniace, para onde o almirante planejava se retirar com sua amada Lady Hamilton. O castelo hoje pertence à municipalidade e passa por uma reforma, mas pode ser visitado mediante solicitação prévia; verifique essa possibilidade no escritório turístico de Catânia. Para quem estiver na região, vale a pena visitar o Museo dell'Antica Civiltà Locale (Museu da Antiga História Local), que reconstrói uma típica cena rural dos tempos antigos no cenário de um edifício árabe-normando do ano 1000 d.C., aproximadamente.

9 Vulcões da Grécia

GRÉCIA

A Grécia não é um país conhecido por seus vulcões ativos, mas aí se encontra um dos mais famosos do mundo: o belo Santorini, no mar Egeu. Por volta de 1600 a.C., esse vulcão explodiu com uma energia equivalente a cerca de três mil bombas atômicas, numa das mais cataclísmicas erupções de todos os tempos. A erupção minóica, como costuma ser denominada, teve um tremendo impacto sobre a Grécia e o Egeu, mas seu alcance é objeto de um número considerável de debates e tomos de pesquisa. Teriam os efeitos da erupção causado a queda da civilização minóica? Há quem refute isso, mas certamente essa erupção mudou o Santorini para sempre. O vulcão original, um estratocone, partiu-se formando o círculo quebrado de pequenas ilhas que hoje vemos. Várias erupções ocorreram nessas ilhas desde então, mas todas foram consideravelmente menos violentas do que a minóica. Atualmente a única atividade é fumarólica, concentrada na ilha Nea Kameni, a "jovem ilha queimada", no centro do arquipélago Santorini. Os visitantes costumam se surpreender ao descobrir que essa ilha pode entrar novamente em erupção em algum momento.

A Grécia tem alguns outros vulcões considerados ainda ativos nas ilhas de Methana, Milos, Nisyros, Yali e Kos. Entre esses, apenas Methana e Nisyros entraram em erupção em tempos históricos. Toda atividade tem sido moderada nas últimas centenas de anos, caracterizada por pequenos eventos explosivos. As pessoas não vão à Grécia para ver vulcões em atividade, embora erupções modestas em tempos recentes tenham sido apreciadas por quem teve a sorte de estar lá no momento certo. Christos Doumas, o mais famoso arqueólogo da Grécia, conta que um colega o recebeu, quando de sua primeira visita a Santorini, com as seguintes palavras: "Se tiver sorte, talvez haja alguma pequena erupção para o senhor admirar. É realmente uma visão maravilhosa".

Como a economia de Santorini e de grande parte da Grécia é sustentada pelo turismo, os visitantes encontrarão extrema facilidade para viajar. Os gregos são um povo hospitaleiro e amigável, e os crimes não chegam a ser um problema. Há muito o que ver na Grécia, e visitantes de todos os gostos poderão encontrar algo que os atraia, mas os que se interessam por História antiga são os que provavelmente terão as experiências mais agradáveis. Já outros poderão achar que a exploração de Santorini e os produtos da erupção minóica sejam o modo ideal de entrar em contato com o rico passado da Grécia.

Ambiente tectônico

Santorini compõe o arco egéico de centros vulcânicos que, assim como o mar Tirreno e seus vulcões (ver Cap. 8), se formou como resultado da complexa colisão entre a África e a Europa. A placa Africana vem mergulhando sob Creta e o sul do mar Egeu há cerca de 26 milhões de anos, mas o vulcanismo do atual arco de ilhas apenas começou de 3 a 4 milhões de anos atrás, aproximadamente. As ilhas vulcânicas ao longo desse arco, que corta o Egeu de noroeste a sudeste, são Aegina, Methana, Poros, Milos, Santorini, Kos e Nisyros.

O crescimento de Santorini tem sido fortemente controlado pelas falhas tectônicas da região. A principal ilha de Santorini, denominada Thera, é atravessada por dois grandes sistemas de falhas, ambos na direção nordeste–sudeste, denominados linhas Kameni e Kolumbo. A linha Kameni corta as ilhas de Nea e Palea Kameni ("velha ilha queimada"), no centro da caldeira de Santorini, e se manifesta na superfície como falhas e linhas de bocas eruptivas e fumarolas. Um breve exame do mapa geológico de Santorini revela que as rochas mais antigas (embasamento) não são vistas na parte norte de Thera. Isso acontece porque a falha ao longo da linha Kameni dividiu a ilha em duas partes, sendo que a parte norte agora se encontra sob o nível do mar (Fig. 9.1).

O segundo grande sistema de falhas, a linha Kolumbo, atravessa a parte norte de Thera, mas produz efeitos mais sutis. Os únicos sinais evidentes de sua presença são dois cones piroclásticos de cerca de 70 mil anos, denominados Megalo e Kokkino Vouno. A linha Kolumbo foi assim denominada por causa de sua feição mais famosa, banco Kolumbo, um vulcão submarino a nordeste de Thera, que entrou em erupção em 1650, mas desde então tem permanecido quieto.

As linhas Kameni e Kolumbo são controles importantes na evolução de Santorini e nos dão uma idéia de onde podem ocorrer futuras explosões. As maiores probabilidades indicam algum ponto ao longo da linha Kameni, sendo a jovem ilha de Nea Kameni o lugar mais provável para novas bocas.

Informações práticas para o visitante

Quando ir

Assim como todas as ilhas gregas, Santorini atrai multidões de turistas na alta estação (julho e agosto). Os preços são mais razoáveis de setembro a junho, mas entre outubro e maio muitos estabelecimentos turísticos ficam fechados e os serviços de balsas se reduzem consideravelmente. As temperaturas são agradáveis ao longo do ano todo; chove pouco, mas os ventos fortes, que sopram abundantes cinzas finas, podem ser um problema, principalmente durante os meses mais frios. Maio é, provavelmente, o melhor mês para estar em Santorini, pois o contraste entre as flores silvestres e a escura paisagem vulcânica é, de fato, impressionante.

Informações sobre atividade vulcânica

A atividade solfatárica em Nea Kameni costuma ser estável, mas qualquer mudança nessa atividade ou na atividade sísmica seria relatada no *S.E.A.N. Bulletin* (ver Bibliografia). O observatório vulcânico local é o Instituto de Estudos e Monitoramento do Vulcão Santorini (ver Apêndice I).

Monitoramento do vulcão e serviços de emergência

Nea Kameni, Santorini e as ilhas próximas são monitoradas por uma moderna rede com diversos tipos de instrumentos que asseguram o registro de qualquer sinal de iminente erupção. Em seu estado atual, Santorini não apresenta particularmente nenhum perigo, embora o visitante tenha que ser cuidadoso ao se aproximar de fumarolas ativas. Serviços médicos de emergência são gratuitos na Grécia, mas os

Fig. 9.1 Mapa geológico simplificado de Santorini que mostra também a batimetria e a localização do banco Kolumbo (Cape Kolumbo)
Fonte: conforme Druitt et al. ,1998, reimpresso de *Fire in the Sea*, de Walter L. Friedrich, Cambridge University Press.

visitantes que tenham seguro médico recebem um atendimento melhor. A língua não costuma ser problema na Grécia, já que a maioria dos médicos falam inglês.

Transportes

Santorini tem um importante aeroporto e vôos freqüentes para Atenas e outras cidades européias. A viagem de balsa é mais barata e muito conveniente, ligando Santorini (porto Ormos Athinios) a Atenas (porto Piraeus) e a outras ilhas gregas. Não é difícil encontrar um barco de Santorini para Nea Kameni. A maioria dos visitantes circulam por Santorini em ônibus públicos, táxis ou pequenas motos alugadas. Quanto aos automóveis, é possível alugá-los ou levá-los de balsa, mas dirigir (e estacionar) no centro de Fira costuma ser um transtorno.

Alojamento/Hospedagem

Santorini tem uma grande variedade de hotéis e pensões, a maioria em Fira. Só é permitido acampar em locais indicados, embora o acampamento costume ser tolerado em outros lugares. Há locais de acampamento oficiais perto das cidades de Perissa e Kamari, na costa sudeste da ilha.

Mapas

É fácil comprar um simples "mapa turístico rodoviário" de 1:40.000. Esse mapa mal indica a topografia, mas apresenta as alturas das principais colinas e informa as atrações mais populares. Um mapa geológico em cores das ilhas Nea Kameni e Palea Kameni está incluído no popular *Santorini: Guide to the Volcano*, publicado pelo Instituto de Estudos e Monitoramento do Vulcão Santorini. O livro pode ser facilmente encontrado na ilha. Um novo mapa geológico de Santorini foi publicado em 1999 em "Memoir of the Geological Society" (ver Bibliografia).

SANTORINI

Santorini é um dos vulcões mais fascinantes do mundo, não apenas por causa da magnífica paisagem geológica, como também por sua história rica e interessante. A ilha vem sendo ocupada por cerca de 5 mil anos. Antes da erupção minóica, Santorini era um estratocone talvez semelhante ao Stromboli, já que as duas ilhas eram conhecidas pela palavra "Strongyle", que significa "redonda". Outro antigo nome para Santorini era Kallisti, "a bela", refletindo sua beleza, que ainda hoje é indiscutível. A erupção minóica e o desabamento de caldeira a ela associado transformaram o estratocone no grupo de cinco ilhas que hoje vemos, em que Thera, Therasia e Aspronti encontram-se dispostas em forma de círculo partido ao redor da ilha central de Nea e Palea Kameni. São conhecidas em conjunto como Santorini, nome que lhes foi dado pelos Cruzados do século XIII, por causa da capela de Agia Irini (Santa Irene), cuja localização nas ilhas já não é conhecida (Fig. 9.2).

A caldeira de Santorini é, na verdade, um complexo de quatro estruturas de fundo plano que resultaram de pelo menos quatro desabamentos de caldeira. As abruptas falésias que assinalam as paredes das várias caldeiras são, de fato, impressionantes, chegando a 300 m de altura. A caldeira maior é a da parte norte da ilha, estende-se até Fira e é delineada por Therasia no lado oeste. A bacia norte parece ter sido o foco do desabamento de caldeira mais profundo quando da erupção minóica. Sua profundidade atual, abaixo do nível do mar, é de 390 m.

A marcante história geológica de Santorini deixou seu registro nas falésias abruptas que caem no mar e dão à ilha sua característica escarpada. É fácil ver que as falésias compõem-se de sucessivas camadas de depósitos vulcânicos, cada qual contando uma história de muitos milhares de anos. Santorini é o vulcão ideal para as pessoas interessadas em aprender estratigrafia vulcânica, isto é, como usar as diversas camadas para reconstruir a longa história do vulcão. Há muitos locais ao longo das falésias em que a sucessão de camadas de diferentes erupções é, de fato, admirável, com variações de cor e textura. A escassez de árvores ou de vegetação alta é uma vantagem nesse caso, pois não há nada para obstruir a visão.

Os geólogos foram encontrar as origens de Santorini numa ilha pré-vulcânica do período

Fig. 9.2 Imagem de Santorini captada pelo Aster (Advanced Spaceborne Thermal Emission and Reflection Radiometer), do satélite Terra da Nasa, em 21 de novembro de 2000. A ilha maior é Thera; a menor é Therasia. As ilhas Kameni (que aparecem escuras no centro da imagem) foram formadas a partir da caldeira principal e recentemente, em 1950, entraram em erupção

lavas e piroclásticos, a maior parte de composição andesítica, que acabaram por formar um grande estratocone. Seus remanescentes ainda podem ser vistos hoje em Megalo Vouno e Micros Profitis Elias. Por volta da mesma época, a atividade recomeçou no sul, formando cones de material piroclástico e pedaços de lava na península de Akrotiri, alguns dos quais podem ser vistos ainda hoje.

Por volta de 360 mil anos atrás, Santorini entrou no denominado Ciclo 1, o primeiro dos dois grandes ciclos eruptivos com foco ao longo da falha da linha Kameni. Lavas e piroclásticos do Ciclo 1 podem ser vistos ao longo da parede da caldeira no sul de Thera, onde os visitantes interessados na estratigrafia do vulcão podem se entreter interpretando os vários depósitos com a ajuda de um mapa geológico e uma coluna estratigráfica. As sucessivas erupções encontram-se apenas sintetizadas aqui, mas a datação e o mapeamento de seus depósitos mantiveram muitos geólogos ocupados.

A primeira erupção do Ciclo 1, denominada Cabo Alai, produziu lavas andesíticas que formam uma camada de 60 m de espessura na base das falésias, a cerca de 1 km ao sul de Fira. A erupção seguinte, denominada Cabo Therma 1, foi o primeiro grande evento explosivo de Santorini e deixou espessos depósitos de lavas dacíticas no sul de Thera. Cabo Therma 2, outra grande erupção explosiva, deixou uma camada de queda de púmice branco puro de cerca de 2,5 m de espessura, fácil de observar nas falésias do sul de Thera. A erupção também extrudou lavas pastosas riodacíticas que podem ser vistas em Cabo Alonaki. O evento Cabo Therma 3 produziu um depósito de fluxo de escória cinzenta bastante espalhado pela península de Akrotiri. O Ciclo 1 culminou com duas espetaculares erupções explosivas conhecidas pelos nomes pouco imaginativos de Baixo Púmice 1 e 2. As duas erupções começaram com uma fase pliniana a partir de bocas próximas das atuais ilhas Nea e Palea Kameni e deixaram depósitos por toda a parte sul de Thera. O Ciclo 1 terminou de modo um tanto cataclísmico por volta de 180 mil anos atrás, com um grande desabamento de caldeira.

O Ciclo 2 da evolução do Santorini começou cerca de 170 mil anos atrás com a erupção

Triássico. Calcários cristalinos e xistos dessa antiga ilha podem ser vistos ainda hoje, principalmente em Profitis Elias, o ponto mais alto de Santorini. As primeiras erupções vulcânicas conhecidas em Santorini foram submarinas e aconteceram no final do Plioceno. Depois disso, a evolução do vulcão pode ser mais bem descrita em seis diferentes estágios. O primeiro, denominado Antigos Centros da Península Akrotiri, seguiu-se às erupções submarinas e terminou há cerca de 580 mil anos. As lavas de Santorini, pastosas, de alto teor de sílica e composição riodacítica, irromperam de bocas situadas na parte sul de Thera. Ainda se podem ver as colinas de lava perto de Akrotiri formadas durante esse estágio inicial. As rochas desse período podem ser facilmente diferenciadas das outras por apresentarem grande quantidade do mineral hornblenda.

O segundo estágio, denominado Peristeria Volcano, durou de 530 mil a 430 mil anos atrás. As bocas da parte norte de Thera expeliram das lavas andesíticas do cabo Simandiri, que formaram um escudo no norte de Thera, algumas partes do qual ainda podem ser vistas na base das falésias da ilha Therasia. Seguiu-se uma série de erupções explosivas, quatro delas consideradas eventos importantes, tendo cada qual descarregado ao menos alguns quilômetros cúbicos de piroclásticos. As "quatro grandes" chamam-se Cabo Thera, Médio Púmice, Vourvoulos e Escória Superior 1, mas os que não se lembram desses nomes simplesmente designam todo o conjunto de "Tufo Médio". Seus depósitos consistem em cinzas, púmice, escória, fluxos e ejeções piroclásticos e outros produtos. É preciso ter um bom olho para distinguir as diversas camadas; se você estiver na companhia de geólogos, as discussões sobre a origem de cada qual pode se tornar bastante animada (Fig. 9.3). No mesmo período das erupções Tufo Médio, os cones piroclásticos Megalo Vouno e Kokkino Vouno ergueram-se sobre o antigo vulcão Peristeria, na parte nordeste de Thera. A fase Tufo Médio terminou com outro grande desabamento de caldeira. O Ciclo 2 depois entrou numa fase mais quieta, durante a qual o escudo de lava Skaros formou-se dentro da caldeira. Estima-se que Skaros chegou a 350 m acima do nível do mar, com um diâmetro de cerca de 9 km. Remanescentes do escudo de 70 mil anos podem ser vistos ao longo das falésias ao norte de Fira e também na ilha Therasia.

Outras três grandes erupções ocorreram antes de Santorini receber os primeiros humanos, que de nada desconfiavam. Primeiramente houve a erupção Alto Escória 2, cerca de 55 mil anos atrás, na qual uma boca próxima da atual ilha Nea Kameni lançou fluxos de escória pelos flancos do escudo Skaros. Em seguida, houve a formação de outro vulcão-escudo, denominado Therasia, parte do qual ainda sobrevive como ilha. As falésias da atual Therasia revelam as sucessivas camadas de domos e fluxos, que em certos lugares chegam a mais de 200 m de espessura. A maior parte do escudo Therasia foi destruída pela erupção seguinte, a Cabo Riva, que também causou o desabamento do escudo Skaros. Essa erupção explosiva ocorreu há cerca de 21 mil anos, começando com uma fase pliniana que soltou chuva de púmice por toda parte – esses depósitos ainda podem ser vistos

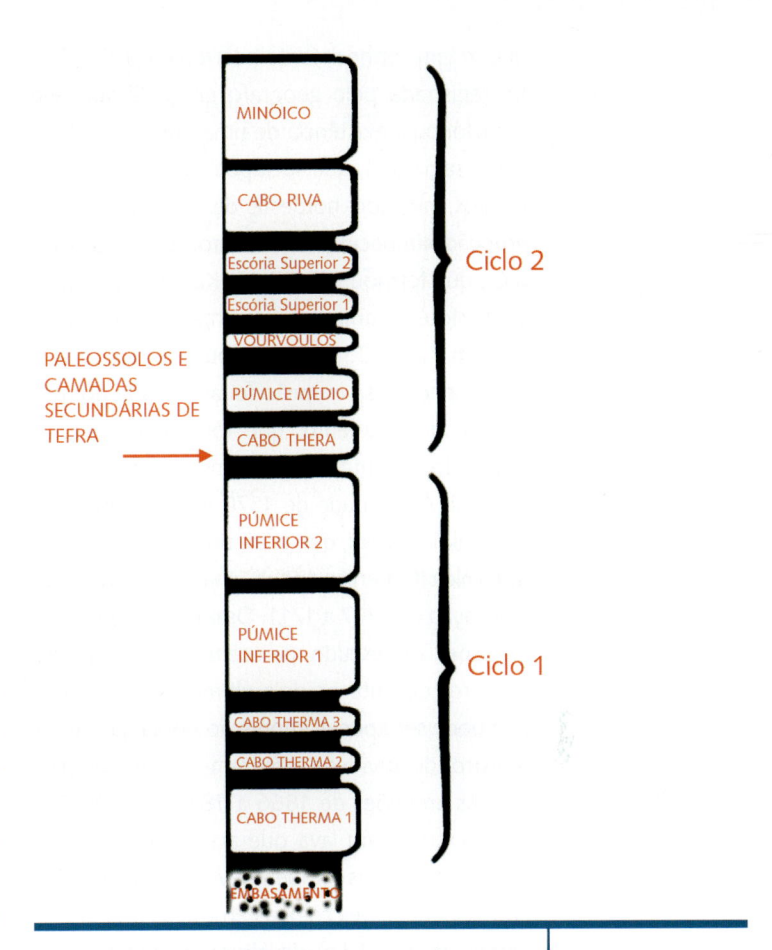

Fig. 9.3 Estratigrafia dos depósitos de erupção piroclástica em Santorini, mostrando os Ciclos 1 e 2. As faixas negras representam tufos e paleossolos de erupções de menor importância
Fonte: modificado de Druitt et al., 1996.

no norte de Thera. A coluna de erupção pliniana desabou, e fluxos piroclásticos foram lançados de múltiplas bocas, cobrindo a maior parte de Santorini. Depois disso, o vulcão entrou num período de repouso que durou cerca de 17 milênios, durante o qual os colonizadores começaram a chegar.

A erupção minóica, descrita adiante, foi a última grande erupção explosiva até o presente. Santorini continua bastante ativo, mas, felizmente para os atuais moradores da ilha, desde 197 a.C. tem estado em fase de considerável repouso, durante a qual magma dacítico tem escorrido lentamente da linha Kameni e formado um vulcão-escudo dentro da caldeira. As ilhas Palea Kameni e Nea Kameni são as pontas afloradas do escudo de 3,5 km de diâmetro, que se ergue 500 m acima do assoalho submerso da caldeira. Somente nove das erupções formadoras de escudo foram registradas ou deduzidas a partir de registros históricos. A mais antiga de que se tem conhecimento ocorreu em 197 a.C. e foi registrada pelo geógrafo grego Strabo. Ele mencionou a existência de uma nova ilha, Hiera ("ilha sagrada"), que se supõe ser o atual recife Bankos, no lado nordeste de Nea Kameni. A erupção conhecida seguinte foi a de 46 a 47 d.C., que formou a ilha Palea Kameni. O vulcão despertou novamente com uma grande explosão em 726 d.C., lançando púmice por toda a Ásia Menor. Essa erupção foi assinalada por um grande desabamento, que formou as falésias um tanto abruptas na parte nordeste de Palea Kameni. A atividade de 1570 a 1573 formou a ilha Mikri Kameni, que posteriormente se uniu à atual Nea Kameni, a "nova" ilha nascida durante a erupção de 1707 a 1711. Os intervalos entre as erupções de escudo parecem ter se tornado menores durante os dois últimos séculos, mas isso pode ser apenas impressão nossa, já que os registros de atividade tornaram-se mais completos. As erupções de 1866 a 1870 e de 1925 a 1928 extrudaram lava que acrescentou terra a Nea Kameni, mas também teve fases explosivas com espetaculares colunas eruptivas que alcançaram de 2 a 3 km de altura. A atividade de 1939 a 1941 começou com uma explosão submarina, mas logo mudou para o centro de Nea Kameni, formando quatro domos de lava. A última erupção, em 1950, começou com explosões freáticas, seguidas de extrusão do fluxo de lava Liatsikas – a terra mais nova da Grécia.

A atividade em Nea Kameni tem sido relativamente amena, mas uma violenta erupção ocorreu em 1650 no recife Kolumbo, a cerca de 6,5 km de Thera. Depois de dois anos de quietas extrusões submarinas de lava, uma série de explosões fortes acima do nível do mar produziu grandes quantidades de cinzas e vapores. A nociva mistura desviou-se para Santorini, causando fortes dores nos habitantes e cegando muitos durante três dias. As explosões não tardaram a ser seguidas de um grande tsunami que arrasou Santorini e outras áreas num raio de 150 km, matando pelo menos 50 pessoas e mil animais. O cone da ilha formado no recife Kolumbo tem sido, desde então, erodido pelo mar, mas as pesquisas batimétricas revelam a existência de uma caldeira de 3,5 km de diâmetro e 500 m de profundidade que pode um dia retornar à vida.

Os turistas de hoje vão à ilha em busca de sol e praia, mas muitos vão até Nea Kameni, localmente conhecida como "o vulcão". Os visitantes costumam ficar surpresos ao descobrir que sua última erupção foi em 1950; recentemente, portanto. Quando começou o grande afluxo de turistas a Santorini, nos anos 1970, não era "o vulcão" que atraía multidões, mas a beleza natural extraordinária de Santorini, com suas falésias escarpadas, praias de areia negra e as pitorescas cidades de Fira e Oia, com suas casas de domo branco. Santorini é basicamente uma ilha de lazer tanto para gregos quanto para estrangeiros. No entanto, os visitantes interessados em vulcões, História antiga, ou nas duas coisas, são aqueles que poderão apreciar integralmente a ilha. As falésias abruptas contam a história de uma série de erupções pré-históricas, históricas e da cataclísmica sucessão de eventos durante a erupção minóica. As escavações em Akrotiri revelaram uma rica cidade minóica atingida pela erupção, mas incrivelmente bem preservada. Assim como Pompéia e Herculano, na Itália, a cidade escavada revela um modo de vida totalmente destruído por um vulcão, embora aqui os habitantes tivessem tido muitos avisos e conseguido escapar – nenhum corpo foi ainda encontrado.

Os moradores da Santorini de hoje estão bem conscientes do passado violento do vulcão, mas não esperam ver novas atuações do mesmo tipo. Sabem que uma nova erupção a partir de Nea Kameni é a mais provável ameaça e, se ela for tão amena quanto as da história recente, o evento antes irá empolgar, em vez de assustar, a maioria dos visitantes. Um perigo maior é o de um forte terremoto, como aquele de magnitude 7 que devastou a ilha em 1956. Outro terremoto desse tipo poderia causar muitas vítimas fatais e seria desastroso para a próspera indústria turística da ilha. Os habitantes convivem com essa possibilidade e rezam para que não ocorra, ao menos durante os movimentados meses de verão. A maioria dos turistas é alegremente sem consciência desse perigo.

A erupção minóica

Esse evento cataclísmico é uma das erupções mais bem estudadas do mundo – e também uma das mais debatidas, já que muitos de seus aspectos são objeto de controvérsia. Para começar, não há acordo quanto à data da erupção, freqüentemente designada como "minóica". A data arqueológica convencional para o evento situa-se entre 1500 e 1550 a.C., mas a recente datação por radiocarbono dos materiais escavados em Akrotiri indicam que a erupção ocorreu um século antes. Isso concorda com dados obtidos bem longe dali. Espera-se que uma erupção dessa magnitude tenha deixado sua assinatura na atmosfera (aumentando a quantidade de enxofre) e no clima (abaixando as temperaturas). Um núcleo de gelo da Groenlândia revela um aumento na quantidade de ácido sulfúrico por volta de 1645 a.C. Além disso, estudos de anéis de pinheiros da Califórnia, de grandes altitudes, e também de carvalhos da Irlanda, revelam danos causados por gelo a essas árvores, o que implica a ocorrência de uma grande erupção em 1627 a.C., com estimativa de erro de apenas dois anos. Embora seja possível que uma outra erupção tenha provocado esses efeitos ambientais, há crescente evidência de que a data da erupção se situe entre 1600 e 1650 a.C.

Não se sabe quanto tempo a erupção durou, mas a seqüência dos diversos eventos foi reconstituída a partir dos depósitos que cobrem a maior parte de Santorini hoje, bem como a partir de escavações em Akrotiri. Sabe-se que terremotos sacudiram a ilha bem antes da catástrofe, levando os habitantes a deixar suas casas. Esse é o motivo de não terem sido encontrados corpos nem artefatos preciosos nas ruínas. Seguiram-se terremotos mais violentos, que destruíram muitos edifícios. No entanto, antes de a erupção ocorrer, deve ter havido um longo período de quietude, porque alguns habitantes voltaram e começaram a reparar os danos causados nos prédios. Foi nessa época que a erupção principal começou, mas seu surto inicial – com probabilidade de terem sido pequenas explosões freáticas e freatomagmáticas – também deu tempo para os habitantes fugirem. Púmice fino caiu por toda a ilha, formando uma camada de cerca de 2 cm de espessura. A erupção deve ter parado por algum tempo, o suficiente para essa camada de púmice sofrer oxidação. Parece que, felizmente, as pessoas não voltaram, já que as explosões seguintes fizeram chover púmice na ilha, formando depósitos de mais de um metro de espessura.

O evento seguinte é que foi verdadeiramente catastrófico. Uma erupção pliniana lançou grandes quantidades de cinza na atmosfera e rochas enormes sobre Akrotiri, algumas das quais ainda hoje podem ser vistas. A coluna eruptiva chegou a 36 km de altura, e choveu fragmentos de púmice por toda a ilha, deixando uma camada cinza-claro de mais de 30 m de espessura em alguns lugares. Diretamente sobre a camada de púmice, houve depósitos de fino material de ejeção, um tipo de fluxo piroclástico diluído, mas de movimentação rápida e mortal. Sabe-se que a chuva pliniana continuou, já que há fragmentos de púmice misturados às ejeções. Os estudos dos depósitos revelam que entrou água do mar na boca eruptiva, provavelmente depois de várias horas de atividade pliniana, quando começou o desabamento da caldeira e se espalharam fraturas a partir da boca nas direções nordeste e sudoeste. A água e o magma quente se misturaram, provocando explosões violentas que mandaram encosta abaixo potentes fluxos de lama. Blocos de lava de até 10 m de diâmetro foram arrastados pela torrencial mistura de água, cinzas e fragmentos de magma.

Depois dos fluxos de lama, a erupção prosseguiu seu curso destruidor, passando a lançar tórridos fluxos piroclásticos, entre 200 e 400°C, estimadamente. Esses depósitos – denominados ignimbritos – formam uma camada de até 40 m de espessura ao redor de toda a costa externa de Thera, Therasia e Aspronisi. Dentro e em cima dos ignimbritos, há enigmáticos depósitos denominados brechas (*breccias*) de inundação, supostamente formados quando os fluxos piroclásticos carregaram partes dos depósitos de fluxos de lama, espalhando os detritos torrente abaixo.

Depois de terminada a erupção, a natureza não ficou quieta por muito tempo. Os depósitos de ignimbrito na área das escavações de Akrotiri foram erodidos e cobertos por depósitos aluviais, indicando que ocorreram inundações fortes e súbitas logo depois do fim da erupção.

Estima-se que a erupção minóica tenha descarregado cerca de 30 km³ de magma e que a ilha tenha perdido aproximadamente 83 km² da área original. Cinzas da erupção foram carregadas para o leste e podem ser encontradas hoje nas ilhas Kos e Rhodes, bem como no oeste da Turquia. Os vastos depósitos de púmice em Santorini acabaram por se tornar a principal fonte de renda da ilha, até que começou o turismo de massa e as minas foram fechadas, por causa de preocupações ambientais. Os habitantes locais gostam de dizer que o púmice de Santorini já foi, em determinada época, exportado para o mundo todo e que o cimento feito desse púmice margeia o canal de Suez.

Não se sabe exatamente quanto tempo transcorreu depois da erupção até as pessoas começarem a voltar a Santorini. Fragmentos de vasos micênicos indicam a ocorrência de recolonização por volta do final do século XIII a.C. Os lacedemônios, que lá se instalaram no século IX a.C., deram à maior das ilhas do grupo o nome de Thera, em homenagem a seu líder Theras. A ilha tem sido habitada desde então, apreciada principalmente por causa de sua localização nas rotas de comércio e do fértil solo vulcânico, e, mais recentemente, devido às belas paisagens e aos ricos sítios arqueológicos.

Uma visão pessoal: onde começam os mitos

Quase todo mundo que começa a investigar a história de Santorini acaba ficando fascinado pelas tradições e pelos mistérios relacionados à erupção minóica. Os efeitos de longo alcance e às vezes exagerados da grande catástrofe deram origem a milhares de publicações, de puramente acadêmicas a rematadamente sensacionalistas. Seria Santorini a "Atlântida Perdida" descrita por Platão? Teria a erupção causado a queda da civilização minóica? E quanto à praga da escuridão no Egito e à abertura do mar Vermelho realizada por Moisés? Essas perguntas podem parecer extraordinárias, e as respostas talvez nunca sejam obtidas, mas não há dúvida de que a erupção minóica teve enormes repercussões na época e facilmente pode ter inspirado lendas fantásticas.

A grande quantidade de cinzas lançadas na atmosfera deve ter produzido efeitos marcantes no mar Egeu e mais além. Também é provável que tenha provocado uma mudança climática global temporária. E é ainda perfeitamente possível que o relato bíblico da praga da escuridão no Egito tenha sido inspirado pelas cinzas espalhadas. Já uma ligação entre a abertura do mar Vermelho e a erupção de Santorini é mais difícil de sustentar. A sugestão vem de Hans Goedicke, da Johns Hopkins University, e baseia-se numa inscrição gravada num templo egípcio por volta do começo do século XV a.C. Partes do texto parecem corresponder ao relato bíblico do Êxodo e sugerem que uma inundação súbita engoliu o exército que perseguia os israelitas. Para que o relato seja compatível, os israelitas teriam que estar viajando ao longo da costa norte do Egito, que, de fato, é um trajeto mais direto para a Palestina do que o mar Vermelho. Os fugitivos deviam estar reunidos num lugar elevado, a fim de preparar sua defesa contra o exército, quando veio a inundação – presumivelmente um tsunami – varrendo os perseguidores. A grande pergunta é: teria a erupção minóica provocado um tsunami? Em caso afirmativo, teria essa onda gigante viajado cerca de 850 km para sudeste, causando uma inundação devastadora no deserto?

Os tsunamis costumam ser desencadeados por vulcões insulares. No caso de Santorini, é possível que uma onda suficientemente grande tenha atravessado o Mediterrâneo e, em questão de horas, alcançado a costa do norte da África. O problema dessa teoria é que seria de esperar que o tsunami deixasse alguma evidência geológica de sua ocorrência, e até o momento, nenhuma evidência segura foi encontrada. Outra grande fonte de incerteza para qualquer ligação entre eventos bíblicos e a erupção minóica é o tempo: as datas para o Êxodo são ainda mais vagas do que as aventadas para a erupção. Na falta de qualquer evidência real, essas ligações devem permanecer no âmbito das conjeturas interessantes.

Uma teoria mais acirradamente debatida é aquela que estabelece uma possível relação causal entre a erupção e a queda da civilização minóica. Essa idéia foi inicialmente defendida pelo famoso arqueólogo grego Spyridon Marinatos, que descobriu a cidade soterrada de Akrotiri em 1967. Embora haja evidência de que a erupção ou os terremotos associados ao movimento magmático tenham causado grandes danos às cidades e aos palácios em Creta – o principal centro minóico –, a maioria dos estudiosos hoje concorda que a erupção coincidiu com um já existente declínio quanto à qualidade da civilização em Creta. É interessante notar que os estudos arqueológicos e geológicos de Creta indicam que toda a história da civilização minóica foi pontuada de terremotos. Cada fase do desenvolvimento desse povo parece ter cessado, ao menos localmente, por causa de terremotos destruidores. Portanto, embora forças geológicas tenham certamente tido participação no declínio minóico, o papel da erupção de Santorini talvez tenha sido apenas o de golpe de misericórdia desferido contra um império já agonizante.

Quanto à idéia mais fantástica – a de que Santorini seja a Atlântida Perdida de Platão –, parece ela improvável, ainda que partindo da premissa de o relato de Platão basear-se em fatos reais. O principal centro minóico de Santorini, Akrotiri, já tinha sido, em grande parte, destruído e abandonado antes da erupção. Isso não está em concordância com a lenda de Atlântida, segundo a qual um grande centro de civilização foi súbita e violentamente destruído pelo mar. Além disso, a ilha de Santorini é uma candidata improvável para o lendário continente: é pequena demais, e seu poder naval e de civilização era bem inferior ao da poderosíssima Atlântida. Na verdade, a Creta minóica encaixa-se melhor do que Santorini nas descrições de Atlântida. A ligação entre a erupção de Santorini e o "Continente Perdido" advém da suposta data para a destruição de Atlântida, aproximadamente 1500 a.C. Partindo-se da hipótese de que a catástrofe de Atlântida foi um fato histórico, a erupção minóica pode ter sido sua causa mais provável, principalmente se tiver provocado um tsunami.

Uma interpretação sensata para a história da Atlântida Perdida é a de Spyridon Marinatos. O relato de Platão foi o primeiro a ser escrito, mas a história chegara a ele oralmente e foi primeiramente atribuída a sacerdotes egípcios por volta de 590 a.C. Marinatos argumenta que os sacerdotes se confundiram ao atribuir a destruição de uma civilização (a minóica) ao afundamento de uma ilha onde o povo prosperava (Creta). Na verdade, Santorini é que tinha "afundado", embora não completamente. Uma vez que 900 anos tivessem transcorrido desde a erupção, não é de surpreender que os sacerdotes tivessem se enganado quanto a alguns fatos. O próprio Platão pode tê-los embelezado mais, já que usou a história como paradigma de uma sociedade idealmente organizada que prosperou até tornar-se arrogante e decadente, atraindo a ira dos deuses. Se há ou não alguma verdade na lenda de Atlântida, podemos ter a certeza de que uma erupção cataclísmica como a de Santorini poderia, de fato, ter destruído um império insular "num único dia e numa única noite".

Visita em período de repouso

Não é de esperar que as condições de Santorini decepcionem o visitante; longe disso. Nea Kameni mostra que o vulcão continua bem vivo. Há fumararolas, rochas quentes e aquele inconfundível odor sulfuroso de vulcão. As principais atrações vulcânicas de Thera são os produtos de velhas erupções, especialmente a minóica, e as escavações arqueológicas em Akrotiri, que nos permitem vislumbrar como era a vida no local antes do cataclismo.

Nea Kameni

Chamada simplesmente de "o vulcão" pela população local, essa pequena ilha é uma importante atração turística. As embarcações para Nea Kameni partem do porto Athinios, em Thera, e a viagem proporciona algumas vistas espetaculares dos despenhadeiros da caldeira. O desembarque em Nea Kameni é no pequeno porto de Kato Fira (denominado localmente de Yialo), flanqueado dos dois lados por lóbulos de fluxo de lava em blocos da erupção de 1925-6. O porto em si foi instalado na lava mais velha exposta da ilha, proveniente da erupção Mikri Kameni de 1570-3. Um caminho para o topo de Nea Kameni parte de Kato Fira e atravessa alguns metros de lavas Daphne, uma lava negra, em blocos (da erupção de 1925-6), antes de começar a subir as encostas cobertas de cinzas do domo Mikri Kameni (Fig. 9.4). Observe as bombas casca-

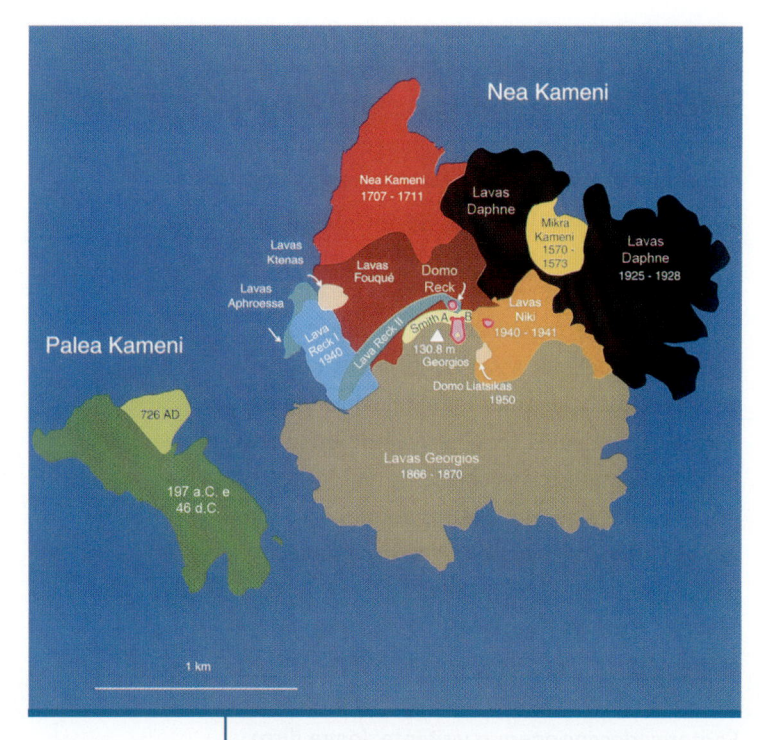

Fig. 9.4 Mapa geológico esquemático de Nea Kameni e Palea Kameni
Fonte: conforme Georgalas, 1962, reimpresso de *Fire in the Sea*, de Walter L. Friedrich, Cambridge University Press.

de-pão dessa erupção nos dois lados do caminho. Nea Kameni produziu essas bombas em abundância, e vale a pena desviar-se um pouco para vê-las mais de perto. Mais adiante, no caminho para o topo do domo Mikri Kameni, do lado esquerdo, fica a cratera dessa erupção. Olhando para o sul, a partir da cratera, é possível ver as várias estações sísmicas usadas para monitorar os estrondos da ilha. O caminho prossegue para o ponto em que as lavas Daphne cobrem Mikri Kameni; em seguida, bifurca-se e contorna a borda da principal cratera Daphne, voltando a juntar-se na extremidade das lavas de 1938-41. Antes de subir ao topo da ilha, faça um pequeno desvio pela direita da bifurcação, a fim de ver de perto os domos de lava Fouqué, Reck e Smith, assim denominados por causa dos cientistas – um francês, um alemão e um norte-americano – que estudaram as erupções da ilha. Nas encostas desses domos, há bombas casca-de-pão espalhadas, algumas com 2 m de diâmetro. É possível subir ao alto dos

Fig. 9.5 Nea Kameni vista de Santorini

domos, o que oferece vistas excelentes dos fluxos de lava de 1939-40. Há outro domo, denominado Niki, à esquerda do caminho.

Seguem-se as duas crateras espetaculares de 1940, que se formaram sobre as lavas Georgios, da erupção de 1866-70, e receberam o nome do rei da Grécia, Georgios I. As crateras são pontuadas de fumarolas ativas, com o característico cheiro de ovo podre e brilhantes depósitos sulfurosos amarelos e brancos. Gases escapam a temperaturas entre 93 e 97°C, e o solo é quente em muitos pontos. Várias das fumarolas situam-se na borda leste, e é possível estender a mão acima delas para sentir o calor. O ponto mais alto da ilha, a 127 m, é assinalado por um obelisco a sudoeste das duas crateras.

Muita gente termina a visita aí, mas vale a pena continuar pelo caminho que desce para as encostas do domo Georgios até o porto da baía Taxiarhes. Se o tempo for curto, caminhe apenas pelos primeiros 200 m, a fim de ver, à esquerda, a lava Liatsikas, de 1950, batendo contra o domo Georgios. Esse pequeno fluxo, que recebeu o nome de um eminente geólogo grego, é a peça mais jovem do patrimônio grego. É possível sair da trilha e descer a encosta íngreme até o fluxo de lava negra, em blocos. O recente fluxo de lava apresenta grandes cristais de feldspato, piroxênios e olivinas. A partir desse ponto, a trilha circunda as lavas Niki (Vitória), do domo Niki, de 1940-1, e continua sobre cinzas e lava do domo Georgios. A última parte do caminho, íngreme, áspera, desce até Ormos ton Taxiarhon ("Angra dos Arcanjos").

A maioria das excursões organizadas para Nea Kameni não deixam tempo suficiente para explorar a ilha; é melhor, portanto, contratar um barco que leve até lá e vá buscar mais tarde – reserve pelo menos quatro horas para permanecer em terra. Ao negociar o barco, combine uma parada em Palea Kameni e uma volta completa ao redor das duas ilhas, para apreciar as falésias costeiras que, de outro modo, seriam inacessíveis (Fig. 9.5).

Palea Kameni

Essa pequena ilha, de aproximadamente 3 km de extensão, é famosa pela baía de Agios Nikolaos. Muitas das excursões para Nea Kameni fazem uma parada aí para que os visitantes possam nadar na baía, aquecida por fontes termais à temperatura ideal de 36°C. O local é muito pitoresco por causa dos óxidos de ferro trazidos pelas fontes termais que tingem a orla e o assoalho marinho de tonalidades alaranjadas. A entrada da baía é assinalada pelo forte contraste entre as águas verdes e quentes da baía e o frio azul do mar Egeu.

Vale a pena desembarcar na ilha e seguir uma trilha íngreme até o topo, a 98 m de altura, de onde se tem vistas espetaculares de Nea Kameni. Dali também é possível ver as submersas ilhotas de Maio, no estreito entre Palea e Nea Kameni. Foram formadas durante a erupção de 1866-70 e hoje estão a cerca de 1 m abaixo do nível do mar.

A maioria das lavas de Palea Kameni, conhecidas como lavas Thia, datam da erupção de 46-7 d.C. Assim como as de Nea Kameni, são de composição dacítica. Há fissuras profundas nas lavas Thia, algumas com aproximadamente 30 m de profundidade, muitas vezes ocupadas por ninhos de pombos selvagens. A parte "nova" da ilha, formada durante a violenta erupção de 726 d.C., situa-se ao norte de Agios Nikolaos. É possível pegar uma trilha para a cratera da erupção: uma estrutura alongada, de aproximadamente 250 m de diâmetro, que, com seu lago verde, forma um conjunto verdadeiramente fotogênico. A erupção espalhou púmice e cinzas pelo mar Egeu, até a Ásia Menor.

Palea Kameni é cercada de falésias espetaculares que podem ser mais bem avistadas de um barco. Observe o domo de lava na costa sudeste da ilha. Esse domo foi partido ao meio pela subsidência da linha costeira, e seu interior encontra-se agora exposto: uma estrutura de camadas de lava em forma de cebola. Mais adiante, na costa sul, há dois lóbulos de fluxo de lava que entram no mar. A maior parte da linha costeira apresenta sinais de subsidência que, de fato, têm gradualmente tornado a ilha menor.

Aproveite a viagem de volta a Santorini para observar do barco os diversos depósitos nas encostas da caldeira – a vasta proporção das erupções passadas do vulcão torna-se evidente de imediato.

Fig. 9.6 A "escada dos jumentos" liga a cidade de Fira ao porto. A caminhada é excelente modo de ver as muitas camadas vulcânicas que formam as encostas, mas é preciso estar atento aos jumentos

Fira e "os degraus"

Fira, capital de Thera, é um deslumbrante conjunto de cubos e domos brancos em meio a ruas estreitas e sinuosas. O lugar tem uma atmosfera de mercado, onde as pequenas lojas vendem de tudo, de jóias de ouro a púmice, e até pequenos pedaços de concreto exibidos como "rocha vulcânica". A cidade está precariamente pendurada na encosta da caldeira e oferece um panorama verdadeiramente estonteante das outras ilhas de Santorini, com Nea Kameni bem no centro. Fira tem um porto abaixo das encostas; no momento, usado principalmente por navios de cruzeiro. Há dois caminhos para descer ao porto, e os dois proporcionam ótimos avistamentos das camadas de depósitos de erupções passadas: o moderno teleférico e a velha "escada dos jumentos", que ziguezagueia da cidade ao porto (Fig. 9.6). Os degraus – na verdade, um caminho íngreme de degraus baixos, de comprimento mais ou menos apropriado para os jumentos – proporcionam excelente oportunidade de aproximação das muitas camadas vulcânicas que formam as encostas. No entanto, como o nome indica, a prioridade de circulação é para os morosos jumentos que levam turistas para cima e para baixo. Fique perto da beirada; eu não fiquei, e fui literalmente empurrada para baixo por uma leva de jumentos, dois dos quais enfiaram o focinho nas minhas axilas para me ajudar a ir em frente. Mais uma palavra de precaução: os degraus são muito escorregadios e, com certeza, seus sapatos irão, por um bom tempo, lembrá-lo dos jumentos.

Quem não se sentir desencorajado por essa descrição poderá descer de Fira ao porto, atento ao número de curvas do caminho, sendo esse o melhor modo de sinalizar os locais de interessantes exposições de rochas. Quanto à idade, os depósitos vão da erupção Púmice Médio (parte do Ciclo 2), estes situados nas proximidades do porto, ao escudo de lavas Therasia, perto do topo. Todas essas erupções ocorreram antes do cataclismo minóico.

A primeira parada interessante fica logo na segunda curva, do lado esquerdo (de quem olha para o mar). Nota-se ali um fluxo escuro de lava com uma base avermelhada de cascalho oxidado. A lava é de um fluxo dacítico do escudo Therasia. Tem algumas estruturas interessantes, tais como faixas e dobras, além de nódulos espalhados de andesita marrom, denominados inclusões, que representam fragmentos de magma mais antigo que se misturaram e foram arrastados pelo fluxo. É raro encontrar exemplos tão bons de inclusões em lavas. Depois da quarta curva do caminho, olhe para a direita para ver depósitos piroclásticos rosa-amarronzados da erupção Vourvoulos, ocorrida durante o Ciclo 2 de Santorini. Na base desse depósito, há uma camada de púmice de 30 cm, sob camadas de ejeções piroclásticas assemelhadas a dunas ondulantes em corte transversal.

Continuando a descida, passa-se por um depósito de *breccia* lítica de 80 m de espessura, do período Médio Púmice. Os geólogos que vão a Santorini muito falam sobre brecha lítica. Em termos simples, ela resulta de fluxos piroclásticos que arrastaram consigo blocos de material mais velho ("líticos"). O melhor lugar para ver esse depósito é logo depois da sétima curva, à direita. Há blocos de até 2 m de largura. Os blocos maiores são compostos de tufo laranja; alguns menores são obsidiana marrom. A análise dessa obsidiana revela que ela fazia parte do depósito de baixo, caído em forma de chuva. Os fragmentos ainda estavam quentes quando foram quebrados e carregados pelos fluxos piroclásticos. Do lado esquerdo do caminho, vê-se o depósito dessa chuva, formado na fase pliniana da erupção. Diferentemente da maioria dos depósitos do tipo, que consistem de peças soltas de púmice e cinzas, esse é o que os geólogos chamam de "chuva ligada". Como o nome diz, os fragmentos eram tão quentes que grudaram uns nos outros. Calcula-se que a temperatura da chuva de púmice, ao se depositar, era superior a 500°C. Ao sul, seguindo esse depósito e afastando-se da boca eruptiva, o visitante verá que ele vai deixando de ser grudado, isso porque as peças já tinham se resfriado antes de chegar ao solo.

Tendo chegado ao porto, caminhe até a extremidade norte e observe a rocha ali exposta: o depósito dos fluxos de escória instalou-se durante a erupção Cabo Thera. O fluxo de escória é um tipo de fluxo piroclástico (Cap. 3); sua característica principal é a grande quantidade de vesículas ou "bolhas" nos fragmentos de magma. Esses fluxos haviam empoçado dentro da caldeira, por isso são particularmente espessos no local.

Nessa altura, recomendo que o visitante tome um drinque no porto e volte a Fira, subindo de teleférico. Como o trajeto dura apenas alguns minutos, tenha a máquina fotográfica preparada, pois a vista que se tem na subida é espetacular.

As pedreiras

As pedreiras abandonadas de Santorini são os melhores lugares de onde ver os cortes transversais dos imensos depósitos da erupção minóica; dois deles são especialmente bons. O primeiro é a extremidade sul de Fira; o segundo, a pouca distância da estrada de Akrotiri a Fira (Fig. 9.7).

A pedreira ao sul de Fira situa-se na borda da caldeira. O caminho de entrada, em frente ao Daedalus Hotel, conduz ao tufo minóico de púmice branco até a base da pedreira, onde há depósitos expostos da chuva proveniente da erupção do Médio Púmice, mais antiga; são os mesmos depósitos que se vêem no passeio pelos degraus de Fira. Há um projeto para transformar essa pedreira em museu geológico ao ar livre, com diagramas em vários locais explicando a história das erupções em Santorini. Espero que isso se concretize, mas, mesmo no estado atual da pedreira, vazia, cheia de pó, vale a pena a visita. Pode-se aí apreender a enormidade dos depósitos provenientes de diversas erupções.

Os depósitos minóicos encontram-se belamente expostos nas duas pedreiras, mas impressionam de modo especial na pedreira da estrada de Akrotiri. Para chegar lá, vá de carro ou pegue o ônibus público até uma trilha de terra do lado oeste da estrada, 2 km ao norte de Akrotiri. Caminhe até a trilha de terra que conduz à base da pedreira. As paredes brancas da pedreira, de cerca de 20 m de altura, apresentam cortes transversais espetaculares das três primeiras fases da erupção minóica. Para distinguir as três fases, primeiro

Fig. 9.7 Os imensos depósitos da erupção minóica vistos nas abandonadas pedreiras de púmice de Santorini. A estrada de Akrotiri é particularmente magnífica

observe a camada marrom de solo sob a camada de púmice branco. Chamada de paleossolo pelos geólogos, essa era a camada do solo dos tempos minóicos. Uma das coisas mais empolgantes para se fazer em Santorini é procurar cacos minúsculos de cerâmica nesse solo antigo. Encontrei uma pequena alça de vaso nessa pedreira; foi incrível segurar esse caco e me dar conta de que estivera enterrado ali há 3.500 anos. Em nome da preservação, ponha de volta qualquer coisa retirada do paleossolo e lembre-se de que é absolutamente ilegal levar qualquer artefato antigo para fora da Grécia.

Logo acima do paleossolo, há uma camada bem fina de cinzas brancas, seguida de uma camada de púmice branco de aproximadamente 2 m; as duas provenientes do depósito da fase 1. As cinzas e o púmice vieram pelos ares: foram lançados para cima durante a erupção pliniana e acabaram caindo ao chão, formando uma cobertura branca. Os fragmentos de púmice dessa camada são ásperos, em geral de um a alguns centímetros de diâmetro. A camada seguinte é denominada depósito da fase 2: apresenta partículas finas e, em geral, uma estrutura ondulada, semelhante a dunas de areia em corte transversal. Essa camada formou-se a partir de uma série de ejeções piroclásticas que se seguiram à queda de púmice. Em algumas partes da pedreira é possível ver como as ejeções – que formaram muitas camadas finas – ficaram deformadas pelo impacto das bombas (*bomb sags*) sobre o material macio. Em alguns pontos da pedreira ainda é possível ver as bombas.

Acima da camada de ejeção, há um depósito de ignimbrita formado por um tipo de fluxo piroclástico mais denso do que as ejeções. A camada de ignimbrita amarelada – denominada depósito da fase 3 – vê-se como um verniz sobre os depósitos brancos.

Ao andar pela pedreira, é possível notar cavidades em forma de arco, semelhantes a portas, perto do nível do chão: são remanescentes dos antigos métodos de extração de púmice adotados no local. Os operários não usavam dinamite; em vez disso, escavavam túneis nos depósitos. Essa prática um tanto perigosa exigia dos operários experiência para saber quando o túnel estava para desabar, e era preciso retirar-se rapidamente.

Akrotiri

Mais do que qualquer outro local da ilha, essa maravilha arqueológica verdadeiramente assinala o impacto que teve sobre a História a erupção minóica. As escavações começaram em 1967, e a cidade, soterrada por púmice e cinzas, aos poucos vai sendo revelada. Ainda há muito a ser descoberto em Akrotiri, e até o momento, apenas uma dúzia de edifícios foi explorada plenamente. A arquitetura da cidade é sofisticada, com alguns edifícios de três andares, ruas e praças calçadas de pedras e um sistema subterrâneo de drenagem.

Akrotiri situa-se na protegida costa sul. As planícies férteis a leste foram usadas para agricultura, e a oeste da cidade havia um pequeno porto, que ainda não foi escavado. Os artigos recuperados até o momento incluem cerâmica, equipamento de moagem, grandes *pithoi* (recipientes) para armazenamento de azeite e vinho, e até alguns remanescentes de alimentos, tais como peixe seco e farinha. Foram encontrados muitos pesos de tear, o que indica que a tecelagem era uma ocupação importante. Os tesouros de Akrotiri são, porém, os numerosos afrescos, que estão entre os mais belos já encontrados no mundo. Hoje encontram-se expostos no Museu Arqueológico de Atenas (ver adiante).

Muitos dos danos aos edifícios foram causados por terremotos anteriores à erupção. As escavações demonstraram que parte dos entulhos havia sido removida e amontoada antes do começo da erupção. Quando a erupção entrou na fase mais violenta, entraram na cidade ejeções piroclásticas, provocando o desabamento de paredes e telhados. Alguns grandes blocos foram lançados pela erupção, viajando 15 km até cair na cidade. Um bloco particularmente grande, de cerca de 1,5 m de diâmetro, ainda pode ser visto perto da "sala das mulheres". Ao fim da erupção, a cidade havia ficado completamente soterrada, e assim permaneceria por quase 3.500 anos.

Há placas nas escavações para orientar o visitante e fornecer breves explicações a respeito dos diversos edifícios, mas qualquer pessoa com pouco mais do que um interesse passageiro pela cidade deveria comprar um dos vários guias vendidos na entrada. Um guia especialmente bem ilustrado é o do arqueólogo Christos Doumas. Akrotiri é um dos principais sítios arqueológicos do mundo, e vale a pena permanecer lá ao menos metade de um dia, observando como era a vida no local antes de Santorini explodir (Fig. 9.8).

Visita em período de atividade

A probabilidade de uma outra erupção em Nea Kameni é razoavelmente grande, havendo, portanto, um monitoramento contínuo. É provável que a próxima erupção seja semelhante às mais recentes, começando com explosões causadas pela interação do magma com a água do mar, seguida de extrusão de lavas dacíticas pastosas. O maior risco advém da atividade explosiva, mas é duvidoso que as pessoas em Santorini (Thera) estejam em perigo. Aliás, seria incrível observar dali a atividade.

A julgar pelo comportamento anterior de Nea Kameni, é provável que uma erupção iminente dê muitos sinais de aviso, principalmente sob a forma de tremores de terra. A ilha seria então fechada para os visitantes, talvez por vários meses antes do começo da erupção. É difícil saber se os visitantes teriam autorização para entrar em Nea Kameni durante a atividade, ainda que a erupção tivesse entrado numa fase tranqüila quanto aos fluxos de lava. É provável, porém, que os barcos possam circundar a ilha a uma distância segura e que a população local queira tirar proveito do espetáculo oferecido pelo vulcão e organizar passeios de barco. Além disso, como há um aeroporto em Santorini, seria possível organizar vôos sobre a ilha em atividade, embora no momento não sejam oferecidos vôos panorâmicos.

É possível que uma erupção violenta possa ocorrer de novo, ainda que não de proporções minóicas. Se uma grande erupção tiver início, todas as ilhas ao redor seriam evacuadas e ninguém deveria tentar entrar na área de risco. Santorini não deve ser subestimada, já que ainda tem o potencial para ser o palco de um cataclismo.

Outras atrações locais

A antiga Thera

Sobre a rocha calcária de Mesa Vouno encontram-se as ruínas de uma cidade lacedemônia conhecida por "antiga Thera". Embora sem os atrativos de Akrotiri, essa cidade teve um papel importante no Egeu ao redor do ano 9 a.C. até os tempos cristãos. As escavações revelaram as ruínas de um teatro, uma ágora (mercado), templos, vários edifícios públicos e residências particulares datados do período helênico.

Museu Arqueológico Nacional (Atenas)

Quem quiser ver as extraordinárias pinturas murais de Thera, ou saber mais a respeito da história do Egeu, deve planejar uma visita ao

Fig. 9.8 Em Akrotiri, um antigo local de trabalho onde se vêem um jarro, um banco e, no chão, uma pedra de moer
Fonte: reimpresso de *Fire in the Sea*, de Walter L. Friedrich, Cambridge University Press.

Museu Arqueológico Nacional, em Atenas; sem dúvida, um dos melhores do mundo. O museu tem também um precioso acervo de arte grega da Antiguidade, mas é bom saber que há planos de transferir várias coleções para museus regionais, perto dos locais de origem das peças. Como os afrescos de Thera devem ser levados para Santorini num futuro próximo, é uma boa medida verificar, junto ao órgão oficial de turismo da Grécia, em que pé está essa transferência. Os belos afrescos atualmente no museu incluem uma paisagem primaveril com lírios e andorinhas em vôo, um pescador nu levando fieiras de peixes e uma expedição naval que mostra como devia ser a ilha vulcânica antes do cataclismo. A bela arte minóica é representada pelos afrescos, e apreciá-los proporciona um vislumbre da vida e do grau de sofisticação dessa cultura. É difícil acreditar que cada afresco foi encontrado em milhares de pedaços no chão, em Akrotiri, e minuciosamente reconstituído.

Há um pequeno museu arqueológico em Fira, mas que, no momento, abriga apenas uma restrita coleção de artefatos. Os visitantes que muito apreciam a arte e a cultura minóicas também deveriam planejar uma visita a Creta, a fim de admirar os esplêndidos palácios de Cnossos, Faístos, Mália e o Museu Arqueológico Iraklion, onde são mantidos os tesouros de Creta.

Nisyros

Essa ilha, a 16 km a leste de Kos, é um típico estratovulcão em forma de cone. Houve explosões freáticas em 1888, e o vulcão ainda apresenta forte atividade fumarólica. Levas de visitantes chegam diariamente de barco, vindos de Kos, a fim de subir a pé à cratera fumegante: uma concha de aproximadamente 250 m de largura e uns 30 m de profundidade. Às vezes, a lama cinzenta ao fundo borbulha e espirra, para o deleite dos espectadores. O forte cheiro de enxofre permeia todo o lugar, e as paredes e o assoalho da cratera apresentam faixas de um amarelo vivo. Nisyros ainda é uma ilha muito tranqüila para os padrões do Egeu, pela ausência de praias com areia. É um lugar delicioso onde se hospedar e conhecer a tradicional hospitalidade e cozinha gregas.

10 Vulcões das ilhas Galápagos*

AMÉRICA DO SUL E GALÁPAGOS

Equador e Galápagos

Como explicado em nossa volta ao mundo no Cap. 1, a costa oeste da América do Sul faz parte do Cinturão de Fogo, sendo, portanto, pontilhada de vulcões. As majestosas montanhas sul-americanas atraem visitantes do mundo todo, a maioria dos quais desejosos de escalar seus picos em busca de paisagens arrebatadoras ou a fim de esquiar nas encostas íngremes. O problema para visitar os vulcões sul-americanos é que a maioria das escaladas são bastante desafiadoras e requerem habilidades especiais. Isso, porém, não se aplica aos vulcões de Galápagos, que se situam em ambiente tectônico bem diverso e apresentam características diferentes das de seus primos do continente.

Este capítulo restringe-se aos vulcões de Galápagos (e do Equador continental), que atraem muitos visitantes graças à flora e fauna naturais. Os vulcões sul-americanos são, no entanto, em número suficiente para compor um livro só com eles. Tenha em mente que muitos são perigosamente explosivos e podem ser mortais, ainda que o magma suba de modo discreto, como no caso do Nevado del Ruiz, na Colômbia, que provocou um gigantesco fluxo de lama em 1985, destruindo a cidade de Armero e matando a maioria de seus habitantes. A erupção relativamente pequena, mas fatal, do Galeras, também na Colômbia, em 1993, constituiu um evento trágico na história da vulcanologia moderna (ver Cap. 4). De um modo geral, é melhor apreciar os vulcões andinos quando em período de repouso, mas os de Galápagos, por serem mais semelhantes aos vulcões havaianos, podem ser visitados durante erupções.

Ambiente tectônico

Os vulcões sul-americanos distribuem-se em dois ambientes tectônicos. O maior deles é a zona de subducção que faz parte do Cinturão de Fogo do Pacífico e forma os majestosos vulcões da costa oeste da América do Sul. Fora desse ambiente, encontra-se a pluma de manto de Galápagos.

As ilhas Galápagos são produto de uma pluma de manto (ou ponto quente oceânico), isto é, uma coluna de magma com cerca de 100 km de diâmetro que se ergue das profundezas da Terra, sendo a profundidade exata alvo de muitos debates, não apenas no tocante a Galápagos, mas também às plumas de manto em geral. Os vulcões de Galápagos são semelhantes aos havaianos, mas se movem em direções opostas, de modo que o mais jovem havaiano situa-se na extremidade sudeste da cadeia, enquanto os mais jovens de Galápagos, tal como o Fernandina, situam-se mais para o oeste. O Fernandina encontra-se bem acima da pluma de manto, enquanto o Española, na extremidade sudeste, é o mais antigo de Galápagos. Houve erupções históricas nas ilhas de Fernandina, Isabela, Santiago, Pinta, Floreana e Marchena.

O ambiente tectônico de Galápagos é mais complexo que o do Havaí. Além da pluma de manto, temos aí o limite divergente da crista do Pacífico Oriental (ver Fig. 2.1, no Cap. 2) e o centro em expansão de Galápagos, que se encontram em ângulo mais ou menos reto (Fig. 10.1). Uma grande falha transformante (deslizamento lateral de um bloco de crosta oceânica contra outro) encontra-se a 91°W, bem ao norte das ilhas Galápagos. Cerca de 5 milhões de anos atrás, o centro em expansão de Galápagos situava-se logo acima da pluma de manto.

*Leitor, este capítulo foi especialmente inserido na edição em português, em substituição ao capítulo sobre vulcões da Islândia, na edição original.

Ao norte do centro em expansão de Galápagos está a placa Cocos, que se move para nordeste (ver o capítulo sobre a Costa Rica). Ao sul encontra-se a placa Nazca, que se move para o leste e está em subducção sob a placa Sul-Americana, formando os Andes (Fig. 10.1). As ilhas Galápagos e os vulcões andinos apresentam composições diferentes, devido aos ambientes tectônicos diversos. Os vulcões de Galápagos são predominantemente basálticos, enquanto os andinos são mais silicáticos e costumam expelir as lavas às quais dão nome, tais como andesitos e andesitos basálticos.

Informações práticas para o visitante

As ilhas Galápagos (Fig. 10.2) são alguns dos lugares mais singulares e protegidos da Terra, o que restringe as opções para quem viaja de modo autônomo. A maioria das pessoas visita essas ilhas em viagens de barco ou navio, sendo os passeios conduzidos por guias naturalistas. Aos visitantes não é permitido o acesso sem um desses guias. A proteção ao meio ambiente é fator essencial e, com base em minha experiência, posso afirmar que os guias naturalistas são competentes e bem informados, proporcionando aos turistas uma experiência fantástica.

Tenha em mente que o paraíso tem um custo alto, e a maioria dos passeios são caros. Não há pechincha nessas ilhas, a não ser que o visitante seja natural do Equador, o que faz com que gaste consideravelmente menos. Como as Galápagos dependem muito de dinheiro estrangeiro para sua conservação, devemos nos contentar em pagar o preço. Cuidado com os passeios que parecem pechincha, pois serão condizentes com o que se paga por eles.

As ilhas Galápagos costumam ter duas denominações, uma em espanhol, outra em inglês, e é importante que os visitantes saibam disso. Embora os nomes em espanhol sejam os oficiais, algumas ilhas são mais conhecidas pelos nomes em inglês. Entre as denominações duplas estão Santa Cruz (Indefatigable), Isabela (Albemarle), San Cristobal (Chatam) e Floreana (Charles). E também Genovesa (Tower), Santiago (James), Rabida (Jervis), Santa Fé (Barrington) e Fernandina (Narborough). Em apenas quatro ilhas (Santa Cruz, Isabela, San Cristobal e Floreana), há cidades ou povoados onde os visitantes podem ir e ficar sem guia, e há bem poucas estradas nas ilhas do arquipélago. Faça reservas com bastante antecedência, caso queira permanecer nessas ilhas, pois há poucas acomodações.

É agradável visitar Galápagos em qualquer época do ano, embora a temperatura seja mais amena de maio a dezembro, período denominado "garua" ("neblina"). Vale lembrar que pode fazer um certo frio nas ilhas, principalmente à noite, apesar da localização na linha do Equador. A água do mar é muito fria (há pingüins lá!), e recomenda-se o uso de traje de mergulho para quem quiser nadar ou fazer *snorkel*. Na parte continental do Equador, o tempo é também mais fresco e seco no período de maio a dezembro. A grande altitude de Quito é responsável pelo clima brando. O vulcão Cotopaxi pode ser escalado em qualquer época do ano, mas há neve e geleira no topo, de modo que se deve levar roupas apropriadas.

Transportes

Para ir às ilhas, há vôos que partem de Quito ou da cidade portuária de Guayaquil e aterrissam na ilha de Baltra. É interessante notar

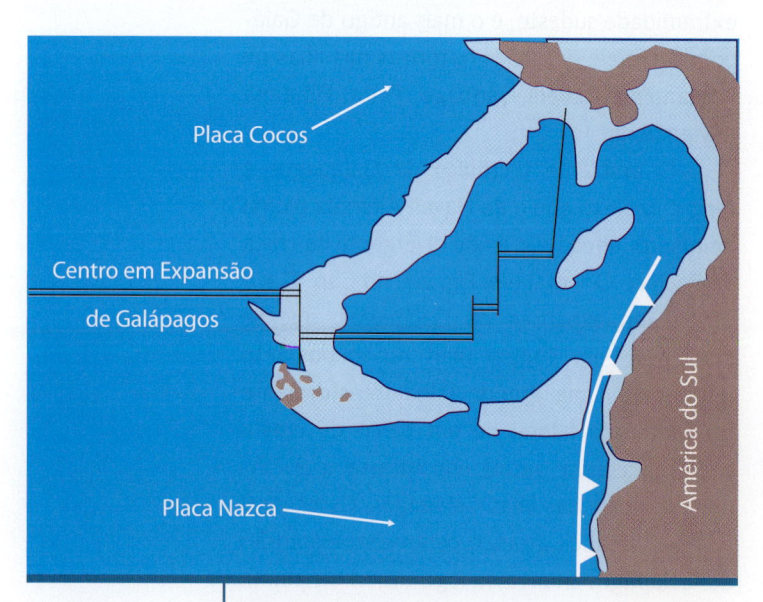

Fig. 10.1 Ambiente tectônico de Galápagos, com a placa Cocos se movendo para nordeste e a placa Nazca, que está em subducção sob a placa Sul-Americana. Os respectivos centros em expansão de Galápagos e do Pacífico Oriental encontram-se em um ângulo mais ou menos reto

que não há reabastecimento de combustível em Galápagos, de modo que, na volta para Quito, os aviões precisam ser reabastecidos em Guayaquil. Em Baltra, há barcos para Santa Cruz, mas os integrantes de passeios ou viagens organizados serão transportados do aeroporto para os respectivos barcos ou navios.

Passeios

Há numerosos passeios para Galápagos, e esse é o modo pelo qual a maioria dos visitantes chega às ilhas. Os barcos vão desde aqueles que levam poucas pessoas a navios com cerca de cem passageiros. Esses navios "grandes" são, na verdade, pequenos e simples; os navios enormes não chegam lá. Grande parte do prazer da viagem vai depender da qualidade do guia naturalista que desembarcará com o visitante e conduzirá o passeio. Uma das companhias de maior renome em operação nas ilhas é a Lindblad Expeditions, que costuma ser mais cara que a maioria delas, mas oferece vantagens adicionais, tais como palestras a bordo proferidas por cientistas. Oferece também viagens de sete dias, o que permite aos passageiros aprender mais sobre as ilhas do que nas costumeiras viagens de três a quatro dias. Fui num navio para 90 passageiros, o Galapagos Legend, e, embora a embarcação e a viagem tenham sido excelentes, houve a desvantagem de serem oferecidos apenas os passeios mais curtos. Reunimos duas viagens de três a quatro dias cada, mas houve repetição, já que as duas incluíam Santa Cruz, a ilha das tartarugas gigantes. Além disso, o guia do segundo passeio teve que tratar os passageiros como principiantes ao explicar a história natural das ilhas, de modo que não pôde se aprofundar tanto quanto poderia ter feito caso o passeio fosse mais longo.

Quando de uma visita a Galápagos, minha recomendação é que se escolha um passeio de uma semana em um barco grande e que o visitante permaneça algum tempo nas ilhas, principalmente na cidade de Villamil, em Isabela. Essa ilha tem cinco vulcões ativos e fica num estreito bem em frente à desabitada Fernandina, onde está o vulcão mais ativo de Galápagos.

Fig. 10.2 Imagem das ilhas Galápagos capturada pelo satélite Aster em 2003

Alojamento/Hospedagem

As ilhas Galápagos oferecem poucos alojamentos e em poucas cidades. É possível se hospedar em Villamil, em Isabela; Puerto Ayora, em Santa Cruz; Puerto Baquerizo Moreno, em San Cristobal e, por meio de acordo especial, na Wittmer Pension, em Black Beach, na ilha de Floreana (se for lá, compre o livro de Margaret Wittmer, *Floreana*, um dos meus favoritos a respeito dessas ilhas). A maioria dos visitantes usa barcos e navios como alojamento. Felizmente não há grandes *resorts* nas ilhas, e os alojamentos em geral são do tipo cama&café, em casas típicas da localidade.

Já a parte continental do Equador oferece inúmeros alojamentos de todos os tipos. Em Quito, há hotéis pequenos e encantadores (fiquei especialmente bem impressionada com o Hotel La Cartuja, onde antes se situava a embaixada britânica). Quem for ao Parque Nacional Cotopaxi poderá conhecer a antiga e adorável Hacienda La Cienega (ver Cotopaxi, adiante).

Serviços de segurança e emergência

Os hospitais e serviços de emergência são muito restritos em Galápagos. Há médicos e enfermarias a bordo de grandes navios e atendimento de emergência nas principais ilhas. No entanto, para qualquer necessidade além de primeiros socorros, será preciso ir ao Equador continental. Não espere encontrar remoção rápida por helicóptero; as ilhas são selvagens e esparsamente habitadas. Raros são os crimes no arquipélago, mas é preciso tomar as precauções de costume. Embora a maioria dos animais possam parecer mansos, na verdade não são; simplesmente eles não têm medo dos humanos. Os leões-marinhos podem ser extremamente agressivos; cuidado para não se aproximar do "harém" de um deles.

Mapas

É melhor comprar mapas de Galápagos pela Internet antes de sair de casa, mas, se estiver em Quito à procura de mapas e guias, tente a livraria Libri Mundi (Juan Leon Mera, 851) ou a Libro-Express (Av. Rio Amazonas, 826). Alguns dos hotéis maiores também têm livrarias. Há em Puerto Ayora, na ilha de Santa Cruz, pequenas lojas com uma coleção restrita de livros e mapas.

VULCÕES DE GALÁPAGOS

As ilhas Galápagos são vulcânicas, algumas delas ainda muito ativas, principalmente o vulcão Fernandina. Há nessas ilhas dois tipos de vulcões. Na parte oeste do arquipélago, os vulcões são grandes e apresentam uma morfologia do tipo tigela invertida, com grandes caldeiras e encostas que vão se tornando mais íngremes à medida que se aproximam do topo (Fig. 10.3). Na parte leste, os vulcões são menores, do tipo escudo. A diferença de tamanho parece resultar da espessura litosférica. A oeste da zona de fratura, a 91°W, a litosfera é mais antiga, mais espessa e capaz de suportar o peso de grandes vulcões. Já a leste da zona de fratura, a litosfera é demasiado fraca para comportar vulcões do tamanho do Fernandina.

Não está claro o motivo pelo qual o Fernandina e outros vulcões de Galápagos apresentam a morfologia de tigela de sopa de cabeça para baixo. Isso provavelmente se deve ao modo com que as bocas eruptivas se distribuem ao redor dos vulcões. A maioria das bocas aí se situam em fissuras circulares perto de topos planos ou em fissuras radiais nos flancos inferiores. Isso leva o vulcão a crescer para fora, na parte de baixo, e para cima, no topo. Em contraste, os escudos havaianos, tais como o Mauna Loa e o Kilauea, apresentam zonas de *rift* proeminentes que correm ao longo de seus flancos.

O grande tamanho das caldeiras de Galápagos faz com que os vulcões apresentem topo plano. As caldeiras se formam por desabamento, e muitas vezes resultam de uma série de desabamentos parciais. O Fernandina, com cerca de 1.476 m de altura, tem a maior caldeira de Galápagos. Sua erupção mais recente deu-se no início de 2005, mas esse dado talvez não tarde a ficar desatualizado. As erupções do Fernandina são freqüentes, espetaculares, do tipo havaiano. Essa ilha-vulcão é um característico escudo de Galápagos, com fissuras anelares a circundar a borda da caldeira e bocas radiais mais abaixo nos flancos. Apresenta encostas íngremes de até 36 graus na parte superior. A grande caldeira do topo desabou de aproximadamente 600 m a 1.000 m durante a erupção de 1968. Estima-se que cerca de 2 km³ de magma foram expelidos, deixando o vazio que provocou o desabamento. Os desabamentos de caldeira são

Fig. 10.3 A forma dos vulcões de Galápagos é bem ilustrada nesta vista dos vulcões Alcedo (na frente) e Sierra Negra (no centro) em 3-D. A imagem foi construída usando dados do Spaceborne Imaging Radar-C/X-Band Synthetic Aperture Radar e do Topsar. A escala vertical é exagerada por um fator aproximadamente 2, para melhor ilustrar a forma

muito raros, e esse evento foi o maior deles na história recente dos vulcões basálticos. As dimensões atuais da caldeira são de aproximadamente 6,6 km por 4 km, com 1 km de profundidade. Depois do desabamento, a caldeira parcialmente se encheu de água, formando um lago. Durante as décadas de 1970 e 1980, as erupções a partir das fissuras ao redor da caldeira causaram o derramamento de fluxos de lava dentro do lago, fazendo-o ferver. Uma erupção em 1988 provocou o desabamento de quase 1 km^3 da parede leste da caldeira, produzindo uma avalanche de detritos que cobriu grande parte do assoalho dessa caldeira e destruiu o lago.

Outro vulcão ativo é o Cerro Azul, na ilha Isabela (Fig. 10.4). Esse vulcão é alvo de preocupações para as autoridades locais; primeiro porque Isabela é habitada por humanos e, segundo, porque há nelas tartarugas gigantes. Quando o Cerro Azul entrou em erupção em 1998, as autoridades decidiram remover de helicóptero as tartarugas raras, e algumas até tiveram que ser carregadas por terrenos acidentados pelo serviço de resgate. Como esses animais pesam cerca de 200 kg cada um, não foi uma tarefa fácil. As erupções de Galápagos podem ser inócuas para a vida humana ou para as propriedades, mas podem representar um desastre ecológico para as ilhas do arquipélago.

Entre os vulcões de Galápagos que estiveram ativos em tempos históricos (desde o século XVI, época das primeiras colonizações nas ilhas), estão o Wolf, o Alcedo e o Sierra Negra, todos na ilha Isabela, além das ilhas vulcânicas de Santiago, Pinta, Floreana e Marchena. As ilhas Isabela e Floreana são as únicas onde os visitantes podem permanecer, mas isso não significa que possam ir a toda parte. Fernandina e Santiago têm poucos lugares que podem ser visitados com um guia naturalista. Marchena e Pinta não são abertas para visitas.

A erupção de 1995 do Fernandina

O Fernandina teve muitas erupções de flanco, tal como a de 1995, em que uma espetacular fissura radial se abriu no flanco sudoeste, soltando fluxos de lava que desceram

Fig. 10.4 Imagem das ilhas Fernandina (à esquerda) e Isabela (à direita) capturada pelo satélite Aster. Os vulcões em Isabela são, do sul para o norte, Cerro Azul, Sierra Negra, Alcedo, Darwin e Wolf

cerca de 9 km até o oceano e cobriram uma área de mais de 8 km^2. A erupção durou dez semanas, estando a principal boca eruptiva em localização relativamente baixa no flanco, a cerca de 250 m de altitude. Essa espetacular erupção não representou perigo para a vida humana, já que a ilha é desabitada, mas foi trágica para a vida selvagem. As iguanas pareciam não compreender o que era a erupção, ou como escapar dela, e muitas morreram. Houve mortandade de peixes devido à fervura das águas costeiras, e peixes de águas profundas subiram à superfície. A profusão de peixes atraiu muitos pássaros, que não tiveram melhor sorte. Assim, não tardou para que pássaros, peixes, iguanas e outros animais morressem. Felizmente os fluxos de lava não atingiram a vida selvagem na enseada do cabo Hammond, embora tivessem avançado uma milha além do cabo. Essa erupção teve, no entanto, seu lado positivo, já que formou terra nova, aumentando a costa em várias centenas de metros.

Pode parecer estranho que as prolíficas iguanas marinhas da ilha (Fig. 10.5) usem a caldeira do Fernandina como local de ninho. Fazem elas uma longa jornada vulcão acima e depois caldeira abaixo, para botar ovos à beira do lago. Isso tudo é muito arriscado, mas as iguanas parecem não se dar conta do perigo. A erupção de 1988 infelizmente se deu durante o período de nidificação, quando os ovos no assoalho da caldeira já estavam prestes a eclodir. O lago secou completamente depois dessa erupção e não mais se formou. As iguanas, porém, continuaram indo lá, ignorando o perigo iminente de uma nova erupção. Durante a erupção de 1995, que foi uma erupção de flanco, observou-se que as iguanas cavaram e puseram ovos no assoalho da caldeira, como se nada de incomum estivesse ocorrendo. Calcula-se que milhares de iguanas fazem a jornada vulcão acima, a fim de descer para dentro da caldeira. É provável que tenham escolhido botar ovos nesse local por causa do calor logo abaixo da superfície.

A erupção de 2005 do Sierra Negra

Em 22 de outubro de 2005, o vulcão mais acessível de Galápagos, o Sierra Negra, na ilha Isabela, entrou em erupção depois de um repouso de 26 anos. Uma espetacular pluma de cinzas e vapor ergueu-se a 13 km de altura. Logo depois, uma fileira de 2 km de fontes de lava abriu-se dentro da borda norte da caldeira, dentro da qual derramou-se um fluxo de lava *aa* que, em seguida, desceu pelos flancos, enquanto outros dois fluxos seguiam para o norte, em direção a Elizabeth Bay, uma área costeira desabitada na parte sudoeste de Isabela. As fontes de lava se juntaram ao longo dos primeiros dias e, no quarto dia da erupção, apenas uma continuava a expelir. A erupção terminou em 30 de outubro. Foi espetacular, relativamente fácil de ver (há uma estrada para o topo) e, ao contrário da erupção do Fernandina, não causou danos significativos à vida selvagem, já que a área é bem deserta e não favorece a vida animal. Tampouco representou ameaça para os humanos, pois os fluxos seguiram em direção ao norte, e não para o sul do vulcão, onde fica Puerto Villamil. Essa erupção pode ser considerada uma das melhores na ilha em termos de apelo para o público: não oferece perigo, é um espetáculo para os olhos, principalmente nos primeiros dias; de acesso relativamente fácil e, acima de tudo, razoavelmente previsível. Nos 12 anos anteriores à erupção, os instrumentos

Fig. 10.5 Iguanas marinhas tomam sol em Fernandina

registraram um extraordinário levantamento da caldeira: 5 m. É a maior inflação já registrada antes de uma erupção em vulcão basáltico. Estava claro que o Sierra Negra se preparava para entrar em erupção, embora não se soubesse quando ocorreria. Graças ao monitoramento anterior a essa erupção, o vulcão pôde ser mais bem conhecido e talvez possamos prever erupções futuras com mais precisão.

Uma visão pessoal: uma natureza paradisíaca

É difícil não se apaixonar pelas ilhas Galápagos, seja em razão das paisagens vulcânicas, seja por causa da vida selvagem. Essas ilhas são absolutamente inigualáveis em relação a qualquer outro lugar na Terra. Sua feição mais extraordinária é a vida selvagem que inspirou Charles Darwin a escrever A Origem das Espécies em 1845. Graças ao isolamento e à ausência de predadores, os animais evoluíram de modo a não ter medo. Creio que o mais extraordinário, no tocante a uma visita a Galápagos, é o fato de ser possível ver tantos animais de tão perto e eles simplesmente ignorarem quem os observa. Não é correto dizer que são mansos; eles simplesmente não têm medo.

A primeira vez que observei de tão perto essa vida selvagem foi nas áridas encostas de lava do Fernandina. Desembarcamos em Punta Espinosa, um estreito ponto de lava e areia na costa nordeste da ilha. As iguanas marinhas, talvez uma das espécies mais feias na face da Terra, lá vivem em imensas colônias. As iguanas se aquecem ao sol, sempre voltadas na direção dos raios, e não se movem. Como se confundem tão bem com a lava cinzenta, é preciso tomar muito cuidado para não pisar nelas; e nem mesmo pisando elas se movem.

Eu estava admirando as formações de lava quando Colette, a guia naturalista, apontou um falcão de Galápagos nas proximidades. Ela chamou a atenção de todos para o falcão (Fig. 10.6). Hesitei em me aproximar do pássaro, receando afugentá-lo. Ela então disse que eu não precisava me preocupar; ele não fugiria. Isso me surpreendeu mais do que as iguanas imóveis ou os sonolentos leões-marinhos que vimos depois. O falcão estava bem desperto, mas permaneceu ali na rocha enquanto o rodeávamos, falávamos dele e o fotografávamos.

Encontros desse tipo se repetiram em todas as ilhas. Fazíamos *snorkel* com pelicanos a mergulhar bem ao lado, e leões-marinhos nadavam, brincalhões, em curso de colisão conosco, só se desviando no último instante. Vimos um casal de *boobies* de patas azuis fazendo a dança do acasalamento, o macho a exibir as patas enquanto a fêmea permanecia em uma rocha mais elevada com ar de desinteresse. Ficamos face a face com tartarugas gigantes, de vida tão longa que era bem possível estivéssemos diante das mesmas que Darwin descreveu. As maravilhas do mundo animal são tantas que é difícil descrevê-las todas. As ilhas Galápagos são uma maravilha para quem quer que se interesse pela natureza, jovem ou não. Meu filho tinha apenas dez anos quando fomos lá, e ele realmente gostou da experiência e aprendeu com ela. Uma viagem a Galápagos de fato compensa o tempo e o dinheiro despendidos.

Fig. 10.6 Um falcão de Galápagos, que não foge mesmo quando rodeado por turistas

Visita em período de repouso

Os vulcões de Galápagos estão em repouso a maior parte do tempo, mas, em razão do limitado acesso a quase todos os vulcões e do fato de só entrarem em erupção uma ou duas vezes por década, esse não é o lugar ideal para ver atividade vulcânica. Há muitas outras coisas para apreciar nessas ilhas. O resumo adiante se concentrará nos aspectos vulcânicos das ilhas, e há numerosos guias que tratam da fauna e da flora. O conteúdo a seguir não inclui todas as ilhas nem todos os pontos que podem ser visitados, mas destaca algumas atrações e paradas em comum de muitos dos principais passeios disponíveis.

Ilhas centrais

Bartolomé (Bartholomew): Essa pequena ilha situa-se a uma certa distância da encosta leste da ilha Santiago e é um dos lugares mais visitados de Galápagos. Tem muito a oferecer aos vulcanólogos: como, por exemplo, um fluxo de lava do início do século XX e um cone vulcânico com cerca de 130 m de altura, que se pode escalar. Aí também é possível ver cones parasíticos formados de pedaços de lava, que se erguem quando os gases dissolvidos no magma se libertam, lançando ao ar respingos de lava. Esses respingos se resfriam e se solidificam parcialmente antes de chegar ao chão, e caem em placas que acabam por formar um pequeno cone. De cima do cone pode-se apreciar a vista mais fotografada das ilhas: Pinnacle Rock (Fig. 10.7), o remanescente de um cone erodido; é também um dos melhores lugares das ilhas para fazer *snorkel*. Quem mergulhar aí poderá ver tubos de lava e uma cratera submersos.

Santiago (James, também conhecida como San Salvador): Santiago compõe-se de dois vulcões reunidos, de um escudo situado na extremidade noroeste e de uma fissura linear, baixa, na extremidade sudeste. As diferenças na química da lava confirmam tratar-se de dois vulcões, cada qual ligado a uma diferente zona de fusão do manto. O escudo alcança uma altura de 900 m em uma área situada ao norte e a oeste do centro da ilha, enquanto as altitudes na parte sudeste não ultrapassam 250 m. A paisagem vulcânica encontra-se bem preservada e em grande parte exposta, graças, em parte, à população

Fig. 10.7 Ilha Bartolomé – vista do Pinnacle Rock fotografada do topo do cone piroclástico

de cabras selvagens que consome a vegetação (as cabras lá introduzidas acabaram por se transformar num problema em várias ilhas). Puerto Egas, em James Bay, no lado oeste, é o mais interessante dos lugares aos quais se permite o acesso a visitantes. Há uma trilha para o interior da ilha que começa na praia de areia negra e conduz ao remanescente de uma mina de sal, uma das várias tentativas mal-sucedidas (felizmente) de explorar comercialmente as ilhas. Mais interessante ainda é a viagem circular, com uma hora de duração, que leva ao vulcão em forma de pão-de-açúcar, com pouco mais de 300 m de altura. Outro ponto que pode ser visitado é Sullivan Bay, no lado leste, onde se podem ver lavas recentes do escudo que entrou pela última vez em erupção por volta de 1890. Para quem aprecia animais, o local mais procurado é Fur Seal Grotto, onde é possível ver de perto focas e leões-marinhos em uma série de piscinas rochosas.

Sombrero Chino (Chinese Hat): Situada a uma pequena distância da ponta sudeste da ilha de Santiago, essa pequena ilha é um cone de bela forma, daí seu nome. A ilha tem apenas um ponto de desembarque e é considerada um local vulnerável, de modo que grandes barcos não vão até lá. O lugar é excelente para o visitante apreciar formações de lava, entre as quais fluxos e tubos.

Santa Cruz (Indefatigable): Essa ilha é o centro do turismo de Galápagos e não deve deixar de ser visitada. Puerto Ayora, sua principal cidade, tem cerca de 16 mil habitantes e é um dos poucos lugares onde é possível permanecer de modo autônomo nas ilhas. É mais conhecida como a sede da Estação de Pesquisas Charles Darwin, um local de visita obrigatória. Esse é o centro de preservação e das pesquisas desenvolvidas nas ilhas, e também o lar de muitas tartarugas gigantes (Fig. 10.8), entre as quais "Lonely George", a última da espécie. Depois de descobrir as facilidades e informar-se acerca da preservação da vida selvagem, visite a loja de suvenires, o melhor lugar para se fazer compras nas ilhas; a renda da loja reverte para o custeio de pesquisas. Se puder, estique a viagem a Galápagos permanecendo alguns dias na ilha. Um passeio até as montanhas pode incluir uma visita à Reserva das Tartarugas,

Fig. 10.8 Santa Cruz – Tommy Gautier chega perto de uma tartaruga gigante na Estação de Pesquisas Charles Darwin

onde esses animais andam à solta, e também a alguns sítios vulcânicos de interesse. Los Gemelos é um par de crateras de poço formadas por desabamento sobre partes de uma fissura. Alguns passeios fazem parada em um tubo de lava que pode ser visitado (é preciso rastejar um pouco, mas é possível permanecer em pé na maior parte do tempo). Quem quiser ver iguanas terrestres deve ir a Dragon Hill e, para apreciar a vida marinha, a recomendação é a maravilhosa Black Turtle Cove, embora, apesar de o nome mencionar tartarugas negras, as que ali se encontram sejam verdes.

Ilhas do sul

Española (Hood): Ilha mais ao sul de Galápagos, Española é um paraíso de pássaros onde se pode ver de perto o albatroz ondulado (Fig. 10.9), o *boobie* mascarado e o famoso *boobie* de patas azuis. Embora não seja interessante do ponto de vista de formações vulcânicas recentes, Española é um lugar que não se pode deixar de visitar, por causa das colônias de pássaros. Há muitas outras formas de vida selvagem, entre as quais o lagarto da lava, o pássaro de capuz e algumas das maiores iguanas marinhas dessas ilhas, algumas das quais de cores bem vivas. O ponto alto para mim foi poder apreciar a colônia de albatrozes ondulados. De abril a dezem-

Fig. 10.9 Albatroz-ondulado na ilha Española

bro, Española é o lar para os pássaros dessa espécie vindos do mundo todo: cerca de 15 mil casais. Os albatrozes têm um companheiro só por toda a vida e, ao voltarem para essa ilha, procuram seu par chamando-o por meio de um som cacofônico; só vendo para crer.

Floreana (Charles): Assim como Española, essa é uma das ilhas mais antigas do ponto de vista geológico. Sua abundante vegetação é responsável por ter atraído uns poucos bravos colonizadores. Conta com alguns sítios vulcânicos de interesse e um local de hospedagem, a Wittmer Residence, que é um ponto não-oficial de visitação. Se possível, permaneça alguns dias nesse local historicamente fascinante. Muitos dos cruzeiros marítimos fazem paradas em pontos oficiais de visitação, tais como Punta Cormorán, Devil's Crown ou Post Office Bay. Punta Cormoran é a ponta norte da ilha e sua grande atração são as areias verdes da praia, composta de cristais de olivina. Do lado oposto ao ponto de desembarque fica Flour Beach, formada por corais. Devil's Crown, a uma pequena distância de Punta Cormorán e também conhecida como ilha Onslow, é um cone vulcânico submerso, atualmente erodido e transformado em uma série de picos denteados que parecem compor uma coroa. Esse é um dos melhores pontos de *snorkel* das ilhas e também um bom modo de ver um vulcão submerso. Para tornar o mergulho mais empolgante, há, muitas vezes, tubarões-martelo a rondar do lado de fora da coroa. Não são considerados perigosos, mas é bom saber disso com antecedência. Post Office Bay, situada a oeste de Punta Cormorán, é principalmente um local de interesse histórico. Os navios baleeiros ingleses instalaram um tonel no local, em fins do século XVIII, para ser usado pelo correio, e logo os baleeiros americanos passaram também a usá-lo. Não se trata de uma caixa de correio comum; a idéia era que as tripulações dos navios que chegavam deixassem ali a correspondência para seus lugares de origem, e as dos navios que partiam pegassem a correspondência destinada a seus portos de origem. Essa caixa continua em uso; é possível deixar ali um cartão-postal e pegar outro para ser postado no país de quem o pegou. Mais relevante para a vulcanologia é o tubo de lava existente nas proximidades; esse tubo estende-se até o mar e pode ser visitado. Um ponto não-oficial de visita em Floreana é a Black Beach, de onde se pode visitar a Wittmer Pension, que serve de sede administrativa para a caixa (na verdade, um barril) de correio.

Ilhas do oeste

Fernandina (Narborough): É a ilha vulcanicamente mais ativa de Galápagos; tem apenas 100 mil anos, aproximadamente, e é toda uma grande atração (Fig. 10.10). Punta Espinoza é, no entanto, o único lugar que pode ser visitado sem autorização especial para pesquisa. Punta situa-se na parte nordeste da ilha, do outro lado do canal de Tagus Cove, em Isabela. Como o nome indica, trata-se de uma estreita ponta de terra, a maior parte contendo lava, mas há também partes de areia. As iguanas marinhas fazem ninho ali, e parece haver um zilhão delas nessas areias. Preste atenção onde você pisa! Se esses animais estiverem sobre a lava, será difícil distingui-los. Há uma abundância de leões-marinhos, e não há como não avistá-los. Ficam deitados na areia, como se levantar fosse uma tarefa muito penosa. Mas não se engane; eles podem se mover rapidamente se quiserem. Entre outras atrações do reino animal, há os cormorões que não voam e fazem ninho nas rochas logo acima do nível do mar. E também os pingüins. Para os vulcanólogos, há uma boa trilha que atravessa um vasto campo de lava *pahoehoe*, com todas as características de costume: lava encordoada, feições de desabamento, fissuras, estreitamentos. Observe o escudo e note sua forma, as fissuras arqueadas e os fluxos escuros e recentes em contraste com as encostas cinzentas.

Isabela (Albermale): É claramente a maior ilha de Galápagos e compõe-se de seis vulcões que, em algum momento do passado, formavam ilhas separadas. Ao norte fica o vulcão Wolf e, a noroeste, destaca-se o pequeno vulcão Ecuador, o único entre os seis que não é mais ativo. Mais ao sul ficam os vulcões Darwin, Alcedo, Sierra Negra e Cerro Azul. O Sierra Negra pode ser facilmente acessado a partir da cidade de Villamil (ver "Visita durante a atividade"). Há vários outros pontos de visita oficiais na ilha. Em Punta Albermale, no extremo norte, fica Wolf, uma base de radar norte-americana da Segunda Guerra Mundial. Punta Garcia situa-se na costa leste, aproximadamente na metade do caminho entre Darwin e Alcedo. Punta Moreno (Fig. 10.11) é um ponto de visita muito procurado da costa oeste, entre Cerro Azul e Sierra Negra. É possível caminhar sobre parte das lavas mais jovens da ilha, entre as quais há grandes extensões de *pahoehoe* onde é possível encontrar pequenos tubos. Os fluxos de lava são pontuados de pequenas lagoas com abundante vida selvagem, onde se destacam o flamingo e o cormorão que não voa. Notem-se também o cacto da lava e outras plantas resistentes. Outro ponto de desembarque bastante procurado é Tagus Cove, na costa oeste, de frente para Fernandina. Assim que o barco entra na pequena enseada fechada, o visitante é surpreendido por grafites, que ali até têm seu charme, pelo fato de serem feitos de pedras e formarem nomes de barcos. Alguns deles são bem antigos e remontam ao século XIX, quando os marinheiros desembarcavam na ilha e levavam tartarugas gigantes para o barco, a fim de servir de alimento. Há uma trilha que sobe até uma lagoa de água salgada, às vezes chamada de lagoa Darwin (Fig. 10.12), e continua subindo até o vulcão Darwin. Ao longo da trilha é possível ver fluxos de lava e depósitos de cinzas, mas a subida é íngreme (leve bastante água). Há ainda muitos passeios que oferecem percurso de barco ao longo da costa, onde é possível ver belas formações de tufos e animais como pingüins e pingüins de patas azuis.

Um pouco adiante, ao sul de Tagus Cove, fica Urbina Bay, outro local muito procurado pelos visitantes, na base do vulcão Alcedo. Em 1954, esse vulcão entrou em erupção, cau-

Fig. 10.10 Vulcão Fernandina, o mais ativo em Galápagos. Imagem do satélite Aster

Fig. 10.11 Ilha Isabela – a autora (no centro, usando chapéu) e um grupo examinando fluxos de lavas do Punta Moreno

sando o levantamento de quase 7 km do leito marinho em cerca de 5 m e deixando expostas cabeças de coral gigantes e muita vida marinha. Os remanescentes de coral chegam até a cintura do visitante, e o local é um dos mais interessantes da ilha.

Se puder permanecer na ilha Isabela, em Villamil, poderá desfrutar de três caminhadas de noite inteira, a fim de ver de perto os vulcões. Uma delas sobe o vulcão Alcedo, onde é possível acampar na borda da caldeira e apreciar a grande população de tartarugas gigantes de Galápagos. As outras caminhadas sobem o Sierra Negra e o Cerro Azul, e por certo será bem empolgante se houver uma erupção em curso.

Visitado anualmente por muitos turistas, Sierra Negra é o vulcão mais acessível da ilha. Talvez seja preciso fazer reserva com antecedência, pois há um limite para o número de visitantes, como acontece nas demais ilhas do arquipélago. Os passeios partem de Villamil e dali seguem para Santo Tomás, alguns quilômetros para o interior. A pequena cidade de Santo Tomás (antigo nome de Sierra Negra) é o local onde certa vez funcionou uma pequena mina de enxofre. Dali os visitantes podem optar entre subir à cratera a pé ou a cavalo. A viagem de ida e volta dura entre 3 e 7 horas. É possível rodear a borda da cratera até uma área conhecida como vulcão *Chico*, que consiste em uma série de crateras com fumarolas. Há uma área com abundantes depósitos de enxofre que costumavam ser explorados. Para os vulcanólogos, esse é o melhor passeio nas ilhas.

Visita em período de atividade

Dadas as restrições de visita às ilhas, até mesmo quando os vulcões estão quietos, praticamente o único modo de o visitante ver atividade vulcânica no arquipélago é alugando um barco. Não há aviões pequenos nem helicópteros de aluguel nas ilhas, e é extremamente improvável que o visitante obtenha permissão

Fig. 10.12 Ilha Isabela – vista da lagoa Darwin e de Tagus Cove

para desembarcar numa ilha durante uma erupção. A exceção é Isabela, onde os visitantes podem permanecer na cidade de Puerto Villamil. O único vulcão facilmente acessível nessa ilha é, porém, o Sierra Negra, que esteve em erupção pela última vez em 2005. No entanto, caso uma erupção comece, é possível tomar uma estrada que leva até lá e apreciar um grande espetáculo. A alternativa é correr para o porto e alugar um barco.

Outras atrações

Quito

Os vôos para Galápagos partem de Quito ou de Guayaquil. Recomendo vivamente o embarque em Quito, capital do Equador, por tratar-se de uma cidade fascinante, de antigo estilo espanhol. Quito situa-se praticamente na linha do equador, mas a quase 3.000 m de altitude, o que torna o clima ameno e agradável. Trata-se, na verdade, da segunda maior cidade do país (Guayaquil é maior). Parece pequena e fácil de lidar. Seu centro antigo é classificado pela Unesco como Patrimônio Cultural da Humanidade.

Quito é também um bom ponto de partida para visitar outros vulcões da região, principalmente o ativo Pichincha, que se estende aos pés da cidade, e o também ativo Cotopaxi. É difícil encontrar um passeio organizado que leve até o Pichincha, mas não sai caro alugar um veículo 4x4 com motorista. Tente contatar alguma agência que ofereça passeios ao Cotopaxi.

Cotopaxi

Com 5.897 m de altura, o Cotopaxi (Fig. 10.13) tem a honra de ser um dos vulcões ativos mais altos do mundo (o Llullaillaco, na Argentina, é mais alto), fato que por si só bastaria para atrair muitos entusiastas de vulcões. Esse vulcão tem uma das poucas geleiras equatoriais do mundo, que começa a uma altitude de 5.000 m. A subida ao topo não é tecnicamente difícil, mas exige muito condicionamento físico, por causa da elevada altitude. Uma alternativa fácil é reservar um dia inteiro ou dois para uma viagem, a partir de Quito, que leve o visitante até onde um veículo 4x4 pode levar (a cerca de 4.600 m). A viagem ao sul de Quito, de 75 km, é impressionante, já que a rodovia Pan-Americana é flanqueada de vulcões, muitos dos quais ainda ativos. Essa rodovia é conhecida como "A Avenida dos Vulcões", nome que recebeu do explorador germânico Alexander von Humboldt.

Fig. 10.13 Vulcão Cotopaxi visto da rodovia

O Parque Nacional do Cotopaxi, fundado em 1975, é um lugar maravilhoso. Se o tempo estiver claro, será possível encontrar vistas fantásticas do topo coberto de neve. Quem estiver decidido a escalar o vulcão deve contatar uma agência ou organização especializada em escaladas. As agências com sede em Quito poderão providenciar um guia. A aclimatação é essencial para a altitude do Cotopaxi, e os guias farão recomendações baseadas na experiência e no grau de condicionamento físico do visitante, que talvez prefira escalar primeiramente um dos vulcões menores perto de Quito.

Passe pelo menos alguns dias em Quito. Leva-se dois dias para escalar o Cotopaxi, além de uma noite passada num abrigo da montanha. Em termos de vulcanologia, não se vê muita coisa nas encostas superiores, por causa da cobertura de neve e da geleira, embora seja possível espiar dentro da cratera do topo. Mais abaixo na montanha, há muitos campos de lava para serem explorados. Caso queira passar algum tempo no parque nacional, alugue um veículo (de preferência 4x4) e permaneça perto do vulcão. Um lugar altamente recomendável é a Hacienda la Cienega, uma fazenda de 300 anos, hoje transformada em belo hotel. Em 1802, Alexander von Humboldt hospedou-se lá. Outro hóspede famoso foi Charles Marie de la Condamine, que conduziu uma equipe geodésica científica francesa nos anos 1730. Em 1744, o Cotopaxi entrou violentamente em erupção, depois de dois séculos de inatividade. Condamine fixou residência em La Cienega, a fim de estudar a atividade, que foi bastante forte e destruiu várias cidades dos arredores. Houve outras erupções fortes em 1768 e em 1877. Em 1975 deu-se uma erupção pequena. O Cotopaxi é potencialmente muito perigoso, por causa das geleiras próximas ao topo, que podem desencadear fluxos de lama mortais.

A linha do equador e o monumento que a assinala

Uma viagem fácil a partir de Quito conduz até a linha do equador, sobre a qual o visitante poderá caminhar, o que é divertido tanto para crianças quanto para adultos (Fig. 10.14). Há muitos passeios de um dia para La Mitad del Mundo, situada a pouco mais de 24 km ao norte de Quito. Embora pareça um lugar demasiado turístico e sem graça, vale a pena ir até lá. As paisagens entre as montanhas são bastante arrebatadoras, e há um museu muito interessante, que descreve as culturas locais, bem como a expedição do século XVIII que calculou exatamente por onde passa a linha do equador.

Fig. 10.14 O monumento do Equador, próximo a Quito, mostrando a linha do equador em amarelo

11 Vulcões da Costa Rica

COSTA RICA

Um oásis de paz na conturbada América Central, a Costa Rica é um país de magníficos vulcões ativos em meio a exuberantes florestas tropicais. É o destino ideal para quem quer ver uma variedade de vulcões num curto período de tempo, entre os quais o bastante ativo Arenal. Além dos vulcões ativos, a Costa Rica oferece florestas de muitas nuvens e chuva, rios para *rafting*, praias de areias brancas, negras e rosadas, bem como uma abundância de vida selvagem e plantas exóticas. O termo ecoturismo bem poderia ter sido inventado para esse país, ou talvez tenha sido nele que o conceito tenha sido testado. Em vez de lucrar com a destruição das florestas, os costa-riquenhos ("ticos") decidiram usá-las como atrativo para o emergente mercado do turismo. Cerca de 25% das terras do país estão hoje protegidos como parques nacionais e reservas florestais. Há um crescente número de reservas particulares, algumas compradas com recursos provenientes de doações do mundo todo. As reservas são um mostruário da fauna e da flora extraordinárias do país, que incluem mais de mil tipos de orquídeas nativas e 850 espécies de pássaros.

A Costa Rica tem mais de 200 centros vulcânicos, a maioria dos quais com menos de 3 milhões de anos. Tem-se conhecimento de atividade, em tempos históricos, em cinco vulcões: Rincón de la Vieja, Irazú, Arenal, Poás e Turrialba. Alguns outros, como o Miravalles e o Barva, ainda apresentam atividade fumarólica e são considerados potencialmente ativos. Infelizmente muita coisa permanece desconhecida no tocante à atividade de todos os vulcões, já que os registros escritos na Costa Rica remontam apenas a cerca de 250 anos.

Do ponto de vista arqueológico, a Costa Rica é considerada a fronteira entre as áreas culturais mesoamericana e intermediária. O produto das escavações indicam que caçadores-coletores ali viviam há cerca de 11 mil anos. Infelizmente a história oral é escassa e apenas umas poucas lendas fazem referência a vulcões. Mesmo depois de Colombo ter descoberto a Costa Rica, em 1502, a História registrada continuou escassa por um bom tempo. A primeira colonização ocidental, Cartago, só se estabeleceu em 1562, e a terra nova permaneceu esparsamente povoada. A Costa Rica desempenhou um papel de menor importância na conquista espanhola do Novo Mundo porque, apesar do nome "costa rica", nenhuma riqueza, como grandes quantidades de ouro e prata, foi encontrada em seu território. A população nativa, escravos em potencial para os espanhóis, era pequena e, assim, a maioria dos exploradores dirigiram a atenção para outros lugares.

É curioso que não haja registro de nenhuma atividade vulcânica entre 1502 e 1723. Talvez não tenha mesmo ocorrido nenhuma erupção importante nesse período, mas o mais provável é que os eventos simplesmente não fossem observados e anotados pelos ocidentais. Mesmo nos últimos 250 anos é provável que nenhuma atividade vulcânica tenha sido registrada.

A Costa Rica começou a mudar no século XVIII, quando o café foi introduzido e vicejou nas férteis encostas vulcânicas. A riqueza do país então cresceu e, em fins do século XIX, grandes plantações de banana foram iniciadas ao longo da costa caribenha. O café e a banana continuaram sendo a principal riqueza até os anos 1980, quando o turismo apresentou um crescimento súbito e passou a ser a maior indústria do país. Os antigos exploradores não podiam prever que a futura riqueza dessa nova terra estava em suas florestas tropicais, na acidentada paisagem vulcânica e na incrível diversidade da flora e da fauna.

O governo pacífico e democrático da Costa Rica certamente contribuiu para o desenvolvimento do turismo. Foi nesse país que se deram as primeiras eleições livres na América

Central; isso em 1889, e os militares foram abolidos depois de uma curta guerra civil em 1948. O ex-presidente Oscar Arias recebeu o Prêmio Nobel da Paz em 1987 por seus esforços em levar a paz aos beligerantes países vizinhos. Os "ticos" são extremamente orgulhosos de seu meio século de democracia, da ausência de militares e dos altos padrões de educação e saúde do país. Tudo isso tem atraído não apenas turistas, mas também imigrantes, muitos dos quais aposentados dos Estados Unidos.

Em geral, os vulcões da Costa Rica têm sido bondosos com a população; pouca gente morreu em decorrência de suas erupções. A maior parte da população vive, aliás, a uma distância segura dos vulcões mais ativos, residindo na *meseta* Central vale Central), um dos férteis vales situados entre as cadeias de montanhas (cordilheiras). Quatro principais cadeias – Guanacaste, Tilarán, Central e Talamanca – cortam o país de noroeste a sudeste, separando as costas do Caribe e do Pacífico e conferindo ao país o relevo acidentado. A cadeia Talamanca, diferentemente das outras, não é de origem vulcânica; trata-se de um batólito granítico, isto é, consiste de rochas ígneas intrudidas que se formaram sob grande pressão e desde então vêm sendo levantadas. Arenal e Rincón de la Vieja localizam-se na cadeia Guanacaste, enquanto Poás, Irazú e Turrialba fazem parte da cadeia Central (Fig. 11.1). O Irazú é considerado o mais perigoso dos vulcões ativos, já que representa uma ameaça potencial a San José, a capital do país.

Ambiente tectônico

O filme *Jurassic Park* bem poderia ter sido ambientado ali, já que as florestas do país têm, de fato, um aspecto primitivo, mas a

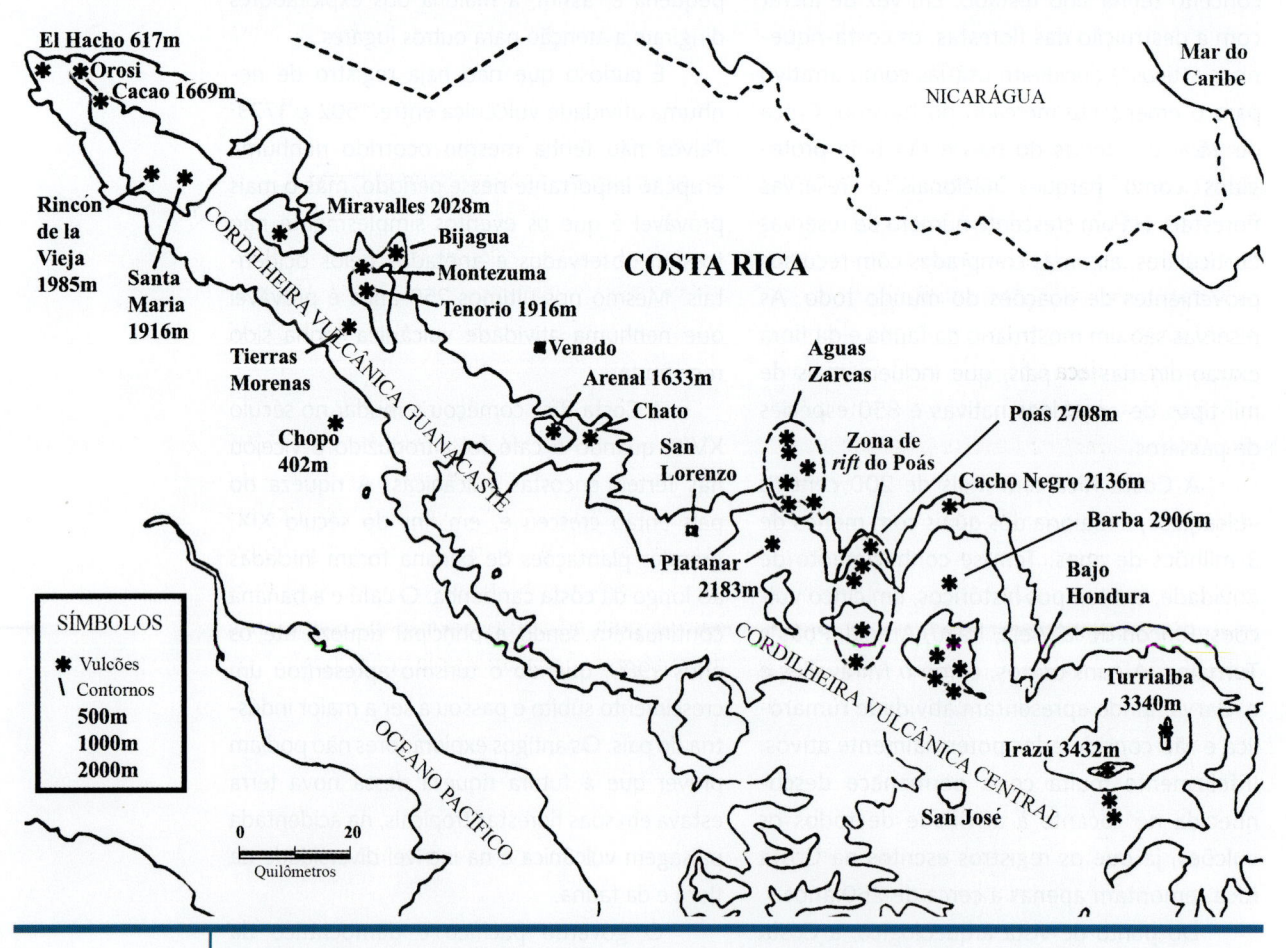

Fig. 11.1 Os vulcões da Costa Rica situam-se ao longo das cadeias de montanhas Guanacaste e Central. A maioria dos centros vulcânicos do país tem menos de 3 milhões de anos. Rincón de la Vieja, Irazú, Arenal, Poás e Turrialba entraram em erupção em tempos históricos. As alturas dos principais vulcões são indicadas em metros
Fonte: modificado de Viramonte et al., 1997.

Costa Rica ainda estava sob o mar quando os dinossauros de verdade andavam pela Terra. Seu território emergiu como parte de uma ponte de vulcões ligando as Américas do Sul e do Norte, resultado direto da subducção da placa Cocos sob a placa Centro-Americana. A subducção ocorre na fenda Mesoamericana, a uma curta distância da costa oeste da América Central. A fenda alcança profundidades de mais de 6 km, mas sob a Costa Rica é de aproximadamente 4 km. Durante o processo de subducção, a placa Cocos se dobra para baixo num ângulo de 25 graus e é empurrada por sob a América Central. A subducção sob a Costa Rica é bastante rápida: cerca de 9 cm por ano. O movimento da placa Cocos por baixo da América Central provoca a subversão convectiva da cunha do manto, que fica apertada entre as duas placas. Esse processo leva o manto quente a profundidades menores, e o magma acaba sendo conduzido em direção à superfície (Fig. 11.2).

A subducção sob a Costa Rica é complexa porque seu ângulo é mais íngreme no noroeste (cerca de 65 graus) e mais raso sob a parte central do país (cerca de 35 graus). A mudança acentuada de ângulo ocorre num ponto conhecido como Quesada Sharp Contortion, sob o vulcão Platanar, a leste do Arenal. A mudança está associada às diversas idades da crosta da placa Cocos. Ao norte da Quesada Sharp Contortion, a placa Cocos que está em subducção é antiga e se encontra em profundidade maior (cerca de 100 km). A placa Cocos em subducção a sudeste desse ponto é mais jovem, mais leve e em profundidade menor (cerca de 80 km). Isso explica as diferenças entre as cadeias vulcânicas Guanacaste e Central. O norte da cadeia Guanacaste é relativamente estreito (de 7 a 14 km de largura) e de vulcões menores, enquanto a cadeia Central é mais larga (cerca de 30 km) e de vulcões maiores. A Quesada Sharp Contortion também é conhecida como fronteira geoquímica. Os magmas sob a cadeia vulcânica Central são de composição semelhante à dos basaltos das ilhas oceânicas, enquanto os magmas da cadeia Guanacaste são mais de origem de manto esvaziado de crista mesooceânica. As variações químicas estão relacionadas à relativa importância dos

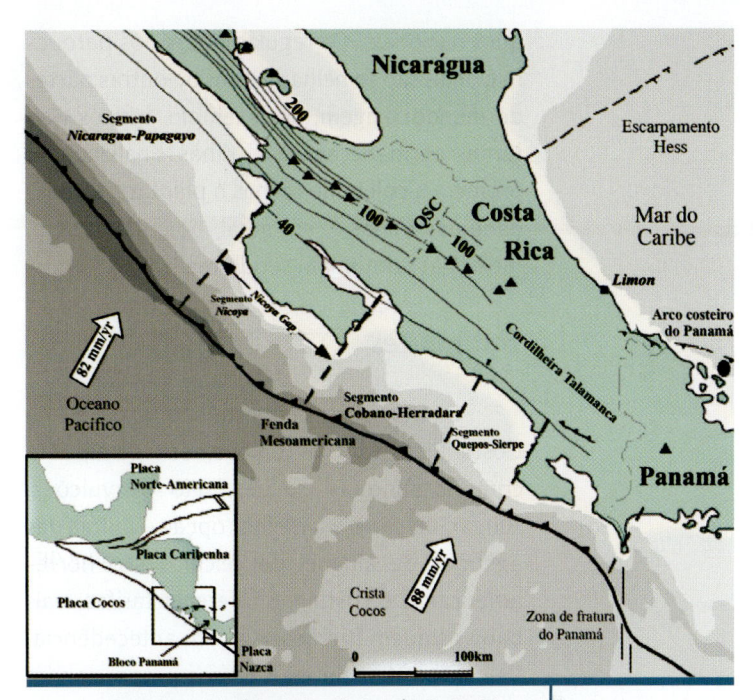

Fig. 11.2 Ambiente tectônico da Costa Rica. A placa Cocos está em subducção sob a placa Centro-Americana. A subducção é mais íngreme a noroeste e mais rasa sob a parte central da Costa Rica. A mudança de ângulo ocorre num ponto aqui denominado Quesada Sharp Contortion Fonte: modificado de Viramonte et al., 1997.

sedimentos da subducção na geração de magmas e na fusão da placa que sofreu subducção e da crosta continental sobre essa placa.

A Costa Rica tem afloramentos incomuns de rochas ultramáficas (ofiolitos) nas penínsulas de Osa, Nicoya e Herradura, na parte oeste do país. Essas rochas, denominadas Complexo Nicoya, representam uma série de rochas sedimentares vulcânicas submarinas e de grande profundidade, principalmente do período Jurássico ao começo do Cretáceo. As rochas vulcânicas mais antigas são semelhantes àquelas dos pontos quentes, e aventou-se que tiveram origem no ponto quente de Galápagos e formaram a fundação da placa Caribenha.

Informações práticas para o visitante

Os parques e as reservas nacionais

Todos os parques nacionais e a maioria das reservas são abertos ao público, em geral pagando-se uma pequena taxa. Arenal, Poás, Irazú e Rincón de la Vieja situam-se em parques nacionais. Os regulamentos dos parques nacionais são semelhantes aos de outras partes do mundo: exigem, por exemplo, que os visitantes permaneçam nas trilhas sinalizadas e proíbem a coleta de rochas e plantas. A qualidade das trilhas é, em geral, boa; além disso, melhorias continuam sendo realizadas.

Transportes

Os transportes públicos são razoáveis na Costa Rica, mas os ônibus, em geral, têm como destino as cidades, não os vulcões. Alugar um carro é a melhor opção. Muitas das agências de aluguel de veículos são norte-americanas e costumam oferecer tarifas mais baixas a quem fizer reserva com antecedência. Veículos 4x4 saem mais caro e proporcionam maior flexibilidade, mas somente são necessários em poucos dos lugares aqui descritos.

Quem quiser viajar usando transporte público pode pegar um ônibus em San José para chegar a Irazú e Poás, embora atualmente apenas nos fins de semana. Informe-se no terminal de ônibus de San José (conhecido como Terminal Rodoviário Coca-Cola), na verdade, uma série de pequenas estações de ônibus próximas umas das outras. A cidade mais próxima do Arenal é La Fortuna; a mais próxima do Rincón de la Vieja é Liberia; e do vulcão Turrialba, a cidade de Turrialba. É possível pegar ônibus em San José para essas cidades e ir de táxi até o alojamento. Alguns alojamentos oferecem transporte a partir de alguma cidade próxima, a baixo custo ou gratuitamente. Antes, porém, informe-se, porque os táxis não são baratos. Se você for se hospedar no Turrialba Lodge, ou no Rincón de la Vieja Mountain Lodge, durante a estação das chuvas, cuide para que vão buscá-lo, a não ser que tenha um veículo 4x4.

Passeios

As agências locais oferecem numerosos passeios para os vulcões Arenal, Poás e Irazú; são, porém, típicos passeios de âmbito restrito que duram metade de um dia ou um dia inteiro. Algumas delas anunciam "aventuras" para pequenos grupos, com itinerários à escolha, van, motorista e guia, se solicitado. A Sun Tours Company, proprietária do Arenal Observatory Lodge, é uma boa opção para o Arenal. Em geral, essas agências não oferecem veículos 4x4. A Magic Trails oferece passeios a cavalo às encostas da parte sul do Irazú; alguns desses passeios levam até o topo.

Passeios aéreos

Alguns passeios em aviões leves e helicópteros (há até um que se chama "Dance on the Volcanoes") encontram-se agora disponíveis na Costa Rica. O melhor modo de descobrir quais companhias oferecem passeios aéreos é ver os anúncios no *Tico Times* (jornal local publicado em inglês) e no *Costa Rica's Best Guide*, geralmente encontrado nos hotéis. A maioria das agências tem representação no aeroporto Tobias Bolanos, a oeste de San José.

Alojamento/Hospedagem

Há uma tendência na Costa Rica para pequenos "alojamentos na natureza" e em *haciendas* (fazendas), que parecem mais simpatizantes da ecologia do que os grandes hotéis ou *resorts*. Esses alojamentos não são necessariamente mais baratos do que os hotéis e talvez pareçam caros demais em vista das comodidades que oferecem; paga-se, na verdade, é pela magnífica localização. Turistas exigentes devem ter em conta que "simpatizante da ecologia" significa estar em comunhão com a natureza, isto é, nada de ar condicionado, mas isso não é um problema nas frescas regiões vulcânicas. Os alojamentos especialmente convenientes para os vulcões aqui descritos são o Poás Lodge, Arenal Observatory Lodge, Rincón de la Vieja Mountain Lodge e Volcán Turrialba Lodge (ver Apêndice I para os endereços). Irazú fica a uma cômoda distância para quem parte de carro de San José ou de Cartago, a antiga capital do país, mas que infelizmente não oferece muitas opções em termos de alojamento e alimentação. Quem visita o Poás dispõe de variadas opções de hotel nas proximidades da cidade de Alajuela, embora o Poás Lodge, construído com pedras, seja, de fato, especial. A área do Arenal também oferece várias opções, mas o

Observatory Lodge, originalmente construído para os vulcanólogos, não foi superado, por causa da vista e do ambiente que proporciona. O Rincón de la Vieja Mountain Lodge é bastante rústico, mas barato, e mantém uma área de acampamento ainda mais barata. Há passeios que saem do Lodge para o vulcão e para as fontes sulfurosas. Já as opções nas redondezas do Turrialba são bem limitadas, não apresentando a área desenvolvimento turístico. O Volcán Turrialba Lodge é o mais próximo do vulcão e tem o atrativo de oferecer passeios a cavalo até a cratera. Sua localização é magnífica, autenticamente rural e afastada, mas os preços são altos em vista das comodidades oferecidas. Como o turismo se encontra em ascensão na Costa Rica, freqüentemente surgem novos estabelecimentos; consulte um guia anual da Costa Rica para verificar o que há de novo. Há estabelecimentos de camping dentro do Parque Nacional Rincón de la Vieja, mas, no momento, não em outros parques.

Serviços de segurança e emergência

O atendimento médico nos hospitais públicos e nos serviços de emergência nas áreas urbanas da Costa Rica é de padrão bastante alto. Os vulcões, no entanto, ficam longe dos hospitais, as estradas do país são demasiado lentas, e os serviços de resgate não são sofisticados (não conte com helicópteros). A segurança pessoal não costuma ser um problema nessa sociedade pacífica, mas tome precauções sensatas. Pode ser perigoso dirigir veículos, já que a maioria das estradas são estreitas e sinuosas; não espere chegar rapidamente a lugar nenhum. As cobras venenosas são comuns na Costa Rica; fique, portanto, atento nas caminhadas. E também pode haver a ocorrência de fortes terremotos; o mais recente foi em 1991, chegando a 7.4 na escala Richter.

Mapas

Não é fácil encontrar mapas fora das principais cidades; é melhor comprá-los em San José. Mapas topográficos e outros encontram-se disponíveis nas livrarias Lehman e Universal (Avenida Central, perto do Grand Hotel) e do Instituto Geográfico Nacional (IGN), situado no prédio do Supremo Tribunal. O IGN publica um mapa 1:200.000 em nove páginas e mapas topográficos 1:50.000. Há um mapa geológico 1:500.000 de J. Tournon e G. Alvarado (em espanhol, com resumo em inglês) publicado pela Editorial Tecnológica de Costa Rica. Para obter mapas gratuitos de San José, passe no estande do Instituto Costa-Riquenho de Turismo, no aeroporto.

ARENAL

O vulcão

O Arenal é, atualmente, um dos vulcões mais ativos e espetaculares do mundo. Poucos cenários naturais são comparáveis à visão noturna que se tem da lava incandescente a escorrer pelos flancos íngremes do vulcão, e é difícil acreditar que seja possível observá-la em segurança quase absoluta a partir de locais privilegiados. Durante o dia, a bela forma do estratovulcão revela-se inteiramente, e o Arenal surge com seu declive íngreme, estéril, cinzento, contrastando com o suntuoso verde da floresta tropical ao redor (Fig. 11.3). Suas dimensões são modestas: ergue-se a apenas 1.110 m acima do terreno circundante (1.633 m acima do nível do mar) e tem uma área de 33 km². O vulcão tem atraído e encantado os visitantes por estar quase continuamente ativo desde que despertou, em 1968, de um breve sono de cinco séculos. Tornou-se um dos mais procurados pontos turísticos da Costa Rica e sua popularidade por certo está em alta. O Instituto de Turismo da Costa Rica utiliza o Arenal como logotipo do país, prometendo "nenhum elemento artificial". O lago Arenal, aos pés do vulcão, tornou-se um dos maiores destinos turísticos do país, e estão sempre surgindo novos hotéis e alojamentos com vista para o cone incandescente. Assim como o Kilauea e o Stromboli, o Arenal é um destino perfeito para quem quer ter a garantia de ver uma erupção em curso. O Arenal, porém, um estratovulcão andesítico-basáltico, é potencialmente muito mais perigoso que os outros dois. Para escalá-lo, é preciso ser realmente destemido ou ter desejo de morte. Felizmente, para quem não se encaixa nessas categorias, é

Fig. 11.3 O Arenal é, atualmente, o vulcão mais ativo e perigoso da Costa Rica. Esteve dormente até 1968, quando entrou em erupção contínua. Erupções estrombolianas ainda ocorrem ali em intervalos que vão de minutos a horas

possível ver e ouvir a atividade a partir dos flancos inferiores, bem além do alcance das bombas e dos blocos de lava incandescente.

O Arenal tem estado continuamente ativo desde 1968, produzindo freqüentes explosões estrombolianas, fluxos de lava, jatos de gases, atividade fumarólica, pequenos fluxos piroclásticos e uma piscina de lava ativa desde 1974. Essa erupção talvez seja típica do Arenal. Em seus 4 mil anos de atividade, o vulcão tem produzido muitos fluxos de lava e fluxos piroclásticos, constituídos de basaltos, andesitos e dacitos. O que não se sabe ao certo é se a longa duração é típica, já que não há registros das antigas erupções do Arenal.

Por incrível que pareça, o Arenal não estava sequer incluído entre os vulcões ativos do mundo até a erupção de 1968. Os únicos indícios de sua atividade anterior advêm das lendas dos Melekus (ou Guatusos), grupo autóctone que acreditava ser a montanha a morada de seu deus do fogo. Sabe-se que a lenda se baseia na realidade, já que os indígenas pré-históricos que viviam perto do vulcão sofreram inúmeras vezes os efeitos das erupções. No entanto, os colonizadores europeus que chegaram à Costa Rica julgavam que o Arenal fosse apenas uma montanha comum. Ficou conhecida como Pan de Azúcar ("Pão de Açúcar"), por causa do declive abrupto, e, mais tarde, como Cerro Arenal, por causa da grande quantidade de cinzas em seus flancos.

Sinais da história antiga do Arenal vêm aos poucos sendo coletados. A datação radiométrica por carbono 14, feita a partir do carvão encontrado sob um antigo fluxo de lava, indica que a última grande erupção anterior a 1968 ocorreu em 1525 d.C., antes do estabelecimento da primeira colonização ocidental. Outras datações por radiocarbono indicam os anos 1450 d.C., 800 d.C., 1 d.C., 800 a.C e 1800 a.C. Uma grande erupção datada de cerca de 1000 a.C. produziu cerca de 0,4 km³ de material, aproximadamente seis vezes o volume produzido até agora pela erupção atual. Essa grande erupção produziu um depósito pliniano de púmice dacítico, atestando o potencial do vulcão para erupções grandes e violentas.

Os sítios arqueológicos também podem ajudar a reconstruir a história do Arenal. Uma espessa camada de cinzas e tefra foi encontrada no sítio arqueológico Sojo, escavado durante a construção da represa Arenal. A camada vulcânica cobria artefatos datados do período entre 500 a.C. e 500 d.C, de modo que a erupção deve ter ocorrido em algum momento desse período. Entre os objetos encontrados em Sojo, havia ossos humanos, cerâmica, jade e ferramentas de pedra. Infelizmente não é mais possível visitar o sítio, já que foi inundado pela represa.

O estudo das erupções passadas sugerem que o Arenal talvez tenha um comportamento cíclico, com um grande evento explosivo de magma andesítico a abrir o ciclo, evento esse seguido de fluxos de lava de andesito basáltico que escoam lentamente ao longo de décadas. Cessados os fluxos de lava, o vulcão entra num período de repouso que pode durar séculos. Como a última erupção iniciou-se em 1968, talvez não dure muito mais – e pode ser um evento que aconteça uma única vez num período que cubra várias gerações.

A erupção atual, iniciada em 1968

O Arenal só se tornou oficialmente um "vulcão" quando explodiu em 1968, mas no final dos anos 1950, sua natureza vulcânica começava a ser conhecida. O primeiro indício veio de algumas fotos aéreas tiradas para pesquisa pelo instituto geográfico da Costa Rica. Essas fotos detectavam fumarolas ativas na cratera do topo, mas nem por isso pensou-se que o Arenal pudesse representar uma ameaça. Cerca de dez anos antes da explosão atual, um autor local escreveu que o vulcão estava "extinto há milhares de anos".

Antes de 1968, os visitantes iam ao Arenal a fim de escalar seus flancos íngremes até a "Cratera dos Tentilhões", assim denominada porque milhares desses pássaros faziam ninho nessa cratera de topo coberta de floresta; a sinfonia matinal era descrita como algo verdadeiramente encantador. Um jornalista escreveu que "era a própria alma do vulcão transformada em música". A cratera é hoje conhecida pelo prosaico nome de "Cratera D" e, infelizmente, há muito que os tentilhões foram embora dali.

Os primeiros sinais de que a atividade podia ocorrer novamente foram notados em 1965, quando o Instituto Costarriquense de Electricidad (ICE) empreendeu a primeira pesquisa topográfica do vulcão. O ICE preparava-se então para construir o complexo hidroelétrico Arenal, concluído em 1983. As usinas hidroelétricas usam água do lago Arenal, represa de 88 km² próxima ao sopé do vulcão. Durante a pesquisa inicial da área, o geólogo assistente Hugo Taylor relatou a ocorrência de vários fenômenos incomuns, entre os quais o mais estranho talvez tenha sido o fato de a lagoa Cedeño ter secado rapidamente, acarretando a morte de um grande número de peixes. Em 1967, a temperatura do rio Tabacón subiu tanto que o gado já não podia beber sua água. Taylor então concluiu corretamente que o Arenal estava entrando numa nova fase eruptiva.

É sempre difícil prever erupções vulcânicas, e no caso do Arenal, isso é particularmente verdade, já que pouco se sabia a respeito de sua atividade no passado. O primeiro sinal de aviso surgiu como uma série de eventos sísmicos em maio de 1968, mas isso não foi o suficiente para afugentar as pessoas. Às 7h30 da manhã de 29 de julho, depois de dez horas de intensa atividade sísmica, o Arenal despertou com uma violenta explosão, a primeira de várias. Foram lançadas bombas de até 10 m de diâmetro, formando crateras de até 60 m de diâmetro ao cair ao chão, numa distância máxima de 5 km a partir do topo. Formaram-se três novas crateras no flanco oeste do vulcão, que se tornaram conhecidas como crateras "A", "B" e "C", alinhadas aproximadamente na direção leste-oeste. De acordo com testemunhas, essas três crateras se formaram durante a primeira explosão.

Vários povoados e fazendas encontravam-se no âmbito da explosão do Arenal. Os fluxos piroclásticos (blocos e fluxos de cinzas) atingiram duas localidades, Pueblo Nuevo e

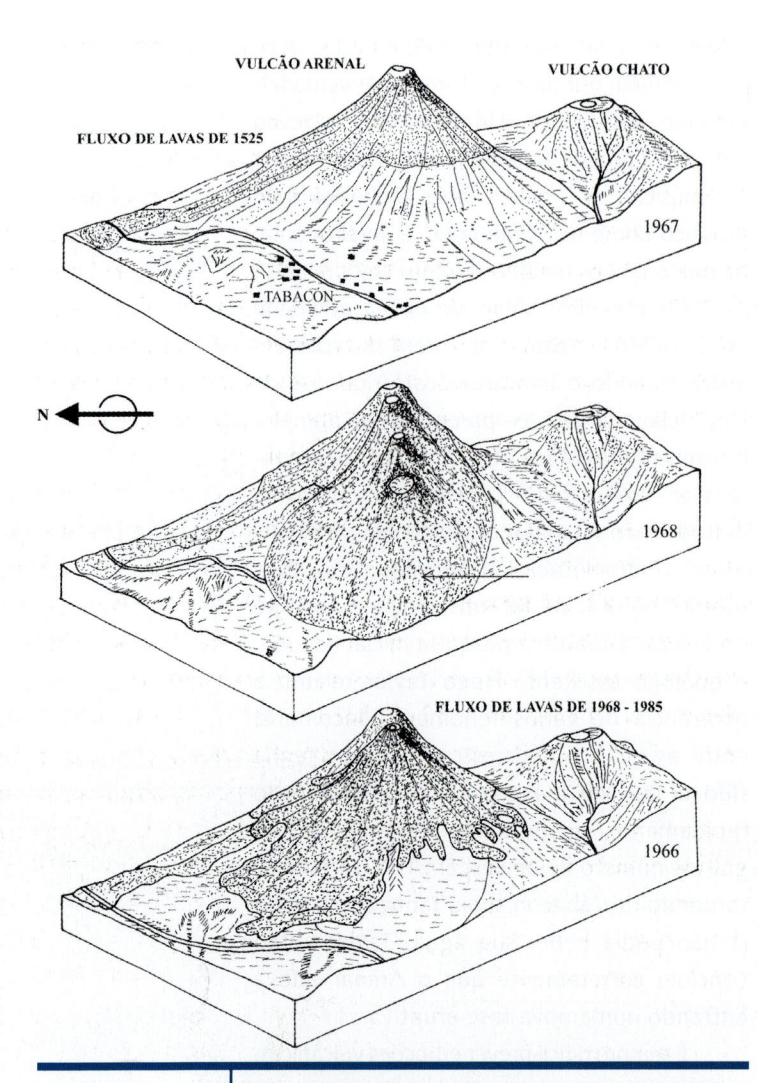

Fig. 11.4 Diagrama esquemático da recente evolução do vulcão Arenal. A figura do alto mostra o vulcão antes da erupção atual, iniciada em 1968. A seta na figura do meio mostra as áreas devastadas pelas bombas e fluxos piroclásticos daquele ano. Desde então os fluxos de lava continuam a escorrer pelas encostas abruptas
Fonte: conforme Alvarado Induni, 1989.

Dezenas de feridos foram resgatados, embora as condições de trabalho tornassem o resgate quase impossível. Mais de 1.200 pessoas chegaram a Tilarán, rapidamente esgotando o suprimento de água potável. O governo enviou caminhões de água, declarou estado de emergência, e não tardou para que "ticos" de todas as camadas sociais se apresentassem como voluntários para ajudar. Infelizmente a tragédia não tinha acabado. Em 31 de julho, a última das grandes explosões tirou a vida de oito moradores de Ciudad Quesada, a 2 km do vulcão.

Alguns depósitos dessa trágica primeira fase da erupção ainda podem ser vistos, contando a história do ponto de vista vulcanológico. Os depósitos mais baixos foram produzidos pela explosão freatomagmática inicial, quando o magma quente entrou em contato com a água do solo. Nessa camada encontram-se pedaços de madeira não queimada, indicando que a temperatura não era suficientemente alta para queimá-los. O depósito da explosão está coberto por várias unidades piroclásticas em que os fragmentos não se fundiram uns nos outros, o que significa que não eram muito quentes quando foram depositados. A unidade seguinte é um depósito de ejeção e, em cima desses, há depósitos de lama, blocos e fluxo de cinzas. O volume total da erupção inicial é de cerca de 25 milhões de m³.

Ao longo dos meses seguintes, o Arenal continuou a emitir cinzas e vapor, mas, afora isso, estava quieto. As pessoas começaram a voltar para suas terras e a reconstruir suas casas. O dano fora considerável, estimado, na época, em mais de um milhão de dólares. Entre 14 e 19 de setembro, novas explosões lançaram pequenas bombas e escória, mas foram eventos menores, fracos. Em 19 de setembro, a cratera inferior ("A") encheu-se de lava viscosa, que acabou escorrendo para fora, formando o primeiro dos muitos fluxos de lava espessa e em blocos. O fluxo desceu lentamente em direção ao vale de Quesada Tabacón, cobrindo definitivamente grande parte da zona devastada. A lava continuou a escorrer da cratera "A" (a 920 m de altura) até 1973. Em março de 1974, a atividade migrou para a cratera "C", a 1.460 m acima do nível do mar, a partir de onde os fluxos descem para o sudoeste, acabando por

Tabacón, não deixando nenhum sobrevivente. Testemunhas oculares falam de raios e relâmpagos, terremotos e escuridão. Em Tabacón, o chão ficou todo pontuado de crateras formadas pela queda das bombas. Estudos da vegetação queimada e danificada indicam que as temperaturas chegaram a 400°C. O número oficial de mortos foi de 78 pessoas, entre as quais alguns desaparecidos e presumidos mortos. Um deles, um jovem que ficara órfão devido à tragédia, foi encontrado muitos anos depois vivendo numa fazenda local. Também um papagaio sobreviveu por milagre; ainda estava no poleiro quando foi encontrado por trabalhadores da equipe de resgate.

encher a cratera "A" e cobrindo os flancos oeste e sudoeste do vulcão. As crateras "A" e "B" deixaram de existir, mas ainda é possível ver onde estavam observando-se as marcas na encosta do lado oeste do vulcão (Fig. 11.4).

Uma nova fase eruptiva começou em junho de 1975, com fortes explosões que produziram grandes quantidades de cinzas e fluxos piroclásticos pelo vale Tabacón. Dessa vez, felizmente, não houve vítimas. A cratera "C" continuou a ser o centro da atividade, formando um pequeno cone ao seu redor, que prejudicou a forma simétrica do vulcão.

No momento em que escrevo, a erupção prossegue, não se sabe por quanto tempo ainda. Se continuar com a mesma intensidade, o típico cenário que o visitante encontrará é o de fluxos lentos de lava em blocos, a maioria dos quais param em altitudes entre 1.000 e 1.200 m. Em média, o Arenal produz de quatro a seis fluxos de lava por ano, cada qual com a duração de várias semanas. Embora seja pequeno o volume de magma expelido, tem se mantido estável há 30 anos, o que faz do Arenal o destino perfeito para quem quer ver um vulcão em atividade (Fig. 11.5).

Vez por outra, o Arenal nos surpreende com novos eventos dramáticos. Em 1993, fendeu-se a parede que fazia a contenção do lago de lava na cratera "C", criando três fluxos piroclásticos que desceram as encostas íngremes até 550 m de altitude. Um dos fluxos foi na direção de Tabacón, mas parou a cerca de 300 m das famosas fontes termais da localidade. Um outro seguiu para uma das estações de tilímetro do ICE, mas não destruiu a cabana metálica. Os vulcanólogos encontraram uma lata de lixo ao lado da cabana com lixo queimado dentro e, ao examinar cuidadosamente o tipo de lixo, concluíram que o fluxo foi

Fig. 11.5 As espetaculares erupções do Arenal podem muitas vezes ser observadas com segurança a partir Arenal Observatory Lodge, para o deleite dos visitantes vindos de todas as partes do mundo. Esse alojamento é um dos melhores pontos do mundo de onde fotografar um vulcão em erupção, se o tempo ajudar. Esta fotografia foi tirada pelo falecido Fred Aspinal, proprietário do alojamento

Cortesia de William Aspinal

acompanhado de uma explosão ou ejeção a uma temperatura de cerca de 400°C.

Em setembro e outubro de 1995, grandes explosões fizeram colunas se erguerem a até 1 km acima da cratera e bombas caíram a 1.000 m de altitude. Em 1998, a atividade se aproximava de seu 30° aniversário sem dar sinais de declínio. No começo da tarde de 5 de maio, uma parte da parede da cratera desmoronou novamente e o vulcão começou a soltar fluxos piroclásticos que viajaram vários quilômetros em direção ao noroeste. Várias centenas de pessoas foram evacuadas, embora as autoridades tenham relatado a ocorrência de problemas em conseguir que os turistas se afastassem. Por sorte não houve vítimas, mas o Arenal provou sua força funesta em 23 de agosto de 2000. Uma série de explosões começaram a ribombar por volta das 10h da manhã, hora local, logo seguidas de fluxos piroclásticos que vieram montanha abaixo. Um desses fluxos foi em direção ao *resort* Los Lagos, causando graves queimaduras num guia local e em dois turistas que percorriam uma das trilhas do *resort*. O guia conseguiu levar os turistas feridos a um local seguro, mas morreu com queimaduras de terceiro grau mais tarde naquele dia. Esse evento fatal, considerado o mais grave desde 1968, serviu de incisivo lembrete de que a ameaça do Arenal está longe de terminada.

Uma visão pessoal: vulcões que explodem durante a noite

Considero minha primeira visita ao Arenal um bom exemplo de como não se deve visitar um vulcão. Foi de fato uma experiência bastante sombria e poderia ter sido perigosa. Minha única desculpa é que eu não tinha, de modo algum, a intenção de visitar o Arenal durante minha primeira visita à Costa Rica. Eu estava em San José para uma conferência internacional quando uma viagem de campo ao Poás foi oferecida como bônus. Pensei que um vulcão bastaria para me satisfazer e, em todo caso, eu não teria um dia livre para ir ao Arenal. Tudo isso era certo, mas acabei encontrando José, um guia que se apresentou a mim e cuja única credencial era, provavelmente, ser dono de uma van. Ele me disse que eu poderia visitar o mal-afamado vulcão, caso eu tivesse uma noite livre.

"O vulcão é muito bonito à noite", disse ele empaticamente, dando, em seguida, o golpe decisivo: "Dá para ver lava incandescente". Incapaz de resistir a essas palavras mágicas, acabei convencendo sete de meus colegas a se juntarem a mim numa infeliz aventura da qual não se esqueceriam tão cedo. Em nosso grupo estavam também um colega de escritório, meu chefe e um renomado cientista internacional que já bem passara dos 70 anos. Nosso plano era partir de San José ao amanhecer, viajar para o Arenal e retornar "por volta da meia-noite", de acordo com nosso experiente guia.

Chovia quando partimos de San José, e a chuva nos acompanhou ao longo do dia todo. Por volta das 10h da noite, chegamos ao que hoje é a entrada do parque nacional, mas bem poderia ser um lugar qualquer. A chuva e a neblina não permitiam ver o vulcão, menos ainda a lava incandescente. Tendo, porém, chegado até ali, não queríamos desistir. Como eu tinha ouvido falar do Arenal Observatory Lodge, sugeri que fôssemos até lá e esperássemos um pouco para o caso de o tempo melhorar. Todos concordaram, e José nos levou rumo a esse alojamento.

A estrada de terra até o Lodge atravessa um rio raso e, em 1991, não havia ponte. A van de José não tinha tração nas quatro rodas, mas ele achou que podia atravessar o rio. A van se aproximou lentamente da margem e, adiante do feixe de luz dos faróis, vimos no meio do rio um banco de areia em torno do qual o curso d'água se bifurcava. O banco de areia ficava a apenas uns 15 ou 20 m da margem, e sabíamos que a água era rasa. Mesmo assim, a correnteza parecia forte e, no escuro, o rio parecia agourento. E lá fomos nós, com a água alcançando metade das rodas. Senti-me aliviada quando começamos a subir no banco de areia, mas nesse momento o motor morreu. José queixou-se de nossa sorte em espanhol e, como que em acompanhamento, o vulcão explodiu, com um estrondo forte e reverberante.

"Isso foi um trovão?", perguntou um ansioso companheiro de viagem. "Ou foi o vulcão?"

Como eu era a única vulcanóloga em nosso desafortunado grupo, todos se viraram na minha direção. Respondi que parecia trovão, pensando comigo mesma que essa era a melhor resposta diante das circunstâncias. Minha rápida estimativa da situação era que não estava gostando nem um pouco daquilo tudo. Eu sabia que o Arenal era bastante ativo e potencialmente letal, mas não tinha feito minha lição de casa. Não tinha idéia de onde estávamos nem da periculosidade do vulcão no momento. Tinha conhecimento de que o Arenal soltava fluxos piroclásticos em seus vales e estávamos imobilizados num deles – não apenas num vale, mas também no próprio rio, em meio a uma correnteza de cerca de meio metro de profundidade. Era um noite escura, tempestuosa. Tiramos as botas e as meias e fizemos o que era pedido, menos um dos integrantes do grupo, que parecia petrificado no assento. Preferi acreditar que ele estava paralisado de medo. Nosso cientista septuagenário, verdadeiramente solidário, não hesitou em entrar na água. Eu o levaria comigo para visitar um vulcão em qualquer circunstância.

Assim que a van subiu no banco de areia, o problema seguinte foi o de tirá-la dali. Meu chefe decidiu atravessar a segunda metade a pé e caminhar até o alojamento para pedir ajuda. Ele logo voltou: a água era profunda demais e a correnteza, forte. Nesse meio tempo, José desmontava o motor. Para piorar a situação, a explosão que ouvimos em seguida não podia de modo algum ser atribuída ao mau tempo. Viramos o olhar na direção do som, mas a chuva e a névoa haviam aumentado. Estávamos à mercê do vulcão, mas seria bom ao menos saber a que distância estava o estopim já aceso. Depois de um tempo que pareceu bastante longo, ouvimos um ruído maravilhoso, o do motor que José de algum modo conseguira fazer funcionar. Vibramos de felicidade, mas logo nos lembramos de que estávamos cercados de água. O único modo de voltar era atravessando o rio. Dessa vez, porém, o motor não falhou e atravessamos em segurança. Estávamos de volta à estrada, felizes. José, porém, se sentia mal. Ele nos prometera lava incandescente.

Tínhamos mais uma opção. Voltamos à nossa primeira parada, a entrada do parque nacional, e José nos aconselhou a tomar um caminho secundário. Disse ele que, cerca de cem metros adiante, encontraríamos uma placa dizendo que não avançássemos. "Parem lá", disse ele. "O vulcão é muito perigoso". Pegando nossas lanternas, seguimos pelo caminho. Talvez tivéssemos pegado o caminho errado, ou deixado de ver a mencionada placa. Logo seguíamos por uma vala rasa, depois por uma profunda, com paredes de cerca de cinco metros de altura, que facilmente canalizariam um fluxo piroclástico. Quando eu estava para dizer aos outros que devíamos voltar, a névoa se abriu e indistintos fluxos de lava incandescente surgiram como que por mágica, delineando o cone íngreme. Parei para ver. Os outros correram na direção do vulcão como touros diante da capa vermelha.

É difícil avaliar as distâncias à noite e, embora parecesse estarmos a poucos quilômetros dos fluxos de lava, eu sabia que poderíamos ter problemas. As encostas íngremes do Arenal propiciam que blocos de lava se soltem das extremidades dos fluxos e rolem para baixo a grande velocidade. Tivemos visões fantásticas de alguns desses blocos que, felizmente, não rolaram em nossa direção. Pudemos ouvir explosões, mas não vimos bombas. Em minha mente começaram a pipocar perguntas para as quais eu não tinha respostas. Qual era a topografia entre nós e o vulcão? Poderiam os blocos nos atingir? Em que estado o vulcão se encontrava? Poderia um fluxo piroclástico descer pela vala em que estávamos? E o que era mais urgente: Onde exatamente estávamos nós em relação ao vulcão?

Uma coisa era certa: não poderíamos sair rapidamente daquela vala. As paredes eram muito abruptas, difíceis de escalar. Disse aos outros que não devíamos prosseguir, mas vários deles não pareciam propensos a me dar ouvidos. Eu não podia ser muito convincente, já que não tinha dados concretos para apresentar. Prometi a mim mesma fazer minha lição de casa antes de sair para outra futura viagem a um vulcão.

Quando não dá para argumentar, é preciso recorrer ao truque. Sugeri que parássemos para uma fotografia do grupo tendo ao fundo o vulcão reluzente. Nenhum daqueles cientistas altamente qualificados pareceu se dar conta de que essa era uma péssima idéia, devido ao mau tempo e à falta de tripé. Mas o fato é que, assim, consegui conter-lhes o impulso e, depois de batida a fotografia, todos pareceram se contentar em ficar parados olhando um pouco. Em seguida, começamos a voltar.

Nossa aventura ainda não tinha terminado, pois pegamos caminho errado e passamos por mato à altura da cintura. Anos depois, ao andar por aquele local, fiquei admirada com o fato de que nenhum de nós naquela noite tivesse caído numa ravina ou buraco fundo ocultos pelo mato. Nosso colega mais idoso tropeçou e caiu, mas felizmente não se machucou. Decidimos voltar atrás e tentar encontrar o caminho original. Por fim, conseguimos voltar à estrada com a ajuda de José que, muito preocupado, nos orientou fazendo piscar os faróis da van.

Exaustos mas sem ferimentos, chegamos de volta a San José às 7h da manhã, a tempo para o café e de nos juntarmos à visita "oficial" de campo ao Poás. Fiquei muito orgulhosa de meu grupo de não-vulcanólogos, já que todos, esportivamente, foram conosco ver o vulcão seguinte; talvez porque já não era eu quem estava de guia.

Visita em período de repouso (ou mau tempo)

Ninguém sabe quando a atual erupção pode acabar e, mesmo que o Arenal esteja ativo, as condições meteorológicas podem ser más, cobrindo o vulcão de nuvens. É possível passar vários dias de frustração à espera de que o tempo melhore, embora os estrondos do vulcão lembrem ao visitante que ele é bastante ativo. No entanto, é bom saber que quase tudo o que se pode fazer durante uma visita ao Arenal não depende de o vulcão estar sem nuvens. Algumas nuvens e chuva podem tornar as trilhas mais atraentes, proporcionando uma autêntica experiência de floresta tropical. Se possível, tenha planos flexíveis de viagem, para que possa esperar por noites claras com fantásticas visões de fogos de artifício. O tempo nos arredores do Arenal é bem próprio do local, e as previsões para o país ou para o estado não devem ser levadas em conta.

É fácil visitar o Arenal. A infra-estrutura local melhorou muito nos últimos anos, principalmente desde a fundação do parque nacional, em 1995. O turismo cresceu, mas não a ponto de prejudicar as belezas naturais. As trilhas e os locais descritos a seguir podem ser apreciados quer o vulcão esteja ativo, quer não.

Parque Nacional do Vulcão Arenal

Sendo um parque bem novo, seus serviços são limitados, mas devem melhorar em futuro próximo. Chega-se à entrada principal seguindo 15 km para o oeste de La Fortuna; em seguida, virando à esquerda e continuando por 2 km por uma estrada de terra que conduz ao parque. Os guardas na guarita de entrada têm mapas das trilhas para vender, mas, em geral, não são muito propensos a dar informações. Uma trilha curta (1,3 km) começa perto da entrada e leva a um ponto de observação do vulcão, além do qual há cercas e placas proibindo a entrada de visitantes em zona de perigo. O ponto de observação é um dos melhores lugares de onde ver e fotografar a atividade.

Há três outras trilhas dentro do parque, das quais os visitantes não podem se desviar. Sendero las Heliconias ("Trilha das Helicônias") e Sendero Colada ("Trilha do Fluxo de Lava") seguem paralelamente uma à outra e, a certa altura, se cruzam. A parte mais notável da trilha Colada é o ponto em que sobe um fluxo de lava e blocos de 1992-3. Também é possível chegar à lava de 1992-3 seguindo pelo Sendero los Tucanes ("Trilha dos Tucanos"), que começa perto de outra entrada do parque, no lado sul. A quarta trilha, Sendero los Miradores (1,2 km), começa na estrada em frente à entrada principal e vai até a represa da hidroelétrica Arenal (Fig. 11.6).

Sendero las Heliconias

Trilha fácil, de 1 km, que começa perto da entrada principal do parque nacional. O propósito dessa trilha é mostrar aos visitantes as plantas, sobretudo samambaias e pequenos arbustos, que cresceram depois da devas-

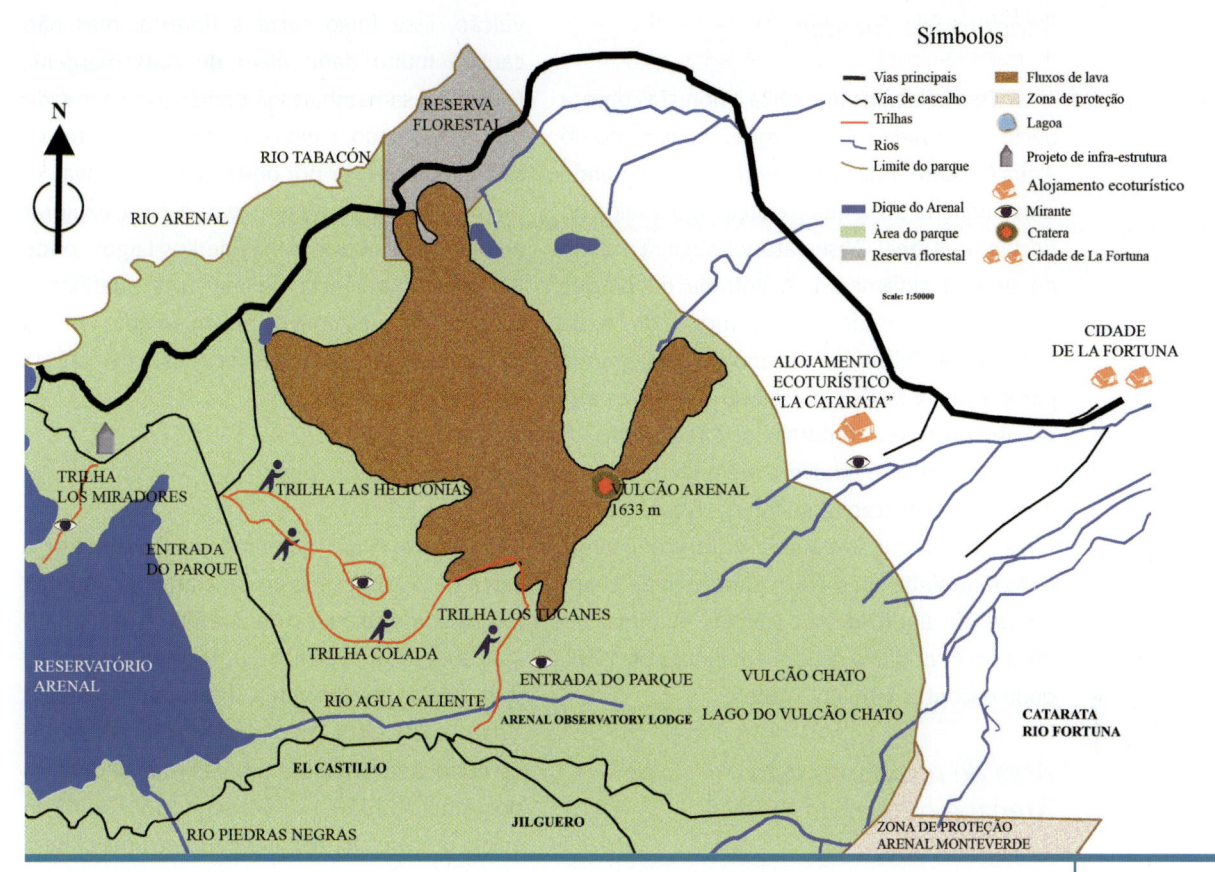

Fig. 11.6 O Parque Nacional do Arenal tem numerosos senderos (trilhas). É fácil passar dez dias explorando as encostas do vulcão, ricas em vida selvagem. A subida ao vulcão é extremamente perigosa e só deve ser empreendida com um guia experiente
Fonte: modificado de folheto do Parque Nacional do Arenal.

tação causada pela erupção de 1968. Apesar do interesse restrito a vulcanófilos, vale a pena a curta caminhada em que o visitante provavelmente verá beija-flores e borboletas pelo caminho (Fig. 11.7).

Sendero Colada

Essa é outra trilha fácil que começa na entrada principal do parque. Avança por terreno razoavelmente plano, coberto de cinzas por cerca de 2,8 km, até a extremidade do fluxo de lava em blocos de 1992-3. A trilha sobe os grandes blocos do fluxo e continua perto da borda desse fluxo até juntar-se à Trilha dos Tucanos. Do alto do fluxo há vistas particularmente boas do vulcão Chato e do lago Arenal. Note a diferença entre a vegetação da floresta mais distante do vulcão, onde há árvores altas, e a da mata mais baixa perto do fluxo, onde a floresta foi devastada pela atividade de 1968.

Fig. 11.7 Além de vistas espetaculares do vulcão, as trilhas do Parque Nacional do Arenal oferecem ao visitante a possibilidade de apreciar flora, pássaros e animais tropicais

Sendero los Tucanes

Essa bela trilha que corta a floresta começa perto da entrada sul do parque, próximo do rio Agua Caliente. Chega-se à entrada sul seguindo uma pequena trilha que começa logo à saída do portão do Arenal Observatory Lodge, a 1,3 km do próprio alojamento. A entrada do parque fica logo depois de atravessado o rio Agua Caliente. A Trilha dos Tucanos é, em grande parte, plana e fácil de percorrer, mas talvez seja preciso pular ou contornar árvores caídas. A flora e a fauna são notáveis. Além de tucanos, é possível ver macacos guaribas, tatus, porcos selvagens, preguiças e quatis. Vá logo de manhã cedo e caminhe em silêncio para ter mais chances de ver alguns desses animais. A trilha termina perto do fluxo de lava em blocos de 1993, onde encontra a Trilha Colada.

Área de resorts do lago Arenal e o fluxo de 1996

A série de *resorts* ao redor da margem do lago Arenal oferece veleiros, *windsurf*, pescaria e uma variedade de outros esportes. O *resort* Jungla y Senderos Los Lagos, no lado norte do Arenal e a 5,5 km a leste da cidade de La Fortuna, é digno de nota por causa de suas trilhas. O *resort* e suas trilhas sofreram algum dano causado pelo fluxo piroclástico de agosto de 2000, que matou um guia local em uma das trilhas. Em razão desse acontecimento trágico, algumas das trilhas estão agora fechadas, mas provavelmente vão reabrir (veja a situação atual no website indicado no Apêndice I). De especial interesse aqui é a Trilha Rio de Lava, que leva ao fluxo de lava em blocos de 1996. Essa trilha fica a cerca de 800 m do estacionamento mais próximo e começa perto de um dos dois lagos do *resort* (pegue um mapa de trilhas na entrada). Há uma pequena taxa de entrada no *resort* e, pagando um pouco mais, é possível alugar cavalos que levam o visitante a percorrer grande parte do caminho até o fluxo. Essa é, no entanto, uma trilha muito fácil. Assim que chega ao fluxo, a trilha segue ao longo de sua margem. Também é fácil subir no fluxo, que tem cerca de 12 m de espessura, e ali encontrar uma vista impressionante da encosta norte do vulcão. Esse fluxo corta a floresta, mas não causou muito dano além de suas margens. Musgos e samambaias já começaram a invadir o fluxo resfriado, e em cerca de dez anos talvez seja impossível ver por onde escorreu a lava. Se possível, dedique algum tempo para explorar algumas das outras trilhas de Los Lagos, onde há uma abundância de macacos guaribas e tucanos. Há uma área de acampamento em Los Lagos, bem como *casitas* (com cama e café da manhã) onde se alojar.

Vulcão e lagoa Chato

Chato é um pequeno vulcão situado a cerca de 3 km a sudeste da cratera do Arenal. Assim como as lavas do Arenal, as do Chato são andesitos basálticos e andesitos, mas os dois vulcões pertencem a sistemas distintos. O Chato já não está ativo, e a datação por radiocarbono indica que sua última erupção ocorreu por volta de 1550 a.C. Em seu topo, a 1.140 m acima do nível do mar, encontra-se uma cratera de explosão com aproximadamente 500 m de diâmetro. Essa cratera está hoje preenchida por um lago formado por água de chuva, e rãs nativas podem freqüentemente ser vistas à margem da água verde-esmeralda. Para subir ao topo, pegue a Trilha Chato (6 km, ida e volta; cerca de 5 horas de percurso) a partir do Arenal Observatory Lodge. É um caminho bastante árduo, mas compensador devido à paisagem da floresta, ao impressionante lago da cratera e às vistas dos flancos do Arenal. Um pequeno cone, denominado Chatito, pode ser visto no flanco sul do Chato.

Fontes termais de Tabacón

O *resort* Balneário Tabacón foi construído ao redor das fontes termais do rio Tabacón. Situa-se a cerca de 12 km a oeste de La Fortuna e é famoso entre os estrangeiros (que chegam em ônibus lotados) e a população local. A taxa de entrada não custa pouco, mas os adoráveis jardins e a experiência compensam o gasto. Aconselho a não experimentar as piscinas artificiais e ir diretamente às menos lotadas piscinas naturais do rio, onde as temperaturas variam de cerca de 27°C a 39°C. Tem-se dali vistas adoráveis do vulcão, e os habitantes locais recomendam a visita noturna, capaz de oferecer um cenário mais espetacular. A atração principal talvez seja a emoção de saber que o banho acontece logo abaixo do vulcão, num dos lugares de maior risco de fluxos piroclásticos (Fig. 11.8).

Visita em período de atividade

As sugestões adiante são válidas principalmente para quando o Arenal se encontra em erupção, embora a subida seja bem mais segura depois que a atividade tiver cessado.

Arenal Observatory Lodge

Localizado dentro do parque nacional, esse alojamento começou a funcionar em 1987 como observatório particular, onde se hospedavam vulcanólogos do mundo todo enquanto estudavam uma erupção em curso. Situa-se numa crista a cerca de 2 km do Arenal, e a vista do vulcão, acompanhada de efeitos sonoros, torna a hospedagem no local quase uma experiência única. Os não-residentes podem desfrutar dos arredores e das paisagens pagando uma pequena tarifa. Faça reserva com bastante antecedência se quiser se hospedar aí, pois, embora o alojamento tenha sido ampliado ao longo dos anos, dispõe de um total de apenas 24 apartamentos. Alguns apartamentos têm vista para o vulcão e há vários "terraços de observação" onde os visitantes podem sentar-se e ver os fogos à noite. Um dos prédios do alojamento, no bloco Smithsonian, abriga um pequeno museu e um sismógrafo em operação. Para chegar lá a partir do edifício principal, é preciso atravessar uma emocionante ponte pênsil.

O alojamento oferece passeios guiados diariamente, que incluem o vulcão Chato e a Trilha Los Tucanes. O "passeio da lava vermelha", à noite, é tido como um que oferece excelentes vistas dos flancos luminosos do vulcão. Há várias trilhas que saem do alojamento, entre as quais Cerro Chato e Old Lava (Lava Velha) são as mais interessantes. A New Lava (Lava Nova) é, na verdade, uma trilha para a entrada sul do parque nacional, onde ela encontra a Trilha Los Tucanes, que conduz ao fluxo de 1993.

Fig. 11.8 Uma atração famosa do Arenal é o Balneário Tabacón, onde os visitantes podem desfrutar das fontes termais naturais do rio Tabacón. Os habitantes da localidade recomendam a visita noturna, capaz de oferecer vistas espetaculares do Arenal em erupção

Escalando o vulcão

Não escalei o vulcão, mas gostaria de ter feito isso. Dadas as condições de atividade, muitos dos meus colegas vulcanólogos não fariam tal coisa, e alguns diriam que é preciso estar louco para querer escalar. É possível subir o Arenal quando em atividade, sob a condição de que o único guia conhecido meu que conduza esse passeio ainda esteja vivo e fazendo esse tipo de serviço. Gabino Hidalgo vive em La Fortuna e há muitos anos vem levando visitantes ao Arenal, sem ter perdido nenhum até o momento. Ele tira vantagem do fato de que a cratera leste ("D") tem estado inativa há anos, e espera que continue assim. Da borda dessa cratera há uma vista excelente da ativa cratera "C".

Seu trajeto vai pela encosta leste do vulcão, coberta pela floresta, até um "rochedo seguro", a algumas centenas de metros abaixo do topo. "Seguro" é um termo relativo, mas o rochedo serve de abrigo rústico. Os visitantes ficam lá até ouvirem uma explosão, que Hidalgo sabe acontecerem a cada 30 minutos, aproximadamente. Depois de anos observando o vulcão, ele acredita que o intervalo entre as explosões é de, no mínimo, 15 minutos. Assim que caem as bombas da última explosão, ele e seu grupo fazem uma corrida desenfreada até a borda da cratera "D", ficam admirando a lava incandescente da cratera "C", batem uma ou duas fotos (armação automática ajuda nesse caso), depois fazem uma nova corrida desenfreada de volta ao "rochedo seguro", de onde começam a descer a encosta leste. Hidalgo sempre pára no caminho e usa um espelho para enviar sinais a sua mãe, em La Fortuna, dizendo que tudo corre bem. Presumo que também tenha um sinal secreto de pedido de socorro.

Afirma Hidalgo que seu método é 90% seguro, o que quer que isso signifique. Minha opinião é que seu método de escalar o vulcão é, provavelmente, o mais seguro possível, mas ainda assim implica um risco considerável. Os vulcões não funcionam como relógio, e as explosões podem acontecer de modo inesperado. Uma cratera dormente de um vulcão ativo pode despertar a qualquer momento. Contudo, se você estiver determinado a fazer a escalada, vá com Hidalgo (pergunte aos moradores locais onde ele se encontra). Seu histórico é bom, ele conhece a montanha muito bem e esperamos que sua sorte continue.

Outras atrações locais

Vulcão Rincón de la Vieja

Esse estratovulcão ativo, complexo, é a principal atração do Parque Nacional Rincón de la Vieja (Fig. 11.9). O estranho nome do vulcão significa "cantinho da velha". Dizem que uma velha solitária vivia no sopé do vulcão muito tempo atrás. O Rincón não é muito visitado devido à distância, mas há vistas interessantes e boas trilhas para quem quiser evitar os lugares mais comumente visitados na Costa Rica. O vulcão é um complexo de pelo menos nove bocas que formam uma crista alongada, cobrindo uma área de 400 km² e alcançando uma altura de 1.895 m. Os cones sobrepostos que formam o complexo são de idades diversas e indicam que a atividade migrou de oeste para leste. O vulcão tem estado freqüentemente ativo nos tempos históricos e, durante o século XIX, era conhecido dos marinheiros como um "farol natural". As erupções nas últimas décadas consistiram sobretudo de explosões freáticas brandas a moderadas a partir da cratera do topo, que contém um lago. As explosões muitas vezes desencadearam fluxos de lama e considerável chuva de cinzas.

Em razão de sua localização distante e dos poucos centros populacionais próximos ao vulcão, o Rincón não tem sido uma prioridade em termos de monitoramento ou de intensos estudos. Ao que podemos dizer, atualmente esse vulcão não representa grande ameaça, sendo que as erupções recentes não trouxeram à superfície nenhum material jovem (magma novo). Os cientistas locais que visitaram a cratera em novembro de 1995 descreveram o que se considera uma erupção típica. As explosões produziram jatos de cinzas molhadas muito escuras e água quente. Os jatos caíram fora da cratera, formando fluxos de lama ao longo da drenagem dos rios. Blocos e cinzas molhadas caíram a até 1 km de distância da cratera. Diante dessa descrição, fica claro que o Rincón pode ser perigoso caso se chegue perto demais da ativa cratera do topo. Antes de tentar escalar o topo, pare no posto da guarda florestal em Casona Santa Maria e informe-se a respeito da atividade atual do vulcão. Casona, a 25 km a nordeste da cidade de Liberia, é uma interessante casa de fazenda do século XIX, que parece ter, em algum momento, pertencido ao ex-presidente dos Estados Unidos Lyndon Johnson. É bom ter em mente que a estrada a partir de Liberia é pobre e exige veículos 4x4 durante a estação chuvosa.

Caso o visitante se hospede no Rincón de la Vieja Mountain Lodge, perto das panelas de lama de Las Pailas, é melhor pegar outra estrada. Para encontrá-la, pegue a Interamericana a partir de Liberia e dirija por 5 km para o norte até um desvio para uma estrada de cascalho. A placa pode indicar Mountain Lodge, Las Pailas ou Curanbade, nome de um pequeno povoado ao longo do caminho. Além do povoado, a estrada fica ruim e passa a exigir veículo 4x4 na estação das chuvas. A estrada segue para Hacienda Guachipelin, hoje funcionando

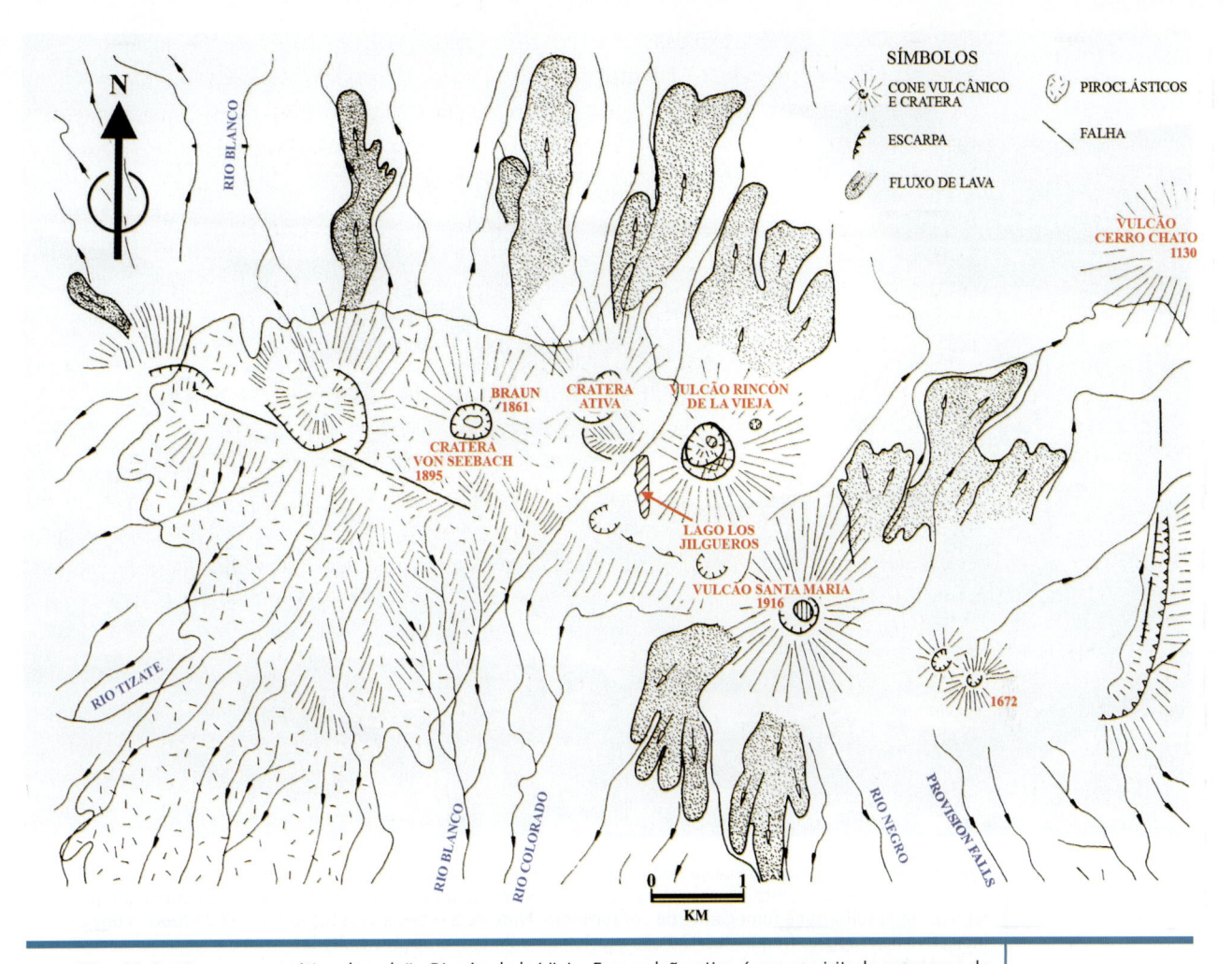

Fig. 11.9 Mapa esquemático do vulcão Rincón de la Vieja. Esse vulcão ativo é pouco visitado por causa da localização distante, cerca de 50 km ao sul do lago Nicarágua. Há nove crateras no complexo do Rincón, mas somente a principal é ativa. O vulcão situa-se num parque nacional com várias trilhas que vale a pena explorar, entre as quais uma que leva à cratera do topo
Fonte: conforme Alvarado Induni, 1989.

também como alojamento. Para prosseguir até Mountain Lodge, é preciso pagar uma pequena taxa para uso da estrada particular da Hacienda, somente acessível durante o dia.

Há várias trilhas dentro do parque. A partir do posto Santa Maria da guarda florestal, uma trilha de 3 km de extensão leva a fontes termais sulfurosas onde os visitantes podem se banhar e, supostamente, beneficiar-se das propriedades terapêuticas do vulcão. A trilha prossegue por 3 km até as fervilhantes panelas de lama de Las Pailas, e mais 2 km até o posto Las Pailas da guarda florestal, que nem sempre está aberto. A partir das panelas de lama de Las Pailas, outra trilha segue para o norte por cerca de 2 km, depois se bifurca. A bifurcação da esquerda continua por mais 2 km até as pequenas fumarolas de Las Hornillas ("Os Fornos"). A bifurcação da direita leva ao topo, a cerca de 8 km de Las Pailas. Abaixo do topo fica a lagoa de Jilgueros, conhecida pela grande quantidade de antas e outros tipos de vida selvagem.

POÁS

O vulcão

O vulcão Poás é um dos mais ativos da Costa Rica e um dos mais facilmente visitados. Situado a apenas 30 km a noroeste de San José, esse vulcão de 2.708 m de altura pode ser acessado por uma estrada pitoresca que corta a floresta e sobe até o topo. O Poás é bastante popular entre os turistas por causa da beleza espetacular de suas duas crateras. A cratera

Fig. 11.10 Área do topo do vulcão Poás, situado a apenas uma hora de carro de San José, capital da Costa Rica. A cratera do topo apresenta várias crateras de explosão, como uma das mostradas aqui, que contém um pequeno lago de água sulfurosa e fumegante, de cor turquesa. Note-se a escassa vegetação na área do topo, o que é indicativo de erupções freqüentes. O Poás ocasionalmente tem erupções violentas

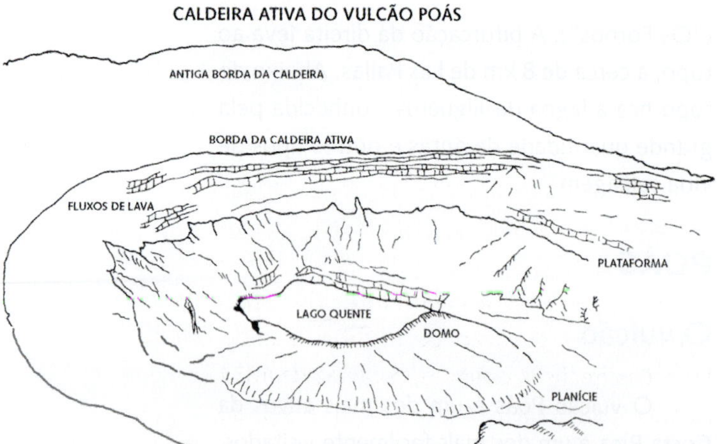

Fig. 11.11 Mapa esquemático do topo do vulcão Poás. A caldeira atualmente ativa situa-se dentro de uma caldeira maior e mais antiga. A cratera ativa tem cerca de 1,5 km de diâmetro
Fonte: conforme Casertano et al., 1987.

ativa costuma estar preenchida por um lago de água quente de cor turquesa, enquanto a dormente – ou talvez extinta – cratera Botos contém um lago de água fria azul-escura (Fig. 11.10).

O vulcão é um estratovulcão complexo, com uma área de aproximadamente 300 km². Tem um formato irregular, com um topo largo e relativamente plano cortado por falhas. Ao lado dos vulcões Platanar, Barva, Irazú e Turrialba, o Poás forma a cordilheira Central da Costa Rica. O vulcão propriamente dito consiste de três estruturas principais, mais ou menos alinhadas de noroeste para nordeste. Na extremidade noroeste fica a cratera von Frantzius, com cerca de 1 km de diâmetro, considerada extinta. A cratera ativa, de aproximadamente 1,5 km de diâmetro, situa-se no meio (Fig. 11.11). Menor, a cratera Botos, ativa pela última vez em tempos pré-históricos, situa-se na extremidade sudeste.

O vulcão ergueu-se sobre ignimbritos silicáticos e fluxos de lava que datam do Plio-Pleistoceno. As lavas mais velhas do topo foram depositadas cerca de 7.500 anos atrás, por volta da mesma época em que a Botos esteve ativa pela última vez. O Poás expele principalmente andesitos basálticos e andesitos, embora haja alguns basaltos. Parte das lavas mais velhas é especialmente rica em alumínio e titânio. A análise química do lago quente da cratera indicou uma grande quantidade de sólidos dissolvidos (de 60 a 350 g/kg) e de uma quantidade de ácido sulfúrico de até 4 g/kg. Apesar da cor atraente e de temperaturas próprias para banheira (de 50 a 70°C), não seria nada agradável banhar-se nesse lago.

O Poás tem uma longa história de erupções violentas. Os relatórios de atividades remontam a cerca de 200 anos, e a maioria descreve erupções freáticas "do tipo gêiser" e atividade fumarólica. O relato mais recente data de 1828, escrito por um Miguel Alfaro, que descreveu cinzas e blocos que queimavam no ar com chamas azuis. A cor azul foi vista em anos recentes e se deve à queima do enxofre. O relatório seguinte sobre o Poás data de 1834 e descreve cinzas levadas pelo vento até Esparza, uma cidade do lado do Pacífico. Em 1860, o cientista alemão Alexander von Frantzius desceu ao fundo da cratera ativa e mediu a temperatura do lago: 39,1°C. Outro cientista, Dr. Henry Pittier, desceu ao lago em 1888 e novamente mediu a temperatura, dessa vez mais alta: 55,5°C. Fortes terremotos durante esse mesmo ano causaram um deslizamento de terras que criou a lagoa Fraijanes, perto da estrada atual para o Poás.

Em 1889 ocorreu uma espetacular erupção freática, durante a qual colunas de água e lama da cratera alcançaram alturas de aproximadamente 70 m. As medições de temperatura dessa época indicam que a água do lago estava a cerca de 70°C. No começo do século XX, ficou claro que as erupções freáticas são o principal *modus operandi* do Poás: essas erupções ocorreram em 1903, 1904 e 1905. Em 18 de julho de 1905, explosões violentas ejetaram materiais que caíram a até 500 m além da borda da cratera. Os relatórios da época mencionam que a atividade prosseguiu esporadicamente até 1907.

Uma das maiores erupções do Poás aconteceu em 25 de janeiro de 1910, quando uma imensa nuvem de cinzas se ergueu a 8 km acima do vulcão, fazendo as cinzas caírem por todo o vale Central. As bombas foram ejetadas com tanta força que crateras de impacto de até 1 m de diâmetro se formaram. As encostas superiores do Poás ficaram cobertas de lama, e caíram cinzas a 35 km de distância da cratera. Também em 1914 e 1915 houve erupções freáticas que ejetaram material bem acima do vulcão, mas não foram tão espetaculares. Outro período de atividade particularmente intensa ocorreu entre 1952 e 1954, quando o Poás expeliu grandes quantidades de cinzas e a área foi sacudida por terremotos. O lago da cratera secou, e uma atividade estromboliana iniciou-se na cratera seca, erguendo um cone de 40 m de altura, conhecido simplesmente como "cone interno da cratera".

Desde que o Parque Nacional do Vulcão Poás foi fundado, em 1971, a atividade do vulcão vem sendo registrada pela equipe do parque. Houve vários períodos de erupções freáticas entre 1977 e 1979. Em 14 de fevereiro de 1978, uma coluna eruptiva chegou a 2 km de altura. As erupções freáticas continuaram ao longo de 1980, mas em 1981 a atividade mudou de estilo. Não houve erupções freáticas, mas a atividade fumarólica aumentou no "cone interno", e as temperaturas atingiram 940°C. Colunas de gases foram ejetadas do cone interno, e esse tipo de atividade prosseguiu até 1987, quando as erupções freáticas do lago quente da cratera voltaram a acontecer.

O Poás apresentou quatro tipos de atividade durante os dois séculos em que houve registros. Erupções do tipo gêiser com colunas de água lamacenta e vapor que se elevam a metros ou centenas de metros no ar ocorreram em intervalos que vão de minutos a anos. Erupções freáticas violentas, como as de 1834 e 1910, cobrem de cinzas grandes áreas e são as mais perigosas. A atividade estromboliana, como a do período 1953-5, não representa nenhum grande risco para a população local. O mais recente tipo de atividade é também o mais benigno: desgaseificação silenciosa. É também a menos espetacular para os olhos. O tipo de atividade que se espera ver no Poás é a primeira: erupções do tipo gêiser, que proporcionaram ao vulcão a fama tecnicamente incorreta, mas compreensível, de ter o maior gêiser do mundo.

A erupção de 1987-90 e a atividade recente

Essa fase ativa começou em junho de 1987 com várias erupções freáticas. Não houve grandes eventos, e todo material ejetado caiu dentro da cratera. Notou-se que a temperatura do lago da cratera subiu de 58 para 70°C. A atividade freática continuou por muitos meses, com algumas impressionantes colunas eruptivas saindo da cratera. Por exemplo, uma explosão freática em 9 de abril de 1988 lançou uma coluna de 1 km acima do nível do solo.

Fig. 11.12 O Poás ocasionalmente apresenta atividade freática: explosões geradas pelo contato do magma quente com a água. Quando tais explosões ocorrem, o Poás costuma ser fechado para os visitantes. Esta foto foi tirada em 29 de abril de 1988 pelo vulcanólogo G. Alvarado Induni, da Costa Rica

O que tornou essa série de erupções particularmente interessante foi o fato de que o nível do lago abaixou progressivamente entre 1987 e 1989, a ponto de descobrir o assoalho da cratera. Medições pelo método de microgravidade indicaram que houve uma injeção rasa de magma sob o lago entre 1987 e 1988. Isso deve ter ultrapassado a capacidade de resfriamento do sistema hidrotermal do topo, o que resultou numa gradual diminuição do nível do lago para mais de 30 m em pouco menos de dois anos. Houve a exposição de fumarolas no assoalho da cratera e suas temperaturas atingiram 85°C. A emissão geral de gases do vulcão aumentou, e gases nocivos foram soprados pelo vento nas direções oeste e sudoeste (Fig. 11.12).

Em março de 1989, houve uma explosão particularmente grande, vista até em San José, causando grande preocupação na população. Em abril, o lago da cratera já tinha desaparecido completamente. Jatos de gases lançaram bem para o alto sedimentos do assoalho da cratera, depositando-os até uma distância de 18 km, na cidade de Sarchi. Com o desaparecimento do lago, um fenômeno muito interessante verificou-se no assoalho da cratera: o surgimento de poças de enxofre líquido com temperaturas de até 140°C, suficientemente elevadas para manter o enxofre fundido e borbulhante. As altas temperaturas foram provavelmente mantidas pelo efeito dos gases quentes vindos de baixo. A descoberta dessas poças de enxofre derretido foi importante porque esse fenômeno nunca fora observado e documentado (Fig. 11.13). Outro fenômeno incomum foi a ocorrência de chamas avermelhadas a sair de algumas fumarolas; essas chamas eram decorrência da combustão do enxofre em fumarolas muito quentes.

Para tornar tudo ainda mais interessante, "minivulcões" de enxofre e lama começaram a irromper no assoalho da cratera. Uma equipe britânica em visita ao local descreveu vários pequenos cones amarelos de enxofre de 1 a 3 m de altura, aproximadamente, formados por enxofre fragmentado e partículas líticas. Ocasionalmente, "chaminés" de até 1 m de altura formavam-se no topo dos cones, mas não duravam muito, já que os cones pareciam desabar com freqüência. Um ano depois, pequenos vulcões de enxofre foram novamente observados no leito do lago seco e sua formação tornou-se mais clara. Vigorosas pulsações de gás foram vistas a fender uma superfície de aparência lamacenta, borrifando lama e enxofre coagulado a até 5 m de altura. A tefra caída formou uma barreira concêntrica ao redor da boca, terminando por erguer um cone. Os cones de enxofre costumavam ter vida curta; às vezes desmoronavam em menos de um dia. Nos buracos desses cones desmoronados, muitas vezes havia poças borbulhantes de enxofre. É provável que os cones estivessem acima de uma "câmara" de enxofre derretido – uma camada de enxofre líquido logo abaixo da superfície do lago seco. O mecanismo da erupção talvez tenha sido semelhante ao estromboliano, só que, nesse caso, os gases não eram provenientes da liquefação; tratava-se, em vez disso, de gases fumarólicos advindos do sistema hidrotermal do vulcão.

Os estranhos e consideravelmente fotogênicos minivulcões foram de grande interesse para os vulcanólogos, já que erupções de enxofre são bastante raras na Terra. O vulcanismo sulfuroso é, aliás, um subproduto de erupções vulcânicas silicáticas: as altas temperaturas dos magmas silicáticos derretem o enxofre acumulado nas fumarolas, produzindo poças e fluxos de material fundido, tal como o fluxo de enxofre do Mauna Loa descrito no Cap. 6.

O vulcanismo sulfuroso no Poás também serviu para confirmar a existência de uma camada de enxofre derretido abaixo do fundo do lago da cratera, como já tinha sido aventado. Em 1977, partículas esverdeadas de enxofre de até 4 cm foram encontradas ao redor da cratera, aparentemente ejetadas durante erupções anteriores. Essas partículas tinham formato de escória, sugerindo terem sido ejetadas enquanto ainda derretidas.

Os minivulcões infelizmente não existem mais, mas os visitantes podem novamente se deleitar com a vista do belo lago da cratera, que voltou ao nível habitual. O nível do lago sofreu, porém, nova variação nos anos 1990 e, às vezes, seca completamente. Entre 1995 e 1997, o nível do lago subiu, chegando a cerca de 50 m de profundidade. A atividade do Poás durante os anos 1990 consistiu de colunas de gás e explosões freáticas, ocasionalmente levando a que o parque fosse fechado para os visitantes.

Fig. 11.13 Esta foto do interior da cratera do Poás foi tirada em 11 de abril de 1989, durante a atividade de 1987-90. O nível do lago baixou progressivamente durante esse período, a ponto de descobrir o assoalho da cratera. Em abril de 1989, o lago havia desaparecido e surgiram poças de enxofre derretido – um fenômeno vulcânico nunca antes registrado

Uma visão pessoal: uma maravilha ecológica

Assim como a maioria dos visitantes, cheguei ao Poás para ver o vulcão, mas parti de lá fascinada com as plantas e os pássaros do parque. Vale a pena reservar bastante tempo para o parque nacional, a fim de apreciar esses aspectos da natureza. Há quatro hábitats diversos dentro do parque: uma área essencialmente desprovida de vegetação, uma área de arbustos, uma de floresta baixa e uma de floresta úmida.

Nenhuma planta cresce dentro da cratera ativa por causa da ausência de solo adequado, da erosão natural e, em particular, do efeito dos gases fumarólicos. Algumas espécies de plantas crescem na borda da cratera, agarrando-se tenazmente às cinzas endurecidas, como um certo tipo de samambaia (*Elaphoglossum lingua*), pequenas *Pernettia coriacea*, musgos e liquens. A uma certa distância da cratera fica a área de arbustos (*Vaccinium consanguineum*), constituída de vegetação baixa. Essa zona abrange o mirante da cratera principal e o começo da trilha entre o mirante e a cratera Botos. As plantas dessa área podem crescer de 2 a 3 m e incluem o mangue da montanha (*Clusia odorata*), *Vaccinium poasanum*, *Didymopanax pittieri* e pequenos ciprestes (*Escallonia poasana*). À medida que se afasta na direção da cratera Botos, o visitante vai entrando na zona de floresta baixa. De crescimento lento, essa floresta de galhos emaranhados é quase impenetrável, e suas espécies incluem o mangue da montanha, o arbusto *Vaccinium consanguineum*, o tucuico (*Ardisia* sp.) e *Hesperomeles abavata*. Por fim, vê-se a floresta úmida ao redor do lago: muito carregada de umidade, enevoada, escura, com árvores de até 20 m de altura e coberta de musgo. Algumas de suas espécies são o carvalho (*Quercus* spp.), o pequeno cedro (*Brunellia costaricensis*) e o cipreste branco (*Podocarpus oleifolius*). No caminho de volta ao centro de visitantes e ao estacionamento, observe a planta "guarda-chuva de pobre" (*Gunnera insignis*), que cresce nas clareiras da floresta. Suas folhas podem chegar a 2 m de diâmetro e, provavelmente, se prestam ao uso a que se refere seu nome popular, durante a estação chuvosa.

Muitos anos atrás, a área do Poás continha abundante vida selvagem, mas a matança descontrolada e o desflorestamento levaram a uma acentuada redução da fauna local. Algumas espécies de mamíferos, como jaguatiricas e coelhos, vêm aos poucos ressurgindo. Perto da lagoa Botos, é possível encontrar rãs, sapos, iguanas e salamandras. Felizmente não faltam pássaros: cerca de 80 espécies habitam o parque, algumas delas bem espetaculares. Os apreciadores de pássaros devem estar atentos ao beija-flor garganta de fogo (*Panterpe insignis*), ao tordo preto (*Turdus nigrescens*), ao *black guan* (*Chamaepetes unicolor*) e ao tucaninho cor de esmeralda (*Aulacorhynchus prasinus*). O magnífico quetzal (*Pharomachrus mocinno*), segundo dizem, foi visto no local e, se tiver sorte, o visitante poderá ver esse pássaro, considerado por muitos um dos mais belos do continente americano.

Visita em período de repouso

Parque Nacional do Poás

Com uma área de 56 km², esse é um dos parques nacionais mais antigos e mais bem administrados da Costa Rica. Sua maior atração é a cratera ativa, mas não deixe de conhecer a lagoa Botos e o bem administrado centro de visitantes. Há basicamente uma via principal, dividida em duas partes: a primeira é uma estrada pavimentada que vai da entrada do parque ao mirante da cratera ativa (distância de 0,75 km); a segunda é uma trilha que vai do mirante à lagoa Botos e volta até mais ou menos metade do caminho da primeira parte (distância total de 3 km). É um percurso bem fácil de fazer, com insignificante aumento de elevação. Os visitantes com alguma deficiência física podem pedir permissão para ir de carro pelo caminho pavimentado que vai da entrada até perto do mirante.

Cratera Principal

Essa impressionante feição é o grande destaque do parque: um buraco quase circular com 1.320 m de diâmetro. A profundidade a partir do mirante na borda até a superfície do lago é de aproximadamente 300 m. Com tempo limpo, essa cratera pode proporcionar uma vista magnífica, mas isso é, em grande parte, uma questão de sorte. É bom ir logo de manhã cedo na estação seca, mas não há garantias. Aumente suas chances indo diretamente à cratera assim que chegar. Se o tempo estiver nublado, caminhe ao redor do parque e volte a verificar as condições de visibilidade: os ventos podem ter soprado as nuvens para longe.

Há muitas falhas na região do topo, indicativas da história do vulcão, repleta de eventos. As paredes da cratera apresentam camadas de depósitos de diversas erupções, e se tornam menos abruptas na base, em razão de deslizamentos de terra. Na parede sul da cratera, valas e ravinas expõem os produtos de erupções do passado distante. Se o visitante for ao ponto mais alto da plataforma do mirante e olhar para trás, para longe da cratera, notará depósitos freatomagmáticos pouco diversificados entre si, típicos de uma erupção do Poás.

A área a oeste da cratera é estéril devido à permanente exposição a gases vulcânicos e chuva ácida provenientes da emissão fumarólica da cratera. As plantas próximas à zona exposta freqüentemente apresentam manchas amarelas, por causa da chuva ácida, e é muito comum a necrose da ponta das folhas. A área afetada contrasta dramaticamente com a exuberância da vegetação do cone Botos.

Dentro da cratera ativa, do lado leste, há um platô. Entre o mirante para turistas e o lago vê-se uma crista avermelhada, parte do domo da erupção de 1953, hoje quase completamente destruído. Mais abaixo fica o lago de água quente, quase sempre de um delicado turquesa, mas outras vezes de um prosaico marrom de lama (Fig. 11.14). O tamanho e a profundidade do lago variam conforme a chuva; em geral, o lago tem cerca de 40 m de profundidade e 300 m de diâmetro. Há numerosas fumarolas ativas dentro da cratera, bem como depósitos de enxofre. No século XIX, os *azufreros* (coletores de enxofre) usavam uma trilha para entrar na cratera e extrair o material. Hoje não é possível descer na cratera sem permissão – muito difícil, aliás, de obter.

Lagoa Botos (lago de cratera)

É o lago de água fria azul-escura do vulcão, com cerca de 400 m de diâmetro. O nome é atribuído a uma tribo local, chamada de Botos pelos espanhóis. A cratera foi em alguns momentos conhecida pelo nome de Fria, por causa de suas águas frias azul-safira. Botos é, na verdade, um cone piroclástico coroado com um lago de cratera, mas não é possível hoje ver cinza alguma, pois o cone está coberto de exuberante vegetação (Fig. 11.15). A cratera Botos esteve ativa pela última vez aproximadamente 7.540 anos atrás, conforme datação por radiocarbono.

Centro de visitantes e museu

Vale a pena visitar esse pequeno e bem organizado museu. Grande parte do acervo exposto tem explicações em inglês e espanhol. Há mapas da Costa Rica indicando a localiza-

Fig. 11.14 O lago da cratera do Poás como costuma ser visto pelos visitantes: plácido e azul-turquesa. Fotografia tirada em abril de 1998

Fig. 11.15 Este é o lago de água fria azul-escura do vulcão. Situa-se acima de um cone piroclástico que está inativo há mais de 7 mil anos e coberto de vegetação exuberante. O lago tem cerca de 400 m de diâmetro

ção dos vulcões e também com explicações sobre o ambiente tectônico, um impressionante modelo tridimensional do Poás e um correspondente modelo em corte transversal com explicações sobre as diversas unidades geológicas. A atividade anterior do vulcão é ilustrada com muitas fotografias. Vale a pena visitar a loja do museu, no andar de cima; há ali a apresentação gratuita de um vídeo em inglês sobre o Poás, bem como livros, *slides* e mapas, dificilmente encontráveis em outros lugares.

Visita em período de atividade

Como o Poás apresenta diversos tipos de atividade com variados graus de perigo, talvez seja ou não possível entrar no parque nacional para ver uma erupção. O parque, por exemplo, ficou fechado por um breve período em 1989, depois que uma erupção freática lançou uma coluna de cinzas a cerca de 1 km de altura. Também fechou de modo intermitente em 1995, embora a atividade fosse relativamente pequena.

É difícil prever se o parque estará aberto ou não quando o Poás apresenta um nível de atividade maior do que o borbulhar do lago da cratera e a emissão de vapor. Antes de fazer a viagem, informe-se num posto de turismo de San José ou no próprio parque. Em raras ocasiões, o parque fecha mesmo quando a atividade é pequena, por causa das condições de vento e das emissões de gases, que podem tornar a visita desagradável. Em outras ocasiões, porém, permitiram que os visitantes vissem jatos de gás e gêiseres do lago da cratera.

Os funcionários do parque são rigorosos quanto a não permitir a entrada se o parque estiver fechado ou restringir a visita a certas trilhas. Colunas de grandes explosões freáticas podem ser vistas atéa de San José. Num dia claro, o topo do Irazú é um bom local a partir de onde observar o vizinho Poás.

Não há casos conhecidos de pessoas que morreram no Poás por causa da atividade vulcânica; no entanto, antes da fundação do parque, umas 20 pessoas perderam a vida devido a quedas, afogamento ou esgotamento por terem se perdido no meio da névoa. Assim como acontece com muitos vulcões, o Poás pode ser traiçoeiro por razões outras que não a atividade vulcânica.

Outras atrações locais

Catarata la Paz

É a queda d'água mais conhecida da Costa Rica, embora não seja nenhuma Niágara. Chega-se lá por um desvio fácil de percorrer, a partir do Poás, e situa-se nos flancos do vulcão. O rio la Paz desce em quedas pelos flancos do Poás quase 1.400 m em menos de 8 km, resultando na cascata. Situa-se 8 km ao norte da cidade de Vara Blanca e pode ser vista da estrada. Uma trilha curta conduz a um mirante atrás das quedas, de onde os visitantes podem tocar a água que, de acordo com uma publicação local, está carregada de "eletricidade negativa", o que seria bom para reduzir o estresse.

Vista da escarpa Falha Alajuela

Essa grande falha paralela à cordilheira Central pode ser vista do aeroporto internacional de San José, bem como de vários lugares ao longo da estrada de San José ao Poás. Cursos d'água escavaram cânions profundos ao longo da linha da falha.

Vulcão Barva

Situado dentro do famoso Parque Nacional Braulio Carrillo, esse vulcão dormente de 2.906 m de altura é um lugar excelente para caminhadas. Use a entrada do parque San José de la Montana caso queira subir ao topo. O caminho habitual sai do posto da guarda florestal de Sacramento e continua por 4 km (só ida). É uma boa trilha, e a maioria das pessoas consegue percorrer o caminho de ida e volta em cerca de cinco horas. A trilha corta a floresta e sobe até três lagos de cratera, no topo: Danta, Barva e Copey. O lago Danta é o maior, com um diâmetro de aproximadamente 0,5 km, enquanto o Barva e o Copey têm apenas 70 m e 40 m de diâmetro, respectivamente. Para quem quiser acampar por alguns dias, há a opção de ir para o norte a partir de Barva, entrando nas terras baixas, ou escalar o vulcão vizinho, o Cacho Negro, de 2.150 m de altura. Os visitantes podem acampar dentro do parque, mas as trilhas não são tão bem conservadas quanto a trilha principal do Barva, e não há instalações para acampamento.

Os visitantes que dispuserem de pouco tempo podem ir de carro pela estrada que corta o parque em dois e parar para caminhadas curtas. Há uma enorme variedade de plantas e vida animal nesse parque, em parte devido à grande variação de altitude: do topo do Barva até cerca de 50 m acima do nível do mar. A vegetação exuberante inclui muitos tipos de orquídeas, palmeiras, bromélias e samambaias. Mamíferos como queixadas e macacos são comumente encontrados e, com sorte, o visitante também poderá ver antas, preguiças e até mesmo felinos maiores como a jaguatirica, o puma e o jaguar. Os amantes de pássaros certamente deviam conhecer o local e caminhar pelas trilhas mais altas, principalmente as que sobem as encostas do Barva, a fim de terem maiores chances de ver o magnífico quetzal.

IRAZÚ

O vulcão

O Irazú é o mais alto vulcão ativo da Costa Rica e uma das grandes atrações turísticas do país. Seu ponto mais elevado, a 3.432 m acima do nível do mar, é um dos poucos lugares na Terra de onde se pode ver tanto o oceano Atlântico quanto o Pacífico – em dias claros, naturalmente. No entanto, a vista que atrai multidões é a do lago de águas verde-amareladas do vulcão (Fig. 11.16). Assim como no caso do Poás, há sempre a possibilidade de que o tempo não colabore e de que o lago fique escondido atrás de nuvens. Isso aconteceu durante minha primeira viagem a esse lugar, mas eu e meus companheiros decidimos ficar e caminhar pelas proximidades. Cerca de uma hora depois, as nuvens desapareceram, o que nos proporcionou uma vista de tirar o fôlego.

Irazú é um famoso parque nacional; o fácil acesso ao topo e as vistas magníficas levam para lá centenas de turistas todos os

Fig. 11.16 No topo do vulcão Irazú, há um característico lago de cratera com águas verde-amareladas. O Irazú é o vulcão ativo mais alto da Costa Rica, mas a estrada para o topo faz dele um destino fácil para os visitantes

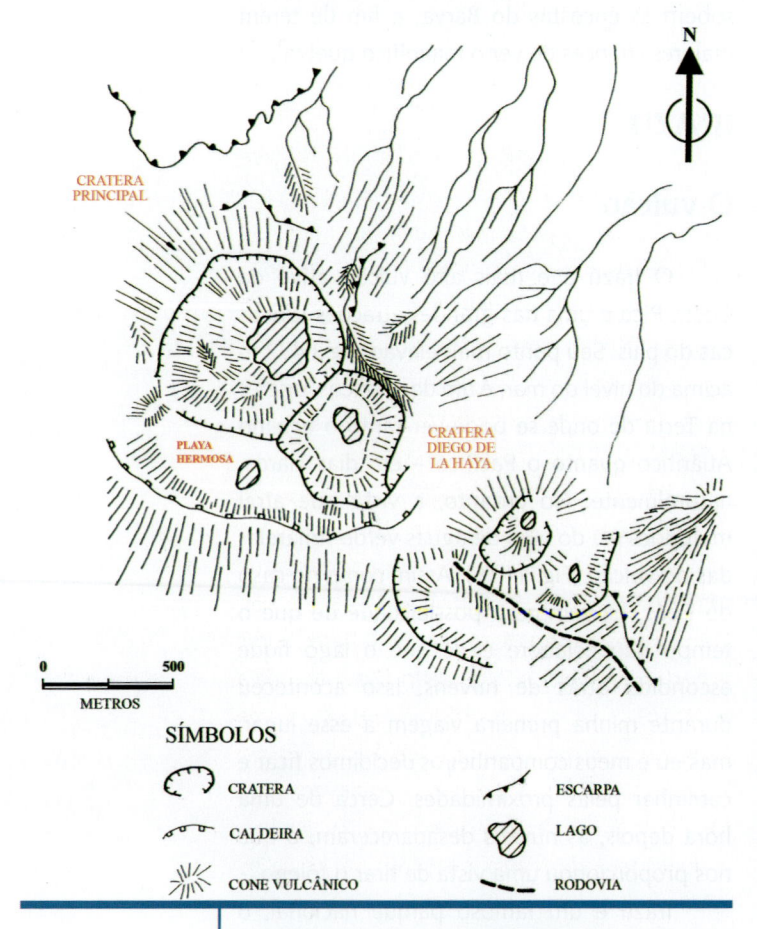

Fig. 11.17 Mapa esquemático do topo do vulcão Irazú
Fonte: conforme Alvarado Induni, 1989.

dias. Também a má fama do vulcão contribui para sua popularidade. O Irazú representa um grande risco para a população, inclusive a da capital San José. Por sua história de erupções explosivas, recebeu o cognome de "santabárbara mortal de la naturaleza", que significa "barril de pólvora da natureza". Trata-se de um colossal estratovulcão que expele principalmente basaltos e andesitos basálticos. A forma complexa do vulcão reflete uma história longa e intensa de erupções freqüentes, que têm sido registradas desde 1723, quando o governador da Província da Costa Rica, Diego de la Haya Fernández, descreveu por escrito o evento daquele ano. A cratera da erupção de 1723 tem hoje seu nome. A mais recente cratera ativa do topo do Irazú é conhecida simplesmente como cratera Principal.

O alinhamento de crateras e bocas eruptivas do Irazú e a seqüência de produtos eruptivos revelam que a atividade recente migrou de leste para oeste. A cratera Diego de la Haya situa-se a leste da cratera Principal (Fig. 11.17). Quase 4 km a nordeste da cratera Principal ficam os restos de um cone piroclástico, o Cerro Alto Grande. Várias bocas mais antigas são também conhecidas. Ao sul do topo, há pelo menos dez bocas, entre as quais o cone piroclástico conhecido como Cerro Nochebuena ("Pico do Natal"), a cerca de 3.200 m de altitude; o Cerro Gurdián, a 3.066 m; e o Cerro Pasquí, a 2.554 m. Cinco outras bocas, todas cones piroclásticos erodidos, são conhecidas como o complexo Dussan–Quemados. Na base sul de dois desses cones fica a boca para a parte oeste do fluxo Cervantes, o mais jovem do Irazú, o qual pode ser reconhecido nos flancos do vulcão. A parte leste do Cervantes originou-se do Cerro Pasquí. A datação por radiocarbono indica uma idade de aproximadamente 14 mil anos para esse fluxo.

A primeira erupção registrada do Irazú, a de 1723, foi a primeira da Costa Rica a ser documentada. O vulcão pode ter novamente entrado em erupção em maio de 1726, e certamente entrou nos anos de 1885, 1886, 1894 e 1899. Houve duas grandes erupções no século XX, uma das quais durou de 1917 a 1920, e outra, de 1962 a 1965. Em geral, as erupções consistem em uma série de eventos explosivos que ejetam grandes quantidades de cinzas, escória, às vezes lama, e podem causar grandes danos à agricultura local. As cinzas da erupção do Irazú de 30 de novembro de 1918 chegaram até a península de Nicoya, a uns 120 km de distância. As colunas eruptivas chegaram a 500 m de altura. Essas erupções foram, de fato, assustadoras para a população local, mas não deixaram de lhes proporcionar benefícios. É, em grande parte, por causa do Irazú que as terras do vale Central são tão férteis.

A erupção de 1963-5

O Irazú tinha estado quieto por quase 30 anos; a última erupção foi em 1933 e consistiu apenas em explosões relativamente pequenas, que lançaram cinzas até San José mas não causaram grandes preocupações. Em 9 de agosto de 1962, o Irazú despertou de seu sono com algumas explosões brandas que novamente não causaram alarme. A atividade se tornou mais intensa em 12 de março de 1963, bem na época em que os *ticos* se preparavam para receber uma visita importante: o então presidente dos Estados Unidos, J. F. Kennedy.

San José estava toda enfeitada para o acontecimento histórico, e a multidão que apareceu para ver Kennedy em 18 de março era sem precedentes na Costa Rica. Enquanto o público observava seu próprio presidente e o presidente Kennedy, que desfilavam, uma leve "chuva" de pequenas partículas começou a cair – o Irazú parecia estar também comemorando e fazia isso cuspindo grandes quantidades de cinzas. Não tardou para que grandes nuvens negras cobrissem o céu, normalmente azul, e os moradores do vale Central olharam para o Irazú com grande apreensão. Vez por outra as pessoas viam clarões irrompendo na massa escura e ouviam os estrondos do vulcão.

Os ventos dominantes acabaram soprando a coluna na direção de San José, e o efeito da chuva de cinzas sobre a cidade e seus habitantes foi marcante. A primeira queda de cinzas, que durou apenas algumas horas, deixou San José coberta por uma fina camada que tornou cinzento o habitual verde da vegetação. Depois disso, como o Irazú tivesse ficado alguns dias sem lançar cinzas, a população esperava que a atividade tivesse cessado. Esse otimismo, porém, não durou: a erupção recomeçou e as cinzas voltaram a cair sobre San José. Em 22 de março foi declarada situação de emergência no país, e a chuva de cinzas continuou, variando de intensidade dia após dia. Um artigo da época sobre a erupção descreveu algumas propostas exóticas para deter a chuva de cinzas. Um engenheiro sugeriu que construíssem um guarda-sol gigante acima do vulcão. Um grupo de fiéis de uma antiga religião contratou um xamã para executar várias danças mágicas perto topo, mas o Irazú continuou inclemente, e o xamã acabou pegando pneumonia. As estações de rádio atenderam chamadas telefônicas de muita gente que sugeria atirassem uma variedade de coisas dentro da cratera, de crucifixos e flores a virgens e sogras. A certa altura, o transtorno dos cidadãos atenuou-se um pouco quando as autoridades locais decidiram comprar quatro grandes máquinas de varrição e o embaixador dos Estados Unidos providenciou que o exército norte-americano as levasse gratuitamente de avião para San José. A longa tarefa de limpeza da capital teve então início, embora a erupção prosseguisse (Fig. 11.18).

A chuva de cinzas sobre San José esteve no auge em 17 de julho e em 23 de novembro de 1963. Bombas e lapíli caíram perto do vulcão, felizmente sem causar mortes. A erupção durou até 1965 e na maior parte do tempo consistiu em explosões periódicas que variavam em duração e intensidade. As explosões maiores enviavam colunas de vapor, gases e cinzas a até 0,5 km acima da cratera.

Embora as explosões fossem o aspecto mais visível e espetacular da erupção, a atividade do vulcão também se manifestava nos rios que nasciam no maciço Irazú: Virilla, María Aguilar, Tiribí, Torres, Sucio, Toro Amarillo, Retes, Birrís e, particularmente, o Reventado. Durante toda a erupção, as águas se transformaram em rios de lama e avalanches. A pior tragédia da erupção ocorreu antes de muita gente tomar conhecimento da atividade renovada do vulcão. Durante a noite de 9 de março de 1963, um fluxo de lama ao longo do rio Reventado destruiu pelo menos 300 casas, a maioria das quais no distrito de San Nicolás, a oeste de Cartago, causando a

Fig. 11.18 A erupção do Irazú de 1963-5 tornou-se uma grande atração turística, como mostra a fotografia de um contemporâneo

morte de mais de 20 pessoas. O fluxo de lama também devastou fazendas e matou muito gado. O desastre não era completamente inesperado, já que o rio Reventado há muito era conhecido como potencial fonte de fluxos de lama, sendo que vários já tinham acontecido, e nem todos relacionados à atividade do Irazú. É por causa desse rio que Cartago tem o pouco atraente epíteto de "La Ciudad del Lodo".

Uma visão pessoal: a importância histórica

Um vulcão ativo costuma exercer muita influência sobre o curso da história local, e o Irazú não é exceção. O vulcão deixou sua marca no desenvolvimento da Costa Rica, inclusive na escolha da capital. O Irazú e sua atividade são mencionados em antigos registros históricos da conquista espanhola. Relata um historiador que no século XVI, quando os espanhóis chegaram às colinas aos pés do Irazú, sem árvores e cobertas de cinzas, deram eles à área o nome de "Vale da Desolação".

A primeira capital da Costa Rica foi a cidade de Cartago, fundada em 1563 por Juan Vázquez de Coronado. Nos 150 anos seguintes, Cartago continuou sendo a única cidade do país. Situa-se no sopé do Irazú, no vale entre a cordilheira Central e a cordilheira de Talamanca, a uma altitude de 1.435 m. O topo do vulcão fica a aproximadamente 2 km acima da cidade e pode ser visto de lá em dias claros. É provável que o Irazú tenha estado ativo alguns anos antes da fundação de Cartago, talvez em 1559. Em 1719, o governador espanhol da Costa Rica, Diego de la Haya Fernández, escreveu que Cartago "é cercada de montanhas bem altas, sendo a mais alta delas uma em que há um vulcão de água". O nome "vulcão de água" provavelmente se referia ao lago da cratera. O Irazú também foi conhecido como o vulcão de Cartago. O nome Irazú não é mencionado em nenhum documento antigo, tendo sido adotado depois de 1821, quando a Costa Rica se tornou independente da Espanha. Seu significado não é conhecido; talvez derive das palavras indígenas "i" (terremoto) e "ara" (fazer barulho ou trovejar).

A primeira grande erupção do Irazú depois da colonização espanhola ocorreu em 1723 e foi documentada por Diego de la Haya em seu diário. O primeiro sinal de atividade foi uma espessa coluna a pairar acima do vulcão, vista de Cartago na tarde de 16 de fevereiro. Logo se ouviu o "trovão" e, aterrorizadas, as pessoas correram para a igreja, a fim de rezar. O próprio governador foi em direção ao vulcão, mas teve que voltar "por causa da escuridão a cobrir grande parte da montanha e do insuportável cheiro de enxofre". O vulcão continuou a rugir e trovejar nos dias seguintes, sendo que "chamas foram vistas a se erguer do ponto mais alto da montanha e, dentro das chamas, grandes bolas de fogo e outros fragmentos incandescentes, tudo isso acompanhado de grandes explosões, trovejar e rugidos". A cidade foi sacudida por terremotos, causando forte medo, mas nenhum grande dano. Os cidadãos rezaram, fizeram procissões e mandaram rezar missas, mas as cinzas continuaram a cair e cobrir árvores, telhados e campos. O Irazú acalmou-se um pouco em meados de março, embora tremores leves persistissem e a "fumaça" continuasse a sair do topo. Outra grande explosão ocorreu em 3 de abril, por ocasião da qual o governador relatou que o vulcão "lançava rochas e outros fragmentos incandescentes a uma altura tal que era possível recitar o Credo dos Apóstolos enquanto subiam e caíam". O Irazú continuou o espetáculo por vários meses, embora com vigor decrescente. O relato do governador, datado de 11 de dezembro daquele ano, menciona terremotos contínuos, mas nenhum dano a casas, e também uma continuidade de "fogo, cinza e areia".

A proximidade de Cartago ao Irazú e os numerosos terremotos que sacudiram a cidade durante e entre as erupções vulcânicas tornaram-se uma grande preocupação para os cidadãos. A certa altura, a localização mais segura de San José foi um fator decisivo para a mudança da capital em 1823, apenas dois anos depois da nova erupção do Irazú. A decisão se revelou sábia, já que fortes terremotos atingiram Cartago em 1841 e novamente em 1910, destruindo quase todos os edifícios antigos. Outro terremoto, em 1926, destruiu a Basílica de Nuestra Señora de los Angeles, a igreja mais famosa da Costa Rica. A Cartago atual não tem nada que faça lembrar os tempos de Diego de la Haya, mas continua sendo um centro religioso. A basílica foi reconstruída em estilo bizantino e é a morada de La Negrita, imagem da Virgem Maria descoberta no local em 1635. Peregrinos chegam de toda a América do Sul em busca dos supostos poderes curativos e deixam na igreja pequenos ornamentos de metal, a maioria dos quais representam partes do corpo que foram curadas. Entre os muitos braços, pernas e torsos, há um modelo do Irazú, talvez deixado ali por alguém que de algum modo foi salvo da fúria do vulcão.

Visita em período de repouso

Parque Nacional do Irazú

Criado em 1955, o parque nacional tem uma área de 23 km², mais ou menos em forma circular ao redor do vulcão. Fica a apenas 54 km de San José, e uma estrada pavimentada conduz até o topo. Para chegar lá a partir de San José, pegue a estrada para Cartago e siga as placas para Irazú. O topo apresenta uma paisagem lunar que contrasta com o lago verde-amarelado ao fundo da cratera Principal. As trilhas na região do topo são muito limitadas. Há um caminho que leva os visitantes ao redor da borda sul das duas crateras maiores, a Diego de la Haya e a Principal. Ao sul da cratera Principal, há uma região plana denominada Playa Hermosa e os remanescentes de uma antiga borda de cratera. Para aumentar as chances de ver tanto o oceano Atlântico quanto o Pacífico, e também a cratera do lago, a partir do topo, chegue o mais cedo possível depois do amanhecer. Lembre-se de que costuma fazer frio e ventar muito ali; a temperatura média anual é de 7,3°C.

Cratera Diego de la Haya

Situada bem a leste da cratera Principal, essa cratera é aquela a que os visitantes costumam chegar primeiro caso sigam a trilha. Sua forma é alongada, com um diâmetro de aproximadamente 690 m e cerca de 80 m de profundidade. A leste da cratera Diego de la Haya, há um pequeno cone piroclástico (3.364 m de altitude) encimado por uma cratera erodida.

Cratera Principal

Ativa durante a última erupção, essa cratera é quase circular, com 1.050 m de diâmetro e aproximadamente 300 m de profundidade. Depósitos das principais erupções recentes do Irazú, as de 1723 e 1963-5, encontram-se expostos em camadas nas paredes da cratera, pontuadas de fumarolas ativas. Ao fundo fica o lago verde-amarelado, notavelmente fotogênico quando faz bom tempo. Sua cor peculiar se deve ao ferro e ao enxofre dissolvidos na água.

A erupção de 1963-5 provocou algumas mudanças topográficas significativas na região do topo. Anteriormente, havia também duas outras crateras, menores, no topo, denominadas "H" e "G", uma delas a noroeste e a outra a sudoeste da cratera Principal. Antes da erupção, os deslizamentos de terras haviam quase juntado a cratera "G" à Principal. Durante a erupção, a cratera Principal foi aumentada e tanto a cratera "H" quanto os remanescentes da cratera "G" foram completamente engolidos pela cratera Principal, bem como a área ocupada por uma pequena lagoa.

O ponto mais alto

Para subir ao ponto mais alto é possível evitar a trilha dos turistas pulando uma cerca baixa de madeira. Muitos turistas fazem isso e parece não haver ninguém para impedi-los. É bom saber que a escalada em condições de pouca visibilidade é um risco, já que é preciso seguir por uma crista estreita na última parte da trilha "não-oficial". Não tente dar a volta toda ao redor da cratera depois de ultrapassado o ponto mais alto, pois a borda se torna demasiado estreita e de modo algum segura. Caso olhe para longe da cratera Principal, abaixo do flanco norte do vulcão, verá uma área rica em fumarolas ativas (Fig. 11.19).

Há um ponto de parada particularmente interessante na trilha "não-oficial", logo no começo. Siga na direção da extremidade oeste da trilha dos turistas, depois da cratera Principal, pule a cerca e logo será possível ver um corte em forma de "v" à direita, seguindo na direção da cratera Principal. As camadas expostas ao longo das paredes do corte são depósitos de ejeções da erupção de 1723. Alguns lugares apresentam afundamentos causados por bombas que caíram em depósitos macios e se enterraram parcialmente nas camadas de cinzas. Nuns poucos lugares é possível ver depósitos da ejeção de 1723 sobrepostos por depósitos da erupção de 1963. Há indícios de que algumas ejeções de 1723 foram molhadas, mas ainda pouco se fez para reconstituir a seqüência de eventos.

Flora e fauna

A vegetação e a vida selvagem do Irazú sofreram grande impacto pela atividade humana nas encostas inferiores do vulcão. A vida selvagem já foi abundante, conforme se verifica em um registro de 1855, que fala de um rancho que foi fechado por causa de ataque de jaguares. Atualmente os animais que se tem mais probabilidade de ver no parque são coelhos de rabo curto (*Sylvilagus brasiliensis*) e coiotes (*Canis latrans*). Também é possível ver tatus de focinho longo (*Dasypus novemcinctus*) e porcos-espinhos (*Coendou mexicanus*). O único felino que restou é o gato-do-mato (*Felis tigrina*). Já os pássaros são mais diversificados, até mesmo perto do topo, onde várias espécies de beija-flor podem ser vistas. Outros pássaros que podem ser encontrados no Irazú são o apropriadamente denominado junco do vulcão (*Junco vulcani*), o tordo da montanha (*Turdus plebejus*), o *Dendrocincla homochroa*, o pica-pau comedor de formigas (*Melanerpes formicivorus*) e a coruja sem manchas (*Aegolius ridgwayi*).

Escassa, a vegetação perto do topo consiste de umas poucas espécies que crescem pouco e lentamente, tais como a arrayán, a *Agrostis tolucensis*, a *Trisetum viride* e o arbusto *Castelleja irazuensis*, que é típico da região e pode ser reconhecido por suas flores vermelhas. Em altitudes menores, há áreas abertas de vegetação baixa e áreas de floresta. Nas áreas abertas, a vegetação inclui a *arrayán*, a arrecachillo (*Myrrhidendron donnell-smithii*) e a *Acaena elongata*. As árvores mais comuns nas áreas de floresta são o carvalho negro (*Quercus costaricensis*) e a micônia (*Miconia*

Fig. 11.19 É razoavelmente fácil chegar ao ponto mais alto do Irazú, mas fique atento a seus passos ao longo dos caminhos sinuosos. A vista que se tem a 3.432 m acima do nível do mar é espetacular em dias claros; é um dos poucos lugares na Terra em que se pode ver dois oceanos ao mesmo tempo

sp.), embora outros tipos possam ser encontrados, inclusive a *Magnolia poasana*. A subida de carro ao topo proporciona boas vistas da mudança na vegetação.

Fluxo Cervantes

Os remanescentes desse fluxo situam-se fora do parque nacional e, estando cobertos de vegetação, não é fácil vê-los. O modo mais fácil de localizar o fluxo é verificando as ondulações na topografia a partir da rodovia 230, ao sul do vulcão, entre as cidades de Pacayas e Boquerón. A espessura do Cervantes varia principalmente de 7 a 25 m, mas é maior onde ele se acumulou nos vales e depressões. Os estudos desse fluxo foram dificultados pela densa cobertura vegetal, mas sabe-se que é composto de duas unidades principais, a leste e a oeste, provenientes de bocas diferentes e de composição também um pouco diversa. Cada uma dessas duas principais unidades de fluxo compõe-se de uma série de fluxos relativamente pequenos. A datação radiométrica indica uma idade de aproximadamente 23 mil anos para o fluxo Cervantes.

Visita em período de atividade

As erupções históricas do Irazú têm sido moderadas, com um VEI estimado de 2 para 3. Embora tenham sido poucas as mortes, o vulcão é potencialmente muito perigoso. Durante a erupção de 1963-5, muita gente foi até a borda da cratera para ver as espetaculares colunas de cinzas, mas correram um risco considerável. Não havia na época nenhum verdadeiro controle nem restrições quanto aos visitantes, a maioria locais. É difícil imaginar que isso fosse permitido hoje. Embora não seja particularmente perigoso olhar as colunas de cinzas de onde sopra o vento, é difícil prever se e quando o vulcão lançará bombas que possam ser letais (Fig. 11.20). Outro grande risco do Irazú são os fluxos de lama, sendo prudente permanecer longe de vales de rios, especialmente o do rio Reventado.

Se a erupção seguinte seguir o padrão histórico habitual e for semelhante à do evento de 1963-5, não será uma experiência particularmente confortável, devido à chuva de cinzas. Os aeroportos podem ser fechados, e todos os serviços podem ficar prejudicados em alguma medida. A atividade pode diminuir por alguns dias ou semanas, mas as explosões periódicas produzirão grandes e agourentas colunas de cinzas acima do vulcão. A coluna será vista de Cartago e, entre outros lugares, a partir do topo do Turrialba e do Turrialba Volcano Lodge. Dependendo da altura da coluna, também poderá ser vista de San José, onde os efeitos da chuva de cinza poderão ser outra vez graves, caso em que se espera que as máquinas de varrição ainda funcionem.

Outras atrações locais

Vulcão Turrialba

Localizado numa região ainda bem preservada da Costa Rica, esse isolado estratovulcão tem 3.328 m de altura e sua última grande erupção ocorreu em 1866. O Turrialba tem estado quieto desde então, a não ser pela atividade fumarólica e um incomum aumento na atividade sísmica entre maio e junho de 1996. O nome do vulcão vem do espanhol "Torre Alba" ("Torre Branca") e supostamente reflete

Fig. 11.20 As erupções do Irazú lançam grandes bombas que podem provocar afundamentos nas camadas de cinzas do solo. Esse é um dos buracos abertos por essas bombas, visto da trilha da cratera do topo

as colunas de vapor que os primeiros colonizadores viram acima do topo.

O estilo de atividade do Turrialba que se tem registrado é semelhante ao do vizinho Irazú, e a composição química do magma varia de andesitos piroxênicos a andesitos basálticos e basaltos. O acesso ao Turrialba não é fácil, e o vulcão continua fora dos roteiros turísticos mais procurados. Todas as estradas para as encostas inferiores do vulcão exigem veículos 4x4. A cidade mais próxima, também chamada Turrialba, fica a apenas 15 km a sudeste, mas para ir dali às encostas inferiores do vulcão é preciso percorrer pelo menos 30 km de estradas de terra. Há vários modos de chegar ao topo, o mais fácil deles é a cavalo, tanto a partir do Turrialba Volcano Lodge quanto do povoado de Pacayas, na metade do caminho entre Cartago e a cidade de Turrialba. Se o visitante não tiver um veículo 4x4 e não estiver hospedado no Lodge (um veículo vai buscar o hóspede), recomenda-se que pegue um ônibus para a cidade de Santa Cruz (a 1.500 m de altitude), de onde uma estrada de terra de 21 km e uma trilha o levarão ao topo. As encostas inferiores do Turrialba são muito agradáveis, com campos verdes e fazendas de laticínios, e lá será possível encontrar acomodações baratas em casas de fazenda ou obter autorização para acampar (Fig. 11.21).

O topo do Turrialba compõe-se de três crateras, mais ou menos alinhadas de leste para oeste e situadas dentro de uma depressão que provavelmente se formou a partir de crateras mais antigas que se juntaram. A depressão mede cerca de 2.200 m no sentido nordeste–sudoeste e cerca de 500 m de noroeste para sudeste. É possível andar ao redor da borda, composta de lavas e piroclásticos, que em certos lugares chega a 70 m de altura. Dentro da depressão, há três crateras, todas acessíveis (Fig. 11.22). A cratera central é a mais jovem e tem aproximadamente 50 m de profundidade. Está aninhada dentro da maior das três, formando uma grande bacia. A cratera mais a oeste é profunda, estreita, e é mais difícil chegar

Fig. 11.21 O Turrialba é talvez o mais pitoresco vulcão da Costa Rica, mas o menos visitado. É de fácil acesso a pé e a cavalo. Entrou em erupção pela última vez em 1866, mas suas fumarolas continuam ativas

à sua parte interna, sendo necessário usar mãos e pés para descer. Tenha cuidado ao andar ao redor dessa cratera; perto de uma de suas paredes, há um buraco sem fundo. Há atividade fumarólica a pontuar o interior de todas essas crateras, e depósitos de enxofre amarelo são abundantes em certos pontos (Fig. 11.23).

A atividade vulcânica do Turrialba é, em grande parte, desconhecida, e até hoje o vulcão não foi bem estudado. Os registros históricos revelam que houve atividade em 1723, 1847, 1853, 1855, 1859 e 1864-6. Nem todos esses relatos, no entanto, são considerados precisos, e poucas são as descrições das erupções. O relato de 1723 é particularmente duvidoso, já que o Irazú estava em erupção nessa época. Alguns fluxos de lavas de aparência jovem podem ser vistos nos flancos do Turrialba, indicando que devem ser relativamente recentes, talvez de uma atividade ocorrida no século XIX.

Perto do Turrialba encontra-se o Monumento Nacional Guayabo, o único parque arqueológico criado até o momento na Costa Rica. A ocupação humana na área remonta a cerca de 500 a.C. A interação entre os depósitos piroclásticos do Turrialba e os remanescentes arqueológicos apenas começou a ser estudada. É interessante verificar que a região do Turrialba, tão distante e tranqüila nos dias de hoje, em comparação a outras do país, tenha sido habitada muito tempo atrás e tenha uma história repleta de colorido. Dizem que em 1666 uns 800 piratas inimigos entraram no vale Matina para saquear Cartago, mas foram forçados a recuar na cidade de Turrialba, por causa da poderosa imagem de Nossa Senhora da Conceição. Diego de la Haya se refere a esse incidente em sua descrição da erupção do Irazú de 1723, durante a qual a mesma imagem foi trazida na tentativa de deter o vulcão, infelizmente sem resultados.

Fig. 11.22 É fácil descer na cratera do topo do Turrialba e explorá-la. As regiões de depósitos claros de enxofre contrastam com o escuro das cinzas e da tefra

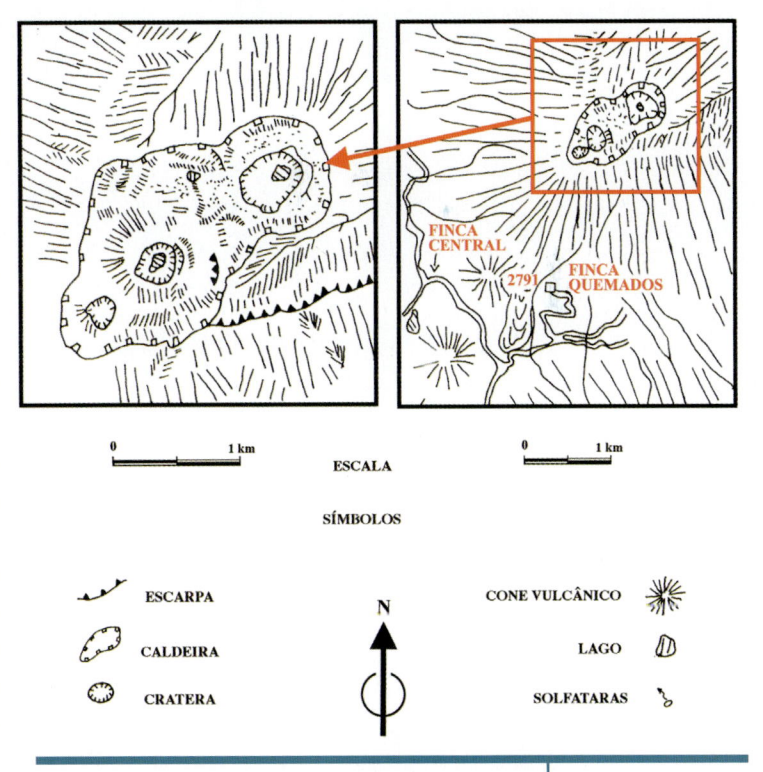

Fig. 11.23 Mapa esquemático do topo do Turrialba e áreas circundantes
Fonte: conforme Alvarado Induni, 1989.

12 Vulcões das Índias Ocidentais

AS ÍNDIAS OCIDENTAIS

As ilhas encantadoras das Índias Ocidentais têm alguns dos vulcões mais interessantes do mundo, dois dos quais tiveram uma participação fundamental no desenvolvimento da ciência da Vulcanologia. As erupções de 1902 do monte Pelée, na Martinica, e do Soufrière, na ilha de São Vicente, atraíram significativo interesse científico e levaram ao reconhecimento de dois processos vulcânicos. O primeiro foi a formação de fluxos piroclásticos mortais, também conhecidos como nuvens ardentes, e o segundo foi o crescimento de domos ou torres de lava na cratera nos estágios finais da erupção. O trabalho mais notável foi o desenvolvido por Frank A. Perret, físico que chegou à Martinica depois da erupção do monte Pelée, a fim de estudar seus depósitos e a atividade subseqüente. Perret dedicou a maior parte de sua vida ao estudo dos vulcões e acabou se tornando o primeiro diretor do Hawaiian Volcano Observatory.

O monte Pelée é, por bons motivos, o vulcão mais mal-afamado das Índias Ocidentais, devido à catastrófica erupção de 1902. É, no entanto, apenas um dos vulcões potencialmente letais ao longo do arco vulcânico das Pequenas Antilhas, que se estende da ilha holandesa de Saba, ao norte, na direção de Granada, a ilha das especiarias, ao sul. Os vulcões do arco das Pequenas Antilhas que estiveram ativos em tempos históricos são: Saba, na extremidade norte do arco; The Quill, em Santo Eustáquio; Liamuiga, em St. Kitts; Soufrière Hills, em Montserrat; Soufrière, em Guadalupe; Microtin e Morne Patates, na Dominica; Pelée, na Martinica; Qualibou, em Santa Lúcia; Soufrière, em São Vicente; e Kick-'em-Jenny, vulcão submarino bem ao norte de Granada (Fig. 12.1).

O vulcão que recentemente tem sido objeto de notícias é o Soufrière Hills, em Montserrat, que entrou em atividade eruptiva em 1995 e, no momento em que escrevo, ainda não parou. Os vulcões monte Pelée e Soufrière Hills são o destaque da parte seguinte deste capítulo, pelo fato de serem ilustrativos do *modus operandi* dos vulcões das Pequenas Antilhas, em que os fluxos piroclásticos têm um papel importante e, muitas vezes, mortal. Esses dois vulcões causaram terrível destruição, mas os quase cem anos de conhecimentos adquiridos no período entre suas grandes erupções possibilitaram que milhares de vidas pudessem ser salvas em Montserrat, ao passo que 30 mil pessoas morreram na Martinica. No caso de Montserrat, o que mais sofreu danos foi a economia da ilha, que perdeu a capital, o aeroporto, o turismo e mais da metade das terras aproveitáveis.

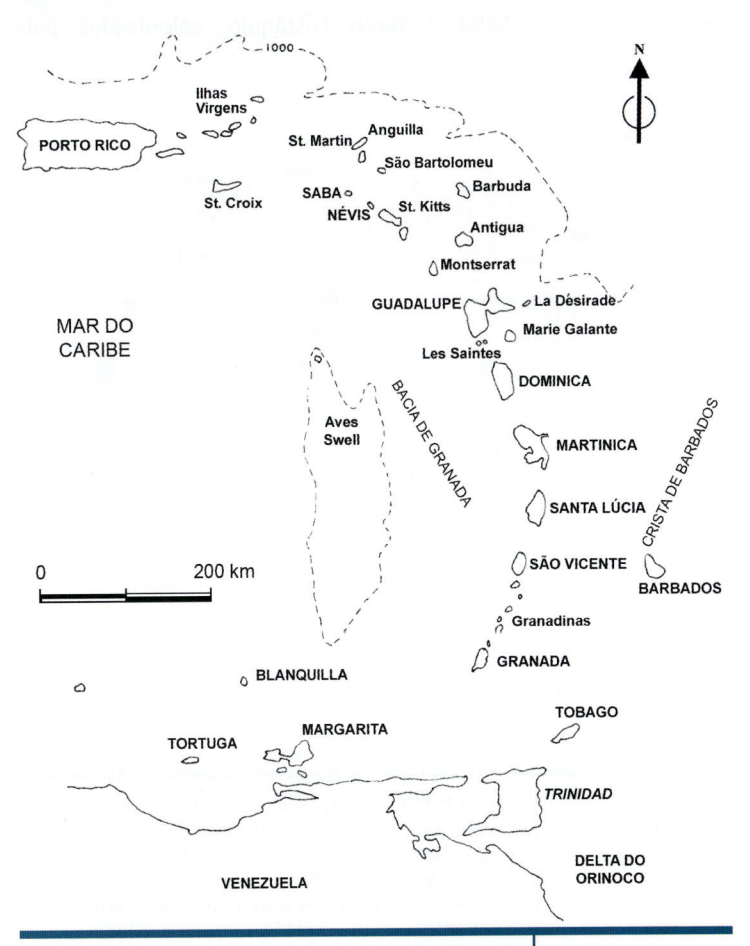

Fig. 12.1 O grupo insular das Pequenas Antilhas. O arco vulcânico vai de Saba, ao norte, a Granada, ao sul. As linhas tracejadas são isóbatas em metros
Fonte: modificado de Westercamp e Tazieff, 1980.

Três outras ilhas vulcânicas das Pequenas Antilhas são descritas na parte seguinte do presente capítulo: Guadalupe, São Vicente e Dominica. O vulcão Morne Patates, na Dominica, não esteve recentemente em atividade, mas o Soufrière de Guadalupe e o Soufrière de São Vicente têm apresentado atividade freqüente nos últimos tempos. Além dos vulcões ativos, as Pequenas Antilhas oferecem muito aos visitantes: paisagens, praias, diversidade cultural e herança histórica. Cristóvão Colombo descobriu essas ilhas nas segunda e terceira viagens, mas foram depois colonizadas por holandeses, ingleses e franceses. Várias delas ainda mantêm fortes laços com a Europa, e até mesmo as que se tornaram independentes conservam certas características européias. Martinica e Guadalupe são bem francesas, enquanto Dominica, Santa Lúcia, St. Kitts, Montserrat, São Vicente e as Granadinas preservam uma atmosfera dos tempos coloniais sob o domínio britânico. Nota-se a influência holandesa em Saba e Santo Eustáquio, colonizadas pela Companhia das Índias Ocidentais da Holanda. As Pequenas Antilhas apresentam, portanto, uma rica diversidade em termos de língua, arquitetura, cozinha e costumes locais. Os vulcões fazem parte integralmente da vida dessas ilhas, embora os registros históricos das erupções só tenham começado depois da colonização, nos anos 1630, e até o presente menos de 40 erupções tenham sido registradas. Esses vulcões têm sido, no entanto, intensamente estudados nas últimas décadas, e os poucos registros históricos têm sido complementados com datação por radiocarbono e estudos de campo. Aos poucos, não apenas a atividade dos vulcões vem sendo reconstituída, como também se vêm obtendo pistas das forças subjacentes responsáveis por sua existência.

Ambiente tectônico

O arco das Pequenas Antilhas, que se estende por cerca de 740 km, resulta da subducção do assoalho do Atlântico Norte sob a placa do Caribe num índice de aproximadamente 2 cm/ano. Uma característica importante desse arco é sua bifurcação ao norte da Martinica (Fig. 12.2). O braço nordeste (arco externo) compõe-se das ilhas de Marie Galante, Grande-Terre de Guadalupe, La Désirade, Antígua, Barbuda, São Bartolomeu, St. Martin, Dog e Sombrero. Já o braço noroeste (arco interno) inclui Dominica, Les Saintes, Basse-Terre de Guadalupe, Montserrat, Redonda, Névis, St. Kitts, Santo Eustáquio e Saba. As ilhas do braço nordeste, conhecidas como "Limestone Caribbees", ou ilhas Calcárias, são todas inativas, de baixa altitude e parcial ou totalmente cobertas de calcário que remonta a meados do Mioceno ao Pleistoceno. Sob o calcário há rochas vulcânicas que compõem o arco mais antigo. As ilhas do braço noroeste compõem-se de rochas vulcânicas mais jovens e incluem vários vulcões recentemente ativos. Ao sul da Martinica, há um único arco, que inclui Santa Lúcia, São Vicente, Granadinas e Granada. O arco que contém todos os vulcões ativos, de Saba a Granada, denomina-se arco ativo ou ilhas vulcânicas.

O arco das Pequenas Antilhas é a manifestação na superfície de uma zona de subducção, onde a placa Norte-Americana se insere sob a

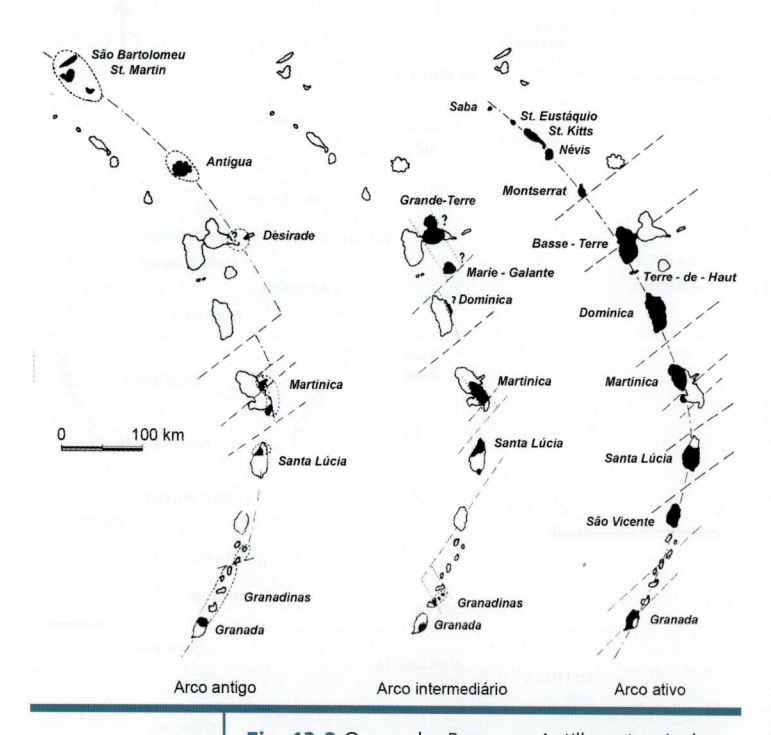

Fig. 12.2 O arco das Pequenas Antilhas através do tempo: a cor preta indica a atividade atual. A atividade do arco antigo ocorreu há mais de 22,5 milhões de anos. O arco intermediário esteve ativo entre 6,5 milhões e 20 milhões de anos atrás. O arco atualmente ativo entrou em atividade há cerca de 6 milhões de anos. As falhas transversais aparecem como linhas tracejadas. Note a bifurcação do arco atual ao norte da Martinica.
Fonte: modificado de Westercamp e Tazieff, 1980.

placa do Caribe. O vulcanismo começou a formar o arco mais velho (das ilhas Calcárias a Granada) há cerca de 38 milhões de anos. A formação desse arco pré-miocênico foi, provavelmente, desencadeada por uma mudança na intensidade do avanço da placa Norte-Americana. A atividade vulcânica mudou para o oeste, na parte norte do arco, durante o período pós-miocênico, provavelmente devido a variações na inclinação da zona de subducção ou na profundidade da qual o magma foi escoado.

A zona de subducção atual situa-se a cerca de 150 km a leste do arco ativo e inclina-se para o oeste, onde chega a 200 km de profundidade. Os detalhes do ambiente tectônico são muito complexos. Há mudanças no afundamento da placa ao longo do arco e também menor intensidade da atividade sísmica na parte sul, talvez em razão de um grande acúmulo, na fenda, de sedimentos que inibam a subducção e diminuam a sismicidade. Também há indícios da presença de um grande número de falhas transversais ao arco a romper os limites da placa.

O arco ativo apresenta cinco diferentes tipos de centro vulcânico. Monte Pelée e Quill (Santo Eustáquio) compõem-se principalmente de produtos de atividade explosiva. Saba, Soufrière Hills, Pitons du Carbet e Morne Conil (Martinica) são agrupamentos de domos andesíticos cercados de leques de depósitos de blocos e fluxos de cinzas. Os diversos centros vulcânicos na Dominica e no centro-sul de Santa Lúcia caracterizam-se pela grande quantidade de púmice dacítico e fluxos de cinzas. Soufrière (Guadalupe), Soufrière (São Vicente) e The Peak (Névis) são estratovulcões em que cerca de metade do material provém de fluxos de lava de composição basáltica a andesítica e metade de erupções explosivas. South Soufrière Hills (Montserrat) e Monts Caraïbes, em Guadalupe, compõem-se de fluxos de lava basálticos a andesítico-basálticos associados a depósitos de queda de cinzas.

Os magmas expelidos do arco apresentam composição mais diversa do que a comumente encontrada em arcos vulcânicos, indicando que o ambiente tectônico das Pequenas Antilhas é particularmente complexo. Os estudos geoquímicos dos magmas mais recentes demonstram haver quantidades substanciais de sedimentos nas regiões de fonte de magma. O antebraço do arco das Pequenas Antilhas é, aliás, uma região que recebe sedimentos de várias fontes; diversos tipos podem, portanto, ser reconhecidos. Alguns sedimentos apresentam uma característica incomum em termos de chumbo radiogênico, o que indica antiguidade e origem continental. Vários estudos demonstram que esses sedimentos provêm do Escudo Arqueano das Guianas e são transportados pelo rio Orinoco.

Há uma grande semelhança entre os sedimentos e os magmas do arco quanto à característica do isótopo de chumbo. Há lavas da Martinica e de Santa Lúcia que apresentam altos níveis de chumbo radiogênico (cerca de 3,5%), dando indícios de que as regiões de fonte de magma sofreram altos níveis de contaminação por sedimentos. Essas lavas são bastante ilustrativas do processo de subducção de sedimentos e incorporação nos magmas do arco. As Pequenas Antilhas tornaram-se um dos melhores lugares do mundo para a compreensão da importância dos sedimentos na química dos magmas da zona de subducção. Outro aspecto da singularidade das Pequenas Antilhas é sua longevidade: o arco tem a mais longa história de atividade contínua ou semicontínua em meio a todos os arcos vulcânicos conhecidos na Terra; uma história que se estende por cerca de 120 milhões de anos.

Informações práticas para o visitante

Grande atividade econômica das Pequenas Antilhas, o turismo oferece ampla variedade de recursos para os visitantes. Atualmente esses recursos são escassos em Montserrat, mas espera-se que melhorem quando a erupção declinar. Os turistas que vêm de longe talvez se sintam tentados a visitar mais de uma ilha durante a viagem, e uma das características mais atraentes das Antilhas é, por certo, a variedade de ilhas tão próximas umas das outras. Essas ilhas, porém, se distinguem entre si não apenas quanto à paisagem vulcânica, mas também quanto à história, à cultura e à herança.

Foram adequadamente descritas pelos colonizadores como "ilhas do perpétuo junho", já que o clima é maravilhoso ao longo de todo o ano. A diferença entre a estação chuvosa (maio-junho e outubro-novembro) e a estação seca é bem pequena. Se possível, evite o mês de setembro, época em que é mais provável a ocorrência de furacões. Há um ditado tradicional que diz: "June too soon, July stand by, September remember, October all over", isto é, "Em junho, não tarde; em julho, espere; em setembro, se lembre; em outubro, já passou".

Transportes

Um modo excelente de viajar pelas Antilhas é saltar de ilha em ilha, mas isso pode sair caro. Atualmente, a maior parte das viagens entre as ilhas é feita de avião, tido como o serviço de ônibus local. As vistas aéreas podem ser fantásticas, e os vôos são muito mais interessantes do que aqueles das linhas aéreas convencionais, com seus aviões a jato. Os "ônibus das ilhas" são aeronaves pequenas e operam de modo um tanto informal: o piloto muitas vezes deixará de pousar em alguma localidade se não houver ninguém para embarcar ou desembarcar. Note-se que algumas dessas linhas aéreas locais não levam as reservas muito a sério; confirme-as, portanto, mais de uma vez e chegue cedo ao aeroporto. As maiores linhas aéreas locais são a LIAT e a BWIA. A Air Martinique e a Air Guadeloupe ligam Dominica e São Vicente às ilhas onde essas linhas têm sede.

Há balsas entre algumas ilhas, mas os serviços são mais limitados. Entre Martinica e Guadalupe há um serviço regular de balsas (via Dominica), de especial interesse para os visitantes que queiram ir de um vulcão a outro. Também é possível viajar de iate alugado e até mesmo pegar um cargueiro. O melhor modo de descobrir o que fazer é informando-se no porto local.

Em todas as ilhas é possível alugar carros, embora não haja muita escolha atualmente em Montserrat. Muitas das principais agências norte-americanas de aluguel de veículos têm escritórios nas ilhas, mas as agências locais podem oferecer tarifas mais baixas. Na Martinica, há táxis coletivos que levam do porto de Fort-de-France a hotéis situados em qualquer parte da ilha; esses táxis são mais baratos do que os comuns. Os ônibus públicos costumam vir lotados, mas são baratos. Em Fort-de-France também é possível alugar bicicletas e motos. Já em São Vicente, os ônibus lotados e cheios de animação constituem um meio barato de transporte. O motorista pára em qualquer ponto da estrada, e é fácil identificar esses ônibus: minivans coloridas que levam nomes como "Who to blame" ("Em quem pôr a culpa"). Em Guadalupe, o uso da bicicleta é extremamente popular, e há vários estabelecimentos que alugam *scooters*, vespas e motos. Além disso, é possível circular de ônibus, e também nessa ilha os motoristas param fora do ponto. Na Dominica, há táxis coletivos que partem de Melville Hall, o principal aeroporto, e também táxis individuais. Se você alugar um carro nessa ilha, lembre-se de que é preciso dirigir pelo lado esquerdo da via e de que as estradas montanhosas costumam ser íngremes, esburacadas e cheias de curvas em forma de "u".

Passeios

Em todas as ilhas podem ser contratados passeios de táxi, mas certos lugares oferecem opções mais especializadas. Na Martinica, os hotéis e as agências oferecem uma grande variedade de passeios panorâmicos de carro, barco e helicóptero. O Parc Naturel Régional de la Martinique (tel. 73-19-30) organiza caminhadas conduzidas por guias, e o Hélicaraibes (tel. 73-30-03) oferece passeios de helicóptero, mas a um custo um tanto alto. Em Guadalupe, é possível encontrar caminhadas conduzidas por guias por meio da Organization des Guides de Montagne de la Caraïbe (tel. 80-05-79). Em São Vicente, passeios aéreos, marítimos ou terrestres podem ser conseguidos na Grenadine Tours (tel. 456-4176). Na Dominica, a Dominica Tours oferece caminhadas (tel. 448-2638), e a Rainbow Rover Tours (tel. 448-8650), passeios de Land Rover. Em Montserrat, espera-se que a indústria do turismo floresça novamente depois que a erupção terminar.

Alojamento/Hospedagem

A variedade abrange tanto estabelecimentos extremamente luxuosos quanto os bem simples e modestos. As Antilhas são um parque de diversões para os ricos, mas a maioria das ilhas oferecem hospedagem compatível com os orçamentos mais diversos. Para quem vai permanecer mais de uma semana num mesmo lugar, as *villas* e os condomínios alugados representam uma alternativa prática para os hotéis. Muitas ilhas oferecem hospedagem com cama e café da manhã, bem como camping. As Antilhas Francesas, especialmente, contam com áreas de camping bem organizadas. Para saber da necessidade de autorização para acampar, informe-se na delegacia de polícia local.

Martinica

A ilha tem muitos hotéis *resort*, mas estes não são apropriados para o monte Pelée. As opções nos arredores de St. Pierre limitam-se, de um modo geral, a quartos baratos mas adequados. O Auberge de la Montagne Pelée, em Morne Rouge, é uma boa escolha, pelo fato de estar de frente para o vulcão e oferecer vistas espetaculares. Tem somente nove quartos; faça, portanto, reservas com bastante antecedência (tel. 53-32-09). Residence Surcouf (tel. 78-13-86), localizado em Pécoul, também é uma opção conveniente. Em St. Pierre, tente o não tão novo La Nouvelle Vague, com apenas cinco quartos (tel. 74-83-88). As melhores acomodações na área são as do Plantation de Leyritz (tel. 78-53-08), situado na encosta da colina, acima de Basse Pointe. Essa casa de fazenda do século XVIII, com senzala anexa, foi transformada num adorável hotel de 24 quartos. Muitos visitantes vão lá almoçar e apreciar a fazenda, onde se encontra em exposição um antigo equipamento de moagem de cana-de-açúcar. Quem preferir alugar apartamentos ou *villas* deve contatar a Association des Gîtes Ruraux em Fort-de-France (tel. 73-67-92). Há áreas de camping em Anse à L'Ane, perto de Fort-de-France, e em St. Anne, no lado sul da ilha; nenhum desses lugares, porém, é apropriado para o monte Pelée, e, embora as distâncias sejam pequenas (dezenas de quilômetros), as estradas são estreitas e podem ser muito lentas.

Montserrat

No momento é difícil saber o que estará disponível em Montserrat até mesmo num futuro próximo. O principal hotel *resort*, no lado norte, o Vue Point, fechou durante a erupção, e não se sabe quando ou se esse estabelecimento vai reabrir. O melhor modo de encontrar hospedagem é consultar a página inicial do website de Montserrat Tourism (Apêndice I), que também fornece informação atualizada sobre aluguel de veículos e transporte para a ilha e para fora dela.

São Vicente

Essa ilha permanece relativamente pouco desenvolvida, e a maioria de seus hotéis é gerenciada por moradores locais, também seus proprietários. Kingston, a capital, e a vizinha Villa são os locais onde se situa a maior parte dos hotéis; como estes ficam no lado sul, não são muito apropriados para o vulcão, mas não há hotéis em Georgetown ou em Richmond. Um lugar encantador é o Grand View Beach Hotel (tel. 458-4411), situado num alto de colina, a uma distância cômoda de Kingston. Trata-se originalmente de uma casa de fazenda que já foi usada para a secagem de algodão. Já os visitantes que quiserem acomodações bem exclusivas devem procurar o Young Island Resort (tel. 458-4826), em Young Island, ilha particular situada a cerca de 200 m ao sul da costa de São Vicente.

Guadalupe

Há muitos hotéis em Guadalupe, a maioria ao longo da costa sul de Grande-Terre. Entre eles está o luxuoso e conhecido Hamak (tel. 88-59-99), que se orgulha de oferecer uma praia particular de areia branca e uma frota de aviões bimotores para transportar os hóspedes. Uma alternativa não cara, e também mais bem situada em relação ao parque nacional, é o Auberge de la Distillerie (tel. 94-01-56), hotel pequeno, tipo hospedaria campestre, situado em Basse-Terre. Também em Basse-Terre fica Le Rocher de Malendure (tel. 98-70-84), conhecido restaurante que aluga cinco bangalôs a preços muito razoáveis. Le

Rocher situa-se num costão acima de Malendure Bay e oferece uma vista maravilhosa. Há alojamentos de gerenciamento familiar disponíveis por intermédio de Gîtes de France Guadeloupe (tel. 82-09-30).

Dominica

Dominica não é um destino muito procurado por visitantes, e as opções de hospedagem são mais limitadas do que em algumas das outras ilhas. Os hotéis na costa sul são os de localização mais conveniente no tocante às atrações vulcânicas. Na parte mais alta fica o Fort Young Hotel (tel. 448-5000), um forte do século XVIII localizado no alto de uma encosta em Roseau. Entre outras opções de alto padrão, estão o Reigate Hall, em Roseau (tel. 448-4031), um belo edifício de pedra e madeira pendurado no alto de uma encosta, e o Springfield Plantation (tel. 449-1401), uma casa de fazenda colonial próxima a Roseau. Entre as opções mais modestas, estão o Layou River Hotel, em Roseau (tel. 449-6281), e o Layou Valley Inn (tel. 449-6203), uma charmosa hospedaria abaixo dos picos de Morne Trois Pitons.

Serviços de segurança e emergência

Os mais graves desastres naturais nas Pequenas Antilhas não são as erupções vulcânicas, mas os furacões. Se você estiver numa dessas ilhas e souber da chegada de algum furacão, procure o mais resistente abrigo de concreto e não saia quando perceber que tudo ficou quieto de repente: isso significa que você está no olho do furacão por alguns minutos. Se tiver a infelicidade de estar num barco e não puder chegar a terra firme a tempo, dirija-se a um mangue.

Os crimes podem trazer transtornos ao visitante nas Índias Ocidentais, embora nas ilhas examinadas aqui a violência contra turistas seja relativamente rara. É mais provável encontrar problemas com plantas ou insetos venenosos. Cuidado com a árvore mancenilha. Essas belas árvores, com seus pequenos frutos verdes parecidos com maçãs, são tão venenosas que até as gotas de chuva que delas caiam podem causar bolhas na pele. Na Martinica, fique atento às placas vermelhas colocadas pelo serviço florestal e mantenha-se a distância. Nas outras ilhas, essas árvores podem estar assinaladas de algum modo ou apresentar a casca pintada de vermelho. É bom aprender a reconhecê-las, a fim de evitar aproximação em áreas mais distantes onde não haja sinais de aviso. Em todas as ilhas, também os insetos podem causar problemas; tenha, portanto, repelentes fortes.

Os serviços de emergência e resgate variam de uma ilha a outra, mas são, de um modo geral, razoáveis, embora sem a sofisticação dos encontrados nos Estados Unidos.

Mapas

Não é muito fácil comprar mapas topográficos nas ilhas, embora haja ampla oferta de mapas de rodovias. Entre em contato com os postos de turismo das diversas ilhas para obter mapas que indiquem estradas, hotéis e principais atrações. Lá também poderão informar onde comprar mapas topográficos. Martinica e Guadalupe são território francês, e mapas detalhados dessas ilhas encontram-se disponíveis no Institut Géographique National, em Paris (ver Apêndice I).

MONTE PELÉE

O vulcão

O monte Pelée é um dos vulcões mais famosos e temidos do mundo. A catastrófica erupção de 1902 destruiu completamente a cidade de St. Pierre, matou cerca de 30 mil pessoas e acabou por dar nome a um dos principais tipos de erupção vulcânica: a peleana. A encantadora cidade de St. Pierre, conhecida na época como a "Paris das Pequenas Antilhas", era o centro comercial e cultural da Martinica. Sua destruição chocou o mundo e tornou-se uma das demonstrações mais trágicas da força dos vulcões, bem como um dos melhores exemplos de mal gerenciamento de uma crise vulcânica.

O monte Pelée situa-se na parte noroeste da Martinica, erguendo-se a 1.397 m de altura, dominando a paisagem e compondo um impressionante pano de fundo para a atual St. Pierre (Fig. 12.3). O Pelée é, no momento, o único vulcão ativo na Martinica, embora possam existir dois centros submarinos ao largo da costa oeste, caso sejam dignos de crédito alguns relatos que falam em "mares ferventes". Há vulcões mais velhos na Martinica, assim como em outras ilhas das Pequenas Antilhas. A Martinica foi formada por erupções vulcânicas. A geologia da ilha é mais bem descrita em termos de seus oito principais centros vulcânicos, com idades que vão do pré-Mioceno aos dias de hoje. Há diferenças significativas entre esses vulcões, entre as quais uma das mais interessantes é o amplo espectro da proporção isotópica dos magmas, o que implica serem provenientes de fontes diversas.

As mais antigas rochas expostas da ilha situam-se na península de Ste. Anne, na parte sul da ilha, e na península de Caravelle, no leste. Essas rochas têm mais de 24 milhões de anos e apresentam, na sua maior parte, composição andesítico-toleítica. São remanescentes de fluxos de lava do arco mais antigo e externo das Pequenas Antilhas (ilhas Calcárias). Como já explicado, o arco das Pequenas Antilhas se bifurca na Martinica.

A Martinica passou por um período de quietude de vários milhões de anos, até que a atividade recomeçou cerca de 16 milhões de anos atrás. Durante esse segundo estágio, houve mudança na composição do magma, que passou de toleítico a cálcio-alcalino com alto teor de potássio (e um acentuado aumento de estrôncio radiogênico e chumbo).

O primeiro centro vulcânico formado nesse período foi Vauclin-Pitault, que hoje compõe a parte sudeste da ilha, expondo lavas basálticas expelidas sob o mar. O centro vulcânico seguinte foi Trois-Ilets. Há rochas andesíticas dessa época hoje expostas na península de Trois-Ilets, na parte sudoeste da ilha.

Durante o Plioceno, a atividade transferiu-se para o nordeste da ilha, formando o centro Morne Jacob, que agora se encontra profundamente exposto pela erosão. O Morne Jacob lançou basaltos submarinos para a terra

Fig. 12.3 Monte Pelée e, em primeiro plano, a atual cidade de St. Pierre

firme e, posteriormente, lavas andesíticas. Antes do término da atividade, três outros centros surgiram em outros lugares: Diamant, Pitons du Carbet e Morne Conil. O complexo Diamant, na parte sudoeste da ilha, compõe-se de vários domos andesíticos cercados de depósitos piroclásticos. Pitons du Carbet é um grupo de sete picos andesíticos íngremes que se erguem a até 1.196 m de altura (Fig. 12.4). Os cumes íngremes dos picos fazem um forte contraste com os flancos, que foram bastante erodidos e sofreram queda. O centro Pitons du Carbet é considerado por alguns o precursor do monte Pelée. Morne Conil, ativo até cerca de 400 mil anos atrás, compõe-se de depósitos de brechas (*breccias*) sobrepostas formados por erupções em água rasa, provavelmente saídas de muitas bocas. Essas brechas hoje formam a ponta noroeste da ilha e parecem ter se erguido antes do início da atividade no monte Pelée.

O monte Pelée nasceu há cerca de 400 mil anos e continua ativo até o presente. Sua atividade tem sido, em grande parte, explosiva, embora às vezes apenas moderadamente. A evolução do vulcão tem sido bem estudada e costuma ser descrita como apresentando três estágios. O primeiro, que durou até cerca de 200 mil anos atrás, é o antigo Pelée. O vulcão ergueu-se entre Morne Conil e Morne Jacob, principalmente em decorrência de fluxos de lava andesítica. Há poucos indícios de ter havido, na época, atividade explosiva violenta. Algumas brechas desse primeiro estágio podem ser vistas perto do topo atual, o que indica que o vulcão antigo tinha aproximadamente o mesmo tamanho que o de hoje. As brechas também podem ser encontradas em afloramentos ao redor do monte Pelée e em sobreposição em Morne Conil e Morne Jacob. Há dois tipos principais de brechas: Tombeau Caraïbe e Macouba. As brechas Tombeau Caraïbe são encontradas principalmente nos flancos do lado oeste do monte Pelée, e é provável que sejam pedaços de lava que desintegraram durante o fluxo. Isso pode acontecer se a lava fluir em encostas íngremes; as frentes dos fluxos se rompem e caem em cascata. A brecha Macouba é mais difícil de interpretar; também pode tratar-se de fluxos rompidos de lava, mas parecem ter sido intensamente erodidas por atividade fluvial.

No segundo estágio de formação do monte Pelée, entre aproximadamente 100 mil e 19.500 anos atrás, formou-se o cone. A atividade do vulcão tornou-se mais explosiva, depositando camadas espessas de queda de púmice, bem como de fluxos de púmice e escória e fluxos de blocos e cinzas. Violentas explosões produziram nuvens ardentes tanto do tipo peleano (associado à formação dos domos) quanto do tipo São Vicente (associado à queda de uma coluna eruptiva). Um evento importante durante o segundo estágio foi o desabamento de uma grande parte da montanha. Esse desabamento formou uma estrutura em forma de ferradura no flanco sudoeste, que agora apresenta escarpas que cruzam Morne

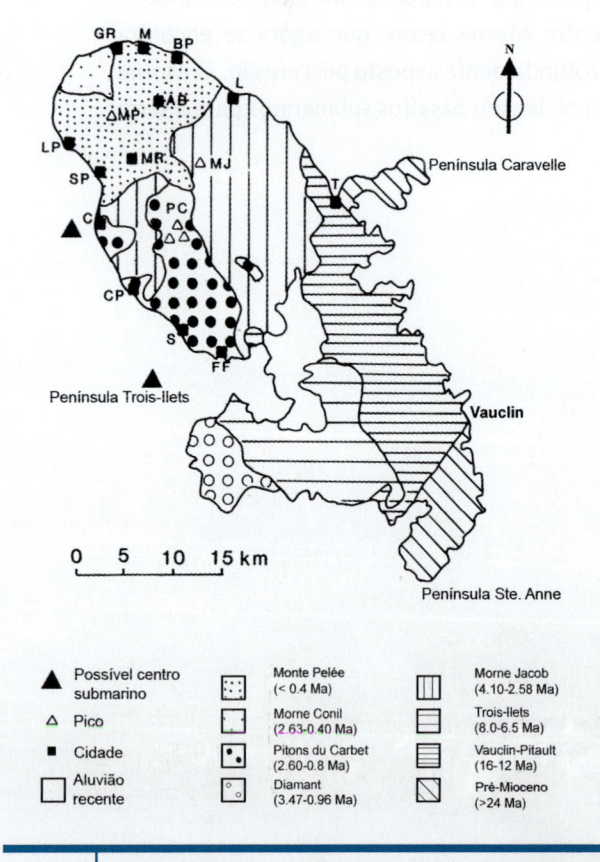

Fig. 12.4 As diversas unidades geológicas, centros vulcânicos e principais cidades da Martinica: Morne Jacob (MJ), Pitons du Carbet (PC), Mt. Pelée (MP), Trinité (T), Lorrain (L), Basse Pointe (BP), Macouba (M), Grande Rivière (GR), Le Prêcheur (LP), St. Pierre (SP), Carbet (C), Casse Pilote (CP), Schoelcher (S), Fort-de-France (FF), Ajoupa-Bouillon (AB), Morne Rouge (MR)
Fonte: modificado de Smith e Roobol, 1990.

Macouba, Morne Plumé, Morne Calebasse e Morne Essentes. A extremidade sul da ferradura pode ser acompanhada até St. Pierre, prosseguindo uns 6 km mar adentro. A época do desabamento é incerta, mas hoje sabemos ser mais antiga que as volumosas nuvens ardentes do tipo São Vicente ocorridas há cerca de 25 mil anos. Estruturas semelhantes de desabamento podem ser vistas na Dominica, em Santa Lúcia e em São Vicente. Em todas essas ilhas, o colapso da encosta se deu no lado caribenho do arco, onde as encostas são consideravelmente mais íngremes do que as do lado do Atlântico.

Depois de um período de repouso de cerca de 6 mil anos, o monte Pelée entrou em seu terceiro estágio, que dura até o presente. Houve pelo menos 34 erupções ao longo dos últimos 13.500 anos. A datação por carbono dos depósitos desse período e estudos da estratigrafia possibilitaram uma reconstituição detalhada da atividade, em especial dos eventos ao longo dos últimos 5 mil anos (Fig. 12.5). O monte Pelée alternou entre nuvens ardentes e erupções mais violentas do tipo pliniano que expeliram fluxos piroclásticos ricos em púmice. Seis dessas erupções – a cada 750 anos, aproximadamente – foram bem grandes e produziram significativas quantidades de púmice. Os geólogos as conhecem como eventos P1 a P6. Os depósitos das erupções P1, P2 e P5 revelam que elas começaram com uma espessa chuva de cinzas e uma queda de púmice do tipo pliniano, seguidas de fluxos piroclásticos ricos em púmice. Os fluxos piroclásticos associados às erupções do tipo pliniano confinam-se, em grande parte, aos vales, e alguns alcançam 50 m de espessura. Os depósitos de ejeções ou

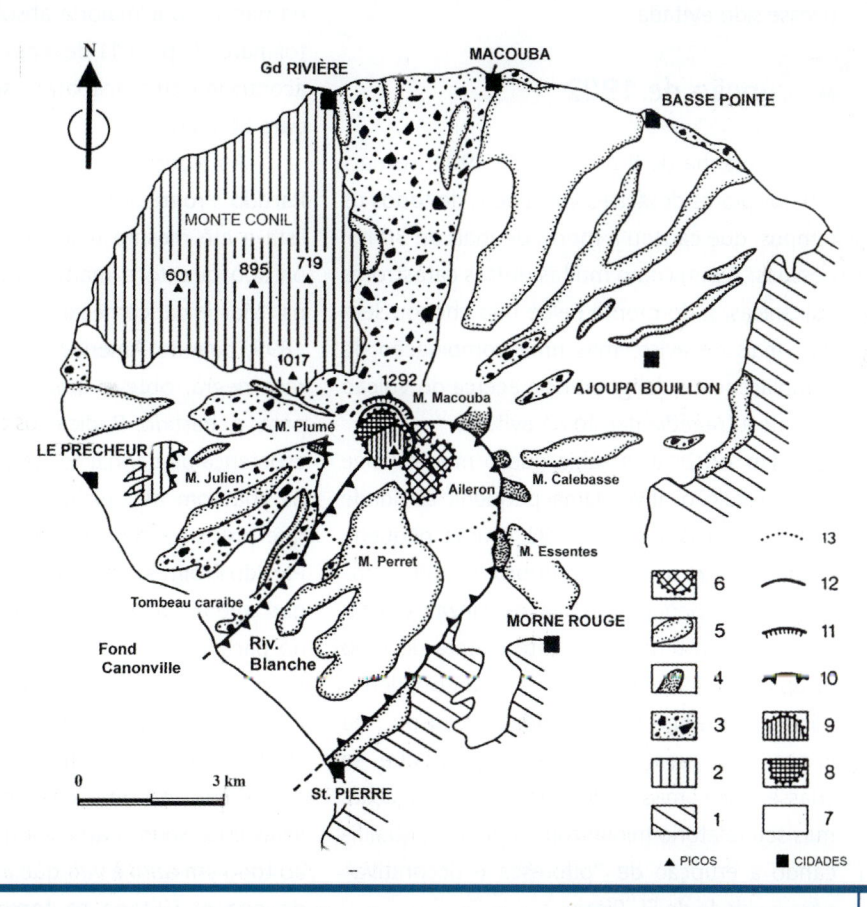

Fig. 12.5 Mapa geológico esquemático do monte Pelée e do monte Conil. As unidades geológicas são, da mais velha para a mais jovem: (1) rochas mais velhas do Pitons du Carbet e do Morne Jacob, (2) formações do monte Conil, (3) brechas paleopeleanas, (4) fluxos de lava paleopeleanos, (5) fluxos de escória neopeleanos, (6) domos de lava pré-históricos neopeleanos dentro da estrutura de desabamento do flanco, (7) depósitos neopeleanos da Idade Moderna (com menos de 13.500 anos), (8) domo de lava de 1902, (9) domo de lava de 1929. As bordas das estruturas são: (10) borda da estrutura do desabamento do flanco, (11) borda da caldeira Macouba, (12) borda da cratera atual (Etang Sec), (13) borda sul da caldeira paleopeleana
Fonte: modificado de Vincent et al., 1989.

"furacões de cinzas" – nuvens turbulentas de baixa densidade que acompanharam os fluxos piroclásticos – chegaram a 10 km da origem. As ejeções são, hoje, consideradas o maior risco da região ao redor do monte Pelée.

Somente duas erupções do monte Pelée foram documentadas, a de 1902-04 e a de 1929-30. É interessante notar que a última erupção antes do catastrófico evento de 8 de maio de 1902 provavelmente ocorreu apenas poucos anos antes da primeira colonização européia da ilha, em 1635. Essa erupção despiu a montanha de sua vegetação, inspirando o nome Pelée, que em francês quer dizer "pelado". Também devastou a área nas proximidades da costa, onde a cidade de St. Pierre acabaria sendo construída. Se a colonização tivesse começado poucos anos antes, a precária localização de St. Pierre em relação ao vulcão teria sido constatada e a tragédia de 1902 talvez tivesse sido evitada.

A erupção de 1902

A manhã de 8 de maio de 1902 assinala um dos piores desastres vulcânicos de todos os tempos, que causou a morte de mais de 30 mil pessoas. Assim como muitas outras catástrofes vulcânicas, a do monte Pelée não chegou sem dar sinais de aviso, mas uma combinação de complacência e de ignorância acerca do vulcão fez que a tragédia não fosse evitada.

Em 1902, já se sabia que o monte Pelée era um vulcão ativo. Uma pequena atividade ocorrera em janeiro de 1792 e uma pequena erupção, entre agosto e outubro de 1851, provocou uma pequena chuva de cinzas em St. Pierre e abriu uma fumegante cratera de topo de aproximadamente 100 m de diâmetro, denominada L'Etang. Essa atividade causou, na época, preocupação suficiente para que se criasse uma comissão científica de investigação, mas seu relatório minimizou os perigos, qualificando a erupção de "pitoresca e decorativa" para a cidade de St. Pierre.

O primeiro sinal conhecido de que o monte Pelée se agitava novamente foi uma maior emissão fumarólica em 1889, que foi, porém, bastante ignorada. Em fevereiro de 1902, as emissões de gases sulfurosos foram suficientemente grandes para serem notadas em Le Prêcheur e St. Pierre, já que os gases matavam pássaros e escureciam a prata. O mês de abril trouxe mais sinais agourentos: no dia 22, pequenos tremores sacudiram Le Prêcheur e, no dia seguinte, foram vistos vapores saindo do vulcão. A primeira explosão aconteceu na manhã de 25 de abril: ouviu-se um grande ruído e ergueu-se uma nuvem de cinzas, fazendo cair cinzas finas sobre Le Prêcheur.

Os habitantes de St. Pierre por certo se preocuparam, mas a vida prosseguiu quase como de costume. Em 27 de abril, houve um evento significativo, porém mais de natureza política do que propriamente vulcânica: o primeiro turno da eleição para representante da legislatura. O candidato do Partido Progressista, Fernand Clerc, proprietário de uma usina de açúcar, venceu por 348 votos seu oponente Louis Percin, do Partido Radical, mas essa vitória não foi por maioria absoluta. Nova eleição foi marcada para 11 de maio, um domingo. Tais acontecimentos acabaram se revelando fatais para St. Pierre.

Ao contrário do que diz seu nome, o Partido Progressista era conservador, colonialista e até mesmo reacionário. O desejo desse partido quanto a manter a supremacia branca na Martinica começara a ser ameaçado em 1899, quando Amédée Knight, um homem de raça negra, obteve uma vitória surpreendente para o Partido Radical. Knight tinha grande esperança de ganhar todos os assentos políticos da ilha com as eleições de 1902. Percebendo que precisava de uma imagem mais liberal, o Partido Progressista escolheu para candidato um que apenas defendia verbalmente as políticas do partido: Clerc. O governador da Martinica, Louis Mouttet, apoiava abertamente o Partido Progressista, embora suas relações com o mais liberal Clerc fossem um tanto tensas.

Clerc era uma das poucas pessoas que levavam a sério a ameaça do Pelée. Ele subira ao topo em abril e vira que a superfície do lago da cratera L'Etang se tornara negra, borbulhante e fervente. Escreveu então um relatório para o governador, mas parece que seu esforço foi ignorado. Clerc continuou a monitorar o vulcão com um telescópio e a anotar suas observações. Numa sexta-feira, 2 de maio, ele ouviu um estrondo "como o de um canhão de navio" e viu uma coluna de cinzas lançar-se para as alturas.

Esse 2 de maio foi, provavelmente, o primeiro dia em que a atividade do vulcão foi suficientemente forte para preocupar a população. Houve estrondos, explosões e um clarão bem visível acima do monte Pelée. A chuva de cinzas em Le Prêcheur foi intensa, atormentando a vida dos moradores, bem como a dos camponeses, cujas plantações e cujo gado começaram a morrer. Teve início uma fuga para St. Pierre, onde a chuva de cinzas era mais fraca. O capitão do vapor Topaz relatou ter visto peixes mortos na superfície do mar. O evento mais trágico do dia foi a morte do fazendeiro Pierre Lavenière e vários de seus empregados, arrastados por um fluxo de lama vindo do vulcão.

Ironicamente, a edição de 2 de maio do jornal local Les Colonies afirmava que uma "grande autoridade" em vulcões declarara não haver motivo de preocupação. O jornal anunciava uma excursão ao monte Pelée para o domingo, 4 de maio. O vulcão era tanto um transtorno quanto uma atração turística, mas sua ameaça parece ter sido bastante negligenciada. Descobriu-se que a não identificada "autoridade" em vulcões era simplesmente o editor do jornal, Andréus Hurard, que inventara essa história para favorecer politicamente o governador Mouttet. O governador, que morava em Fort-de-France, fazia todo o possível para acabar com as inquietações acerca do vulcão, a ponto de interceptar um telegrama do American Council que estava para ser enviado a Washington, expressando preocupação quanto ao despertar do monte Pelée. Mouttet decidiu então tranqüilizar a população planejando uma visita a St. Pierre, com chegada prevista para a véspera do Dia da Ascensão.

Nessa altura, a população de St. Pierre estava inchada de refugiados vindos do campo. Os alimentos começavam a ficar escassos, a água potável estava poluída com cinzas e animais morriam nas ruas. A cidade estava coberta de cinzas finas. As escolas e os escritórios fecharam, e a vida se tornara decididamente penosa. Uma das poucas pessoas que fugiram de St. Pierre foi Madame Philomène Gerbault, uma viúva rica. Em 3 de maio, partiu ela com sua criada para Fort-de-France e depois se recordaria daqueles últimos dias em que "era difícil imaginar uma cena mais desalentadora de desastre iminente". Durante a noite, na carruagem para Fort-de-France, ela ouviu uma série de explosões, "(...) estampidos assustadores. Em seguida, tivemos uma visão extraordinária na natureza: era o monte Pelée desperto, à noite. Seu cone reluzente logo se escondeu por trás de uma enorme coluna de fumaça negra atravessada de relâmpagos. Alguns momentos depois, uma chuva de cinzas caiu sobre o campo". Sem que ela soubesse, as cinzas chegavam até Fort-de-France.

Diante do que hoje sabemos a respeito de vulcões, pode parecer extraordinário que a população da cidade não tivesse fugido, ainda que fosse desconhecedora da atividade vulcânica. A verdade é que a política desempenhou um papel importante nas mortes em St. Pierre. Acredita-se agora que o governador queria manter as pessoas na cidade para que as eleições de 11 de maio acontecessem como planejado. A única medida do governador no tocante ao vulcão foi criar uma comissão de inquérito que devia publicar suas conclusões em 7 de maio.

Os fogos do vulcão na noite de 3 para 4 de maio, na verdade, empolgaram muitos dos habitantes de St. Pierre, a quem fora dito não haver motivo para temor. As pessoas se debruçavam nas janelas e ficavam paradas nas ruas para apreciar o espetáculo. Em 4 de maio, a chuva de cinzas parou, e isso foi interpretado como um sinal promissor de que a erupção estava em declínio, mas a trégua não durou muito. Naquela mesma noite, a erupção retornou e o povoado de Fond Corré, perto de St. Pierre, teve que ser evacuado. Os eventos rapidamente pioraram no dia seguinte. Por volta do meio-dia, o curso d'água Rivière Blanche, que havia secado, de repente inundou-se com um fluxo de lama quente de movimentação rápida, provavelmente provocado pela água que transbordara de Etang Sec, o lago da cratera do monte Pelée. Uma usina de açúcar à margem do rio, a Usine Guérin, foi coberta por uns 3 m de lama, matando o proprietário e 22 trabalhadores. Lama e água correram para o mar, causando um pequeno tsunami. Aterrorizados, os habitantes de St. Pierre viram a orla marítima recuar uns 30 m e correram em direção à cidade. As partes baixas ficaram inundadas. A devastação ao longo da metade baixa da Rue Victor Hugo foi quase completa. Só no bairro mestiço foram resgatados 68 corpos. Vinte e oito crianças morreram quando a onda atingiu o orfanato Ste. Anne. Mais um horror veio então à luz: os trabalhadores de resgate identificaram varíola nos corpos de algumas vítimas soterradas no bairro mestiço. Surtos anteriores haviam dizimado a população negra de áreas inteiras na ilha. Nesse meio tempo, em Fort-de-France, o governador estudava um tranqüilizador relatório da Comissão de Inquérito.

Na terça-feira, 6 de maio, continuava a inundação de Rivière Blanche, e o telégrafo entre St. Pierre e a ilha de Santa Lúcia foi interrompido, provavelmente devido aos fluxos de lama. Até então a França pouco sabia a respeito do desastre em curso em sua colônia. Amédée Knight, o senador negro, quebrou o protocolo e deu um jeito de passar um telegrama para o Ministro das Colônias da França, Pierre Decrais, pedindo ajuda. Infelizmente para os cidadãos de St. Pierre, o jogo de poder entre o senador negro e o governador branco era ostensivo, e a resposta de Decrais devia demorar, sob alegação de férias do parlamento francês. Nesse mesmo dia, Louis Moutett chegou a St. Pierre, e também as tropas de soldados. Os cidadãos que tentavam deixar St. Pierre, tomados de pânico, eram forçados a voltar por ordem dos soldados. Fernand Clerc tentou em vão conseguir apoio para a evacuação da cidade. Logo no início da noite, reconhecendo a derrota, partiu ele para suas terras fora da cidade, e os soldados o deixaram passar.

O cônsul britânico, James Japp, mandou que seu fiel servidor Bouverat deixasse a cidade a nado pelo rio Roxélane e levasse consigo um maço de papéis, com ordens para que não fossem lidos antes que o drama em St. Pierre estivesse resolvido. Esses papéis continham os valiosos relatos de Japp de seus últimos dias na cidade. Em sua residência oficial, o cônsul norte-americano Thomas Prentiss finalmente conseguiu convencer sua mulher Clara a partir sem ele, alegando que era seu dever de esposa levar o relatório do cônsul ao presidente dos Estados Unidos; nesse relatório ele descrevia a terrível situação instalada em St. Pierre. Ela então concordou em embarcar no navio italiano Orsalina na manhã de terça-feira, 8 de maio.

Pouco depois da meia-noite, tambores e cantos vudu começaram a soar no bairro mestiço. Yvette de Voissons depois descreveria essa terrível noite em que os magos vudu instigavam seu povo a ir em direção à catedral. Levando tochas acesas, os seguidores do vudu passaram sob a janela de Madame de Voissons, e ela pode ver que muitos estavam embriagados, cantando e dançando freneticamente. Quando chegaram à catedral, os magos levaram para a frente um bode e duas galinhas para serem sacrificados, cortaram a cabeça desses animais e lançaram-nas para o pesado assoalho de madeira. As palavras cantadas ordenavam que os mortos deixassem suas sepulturas.

Na manhã de quarta-feira, 7 de maio, uma grande nuvem se ergueu acima do topo e desceu na direção de Fond Corré. Dizem os relatos que uma segunda nuvem desceu seguindo a trilha da primeira. Felizmente Fond Corré havia sido evacuada, pois essas nuvens seriam pequenas nuvens ardentes ou avalanches de rochas de velhos materiais fragmentados. As nuvens não alarmaram a população; na época, o perigo das nuvens ardentes era bastante desconhecido. Apesar de todos esses acontecimentos, a população de St. Pierre estava mais otimista, uma vez que os fluxos de lama já não chegavam ao mar e a altura da coluna de cinzas acima do topo havia baixado. A Comissão de Inquérito produziu seu relatório dentro do prazo, concluindo que St. Pierre não corria perigo.

Uma pessoa, porém, não estava tranqüila: Yvette de Voissons. A profanação da catedral ocorrida na noite anterior a fizera tomar a decisão de partir imediatamente de St. Pierre. "Eu sabia que tudo tinha começado e que aquele não era um lugar para pessoas cristãs." Ela fez as malas e foi para o porto, na esperança de embarcar no Orsalina, embora não tivesse passagem comprada. Mais tarde ela reconheceria sua espantosa sorte. O capitão do navio, percebendo o perigo que o vulcão representava, decidira partir com um dia de antecedência. Mandou então um escaler para terra firme, a fim de pegar o malote do correio, sem esperar que houvesse algum passageiro preparado para embarcar um dia antes. O escaler que levou Yvette foi perseguido por funcionários do porto, que subiram no navio e disseram ao capitão Leboffe que ele não podia mudar a data de partida. O capitão retrucou que era responsável pela segurança de seu navio e deu ordens para que os funcionários do porto fossem escoltados para fora da embarcação. Pouco depois das nove da manhã, o Orsalina partia, deixando para trás 18 passageiros que constavam da lista dos que deviam embarcar, entre os quais Clara Prentiss.

À tarde, as explosões recomeçaram, e o rio Roxélane, que cortava o centro da cidade, transbordou com água lamacenta. A inquietação começou a se espalhar, e a população clamava por alimentos. O prefeito temia uma revolta, mas a população foi tranqüilizada pelo governador, que chegou a levar consigo sua própria esposa. A noite trouxe temores piores, e as explosões incessantes tornavam o sono impossível para muitos. Quem se aventurou a olhar para o monte Pelée pôde admirar colunas incandescentes de cinzas e gases a erguer-se do topo do vulcão. Por volta das 4h, o Pelée pareceu adormecer, mas logo às 6h despertou novamente, lançando nuvens de cinzas que foram para o sul e mergulharam St. Pierre na escuridão.

Em 8 de maio, comemorava-se na Martinica a festa católica da Ascensão. Toques de sinos chamavam à igreja os assustados habitantes de St. Pierre quando se ouviu uma forte explosão. Os que olharam para a montanha viram uma grande nuvem negra descer rapidamente na direção da cidade. A hora da catástrofe finalmente chegara. Às 7h50, como mostra o relógio quebrado do Hospital Militar, St. Pierre foi totalmente destruída. Entre os mortos estavam o governador, sua esposa, o prefeito da cidade e a maioria dos integrantes da Comissão de Inquérito, que haviam concluído no dia anterior que o vulcão não representava ameaça. Também morreram Thomas e Clara Prentiss, além de James Japp, que previra o desastre, mas lá permanecera por senso de dever.

A erupção deixou pouca coisa em pé em St. Pierre, tendo ainda devastado uma área de aproximadamente 58 km² a oeste e sudoeste do vulcão. A devastação também atingiu as embarcações ancoradas no porto de St. Pierre; entre as vítimas estavam os passageiros e a tripulação de 18 navios. Somente um navio conseguiu escapar, o vapor britânico Roddam, mas seu capitão e vários membros da tripulação morreram em decorrência de extensas queimaduras logo depois de chegarem a Santa Lúcia. O total de mortes causadas pela erupção foi de aproximadamente 29 mil pessoas, a maioria das quais em St. Pierre. Foi terrível a visão que tiveram os trabalhadores de resgate ao chegarem à cidade: os corpos queimados das vítimas espalhavam-se pelas ruas em meio ao entulho dos edifícios destruídos. Surpreendentemente, duas pessoas sobreviveram. Uma delas era o sapateiro Leon Compère, que morava perto de Morne Abel e conseguiu fugir pela estrada para St. Dennis.

Compère teve sorte, mas seu companheiro sobrevivente teve muito mais. Auguste Cyparis, habitante de Le Prêcheur, condenado à prisão por assalto e agressão, fora, pouco antes da erupção, colocado no calabouço como punição por tentativa de fuga. No domingo, 11 de maio, os trabalhadores de resgate que vasculhavam a cidade em busca de sobreviventes ouviram uns gritos débeis vindos da prisão. Era Cyparis, bastante queimado mas ainda vivo. Seu cárcere subterrâneo, que tinha apenas uma pequena janela perto do teto, fora sua salvação. Ele rapidamente se recuperou, recebeu indulto do governador e acabou indo para os Estados Unidos, a fim de tornar-se atração do Barnum and Bailey Circus como "O Prisioneiro de St. Pierre". Ele morreu em 1929.

A erupção de 8 de maio tornou-se conhecida no mundo todo como um dos mais trágicos desastres vulcânicos de todos os tempos. Assim como a erupção do Vesúvio, em 79 d.C., esse acontecimento serviu de pano de fundo para vários livros, entre os quais os romances *The Violins of St. Jacques* (*Os violinos de St. Jacques*), de Patrick Leigh Fermor, e *Texaco*, de Patrick Chamoiseau, tendo este último ganhado o prêmio Goncourt, na França. A história de Cyparis transformou-se na peça *The Prisoner of St. Pierre* (*O prisioneiro de St. Pierre*), de Pat Gabridge. A erupção e seus verdadeiros eventos foram descritos em detalhes (embora nem todos exatos) pelos jornalistas Gordon Thomas e Max Morgan Witts num livro apropriadamente intitulado *The Day the World Ended* (O dia em que o mundo acabou).

Os trágicos acontecimentos de 8 de maio não foram o fim da erupção. Uma explosão igual ou até mais violenta ocorreu em 20 de maio, culminando com mais uma nuvem ardente que invadiu St. Pierre e completou a destruição, mas sem tirar vidas (Fig. 12.6). Outros eventos violentos aconteceram em 26 de maio, 6 de junho, 9 de julho e, em agosto, houve pequenas explosões ao longo de todo o mês. Em 30 de agosto, a erupção chegou ao auge com uma explosão e uma nuvem ardente muito mais fortes do que o trágico evento de 8 de maio. Destruiu uma área aproximada de 115 km², principalmente a sul e a leste do vulcão. Vários povoados foram destruídos, entre os quais Morne Rouge, e mais de mil vidas foram perdidas. A atividade diminuiu depois disso e acabou cessando perto do fim de setembro, com exceção de um único fenômeno: um domo formado de lava pastosa que vinha sendo gradualmente extrudado a partir da cratera do topo. A "Torre de Pelée", como se tornou conhecido esse domo, começou a formar-se em julho e, em novembro, cresceu 230 m em 20 dias. Enquanto crescia, também se fragmentava; depois cresceu mais um pouco. Em 30 de maio de 1903, chegava à sua maior altura: 340 m acima da cratera.

A erupção finalmente acabou em 1904. A única atividade subseqüente, até o momento, foi a extrusão de um domo de lava, de 1929 a 1932. Embora alguns desabamentos de domo tenham produzido pequenas nuvens ardentes, nenhuma vida se perdeu, e essas nuvens se restringiram, na sua maior parte, ao vale de Rivière Blanche. Desde então, o monte Pelée se manteve num longo período de repouso. Sabemos que pode despertar de novo a qualquer momento; por isso, o vulcão é monitorado continuamente. St. Pierre e numerosos povoados foram reconstruídos nos flancos, e já ninguém quer se arriscar novamente. Da próxima vez que o monte Pelée despertar, certamente nenhuma eleição política deterá o êxodo, nenhum jornal afirmará que o vulcão não representa risco e ninguém oferecerá excursões turísticas à cratera. O monte Pelée é mais bem apreciado em repouso.

Uma visão pessoal: a importância para a vulcanologia

A trágica erupção de 1902-04 representou um grande passo adiante em nossa compreensão dos vulcões. Como costuma acontecer diante de grandes catástrofes, a erupção atraiu a atenção do mundo e trouxe à tona a questão de se um desastre dessa magnitude podia ou não ser evitado. Gente do mundo todo comparou a erupção de 8 de maio à do Vesúvio em 79 d.C., e St. Pierre se tornou conhecida como a Pompéia do Caribe. Os cientistas começaram a estudar os depósitos da erupção como pista para o mecanismo que, quando compreendido, poderia ser a chave para a prevenção de futuros desastres. Do ponto de vista de um vulcanólogo, o que realmente ocorreu em 8 de maio? Ironicamente, embora os depósitos da erupção tenham sido estudados em detalhes ao longo de um século e a seqüência de acontecimentos seja bem conhecida, a interpretação científica permanece controversa.

Os primeiros estudos da erupção foram realizados pelo geólogo francês professor Alfred Lacroix. Juntou ele muitas informações valiosas

Fig. 12.6 A devastação causada pela erupção de 1902

e acabou concluindo que o fluxo que destruiu St. Pierre resultou de uma explosão lateral. Em 1902, a vulcanologia ainda se encontrava relativamente na infância como ciência, mas Lacroix concebeu essencialmente o mesmo mecanismo que hoje entendemos tenha acontecido na erupção de 18 de maio de 1980 do monte Santa Helena. Outras explicações para a erupção do monte Pelée têm sido propostas, mas parece que a de Lacroix não está muito distante delas. Hoje pensamos que tenha ocorrido uma explosão lateral semelhante à do Santa Helena e que St. Pierre foi destruída por uma ejeção piroclástica fina, extensa, rápida e rente ao solo. Uma nuvem ardente mais convencional teria soterrado a cidade sob detritos, e St. Pierre, embora totalmente devastada, ficou coberta de apenas alguns centímetros de cinzas. É possível que uma nuvem ardente tenha descido durante a erupção fatal, mas não alcançado St. Pierre.

Uma explicação alternativa é que St. Pierre tenha sido destruída por uma nuvem ardente de tipo "tripartite". As definições dos vários fluxos piroclásticos podem se tornar bem complicadas mas, independentemente da semântica, uma nuvem ardente pode ser entendida como apresentando três zonas principais. A primeira é o componente central, que consiste de uma densa avalanche de detritos incandescentes de movimentação rápida. Essa parte forma um fluxo piroclástico rente ao solo, que é canalizado ao longo de depressões topográficas e pode conter grandes rochas e cinzas finas. A segunda zona é a ejeção, que apresenta menor densidade e não se confina à topografia, podendo, aliás, subir encostas. A terceira zona é a alta nuvem que se ergue no ar, às vezes por vários quilômetros. É possível que a erupção de 8 de maio tenha produzido uma nuvem ardente do tipo "tripartite". O centro denso do fluxo desceu por Rivière Blanche onde, de fato, se encontra um espesso acúmulo de depósitos grosseiros. Essa parte densa não passou por St. Pierre, mas o componente lateral da nuvem – a parte da ejeção, menos densa – rolou sobre a cidade.

As duas interpretações concorrentes – a explosão mais a ejeção piroclástica rente ao solo, ou o componente do tipo ejeção lateral de uma nuvem ardente – parecem igualmente plausíveis. Os estudos de campo e a interpretação dos depósitos foram bem difíceis por numerosas razões. Em primeiro lugar, a Martinica fica nos trópicos, e a vegetação cresceu com muita rapidez na área. Em segundo lugar, a nuvem ardente provocou incêndios, e os produtos dos incêndios confundem as interpretações de campo. Um terceiro problema é que outras nuvens ou ejeções atravessaram St. Pierre depois de 8 de maio, inclusive o grande evento de 20 de maio; distinguir uns dos outros é muito difícil.

Talvez nunca saibamos exatamente o que aconteceu em 8 de maio, mas é certo que houve grandes avanços na vulcanologia por causa dessa erupção. Até mesmo a criação do Hawaiian Volcano Observatory deve-se, em parte, ao monte Pelée. Frank A. Perret, um engenheiro norte-americano que havia trabalhado com Edison, depois de ouvir falar da tragédia de St. Pierre, decidiu mudar de profissão. Com isso, passou ele os trinta anos seguintes de sua vida estudando vulcões pelo mundo todo e acabou se tornando o primeiro diretor do Hawaiian Volcano Observatory. Perret construiu para si um pequeno observatório e de lá estudou muitas nuvens ardentes durante o redespertar do monte Pelée, no período 1929-1932. Certa vez, chegou a ser engolido por uma pequena nuvem ardente e, sempre com espírito científico, anotou o que aconteceu, inclusive a experiência de ter sentido "queimarem-se as vias aéreas". Embora os vulcanólogos hoje discordem de algumas das interpretações de Perret, não há dúvida de que seus registros dos fenômenos das nuvens ardentes representaram uma grande contribuição para a ciência. O grande salto seguinte no entendimento desse tipo de fenômeno deu-se muitos anos depois, desencadeado por outra tragédia: a erupção do monte Santa Helena em 1980.

Visita em período de repouso

Há dois grandes atrativos numa visita ao monte Pelée: a animada e charmosa cidade de St. Pierre, onde ainda se podem ver as ruínas da velha cidade destruída pela erupção, e a subida ao monte, que é agradável e não muito cansativa. Aqueles que particularmente se interessam pelos depósitos da erupção vão querer andar pelo vale da nuvem ardente conhecido como La Coulée Blanche. Os apaixonados por caminhadas não devem deixar de percorrer as trilhas do Parque Nacional Pitons du Carbet.

A viagem da capital, Fort-de-France, a St. Pierre, ao longo da rodovia costeira N2, é fácil mas lenta. Reserve pelo menos 45 minutos, ou mais, se possível, para o percurso até St. Pierre, pois há algumas paradas interessantes no caminho. O velho povoado de Case-Pilote compensa o pequeno desvio: vire para o sul, saindo da rodovia N2, na altura do posto de gasolina Total, e você verá uma igreja de pedra, uma das mais antigas da ilha. O praça do povoado e os barcos pintados de cores vivas ao longo da costa merecem algumas fotografias. Os barcos pequenos são chamados de *gommiers*, por causa das árvores de que são feitos. A cidade de Carbet, também ao longo da N2, tem praia de areia e uma loja de artigos para mergulho (ver adiante as sugestões para mergulho). A cerca de 1,5 km ao norte de Carbet fica Anse Turin, conhecida por sua praia de areia cinzenta e por estar relacionada a Paul Gauguin. Mais 0,5 km em direção a St. Pierre fica La Vallée des Papillons, uma das fazendas mais antigas da ilha. Os edifícios de pedra da fazenda, hoje em ruínas, fazem um encantador pano de fundo para os exuberantes jardins tropicais. Como o nome diz, a fazenda hoje se destina à criação de borboletas e é aberta ao público.

Um caminho alternativo de Fort-de-France a St. Pierre é o da estrada não-costeira, mais lenta (N3, Route de la Trace), que serpenteia pelo exuberante interior montanhoso do Parque Nacional Pitons du Carbet. Essa estrada foi iniciada no século XVII pelos padres jesuítas, e diz a lenda local que sua característica sinuosa se deve ao gosto que tinham os padres pelo rum da ilha. Essa bela estrada passa pelo flanco leste de Pitons e pelas cabeceiras de diversas trilhas que levam floresta adentro e até os picos. Route de la Trace termina em Morne Rouge, no flanco sul do monte Pelée, parcialmente destruído pela erupção de 1902. Para prosseguir até St. Pierre, pegue a estrada D1, outro caminho panorâmico, batido por ventos, por onde se chega ao observatório vulcanológco (ver adiante).

St. Pierre

Situada à beira-mar, a cerca de 7 km do monte Pelée, St. Pierre é uma cidade particularmente fascinante, que conservou seu antigo encanto. Tem dois distritos, separados pelo rio Roxélane: do lado norte fica o Quartier du Fort; do lado sul, o Mouillage (isto é, ancoradouro). Há ruínas da velha cidade por toda parte, e muitas das paredes de pedra que permaneceram foram preservadas e aproveitadas na reconstrução. As ruas principais seguem ao longo da costa, ao sul do rio. O parque à beira-mar, perto do mercado, é o ponto de encontro dos cerca de 6 mil habitantes – aproximadamente um quinto da população anterior a 1902.

A maioria dos visitantes passam um dia só, e a hospedagem é escassa, mas esse continua sendo o melhor lugar a partir do qual explorar o monte Pelée. A extensa praia de areia negra é uma atração a mais: essa areia é muito macia e, em geral, há pouca gente na praia. Os *scuba-divers* experientes deveriam considerar a possibilidade de um mergulho para apreciar os mais de dez navios que afundaram durante a erupção de 1902. O mais espetacular é o vapor Roraima, que repousa a 45 m abaixo da superfície, a pouca distância da costa. Há várias lojas para *scuba-diving* que organizam mergulhos e alugam equipamentos.

As ruínas do teatro e a cela da prisão de Cyparis

As ruínas da velha St. Pierre se espalham por toda a cidade, mas em muito lugares não passam de alicerces e paredes de pedra. As mais impressionantes são as do velho teatro, que tinha 800 lugares e recebia companhias francesas. O teatro era tido como o edifício público mais fino das Pequenas Antilhas. A escadaria dupla, que conduz às paredes parcialmente em pé do piso inferior, ainda impressiona o bastante para proporcionar um senso da sofisticação e grandeza que fizeram de St. Pierre a "Paris do Caribe". Outro destaque é a cela da prisão de Cyparis, nas proximidades (Fig. 12.7). Não deixe de caminhar pela Rue Bouillé, perto do museu, onde muitas ruínas ainda podem ser vistas.

Quem entende francês faria bem em considerar um passeio guiado pelas ruínas no Cyparis Express. Esse passeio leva cerca de 40 minutos e sai das Ruines de Figuier, na Rue Isambert, perto do museu. Ocasionalmente oferecem passeios em inglês; para agendar, entre em contato com o escritório da agência (55-50-92).

Museu Vulcanológico

Fundado por Frank Perret em 1932, esse pequeno museu preserva algumas fascinantes relíquias da erupção de 1902. Os objetos expostos foram encontrados nas ruínas depois da erupção: de arroz petrificado a vidro fundido pelo calor da ejeção. Particularmente impressionante é o sino derretido, de ferro, da torre da catedral, encontrado um tanto deformado. O museu (aberto diariamente) situa-se na Rue Victor Hugo; de seu estacionamento tem-se uma vista magnífica do vulcão, do porto e das ruínas. Do outro lado da rua fica o Museu de St. Pierre, que vale a pena visitar rapidamente, por causa do acervo relacionado à erupção.

Maison Coloniale de Santé

Situada na Rue Levassor, no Quartier du Fort, a "casa de saúde" foi, na verdade, um asilo para doentes mentais administrado pelas Irmãs de São Paulo. Uns 200 pacientes morreram ali durante a erupção, além de 14 enfermeiras e cinco freiras. Uma imagem particularmente sombria é a da cadeira de aço grudada ao piso, onde os pacientes costumavam ser atados. A cadeira foi empurrada para a frente e deslocada pela força da explosão. Perto das celas dos pacientes, há uns bons afloramentos de depósitos da erupção. A parte de cima dos depósitos constitui-se de uma camada cinzenta pobremente estratificada de aproximadamente 50 cm de espessura, resultante do fluxo piroclástico; contém blocos de até 30 cm de diâmetro. Sob essa camada mais ou menos indistinta, há uma camada de cinzas róseo-amarronzadas que contém algum lapíli acrescionário, resultante da fina chuva de cinzas. Na parte de baixo, há uma camada grosseira, de cerca de 15 cm de espessura, composta de cinzas escuras cinzentas com uma significativa quantidade de carvão e fragmentos de edifícios, resultante da ejeção ocorrida durante a fase inicial da erupção.

Fig. 12.7 As ruínas da cela da prisão de Cyparis, que o fez sobreviver à erupção

Maison des Génies

Localizado perto da Maison Coloniale de Santé, esse edifício pertenceu, outrora, ao Corpo de Engenheiros do Exército. Vale a pena entrar para ver a excelente exposição de depósitos de 1902. Procure a entrada para uma sala no térreo em que detritos do teto desmoronado se acumularam no chão (observando bem, é possível notar telhas e restos carbonizados das vigas do teto). Em frente à entrada dessa sala, há um depósito em camadas. De cima para baixo, a primeira camada é constituída de um fluxo piroclástico de aproximadamente 12 cm de espessura, cor cinzenta e aparência de cinzas arenosas; essa camada se funde ao solo que a recobre. A segunda camada é muito fina (2 cm), composta de cinzas de um marrom amarelado e resultante da chuva de cinzas. Abaixo dela, há uma camada espessa

(50 cm) de um cinza rosado, resultante de um depósito de fluxo piroclástico com rochas de até 30 cm de diâmetro. A quarta camada abaixo das anteriores tem cerca de 10 cm de espessura e compõe-se principalmente de material de explosão; contém carvão e fragmentos de andesito denso. A quinta camada, muito fina, de um marrom amarelado, compõe-se de cinzas com algum lapíli acrescionário e é resultado da chuva de cinzas. Ao fundo, há uma camada de depósito de cinzas escuras com cerca de 20 cm de espessura. Essa camada contém muitos detritos de edifícios, entre os quais telhas e fragmentos de folhas metálicas, além de carvão e blocos de andesito de até 10 cm de diâmetro. Essa camada recobre o solo pré-1902 e compõe-se de remanescentes da ejeção que destruiu a cidade. Há uma clara analogia entre essa seqüência e a da Maison Coloniale, com exceção das duas camadas superiores, ausentes na Maison Coloniale.

Igreja do Forte

Essas ruínas têm um significado histórico especial, pelo fato de o edifício, de 1640, ser considerado a mais antiga igreja francesa no Novo Mundo. Na manhã de 8 de maio, Dia da Ascensão, a igreja estava cheia de fiéis, entre os quais muitos jovens que faziam a primeira comunhão. A força da explosão derrubou as paredes espessas, matando todos os que estavam dentro da igreja. Não há remanescentes da ejeção no local, mas as ruínas são uma das mais evocativas em St. Pierre.

Praia de Anse Tourin

Famosa por ser um dos lugares que inspirou o artista Paul Gauguin, vale a pena visitar essa praia também por causa das cavidades horizontais um tanto incomuns nos depósitos piroclásticos, cuja formação continua sendo um mistério. Esses depósitos não são da erupção de 1902, mas da fase inicial da atividade do Pitons du Carbet na ilha, anterior à formação do monte Pelée. A melhor exposição dos depósitos piroclásticos situa-se bem ao sul do túnel que leva à praia. A partir da base, um conglomerado no nível da estrada, tente distinguir as diferentes camadas. Logo acima da base, há uma camada espessa (3,5 m) resultante de queda de púmice. Esse depósito apresenta uma estratificação pouco distinta, cuja cor varia de cinza-claro, perto da base, a cinza-escuro, perto do topo. A camada seguinte é fina (20 cm), de cinzas arenosas também resultantes da chuva de cinzas. Em seguida, há um depósito de fluxo piroclástico marrom-claro, de 3 a 5 m de espessura, que vai se estreitando em direção ao norte. Está coberto por 1 ou 2 m de depósito de fluxo de lama, que é descontínuo, misturado e de aparência bastante diversa dos outros depósitos. Uma camada de solo de aproximadamente 0,5 m separa o depósito de fluxo de lama de um depósito pliniano mais jovem, de 4 a 8 m de espessura, aproximadamente. Essa camada varia de amarelo pálido a cinza, com uma base cinzenta mais escura. Vai se estreitando em direção ao sul e à medida que se afasta da boca eruptiva. Note-se a "gradação reversa" nessa camada, com pedaços maiores perto do topo. Um olhar apurado será capaz de distinguir quatro camadas de ejeção entremeadas com o depósito pliniano perto do topo. Acima dessa camada, há um depósito de fluxo piroclástico rico em púmice, de um cinzento amarelado, que vai se espessando bastante em direção ao norte (15 m), perto do túnel, e que se estreita a apenas 0,5 m em direção ao sul. Essa seqüência reflete alguns dos muitos eventos compreendidos na formação do Pitons du Carbet, mais de um milhão de anos atrás.

Em Anse Tourin, visite o museu Gauguin. Embora apenas exponha reproduções da obra do artista, esse museu tem alguns objetos interessantes, inclusive cartas de Gauguin a sua mulher. Gauguin e o artista Charles Lavalle, seu amigo, viveram numa cabana perto de Anse Tourin durante cinco meses em 1887. Apesar de pobre e doente, Gauguin pintou mais de uma dezena de obras-primas inspiradas no povo e na paisagem da ilha, entre as quais *Bord de Mer* e *L'Anse Tourin avec les raisiniers*.

Imagem da Virgem dos Marinheiros

Essa imagem foi erigida em 1870 num ponto alto da extremidade sul de St. Pierre. Não há nela nada de especial, a não ser a magnífica localização. Esse é um dos melhores lugares de onde fotografar St. Pierre e o monte

Pelée. A escarpa de Rivière Blanche, formada pelo desabamento de um setor do vulcão, também se destaca vista desse ângulo. Para chegar à imagem, siga pela rodovia D1, de St. Pierre a Fond St. Denis, e vire à direita bem em frente ao cemitério, até uma estrada pavimentada de concreto. Há lugar para estacionar na parte alta da estrada e um caminho de pedras que leva à imagem.

Observatório vulcanológico

O Observatoire Volcanologique de la Montagne Pelée, administrado pelo Institut de Physique du Globe, da França, é responsável pelo monitoramento do vulcão. Sua operação inclui uma rede de sismógrafos e estações que medem a deformação do solo. Embora o observatório não seja aberto ao público, vale a pena ir até lá apenas pela vista, mais um panorama magnífico do vulcão. Talvez seja possível conseguir uma visita, caso se escreva para o observatório com bastante antecedência. Se obtiver essa autorização, não deixe de pedir para ver o sismógrafo Quervain-Piccard, situado no porão de edifício. Esse instrumento de 20 toneladas é um dos sismógrafos mais velhos e maiores que existem.

Para chegar ao observatório, pegue a rodovia D1 a partir de St. Pierre e siga para o leste, na direção de Fond St. Denis. Pegue o brusco desvio para a estrada que leva a Morne des Cadets; o observatório fica no fim da estrada, no alto da colina.

Escalando o monte Pelée

A escalada ao monte Pelée não é difícil, mas pode ser decepcionante, uma vez que o topo freqüentemente se encontra coberto de nuvens. A visita durante a estação da seca (de dezembro a abril) aumenta as chances de um dia sem nuvens, mas tenha em mente que elas podem vir e ir embora com muita rapidez, e também se abrir por algumas horas, em geral de manhã cedo ou no fim da tarde. É melhor informar-se no local como tem sido o tempo nos últimos dias. Em dias sem nuvens, o sol inclemente pode ser um problema. Como o nome indica ("monte pelado"), o topo do monte Pelée é desprovido de árvores e sombras, de modo que é preciso usar protetor para o sol. O melhor é partir de manhã cedo e evitar, quando no topo, as horas de sol a pino. O passeio de ida e volta leva de 3 a 5 horas. Caso pretenda começar a caminhada à tarde, leve lanterna: a noite chega rapidamente nos trópicos.

Há duas trilhas para o topo: a mais popular, descrita aqui, sobe pelo flanco oeste, a partir do povoado de Le Prêcheur. A outra trilha sobe pelo flanco leste, a partir do povoado de Morne Rouge. Para ir pelo oeste, saia de St. Pierre para Morne Rouge pela rodovia N2, atravesse o povoado e depois pegue um pequeno trecho da rodovia N3 na direção de Ajoupa-Bouillon (cerca de 500 m). Há um desvio bem sinalizado à esquerda, para a rodovia D39, também conhecida como "Route de L'Aileron". Essa estrada sobe até um estacionamento ao lado de uma torre de rádio, a 830 m de altitude. A trilha começa aí. Há um mapa num poste a indicar o caminho que sobe a montanha, e os visitantes não devem ter dificuldade para encontrá-lo, já que a trilha é claramente visível e bem conservada. É uma caminhada bastante popular, principalmente nos fins de semana; não espere, portanto, fazê-la sozinho.

A trilha começa com uma escalada íngreme do primeiro morro, denominado "L'Aileron", que, na verdade, é um domo de lava. Alguns afloramentos de chuva de cinzas pliniana da erupção de 250 d.C. podem ser vistos nessa primeira parte da subida; o solo, porém, é quase todo recoberto de vegetação baixa. Pare em L'Aileron para apreciar vistas magníficas dos flancos sul e leste da montanha. A parte seguinte da escalada, até a borda da cratera, atravessa alguns fluxos de andesito; alguns afloramentos podem ser vistos, especialmente nos lugares em que foram escavados degraus no leito de rocha. A trilha bifurca-se na borda da cratera. Pegue a da esquerda até o Monument Dufrénois (1.210 m de altitude) para ter uma vista excelente da parede abrupta da cratera e dos dois domos de andesito da última erupção, que cresceram dentro da cratera. Ao norte fica o domo de 1902, que se ergue a uma altitude de 1.362 m; ao sul, fica o domo de 1929, que se ergue a 1.397 m (Fig. 12.8).

Volte ao ponto de bifurcação da trilha e caminhe para o norte ao longo da borda da cratera, atravessando o Plateau des Palmistes. A trilha oferece diversas perspectivas da cratera e dos domos. O domo de 1929 fica em primeiro plano; o de 1902, ao norte. Os dois compõem-se de uma mistura de grandes blocos andesíticos. Os domos já estão cobertos de musgos e vegetação baixa, de modo bem semelhante ao resto da montanha. Em Morne La Croix (1.247 m de altitude), na altura de um pequeno refúgio ("Deuxième Refuge), a trilha desce para dentro do fosso da cratera, entre a parede íngreme e o domo de 1902. Continua até o domo e vira para o sul, para o domo de 1929, que é o topo atual.

O domo de 1902 surgiu depois que a atividade explosiva cessou e era o local da "Torre de Pelée", já descrita. A fragmentação e desintegração da torre ocorreram durante o período de formação, que terminou em outubro de 1905. Nessa época, a altura do domo era de aproximadamente 300 m. O tipo de rocha que compõe o domo é um andesito hiperstênico que contém fenocristais de plagioclase, hiperstênio e titanomagnetita.

O domo de 1929 formou-se durante a erupção de 1929-32. Embora menos espetacular, o novo domo produziu numerosas pequenas torres que chegaram a 50 m de altura. Esse domo acabou cobrindo as partes sul e leste do velho domo. O topo do monte Pelée agora está quieto, sem sequer uma fumarola à vista, mas não é difícil imaginar as torres espetaculares e as explosões ígneas que um dia voltarão a ocorrer (Fig. 12.9).

La Coulée Blanche

Essa caminhada pelo vale do Rivière Chaude proporciona vistas excelentes dos depósitos das nuvens ardentes de 1902-04 e 1929-32. A trilha sobe o flanco sudoeste do monte Pelée e termina numa bela queda d'água. Não é uma trilha difícil, mas pode se tornar um tanto exaustiva sob o sol. É melhor começar de manhã cedo, já que a primeira parte não oferece sombra. Sua cabeceira sai da rodovia D10,

Fig. 12.8 A área do topo do monte Pelée: à esquerda fica o domo de 1929; à direita, o domo de 1902

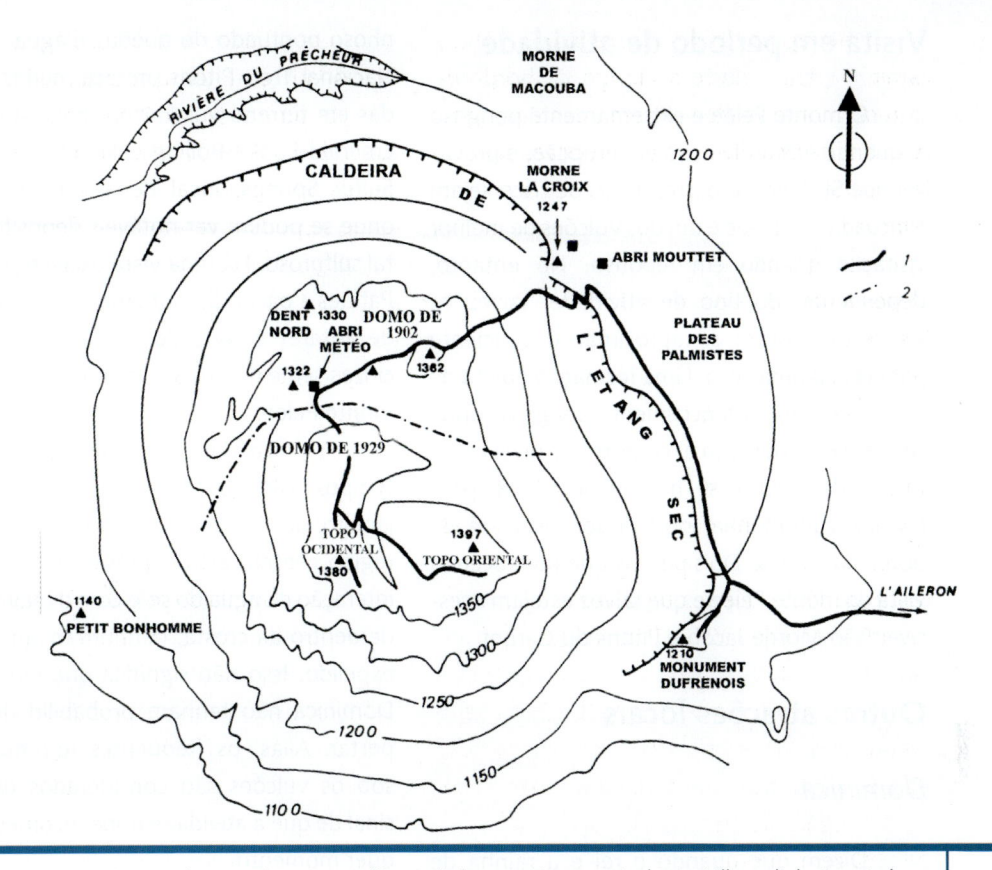

Fig. 12.9 Mapa da área do topo do monte Pelée. As linhas contínuas assinalam a trilha; a linha tracejada, o limite entre os domos históricos de 1902 e 1929. Os contornos topográficos são em metros
Fonte: modificado de Westercamp e Tomblin, 1979.

do lado direito, a cerca de 1 km ao norte de St. Pierre. Parta de St. Pierre e, depois de cruzar o rio Roxélane, o Rivière des Pères e o Rivière Sèche, fique atento a uma grande pedreira de púmice do lado direito da estrada. Será então possível ver um pequeno abrigo e um mapa do tipo pôster da trilha. O estacionamento fica do outro lado da estrada.

A trilha começa no portão da pedreira (os trilheiros precisam se espremer para passar ao lado do portão fechado). A primeira parte acompanha a estrada da pedreira e atravessa luminosas e cegantes extensões de piroclásticos brancos e blocos andesíticos. A trilha prossegue por um bosque (última oportunidade para ter sombra), depois por vegetação baixa e passa pelo lado esquerdo de Morne Perret (também conhecido como Morne Lenard), uma colina que serviu de barreira para desviar grande parte do fluxo piroclástico que desceu pelo eixo do vale. Em seguida, a trilha se agarra à extremidade oeste do vale e desce para o leito do Rivière Chaude, aos pés de um belo despenhadeiro denominado Le Piton, que expõe cortes dos fluxos piroclásticos de 1902 e 1929. O leito do rio é repleto de andesitos e rochas de púmice de grande variedade de tamanhos, formas, cores, e o curso d'água tem profundidade suficiente para proporcionar um banho aos cansados trilheiros. Alguns deles chegaram a colocar pedras para represar a água e formar piscinas de aproximadamente 0,5 m de profundidade. A água é um pouco mais quente do que é comum em cursos d'água de montanha e bem agradável em meio ao clima local.

A trilha continua subindo ao lado do leito do rio por mais meia hora de caminhada, aproximadamente. Termina numa queda d'água de cerca de 5 m de altura que proporciona um banho ainda mais agradável. Os mais ousados talvez queiram escalar a cachoeira usando um tronco pendente de árvore e seguir até a nascente, uma das fraturas em forma de anel do monte Pelée. A água sai da nascente a temperaturas de 30 a 40°C, aproximadamente. Essa área de nascente apresenta depósitos sulfurosos e foi palco de explosões freáticas em 1851 e 1902.

Visita em período de atividade

O monte Pelée é extremamente perigoso e, quando entrar de novo em erupção, é provável que St. Pierre e outras áreas de risco sejam evacuadas. O Pelée é um dos vulcões de melhor visitação quando em repouso. No entanto, dependendo do tipo de atividade, talvez os visitantes possam se aproximar o suficiente para ver alguma ação. Uma formação quieta de domo, embora potencialmente perigosa, pode ser vista em sobrevôo e, conforme o nível constatado de risco, e se houver permissão para escalar a montanha, poderá ser vista até da borda da cratera. Dois pontos que favorecem a vista do monte Pelée e que talvez estejam acessíveis são Morne Jacob e Pitons du Carbet.

Outras atrações locais

Dominica

Dizem que quando o rei e a rainha de Espanha pediram a Cristóvão Colombo que descrevesse Dominica, ele respondeu amassando uma folha de papel e jogando-a sobre a mesa. A analogia é boa, já que essa terra bem preservada apresenta uma topografia repleta de acidentes, devido às numerosas formações de jovens domos de andesito dacítico que compõem sua nítida espinha dorsal. A partir do sul, há o Morne Patates (*patates* significa batata-doce), onde ocorreu a última erupção da ilha, cerca de 500 anos atrás. A cadeia continua por Morne Anglais, Grande Soufrière, Morne Watt, Microtin, Morne Trois Pitons, Morne Diablotin e termina em Morne au Diable, ao norte. Morne Diablotin é o pico mais alto da Dominica (1.421 m) e o segundo mais alto das Pequenas Antilhas, depois do Soufrière de Guadalupe.

Dominica orgulha-se de não ser um destino turístico. É uma ilha ideal para quem busca um ambiente rural e tranqüilo. Também é um excelente destino para mergulhadores, por causa dos notáveis arcos vulcânicos submarinos, cumes e cavernas. Quem não for mergulhador pode fazer *snorkel* em Champagne, uma borbulhante fonte termal submersa. Em terra, a principal atração da ilha é o interior montanhoso pontuado de quedas d'água. O Parque Nacional Trois Pitons oferece muitas caminhadas em terreno vulcânico e belas áreas, como Emerald Pool e Boiling Lake. Não deixe de ir a Sulfur Springs, local de atividade fumarólica onde se podem ver notáveis depósitos de cristal sulfuroso. Há uma vista excelente de Morne Patates a partir da fonte mais elevada. O domo de Patates é rodeado de fluxos de blocos e cinzas semelhantes aos da erupção de 1902 do monte Pelée.

A única atividade vulcânica da ilha em tempos históricos foi uma explosão freática em janeiro de 1880, no Vale da Desolação, na região central. Essa explosão foi causada pela interação da água do solo com o magma quente de dentro da crosta; nenhum magma novo foi expelido. Isso não significa que os vulcões da Dominica não tenham probabilidade de despertar. Aliás, os freqüentes terremotos rasos sob os vulcões são considerados um grande sinal de que a atividade pode recomeçar a qualquer momento.

São Vicente

É a morada do Soufrière, vulcão muito ativo que representa um grande risco para a população que vive na metade norte dessa magnífica ilha. Trata-se de um inquieto estratovulcão de 1.220 m de altura, com uma grande cratera de aproximadamente 1,6 km de diâmetro e 300 m de profundidade. Houve várias erupções em tempos históricos, entre as quais o grande evento de 7 de maio de 1902, um dia antes da erupção do monte Pelée. O clímax da erupção do Soufrière foi uma explosão violenta e tão ruidosa que foi ouvida a 170 km de distância, em Barbados. A coluna eruptiva chegou a 15 km de altura e mortais fluxos piroclásticos vieram abaixo, matando quase 1.600 pessoas. O Soufrière voltou a ficar ativo em 1971, e mais recentemente, em 1979, mas essas erupções não fizeram vítimas. O evento de 1971 não envolveu nenhuma atividade explosiva, apenas o crescimento de um domo de lava no lago da cratera, formando uma nova ilha. Já a erupção de 1979 apresentou explosões e causou considerável preocupação, o que levou à retirada de 15 mil pessoas. Fluxos piroclásticos de blocos e cinzas desceram pelos vales, alguns dos quais entraram no mar. Explosões freatomagmáticas destruíram a ilha da cratera formada em 1971, o lago da cratera secou e extrusões de andesito basáltico cobriram grande parte dos remanescentes da ilha, com a triste conseqüência de que o topo do vulcão deixou de ser tão atraente quanto antes.

O Soufrière é um estratovulcão incomum, pois seus fluxos piroclásticos compõem-se principalmente de basalto, enquanto a maior parte de suas lavas apresenta maior teor de sílica e são andesitos basálticos e andesitos. Isso não corresponde ao funcionamento vulcânico normal e sugere a influência de fatores outros que não a composição. Um dos principais fatores é, provavelmente, a cratera do lago, já que as explosões freatomagmáticas podem romper a lava basáltica, produzindo fluxos piroclásticos.

Atração popular, é relativamente fácil escalar o Soufrière, e a trilha é boa. Pode-se chegar à borda da cratera em cerca de 2,5 horas. Para chegar à trilha, pegue um barco em Kingston para a boca do Dry Wallibou, na costa oeste do vulcão. Caminhe uns 500 m dentro da garganta e então será possível ver a cabeceira da trilha para o vulcão. Essa trilha passa inicialmente por terras cultivadas, depois entra numa floresta secundária de árvores altas, muitas das quais cobertas de musgo e rodeadas de exuberantes samambaias de chão. Ao sair da floresta, a trilha entra num terreno relvoso que a erupção de 1979 devastou. Vários afloramentos de depósitos de 1979 podem ser vistos ao longo da trilha: são depósitos de ejeções piroclásticas e queda de cinzas.

A cratera principal do Soufrière está hoje, em grande parte, coberta pelo domo de lava de 1979, que tem cerca de 870 m de diâmetro e 130 m de altura. Ao redor do domo, há depósitos de fluxo piroclástico cinza-amarelado do estágio explosivo da erupção de 1979. Há umas pequenas fumarolas na parte sul do domo de lava. Quem olhar para nordeste verá no horizonte, do outro lado da cratera, o lábio da cratera formada pela grande erupção de 1812. Mais distante, ao norte, fica a parede em forma de anfiteatro formada quando do desmoronamento de um setor do antigo vulcão, cerca de 10 mil anos atrás.

Há uma curta trilha que segue para noroeste ao longo da borda da cratera e leva até as ruínas do observatório da erupção de 1971, destruído durante a erupção de 1979. O único vestígio que restou do edifício é uma haste de ferro que se ergue do depósito piroclástico. Na borda da cratera, há depósitos piroclásticos expostos da erupção de 1979. Volte à trilha pelo mesmo caminho e desça à boca do rio Dry Wallibou.

SOUFRIÈRE HILLS, MONTSERRAT

O vulcão

Soufrière Hills é o melhor exemplo recente de vulcão que mudou totalmente a vida de milhares de pessoas; aliás, de toda uma ilha e de todo um país (Fig. 12.10). Do ponto de vista científico, a erupção contínua não tem sido verdadeiramente violenta nem exerceu impacto ambiental mundialmente significativo. No entanto, do ponto de vista do povo de Montserrat, acarretou quase o fim do mundo de que a população da ilha sempre ouviu falar. A magnífica "Ilha Esmeralda", muitas vezes comparada à Irlanda, foi amplamente transformada num deserto desolador. A capital e o aeroporto hoje estão soterrados por fluxos piroclásticos; o ar, outrora limpo, poluiu-se com chuva de cinzas; e as exuberantes florestas foram destruídas. O Soufrière Hills demonstrou ao mundo a devastação que um vulcão pode causar, e sem grande esforço. As explosões foram apenas moderadamente violentas; os sinais de aviso, muitos; e a perda de vidas, apesar da tragédia, pouca. Montserrat é uma pequena ilha em forma de lágrima, com uma área de apenas 106 km². É um protetorado britânico, colonizado principalmente por refugiados irlandeses que fugiram da perseguição religiosa no começo do século XVII. Os colonizadores mantiveram-se leais à Grã-Bretanha e agarraram-se firmemente à sua herança irlandesa: a bandeira da ilha traz Erin de Eire com uma cruz e uma harpa, e o dia de São Patrício é celebrado com grandes festividades. Os colonizadores mantiveram o nome do país, de sonoridade francesa, mas, na ver-

Fig. 12.10 O vulcão Soufrière Hills, em Montserrat, em estado relativamente quieto durante a visita da autora, em junho de 1996

dade, de origem espanhola. Quando Colombo descobriu essa escarpada ilha em 1493, lembrou-se da paisagem montanhosa ao redor do mosteiro de Santa Maria de Montserrat, perto de Barcelona.

Montserrat tem montanhas vulcânicas ao longo de sua extensão: ao norte fica Silver Hill, a parte mais antiga da ilha, que chega a 403 m de altitude. No meio fica Centre Hills, com aproximadamente 4 milhões de anos, onde Katy Hill alcança 741 m. Ao sul e a oeste de Centre Hills estão St. George's Hill e Caribald Hills. Na parte centro-sul da ilha fica Soufrière Hills, um grupo de domos andesíticos onde a atividade começou em 1995. Mais ao sul encontramos South Soufrière Hills, que apresentam fluxos de lava basáltica e depósitos de queda de escória, além de depósitos piroclásticos de andesito. South Soufrière e St. George's Hill são considerados centros ativos, mas a possibilidade de erupções nesses locais é tida como pequena. Por outro lado, uma erupção em Soufrière Hills foi considerada provável anos antes do início da atividade de 1995 (Fig. 12.11).

O grupo de domos de Soufrière Hills é encimado por Chances Peak, o ponto mais alto da ilha, a 915 m. A cratera do topo, English's Crater, tem cerca de 1 km de largura e forma semelhante a um anfiteatro. Suas paredes, de 100 a 150 m de altura, aproximadamente, abrem-se para leste e para o vale do rio Tar. É provável que essa cratera tenha se formado quando do desmoronamento de um grande setor da montanha, provavelmente há cerca de milhares de anos. Soufrière Hills tem aproximadamente 26 mil anos, o mais jovem dos seis centros vulcânicos de Montserrat. A datação por radiocarbono revela que muitos dos depósitos têm mais de 16 mil anos. Não há registro de atividade vulcânica entre 1632, quando da colonização de Montserrat, e 1995. Ironicamente, as datações por radiocarbono demonstram que houve fluxos piroclásticos em meados do século XVII. Os colonizadores provavelmente chegaram pouco depois de terminada a

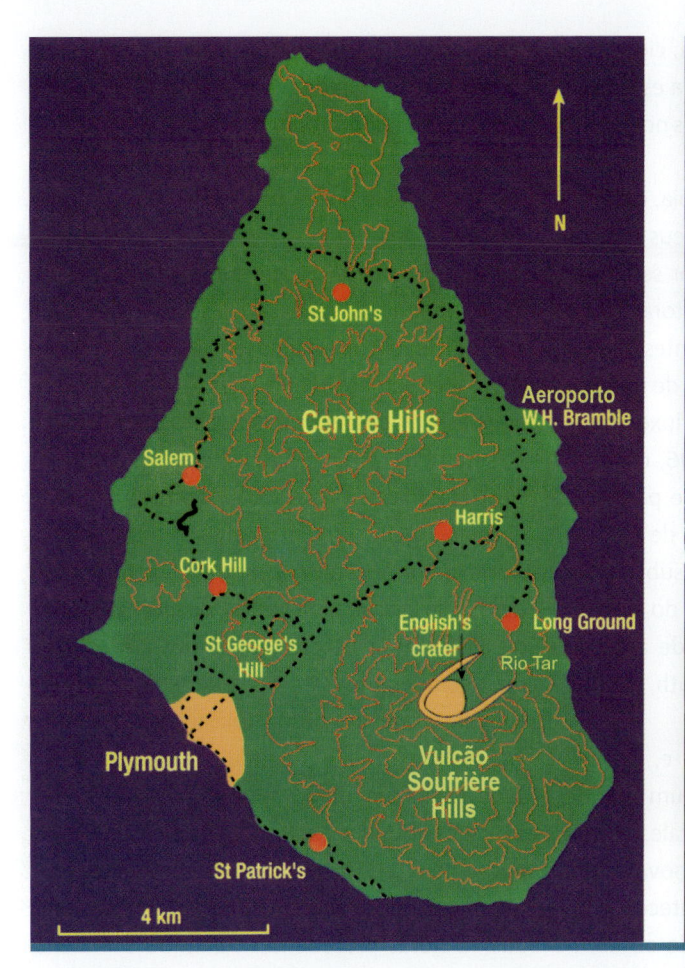

Fig. 12.11 (à esquerda) Mapa de Montserrat indicando a localização dos principais centros populacionais antes da erupção. A antiga capital, Plymouth, foi destruída pelo vulcão, assim como o aeroporto. A linha tracejada representa a estrada principal que percorre a ilha. O ponto mais alto (a oeste de English's Crater) fica a 915 m de altitude. (à direita) Imagem de Montserrat obtida pelo Aster (Advanced Spaceborne Thermal Emission and Reflection Radiometer), do satélite Terra da Nasa, que mostra depósitos dos fluxos piroclásticos que cobriram Plymouth e o aeroporto e desceram pelo vale do rio Tar. Observe as áreas onde vários fluxos piroclásticos entraram no mar. A imagem data de 13 de abril de 2002 e simula cores naturais
Fonte do mapa: modificado de Young, 1998.

última erupção do Soufrière Hills. Nos três séculos seguintes, a única atividade do Soufrière consistiu em fumarolas e fontes termais. Houve vários sinais de que se tratava de um vulcão ativo, tais como mudanças no nível de atividade solfatárica. Pequenos tremores de terra foram observados em três ocasiões antes do início da erupção de 1995: em 1897-8, 1933-7 e 1966-7. Os geólogos que estudavam a crise de 1966-7 levaram a sério os avisos do Soufrière, já que os vulcões do Caribe costumam ter longos períodos de repouso seguidos de erupções violentas. Como não houve erupção em nenhuma dessas três crises, os habitantes da ilha não ficaram particularmente alarmados quando os tremores sísmicos começaram em 1992. Não sabiam eles que dessa vez a situação era grave.

A erupção de 1995 até o presente

A erupção começou em 18 de julho de 1995 com uma explosão dentro da English's Crater. Foi uma surpresa, mas nem tanto, já que ocorreu depois de três anos de atividades relacionadas a tremores. Durante os primeiros quatro meses, houve apenas explosões de vapor (freáticas), causadas pelo rápido aquecimento da água do solo, devido ao magma ascendente. Nenhum magma novo chegou à superfície durante esses primeiros meses, mas era claro que rocha derretida subia pelo conduto. Os terremotos continuaram a sacudir a ilha e, em meados de novembro, o magma andesítico pastoso finalmente chegou à superfície, acumulando-se ao redor da boca para formar um novo domo. Nessa altura, cientistas de vários países tinham chegado para estudar a erupção e ajudar as autoridades locais no gerenciamento de riscos.

À medida que mais magma subia, o domo se erguia a centenas de metros, e seus flancos íngremes e irregulares acabaram por se tornar instáveis. Os cientistas que monitoravam o Soufrière Hills estavam bem conscientes de que os domos de lava podem se desfazer de repente e descer em avalanche, formando fluxos piroclásticos mortais. Em março de 1996, o domo tinha se tornado grande o suficiente para que partes dele começassem a cair. Em 3 de abril de 1996, o primeiro fluxo piroclástico substancial do Soufrière Hills desceu pelo vale do rio Tar. Não houve mortes, pois uma grande área do sul da ilha, inclusive a capital Plymouth, já tinha sido evacuada.

O domo continuou a crescer e, no domingo do Dia das Mães, produziu um grande fluxo piroclástico que desceu pelo vale, entrou no mar e criou um delta de terras novas além da costa (Fig. 12.12). O fluxo aconteceu bem no momento em que os cientistas do observatório vulcanológico sobrevoavam o vulcão num helicóptero. Eles conseguiram filmar o evento com uma câmera de vídeo, inclusive uma rara seqüência da parte em que o fluxo piroclástico se movia com rapidez: a ejeção projetando-se da costa e fluindo rapidamente pela superfície do oceano. Tive a sorte de poder examinar os depósitos desse fluxo em apenas duas semanas depois de ocorrido.

O Soufrière Hills, então, entrou num breve período de quietude e só foi expelir um grande fluxo piroclástico em julho, quando a atividade começou a aumentar. Mais fluxos piroclásticos desceram em agosto e no começo de setembro, abalando as esperanças da população da ilha de que a vida logo retornasse ao normal (Fig. 12.13). Em 17 de setembro, houve a primeira erupção explosiva, um evento assustador que lançou uma coluna de cinzas a 14 km de altura. Rochas e cinzas choveram sobre a paisagem; algumas bombas de 1 m de largura chegaram a 2 km de distância. Os vulcanólogos sabiam que o magma se movia para a superfície com mais rapidez que antes. Eles concluíram que a explosão fora desencadeada por uma grande parte do domo, talvez um terço, que desabara e descera em avalanche nas 12 horas precedentes. Quando o material foi removido, houve a descompressão do magma rico em gases existente dentro do vulcão, e esse magma subiu rapidamente à superfície. Infelizmente para Montserrat, o vulcão tinha muito mais magma em suas profundezas. Mal transcorridas duas semanas desde a grande explosão, viu-se um domo crescer dentro da cratera, a partir da cicatriz que a explosão deixara (Fig. 12.14).

Nos meses seguintes, o Soufrière Hills estabeleceu-se num padrão de formação de domo pontuado de fluxos piroclásticos. A certa altura, esse domo tornou-se grande a ponto de preencher totalmente a English's Crater. Essa era uma má notícia, já que as paredes da cratera, com 100 m de altura, já não podiam proteger dos fluxos piroclásticos os flancos sudoeste, oeste e norte do vulcão. O nível de atividade aumentou no final de março de 1997, e a parte sul do domo desabou, produzindo grandes fluxos piroclásticos, pela primeira vez direcionados para sudoeste. Em meados de maio, os fluxos piroclásticos cobriram a parede norte da cratera. Esses eram os prelúdios do pior evento, que não tardou a

Fig. 12.12 Visto de helicóptero, o domo que crescia dentro do Soufrière Hills em junho de 1996. Pequenos fluxos piroclásticos vinham sendo depositados (observe no domo as marcas escuras por onde os fluxos haviam descido)

ocorrer: em 25 de junho de 1997, 8 milhões de m³ do domo desceram em avalanche pelo flanco norte em menos de 20 minutos, matando pelo menos 19 pessoas que tinham entrado na zona de exclusão, contrariando a recomendação oficial. O fluxo piroclástico destruiu umas 200 casas em sete povoados, devastou fazendas e quase chegou ao aeroporto, a cerca de 5,5 km de distância.

O trágico evento mudou a topografia do domo, canalizando novos fluxos piroclásticos para o oeste, na direção de Plymouth. No final de julho de 1997, enquanto Montserrat ainda chorava seus mortos, grandes fluxos piroclásticos desceram pelos vales do oeste e cobriram a cidade abandonada. Esse foi mais um grande golpe para a população de Montserrat. A capital que eles conheciam e amavam provavelmente nunca será reconstruída no mesmo local inseguro.

O comportamento do vulcão mudou ligeiramente no começo de agosto. Houve um grande desmoronamento de domo seguido de uma semana em que erupções explosivas do tipo vulcaniano ocorreram em intervalos razoavelmente regulares de 12 horas. As explosões introduziram um tipo de fluxo piroclástico um tanto diferente daqueles formados pelo desmoronamento do domo. Os fluxos piroclásti-

Fig. 12.13 Soufrière Hills durante uma erupção de agosto de 1996, com um helicóptero em primeiro plano

Fig. 12.14 Fluxo piroclástico entrando no mar na altura da boca do vale do rio Tar, em setembro de 1996

cos formados por explosões costumam ser menos submetidos à topografia porque as explosões podem lançar materiais em todas as direções ao redor do vulcão. Felizmente esses fluxos mostraram-se mais previsíveis, pois os cientistas que monitoravam os eventos detectaram um padrão de aumento de pressão antes de acontecerem as explosões. Não houve mais perdas de vidas durante esse período, embora um fluxo piroclástico maior do que os anteriores tenha descido pelos flancos em 21 de setembro, alcançando e destruindo o terminal do aeroporto. Essa explosão expeliu magma de níveis mais profundos do que os eventos anteriores; provavelmente de uma profundidade de 4 km.

Montserrat passava então a ser acessível somente por helicóptero ou barco. A vida na ilha tornava-se cada vez mais difícil, ao passo que o padrão de atividade vulcânica apresentava um lento crescimento. Em janeiro de 1998, cerca de dois terços da população haviam partido, e pouco mais de 4 mil pessoas permaneciam na ilha. Embora os que permaneceram estivessem supostamente em segurança na parte norte de Montserrat, a vida dessas pessoas não era fácil. Os recursos tornaram-se mais escassos, e a principal fonte de renda do local, o turismo, havia secado. Os refugiados das partes atingidas da ilha se amontoavam em barracas e nas igrejas. O desemprego atingiu 60% e Montserrat tornou-se a economia mais dependente de ajuda no mundo todo. Os cientistas do observatório vulcanológico começavam a ficar preocupados com a população que permaneceu, propensa a crer que, nessa altura, já conheciam bem o vulcão. Os avisos emitidos pelo observatório nem sempre eram levados a sério, a menos que o vulcão desse sinais visíveis de crescente atividade.

O domo continuou a crescer durante o final de 1997, enquanto o Soufrière Hills se aquecia para um espetáculo especial de Natal. Uma forte série de terremotos sacudiu a ilha no dia de Natal e, em 26 de dezembro, deu-se o maior evento de toda a erupção. O domo, que estivera crescendo sobre rochas instáveis e fontes termais, já não se sustentava: um maciço deslizamento de rochas vulcânicas abateu-se sobre o vale do rio, quase chegando ao mar. Esse deslizamento solapou o domo, provocando seu desabamento. Uns 60 milhões de m³ se desprenderam, desencadeando uma explosão vulcânica e uma violenta ejeção piroclástica que devastou 10 km² da parte sudoeste da ilha em apenas 15 minutos.

Houve mais crescimento de domo depois do desmoronamento, mas isso parou de repente no começo de março de 1998. Contudo, o domo ainda estava quente, instável e continuou a cair, produzindo novos fluxos piroclásticos. O vulcão também continuou a lançar cinzas e gases que escapavam do magma presente nas profundezas. O alto índice pluviométrico durante a estação das chuvas de 1998 causou mais problemas, desencadeando fluxos de lama, principalmente quando o furacão George açoitou a ilha em setembro de 1998. Inundações repentinas e fluxos de lama arrastavam grande quantidade de detritos para os flancos inferiores, causando mais devastação.

Contrariamente a alguns relatórios otimistas, o crescimento do domo estava apenas interrompido, mas não havia cessado. A crise continuou ao longo de 1999 e 2000 com quedas de rochas, fluxos piroclásticos, fluxos de lama, cinzas e tremores sísmicos. Em 20 de março de 2000, parte do domo desmoronou, desencadeando fluxos piroclásticos que desceram pelo vale do rio Tar e entraram no mar. Uma explosão súbita lançou lava incandescente a centenas de metros acima do topo. A nuvem de cinzas chegou a pelo menos 9 km de altura. As fortes chuvas devem ter desencadeado o desmoronamento do domo e a explosão, mas não restava dúvida de que lava nova estava sendo injetada no domo. No final de março, um novo domo podia ser visto crescendo na cicatriz deixada pela explosão de 20 de março.

Em 2008, a crise de Montserrat ainda não tinha chegado ao fim. A população que havia permanecido na ilha ainda se atinha à esperança de que o vulcão logo entrasse em repouso. Quando isso finalmente acontecer, a longa tarefa de reconstrução poderá recomeçar. Será fascinante observar como a natureza e os tenazes moradores da ilha transformarão a paisagem devastada em algo semelhante ao paraíso que perderam.

Uma visão pessoal: visita a uma ilha em crise

Visitei Montserrat no final de maio de 1996. Cheguei pouco depois de um fluxo piroclástico que chegou ao mar, o do Dia das Mães. Tive a sorte de poder juntar-me aos cientistas do observatório vulcanológico num vôo de helicóptero para ver o domo de lava e pousar na nova praia formada pelos fluxos. Sendo lavas a minha especialidade, e pelo fato de a maior parte de meu trabalho de campo ter sido realizada em vulcões efusivos, para mim foi uma rara oportunidade poder ver fluxos piroclásticos frescos. Foi incrivelmente emocionante examinar seus depósitos enquanto ainda tinham calor suficiente para poder senti-los com o toque e apreciar pequenos desmoronamentos do domo de lava, que produziam novos fluxos e, felizmente, não chegavam a ir longe (Fig. 12.15).

Admito ter ficado um tanto apreensiva quando meus colegas e eu chegamos à nova praia piroclástica, e ainda mais quando o helicóptero partiu. Nosso plano era passar lá algumas horas estudando as várias feições dos depósitos de fluxo. Embora logo tivesse ficado absorta nas minúcias dos fluxos, não perdi de vista o fato de que estávamos no caminho preferencial para novos fluxos piroclásticos. Não houve sinais de iminente desmoronamento de domo nos dias anteriores, e os eventos sísmicos estavam num estado de relativa quietude. Um vulcão desperto é, no entanto, potencialmente mortal. Pensei na pior eventualidade possível e varri com o olhar as altas encostas à procura de um ponto de fuga. Não tardou para que me desse conta de que não haveria escapatória se um fluxo piroclástico chegasse à praia em que estávamos (Fig. 12.16). Decidi voltar minha atenção novamente para os depósitos, que eram bem fascinantes. A superfície do fluxo tinha estrutura semelhante à de dunas, mas em escala muito pequena: as dunas tinham apenas alguns centímetros de altura e entre elas havia um espaço de cerca de 1 m. Essa estrutura em forma de dunas é característica de ejeções piroclásticas que chegam a

Fig. 12.15 Nova praia criada por um fluxo piroclástico de maio de 1996

áreas topograficamente planas. Observando a ejeção em corte transversal, pude distinguir duas unidades, que muito provavelmente representavam pulsações da ejeção, em vez de eventos distintos. Os depósitos ainda guardavam calor na superfície e, quando dei um passo que fez minha perna afundar até a panturrilha, percebi que o interior do fluxo estava desagradavelmente quente. Por sorte, a queimadura foi pequena, mas depois disso passei a tomar mais cuidado.

Partimos dessa nova praia sem ter sofrido percalços e, mais tarde, nesse mesmo dia, fomos até o vale do rio Tar para ver os fluxos piroclásticos mais próximos do domo de lava. Essa era uma área de risco ainda maior do que a da praia, já que o vale canalizava os fluxos piroclásticos, mas nem todos chegavam ao oceano. Foi muito interessante ver de helicóptero os pequenos e freqüentes desmoronamentos do domo, mas vê-los do chão foi um tanto inquietante. Eu não tinha experiência anterior em observar fluxos piroclásticos e não sabia avaliar se os desmoronamentos logo se tornariam maiores, transformando-se em fluxos mortais à semelhança dos anteriores que desceram pelo vale. Meus colegas mais experientes me garantiram que os desmoronamentos de então eram pequenos demais para ser perigosos. Mantiveram-se, no entanto, bastante atentos e em contato por rádio com o observatório. Estávamos preparados para ir embora depressa: tínhamos deixado nossos veículos na estrada já voltados para a descida, destrancados, com as chaves na ignição. Ainda considero o vale do rio Tar o lugar mais perigoso em que já estive (Fig. 12.17).

Aprendi muito sobre o vulcão e os fluxos piroclásticos durante minha visita, mas, em retrospectiva, creio que a maior lição foi estar num pequeno país que tentava desesperadamente enfrentar uma grande crise vulcânica. Montserrat me ensinou muito a respeito do impacto que as erupções provocam nas pessoas. Além de amedrontada, a população sentia uma extrema frustração. Algumas erupções são devastadoras, mas terminam logo. O Soufrière Hills, porém, aos poucos ia minando a vida de Montserrat.

O que eu não sabia na ocasião era que a ilha ainda se encontrava em condições razoavelmente boas. Meu curto vôo a partir de Antígua pousou no aeroporto W. H. Bramble, que depois se tornaria um dos muitos alvos atingidos pela erupção. Pude alugar um carro e dirigir pela cidade evacuada de Plymouth, que já parecia fantasma, mas ainda em pé. Eu me perguntei, então, quanta destruição ainda seria causada e achava difícil imaginar que a erupção fosse piorar muito. A vida na ilha já estava penosa: a maioria dos hotéis e negócios havia fechado, os moradores do sul da ilha encontravam-se em campos de refugiados, e a principal estrada entre o aeroporto e Plymouth fora bloqueada pela polícia. O sinal mais óbvio da erupção eram as cinzas, que estavam por toda parte, tornando impossível manter alguma coisa limpa. Montserrat estava numa condição deplorável e mostrava-se absolutamente distante do paraíso que eu encontrara nas descrições da ilha. A devastação, porém, ainda haveria de piorar nos anos seguintes.

No momento em que escrevo, Montserrat continua a lutar pela sobrevivência. Os poucos obstinados que ainda continuam lá perguntam

Fig. 12.16 Geólogos na nova praia criada pelo fluxo piroclástico de maio de 1996

Fig. 12.17 O vale do rio Tar em junho de 1996, com sua superfície recoberta de recentes fluxos piroclásticos

a si mesmos se a erupção pode prosseguir muito mais; quanto tempo mais. As pessoas têm uma relação de desassossego com a montanha, que passou a centralizar as preocupações de todos os habitantes da ilha. Ainda há medo e frustração, mas também algum encantamento a cada vez que o Soufrière Hills é visto em erupção à noite, quem sabe pela última vez. O paradoxo representado pelo fato de os moradores apreciarem a erupção é bem descrito na canção "Glowing" ("Brilhando"), do grupo local Zunky 'n' Dem, que faz um comentário significativo, do ponto de vista social, sobre a erupção, no álbum *Seismic Glow*. Nas palavras de Randall "Zunky" Greenaway:

>   *Sat in the moonlight*
>   Sentados à luz da lua
>   *And we watched the mountain glow*
>   Olhamos o brilho da montanha
>   *In the moonlight*
>   Na luz da lua

From Harry's Hill
De Harry's Hill
Incandescent rocks broke away
Rochas incandescentes saltavam
Creating firework displays
Criando espetáculos de fogos de artifício
It was really quite a thrill
Era realmente emocionante
Something that could be dangerous
Algo que podia ser perigoso
So beautiful
Tão bonito
It didn't seem right to make a fuss
Não parecia certo criar confusão
Our joys were full
Nosso encanto era completo
I told my mind – snap a picture
Eu disse a mim mesmo – tire uma foto
I want to hold this scene forever
Quero guardar esta cena para sempre

Visita em período de repouso

Antes do início da erupção, quem visitava Montserrat costumava comentar os dizeres poéticos de um cartaz colocado pelo serviço de abastecimento de água da ilha: "O céu se mantém lá em cima por causa das árvores. Se a floresta for destruída, o teto do mundo cairá, e a humanidade e a natureza perecerão juntas". Montserrat era uma ilha encantadora, sossegada, onde as grandes cadeias de hotéis não se aventuravam, onde os poucos turistas que ousavam dirigir algum veículo logo descobriam que a sinalização das estradas não era considerada necessária e onde, para tornar a pilotagem mais interessante, essas estradas muitas vezes se transformavam em trilhas com vegetação crescida. A popularidade de Montserrat como destino turístico estava em alta, mas esse turismo constituía-se, em grande parte, de viajantes independentes que queriam fugir de praias lotadas. A Comissão de Turismo habilmente promovia o ecoturismo, organizando caminhadas, ciclismo nas montanhas, e anunciando que a ilha era "como o Caribe costumava ser". Por ironia, a caminhada para Soufrière Hills era tida como uma das principais atrações.

Poucos guias turísticos do Caribe continuam mencionando Montserrat, já que a maioria julga que ninguém vai querer visitar tão cedo a ilha. A Comissão de Turismo aconselha os escritores a descreverem Montserrat como era antes e, espera-se, como voltará a ser um dia. Por certo que, quando a erupção tiver terminado, Montserrat vai precisar de todo o turismo que puder atrair. Para os viajantes interessados em ver os depósitos e os efeitos de uma recente erupção vulcânica, Montserrat será uma das mais concorridas destinações em todo o mundo. Se forem espertos, os habitantes da ilha a transformarão numa atração semelhante à que se transformou o monte Santa Helena nos Estados Unidos: a erupção vulcânica, que arrasou com o turismo no Santa Helena, acabou transformando a montanha numa destinação turística mais concorrida do que antes. Embora Montserrat não tenha recursos para criar grandes centros de visitantes e salas IMAX, tem potencial para atrações singulares, tais como praias formadas por fluxos piroclásticos recentes. Posso imaginar gente mergulhando nas águas azuis do Caribe para ver os depósitos submersos, escalando o vulcão para observar a cratera e caminhando ao longo do vale do rio Tar, hoje delineado por numerosos fluxos piroclásticos. As ruínas de Plymouth podem se transformar em atração turística e talvez, em mais ou menos um século, se tornem tão fascinantes para quem as visite quanto são hoje as ruínas de St. Pierre, na vizinha Martinica.

O centro turístico da ilha provavelmente será o norte de Montserrat, amplamente preservado da devastação. É provável que os preços sejam baixos no início, e a ilha se transforme por uns tempos na maior pechincha do Caribe. Assim que a erupção cessar, não tardará para que o ar fique novamente limpo, para que as florestas voltem a crescer e para que alojamentos acolhedores abram suas portas para os visitantes.

Mesmo depois de cessada a erupção, será preciso tomar algumas precauções. Tenha em mente que as explosões ainda podem acontecer, em razão da água que se infiltra no domo em resfriamento. Os fluxos de lama serão um grande risco por causa da enorme quantidade de cinzas depositadas pela erupção nos flancos do Soufrière Hills. As cinzas continuarão a se espalhar por toda parte e a representar, por algum tempo, um risco à saúde. O vulcão e o domo podem ser instáveis, e também pode haver deslizamentos de terra. Até mesmo os flancos inferiores, perto do mar, podem ser instáveis e romper-se. Não entre em nenhuma área assinalada como sendo de acesso proibido e verifique a informação oferecida pelo Observatório Vulcanológico de Montserrat ou pelo posto oficial de turismo.

Visita em período de atividade

Por certo, é possível – e, de um ponto de vista vulcanológico, até mesmo desejável – ir a Montserrat enquanto o Soufrière Hills continuar ativo. É, porém, extremamente importante seguir certas regras. Antes de fazer qualquer plano, consulte o Serviço de Informações do Governo de Montserrat (há um website disponível) para saber das condições atuais do vulcão e da ilha. Os visitantes que tiverem compromissos profissionais, entre os quais geólogos e jornalistas, devem entrar em contato com o Observatório Vulcanológico de Montserrat, a fim de obter orientação e autorizações para visitar áreas restritas.

Os turistas, por sua vez, devem respeitar as restrições locais e manter-se a distância das zonas proibidas. Ainda é possível ver os efeitos da erupção sem se aventurar em zonas perigosas. Já de início é impossível deixar de ver esses efeitos, seja por causa das cinzas finas constantemente sopradas pelo vento, seja por causa das pessoas que vão comentar as mudanças que o vulcão provocou na ilha e na vida de todos. É difícil prever como serão as condições enquanto a erupção perdurar, afora o fato de que a parte sul da ilha permanecerá inacessível para a maioria dos visitantes. O Soufrière Hills é, porém, um vulcão impressionante mesmo visto de longe, e há modos criativos de ver os produtos da atividade. Informe-se a respeito de como alugar um barco para circundar a ilha e ver os deltas criados pelos fluxos piroclásticos. Uma alternativa mais cara é alugar um helicóptero ou um avião leve nas proximidades de Antígua. Soufrière Hills e o vale do rio Tar são um espetáculo para se ver do alto; se nenhuma explosão estiver ocorrendo, os pilotos talvez queiram circundar a cratera.

Quanto tempo a erupção ainda vai durar? É muito difícil prever por quanto tempo qualquer erupção vai prosseguir, mas as opiniões dos peritos são de que a duração total será de menos de 15 anos. Isso significa que a atividade pode durar até 2010, embora muito provavelmente acabe mais cedo. Quem quiser visitar a ilha deve antes verificar as condições atuais do vulcão e, uma vez na ilha, ouvir na estação de rádio local, a ZJB, as informações atualizadas sobre a erupção.

Outras atrações locais

Guadalupe

Esse arquipélago é dominado por suas duas principais ilhas, Grande-Terre e Basse-Terre, que, juntas, apresentam forma de borboleta. Grande-Terre (Terra Grande) forma a asa leste e é, na verdade, uma ilha menor e mais plana do que Basse-Terre (Terra Plana), a asa oeste, dominada por montes irregulares e pelo vulcão Soufrière. Os nomes das duas ilhas parecem um tanto estranhos para quem não sabe que se referem aos ventos que nelas sopram: são mais fortes na suave topografia da ilha leste, mas encontram obstáculos nas montanhas da ilha oeste.

La Soufrière situa-se na ponta sul de Basse-Terre e ergue-se a uma altura de 1.467 m. É importante informar-se a respeito do estado atual de atividade do vulcão antes de escalar o topo. A última atividade do La Soufrière, uma erupção freática em 1976, causou grande alarme e chegou até a ferir alguns cientistas. Mesmo em estado de quietude, esse vulcão oferece algum perigo por causa de suas muitas fumarolas. Os vapores são extremamente acidíferos, já que contêm ácidos hidroclórico e sulfúrico. Fique fora do alcance do vento que traga as fumarolas em sua direção e considere levar óculos de proteção e máscara contra gases, ou até mesmo um lenço embebido em água para levar ao nariz e à boca. Cuide também de levar roupas apropriadas, já que o topo é quase sempre envolto em nuvens e neblina, além de ser muito chuvoso.

É relativamente fácil escalar o La Soufrière, mas a trilha é íngreme (Fig. 12.18). Para chegar à cabeceira da trilha, vá até a cidade de St. Claude e siga as placas que indicam a direção de La Soufrière. O vulcão fica dentro de um parque nacional. A Maison du Volcan, a cerca de 2 km depois da entrada do parque, tem um pequeno museu com acervo relacionado à erupção de 1976. Continue até Savanne à Mulet, um estacionamento a 1.142 m de altitude. Nos raros dias em que o tempo está claro, tem-se dali uma boa vista do vulcão. A trilha de caminhada começa ao lado do estacionamento, ao longo de um leito de cascalho, e segue em acentuado declive montanha acima. A maioria das pessoas consegue chegar ao topo em cerca de uma hora e meia. A trilha sobe o flanco oeste do vulcão, coberto de musgo e arbustos baixos, e cruza uma profunda fenda que assinala a fissura que se abriu durante a explosão freática (Éboulement Faujas). No topo do vulcão, há um platô de caldeira com colinas e profundas fissuras, além de bafejantes fumarolas na zona de fissura ao sul (Cratère du Sud). A trilha continua no platô do topo e está bem demarcada por postes de madeira. É importante permanecer na trilha, já que há no local fissuras abruptas difíceis de avistar, principalmente se o visitante estiver envolto em vapor das fumarolas. Tome muito cuidado nessa área e lembre-se de que uma explosão freática como a de 1976 pode ocorrer novamente. Fique o tempo todo atento ao ponto da trilha em que você se encontrar e previna-se quanto a um caminho de fuga.

Fig. 12.18 Soufrière, em Guadalupe. O veículo está estacionado na estrada para o topo

Apêndice I – Informações úteis para preparar viagens a vulcões*

1. Fontes de informação sobre atividade vulcânica

Volcano World é um website mantido pela Universidade Estadual do Oregon, cujo objetivo é levar ao público em geral a empolgação proporcionada pela vulcanologia. Depois de escolher uma região vulcânica, encontra-se um bom resumo da atividade, fotografias e outras informações. O site contém links para muitos outros websites relacionados a vulcões, bem como uma lista de perguntas freqüentemente formuladas sobre o assunto. URL: <http://volcano.oregonstate.edu/>.

O website do Smithsonian's Global Volcanism Program contém cópias da recente Global Volcanism Network (Rede Global de Vulcanismo), que traz relatórios de atividade vulcânica recente, links para outros websites sobre vulcões e uma lista de perguntas freqüentemente formuladas. URL: <http://www.volcano.si.edu/gvp>. O boletim da Global Volcanism Network, do Smithsonian Institution, agora está disponível em meio eletrônico pela *Volcano Listserv*.

Volcano Listserv: é a rede de e-mails dos vulcanólogos profissionais, administrada pela Universidade do Estado do Arizona. Essa rede é uma valiosa fonte de informações e contatos. Um administrador exibe mensagens na tela antes de enviá-las aos assinantes. Pessoas interessadas em vulcões podem ser incluídas na lista de distribuição, a critério do administrador. Envie uma mensagem para <volcano@asu.edu>.

O website da Michigan Technological University traz informações sobre algumas erupções em curso, além de dados detalhados sobre alguns vulcões, entre os quais o Santa Maria e o Fuego, na Guatemala, e o Pinatubo, nas Filipinas. URL: <http://www.geo.mtu.edu/volcanoes>.

A International Association of Volcanology and Chemistry of the Earth's Interior (IAVCEI) (Associação Internacional de Vulcanologia e Química do Interior da Terra) tem um website destinado principalmente a profissionais, mas com alguns itens de interesse para todos os entusiastas por vulcões. URL: <http://www.iavcei.org>. Para informações sobre como tornar-se membro, escreva para IAVCEI Secretariat, P.O. Box 185, Campbell, ACT 2612, Austrália.

O website do Dartmouth's Electronic Volcano também é outra grande fonte de informações sobre vulcões ativos no mundo todo, incluindo mapas, fotografias, textos dissertativos e uns poucos documentos um tanto imprecisos. O Electronic Volcano também encaminha o internauta para recursos em bibliotecas ou outras fontes de informações. URL: <http://www.dartmouth.edu/~volcano/>.

O Volcano System Center, da Universidade de Washington, tem um website com notícias sobre vulcões e uma lista muito útil de outros websites relacionados ao assunto. URL: <http://www.vsc.washington.edu>.

A World Organization of Volcano Observatories (WOVO) tem um website com informações sobre como contatar observatórios vulcanológicos do mundo todo. URL: <http://www.wovo.org/observatories.html>.

L.A.V.E. (L'Association Volcanologique Européenne): bem organizado grupo de vulcanólogos amadores e entusiastas que oferece um excelente website (em francês) com informações sobre os vulcões visitados por seus membros. Excelentes fotografias. Endereço para correspondência: L.A.V.E., 7 rue de la Guadeloupe, 75018 Paris, France. URL: <http://www.lave-volcans.com/>.

---

*Nota da Editora: as informações contidas nos Apêndices I e II estavam corretas na época em que o livro foi originalmente editado. Sua inclusão aqui não implica nenhum endosso por parte da Oficina de Textos no tocante aos serviços enumerados nem garantia alguma da atualidade dos endereços, telefones e websites mencionados.

2. Fontes de informações e endereços úteis para vulcões e países específicos

Estados Unidos (inclusive Havaí)

US Geological Survey (USGS): essa organização tem numerosos escritórios e oferece uma variedade de livretos, fotografias de arquivo, mapas e serviços. O USGS é o correspondente dos Estados Unidos para os diversos observatórios vulcanológicos enumerados adiante. URL: <http://www.usgs.gov>. O endereço para correspondência do escritório de relações públicas é 119 National Center, Reston, VA 20192, USA.

O website do Volcano Hazards Program (Informações sobre Riscos em Vulcões), do USGS, fornece dados sobre os vulcões ativos dos Estados Unidos e links para observatórios vulcanológicos. O site posta semanalmente um boletim dos cientistas do USGS com informações sobre atividade vulcânica (http://volcanoes.usgs.gov). Endereço para correspondência: US Geological Survey, Information Services, P.O. Box 25286, Denver, CO 80225, USA.

Hawaiian Volcano Observatory: o website do observatório traz informações atualizadas sobre a atividade dos vulcões do Havaí. Quem tiver interesse em fornecer, como voluntário, informações para o observatório, o site explica como se inscrever (http://hvo.wr.usgs.gov). Endereço para correspondência: P.O. Box 51, Hawaii National Park, HI 96718, USA.

Cascades Volcano Observatory: o website inclui descrições de estudos desenvolvidos pelo observatório, muitas belas imagens dos vulcões das montanhas Cascades e uma discussão sobre o Volcano Disaster Assistance Program (programa de atendimento em situações de emergência). O índice traz uma lista de vulcões de todas as partes do mundo, além de informações e links. URL: <http://vulcan.wr.usgs.gov/>. Endereço para correspondência: 5400 MacArthur Blvd, Vancouver, WA 98661, USA.

O Alaska Volcano Observatory tem atuação conjunta com o USGS, a University of Alaska Fairbanks e a State of Alaska Division of Geological and Geophysical Surveys. O observatório monitora e estuda os vulcões do Alasca que constituem risco. O website traz mapas, fotos, videoclipes e informações gerais sobre vulcões do Alasca, bem como relatórios do Kamchatkan Volcanic Eruption Response Team (KVERT) (http://www.avo.alaska.edu/). Endereço para correspondência: 4200 University Drive, Anchorage, AK 99508, USA.

O website do University of Washington Volcano Systems Center traz relatórios sobre o monte Rainier e outras atividades de pesquisa empreendidas pela universidade. URL: <http://www.vsc.washington.edu/>.

A página inicial do Hawaii Center for Volcanology's Kilauea traz informações atualizadas sobre a atividade do vulcão, bem como mapas e informações históricas. Entre no link "virtual field trips" (viagens de campo virtuais) na página inicial. URL: <http://www.soest.hawaii.edu/GG/HCV/kilauea.html>.

O National Park Service é uma valiosa fonte de informações sobre os vulcões dos parques nacionais dos Estados Unidos. Inclui mapas, informações para visitantes e fotografias. URL: <http://www.nps.gov/parks.html>. É possível visitar o website de cada parque a partir desse website principal. Para escrever ou telefonar para os parques, veja as informações seguintes:

Hawaii Volcanoes National Park: P.O. Box 52, HI 96718, USA. Tel.: (808) 985-6000.

Haleakala National Park: P.O. Box 369, Makawao, Maui, HI 96768, USA. Tel.: (808) 572-4400.

Lassen Volcanic National Park: P.O. Box 100, Mineral, CA 96063, USA. Tel.: (530) 595-4444.

Sunset Crater Volcano National Monument (Wupatki, Sunset Crater e Walnut Canyon): 6400 N. Hwy 89, Flagstaff, AZ 86004, USA. Tel.: (928) 526-1157.

Mount St. Helens National Volcanic Monument: 42218 NE Yale Bridge Road, Amboy, WA 98601, USA. Telefone para informações 24 horas: (360) 247-3903. Climbing Hotline: (360) 247-3961.

Crater Lake National Park: P.O. Box 7, Crater Lake, OR 97604, USA. Tel.: (541) 594-3000.

Mount Rainier National Park: 55210 238th Ave. East, Ashford, WA 98304, USA. Tel.: (360) 569-2211.

Yellowstone National Park: P.O. Box 168, WY 82190, USA. Tel.: (307) 344-7381.

Katmai National Park (Valley of Ten Thousand Smokes): P.O. Box 7, King Salmon, AK 99613, USA. Tel.: (907) 246-3305.

Para se hospedar ou acampar dentro dos parques, consulte os respectivos websites ou siga as seguintes informações para contato:

Yellowstone: TW Recreational Services, Yellowstone National Park, WY 82190, USA. Para cabanas ou chalés, inclusive o famoso Old Faithful Snow Lodge, tel.: (307) 344-7311. Para acampar em Yellowstone, telefone para MISTIX: (800) 365-2267, de dentro dos Estados Unidos.

Monte Rainier: Guest Services (atendimento a hóspedes): 55106 Kernahan Road East, P.O. Box 108, Ashford, WA 98304, USA. Para reservar área de camping e alojamentos no The National Park Inn e no Paradise Inn, telefone para (206) 569-2275.

Monte Santa Helena: não há alojamento nesse monumento nacional. Para acampar e obter informações sobre viagens, entre em contato com a sede do parque, tel. (360) 750-3900; ou com a Randle Ranger Station, tel. (360) 497-1100; ou com Gifford Pinchot National Forest Headquarters, tel. (360) 750-5009.

Lassen: para acampar, entre em contato com National Park Offices, tel. (916) 595-4444. Para reservas no Drakesbad Guest Ranch, contatar California Guest Services, Inc.: Adobe Plaza, 2150 Main St., Suite 7, Red Bluff, CA 96080, USA. Tel.: (916) 529-1512.

Havaí (Ilha Grande): o Volcano House tem um alojamento na borda da cratera do Kilauea e cabanas na área de acampamento Namakani Paio. Para reservas, escreva para Volcano House, Hawaii Volcanoes National Park, HI 96718, USA. Tel. (808) 967-7321. Para outros locais de acampamento, entre em contato com National Park Offices, tel. (808) 967-7184. Para obter uma lista de hospedagens do tipo cama&café, entre em contato com Hawaii's Best Bed&Breakfasts, tel. (808) 263-3100.

Havaí (Haleakala): não há alojamento no parque; para reservas em acampamento, entre em contato com National Park Offices, tel. (808) 572-9306.

Crater Lake: para reservas no Crater Lake Lodge, escreva para P.O. Box 128, Crater Lake, OR 97604, USA. Tel. (503) 594-2255. Para cabanas em Manzama Campground Cabins, escreva para o mesmo endereço ou telefone para (503) 594-2511. Para acampar ou obter informações gerais sobre o parque, telefone para (503) 594-2211.

Sunset Crater: não há alojamento dentro do parque; para obter informações sobre acampamento, entre em contato com Coconino National Forest: Peaks Ranger Station, 5010 N. Highway 89, Flagstaff, AZ 86004, USA. Tel.: (928) 526-0866.

Monte Shasta: a área selvagem do monte Shasta é administrada pelo US Forest Service. Informações disponíveis em <http://www.wilderness.net/nwps>; procure "Shasta". É necessário obter autorização para entrar na área selvagem do monte Shasta. Para obter autorizações, acampar, escalar e informar-se, entre em contato com Mt. Shasta Ranger District: 204 W. Alma Street, Mt. Shasta, CA 96067, USA. Tel. (916) 926-4511. Também é possível contatar o McCloud Ranger District: P.O. Box 1620, McCloud, CA 96057, USA. Tel.: (916) 964-2184. Os guardas florestais podem colocar o visitante em contato com o guia autorizado, para fins de escalada dentro da área selvagem. Há alojamentos disponíveis em Mt. Shasta City e cidades próximas.

Itália

Os vulcanólogos Roberto Carniel, Jürg Alean e Marco Fulle criaram o "Stromboli Online" (http://www.swisseduc.ch/stromboli). Embora essa página tenha surgido em função do Stromboli, expandiu-se para incluir notícias, informações e fotografias de vulcões do mundo todo. Também traz vídeos, notícias sobre expedições, cameras ao vivo em vulcões, materiais de ensino e muito mais. Em inglês, italiano e alemão.

O vulcanólogo Boris Behncke administra o website "Italy's Volcanoes: The Cradle of Volcanology", dedicado aos vulcões da Itália. Excelente fonte de notícias, fotografias e mapas dos vulcões italianos. URL: <http://boris.vulcanoetna.com> ou <http://stromboli.net/boris>.

O Istituto Internazionale di Vulcanologia mantém uma homepage sobre o Etna e os vulcões das ilhas Eólias; em italiano (http://www.

ct.ingv.it/). Endereço para correspondência: Piazza Roma 2, 95123 Catania, Italia.

O Observatório Vulcanológico do Vesúvio mantém um website sobre o Vesúvio e o Campi Flegrei; em italiano (http://www.ov.ingv.it/italiano/home.htm). Está sendo elaborada uma versão em inglês. Para obter informações sobre o próprio observatório, consulte <http://www.vesuvioinrete.it/e_osservatorio.htm>. O endereço para correspondência é: Via Diocleziano 328, 80124 Napoli, Italia.

O vulcanólogo Roberto Scandone mantém o website "Explore Italian Volcanoes", que traz espaço para discussões, glossário de termos geológicos e informações históricas sobre as erupções do Vesúvio. URL:<http://193.204.162.114/indice.shtml>; em inglês e italiano.

Club Alpino Italiano: essa associação publica mapas e guias, e é a principal organização italiana voltada para o montanhismo. Tem uma webpage em italiano (http://213.140.0.212:8080/index.jsp).

S.EL.CA. (Società Elaborazioni Cartografiche): publica mapas, tal como o *Mt. Etna Carta Naturalistica e Turistica*. Endereço: Via R. Giuliani 153, 50141 Firenze. Tel.: (055) 437-9898.

Grécia e Santorini

Thera Foundation: 105-109 Bishopsgate, London EC2M 3UQ, UK. Na Grécia: 17-19 Akti Miaouli 185, 35 Piraeus, Greece. A fundação estuda o Thera antigo e a erupção do Santorini. Publicou diversos livros (ver Bibliografia) e organizou conferências internacionais.

Instituto para Estudo e Monitoramento do Vulcão Santorini: como o nome diz, esse instituto científico monitora a atividade do vulcão. Também publica materiais que incluem um guia para o vulcão (ver Bibliografia). URL: <http://ismosav.santorini.net>.

Santorini Volcano Live Camera: esse website traz câmeras localizadas no terraço do Hotel Heliotopos, que mostram imagens a cada três minutos. Há também muitas informações sobre o turismo nas ilhas, bem como informações meteorológicas. URL: <http://www.santorini.net>.

O website Santorini Decade Volcano traz fotos e informações sobre a geologia da ilha. URL: <http://www.decadevolcano.net>.

Para mais informações na Internet, procure "Santorini" em "Volcano World", ou em algum dos websites enumerados no item 1, ou selecione "Santorini" na página "Stromboli Online".

Costa Rica

Observatório Vulcanológico e Sismológico da Costa Rica: Universidad Nacional, Ovsicori-Una, Apartado 86-3000, Heredia, Costa Rica. Monitora a atividade dos vulcões da Costa Rica. URL: <http://www.eco-web.com/register/05656.html>.

Instituto Costarricense de Electricidad (ICE): esse instituto calcula as possibilidades de riscos naturais na Costa Rica e desenvolve pesquisas sobre vulcões. Endereço para correspondência: Apartado 10032-1000, San José, Costa Rica. URL: <http://www.ice.co.cr>.

Arenal Observatory Lodge: esse magnífico alojamento oferece vistas espetaculares do vulcão, um museu e trilhas na natureza. Para reservas, telefone para (506) 257-9489, na Costa Rica, ou escreva para P.O. Box 321-1007, Paseo Colón, San José, Costa Rica. URL: <http://www.arenalobservatorylodge.com>.

Poás Volcano Lodge: ideal para quem visita o Poás, esse alojamento situa-se entre os vulcões Poás e Barva, numa crista de montanhas. Há, nas proximidades, trilhas na natureza e uma fazenda de laticínios. Endereço: P.O. Box 5723-1000, San José, Costa Rica. Telefone na Costa Rica: (506) 482-2194.

Costa Rica Map: esse website, em inglês e espanhol, fornece muitas informações a respeito de viagens pela Costa Rica, incluindo parques nacionais, flora e fauna, alojamentos, caminhadas, escaladas e esportes. Mapas muito úteis. URL: <http://www.costaricamap.com>.

COCORI (Complete Costa Rica): esse website oferece mapas, fotos, reservas de passagens aéreas e de alojamentos, além de muitos artigos. URL: <http://www.cocori.com>.

Hacienda Lodge Guachipelin: esse website do alojamento traz muitas informações sobre o vulcão Rincón de la Vieja, situado nas proximidades. URL: <http://guachipelin.com.> Endereço para correspondência: P.O. Box 636-4050, Alajuela, Costa Rica. Tel.: (506) 442-2818.

Volcan Turrialba Lodge: esse "hotel com um vulcão no quintal" tem um website com fotos e informações sobre o vulcão Turrialba. Endereço para correspondência: P.O. Box 1632-2050, San José, Costa Rica. Tel.: (506) 2273-4335. URL: <http://www.volcanturrialbalodge.com>.

Galápagos

O website da Estação de Pesquisas Charles Darwin (www.darwinfoundation.org) e o Galápagos Online (www.galapagosonline.com/index.htm) oferecem uma vasta gama de dados sobre as ilhas Galápagos, de aspectos naturais a informações turísticas.

Índias Ocidentais

Observatório Vulcanológico e Sismológico de Guadalupe (Observatoire Volcanologique et Sismologique de Guadeloupe): Le Houëlmont, 97113 Gourbeyre, Guadeloupe. Esse observatório monitora a atividade do vulcão La Soufrière. Seu website, em francês, traz fotos e informações sobre o vulcão. URL: <http://www.ipgp.jussieu.fr/>.

Observatório Vulcanológico e Sismológico da Martinica (Observatoire Volcanologique et Sismologique de Martinique): Fonds St. Denis, 97250 St. Pierre, Martinique. Esse observatório monitora a atividade do vulcão monte Pelée. Seu website, em francês, traz fotos e informações sobre o vulcão. URL: <http://www.ipgp.jussieu.fr/>.

Montserrat Volcano Observatory: monitora a atividade do vulcão Soufrière Hills. Seu website faz atualizações freqüentes sobre a atividade em curso. Endereço para correspondência: Montserrat Volcano Observatory, Flemmings, Montserrat, West Indies. URL: <http://www.mvo.ms/>.

Volcano Island é o website de David Lea e sua família, que administram o Gingerbread Hill Inn. David, observador voraz do vulcão, fez documentários em vídeo sobre a erupção. Esse site traz informações úteis para quem viaja para Montserrat e também pode ser usado para fazer reservas nessa hospedaria. URL: <http://www.volcano-island.com>.

Outros vulcões: fontes na Internet

Para obter informações sobre qualquer vulcão, consulte "Volcano World", ou um dos websites enumerados no item 1; lá se encontram links para sites de outros vulcões. A seguir, enumero alguns de meus favoritos:

Japão

Volcano Research Center: esse website traz informações em inglês e japonês sobre os vulcões do Japão e de alguns outros locais da Ásia. URL: <http://www.eri.u-tokyo.ac.jp/VRC/index_E.html>.

Nova Zelândia

GNS Science: esse website do Institute of Geological and Nuclear Sciences of New Zealand traz câmeras de filmagem voltadas para os vulcões, a atual situação de atividade e muito mais. URL: <http://www.gns.cri.nz>.

Reunião

Observatoire Volcanologique du Piton de la Fournaise: esse observatório vulcanológico monitora o muito ativo vulcão de Reunião. Website em francês. URL: <http://www.ipgp.jussieu.fr/>.

Equipamentos

A maior parte dos equipamentos recomendados é fácil de encontrar em lojas de camping e montanhismo. Os capacetes podem ser encontrados em casas de materiais para construção. Já as máscaras contra gases são mais difíceis de encontrar; procure nos fornecedores de equipamentos de segurança para laboratórios e compre uma do tipo leve, a fim de proteger-se dos "gases acídicos", tais como dióxido de enxofre e cloreto de hidrogênio. Nos Estados Unidos, tente Lab Safety Supply, P.O. Box 1368, Janesville, WI 53547-1368, USA. Tel.: (800) 356-0783. Costuma ser melhor telefonar pedindo informações antes de fazer a encomenda pela Internet ou por catálogo.

Se você pretende colher amostras de lava fresca, provavelmente será preciso usar luvas de asbesto (é possível colher amostras sem luvas, embora sob risco de sofrer pequenas queimaduras). Para encontrar essas luvas, procure na Internet um fornecedor de equipamentos de segurança para laboratórios.

Apêndice II – Viagens a vulcões

As organizações a seguir enumeradas são bem estabelecidas e oferecem viagens regularmente. Há companhias menos conhecidas que oferecem viagens a vulcões e freqüentemente anunciam em revistas, fazendo apelo a aventuras e história natural, tais como National Geographic Traveler, Outside e Natural History. Ao procurar uma viagem, desconfie de companhias baratas, que podem fazer cancelamentos de última hora, caso não haja um número suficiente de inscritos. Informe-se quanto ao histórico dessas agências, pergunte da possibilidade de haver cancelamento e do prazo para a confirmação. Se seus planos forem flexíveis e você estiver disposto a uma verdadeira aventura, procure entusiastas em vulcões que ofereçam pequenas expedições a vulcões distantes quase a preço de custo e sejam muito francos quanto à possibilidade de cancelamento. Estes costumam anunciar em seus próprios websites e na "Volcano Listserv" (ver Apêndice I). Para quem pode permanecer no lugar por dois meses, outra opção é trabalhar como voluntário de parque nacional ou observatório vulcanológico; consulte esses websites para saber das oportunidades ou escreva uma carta falando de suas habilidades e disponibilidade.

The Geological Society of America: é a principal sociedade geológica dos Estados Unidos, e seu departamento GeoVentures organiza regularmente várias viagens de campo de interesse geológico. A maior parte das destinações são dentro dos E.U.A., mas já incluíram a Islândia e outros locais vulcânicos. Não-membros podem participar, dependendo da disponibilidade. Para mais informações: The Geological Society of America Geo Ventures, P.O. Box 9140, Boulder, CO 80301-9140, USA (http://www.geosociety.org/).

Geological Association of Canada: é a sociedade nacional do Canadá para geociências. Organiza viagens de campo, às vezes para vulcões. Vendem alguns de seus guias, que constituem excelente fonte de consulta. Para mais informações: Geological Association of Canada, Department of Earth Sciences, Room ER4063, Alexander Murray Building, Memorial University of Newfoundland, St. John's, NL A1B 3X5, Canada (http://www.gac.ca/).

Lindblad expeditions: especializada nas ilhas Galápagos, essa premiada companhia oferece viagens conduzidas por naturalistas peritos em vários aspectos da história natural das ilhas. Umas poucas vezes por ano a Lindblad oferece viagens familiares a Galápagos, o que é uma excelente oportunidade para as crianças se iniciarem nas maravilhas dessas ilhas. Outra destinação de interesse vulcânico oferecida pela companhia é a Costa Rica, sendo que um dos itinerários inclui o vulcão Arenal. Para mais informações: 96 Morton Street, 9th Floor, New York, NY 10014, USA (http://www.lindbladexpeditions.com).

Smithsonian Institution: o Smithsonian Study Tours oferece programas educacionais de viagens que refletem a visão e os interesses da Smithsonian Institution. Os programas oferecem uma combinação de estudos, descobertas e aventuras em variados níveis, incluindo até viagens familiares de estudo. As viagens são oferecidas a membros; consulte o website <http://www.smithsonian.org> para saber como participar e quais as viagens em disponibilidade. Já houve viagens para a Costa Rica, ilhas Galápagos, Nova Zelândia e Yellowstone.

Icelandair: essa companhia aérea islandesa oferece muitas viagens voltadas para a história natural do país, o que compreende seus magníficos vulcões. Oferece até passeios a cavalo. A Icelandair tem escritórios nos Estados Unidos e em muitas cidades da Europa. O website é <http://www.icelandair.is/eurovac>.

Exodus: auto-intitulada "férias diferentes", essa premiada operadora de viagens e aventuras, com sede no Reino Unido, está no mercado há mais de 25 anos e oferece viagens para o mundo todo. As destinações vulcânicas já incluíram as ilhas Eólias, as ilhas Galápagos, os Andes e uma escalada do monte Kilimanjaro. Escritório central: Grange Mills, Weir Road, London SW12 ONE, UK. Tel.: +44 (0) 2086 755 550. URL: <http://www.exodus.co.uk>.

iExplore: essa operadora de viagens e aventuras, com sede em Chicago, é associada à revista *National Geographic*. Oferece cerca de 3 mil viagens do tipo aventura. As destinações vulcânicas incluem a Costa Rica (Arenal), as ilhas Galápagos, o Havaí e Ruanda (Parc des Volcans, onde habitam os "gorilas da névoa"). Tel.: (312) 492-9443. URL: <http://www.iexplore.com>.

Earthwatch: organiza expedições em que os voluntários ajudam os cientistas em campo. Já houve várias expedições a localidades vulcânicas, onde essa ajuda consistiu, por exemplo, em pesquisas topográficas e geológicas de depósitos vulcânicos em Santorini. Para informações nos Estados Unidos, telefone para (978) 461-0081; no Reino Unido, +44 (0) 1865 318 838; ou consulte o website <http://www.earthwatch.org>.

Yellowstone Institute: é um ramo educacional do Yellowstone National Park. Oferece férias educacionais curtas para famílias e oportunidades para a exploração do parque conduzida por guias. Contate o Yellowstone Institute: P.O. Box 117, Yellowstone National Park, WY 82190, USA. Tel.: (307) 344-2294. URL: <http://www.yellowstoneparknet.com>.

Glossário

Andesito: Nome dado a rochas vulcânicas cuja composição química contenha 53-63% de sílica (SiO_2); é o intermediário entre o basalto e o riolito. O andesito é o tipo de lava mais comum em vulcões de arco insular. Quando derretido, o andesito apresenta viscosidade moderada, geralmente maior do que a do basalto, mas menor do que a do riolito.

Arco insular: Os limites das áreas oceânicas em que uma placa se encontra em subducção para dentro do manto compõem uma fronteira perigosa. Um conjunto de ilhas de vulcões ativos formam arcos insulares, tais como as Pequenas Antilhas, no Caribe.

Avalanche de detritos: O tipo de avalanche que ocorre quando desmorona parte do edifício vulcânico.

Basalto: Nome dado às rochas vulcânicas cuja composição química contenha menos de 53% de sílica (SiO_2). Quando derretido, o basalto apresenta baixa viscosidade e forma fluxos de lava do tipo *pahoehoe* ou *aa*. Os basaltos são o tipo de rocha vulcânica mais comum na Terra.

Boca: Abertura na superfície da Terra por meio da qual escapam materiais vulcânicos. O vulcão é uma boca e também o relevo formado pelo material expelido.

Boca de vapor: Boca formada quando água superaquecida chega à superfície e ferve explosivamente, formando um jato de vapor. Esse tipo de atividade geralmente acontece durante os estágios iniciais da erupção, quando o magma ascendente aquece a água do subsolo.

Bocca: (Do italiano) Boca vulcânica; abertura por onde as lavas são expelidas.

Bomba: Fragmento vulcânico com mais de 6 cm de largura. Ao serem expelidas durante a erupção, resfriam-se e tomam forma arredondada. Durante o vôo, podem tomar formas distintas (i.e., bombas fusiformes ou rosqueadas). As superfícies das bombas mais viscosas podem formar rachaduras semelhantes às da casca do pão; são as denominadas bombas casca-de-pão.

Brecha (*breccia*): Brechas vulcânicas são rochas vulcânicas quebradas. Um depósito de brecha compõe-se de blocos angulares dentro de uma matriz de partículas finas.

Caldeira: Grande cratera vulcânica, geralmente com mais de 1 km de diâmetro. As caldeiras se formam por desabamento (o que é mais freqüente) ou explosão. A palavra provém do português e parece ter sido primeiramente usada para designar a caldeira Taburiente, em La Palma, nas ilhas Canárias.

Câmara magmática: Reservatório que abastece de magma o vulcão.

Chuva de cinzas: Cinzas que caem ao solo depois de sopradas por plumas vulcânicas.

Cinzas: Fragmentos de lava ou rocha expelidos em erupções vulcânicas. A palavra "cinzas" refere-se estritamente aos fragmentos com menos de 4 mm de diâmetro.

Dacito: Nome dado às rochas vulcânicas cuja composição química contém 63-68% de sílica (SiO_2). As lavas dacíticas são de alta viscosidade e fluem com lentidão.

Domo: Montículo de laterais íngremes que se forma quando lavas viscosas se empilham perto de uma boca vulcânica. Os domos são formados por lavas andesíticas, dacíticas e riolíticas.

Ejeção de base: Correntes de densidade compostas de cinzas e gases vulcânicos misturados com ar. As correntes de ejeções de base fluem sobre o solo e foram assim denominadas por se assemelharem às correntes que se espalham pelo chão após as explosões nucleares.

Ejeção piroclástica: O mesmo processo descrito em fluxo piroclástico, mas de menor densidade. Ver também *ejeção de base*.

Erupção freática (explosão freática): Um tipo de explosão vulcânica que acontece quando a água entra em contato com rochas incandescentes ou cinzas, causando uma explosão de vapor. As explosões freáticas não ejetam fragmentos de lava jovem (nova).

Erupção freatomagmática: O mesmo que explosão freática, mas contém lava nova. Também denominada *erupção hidrovulcânica*.

Erupção hidrovulcânica: Ver *erupção freatomagmática*.

Escória: Termo genérico para designar rocha vulcânica partida; em geral, refere-se a fragmentos de lava *aa* e aos produtos ejetados de erupções do tipo estromboliano menores do que as bombas. (Do grego, significa "excremento".)

Espinha: Saliência de lava semi-sólida que se forma na superfície dos fluxos de lava. As grandes espinhas, como a que se observa no monte Pelée, estendem-se a partir da boca ao longo de zonas dúcteis.

Explosão: Fluxo piroclástico muito forte, de movimentação rápida e extremamente destruidor.

Fluxo de lama: Ver *lahar*.

Fluxo de púmice: Fluxo piroclástico de grãos ásperos que contém quantidades significativas de blocos e fragmentos de púmice, além de cinzas vulcânicas.

Fluxo piroclástico: Mistura de cinzas, púmice, fragmentos de rocha e gases formada em certas erupções vulcânicas. É quente, de movimentação rápida e apresenta alta densidade. O fluxo piroclástico é um dos maiores riscos relativos à erupção vulcânica. Ver também *nuvem ardente*.

Fumarola: Uma abertura que solta gases vulcânicos, inclusive vapor.

Gases vulcânicos: Gases (voláteis) dissolvidos no magma das profundezas; libertam-se quando a pressão diminui à medida que o magma sobe à superfície. O principal gás vulcânico é, em geral, a água (vapor), com pequenas quantidades de dióxido de enxofre (SO_2), dióxido de carbono (CO_2) e, eventualmente, hidrogênio sulfídrico (H_2S), além de gases halógenos, como cloro e flúor.

Hornito: Pequeno cone formado por explosões fracas, geralmente constituído de camadas de respingos. (Do espanhol, significa "forninho".)

Ignimbrito: Fluxo piroclástico rico em púmice, geralmente associado a erupções explosivas de grande volume.

Lahar: Mistura fluida de água e detritos de rochas que se forma na encosta de um vulcão. Recebe também a designação de fluxo de lama ou de detritos. A palavra "lahar" vem da Indonésia, onde esse tipo de fluxo se verificou com freqüência. Os *lahars* podem ser desencadeados por fortes chuvas ou derretimento de neve e podem ser muito perigosos.

Lapíli: Fragmentos de magma de 2 a 6,5 cm de largura. O lapíli acrescionário se forma em nuvens eruptivas quando as camadas de cinzas compõem camadas concêntricas ao redor de um núcleo minúsculo.

Lava: Rocha fundida que sai por uma boca eruptiva. Ver também *magma*.

Lava *aa*: O tipo mais comum de fluxo de lava basáltica. Os fluxos de lava *aa* têm como característica o movimento lento e uma superfície pedregosa, que vai caindo gradualmente na extremidade frontal e acaba sendo coberta pelo próprio fluxo, como uma lagarta a mover-se. As superfícies *aa* dos fluxos resfriados são uma mistura caótica de blocos soltos e costumam apresentar saliências afiadas como navalha. Andar em cima desses fluxos é uma experiência difícil, daí a palavra havaiana que o designa: "a'a", referente aos sons que saem da boca de alguém que tente atravessar esse tipo de fluxo.

Lava em blocos: Um tipo de fluxo de lava com fraturas na superfície; o fluxo assemelha-se a uma mistura de blocos, alguns de até 1 m de largura. Diferentemente dos fluxos *aa*, as superfícies das lavas em blocos têm fragmentos angulares com faces bem lisas. Esse tipo de fluxo move-se lentamente, em geral menos de 1 km por dia. As lavas em blocos costumam apresentar alto teor de sílica.

Lava *shelly*: Tipo de lava *pahoehoe* que forma uma superfície fina e vítrea que se quebra facilmente quando pisada.

Magma: Rocha que contém gases e cristais dissolvidos. O magma se forma nas profundezas da Terra; quando chega à superfície, é denominado lava.

Nuvem ardente (*nuée ardente*): Termo geralmente empregado para designar fluxo piroclástico; no entanto, a definição precisa é: fluxo piroclástico de magma pouco vesiculado.

Pahoehoe: Palavra havaiana para os fluxos de lava de superfície lisa, sobre a qual é fácil andar. A lava *pahoehoe* costuma fluir através de tubos e sair sob a forma de "dedos" de até alguns metros de largura. Em alguns lugares, formam montículos denominados tumuli, que irrompem à superfície. Em outros, a lava acumula-se em dobras cerradas denominadas cordas (lava encordoada).

Piroclástico: Termo empregado para designar fragmentos de lava. (Do grego, significa "quebrado pelo fogo".)

Pluma: Fluxo vertical turbulento de partículas vulcânicas, gases vulcânicos e ar. A pluma sobe na atmosfera porque sua densidade é menor que a do ar. Forma-se tanto a partir de explosões que produzem uma coluna eruptiva acima do vulcão quanto de partículas finas de cinzas e gases que escapam dos fluxos piroclásticos.

Púmice: Rocha vulcânica de cor clara ejetada durante erupções vulcânicas explosivas. O púmice contém abundantes bolhas formadas por gases aprisionados e, em decorrência disso, é muito leve e geralmente flutua na água.

Queda: Termo referente a partículas e fragmentos vulcânicos que se erguem na atmosfera e caem sobre as áreas circunvizinhas.

Queda piroclástica: Chuva de partículas provenientes de jato eruptivo ou pluma, quando de uma erupção explosiva.

Respingo (*spatter*): Termo genérico para grandes fragmentos vulcânicos (geralmente bombas) ejetados por erupções estrombolianas e fontes de lava; tornam-se planos quando do impacto.

Riolito: Rocha vulcânica que contém mais de 68% de sílica (SiO_2). Apresenta alta viscosidade quando em estado de fusão.

Sílica: Molécula composta de silício e oxigênio (SiO_2). É a composição básica das rochas vulcânicas e o fator mais importante a controlar a fluidez do magma. Quanto mais sílica na composição do magma, maior a viscosidade, mais "colante" o magma é.

Tefra: Termo genérico que designa todos os fragmentos vulcânicos ejetados de modo explosivo. (Do grego, significa "cinzas".)

Tufo: Cinzas consolidadas e depósito de púmice, geralmente associados a fluxos piroclásticos. O depósito se consolida ao longo do tempo por meio da água em circulação que, depositando minerais, acaba por cimentar os fragmentos vulcânicos.

Vesículas: Bolhas de gás contidas no magma.

Vulcanologia: Ciência dedicada ao estudo dos vulcões e seus produtos.

Vulcão composto: Vulcão de laterais íngremes formadas de muitas camadas de rochas, algumas provenientes de fluxos de lava, outras de fragmentos de explosões vulcânicas. Por exemplo, o monte Fuji, no Japão, e muitos dos vulcões das montanhas Cascades, nos Estados Unidos.

Vulcão-escudo: Vulcão de encostas suaves, apresenta a forma de um escudo com a face voltada para cima. Vulcões desse tipo são formados por erupções de lavas basálticas de baixa viscosidade.

Xenólito: Fragmentos de rocha antiga aprisionada no magma. (Do grego, significa "pedra estrangeira".)

Referências Bibliográficas

ALVARADO INDUNI, G. E. (1989). *Los Volcanes de Costa Rica*. Editorial Universidad Estatal a Distancia.

BRANTLEY, S. R. (1995). *Volcanoes of the United States*. US Geological Survey.

BRYAN, T. S. (1990). *Geysers: What They Are and How They Work*. Roberts Rinehart.

CASERTANO, L.; BORGIA, A.; CIGOLINI, C. et al. (1987). An integrated dynamic model for the volcanic activity at Poás Volcano, Costa Rica. *Bulletin of Volcanology*, 49, 588-98.

CHESTER, D. K.; DUNCAN, A. M.; GUEST, J. E.; KILBURN, C. R. J. (1985). *Mount Etna: The Anatomy of a Volcano*. Chapman and Hall.

COX, K. G.; BELL, J. D.; PANKHURST, R. J. (1979). *The Interpretation of Igneous Rocks*. Allen and Unwin.

DA ROSA, R.; FRAZZETTA, G.; LA VOLPE, L. (1992). An approach for investigating the depositional mechanism of fine-grained surge deposits: the example of the dry surge deposits at "La Fossa di Vulcano". *Journal of Volcanology and Geothermal Research*, 51, 305-21.

DECKER, R. W.; DECKER, B. B. (1991). *Mountains of Fire: The Nature of Volcanoes*. Cambridge University Press.

DRUITT, T. H.; EDWARDS, L.; LANPHERE, M.; SPARKS, R. J. S.; DAVIS, M. (1998). Volcanic development of Santorini revealed by field, radiometric, chemical, and isotropic studies. In: CASALES, R.; FYTIKAS, M.; SIGVALDASON, G.; VOUGIOUKALAKIS, G. (Eds.). *The European Laboratory Volcanoes*, European Commission.

DRUITT, T. H.; LANPHERE, M.; VOUGIOUKALAKIS, G. (1996). *Field Workshop, Santorini; Guide and Excursion Booklet*. IAVCEI Commission on Explosive Volcanism Workshop.

FRANCIS, P. (1993). *Volcanoes: A Planetary Perspective*. Oxford University Press.

FRIEDRICH, W. L. (2000). *Fire in the Sea*. Cambridge University Press.

GEORGALAS, G. C. (1962). *Catalogue of the Active Volcanoes of the World including Solfatara Fields*. International Association of Volcanology.

KANE, P. S. (1990). *Through Vulcan's Eye: The Geology and Geomorphology of Lassen Volcanic National Park*. Loomis Museum Association.

KIEFFER, S. W. (1981). *Fluid Dynamics of the May 18 Blast at Mount St. Helens*. US Geological Survey Professional Paper n. 1250. US Department of the Interior.

KILBURN, C. J.; MCGUIRE, W. J. (2001). *Italian Volcanoes*. Terra Publishing.

LOCKWOOD, J. P. et al. (1987). *Mauna Loa 1974-1984: A Decade of Intrusive and Extrusive Activity*. US Government Printing Office.

MACDONALD, G. A. (1972). *Volcanoes*. Prentice-Hall.

MAZZUOLI, R.; TORTORICI, L.; VENTURA, G. (1995). Oblique rifting in Salina, Lipari, and Vulcano Islands (Aeolian Islands, southern Italy). *Terra Nova*, 7, 444-52.

PARSONS, W. H. (1978). *Middle Rockies and Yellowstone*. Kendall-Hunt.

RITTMAN, A. (1931). Der Ausbruch des Strómboli am 11 Sept. 1930. *Zeitschrift für Vulkanologie*, 14, 47-77.

SCARTH, A. (1994). *Volcanoes*. Texas A&M University Press.

SCHREIER, C. (1992). *Yellowstone's Geysers, Hot Springs, and Fumaroles*. Homestead Publishing.

SIMKIN, T.; SIEBERT, L. (1994). *Volcanoes of the World*, 2. ed. Geoscience Press.

SMITH, A. L.; ROOBOL, M. J. (1990). *Mt. Pelée, Martinique: A Study of an Active Island-Arc Volcano*. Geological Society of America.

SMITH, R. B.; BRAILLE, L. W. (1994). *Journal of Volcanology and Geothermal Research*, 61, 121-87.

TILLING, R. I.; HELIKER, C.; WRIGHT, T. L. (1990). *Eruptions of Hawaiian Volcanoes: Past, Present and Future*. US Geological Survey.

TILLING, R. I. (1989). *Short Course in Volcanology*, vol. 1, Volcanic Hazards. American Geophysical Union.

VENTURA, G. (1994). Tectonics, structural evolution and caldera formation on Vulcano Island (Aeolian archipelago, southern Tyrrhenian Sea). *Journal of Volcanology and Geothermal Research*, 60, 207-24.

VINCENT, P. M.; BOURDIER, J.; BOUDON, G. (1989). The primitive volcano of Mont Pelée: its construction and partial destruction by flank collapse. *Journal of Volcanology and Geothermal Research*, 38, 1-15.

VIRAMONTE, J. G.; COLLADO, M. N.; ROJAS, E. M. (1997). *Nicaragua–Costa Rica Quaternary Volcanic Chain*. International Association of Volcanology and Chemistry of the Earth's Interior.

WESTERCAMP, D.; TAZIEFF, H. (1980). *Martinique, Guadeloupe, Saint-Martin, La Désirade: Guides Géologiques Régionaux*. Masson.

WESTERCAMP, D.; TOMBLIN, J. F. (1979). Martinique. *Bulletin de Bureau de Recherches Géologiques et Minières*, 4.

YOUNG, S. (1998). Monitoring on Montserrat: the course of an eruption. *Astronomy & Geophysics*, 39, (2), 2.18-2.21.

Bibliografia Comentada

Textos sobre vulcões em geral

Volcanoes of the World (2. ed.), editado por T. Simkin e L. Siebert. Geoscience Press em associação com o Smithsonian Institution, 1994. Catálogo regional, dicionário geográfico e cronológico sobre vulcanismo nos últimos 10 mil anos.

Volcanoes: A Planetary Perspective, de P. Francis. Oxford University Press, 1993. O falecido Peter Francis era um escritor vigoroso e um dos mais respeitados vulcanólogos do mundo. Este livro é o meu preferido para uma introdução geral aos vulcões e à ciência da vulcanologia.

Volcanoes of Europe, de A. Scarth e J.-C. Tanguy. Oxford University Press, 2001. Texto geral valioso para quem quer saber mais sobre os vulcões europeus, ativos ou não, entre os quais os da Islândia, dos Açores e das ilhas Canárias.

Volcanoes of the Solar System, de C. Frankel. Cambridge University Press, 1996. Os vulcões e os processos vulcânicos da Terra e dos planetas descritos em linguagem para leigos. Uma bela introdução às maravilhas dos vulcões do Sistema Solar.

Encyclopedia of Volcanoes, editada por H. Sigurdsson, B. Houghton, S. R. McNutt, H. Rymer e J. Stix. Academic Press, 2000. De autoria de grandes vulcanólogos, os artigos dessa enciclopédia cobrem praticamente tudo acerca dos vulcões em geral.

Volcanoes, de R. I. Tilling. US Geological Survey, US Government Printing Office, 1999. Esse livreto apresenta uma introdução concisa aos vulcões e à ciência da vulcanologia.

Volcano Watching, de R. e B. Decker, ilustrações de R. Hazlett. Hawaii Natural History Association e Hawaii Volcanoes National Park, 1984. Rica introdução aos vulcões, com destaque para o Havaí.

Volcanoes, de S. Van Rose e I. Mercer. Her Majesty's Stationary Office for the Institute of Geological Sciences, 1977. Uma introdução rica e concisa aos vulcões.

Volcanoes: Fire from the Earth, de M. Krafft. Gallimard Press (em francês), 1991. Tradução para o inglês: Harry N. Adams, New York, 1993. Um livro rico e conciso, belamente ilustrado sobre história da vulcanologia, erupções vulcânicas e histórias sobre vulcões. Maurice tinha terminado esse livro pouco antes de morrer no Unzen.

Volcanoes and Society, de D. Chester. Edward Arnold, 1993. Uma introdução à vulcanologia, com foco sobre como a sociedade reage aos vulcões ativos e deles faz uso.

Volcanoes: An Introduction, de A. Scarth. Texas A&M University Press, 1994. Boa introdução aos vulcões e à vulcanologia; cobre todos os elementos básicos.

Mountains of Fire: The Nature of Volcanoes, de R. e B. Decker. Cambridge University Press, 1991. Mais um livro de introdução à vulcanologia escrito pelo casal "Double Decker". Edição atualmente esgotada.

Volcanoes, de G. Macdonald. Prentice-Hall, 1972. Um livro clássico sobre vulcanologia; edições há muito esgotadas, mas compensa procurá-las. Excelentes descrições de erupções.

Volcanology, de H. Williams e A. McBirney. Freeman, Cooper & Co., 1979. Mais um clássico com edição esgotada; mais técnico e mais focado em vulcanologia física do que o livro de Macdonald.

Volcanoes of the Earth, de F. Bullard. University of Texas Press, 1984. Mais um clássico esgotado. De fácil leitura, vale a pena consultá-lo em biblioteca. Uma vigorosa introdução aos vulcões, com alguns relatos pessoais de trabalho de campo.

Global Volcanism 1975-1985, editado por L. McClelland et al. Prentice-Hall e American Geophysical Union, 1989. Compilação de relatos sobre a atividade vulcânica na referida década.

The Citizen' Guide to Geologic Hazards, preparado e publicado pelo American Institute of Professional Geologists, 1993. Inclui os riscos decorrentes de processos geológicos, tais como atividades vulcânicas e terremotos, bem como de produtos geológicos e gases.

Volcanic Hazards, editado por R. I. Tilling. American Geophysical Union, 1989. Uma coletânea de textos de fácil leitura sobre riscos decorrentes de atividade vulcânica e sobre técnicas de monitoramento. Embora as técnicas e a tecnologia tenham avançado significativamente desde a publicação, o livro continua uma referência bastante útil.

Monitoring Volcanoes: Techniques and Strategies Used by the Staff of the Cascades Volcano Observatory, 1980-90. US Geological Survey, US Department of the Interior, 1992. Coletânea de textos técnicos sobre monitoramento de vulcões.

Monitoring Active Volcanoes, de R. I. Tilling. US Geological Survey, US Department of the Interior, 1983. Livreto informativo do US Geological Service sobre técnicas de monitoramento.

"Monitoring active volcanoes", de R. I. Tilling. Esse artigo em linguagem para leigos é uma versão resumida do texto no item precedente. *Earthquake Information Bulletin*, 12, n. 4, 1980.

"Volcano monitoring by satellite", de D. A. Rothery. *Geology Today*, jul.-ago. 1989. Descrição útil do emprego de satélites para monitoramento de vulcões.

"Remote sensing of volcanoes and volcanic terrain", de P. J. Mouginis-Mark et al. Artigo técnico sobre monitoramento de vulcões por meio de satélites e aeronaves. *Eos, Transactions of the American Geophysical Union*, 70, n. 52, 1989.

"Lessons in reducing volcanic risk", de R. I. Tilling e P. W. Lipman. Discussão a respeito de como os estudos vulcanológicos podem avaliar riscos provenientes de vulcões ativos. *Nature*, 364, 277-80, 1993.

"Safety recommendations for volcanologists and the public". Relatório para a International Association of Volcanology and Chemistry of the Earth's Interior, de S. Aramaki, F. Barberi, T. Casadevall e S. McNutt. *Bulletin of Volcanology*, 56, 151-4, 1994.

"Terrestrial volcanism in space and time" de T. Simkin. Artigo técnico. *Annual Reviews of Earth and Planetary Sciences*, 21, 427-52, 1993.

Volcanology and Geothermal Energy, de K. Wohletz and G. Heiken. University of California Press, 1992. Livro muito técnico que se concentra na extração potencial de energia de áreas vulcânicas ativas.

"Liquid light delight", de G. B. Lewis. Pequeno texto sobre a atividade de fotografar erupções vulcânicas, de autoria de um dos mais proeminentes fotógrafos do Havaí (ver fotografia da capa). *Volcano Quarterly Newsletter*, 1, n. 3, ago. 1992.

Havaí

Volcanic and Seismic Hazards on the Island of Hawaii, de C. Heliker. US Geological Survey, US Department of the Interior, 1992. Excelente livreto de introdução ao vulcanismo no Havaí.

Geological Field Guide, Kilauea Volcano, de R. Hazlett. Hawaii Natural History Association, 1993. Textos e mapas úteis, mas os leigos encontrarão mais facilidade em ler o livro de Hazlett e Hyndman (abaixo).

Eruptions of Hawaiian Volcanoes, Past, Present, and Future, de R. I. Tilling, C. Heliker e T. L. Wright. US Geological Survey, US Department of the Interior, 1987. Livro bem ilustrado e de leitura acessível sobre erupções havaianas.

Volcanoes of the National Parks in Hawaii, de G. Macdonald e D. Hubbard. Hawaii Natural History Association e Hawaii Volcanoes National Park, 1974. Embora desatualizado no tocante a erupções, esse conciso livro não deixa de ser uma boa introdução aos vulcões do Havaí.

Roadside Geology of Hawaii, de R. Hazlett e D. Hyndman. Mountain Press, 1996. Da famosa série Roadside Geology e fácil de usar, esse é um guia para todas as ilhas.

Hawaii Trails: Walks, Strolls and Treks on the Big Island, de K. Morey. Wilderness Press, 1992. Recurso excelente para trilheiros e altamente recomendável para quem visita a Ilha Grande. Meu exemplar é de 1992, mas encontrei Kathy Morey numa hospedaria do tipo "cama&café" trabalhando numa atualização.

Volcanoes in the Sea: The Geology of Hawaii, de G. Macdonald e A. Abbott. University of Hawaii Press, 1979. Livro clássico sobre vulcanismo havaiano. Desatualizado no tocante a erupções, mas ainda uma boa referência.

Mauna Loa Revealed: Structure, Composition, History, and Hazards, editado por J. M. Rhodes e J. P. Lockwood. American Geophysical Union, 1995. Coletânea de textos técnicos sobre o Mauna Loa.

Hawaii Legends of Volcanoes, de W. D. Westervelt. Charles E. Tuttle, 1979. Compilação de lendas traduzidas do havaiano.

A Curious Life for a Lady, de P. Barr. Penguin Books, 1985. História da viajante vitoriana Isabella Bird; este livro traz um belo relato de erupções no Havaí.

Estados Unidos Continental

Volcanoes of North America: United States and Canada, editado por C. A. Wood e J. Kienle. Cambridge University Press, 1990. Livro do tipo enciclopédia sobre todos os vulcões da América do Norte. Traz instruções sobre como chegar a cada vulcão.

Volcanoes of the United States, de S. R. Brantley. US Geological Survey, US Department of the Interior. Livreto bastante informativo sobre os vulcões dos Estados Unidos.

Excursion 12B: South Cascades Arc Volcanism, California and Southern Oregon, de L. J. P. Muffler et al. New Mexico Bureau of Mines and Mineral Resources Memoir, 1989. Guia técnico sobre viagem a campo geológico.

The Complete Guide to America's National Parks, publicado pela National Park Foundation, Washington, D.C. Informações abrangentes sobre todos os parques dos Estados Unidos. Regularmente atualizado.

Fire Mountains of the West: The Cascade and Mono Lake Volcanoes, de S. L. Harris. Mountain Press, 1992. Livro muito útil para quem visita Cascades.

Summit Guide to the Cascades Volcanoes, de J. Smoot. Chockstone Press, 1992. Descreve escaladas a 18 vulcões da cadeia, com destaque para os caminhos mais fáceis e mais procurados.

Adventure Guide to Mount Rainier: Hiking, Climbing, and Skiing in Mount Rainier National Park, de J. Smoot. Chockstone Press, 1991.

Mount Rainier; Active Cascade Volcano: Research Strategies for Mitigating the Risk from a High, Snow-Clad Volcano in a Populous Region, do National Research Council. National Academy Press, 1994.

Pictorial History of the Lassen Volcano (3. ed. rev.). Esse antigo clássico foi primeiramente publicado pela California Press, San Francisco, em 1926, por B. F. Loomis. Loomis Museum Association (Mineral, Califórnia) em colaboração com o National Park Service, 1971.

Through Vulcan's Eye, de P. S. Kane. Loomis Museum Association (Mineral, Califórnia) em colaboração com o National Park Service, 1990. Livro bem ilustrado que descreve a geologia e a geomorfologia do Lassen Volcanic National Park.

Lassen Trails, de S. H. Mattenson. Loomis Museum Association (Mineral, Califórnia) em colaboração com o National Park Service, 1992. Livreto útil para o visitante que queira explorar o parque a pé.

Hiking Trails of Lassen Volcanic National Park, de G. P. Perkins. George P. Perkins, 1989. Texto mais detalhado e mais bem ilustrado do que a publicação do item precedente; traz informações e fotos de flores silvestres encontradas no parque.

Lassen Place Names, de P. E. Schulz. Walker Lithograph, 1991. Escrito por um naturalista, esse interessante livro examina as origens e o significado dos nomes das localidades situadas no parque. (Primeiramente publicado pela Loomis Museum Association, Mineral/ Califórnia, em 1949.)

"Pleistocene glaciation, Lassen Volcanic National Park", de P. Kane. *California Geology*, maio 1982. Texto técnico.

Crater Lake: The Story of its Origin, de H. Williams. University of California Press, 1941. Um estudo clássico, hoje esgotado.

Road Guide to Crater Lake National Park, de R. e B. Decker, ilustrado por R. Hazlett. Double Decker Press, 1995. Guia conciso e útil sobre o parque.

The Mount Shasta Book, de A. Selters e M. Zanger. Wilderness Press, 1992. Um guia para caminhar pela região, escalá-la e explorá-la. Contém um mapa topográfico.

Volcanic Hazards at Mount Shasta, California, de D. R. Crandell e D. R. Nichols. US Geological Survey, US Department of the Interior, 1987. Livreto não-técnico sobre o vulcão e seus potenciais riscos.

"Potential Hazards from Future Eruptions in the Vicinity of Mount Shasta Volcano, Northern California", de C. Dan Miller. Texto técnico. *Geological Survey Bulletin*, 1503. United States Government Printing Office, 1980.

Mount Shasta: History, Legends and Lore, de M. Zanger. Celestial Arts, 1992. Livro bem ilustrado e com muitas informações históricas.

The 1980 Eruptions of Mount St. Helens, Washington. US Geological Survey, US Department of the Interior, 1981. Coletânea de textos técnicos sobre a atividade. Muitos mapas e fotografias.

Eruptions of Mount St. Helens: Past, Present, and Future (ed. rev.), de R. I. Tilling, L. Topinka e D.A. Swanson. US Geological Survey, US Department of the Interior, 1990. O livro apresenta um bom resumo da erupção de 1980 e examina os riscos de erupções futuras nessa montanha.

Volcanic Eruptions of 1980 at Mount St. Helens: The First 100 Days, de B. L. Foxworthy e M. Hill. US Geological Survey, US Department of the Interior, 1982. Cronologia da erupção, texto bem ilustrado e de fácil leitura.

Volcano: The Eruption of Mount St. Helens, escrito e editado em conjunto por equipes de The Daily News, Longview, Washington e The Journal-American, Bellevue, Washington. Longview Publishing Co. e Madrona Publishers. A história da erupção contada por equipes de reportagem locais. Belas fotografias.

Roadside Geology of Mount St. Helens National Volcanic Monument and Vicinity, de P. T. Pringle. Washington Department of Natural Resources, Division of Geology and Earth Resources, 1993. Guia geológico muito informativo sobre o vulcão.

Road Guide to Mount St. Helens, de R. e B. Decker, ilustrado por R. Hazlett. Double Decker Press, 1993. Texto mais curto e menos detalhado do que o do item precedente; mesmo assim, porém, um guia bastante útil.

Mount St. Helens National Volcanic Monument Trail Guide, de L. Roberts. Northwest Interpretive Association em colaboração com Gifford Pinchot National Forest. Guia de fácil consulta, inestimável para trilheiros.

Geologic Field Trips in the Pacific Northwest, v. 2, editado por D. A. Swanson e R. A. Haugerud. Department of Geological Sciences, University of Washington, 1994. Coletânea de textos sobre as Cascades, com ênfase em viagens a campos geológicos.

"Geologic nozzles", de S. W. Kieffer. *Reviews of Geophysics*, 27, 1989. Texto técnico.

Roadside Geology of Arizona, de H. Chronic. Mountain Press, 1983. Da série Roadside Geology e útil para quem visita Sunset Crater e outras maravilhas do Arizona.

Volcanoes of Northern Arizona: Sleeping Giants of the Grand Canyon Region, de W. A. Duffield, fotografias de M. Collier. Grand Canyon Association, 1997. Livro conciso e bem ilustrado sobre os vulcões da região, entre os quais Sunset Crater e SP Crater, com ênfase em geologia e vulcanologia.

A Guide to Sunset Crater and Wupatki, de S. Thybony, fotografias de G. H. H. Huey. Southwest Parks and Monuments Association, 1987. Outro guia conciso e bem ilustrado sobre a região.

Of Men and Volcanoes: The Sinagua of Northern Arizona, de A. H. Schroeder, editado por Earl Jackson. Southwest Parks and Monuments Association, 1977. História concisa dos aborígenes pré-históricos que viveram na região de Sunset Crater.

The Basaltic Cinder Cones and Lava Flows of the San Francisco Mountain Volcanic Field (ed. rev.), de H. S. Cohen. Museum of Northern Arizona, 1967. Texto técnico clássico sobre a geologia da região.

Yellowstone National Park: Its Exploration and Establishment, de A. L. Haines. US Department of the Interior, National Park Service, 1974. História da exploração de Yellowstone, em comemoração ao 100° aniversário do parque. Um importante volume, verdadeira mina de informações.

Geysers: What They Are and How They Work, de T. Scott Bryan. Roberts Rinehart, 1990. Uma explicação concisa da atividade do gêiser, de autoria de um membro da Geyser Observation and Study Association.

A Field Guide to Yellowstone's Geysers, Hot Springs, and Fumaroles, de C. Schreier. Homestead Publishing, 1992. Livro bem ilustrado, de fácil consulta, que descreve as principais atrações do parque. Excelente para levar em uma visita a Yellowstone.

Guardians of Yellowstone, de D. Sholly com S. Newman. William Morrow, 1991. Um guarda-florestal do parque relata os desafios enfrentados para a proteção de Yellowstone.

Death in Yellowstone, de L. H. Whittlesey. Roberts Rinehart, 1995. Relatos de acidentes e imprudências no parque.

Thomas Moran, de N. K. Anderson. National Academy of Art, Washington e Yale University Press, 1997. Catálogo da exposição da obra de Moran, que inclui impressionantes retratos de Yellowstone.

"Inside Old Faithful", de S. Perkins. *Science News*, 11 out. 1997. Excelente relato não-técnico do trabalho de campo de J. Westphal e S. Kieffer, que introduziram uma câmera na cratera do Old Faithful.

"The Yellowstone hot spot", de R. B. Smith e L. W. Braile. *Journal of Volcanology and Geothermal Research*, 61, 121-87, 1994. Texto técnico sobre os pontos quentes (*hot spots*) de Yellowstone e Snake River Plains.

"Yellowstone magmatic evolution: its bearing on understanding large-volume explosive volcanism", de R. L. Christiansen. In *Explosive Volcanism: Inception, Evolution, and Hazards*. National Academy Press, 1984. Texto técnico.

Itália

Italian Volcanoes, de C. Kilburn e W. McGuire. Terra Publishing, 2001. Da série Classic Geology of Europe, esse detalhado e valioso guia para o Vesúvio, o Campi Flegrei, as ilhas Eólias e o Etna foi escrito por dois grandes peritos com quem tive o prazer de trabalhar.

Mount Etna: Anatomy of a Volcano, de D. K. Chester, A. M. Duncan, J. E. Guest e C. R. J. Kilburn. Chapman and Hall, 1985. Livro abrangente e, em grande parte, técnico sobre o monte Etna, que dá ênfase à pesquisa e história das erupções (atualmente esgotado).

Guida Eolie: Escursionistico Vulcanologica delle Isole, de N. Calanchi, P. L. Rossi, F. Sanmarchi e C.A. Tranne. Centro Studi e Ricerche di Storia e Problemi Eoliani, 1996. Até mesmo quem não lê italiano achará útil esse guia sobre as ilhas Eólias, em razão dos detalhados mapas e itinerários.

Somma-Vesuvius, editado por R. Santacroce. Consiglio Nazionale delle Ricerche, 1987. Coletânea de textos técnicos sobre o vulcão. Contém mapas. (Em inglês.)

Mount Etna Volcano, editado por R. Romano. Società Geologica Italiana, 1982. Coletânea de textos técnicos sobre o vulcão. Contém mapas. (Em inglês.)

"The Island of Stromboli", de M. Rosi. *Rendiconti Società Italiana di Mineralogia e Petrologia*, 36, 345-68, 1980. Texto técnico.

"Volcanic hazard assessment at Stromboli based on review of historical data", de F. Barberi. M. Rosi e A. Sodi. Texto técnico. *Acta Vulcanologica*, 3, 173-87, 1993.

"Stromboli and its 1975 eruption", de G. Capaldi et al. *Bulletin of Volcanology*, 41, 1978. Texto técnico.

"Geology, stratigraphy, and volcanological evolution of the island of Stromboli, Aeolian arc, Italy". *Acta Vulcanologica*, 3, 21-68, 1993. Texto técnico.

"A statistical model for Vesuvius and its volcanological implications", de S. Carta et al. *Bulletin Volcanologique*, 44, 1981. Texto técnico.

"Mount Vesuvius: 2000 years of volcanological observations", de R. Scandone, L. Giacomelli e P. Gasparini. Texto técnico. *Journal of Volcanology and Geothermal Research*, 58, 5-25, 1993.

"The eruption of Vesuvius in AD 79", de H. Sigurdsson, S. Carey, W. Cornell e T. Pescatore. Texto técnico. *National Geographic Research*, 1, 332-87, 1985.

"Eruptions on Mount Etna during 1979", de J. Guest, J. Murray, C. Kilburn e R. Lopes. *Earthquake Information Bulletin*, 12, 154-60, 1980. Relato testemunhal não-técnico da fatal explosão de 1979.

"Etna erupts again: A VEST report of the March 1981 eruption of Mount Ema", da Equipe de Vigilância de Erupções Vulcânicas do Reino

Unido (UK's Volcanic Eruption Surveillance Team). *Earthquake Information Bulletin*, 13, 134-9, 1981. Sicília. Relato não-técnico de observações científicas da Equipe de Vigilância de Erupções Vulcânicas do Reino Unido (a autora fazia parte da equipe na época da erupção).

"Volcanism in Eastern Sicily and the Aeolian Islands", de H. Pichler. In *Geology and History of Sicily*, editado por W. Alvarez e K. H. A. Gohrbandt. Petroleum Exploration Society of Libya, 1970. Texto técnico.

"Lava diversion proved in 1983 test at Etna", de J. P. Lockwood e R. Romano. *Geotimes*, 30, 10-2, 1985. Relato de fácil leitura sobre o desvio da lava.

"Etna. 1. Eruptive history", de S. Calvari, M. Neri, M. Pompilio e V. Scribano. *Acta Vulcanologica*, 3, 1993. Texto técnico.

"Isle of fire", de L. Geddes-Brown. *Country Life*, 4 ago. 1988. Artigo histórico sobre Vulcano.

"Evolution of the Fossa cone, Vulcano", de G. Frazzetta, L. La Volpe e M. F. Sheridan. *Journal of Volcanology and Geothermal Research*, 17, 329-60, 1983. Texto técnico.

"The Island of Vulcano", de J. Keller. *Rendiconti Società Italiana di Mineralogia e Petrologia*, 36, 369-414, 1980. Texto técnico.

"Volcanic history and maximum expected eruption at 'La Fossa di Vulcano' (Aeolian Islands, Italy)", de G. Frazzetta e L. La Volpe. *Acta Vulcanologica*, 1, 107-13, 1991. Texto técnico.

"Aeolian Islands (Southern Tyrrhenian Sea): Excursion B2". In *Excursions Guidebook*, da International Association of Volcanology and Chemistry of the Earth's Interior. IAVCEI, 1985. Guia das viagens de campo organizadas pela International Association of Volcanology and Chemistry of the Earth's Interior.

"1987-1990 unrest at Vulcano", de F. Barberi, G. Neri, M. Valenza e L. Villari. *Acta Vulcanologica*, 1, 95-106, 1991. Texto técnico.

"In the jaws of the volcano", de C. Kilburn. *New Scientist*, 6 fev. 1986. Artigo sobre a agitação nos Campos Flegreanos e seu impacto sobre a cidade de Pozzuoli.

"Historical activity at Campi Flegrei caldera, Southern Italy", de J. Dvorak e P. Gasparini. *Earthquakes and Volcanoes*, 22, 256-67, 1990. Artigo informativo sobre a atividade nos Campos Flegreanos.

Parco dell'Etna: Guida Turistica. Touring Club Italiano, 1993. Guia turístico em italiano; contém um livreto e um mapa (1: 50.000) em que constam topografia, principais cidades e estradas. Muito útil, mesmo para quem não lê italiano. Vendido nas cidades e postos turísticos ao redor do Etna.

Etna: Carta Naturalistica e Turistica, de R. Romano. Club Alpino Italiano e Società Elaborazioni Cartografiche. Mapa geológico do monte Etna (primeiramente publicado em *Mount Etna Volcano*), atualizado e com informações sobre a vegetação e a fauna. (Em italiano e inglês.) Escala 1: 60.000. Complementa o citado *Guida Turistica* e é vendida na área do monte Etna. Muito útil mas, como no caso acima, é improvável que esteja atualizado (o Etna entra em erupção com freqüência).

Grécia e Santorini

Fire in the Sea, de W. L. Friedrich, traduzido por A. R. McBirney. Cambridge University Press, 1999. O subtítulo é *Santorini: Natural History and the Legend of Atlantis*. Livro belamente ilustrado e cientificamente preciso, em linguagem para leigos. Altamente recomendável como leitura complementar sobre Santorini.

Santorini Volcano, de T. H. Druitt, M. Davies, L. Edwards, R. S. J. Sparks e R. Mellors. Geological Society, 1999. É a obra recente de pesquisa científica mais abrangente sobre Santorini. Embora bastante cara e dirigida a cientistas profissionais, contém um grande mapa geológico que muitos visitantes gostariam de ter, principalmente se forem geologos. O mapa pode ser comprado separadamente.

Santorini: Guide to "The Volcano", de G. Vougioukalakis. Institute for the Study and Monitoring of the Santorini Volcano. Muito bem ilustrado e disponível em Santorini, é atualmente o melhor guia para Palea e Nea Kameni. Contém um mapa vulcanológico das ilhas.

Santorini: A Guide to the Island and its Archeological Treasures, de C. Doumas. Ekdotike Athenon, 1996. Livro muito bem ilustrado, escrito por um importante arqueólogo. Resume as descobertas arqueológicas na ilha.

The Wall Paintings of Thera, de C. Doumas. Thera Foundation, 1992. Livro de formato grande, belamente ilustrado com pinturas murais encontradas em Akrotiri. Para quem se interessa particularmente por pinturas e restaurações, vale a pena comprar.

Thera and the Aegean World, v. 3. Thera Foundation, 1990. Parte de uma coletânea de textos científicos em três volumes. Notificações do 3º Congresso Internacional.

"The end of the Minoan civilization", de W. Downey e D. Tarling. *New Scientist*, 13 set. 1984. Artigo não-técnico sobre a erupção.

"Unsteady date of a big bang", de G. Cadogan. *Nature*, 328, 473, 1987. Comentário sobre a datação da erupção e sobre o artigo a seguir.

"The Minoan eruption of Santorini in Greece dated to 1645 BC?", de C. U. Hammer, H. B. Clausen, W. L. Friedrich e H. Tauber. *Nature*, 328, 517-19, 1987. Texto técnico.

Galápagos

A Traveler's Guide to the Galapagos, de Barry Boyce. Aptos, Califórnia. Este é um guia que considero muito útil para preparar uma viagem. Contém informações sobre diversas opções de passeios e cruzeiros marítimos, bem como sobre a história e a vida selvagem nas ilhas Galápagos e no Equador continental.

Floreana, de Margret Wittmer, Anthony Nelson Ltd, Shropshire, England. Um livro fascinante sobre a Sra. Wittmer e sua família, que se estabeleceram em Floreana na década de 1930. A autora relata as mortes e os desaparecimentos de alguns dos primeiros colonizadores, mistério que continua sem solução. A Sra. Wittmer morreu em 2000, com mais de 90 anos, e levou uma vida digna de nota.

Geology and Petrology of the Galapagos Islands, de A. R. McBirney e H. Williams. The Geological Society of America. Memoir 118, 1969. Os autores, vulcanólogos famosos e já falecidos, escreveram o livro mais abrangente que se pode encontrar sobre a geologia das ilhas Galápagos. Um tanto desatualizado, mas ainda útil.

Costa Rica

Costa Rica, Land of Volcanoes, de G. Alvarado Induni, traduzido para o inglês por O. L. Chavarría-Aguilar. Gallo Pinto Press, 1993. Altamente recomendável para quem visita a Costa Rica. Escrito por um importante vulcanólogo. (Título do original: *Los Volcanes de Costa Rica*, Editorial Universidad Estatal a Distancia, 1989.)

Costa Rica: National Parks, de M. A. Boza. Editorial Heliconia, 1988. Livro bem ilustrado sobre os parques nacionais do país.

Costa Rica's National Parks and Preserves, de J. Franke. The Mountaineers (Seattle, WA), 1993. Excelente guia para viajantes independentes.

Nicaragua–Costa Rica Quaternary Volcanic Chain: Field Trip 17 Guidebook. International Association of Volcanology and Chemistry of the Earth's Interior, 1997. Guia geológico de viagem de campo.

Volcán Poas, Costa Rica, de J. Barquero H. Publicado na Costa Rica, 1998. Livreto sobre o vulcão em inglês e espanhol, escrito por um perito local.

"Sulphur Eruptions at Poas volcano", de C. Oppenheimer. *Journal of Volcanology and Geothermal Research*, 49, 1-21, 1992. Texto técnico.

"An integrated dynamic model for the volcanic activity at Poás volcano, Costa Rica", de L. Casertano et al. *Bulletin of Volcanology*, 49, 588-98, 1987. Texto técnico.

Mapa Geologico de Cosca Rica, de J. Tournon e G. Alvarado Induni. Editorial Tecnologica de Costa Rica, 1997. Mapa geológico da Costa Rica (1: 500.000) e livreto explicativo. (Em espanhol e francês.)

Índias Ocidentais

The Day the World Ended, de G. Thomas e M. M. Witts. Stein and Day, 1969. Esgotado. Vale a pena procurar essa preciosidade. Escrita por dois jornalistas, essa descrição dia a dia dos acontecimentos de antes e depois da erupção constitui um verdadeiro alerta. Há algumas imprecisões, mas é uma excelente leitura.

Martinique, Guadeloupe, St. Martin, La Désirade, de D. Westercamp e H. Tazieff.

Masson, 1980. Guia sobre a geologia das ilhas. (Em francês.) Da série *Guides Géologiques Regionaux*.

Caribbean Volcanoes: A Field Guide - Martinique, Dominica, and St. Vincent, de H. Sigurdsson e S. Carey. Geological Association of Canada, 1991. Guia de campo da geologia das ilhas.

Mont Pelée, Martinique: A Study of an Active Island-Arc Volcano, de A. L. Smith e M. J. Roobol. Geological Society of America, 1990. Obra técnica sobre o vulcão. Bom resumo da pesquisa.

La Catastrophe: The Eruption of Mount Pelée, the Worst Volcanic Disaster of the Twentieth Century, de A. Scarth. Oxford University Press, 2002. Recebi esse livro depois de terminar meu original; portanto, não faz propriamente parte da bibliografia, mas o recomendo muito. Assim como *The Day the World Ended*, esse é um maravilhoso relato dos acontecimentos de 1902, porém mais consistente do ponto de vista científico.

"The 1902-1905 eruptions of Montagne Pelée, Martinique: anatomy and retrospection", de J. C. Tanguy. *Bulletin of Volcanology*, 60, 87-107, 1994. Texto técnico.

The Tower of Pelée: New Studies of the Great Volcano of Martinique, de A. Heilprin. J. B. Lippincott, 1904. Publicado pouco depois da erupção, descreve a evolução da torre de rocha que se ergueu da cratera do vulcão. Excelentes fotografias. Esgotado, mas disponível em algumas bibliotecas acadêmicas.

"Eruption of Soufrière Hills Volcano in Montserrat continues", de S. Young et al. Descrição dos primeiros dois anos da erupção. *Eos, Transactions of the American Geophysical Union*, 78, 1997.

"Monitoring on Montserrat: the course of an eruption", de Simon Young. Relato sobre os três primeiros anos da erupção e técnicas de monitoramento. *Astronomy & Geophysics*, v. 39, 2. ed., 1998. Publicado pela Royal Astronomical Society, Reino Unido.

Montserrat's Andesite Volcano, vídeo educativo produzido por D. Lea e apresentado por S. Sparks. Geological Society Publishing House, 1999. Dirigido a estudantes de geologia, o vídeo descreve o vulcão e seus primeiros anos de atividade. Vem acompanhado de um livreto útil. Como há carência de publicações sobre a erupção em linguagem acessível, esse vídeo ajuda a preencher essa lacuna.

Outras localidades

Mexico's Volcanoes: A Climbing Guide, de R. J. Secor. The Mountaineers (Seattle, Washington), 1988. Indispensável para quem planeja escalar o Colima e outros vulcões do México.

Surviving Galeras, de S. Williams e F. Montaigne. Houghton Mifflin, 2001. Empolgante relato da trágica erupção de 1993, em que Williams quase perdeu a vida.

Krakatau 1883: The Volcanic Eruption and its Effects, de T. Simkin e R. S. Fiske. Smithsonian Institution Press, 1983. Compilação de relatos testemunhais e interpretação científica da famosa erupção.

Lessons from a Major Eruption: Mount Pinatubo, Philippines, da equipe do Pinatubo Volcano Observatory. American Geophysical Union, 1992. Discussão em linguagem acessível sobre a previsibilidade de riscos da erupção de 1991 do Pinatubo.

"In the volcano's shadow", de D. Shimozuru. *Nature*, 353, 295-6, 1991. Discussão sobre a erupção de 1991 do Unzen.

"Obituary: Harry Glicken (1958-1991)", de R. V. Fischer. *Bulletin of Volcanology*, 53, 514-6, 1991.